Annemarie Ohler/Norbert Ohler

Kinder und Jugendliche in friedloser Zeit

Die Autoren

Annemarie Ohler, Dr. theol., und *Norbert Ohler*, Dr. phil., sind verheiratet, haben vier verheiratete Söhne und sieben Enkelkinder. Die Autorin, 1937 geboren, ist in Duisburg aufgewachsen. Von 1943 bis 1945 lebte sie mit ihrer Mutter und sechs Geschwistern als Evakuierte in einem fränkischen Dorf. In Münster, Freiburg und Paris hat sie Theologie, Deutsch und Hebräisch für das Lehramt studiert; sie hat beide Staatsexamina abgelegt und am Gymnasium unterrichtet. Um sich der Erziehung der Kinder widmen zu können, ist sie aus dem Schuldienst ausgeschieden und hat als freiberufliche Theologin an Universitäten, Fachhochschulen und in der Erwachsenenbildung gearbeitet. Sie hat zahlreiche Werke zu biblischen Themen veröffentlicht, zuletzt den dtv Bibelatlas, 2009 in 4. überarbeiteter, erweiterter Auflage. Norbert Ohler, 1935 geboren, hat die Kriegs- und Nachkriegszeit bis zum Abitur 1955 in seiner Heimatstadt Hamm/W. erlebt. Er hat an den Universitäten Frankfurt/M., Freiburg und Grenoble Geschichte und Romanistik studiert, beide Staatsexamina für das Lehramt an Gymnasien abgelegt und bis zum Jahr 2000 als Akademischer Oberrat am Historischen Seminar der Universität Freiburg/B. gearbeitet. Er hat zahlreiche Arbeiten zur Geistes-, Sozial-, Stadt- und Wirtschaftsgeschichte des Mittelalters, der Neuzeit und der Neuesten Zeit veröffentlicht, unter anderem ‚Reisen im Mittelalter' (in 4., erweiterter Auflage 2004).

Bücher der beiden Autoren wurden in insgesamt zehn Sprachen übersetzt, u. a. ins Chinesische, Japanische und Ungarische.

Annemarie Ohler/Norbert Ohler

Kinder und Jugendliche in friedloser Zeit

Aus deutscher Geschichte
in den Jahren 1939 bis 1949

VERLAG ASCHENDORFF MÜNSTER

Bildnachweis
Verlag und Autoren danken folgenden Personen für die freundliche Bereitstellung von Fotomaterial: Gisela Horst: 27 u.; Paul Newels: 28 o., 139 o., 140 o.; Hedwig Neuhaus: 60 u., 124 u.; Fritz von Poblotzki: 59; Wilhelm Tegethoff: 250 u.; Jutta Schreiber: 27 o.; Iris und Dirk Schulte-Wörmann: 60 o.
Weitere Abbildungen: Heinz-Ulrich Eggert, Schul-Zeit 1938 bis 1949. Zur Vorgeschichte des Wilhelm-Hittorf-Gymnasiums Münster im NS-Staat und in der Nachkriegszeit (Münster, 2005): 28 u., 123 u., 140 u.; Michael Schäbitz und Axel Schollmeier, Die bitteren Jahre. Krieg, Hunger, Hoffnung. Münster in Fotos 1940 bis 1950 (Münster, 2005): 123 o., 139 u., 250 o.; Verlag Aschendorff: 125 o., 249.

Printed in Germany
ISBN 978-3-402-12831-2

Inhalt

Vorwort

Millionen von Menschen erlebten in den 1940er Jahren unvorstellbare Zerstörungen und Verluste, wenn nicht grauenvollen Tod. Schon im selben Jahrzehnt gab es deutliche Zeichen neu auflebender Hoffnung.

1935 bzw. 1937 geboren, haben wir, die Autoren, uns auch auf die Suche nach Jahren unseres eigenen Lebens begeben. Sprachen wir von unserem Vorhaben mit Gleichaltrigen, war es oft, als öffneten sich Schleusen. Offensichtlich warten noch viele darauf, ihre Erfahrungen einmal in Worte fassen zu können. Es sollte uns freuen, wenn dieses Buch Zeitzeugen ermutigte, von den 1940er Jahre zu erzählen, sich vielleicht gar von der Seele zu reden, was jahrzehntelang verschlossen war. Damit verbinden wir die Bitte, Briefe, Fotos, Tagebücher und andere Dokumente der Zeit geeigneten Einrichtungen zu übergeben, etwa dem Stadt- oder Kreisarchiv; denn mit jeder Haushaltsauflösung gehen einzigartige Zeugnisse verloren. Manche mögen das, was sie aufbewahrt haben, für banal halten; doch vielleicht suchen schon morgen Historiker, Soziologen oder Volkskundler gerade nach solchen Zeugnissen aus dem Alltag.

Dankbar sind wir den Lesern der ‚Westfälischen Nachrichten', die eine Anregung des Aschendorff Verlags aufgegriffen und den Fotoschatz ihrer Familien für dieses Buch gemustert haben. Der Erfolg war groß. Als kostbare Dokumente aus schwerer Zeit zeugen die meisten eingesandten Fotos vom Lebensmut, mit dem Kinder, Jugendliche und Menschen, die sich für Heranwachsende verantwortlich wußten, in elenden Tagen Selbstbewußtsein und Kraft bewahrt haben. Am liebsten hätten wir alle Bilder übernommen und als Quellen deutscher Geschichte kommentiert. Wer in den 1940er Jahren aufgewachsen ist, hat jedoch gelernt, daß bescheidene Wünsche oft mehr Erfolg bringen. So haben wir auf Wunsch des Verlags zwanzig Fotos ausgewählt; wir hoffen, daß sie Erinnerungen an ein Stück ihres Lebens auch in den Lesern wecken, die ihrem Bild nicht begegnen.

Wir wollten Erinnerungen nicht nur sammeln, sondern auch Orte aufsuchen, von denen sie herkommen. Wir möchten Szenen und Bilder, wie viele unserer Altersgenossen sie in sich tragen, aus dem nur individuellen Gedächtnis herausholen, so daß wir Älteren sehen, wieviel wir miteinander teilen, und wie wir mit Jüngeren von einem Stück selbst erlebter deutscher Geschichte reden können.

Wieder und wieder führen Erinnerungen an die 40er Jahre zu der Katastrophe, in die Deutsche seit 1933 ihr Land geführt haben, seit 1938 auch ‚heimgeholte', annektierte und eroberte Länder und deren

Menschen. Wir halten entsetzliche Geschichten fest und mühen uns, Unrecht genau zu benennen, zuerst um der Opfer willen, damit ihnen wenigstens nachträglich etwas von der Gerechtigkeit widerfahre, die ihnen vorenthalten wurde, aber auch um aller anderen willen, damit Wachsamkeit geschärft und Mut, gegen weiterwirkendes oder neu aufkommendes Unrecht vorzugehen, gestärkt werde. In erster Linie soll dieses Buch jedoch von Menschen reden, die eine damals „normale" Jugend durchgemacht haben. Wie sah ihr Alltag aus?

Mit Gesetzen und Verordnungen hat der nationalsozialistische Staat über Kinder und Jugendliche verfügt; der Krieg und die Nöte der Nachkriegszeit haben traumatische Erfahrungen hinterlassen. Viele Heranwachsende haben in jenen Jahren erstaunliche eigene Kräfte bewiesen, oft gestärkt durch den Schutzschild ihrer Familie. Neugier und Unerfahrenheit konnten wie Filter wirken, durch den Bedrohungen nicht voll wahrgenommen wurden. Schließlich wurden Kinder und Jugendliche Zeugen eines unverhofften Aufschwungs. Heilsam waren dankbar angenommene Hilfen, mit denen das Ausland jungen Deutschen entgegenkam. Jugendliche und Kinder trugen den Aufbau mit, anspruchslos, mit Schwung, glücklich über die sich weitende Welt. Bescheidene Erfolge versöhnten nicht wenige mit verletzenden Erfahrungen.

Offene Wunden sind geblieben; Zeugnis dafür ist manches Schweigen. Soll man das nur ‚Verdrängung' nennen? Es gibt auch eine Gnade des Vergessens. Bewundernswert ist jedoch das Erinnern, in dem auch tote Kinder weiter leben. Stellvertretend für Millionen nennen wir die 1941 geborene Hildegard; 1943 an Diphtherie erkrankt, mußte sie in die Klinik und ist dort wegen unzulänglicher Pflege gestorben. Ende 2004 hat die neunundneunzigjährige Mutter einmal mehr das Grab ihrer Tochter geschmückt. Als diese Frau, seit Mai 1945 Kriegerwitwe, im Herbst 2005 und wenige Tage nach ihrem 100. Geburtstag aus diesem Leben abberufen worden war, haben ihre 1936 und 1938 geborenen Söhne ihren letzten Wunsch erfüllt und sie neben ihrer Tochter beigesetzt.

Gewidmet ist das Buch allen Kindern und Jugendlichen, die in den 1940er Jahren Opfer entsetzlicher Verbrechen und böser Ereignisse geworden sind. Wir wollen Menschen ehren, die als Kinder in diesem Jahrzehnt ihr Leben, ihre Angehörigen, ihr Glück, ihre Gesundheit, ihre Heimat, ihr Weltvertrauen verloren haben.

Einleitung

Die 1940er Jahre waren ein Ausnahmejahrzehnt in der deutschen Geschichte. Dem öffentlichen Gedächtnis hat sich vor allem die erste Hälfte eingeprägt, in der das nationalsozialistische Regime den Krieg führte, der aller Welt die Überlegenheit der germanischen Rasse beweisen sollte; scharf eingebrannt hat sich die Erinnerung an die Massenverbrechen, die Deutsche unter dem Deckmantel der Kriegsereignisse mit systematischer Brutalität verübt haben. 1945 ging die nationalsozialistische Herrschaft ehrlos unter. Deutschland war verwüstet und zerstückelt, von Flüchtlingen und Vertriebenen überfüllt; doch erstaunlich schnell gelang der Wiederaufbau. Ebenso wenig war zu erwarten gewesen, daß viele Staaten und Organisationen dem Volk, dessen Regierung den Zweiten Weltkrieg entfesselt hatte, mannigfache Hilfe leisten würden. Diese Erfahrung ebnete den Weg zur Einbindung Deutschlands in die Gemeinschaft demokratisch regierter Völker. In dem von ihr besetzten Teil Deutschlands hat die Sowjetunion diese Entwicklung blockiert; sie brachte Verfechter der kommunistischen Ideologie an die Macht. Am Ende des Jahrzehnts standen zwei unterschiedlich verfaßte deutsche Staaten einander gegenüber.

Dieser heftig bewegte Ausschnitt deutscher Geschichte wird hier mit dem Blick auf junge Menschen betrachtet. Welche Gegebenheiten fanden sie vor? Wie gingen sie damit um? Für Mädchen und Jungen, die noch keine andere Zeit erlebt hatten, konnten Bombennächte und Kriegsdienst Alltag sein; sie übernahmen Verantwortung wie Erwachsene, fanden aber sogar in Luftschutzräumen und an Flakbatterien Raum und Zeit zu Vergnügungen; spielerisch konnten sie selbst mit erschreckenden Erlebnissen umgehen. Essen und Trinken, Körperpflege und vieles andere, was sich sonst Tag um Tag wiederholt, hatten ihre Selbstverständlichkeit verloren. Das Notwendigste zu beschaffen war oft harte Kinderarbeit und zugleich spannendes Abenteuer. Unternehmungen normaler junger Menschen erweisen sich als Scheinwerfer, die politische und gesellschaftliche Entwicklungen jener Zeit in helles Licht tauchen.

Erst recht zeichnen sich scharfe Konturen ab, wenn man nach vorherrschenden Einstellungen fragt. Wie verhielten Erwachsene sich Kindern gegenüber? Was muteten sie ihnen zu? Welche Bedeutung gab man ihnen in der Familie, welche in der Öffentlichkeit? Die nationalsozialistische Partei wollte ein Volk besitzen, das ihr bedingungslos ergeben sei; dazu hat sie sich zuerst den Zugriff auf Jugendliche gesichert. Für die in der Sowjetzone/DDR führenden Politiker gab es kein schärferes Ge-

genbild zur sozialistischen Gesellschaft, die sie aufbauen wollten, als die Volksgemeinschaft, die im nationalsozialistisch beherrschten Deutschland hatte entstehen sollen. Doch bedienten sie sich weithin derselben Methoden, um die Jugend in die Hand zu bekommen. Für die Autoren dieses Buches waren diese Übereinstimmungen ein Anstoß, das *ganze* Jahrzehnt zu betrachten. Gesunde junge Menschen sind begierig, die bunte Welt kennenzulernen; kann man sie für eine einseitig enge Weltsicht einfangen?

Um Kinder und Jugendliche zu gewinnen, machten die Machthaber im nationalsozialistischen Deutschland und in der SBZ/DDR sich Entwicklungen zunutze, die in den ersten Jahrzehnten des 20. Jahrhunderts europaweit herangereift waren. Das war einerseits die Jugendbewegung. In Jugendbünden wie dem „Wandervogel" oder den Pfadfindern konnten Jugendliche eigenständig geplante Unternehmungen selber organisieren. Die Hitlerjugend war eine staatlich gelenkte Zwangsvereinigung, gab sich aber den Anschein, als mache sie das Schlagwort „Jugend soll Jugend führen" wahr. Die einzig anerkannte Jugendorganisation in Ostdeutschland hieß ‚Freie Deutsche Jugend'. Doch was jungen Menschen in beiden Diktaturen unter dem Etikett Freiheit und Selbständigkeit aufgedrängt wurde, lief in Wirklichkeit darauf hinaus, sie aus einer Vielfalt von Traditionen und neuen Chancen jugendlich freien Lebens herauszulösen und an die eine Staatsideologie zu binden.

Für den gleichen Zweck mißbrauchten beide Zwangsstaaten eine segensreiche Fortentwicklung des Rechts. In europäischen Staaten hatte sich die Einsicht durchgesetzt, daß Kinder Träger eigener Rechte sind, die der Staat notfalls auch gegen deren Eltern durchsetzen müsse. Artikel 120 der Verfassung der Weimarer Republik aus dem Jahr 1919 lautet: „Die Erziehung des Nachwuchses zur leiblichen, seelischen und gesellschaftlichen Tüchtigkeit ist oberste Pflicht und natürliches Recht der Eltern, über dessen Betätigung die staatliche Gemeinschaft wacht". Eine konkrete Folgerung aus diesem Grundsatz war die in derselben Verfassung verordnete achtjährige Schulpflicht. Lückenlos in ganz Deutschland durchgesetzt wurde sie erst durch das NS-Regime, das aus der Schule ein Werkzeug machen wollte, mit dem Kinder zu überzeugten Nationalsozialisten zu formen seien. Es wird zu berichten sein, warum das nur in geringem Maß gelungen ist. Zu melden ist aber auch ein echter Erfolg der Schulpolitik jener Jahre: Nach Kriegsende setzten deutsche Behörden sich dafür ein, daß die Kinder möglichst bald wieder zur Schule gingen. Man braucht nur zu bedenken, daß es bis heute Staaten gibt, in denen Jungen und erst recht Mädchen die Grundbildung versagt bleibt, um zu sehen, wie wenig selbstverständlich es war, daß die

Öffnung der Schulen in den Nöten der ersten Nachkriegszeit solchen Vorrang hatte. Die politische Führung in der Sowjetzone bediente sich der Schule jedoch sogleich wieder als eines Instruments, mit dem sie jungen Menschen ihre Weltsicht vermitteln wollte.

Der damals weit verbreitete autoritäre Stil der Erziehung kam solchen Bestrebungen entgegen. In den ersten Jahrzehnten des 20. Jahrhunderts hatten Reformpädagogen gefordert, die Eigenständigkeit der Kinder zu achten und ihre Selbsttätigkeit zu fördern. In der NS-Zeit wurden angesehene reformpädagogische Schulen zu Musterschulen nationalsozialistischer Erziehung, und in der Ostzone wurde das reformpädagogische Ideal, das überzeugte Sozialisten vor 1933 verfochten hatten, als ‚altbürgerlich' verworfen.

Schon diese wenigen Hinweise zeigen, daß gewichtige Einblicke zu gewinnen sind, wenn man politische Geschichte und gesellschaftliche Entwicklungen in den Jahren 1939-1949 mit der Frage nach Erfahrungen und Schicksalen junger Menschen sichtet. Alle Altersstufen sind zu beachten; es ist zu fragen, welche Rolle jungen Menschen vom Säuglingsalter bis zum Mündigwerden in der Geschichte dieses Jahrzehnts zufiel. Die Jahre bis 1945 sind gründlich erforscht; doch Antworten auf die Frage, welcher Einfluß von jungen Menschen und selbst von Kindern auf Entwicklungen dieses Jahrfünfts ausging, stehen noch aus. Er war, das sei vorweg gesagt, keineswegs gering. Neues Licht fällt auf diese unheilvolle Zeit deutscher Geschichte, wenn man vergleichend hinzunimmt, wieviel härter die Folgen des Krieges junge Menschen im Osten Deutschlands getroffen haben.

Mit großräumigen Überblicken und klar abgrenzenden Thesen ist diese Lücke kaum auszufüllen. Es ist bezeichnend, daß außergewöhnlich viele Menschen ihre persönlichen Erinnerungen an diese Zeit veröffentlicht oder in privatem Rahmen für ihre Kinder und Enkel niedergeschrieben haben. All diese Menschen hoffen, nachträglich die Anteilnahme zu finden, die damals fehlte; was Einzelne an Ungeheuerlichem erfahren haben, war das Schicksal von Millionen. Anteilnahme haben aber auch diejenigen verdient, die über ihre Erfahrungen aus jener Zeit schweigen, weil das Böse, das sie erlitten haben, ihnen unsäglich ist. Anteilnahme zu wecken, ist ein Anliegen dieses Buches, Anteilnahme auch für die Vielen, die in Krieg und Verfolgung umgekommen sind.

Viele von denen, die jenen dramatischen Abschnitt deutscher Geschichte miterlebt haben, leben noch unter uns; die meisten waren damals zu jung, um den Ausnahmecharakter ihrer Zeit erfassen zu können. Sie haben den mörderischen Krieg und das Elend der Nachkriegsjahre nur aus den Winkeln heraus erlebt, wenn nicht erlitten, in die es sie jeweils verschlagen hatte. Die Autoren sind dankbar, daß sie in Familien aufgewachsen sind, in denen man sich aufeinander verlassen konnte. Was sie von dort aus sahen, war erschreckend genug, aber erst recht nur ein kleiner Ausschnitt aus dem Geschehen jener Jahre. Wir laden unsere Leser ein, mitzugehen auf eine Wanderung durch die Welt der vielfältigen, oft erregenden und erschütternden Erfahrungen von Menschen, die damals mit uns zusammen jung waren, und so die deutsche Geschichte jenes Jahrzehnts in den Blick zu nehmen. Die entsetzlichen Verbrechen, die sogar Kinder erdulden mußten, können dabei nicht ausgeklammert werden; doch im Vordergrund steht all das, was den Alltag ‚normaler' deutscher Jungen und Mädchen bestimmte.

Wir reden als Historiker, die nachzeichnen, was in geschichtlichen Dokumenten faßbar wird. Wir konnten aus gewaltigen Quellenbeständen schöpfen, bringen doch Ausnahmezeiten weit mehr Schriftgut hervor als normale Jahre, und zwar nicht nur in den Ämtern. Viele Menschen haben damals noch Briefe und Tagebuch geschrieben. Auch Kinder verstanden, ihre Gedanken und Beobachtungen in klare Worte zu fassen. Wir haben uns gern auf solche Zeugnisse des privaten Lebens gestützt. Überlieferungen aus dem Leben Einzelner werden in diesem Buch verflochten mit amtlichen Verlautbarungen, mit genau datierbaren Ereignissen und mit Zahlen aus Statistiken. Bemerkungen aus Alltagsgesprächen, wie Sicherheitsdienste sie aufgeschnappt haben, werden in Zusammenhang gebracht mit Vorschriften, Erlassen und Gesetzen. In die Darstellung eingearbeitet sind sprechende Szenen aus Erinnerungen, auch aus solchen, die uns handschriftlich oder als Privatdruck überlassen, oft nachgerade aufgedrängt oder im Gespräch anvertraut worden sind. Persönlich gefärbten Deutungen erlebter Geschichte werden Texte aus damaligen Schulbüchern gegenüber gestellt, an denen die Kinder Rechnen oder Schreiben üben und gleichzeitig lernen sollten, die Welt mit den Augen der Machthaber zu sehen. Nachschlagewerke, wie Lehrer sie damals konsultierten, werden herangezogen; mehrfach ist es der ‚Meyer', die zur Zeit des Dritten Reiches unvollendet gebliebene Neubearbeitung des bewährten Konversationslexikons.

Aufschlußreich ist jedoch nicht nur, was in Worte gefaßt worden ist. Uns interessieren auch Sachen, mit denen Menschen damals zu tun hatten. Mit der Frage, was Mütter für ihre Kinder beschaffen konnten, ist Einblick in Grundstrukturen jener Jahre zu gewinnen; ebenso bedeutsam ist, was Kinder in die Hand bekamen. Spielzeug basteln, dem Radio Nachrichten entlocken, ins Kino gehen… Über vielerlei Dinge und Aktivitäten des Alltags wuchsen junge Menschen in ihre Zeit hinein. Nicht Wenige bezahlten Spieldrang oder Wissensdurst mit ihrem Leben.

Nur ein Bruchteil der uns vorliegenden Quellen ist in die Endfassung dieses Buches eingegangen. Zum Reiz und zur Last der Darstellung gehörte, daß wir bis zuletzt abwägen mußten; und das hieß oft genug: im Interesse der Umfangsbegrenzung das lange Zitat in kurze eigene Worte fassen oder auf eine grundsätzlich wünschenswerte Differenzierung verzichten. Wir stützen uns auf Vorarbeiten kompetenter Autoren, die für unsere Fragen wichtige Quellen gesichtet und gedeutet haben. Streckenweise muß unsere Erzählung sich beinah Satz für Satz auf eine andere Autorität stützen oder eine andere Quelle heranziehen.

An weit voneinander entfernten Orten haben wir selber Archivmaterialien durchgesehen, in Lübeck und Pirna, Freiburg und Münster. Weit mehr Material verdanken wir veröffentlichten Dokumentensammlungen – aus Köln und Görlitz, aus Berlin und Krefeld, aus großen und kleinen Orten. Wir haben uns vielfältig umgeschaut, weil wir ein Stück deutscher Geschichte darstellen wollen, und zu Deutschland gehört nun einmal eine Vielzahl von Gemeinschaften, die sich nach Mundart, Konfession und Brauchtum unterscheiden. Viele Kinder haben Teile Deutschlands, in die sie verschickt oder vertrieben wurden, wie ein fremdes Land erlebt.

In vier Kapiteln führt dieses Buch durch jene bewegte Zeit. Die drei ersten wenden sich unter je anderen Aspekten den Jahren bis 1945 zu. Wer persönliche Erinnerungen an diese Zeit festhält oder sich mit geschichtlichen Entwicklungen dieser Jahre befaßt, tut es wohl immer zuerst, um sich mit harten Brüchen auseinanderzusetzen. Es gab in Deutschland keinen, dem nicht durch den von jenem machtbesessenen Regime losgetretenen Krieg altgewohnte Sicherheiten zerbrachen. Millionen wurde ihr ganzer Lebenszusammenhang zerrissen. Auf unbegreiflich bösartige Weise geschah das den vielen, die sich von ihrem eigenen Volk erniedrigt und verfolgt sahen, der Vernichtung preisgegeben. Die Katastrophe von 1945 gleicht dem Ende eines grausamen Spuks, der Furchtbares angerichtet hatte, das dann, so gut es noch gehen mochte, aufzuräumen war. Bis heute ist diese Räumarbeit nicht beendet; dieses Buch soll ein Stück dieser Arbeit tun.

Doch das Stichwort ‚Brüche' benennt nur einen Teil der geschichtlichen Wirklichkeit. Das erste Kapitel berichtet auch von Kontinuitäten. Sowohl vor wie nach dem Krieg gab man Kindern Vornamen, wie sie in der Verwandtschaft jeweils üblich waren; vor, während und nach der Kriegszeit war es selbstverständlich, daß man Essensreste nicht verderben ließ. Von derlei Alltäglichkeiten wird in diesem Buch nicht erzählt, weil eine exotisch anmutende Alltagswelt interessant sein mag. Kontinuitäten und Brüche stehen nicht beziehungslos nebeneinander. Es war die für die meisten Deutschen selbstverständliche Anspruchslosigkeit und Belastbarkeit, die es einem bösartigen Regime möglich machte, wirtschaftliche Erholung nicht zur Steigerung des allgemeinen Wohlstandes, sondern für seinen Krieg zu benützen. Die gleiche Bereitschaft und Fähigkeit, zuerst sich selber Verzicht und Leistungen abzuverlangen, trug dazu bei, daß der Wiederaufbau nach dem Krieg gelang. Eltern rackerten sich ab, damit ihre Kinder es einmal besser hätten. Es gab Kontinuitäten, auf die das verächtliche NS-Regime sich stützte, und solche, die es als Zündstoff seiner bösen Taten benützte. Wieder andere waren der Wurzelboden, auf dem mitten in schlimmer Zeit Mitmenschlichkeit gedeihen und Widerstandskraft gegen den Zwangsstaat wachsen konnten. Aus dem gleichen Boden ging aber auch Furchtsamkeit hervor, die keinen Protest gegen grassierendes Unrecht wagte. Wer nur für sich selbst zu sorgen hat, kann mutiger sein als Eltern, die sich für Kinder verantwortlich wissen.

Das zweite Kapitel lenkt den Blick auf Maßnahmen des Regimes. Wie wuchsen junge Menschen heran, die, seit der zweiten Hälfte der zwanziger Jahre geboren, nur vom Hörensagen das Leben in einem Staat kannten, der Einzelnen und Gemeinschaften Chancen selbständigen Handelns einräumt? Wie kam es, daß viele Jugendliche sich für die vom Staat auferlegten Dienste begeistern ließen, obwohl das nationalsozialistische Regime nicht an ihrem Wohl interessiert war, sondern nur an seinen eigenen irrsinnigen Plänen? Sogleich nach der Machtergreifung hatten Hitler und seine Helfer begonnen, Institutionen der Sozialarbeit, Jugendorganisationen, Schulen ihrer Führung zu unterstellen. Sie taten es mit familien-, kinder-, jugendfreundlichen Gesetzen und Verordnungen, die man genau lesen mußte, um zu erkennen, daß es den Machthabern nur auf eines ankam: eine starke Herrenrasse heranzuzüchten, die ihnen half, ihre eigene Herrschaft zu befestigen. Wer dieses hinter allen Maßnahmen verborgene Ziel bemerkte, nahm den Schwachsinn der Rassenideologie viel zu lange nicht ernst. Waren Sozial- und Jugendarbeit unter dem Schirm des Reiches nicht effektiver zu betreiben? Jugendliche zog die Vorstellung an, daß an die Stelle von Verbänden und Vereinen, die einander Konkurrenz machten, eine Organisation getreten war, in der – mit Ausnahme der vielen Ausgegrenzten – alle miteinander daran arbeiteten, die Not des Landes zu wenden. Wenige fragten, was es bedeutete, daß die Partei dafür ein Wort aus der Technik gebrauchte; sie sprach von ‚Gleichschaltung'. Die deutsche Jugend sollte eingebaut werden in einen Apparat, den die Nationalsozialisten nach Gutdünken einschalten wollten.

Mitte des Buches ist das Kapitel, das vom Leben und Sterben junger Menschen im Krieg berichtet. Das Regime brauchte den Krieg, um seine bösartige Ideologie mit aller Grausamkeit zu verwirklichen. Es verließ sich darauf, daß ein Volk, das sich von äußeren Feinden bedroht sah, der eigenen Führung nicht in den Rücken fallen werde, wenn diese anordnete, unschuldige Menschen und selbst kleine Kinder systematisch hinzumorden. Da die Machthaber Widerstand aus der Bevölkerung fürchteten, hielten sie ihre verbrecherischen Aktionen möglichst verborgen; mit Zwang und Terror schüchterten sie ihr eigenes Volk ein und gaben sich andererseits Mühe, die ‚Heimatfront' einigermaßen gut zu versorgen. Dabei nutzten sie die Einsatzfreude junger Menschen für sich aus. Jugendliche Abenteuerlust fachten sie an für ihren Krieg, jugendliche Bereitschaft zum sozialen Engagement half ihnen, Ordnung sogar im Chaos des Bombenkrieges zu wahren. Gewissenlos haben die Gewalthaber, wie man es in der zivilisierten Welt bis dahin nicht für möglich gehalten hatte, auch Kinder als Kämpfer mißbraucht. Manchmal möchte selbst der Historiker fragen: Was wäre gewesen, wenn ...? Hätte das Regime den Krieg so in die Länge ziehen können, wenn es ihm nicht gelungen wäre, Jugendliche für gute, aber auch für verwerfliche Dienste zu begeistern? Wäre dann nicht vielen Menschen schrecklicher Tod erspart geblieben?

Dieses Hauptkapitel des Buches berichtet nicht nur von dem Krieg, der am 8./9. Mai 1945 mit der bedingungslosen Kapitulation der Wehrmacht zuende ging. Für Flüchtlinge und Vertriebene sollte es noch lange dauern, bis die Zeit brutaler Gewalt vorüber war und sie sich an einem Platz einrichteten, der wenigstens ihren Kindern Heimat werden konnte.

Das vierte Kapitel erzählt von den ersten Nachkriegsjahren. Das Durcheinander der letzten Kriegstage wich bald einer öffentlichen Ordnung; deutsche Behörden führten unter Aufsicht der Besatzungsmächte ihre gewohnte Arbeit fort. So konnten, wie bereits erwähnt, fast alle Kinder schon im Herbst 1945 wieder zur Schule gehen. Der private Alltag aber war bestimmt von entsetzlichen materiellen Nöten; es schien, als versinke Deutschland immer tiefer ins Elend. Mädchen und Jungen trugen nun maßgeblich dazu bei, daß ihr Land nicht im Chaos versank. Um ihrer Kinder willen haben Eltern durchgehalten; dabei konnten sie sich darauf verlassen, daß ihre Sprößlinge phantasievoll und auf nicht immer rechtmäßige Weise Wege fanden, übelsten Nöten abzuhelfen. Zudem kam um der Kinder willen mannigfache Hilfe aus dem Ausland. Im Westen Deutschlands war das Schlimmste schon nach drei Jahren vorüber.

Verglichen mit der Jugend in der Sowjetischen Besatzungszone (SBZ) konnten Jungen und Mädchen in den westlichen Besatzungszonen sich schon bald in größere Freiräume vortasten. In der SBZ/DDR wurde die Auseinandersetzung mit der deutschen Vergangenheit mit großer Härte auch gegen Jugendliche geführt. Den Vertriebenen war in ganz Restdeutschland ein hartes Schicksal beschieden; im Osten durften sie nicht einmal von ihren Erfahrungen sprechen, so daß bittere Heimatlosigkeit noch schwerer lastete. Am längsten aber wirkte weiter, daß der Unfreiheit der nationalsozialistischen Zeit bald eine erschreckend ähnliche Unfreiheit folgte.

Zum Schluß der Einleitung ist es notwendig, Schreib- und Sprachstil der Ausführungen kurz zu erläutern. Die Ideologen, von deren verwerflichem Tun hier berichtet werden muß, haben auch die deutsche Sprache mißbraucht, um Menschen zu verwirren und zu verführen. Mit einfachen Anführungszeichen (‚...') haben wir in ersten Entwürfen zu diesem Buch regelmäßig auf zeittypische Bezeichnungen hingewiesen, deren inhaltlicher Aussage wir nicht zustimmen wollen, etwa ‚deutschblütig', ‚Führer', ‚lebensunwert' und ‚Zigeuner'. Die unvermeidlich große Zahl dieser Kennzeichnungen machte den Text jedoch so sperrig, daß wir sie schließlich nur beim ersten Gebrauch dieser Wörter haben stehen lassen; die Leser werden erkennen, daß wir uns mit dem hinter solchem Wortgebrauch stehenden Denken nicht identifizieren. Zwei weitere Hinweise: Auf Kürzungen in Zitaten wird nur mit „..." hingewiesen. Um der leichteren Überschaubarkeit willen haben wir die Anmerkungen nach Zahl und Umfang gekürzt. Zeugnisse von Zeitgenossen, die uns persönlich anvertraut worden sind, haben wir im allgemeinen nicht eigens nachgewiesen.

Kapitel 1. Kontinuitäten und Brüche

Beim Rückblick auf die 1940er Jahren stellen sich Bilder solch entsetzlicher Brüche in der europäischen Kultur ein, daß man darüber fast vergißt, wie sehr alltägliche Verhaltensweisen und Einstellungen während der Herrschaft der Nationalsozialisten solchen glichen, die vor- und nachher zu beobachten waren. Von solchen Kontinuitäten wird im Folgenden berichtet. Auf der Folie des Normalen zeichnen sich die Barbarei des Nationalsozialismus und die Furchtbarkeit des Krieges eindringlicher ab. Andererseits muß man mit Schrecken feststellen, wie leicht manches, was als alltäglich galt, zum Boden wurde, in dem das Regime Wurzeln schlug. Aber auch der rasche Wiederaufbau erklärt sich großenteils damit, daß die zwölf Jahre von 1933 bis 1945 zu kurz waren, um Tugenden und Ordnungen zu verderben, welche die Rückkehr zu einem einigermaßen gedeihlichen Miteinander in der deutschen Gesellschaft begünstigten.

Kinder leben gesünder

Wie in früheren und späteren Jahrzehnten wurden in den 1940er Jahren Millionen von Kindern geboren und meist liebevoll ernährt, bekleidet und gepflegt. Obwohl die Zahl der Kinder pro Ehe seit Beginn des 20. Jahrhunderts langsam abnahm, wuchs die Bevölkerung Deutschlands; denn die Säuglings- und Kindersterblichkeit ging beträchtlich zurück[1]. Dank gut ausgebildeter Hebammen und gesicherter ärztlicher Betreuung war vor und nach der Entbindung für die Gesundheit von Mutter und Kind gesorgt; Kinder wurden geimpft und überstanden Krankheiten, die man bis weit ins 20. Jahrhundert hatte fürchten müssen.

Heilsam wirkte sich die Alphabetisierung aus. Eltern waren über das geschriebene Wort zu erreichen. Wo es ging, ließen sie ihre Kinder in frischer Luft spielen, sorgten für abwechslungsreiche Ernährung und altersgemäße Kleidung. Man verfügte über Hilfen, die frühere Generationen nicht gekannt hatten. Lange vor 1940 waren Kinderwagen in Mode gekommen. Reichten die Mittel zu einem solchen Luxus nicht, behalf man sich mit einem Bollerwagen, in den Kissen gelegt wurden. – Während des Krieges waren Kinder- und Bollerwagen wertvolle Hilfen für Mütter, die vor Terrorangriffen aus den Städten und vor der Roten Armee aus dem Osten fliehen mußten.

Ein 1940 herausgegebenes Handbuch der Richtlinien zur deutschen Volksschule widmet der Gesundheitspflege 19 Seiten[2]; gut zehn Seiten davon enthalten Erlasse aus den Jahren 1908 bis 1929. Die ‚Volksgesundheit‘ war dem NS-Regime wichtig, dafür griff es gern auf Maßnahmen früherer Regierungen zurück. In der ausführlichen „Anweisung zur Verhütung der Verbreitung übertragbarer Krankheiten“ aus dem Jahre 1927 findet sich eine Vorschrift, über die man heute den Kopf schütteln mag: „Auf jedem Schulgrundstück soll eine [!] Waschgelegenheit für die Schulkinder vorhanden sein.“ In den 1940er Jahren war es nicht überflüssig, dieses Gebot zu wiederholen. Nicht jede Wohnung war an Leitungen für Trinkwasser und für Abwasser angeschlossen; aus gutem Grund empfiehlt die Anweisung, „in angemessenen Zwischenräumen das Wasser der Schulbrunnen bakteriologisch untersuchen zu lassen.“ Lang ist die Liste der Krankheiten, deretwegen jedem davon Betroffenen verboten ist, das Schulgelände zu betreten; Rotz und Läuse gehören ebenso dazu wie Masern und Typhus. Krankheitsfälle von Schülern und Schulpersonal seien der Ortspolizei zu melden.

Zur Eindämmung ansteckender Krankheiten hat die Schule vor und in der NS-Zeit wesentlich beigetragen. – Viele dieser Übel wurden nach 1945 wieder bedrohlich, als die Städte zerstört und Millionen in Notquartieren zusammengepfercht waren. Einige Antibiotika waren schon entwickelt; in Deutschland standen sie erst seit 1947 in geringen Mengen zur Verfügung.

Mit knappen Gütern sorgsam umgehen

Auch vor Ausbruch des Zweiten Weltkrieges kannte kein Kind den Überfluß, der jungen Menschen heute selbstverständlich ist. Die in Stadt und Land weit verbreitete Not hatte vielfältige Ursachen. Die Folgen des verlorenen Ersten Weltkrieges (1914-1918) und der Arbeitslosigkeit zu Anfang der 1930er Jahre waren noch nicht überwunden, als Aufrüstung („Kanonen statt Butter“), Militarisierung, Ausschaltung von Millionen produktiver Menschen durch die ‚Rassengesetze‘ verhinderten, daß der Wirtschaftsaufschwung das Leben aller spürbar verbesserte. Nicht wenige Mütter sahen sich gezwungen, außer Hause zu arbeiten, vor allem in industriellen Ballungsgebieten, wo Spielplätze in frischer Luft rar waren und Kinder in engen, dunklen Wohnungen sich selbst überlassen blieben. Verglichen mit dem Jahr 2009 war Deutschland 1940 arm.

Armut ist freilich ein relativer Begriff. Als 1944/45 Rotarmisten die Reichsgrenze überschritten, erlebten viele von ihnen einen Kulturschock. Sie hatten den Eindruck, in ein Schlaraffenland zu kommen; nur wenige ostdeutsche Städte waren zerstört; die Felder waren bestellt, die Vorratslager gefüllt. In den Großstädten dagegen hatte der kleine

Mann kaum Vorräte anlegen können. Eine Aufgabe in einem Rechenbuch jener Zeit spiegelt den Alltag: Volksschüler sollten ausrechnen, wie viele Familien 10 Doppelzentner Kartoffeln einkellern könnten, würden nicht in jedem von ungefähr 20.000 deutschen Haushalten „täglich 60 g Kartoffeln verschwendet (Kartoffelschälen!)"[3].

1935 hatte der Staat mit der Bewirtschaftung knapper Güter begonnen; seit Beginn des Krieges im September 1939 regulierten Lebensmittelkarten für Zuteilungsperioden von jeweils vier Wochen, wieviel jedem zur Verfügung stand; die Preise waren festgesetzt, die Lieferbarkeit aber keineswegs garantiert. Im Laufe des Krieges wurden immer mehr Güter des täglichen Bedarfs rationiert; vieles verschwand aus dem Angebot und war allenfalls unter der Theke oder auf dem Schwarzen Markt zu haben. Für alle, die nur von dem leben konnten, was es auf Marken gab, wurde die Nahrung karg und ungesund. Der durchschnittliche Pro-Kopf-Verbrauch belief sich vor September 1939 auf etwa 2.700 Kalorien täglich; 1939/40 sank er auf 2.435 Kalorien, 1944/45 auf 1.671 Kalorien. Zulagen gab es für Kinder, Mütter, Schwer-, Schwerst- und Nachtarbeiter[4]. Der nationalsozialistischen Führung lag daran, die Volksgenossen bei Laune zu halten. Solange sie besetzte Länder schamlos ausplündern konnte, mußte kein Deutscher wirklich Hunger leiden. – Juden und ‚Zigeuner' zählten jedoch auch in dieser Hinsicht nicht mehr zu den Deutschen.

Man nutzte jede Chance, um gesundes Essen auf den Tisch zu bringen. In Ballungsräumen schätzte sich glücklich, wer einen Garten hatte. Gemüse wuchs in öffentlichen Parks und entlang von Bahngleisen. Das oben zitierte Rechenbuch fordert Zweitklässler auf, sich klar zu machen, wie ihre Eltern sich abrackern: „Ein Tag hat 24 Stunden. Vater arbeitet täglich 8 Stunden in der Fabrik und 3 (5, 4, 6) Stunden im Schrebergarten"[5]. Schüler mußten im Sommer klassenweise auf den Feldern Kartoffelkäfer, deren Eier und Larven suchen. Viertklässler sollten ausrechnen, welch „gefährlicher Feind" dieser Käfer ist: „Ein Weibchen legt 2 Monate lang jeden zweiten Tag 30 Eier. Aus den Eiern entwickeln sich neue Käfer. Nehmen wir an, die Hälfte davon wären wieder Weibchen." Im Krieg munkelte man, der Feind habe die gefräßigen Schädlinge in großen Bomben abgeworfen[6].

Blanke Notwendigkeit gebot generationenlang, was heute oft nur noch ein Schlagwort ist: Mit knappen Ressourcen haushälterisch umgehen. Eltern, die den Ersten Weltkrieg erlebt hatten, mahnten ihre Kinder, nichts zu vergeuden. Wer Platz hatte, hielt Hühner und Kaninchen, in Stadtrandlagen wohl auch ein Schwein; Küchen- und Gartenabfälle wurden möglichst verfüttert. Da es an Dünger für den Garten fehlte, sorgten Kinder dafür, daß Pferdeäpfel nicht lange auf der Straße liegen blieben. Vielerorts gab es noch keine Kanalisation. Jugendliche mußten den Inhalt der Abortgrube zusammen mit dem Mist aus dem Schweine- und Hühnerstall im Handkarren auf das Gemüsefeld schaffen; lieber ließen sie sich in den Wald schicken, um trockenes Laub und Farn für den Komposthaufen zu holen.

Kinder hatten bei verhaßten Arbeiten zuzupacken, erlebten aber auch mit Stolz, wie unentbehrlich ihre Hilfe war. Sammeln war großgeschrieben: Ähren auf abgeernteten Feldern; im Wald Beeren, Buchekkern, Haselnüsse und Pilze, Eicheln für das Schwein und Holz für den Herd. Getreidekörner wurden zu Brei gekocht, Beeren zu Marmelade verarbeitet. Beim Spaziergang zupfte die Familie von Zäunen flockenweise Schafwolle, mit der die Fußsohle von Strümpfen verstärkt wurde. Schulkinder suchten in Feld und Wald Hirtentäschelkraut, Holunderbeeren, Huflattich, Kamille, Lindenblüten. Heilpflanzen wurden auf dem Dachboden zum Trocknen ausgebreitet, solange das tunlich und erlaubt war. Denn als die Luftangriffe einsetzten, mußten die Dachböden freigemacht werden, damit etwaige Brände leichter zu löschen wären. Der ‚Meyer' informiert ausführlich und mit neun Farbabbildungen über Heilpflanzen[7]; das Reich sollte auch im Gesundheitsbereich möglichst autark werden.

Seit Kriegsbeginn war Deutschland, wie während des Ersten Weltkriegs, von den Weltmärkten abgeschnitten; um so not-wendiger wurde der überlegte Umgang mit knappen Gütern. Kleidung wurde so lange getragen wie möglich und von einem Kind auf das nächste vererbt. Im Handarbeitsunterricht lernten Mädchen Stopfen; durch Aufribbeln abgetragener Strickwaren gewann man das dazu erforderliche Garn. War ein größeres Kleidungsstück abgenutzt, wurde es aufgetrennt; aus noch verwertbaren Teilen nähte man einen neuen Rock oder, wenn es dazu nicht reichte, eine Schürze. Was zuletzt übrig blieb, diente als Kissenfüllung oder Putzlumpen. War das Nähen Sache der Frauen und Mädchen, so hatten Jungen Schuhe zu reparieren. Schusterhammer und gußeiserner Fuß gehörten in vielen Haushalten zum Werkzeug.

Die Industrie brauchte dringend Rohstoffe, also auch Altmaterial. Jungen skandierten martialisch: „Lumpen, Eisen, Knochen und Papier,/ ausgehau'ne Zähne sammeln wir!" Im Schuljahr 1941/42 brachte eine Berliner Schule 10.049 kg Papier zusammen, 2.996 kg Knochen, 2.591 kg Stoffreste, 114 kg Buntmetall, 1.214 kg Schrott, 44 kg Jute, 4 kg Kürbiskerne und 17 Felle[8].

In bürgerlichen Kreisen kannte man zwar schon das Kinderzimmer, doch meist war der Wohnraum knapp bemessen. Arbeiterfamilien hatten für Eltern und Kinder oft nur ein Schlafzimmer; Kinder waren daran gewöhnt, das Bett mit einem Familienmitglied zu teilen. Ein Vater erlebte es als großes Glück, daß er zusammen mit einer festen Anstellung ein Reihenhäuschen in einer Eisenbahnersiedlung mieten konnte; die Eltern und fünf, nach einigen Jahren neun Kinder lebten in vier Zimmern. Außerordentlich zufrieden war die Familie, daß zum Haus ein kleiner Hof, Garten und Stall gehörten.

In größeren Wohnungen mußte man seit 1943 zugunsten von Ausgebombten zusammenrücken. Immer häufiger teilten mehrere Personen sich einen Raum; Kinder hatten sich mit einfachsten Schlafstellen abzufinden. Seit 1944 schätzten viele sich glücklich, wenn sie in Behelfsheimen unterkamen, die am Rande der Städte rasch errichtet wurden; andere richteten sich in Kellerlöchern ein und waren froh, wenn die Familie dort unter sich blieb.

Auch in großzügig geplanten Häusern wurde oft nur ein Raum leidlich warm. In strengen Wintern freute man sich, wenn wenigstens der Küchenherd tagsüber ein wenig Wärme spendete. Nachmittags legte man ein Säckchen mit Kirschsteinen oder einen Ziegel in die Backröhre; Kinder nahmen die Fußwärmer mit, um im eiskalten Bett einschlafen zu können, den scharfkantigen Ziegel gut eingewickelt, damit er das Bettzeug nicht zerriß. Noch besser war es, wenn man das Deckbett am Ofen hatte anwärmen können. Geschwister schliefen dann gern im selben Bett; sie bliesen sich mit warmem Atem an und kuschelten sich aneinander. Juckten Frostbeulen an Fingern und Zehen, Folge von Fettmangel und Kälte, ließ der ersehnte Schlaf lange auf sich warten. Bei Frost mußte man eine durch ungeheizte Räume führende Wasserleitung rechtzeitig abstellen, damit sie nicht platzte; an Toilettenspülung war dann nicht zu denken.

In Städten waren die Häuser seit langem an das öffentliche Elektrizitätsnetz angeschlossen, doch auf dem Land mußte man sich vielerorts noch in der Nachkriegszeit mit offenem Licht begnügen. Wer es sich leisten konnte, hatte eine Petroleumlampe für die Stube und eine weitere für die Küche; in den anderen Räumen blieb es finster; denn auch Petroleum war knapp. Kindern überließ man die Lampe wegen der damit verbundenen Feuergefahr ohnehin nicht. Im Winter gingen sie im Dunkeln zu Bett[9]. Schulaufgaben machten sie möglichst bei Tage – das abendliche Licht war für die Großen da. Je verrußter die Lampe, desto schlechter die Lichtausbeute; also war täglich der Glaszylinder zu putzen, für Kinder eine heikle Aufgabe. Wehe, der Zylinder brach! Auch für den Nachschub an Brennstoff waren sie zuständig. Von Zeit zu Zeit mußten sie auf dem Rückweg von der Schule Petroleum einkaufen. Auf dem Land waren die Schulwege oft weit; die gefüllte Petroleumkanne anderthalb Stunden nach Hause zu tragen, war Schwerarbeit. Trotz großer Achtsamkeit berührte sie schon mal ein Kleidungsstück; dann „stank man überall nach Petroleum".

Zur Familie gehören

Fast alle Kinder lebten in vollständigen Familien. Vater und Mutter waren durch die vor dem Standesbeamten geschlossene, meistens auch kirchlich eingesegnete Ehe verbunden. Wer heiratete, wollte eine Familie gründen, stellte sich also auf Kinder ein. Vater, Mutter, Kinder: das war die übliche Rangordnung im Haus – bis Mütter Haushaltungsvorstand werden mußten, weil der Vater im Krieg gefallen oder krank aus der Gefangenschaft heimgekehrt war. Wenn es nur eben ging, suchten Familien zur alten Ordnung zurückzufinden, mit dem Vater als Familienoberhaupt.

Eine Geburt war in erster Linie ein Familienereignis. Im allgemeinen erlebten die Kinder die Ankunft des Geschwisterchens aus der Nähe mit; voller Spannung warteten sie im Nachbarzimmer oder bei Freunden, zu denen sie rasch ausquartiert worden waren. Zwar gab es fachärztlich geleitete, häufig mit einer Hebammenlehranstalt verbundene Entbindungskliniken, doch dort entbanden eher ledige Mütter und arme Frauen, denen „gegen Verrichtung leichterer Hausarbeiten verbilligter Klinikaufenthalt gewährt" wurde[10]. Frauen aus wohlhabenden Kreisen ließen sich in Privatkliniken versorgen; doch gewöhnlich blieben Gebärende daheim, um sich bald wieder um die Hausarbeit und größere Kinder zu kümmern.

Nach altem Brauch wurde das Neugeborene so rasch wie möglich getauft. Zwar hätten nicht wenige Nationalsozialisten die christliche Taufe gern durch eine ‚germanische' Feier ersetzt; doch sogar stramme Parteimitglieder zogen die Taufe vor. So war Hitler 1938 im Abstand weniger Tage zweimal Pate: als Edda Göring zum Unwillen vieler anwesender NS-Größen von Reichsbischof Müller getauft wurde, und als man das Fest der Namensgebung von Wolf Heß feierte[11]. Die ‚Namensweihe' ahmte Taufriten nach. In der SS-Organisation ‚Lebensborn' fragte der Leiter des Ritus: „Deutsche Mutter, verpflichtest du dich, dein Kind im Geiste der nationalsozialistischen Weltanschauung zu erziehen?" Dann war der SS-Pate an der Reihe: „Bist du bereit ... die Erziehung dieses Kindes im Sinne unserer Schutzstaffel zu überwachen?" Daraufhin berührte der Zeremoniar den Säugling zum Zeichen, daß er in die ‚SS-Sippengemeinschaft' aufgenommen sei, mit der Spitze des SS-Dolches. Durchgesetzt hat diese Feier sich nicht; selbst ledige Mütter verzichteten darauf, ihr Kind der ‚SS-Sippengemeinschaft' zu übergeben[12].

In normalen deutschen Familien dachte erst recht niemand daran, bewährtes Herkommen aufzugeben. Da die Mutter zumeist noch das Wochenbett hütete, trug ein Pate das Neugeborene zur Kirche und hob es aus der Taufe. Die mit der Patenschaft begründete geistliche Verwandtschaft weitete für das Kind den engen Kreis von Eltern und Geschwistern von Anfang an aus. Verwandte, Bekannte und Freunde begleiteten junge Menschen durch die Jugendzeit.

Mittelpunkt des Familienleben war die Tischgemeinschaft. Beim Mittag- oder Abendessen sprachen viele Eltern offen über ihre Erfahrungen und Sorgen, zwar im Beisein ihrer Kinder, doch nur selten mit ihnen. Heranwachsende waren als Fachkräfte geschätzt, denen Eltern wichtige Aufgaben zuwiesen, nicht als Partner, mit denen sie sich berieten. Kinder hatten artig zu sein und den Mund zu halten. Sie durften kaum mitreden, das Tischgespräch aber band sie in die Welt der Erwachsenen ein; sie waren auch über brenzlige Themen bestens informiert. „Meine Schwester Irmgard wußte immer alles: Nie fragen. Einfach mit einem Buch oder einer Handarbeit dazusitzen, wenn sich Erwachsene unterhalten. Dann erzählen sie sich alles, was du wissen solltest"[13].

Aus Kinderbriefen an die Eltern sprechen Liebe, Zärtlichkeit, Anhänglichkeit. Doch an freundschaftlichen Austausch erinnert sich kaum jemand. „Ich erzählte Mutti sowieso nie meine Kümmernisse. Sie war immer so streng. Sie sagte uns zwar häufig, wie sehr sie uns liebe und daß sie nicht so sei wie ihre böse Mutter, aber ich hatte vor ihr doch eine gewisse Scheu, ja sogar Angst. Obwohl sie uns nicht, wie es Großmutter mit ihr getan hatte, mit der Peitsche um die Beine schlug, dachte ich oft, sie sei nicht lieb. So behielt ich lieber alles für mich, manchmal besprach ich es mit Ingrid"[14].

In vielen Familien bildeten die Fremdheit der Eltern *und* die Bindung der Kinder an sie ein schwer durchschaubares Gefüge. Kinder spürten, daß die körperlich und seelisch überlastete Mutter weder Zeit noch Interesse für sie aufbringen konnte. Hatten Geschwister bei einem Streit oder einem gewagten Unternehmen blaue Flecken davongetragen, mahnte sogar der Unterlegene: „Nichts der Mama sagen!" Deren Aufregung und ungerecht verteilte Ohrfeigen würden alles nur schlimmer machen. Gut, wenn es dann eine Vertrauensperson in der Nähe gab, die den Riß in der Hose flickte, bevor die Mutter etwas merkte.

Vornamen aus der Tradition der Familie

Heute entscheiden Eltern sich gern für ungewöhnliche Namen; Familiengrabsteine bezeugen andere Bräuche. Die Ältesten wurden auf den Namen von Vater oder Mutter getauft, weitere Kinder nach anderen Verwandten oder nach den Paten. Mit einem Erlaß vom 14. März 1937 versuchte das Regime, germanische Namen durchzusetzen: „Kinder deutscher Volksgenossen sollen grundsätzlich nur deutsche Vornamen erhalten“[15]. Der Name Adolf sollte indessen dem ‚Führer‘ vorbehalten bleiben. In einem Arbeitsbuch zur Sprachpflege für Zweitklässler hatte man das wohl vergessen; denn dort wird 1942 gefordert: „Für deutsche Kinder deutsche Namen: Adolf, Karl, Otto, Gerhard, Günther, Herbert, Horst, Hermann, Rudi, Gisela, Gertrud, Irmtraud, Gudrun, Mathilde, Erika“. Anschließend sollen die Schüler Namen ihrer Verwandten und Mitschüler aufschreiben[16]. Lehrern bot sich damit die Gelegenheit, Namen als undeutsch anzuprangern.

Die Namenswahl konnte ein Bekenntnis sein. Wer seinen Sohn Horst nannte, erinnerte an Horst Wessel, der als ‚Märtyrer der Bewegung‘ verehrt wurde. Ein nationalsozialistischer Machthaber gab seiner Tochter den Namen der thüringischen Herzogin, die der Legende nach zum Mord am Missionar Kilian († 689 in Würzburg) gehetzt hatte. Die Geburtsanzeige lautete: „Gailana. Die Geburt ihres ersten Kindes zeigen in dankbarer Freude an Dr. Otto Hellmuth, Gauleiter von Main-Franken, Dr. Erna-Maria Hellmuth, geb. Stamm. Würzburg, 2. August [1937], Privatklinik Dr. Köster“[17]. Seinem Kind einen als typisch katholisch geltenden biblischen Namen wie Maria, Josef oder Peter zu geben, erforderte mancherorts fast schon Mut; lieber wählten die Eltern dann Bernhard, Hildegard oder andere deutsche Namen mittelalterlicher Heiliger. Nach dem Untergang des Regimes nahm die Zahl der Namen wieder zu, die an Vorbilder in der Bibel oder in der griechisch-römischen Antike erinnern.

Zu vielen Arbeiten herangezogen

Kinderarbeit war gesetzlich verboten; doch zwischen Norm und Wirklichkeit klaffte ein Graben. In Haushalt, Gewerbe und Landwirtschaft mußten junge Menschen so lange kräftig Hand anlegen, wie es an preiswerten, kraft- und zeitsparenden Maschinen fehlte, und das heißt: bis in die 1970er Jahre.

Die meisten Kinder wurden im Haus, im Garten und auf dem Feld „ordentlich rangenommen“; so beschönigten Erwachsene harte Arbeit.

Wäschewaschen, Schwerarbeit für Mädchen. Sie mußten in der heißen Lauge und im kalten Spülwasser hantieren, die volle Wanne hinaustragen, die Wäsche aufhängen, später wieder abnehmen, recken, bügeln, falten und einordnen.

Siedlerstolz. Familien, die das Glück hatten, über einen Garten zu verfügen, suchten daraus möglichst viel Obst und Gemüse zu gewinnen. Die fünf Kinder auf diesem Foto wurden 1927 bis 1937 geboren. Während die Mutter den jüngeren Sohn für das Foto ruhig hält, sorgt die älteste Tochter für ihr zehn Jahre jüngeres Schwesterchen.

Jungen ziehen und schieben einen Heuwagen. Wertvolles Zugvieh war von der Wehrmacht beschlagnahmt worden. Immerhin hat der Wagen schon Gummireifen; vielleicht hatte man sogar noch Fett, um die Achsen zu schmieren.

Altmaterial sammeln. Die Autarkiepolitik des nationalsozialistischen Regimes und der sich während des Krieges verschärfende Mangel zwangen dazu, alle verwertbaren Rohstoffe zu nutzen. Bollerwagen und Handkarren erleichterten die Arbeit ein wenig.

Mädchen mußten auf kleinere Geschwister achtgeben, sie hatten Kartoffeln zu schälen und Erbsen zu döppen[18], im Garten Unkraut zu jäten, an der Pumpe Wasser zu holen und zu gießen. Wenn es nötig war, traute man ihnen wohl auch zu, ein Ferkel mit der Flasche großzuziehen. Am Waschtag hatten Elf- oder Zwölfjährige morgens um 6 Uhr in der Waschküche die Wäsche aus der ersten Lauge herauszuwaschen. Damit nicht genug: Nach der Schule war die Wäsche zu spülen. „Oh, das Wasser war dann immer so kalt!" Die Kurbel der Waschmaschine war zu drehen, die Wäsche durch die Gummiwalzen der Wringmaschine zu würgen, aufzuhängen, nach dem Trocknen abzunehmen, zu recken, zu falten, zu ...

Nach dem Essen war zu spülen; meistens traf es wieder die Mädchen. „Jungs", so erzählt eine Frau, „brauchten nichts zu tun. Die Mädchen mußten sich abwechseln, eine Woche mußte der [!] eine spülen und der andere abtrocknen und dann kam der andere dran ... Das kannten wir ja früher nicht anders." Daß Männer oder Jungen im Haushalt halfen, sei unter deren Würde gewesen. – Immerhin konnte man beim Spülen miteinander reden, scherzen, singen. Bei anderen Arbeiten fehlten Kraft und Muße dazu.

Bis in die 1960er Jahre sprach man von Heu-, Ernte- und Kartoffelferien; auf dem Land war man dann auf die Arbeitskraft von Kindern angewiesen. Hatten sie das Vieh zu hüten, blieben sie praktisch den ganzen Tag draußen. Die Erwachsenen brachten, wenn sie die Milch holten, einen Imbiß mit. Die einen erinnern sich an die Monate des Hütens als die glücklichste Jahreszeit; sie waren ungebunden, durften umhertollen, Feuer anzünden und Kartoffeln braten[19]. Andere haben nicht vergessen, wie kalt es war. Hütekinder liefen barfuß: „Wir haben achtgegeben, wo eine Kuh einen Flatschen fallen ließ. Dann sind wir hingelaufen und haben die Füße hineingestellt". Gern erzählt eine Frau, wie gut sie in den letzten Schuljahren mit den beiden Kühen zurechtgekommen sei, die am leichtesten zu melken waren. „Die Marie brauchte sie gar nicht mehr nachzustrippen".

Die Jungen waren eher für körperlich anstrengende Arbeiten gefragt[20]: Zum Führen von Ochse oder Pferd beim Pflügen, zum Schleppen in Handwerk und Gewerbe. Hatten sie ein Fahrrad, mußten sie einkaufen und kamen schwer bepackt heim. Mädchen und Jungen sah man beim Verziehen der Rüben, beim Auflesen der Kartoffeln und beim Transport schwerer Milchkannen mit dem Bollerwagen. Hans S. ist im Waisenhaus aufgewachsen. In der Notzeit nach dem Zweiten Weltkrieg mußten sie zu zehn Jungen das Ochsengespann vor dem Pflug und vor dem Erntewagen ersetzen. Er habe sich freiwillig gemeldet, weil sie vor und nach solcher Schinderei soviel hätten essen dürfen, wie sie wollten. Nicht von ungefähr erinnert sich manches Heimkind bitter an Jahre „härtester Entbehrungen"[21].

Selbst gestaltete Freizeit – wenig Freizeitangebote

Gleitende Übergänge zu Abenteuer und Spiel machten viele Arbeiten erträglich. Wer im Wald umherstreifen, den Hasen nachlaufen und den Eichhörnchen zusehen konnte, mochte sich wie im Paradies fühlen, auch wenn auf dem Heimweg Feuerholz aufzulesen war. Nicht selten hatten die Kinder entdeckt, wo man schmackhafte Pilze fand. Da Tierfutter knapp war, bezahlten Mädchen und Jungen den Eintritt in einen Tierpark mit Eicheln, die sie auf der Wanderung dorthin in ihre Säcke gesammelt hatten.

Es gab selbstverständlich auch die fremdgestaltete Freizeit. Die elfjährige Gertrud O. hätte gern auf nachmittäglichen Musikunterricht verzichtet; ihr 1943 erdachtes Gedicht verspottet den in Schule und HJ üblichen Jargon: „In uns wallte das Blut unserer Ahnen/Die weder Klavier- noch Flötenstunde nahmen." Anders als heute, sahen Eltern sich nicht verpflichtet, die Kinder in der schulfreien Zeit zu Bildungs- und Sportveranstaltungen zu fahren, wegen eines harmlosen Sprechfehlers die Sprecherziehung oder wegen schiefer Zähne den Zahnarzt zu bemühen. Kinder verfügten über viel freie Zeit, und das hieß vor allem: zum Spielen.

In wohlsituierten Kreisen schenkten Paten und Verwandte den Kindern gekauftes Spielzeug: Puppen, Kaufladen und einen vielleicht gar elektrisch beheizbaren Küchenherd für die Mädchen; für die Jungen Baukästen von Märklin oder Matador, eine elektrische Eisenbahn oder eine funktionierende Dampfmaschine. Doch viele Eltern haben selber Spielzeug hergestellt, im Hof einen Sandkasten angelegt, Puppen genäht, an langen Winterabenden den eigenen und Nachbarskindern gezeigt, wie man mit Laubsäge, Drillbohrer und Glaspapier umgeht. Mädchen und Jungen spielten mit dem, was die Großen nicht mehr brauchten: Holz, Geschirr, Räder, Werkzeug. Aus Kiefernrinde schnitzten sie Schiffe; aus schadhaften Gummiringen bastelten sie Bälle, die sogar hüpften. Sie verschossen Beeren mit dem Blasrohr aus einem Holunderzweig, Steine mit der selbstgebauten Schleuder, Pfeile mit dem Flitzebogen. Aus einer ausgehöhlten Kastanie und einem Strohhalm entstand eine Pfeife, in der irgendein Kraut geraucht wurde, bis es dem Jungen schlecht wurde. Im Herbst höhlte man eine Rübe aus, schnitt in die Schale eine Fratze, setzte eine Kerze hinein und erschreckte Erwachsene, die nichtsahnend des Weges kamen. „Unser Spielzeug kostete nichts. In meiner ganzen Jugend sind keine zehn Pfennig für mein Spielzeug ausgegeben worden ... Auch meine Schwestern haben keine einzige Puppe geschenkt bekommen. Die selbstgemachten hatten sie ebenso lieb“[22].

Spielkameraden fanden sich in der Nachbarschaft. Schon die Großeltern hatten ‚Räuber und Gendarm‘ und ‚Ringel-Rangel-Rose‘ gespielt. Größere Kinder tollten unbekümmert auf der Straße herum, weil es kaum motorisierten Verkehr gab. Der Busfahrer, der drei- oder viermal täglich seine Strecke fuhr, wußte schon, wo er den Fuß vom Gaspedal nehmen und wo er hupen mußte. Kinder und Jugendliche dachten sich Theaterstücke aus; laute Musik durfte dazu gehören, auf dem Kamm geblasen oder sogar auf der Mundharmonika; den Rhythmus schlugen die übrigen mit Kochlöffel, Topfdeckel und Waschbrett.

„Überhaupt wurde viel gesungen, im Winter am Kachelofen, beim Gemüseputzen in der Küche, oder draußen auf der Treppe des Hauses an langen Sommerabenden, wenn es zu warm ist, um ins Bett zu gehen. Mitten im Krieg erlebten wir an solchen Abenden ein wenig Geborgenheit und Frieden“[23]. Noch lange nach dem Krieg gehörte gemeinsames Singen zum Abend in der Familie und zum Erlebnis der Gruppe bei einer Wanderung; man sang in der Jugendherberge beim Spülen und vorm Schlafengehen. ‚Kein schöner Land‘, ‚Der Mond ist aufgegangen‘, ‚Jenseits des Tales‘ und viele andere Lieder haben die Brüche der 30er und 40er Jahre unbeschadet überstanden. Die Lieder, mit denen der Nationalsozialismus sich gefeiert hatte, waren nach 1945 verfemt, vor allem das sogenannte Horst-Wessel-Lied ‚Die Fahne hoch‘. Zu Ehren des ‚Märtyrers der Bewegung‘ war es nach dem Deutschlandlied gesungen worden; auf die Dauer hatte es die Nationalhymne ganz ersetzen sollen.

Von außen angebotene Unterhaltung oder Zerstreuung nahm langsam zu. Das Entleihen von Büchern aus öffentlichen Bibliotheken, der Besuch von Theater, Zirkus und Zoo hatten eine lange Tradition. In den 20er Jahren war das Kino dazugekommen, in den 30er Jahren der Rundfunk. Joseph Goebbels, von 1933 bis 1945 Reichsminister für Propaganda und Volksaufklärung, hatte früh erkannt, wie sehr die neuen Medien sich eigneten, nationalsozialistisches Gedankengut zu verbreiten. Jede Familie sollte sich ein Radio leisten können. Darum war der Volksempfänger für 76 RM zu haben, einschließlich Antenne. 1941 verfügten schon 65 Prozent aller Haushalte über ein solches Gerät[24]. Bei milder Witterung und geöffneten Fenstern tönte aus vielen Häusern fast den ganzen Tag lang das Radio. Wer keins hatte, fand sich vor verlockenden Sendungen bei Freunden ein.

Nach und nach gewann der Spielfilm einen Platz im Leben junger Menschen. Für Besucher vom Lande gehörte eine Vorführung im Lichtspieltheater der Stadt bis in die 1950er Jahre noch zu den seltenen Höhepunkten. Seit 1940 sah man vor dem Film zunächst die ‚Deutsche Wochenschau'. Szenen aus dem militärischen, politischen und gesellschaftlichen Geschehen waren in Bild und Ton so gekonnt dargeboten, daß sie Begeisterung weckten. Dagegen gefielen die endlos langen, geifernd vorgetragenen Reden der Machthaber im Rundfunk allenfalls Schülern, für die dann Unterricht in einem ungeliebten Fach oder bei einem unbeliebten Lehrer ausfiel. Die Wochenschau gehörte auch nach 1945 zum Spielfilm; verdrängt wurde sie vom Fernsehen mit der Tagesschau.

Zur Kirche gehen

Als stabilisierende Elemente in den Umbrüchen der vierziger Jahre erwiesen sich administrative Gliederungen und Institutionen. Kontinuität schufen vor allem die Kirchen. Als einzige gesellschaftliche Großverbände haben sie das NS-Regime und dessen schauriges Ende überstanden – wenn auch weniger untadelig, als viele Amtsträger und Gläubige mein(t)en. In Gottesdiensten, Ministrantenstunden, Heim- und Bibelabenden, die zum Leben evangelischer und katholischer Gemeinden gehörten, haben Jugendliche ein Stück Heimat gefunden, in vielen Fällen auch Halt angesichts der Verlockungen und Zwänge des Regimes. Nicht wenige Kirchen sind sogar während der Endkämpfe 1944/45 geöffnet geblieben.

Nach dem Krieg erleichterten es internationale Verflechtungen den Kirchen, Hilfe für die Notleidenden auf den Weg zu bringen. Vielerorts haben zuerst wieder die Pfarreien der Jugend Formen des Gemeinschaftslebens angeboten. Hier hat ein Pfarrer zusammen mit Jungen aus seiner Gemeinde Bombenschäden am Kirchengebäude ausgebessert und seine Helfer anschließend zu einem Glas Bier eingeladen, zum Unwillen der Eltern. Dort haben Diakonissen oder Ordensschwestern Mädchen das Nähen beigebracht. Anderswo hat ein Mitglied des 1935 aufgelösten Verbands der „Deutschen Jugendkraft" einen neuen DJK-Ortsverein gegründet, in dem Jungen Sport treiben und sich in Wettkämpfen messen konnten. Der Borromäusverein hat gerettete Bücher gesammelt und wieder Leihbibliotheken geöffnet, in denen die Jugend ‚Karl May', den ‚Seeteufel', ‚Alice im Wunderland', ‚Heidi' und anderes Lesefutter fand.

Eine Zeit lang schien es, als habe sich ein schon Jahrzehnte vor der NS-Zeit zu beobachtender Trend umgekehrt und die Kirchlichkeit nehme wieder zu. Eltern schickten ihre Kinder sonntags nicht nur zum

Gottesdienst, sondern auch zur ‚Christenlehre'; wer zur Jugendgruppe gehörte, sollte sich wenigstens beim monatlichen Jugendsonntag in der Kirche zeigen. Obwohl viele junge Menschen sich am einzigen schul- oder arbeitsfreien Tag der Woche nur ungern von der Kirche in die Pflicht nehmen ließen, gingen die meisten hin. Über das Kriegsende hinaus blieben junge Menschen an Folgsamkeit gewöhnt.

Schule und autoritäre Erziehung

Erst der NS-Staat hat die in der Weimarer Verfassung festgelegte achtjährige Schulpflicht für das ganze Reich durchgesetzt, gegen Widerstände zumal im ländlichen Raum; denn Bauern verzichteten ungern so lange auf die Arbeitskraft ihrer Kinder. Nach dem Krieg wurden, so bald wie möglich, die Schulen wieder geöffnet, schon um die Kinder vor Gefahren draußen zu bewahren. Nun stellte man nicht mehr ernsthaft in Frage, daß Mädchen und Jungen bis zu 14 Jahren zur Schule gehen mußten.

Mehr noch als die Eltern erwarteten Lehrer, daß die Kinder brav seien. Sechsjährigen gratulierte man nicht, weil sie nun zu den Großen gehörten, sondern tröstete sie: „Wenn du erst mal in der Schule bist, bekommst du auch Ferien". Den ersten Schultag versüßte eine Tüte. Von Anfang an sollten die Kleinen begreifen, daß zum Lernen Disziplin gehört. „Rauf, runter, rauf, Pünktchen drauf!" skandierte der Lehrer und schlug den Rhythmus mit dem Stock aufs Pult, damit die I-Männchen als erstes ihre Schiefertafel mit sauberen i-i-i füllten; schön spitz geschrieben, denn man lernte die sogenannte Sütterlinschrift[25]. 1915 in Preußen eingeführt, war sie 1935 als deutsche Schreibschrift den Schulen im Reich vorgeschrieben, doch schon 1941 durch die bis heute gebräuchliche lateinische Schrift ersetzt worden. Manches Kind hat damals gelernt, daß unterschiedliche Schriftformen leicht zu entziffern sind, zumal auch im Druck gleichzeitig die gefällige Antiqua an die Stelle der Fraktur trat. In einem Lesebuch, aus dem der Autor damals gelernt hat, wurden beide Schriftformen nebeneinander verwendet[26]. In Fraktur gesetzt waren die seit 1939 vom Cigaretten-Bilderdienst Hamburg für 1 RM zu erwerbenden Sammelwerke. Selbst in Familien, in denen es kaum ein Buch gab, besaßen Kinder die Deutschen Märchen aus dieser Reihe und lasen sie gern. Denn man sammelte und tauschte eifrig die den Zigarettenpäckchen der Väter beigelegten Bilder, die in ein solches Buch einzukleben waren, mit einer gekochten Kartoffel, wenn es an Papierleim fehlte.

Düster wirkten die oft um die Jahrhundertwende errichteten Schulgebäude. Um teures Glas und Heizmaterial zu sparen, waren die Fenster klein. Im Klassenzimmer sollte im Winter ein Ofen für Wärme sorgen; in seiner Nähe konnte es unerträglich heiß werden; entfernt Sitzende froren. Während strenger Frostperioden hatte es schon in Friedenszeiten da und dort Schichtunterricht oder Kälteferien gegeben; es war also nichts Neues, als sie während des Krieges in ganzen Städten eingeführt und in den ersten Nachkriegsjahren beibehalten wurden. Vielerorts mußten Schüler zum Sport-, Chemie- oder Physikunterricht quer durch die Stadt zu einer anderen Schule laufen, weil die entsprechenden Räume und Geräte in der eigenen Schule fehlten. Jungen maulten, wenn sie wegen ihres Stundenplans vom Besuch der Mädchen nichts mitbekamen; unzufrieden flüsterten diese, wenn sie keinen Blick auf die Gäste aus der Jungenschule werfen konnten. Koedukation kannte man nur in der Volksschule; doch auch dort hatten im Klassenraum die Jungen hier, die Mädchen dort ihre Plätze.

Die Schüler saßen in schweren Bänken, die Hände auf der wuchtigen, schrägen Platte. Darin eingelassen waren eine Rille für Griffel, Bleistift oder Federhalter, ferner ein Tintenfaß mit verschiebbarer Klappe; denn die Tinte, die der Hausmeister von Zeit zu Zeit nachfüllte, sollte nicht zu schnell austrocknen. Schiefertafel, Schwamm und Griffel gehörten zur Ausrüstung der I-Männchen; den sparsamen Umgang mit Schreibutensilien lernten sie von Anfang an. In den Schulbüchern hatten die Seiten schmale Ränder, zwischen den Zeilen gab es kaum Luft; selten lockerte ein Bild den Text auf. In der Familie wanderten Schulbücher vom älteren zum jüngeren Kind; oft waren es wahre Sudelbücher mit Unterstreichungen, handschriftlichen Anmerkungen und Lösungen; eingerissene Seiten waren notdürftig geklebt.

Turnen hatte im Stundenplan schon lange vor 1933 einen festen Platz. Ein Spruch von ‚Turnvater Jahn' (1778-1852) war in aller Munde: Leibesübungen machen den Menschen „frisch, fromm, fröhlich, frei". Sie sollten Heranwachsende vor Haltungsschäden bewahren, Gymnastik und Tanz den Mädchen Anmut verleihen, Spiele und Wettkämpfe für Ausgleich zu den Denkfächern sorgen. Die Nationalsozialisten förderten den Schulsport. Die breite Zustimmung, die sie dafür fanden, kam ihnen zupaß, da sie mit dem Sport ihre Ideologie propagieren konnten. Trainierte Jungen würden gute Soldaten, sportliche Mädchen kräftige Mütter sein. In der Nachkriegszeit war Sport weiterhin das einzige Fach, in dem alle Schüler im Abitur vor allen ihren Lehrern ihr Können beweisen mußten.

Vielerorts konnten Schülerinnen und Schüler sich, ebenfalls bis in die 1950er Jahre, nach dem Sportunterricht nicht ordentlich waschen, geschweige denn duschen. An den penetranten Gestank verschwitzter Körper war man ebenso gewöhnt wie an die Ausdünstung der Mäntel und Jacken, die an Kleiderhaken im Klassenzimmer hingen und an Regentagen kaum trockneten.

Der Lehrer war Respektsperson. Die wenigen, infolge des damaligen Beamtenrechts unverheirateten Lehrerinnen setzten Disziplin mit gleicher Härte durch wie ihre Kollegen. Das Recht zu Körperstrafen wurde kaum in Frage gestellt. Jungen hatten mit Ohrfeigen zu rechnen; ‚Kopfnüsse' wurden ihnen mit den Knöcheln der geballten Faust verpaßt, ein um den Finger gewickeltes Haarbüschel wohl auch ausgezogen. Dazu kamen Hiebe mit dem Stock auf die ‚vier Buchstaben'. Mädchen hatten Schläge mit Stock oder Lineal auf die Handfläche zu fürchten. Das bereits erwähnte Arbeitsbuch zur Sprachpflege erklärt Zweitkläßlern die Eigenschaftswörter, indem es aufzählt, „was der Lehrer nicht leiden mag: freche Jungen, alberne Mädchen, flüchtige Schrift, stumpfe Griffel, schmutzige Hände, liederliche Schularbeiten, schlechte Haltung, häßliche Wörter, lautes Geschrei ..."[27]. Die Aufzählung endet mit Pünktchen, damit die Kinder weitere Eigenschaftswörter nennen konnten. Fehler im Diktat, träumend zum Fenster hinausblicken, ein Wort zur Banknachbarin, und schon sahen die Kleinen sich bestraft. Untergeordnete taten es den Oberen gleich oder suchten sie gar zu übertreffen. Der Hausmeister einer Schule teilte nach Gutdünken Ohrfeigen aus; ein Opfer, dem der Kopf davon noch einen halben Tag lang dröhnte, hat ihm das nie vergessen[28]. Groß stand man vor seinen Klassenkameraden da, wenn man Prügel für liederliche Hausarbeiten unbeeindruckt wegsteckte: „Keile vergeht, Arsch besteht"[29].

Eltern haben selten dagegen aufbegehrt, daß ihre Kinder in der Schule mißhandelt wurden, geboten doch auch sie über einen breiten Fächer von Sanktionen. In den meisten Familien galten körperliche Strafen mindestens bis in die 1950er Jahre als wirksame Erziehungsmittel; begründet wurden sie mit Spruchweisheit: „Wer seinen Sohn liebt, züchtigt ihn" (Spr 13, 24), oder: „Kinder, die was wollen, kriegen was auf die Bollen." Zwar gehörten Schläge mit dem Stock eher selten dazu, doch einen Klaps hatte ein Kind sich rasch gefangen. Wenige Eltern machten sich die Mühe, geduldig zu erklären, wieso das Kind etwas falsch gemacht hatte, und es anzuhalten, üble Folgen auszubügeln. Was ein Kind auch angestellt hatte, es kam die übliche Strafe: Hausarrest, Ausschluß aus der Tischgemeinschaft oder Zuweisung unbeliebter Arbeit; der Nachtisch oder eine andere Freude wurde verweigert. Erwachsene dachten kaum darüber nach, in welchem Licht der Bestrafte sich, sein Tun und dessen Folgen sah.

„Wenn's nicht gut geht, dann geht's eben schlecht; aber es geht!" Schon lange vor 1933 suchte, wer weder ein noch aus wußte, sich mit starken Worten Luft zu schaffen. Sie halfen auch Kindern über Niederlagen hinweg. Wer gegen einen Altersgenossen nicht ankam, drohte: „Ich hol' meinen großen Bruder, der tritt dein Hemd in Flammen."

Gewisse germanische Vornamen waren auch deshalb beliebt, weil sie den Kenner an Speer (*ger*, in Gertrud und Rüdiger) und Kampf erinnerten (*hild*, in Gunhild und Hildegard). Ein in katholischen Kreisen viel gelesenes Buch trug den Titel: Helden und Heilige. Mit dem Schlachtruf „Kampf dem Verderb!" kochten Mütter Brotreste zu Suppen, die von den Kindern mit Todesverachtung hinuntergewürgt wurden. War das Abendgebet der Familie endlich zuende, forderten kleine Mädchen: „Und jetzt marschieren, Papa!" Der Vater gehorchte gern; unter Gesang und im Gleichschritt ging es durch die Wohnung bis ins Bett. Beim geselligen Miteinander trat man zum Wettstreit an; in der Hitlerjugend ‚kämpften' Laienspielgruppen oder Erzähler gegeneinander um den ‚Sieg'. Nach 1945 verschwanden solche militanten Formen erst nach und nach aus dem Alltag. Noch lange gebärdeten Redner sich heroisch, auch am unpassenden Platz; mit bellender Stimme verkündeten Ansager in Radio und Wochenschau die simpelsten Nachrichten.

Das schon erwähnte Sprachbuch rügt zwar Schüler, die „über die Bänke laufen"[30]; doch Kinder, die sich keck darüber hinwegsetzen, finden Anerkennung. Zu einer Rechtschreibübung gehört die Frage: „Kennt ihr richtige Jungen? Sie laufen über Tisch und Bänke". Zwar könne niemand, so heißt es weiter, „freche und ungehorsame" Kinder leiden, aber auch „feige, schlappe, steife, ängstliche, zimperliche" gefallen niemandem. Deutsche Jungen und Mädchen sollten „tapfer und stark" sein.

Jungen hatten Höhergestellte zackig zu grüßen: Die Hände an der Hosennaht, ein Diener, die Hacken zusammengeschlagen. Mädchen machten einen Knicks. Der Haarschnitt der Jungen war militärisch kurz; Knaben aus dem Waisenhaus wurde eine ‚Glatze mit Vorgarten' verpaßt, bei der nur über der Stirn ein Haarschopf stehen blieb. Mädchen trugen das lange Haar zu Zöpfen geflochten. Fotos in Jugendkalendern zeigen, wie beständig sich ein Schönheitsideal von den 20er bis in die 50er Jahre gehalten hat, wenn nicht darüber hinaus: Mit willensstarkem Kinn die Jungen, den Blick in die Ferne gerichtet; versonnen und schon mit mütterlichen Zügen die Mädchen. Andere Vorstellungen setzten sich indessen im ‚Fräuleinwunder' der zweiten Hälfte der 40er Jahre durch: Ein Fräulein trug Dauerwelle und nicht mehr die Zöpfe des deutschen Mädels.

Seit Anfang des 20. Jahrhunderts wollten Heranwachsende nicht mehr, wie in bürgerlichen Kreisen üblich, mit der Familie an den Ferienort fahren; sie taten sich zusammen, um auf eigene Faust in die Ferne zu ziehen. Unter Gymnasiasten und Studenten war ein Jugendbund mit dem sprechenden Namen ‚Wandervogel' entstanden. Bund der ‚Pfadfinder' nannte sich eine Bewegung, in der die gemeinsame Kluft soziale Unterschiede verwischen sollte. Mit Klampfe, Rucksack, Zelt und Kochgeschirr zogen Jugendliche aus, um sich die Welt zu erschließen, freilich ein im Vergleich zu heutigen Jugendreisen bescheidenes Stückchen davon. „Wir sind durch Deutschland gefahren, vom Meer bis zum Alpenschnee", sangen sie voller Stolz. – Seit 1933 hat die Hitlerjugend vieles von dem, was Jugendbewegte begeistert hatte, groß ausgebaut. Auf Fahrt zu gehen und ein, zwei Wochen im Jugendlager zu verbringen, war nicht mehr nur den Gymnasiasten und nicht nur den Jungen vorbehalten.

Im Krieg erzwangen die Luftangriffe eine Mobilität ganz anderer Art. Aus gefährdeten Städten wurden Schulkinder in Gebiete evakuiert, die außerhalb der Reichweite alliierter Bomberflotten lagen. Ganze Schulklassen wurden etwa aus dem Ruhrgebiet ins Fränkische, oder aus Berlin in das Protektorat Böhmen und Mähren verschickt. Erst recht lernten Helfer und Helferinnen der Wehrmacht – oft vorzeitig aus der Schule entlassen – das Reich und große Teile des besetzten Europa kennen. Die Trennung von Familie und Heimat mag robuste Jugendliche gekräftigt haben; vielen setzte das Heimweh zu. Die fast bis zuletzt gut arbeitende Post milderte manchen Schmerz; Briefe und Karten gingen zwischen Eltern und Kindern hin und her. Viele dieser Briefe belegen, wie sehr der schriftliche Austausch Mädchen und Jungen geholfen hat, sich über den eigenen Standpunkt klar zu werden.

Das Kriegsende brachte eine dramatische Steigerung der Mobilität. Auf der Flucht und nach der Vertreibung legten selbst Kinder zu Fuß schier unglaubliche Strecken zurück. Nun war es gut, daß junge Menschen auf langen Fahrten in die Evakuierung und an die Front dazugelernt hatten, konnte doch das Überleben davon abhängen, daß sie sicher aufs Trittbrett sprangen oder sich auf offenem Lastwagen gleich Halt verschafften. Jungen waren mit dem Fahrrad unterwegs, Mädchen lenkten ein mit Pferden oder Ochsen bespanntes Fuhrwerk; andere standen dicht an dicht in Güter- und Viehwagen der Eisenbahn; wieder andere waren selig, wenn sie auf der Flucht einen Platz in einem Kahn, einem Schiff oder gar in einem U-Boot gefunden hatten.

In den Wirren der Kriegs- und Nachkriegszeit half es Mädchen und Jungen, die allein unterwegs sein mußten, daß sie aus Jugendgruppen die Freude am Wagnis und an der Erprobung eigener Kräfte kannten. Plötzlich auf sich allein gestellt, mußten sie zusehen, wie sie zu Verwandten oder Bekannten fanden. Wer gemeinsam mit anderen geübt hatte, in freier Natur zu leben, kam leichter zurecht und fand eher Anschluß bei Schicksalsgefährten. Mit Freude und Stolz blickten Jugendliche später darauf zurück, daß sie sich mit vereinten Kräften durchgeschlagen hatten[31].

Bemerkenswert ist, daß das Ideal der ‚Fahrt' durch oft böse Erlebnisse bei Evakuierung und Landverschickung, Flucht und Vertreibung kaum gelitten hat. Im Gegenteil: Diese Erfahrungen haben vielen den Blick geweitet. Jungen und Mädchen gingen schon 1946 wieder auf Fahrt; nicht selten stammten ‚Affen', Zeltbahn und Kochgeschirr aus Beständen der Wehrmacht. Bezeichnend ist der Titel der seit 1949 erscheinenden Zeitschrift für die St.-Georgs-Pfadfinder: Die Große Fahrt. Es gehörte ganz einfach zum Heranwachsen, sich in der Welt umzutun, mehr und mehr auch über die Grenzen Deutschlands hinaus.

Diskriminierung, Wurzelboden der Unmenschlichkeit

Eine Kontinuität schlimmer Art ist in Gesellschaften aller Zeiten zu beobachten: die Diskriminierung derer, die anders sind. In Deutschland sind auch vor 1933 und nach 1945 Menschen wegen körperlicher, geistiger, seelischer Behinderung, wegen ihres Geschlechts, ihrer Hautfarbe oder ihrer Religion herabgesetzt worden. Uneheliche Geburt galt in weiten Kreisen als Makel; noch bis in die 1970er Jahre waren außerehelich geborene Kinder einer deutschen Mutter der Vormundschaft des Jugendamtes unterstellt.

Jahrhundertelang haben Weiße von Farbigen als ‚minderwertigen Rassen' gesprochen. Als Frankreich von 1918 bis 1930 auch Soldaten aus seinen afrikanischen Kolonien im Rheinland stationierte, hetzten deutsche Nationalisten gegen die ‚Schwarze Schmach'. Die etwa 500 Kinder, die aus der Verbindung deutscher Mütter und farbiger Väter hervorgegangen waren, verunglimpften sie als „Rheinlandbastarde". Viele dieser jungen Menschen wurden auf Betreiben der Nationalsozialisten zwangsweise sterilisiert oder gar in Konzentrationslagern umgebracht[32].

Hinter der Fassade einer Anerkennung überlieferter Gesetze hat das NS-Regime grundlegende Rechte ausgehebelt. Juden und Zigeunern war es verwehrt, sich auf geltende Gesetze zu berufen; Jugendrichter mußten erfahren, daß ihre gesetzmäßig getroffenen Entscheidungen nichts wert waren, weil die Gestapo längst zugegriffen hatte (s.u. S. 163). Aus dem, was als Diskriminierung begann, erwuchs eine Kette von Gesetzen, Verordnungen und Handlungen, an deren Ende Tod und Verderben für Millionen von Erwachsenen und Kindern standen, zuerst in Deutschland, dann in den eroberten und besetzten Gebieten. Slawen sollten nur soweit überleben, wie sie der ‚überlegenen nordischen Rasse' als ein Reservoir billiger Arbeitskräfte dienen konnten.

Entscheidende Weichen zur Verwirklichung bösartigen Unrechts waren lange vor Kriegsausbruch gestellt. Bald nach der Ernennung Hitlers zum Reichskanzler (30. 1. 1933) bekamen Deutsche nur deshalb Mißgunst, Verachtung und Haß zu spüren, weil sie jüdischen Glaubens waren, so wie andere Deutsche evangelisch oder katholisch waren, oder weil ihre Vorfahren sich zum jüdischen Glauben bekannt hatten. Körperlich oder geistig Behinderte wurden zwangsweise sterilisiert; die Kriegszeit wurde benutzt, um sie zu Tausenden zu ermorden. Als erste nichtdeutsche Großgruppe bekamen Polen Arroganz und Brutalität der deutschen Besatzer zu spüren, die sich in den eroberten Gebieten wie Herrenmenschen aufführten. Ein solches Abgleiten in die Barbarei hatten weder die Opfer selber noch Außenstehende für möglich gehalten. Nach dem vom NS-Staat am 24. November 1933 verkündeten Reichstierschutzgesetz war es verboten, „ein Tier unnötig zu quälen oder roh zu mißhandeln". Die offiziellen Erläuterungen priesen das Gesetz als „bedeutungsvollen Kulturfortschritt"; alle seine Bestimmungen seien von dem Gedanken geleitet, „das Mitgefühl, einen der höchsten sittlichen Werte des Volkes, zu erwecken und zu fördern"[33]. Gegenüber Kindern und Erwachsenen, die nicht als ‚deutschblütig' galten, wurde dieser Leitgedanke außer Kraft gesetzt. Im Namen des Deutschen Reiches traten deutsche Männer, aber auch Frauen das Recht mit Füßen; Glück, Gesundheit und Leben von Millionen Unschuldiger und Wehrloser achteten sie für nichts. Nach dem Überfall auf die Sowjetunion (22. 6. 1941) erreichten die Verbrechen an den Unterjochten Ausmaße, die weit über alles hinausgingen, was man sich bis dahin hatte vorstellen können.

Zu einem doppelten Kulturbruch kam es 1942. Am 20. Januar 1942 beschlossen deutsche Politiker auf der Wannsee-Konferenz, die Juden im Herrschaftsbereich des NS-Regimes zu ermorden. Wenige Wochen später überschritt das britische Kabinett Grenzen, an die man sich in der europäischen Zivilisation bis dahin gehalten hatte. Am 14. Februar 1942 einigte es sich darauf, im Deutschen Reich systematisch ganze Wohnbezirke zu bombardieren. Beide Beschlüsse haben zu Millionen von Toten, körperlich Verkrüppelten und seelisch Verwüsteten geführt, unter ihnen einmal mehr Abertausende von Kindern.

Es gehört zu den furchtbaren Kontinuitäten der Geschichte, daß Menschen fähig sind, nach wohlüberlegtem Entschluß ganze Gemeinschaften anderer Menschen auszulöschen. Neu war im 20. Jahrhundert, daß die Vernichtung industriell perfektioniert wurde. Das gilt schon für den Ersten Weltkrieg; Soldaten feindlicher Heere haben sich gegenseitig mit Giftgas und Maschinengewehren umgebracht. Im Zweiten Weltkrieg haben Machthaber Tötungsmaschinen gezielt gegen Wehrlose eingesetzt, von denen kein Angriff zu befürchten war. Selbst Säuglinge haben qualvollen Tod erlitten, die einen im Bombenhagel, andere in Gaskammern.

Darf man Bombardierung und Vergasung in einem Atemzug verurteilen? Historiker müssen versuchen, Ursachen und Folgen zu erfassen und voneinander abzuheben. Doch durch keine solche Unterscheidung ist zu rechtfertigen, daß Kinder grauenvollen Massenverbrechen zum Opfer fallen, Menschen also, die ganz gewiß nicht für einen Zustand verantwortlich sind, den man durch solche Aktionen zu korrigieren wähnt. Seit 1933 hat das nationalsozialistische Regime Menschen in Deutschland ausgegrenzt und verfolgt; nach Kriegsausbruch hat es rücksichtslos seinen Haß gegen alle ausgelebt, die nicht seinen Vorstellungen von arischem Menschentum entsprachen; in Deutschland und in eroberten Gebieten hat es Millionen von Menschen systematisch vernichtet, in besiegten Ländern zudem die ganze Bevölkerung unterjocht und ausgebeutet. Im Grauen des Bombenhagels und der Vertreibungen fiel das Unheil auf diejenigen zurück, in deren Namen diese Untaten verübt worden waren. Kinder und Jugendliche wurden in den Strudel von Verderben und Tod hineingerissen.

Nah beieinander: Tödliches Verderben – liebenswürdige Idylle

Hitler hat nicht verborgen, daß er bereit war, ein Deutschland, das nicht in seine diabolische Weltsicht passe, dem Verderben preiszugeben. Er rief auf zum Kampf für die arische Rasse; in seiner programmatischem Bekenntnisschrift konnte jeder nachlesen, wie weit er diesen Kampf zu führen bereit war: „...die Rasse, welche die Probe nicht besteht, wird eben sterben oder gesünderen oder doch zäheren und widerstandsfähigen den Platz räumen“[34]. Einem Jungen ist aufgefallen, daß auf dem Nachttisch seines Vaters ‚Mein Kampf‘, das Neue Testament und ‚Licht und Kraft für den Tag‘ einträchtig nebeneinander lagen[35]. Mußte dem Jungen nicht, was er von Hitlers Weltsicht in Schule und HJ erfuhr, gleich bedeutsam erscheinen wie der christliche Glaube?

Kaum vorstellbar ist, wie nah teuflische und heile Welt beieinander lagen. Einer Frau wurde im Nachhinein bewußt, daß sie sich gleichzeitig aktiv im Mädchenkreis der evangelischen Gemeinde und als Führerin im Bund Deutscher Mädel (BDM) eingesetzt hatte. Die Helferin im Kindergottesdienst und Stütze des Kirchenchors war stolz auf ihren Rang in der Staatsjugend, hat es anschließend aber abgelehnt, in die NSDAP einzutreten[36]. ‚Ostarbeiter' wurden erniedrigt, Behinderte und Homosexuelle, Juden und Zigeuner ermordet, Mädchen und Frauen vergewaltigt, Städte zerbombt. Und nur wenig entfernt von einem der vielen Orte des Grauens lebte man beschaulich, fast wie im Frieden. Wohlsituierte waren ins Riesengebirge, in den Taunus oder ins Allgäu ausgewichen; aufs Land verschickte Kinder waren zumindest, was ihr leibliches Wohl anging, gut versorgt. Während Mütter mit ihren Kindern in die Gaskammer getrieben, erfrorene Neugeborene in einem Straßengraben mit ein wenig Schnee zugedeckt wurden, kamen andernorts Kinder in friedlicher Umgebung zur Welt, vom ersten Tag an liebevoll umsorgt. Hier ließen Soldaten sich in einer Orgie des Hasses zu abscheulichen Verbrechen hinreißen; dort herzten sie Kinder; nicht selten waren es dieselben Soldaten, die kurz zuvor eingeäschert, geraubt und vergewaltigt hatten. Besatzungsstreitkräfte schikanierten die deutsche Bevölkerung – und luden Kinder zu Weihnachten in ihre Familien ein.

Tiefste Verzweiflung stand neben unbändigem Lebenswillen, Hilfsbereitschaft neben krassem Egoismus. Noch 1944 fuhren manche in Ferien, gleichzeitig brachen über andere Tod und Verderben herein. Diese denkt an die Wochen der Kinderlandverschickung als die schönste Zeit ihres Lebens; jener hat Alpträume daraus mitgebracht. Hier spielten Kinder unbefangen im Freien, dort verbrannten ihre Altersgenossen im Feuersturm. Hier hatte jedes Kind sein eigenes lichtes Zimmer; dort drängten sich Alte und Junge, Gesunde und Sterbende in einem fensterlosen, feuchten Bunker.

Carola Stern entwirft ein idyllisches Bild von dem, was sie als Zwanzigjährige Ostern 1945 erlebt hat. Mit anderen Mädchen war sie bei einer Schulfreundin in Heringsdorf an der Ostsee eingeladen. „Wir gingen auf der Seebrücke spazieren und stellten uns zum Gruppenbild auf. Ich habe das Bild noch, und da sieht man sieben oder acht lachende Mädchen, die fröhlich sind und jung ... ich weiß nicht, ob es das Gefühl war, wir wollen die letzten Tage noch genießen. Also, es muß auch immer wieder Tage gegeben haben, wo man das Elend und das Leid, das man sah, absolut verdrängt hat"[37].

Ein Foto aus dem Hamburg des Jahres 1946 zeigt neun gut angezogene Kinder, die über eine geräumte Straße durch eine Ruinenlandschaft gehen. Munter kommen sie daher, nicht anders als Schulkinder heute;

zwei tragen Behälter in der Hand, wohl für die Schulspeisung[38]. Wie soll man das Foto deuten? Oder ein anderes vom Badebetrieb an der Havel, Berlin 1946: Drei junge Frauen, ein Mann und ein Kind, gleich daneben ein Grab, mit Stöcken abgegrenzt und mit Blumen bepflanzt; ein Kreuz aus Birkenstämmchen trägt drei Stahlhelme. Soldaten wurden zunächst an der Stelle begraben, wo sie gefallen waren. Die drei können mit den jungen Frauen zur Schule gegangen und ihre Verlobten gewesen sein.

Die Ungeheuerlichkeit dessen, was Deutsche von 1933 bis 1945 Menschen im Machtbereich des NS-Regimes angetan haben, ist vielen von denen, die in den 1940er Jahren Kinder waren, erst Jahrzehnte später bewußt geworden; nicht wenige haben sich Zeit ihres Lebens bitteren Einsichten verschlossen. In der ersten Nachkriegszeit staunten junge Menschen über die unerwartete, wenn nicht unbekannte Normalität. Die 17jährige Gertraud L. schreibt am 25. Juli 1945 in ihr Tagebuch: „So ist es, ganz anders, als ich mir das Leben nach dem Zusammenbruch vorgestellt habe. Ich lerne, spiele Orgel, arbeite zu Hause. So vergeht ein Tag nach dem anderen“[39].

Gab es die Stunde Null?

Am 8./9. Mai 1945 trat die bedingungslose Kapitulation der Wehrmacht in Kraft. War das die Stunde Null? Während des Krieges hatte es ungezählte Stunden gegeben, in denen für ungezählte Menschen eine Welt untergegangen war: Sie waren ermordet worden, gefallen oder in den Bomben umgekommen. Anderen war die Stunde Null der Augenblick, in dem sie sich die Verlogenheit ihrer Hoffnungen auf den Endsieg eingestehen mußten. Eine Welt brach für Jugendliche zusammen, die, erzogen im Glauben an den Führer, lauthals gesungen hatten: „Ja, wir sind die Herren der Welt“; nun mußten sie sich in Trümmerwüsten zurechtfinden. Mädchen und Frauen hatten die stolzen Worte Walters von der Vogelweide auf sich bezogen: *rehte als engel sint diu wîp getân.* 1944 und 1945 haben viele Mädchen sich das Leben genommen, weil sie unerträgliche Gewalt erlitten hatten, oder weil sie das, was andere schon hatten erleiden müssen, nicht selber erdulden wollten.

Wie soll man eine Einzelheit im Aufnahmebuch des Jüdischen Krankenhauses in Berlin bewerten? Vom 31. März bis zum 25. Mai 1945 deutet in den fortlaufenden Einträgen nichts auf einen Bruch hin; im Geburtenbuch vom 5. Januar bis zum 20. Mai 1945 findet sich zwischen dem Eintrag vom „14. IV.“ und dem vom „11. V.“ lediglich ein roter Strich – zu verstehen wohl als Hinweis auf das Kriegsende und die Befreiung[40].

Nicht als eine Stunde Null, wohl aber als das ersehnte, tatsächliche

Ende des Krieges lebt in der Erinnerung vieler die Zeit weiter, in der sie Zeugen des Einmarsches feindlicher Truppen wurden. Die Bombenangriffe hörten auf; etwas ungläubig noch, wagte man sich aus Bunkern und Kellern heraus. Gerade erst aufgebotene Kindersoldaten konnten sich davonmachen, ohne Angst vor Fanatikern, die noch in den letzten Minuten des Regimes meinten, vermeintliche Deserteure umbringen zu müssen. Bis zum 8. Mai 1945 hatten die Sieger den größten Teil Deutschlands besetzt. An die Stelle zuverlässiger Nachrichten traten Gerüchte; denn es gab keine Zeitungen, und die Radios hatten abgeliefert werden müssen. Wenig wußte man von Ereignissen, die sich später als weltgeschichtlich bedeutsam erweisen sollten.

Nicht in allen besetzten Gebieten konnten Kinder, Mütter und Alte aufatmen und sich neu gewonnener Möglichkeiten eigener Lebensgestaltung erfreuen – von Freiheit zu sprechen, wäre nicht angemessen. Chancen, sich aus dem Gröbsten herauszuwursteln, gab es eher unter amerikanischer und britischer Herrschaft; weniger, wo Franzosen die neuen Herren waren; am wenigsten dort, wo die Rote Armee herrschte.

Lebenszusammenhänge zerbrechen

Kaum einem jungen Menschen ist in den Jahren 1944 und 1945 die Erfahrung erspart geblieben, von einem Tag auf den anderen aus einer heilen Welt ins Unheil zu stürzen. So vielgestaltig ihr Leben verlief, so unterschiedlich sahen die Brüche für sie aus. Für diese war es der Abschied des innig geliebten Vaters, der nach kurzem Urlaub wieder an die Front mußte; für jene die Trauer über den ‚Heldentod' des Bruders; für einen Dritten der Kummer darüber, daß den Bomben auch der Kanarienvogel zum Opfer gefallen war; für die Vierte, daß sie schlagartig aus der unversehrten böhmischen Heimat herausgerissen, für die Fünfte, daß sie tage- und nächtelang vergewaltigt wurde; für den Sechsten, daß ihm in seiner Geburtsstadt, die polnischer Verwaltung unterstellt war, mit Prügeln die deutsche Muttersprache ausgetrieben werden sollte. Mühelos ließen sich weitere Beispiele vorbringen. Muß man dieses Böse schwerer, darf man jenes Unheil leichter gewichten? Ist es erlaubt, in diese Aufzählung auch den Verlust eines Kanarienvogels aufzunehmen? Kinder erleben vieles anders als Erwachsene. Ein tiefes Grundvertrauen hat nicht wenige Mädchen und Jungen davor bewahrt, grauenhafte Erlebnisse als solche wahrzunehmen, und persönliche Bindung hat sie den Verlust eines vertrauten Spieltieres wie eine Katastrophe erfahren lassen. Manches Kind hat die Nachricht vom Tod des fernen Vaters zunächst weniger wahrgenommen als den Verlust der innig geliebten Puppe oder des Rollers, auf den es stolz gewesen war.

Die Gewißheit, zu einer Familie zu gehören, in der ihnen ein Platz sicher war, hat sich vielen Kindern wie ein Filter mildernd vor Schicksalsschläge geschoben. Was aber, wenn ganze Familien nicht mehr wußten, wohin sie gehörten? Menschen, die im Bombenkrieg alle Habe verloren hatten, konnten in ihrer Heimat einen neuen Anfang versuchen, wenn auch in Ruinen. Flüchtlinge und Vertriebene hatten Besitz und Wohnung eingebüßt, Nachbarschaft und Siedlung, Landschaft und vertraute Sprachgemeinschaft. Selbst berufliche Kenntnisse waren oft kaum noch etwas wert. „Wald? Das sind wohl Bäume, grün und so. Aber richtiger Wald, so wie mit Kiefern, ist das nicht", sagte ein Junge, der im schönen und fruchtbaren Südwesten untergekommen war[41].

Zu den Brüchen der europäischen Geschichte im 20. Jahrhundert gehört, daß ganze Bevölkerungen, darunter Millionen von Kindern und Jugendlichen, ihre angestammte Heimat verlassen mußten; sie wurden deportiert, vertrieben oder sind geflohen. – Seit Jahrhunderten lebten in vielen Ländern Europas Angehörige unterschiedlicher Sprachen und Kulturen, Religionen und Konfessionen, die einen in geschlossenen Siedlungsgebieten, andere mit- und nebeneinander. Im 20. Jahrhundert glaubten Politiker sich berufen, die Gemenge zu entmischen, damit ‚reine' Nationalstaaten entstünden. Zu den Opfern gehörten, alphabetisch gereiht und ohne Anspruch auf Vollständigkeit, Balten, Bulgaren, Deutsche, Finnen, Griechen, Italiener, Juden, Kaukasier, Kroaten, Österreicher, Polen, Rumänen, Russen, Serben, Slowaken, Slowenen, Tschechen, Türken, Ukrainer, Ungarn, Zigeuner. Schauplatz der umfassendsten Vorgänge dieser Art war Ostmitteleuropa; uralte Dörfer, Städte und Kulturlandschaften veränderten ihr Gesicht. Unter dem scheinbar freundlich werbenden, in Wirklichkeit lügnerischen Motto ‚Heim ins Reich' hat das NS-Regime nicht nur geschlossene deutsche Siedlungsgebiete annektiert, sondern auch Volksdeutsche aus anderen Ländern ‚zurückgeholt', nach Kriegsausbruch mit verschärftem Zwang. Sie kamen vor allem aus Ost- und Südosteuropa und sollten die eroberten Gebiete im Osten ‚eindeutschen'[42]. 1945 gehörten sie als erste zu den Deutschen, die aus ihren Häusern vertrieben wurden.

Die Mehrzahl der Vertriebenen verlor die Heimat, in der die Familie seit Generationen zuhause war, in der die deutsche Sprache, selbst wenn man hochdeutsch sprach, ihren eigenen Klang hatte. Endgültig dieses Zuhause zu verlieren, schien vielen, die Anfang 1945 vor der Roten Armee nach Westen flohen, unvorstellbar. Sie rechneten mit baldiger Rückkehr. Warum sollten kleine Leute nicht in ihrem bescheidenen

Zuhause leben, notfalls unter fremder Herrschaft? Nicht wenige kehrten zurück, sobald die Front über ihren Heimatort hinweg gerollt war – und wurden schon bald für immer vertrieben. Denn die Sieger hatten beschlossen, das Deutsche Reich müsse weite Gebiete im Osten abtreten und die Bewohner hätten ihre angestammte Heimat zu verlassen.

Das NS-Regime hatte dem Deutschen Reich eine Einheitlichkeit aufzwingen wollen, die der Vielfalt altgewohnter deutscher Lebenswirklichkeiten widersprach. Nationalsozialisten konnten sich nicht genug tun, das deutsche Volk zu preisen; ihr Schlagwort Gleichschaltung verrät, daß es ihnen nur um die Befriedigung ihrer Machtgelüste zu tun war. Weit in die Vergangenheit zurückreichende Unterschiede im gesellschaftlichen und politischen Bereich sollten ausgelöscht werden; es sollte nur noch ein Volk, ein Reich, einen Führer geben – nicht mehr die reiche Vielfalt von Ländern und Konfessionen, Jugendverbänden und Schulträgern.

Die Sieger zerstörten die nach außen so geschlossen wirkende Einheit des Reiches: Abgetrennt wurden nicht nur jüngst erst annektierte Länder und Gebiete, sondern auch alte deutsche Provinzen. Das so entstandene Restdeutschland wurde in Besatzungszonen zerlegt; deren Grenzen waren streng bewacht und durften ohne besondere Ausweise nicht passiert werden. Wenige Jahre später schied eine der neuen Verwaltungsgrenzen, die zur SBZ, zwei Machtblöcke, die sich bis 1989 in einem ‚Kalten Krieg' gegenüberstanden. Oft durften Kinder erst nach Jahren aus einer Besatzungszone zu ihren in einer anderen Zone lebenden Angehörigen ‚ausreisen'.

Im Westen wurden die Zonengrenzen schon bald durchlässig; die Vielfalt der Jugendverbände lebte bald nach Ende des Krieges wieder auf. Um so fester verschloß die SBZ/DDR ihre Westgrenze, und von neuem entstand unter Druck und Zwang eine einheitliche Staatsjugend. Die Deutschen in Ost und West lebten sich auseinander. Dennoch blieb auch unter Jugendlichen das Bewußtsein lebendig, daß Ost- und Westdeutschland zusammengehören. Geschichtliche und persönliche Bindungen wurden gepflegt, in der Hoffnung, daß die unnatürliche und unmenschliche Grenze eines Tages wieder verschwinden werde.

Kapitel 2.
Aufwachsen unter einem verbrecherischen Regime

Der NS-Staat hat sich als Förderer der Jugend ausgegeben – nicht nur zu Unrecht. Ein Beispiel sei vorweg genannt: Am 1. Januar 1939 wurde das Jugendschutzgesetz verkündet; darin war festgelegt, daß die tägliche Arbeitszeit für Jugendliche bis zum 18. Lebensjahr acht Stunden nicht mehr überschreiten dürfe, die wöchentliche nicht 48 Stunden. In § 4,1 übernimmt das Gesetz Punkt 21 aus dem Parteiprogramm der NSDAP: „Kinderarbeit ist grundsätzlich verboten." – Oft mußte man genau hinschauen, um zu bemerken, wozu das Regime Wohltaten spendete. Einen Paragraphen des Gesetzes hatten die Machthaber schon am 30. April 1938 in Kraft gesetzt; wer ihn liest, versteht, warum sie auf diese Regelung nicht länger hatten warten wollen. § 21 bestimmt, daß der Urlaub in die Zeit der HJ-Ferienlager fallen und für Jugendliche, die daran teilnehmen, achtzehn statt nur zwölf Tage dauern solle[43].

Das Regime förderte die Jugend, um sich starker, gesunder Menschen bemächtigen zu können. Mit mancherlei Wohltaten hat es Jung und Alt geködert, den kleinen Mann ebenso wie Hochgestellte. Und bevor die Umworbenen es merkten, gehorchten sie Verordnungen, die das Recht beugten; die meisten sahen über Gewalt und Terror hinweg.

In einer Art Kollektivbiographie wird dieses Kapitel berichten, wie Eltern, Kinder und Jugendliche Eingriffe der NSDAP in ihr Leben erfahren und erlitten haben. Mehr und mehr identifizierte die Partei sich mit dem Staat; je länger ihre Herrschaft dauerte, desto mehr war sie zu fürchten. Zunächst geht es nur um die Voraussetzungen, die dieser Staat schuf, um sich die Macht über junge Menschen zu sichern. Im folgenden Kapitel wird darzustellen sein, wie unverstellt die Brutalität des Regimes unter Bedingungen des Krieges zutage trat.

Erwünschte und unerwünschte Geburten

Trotz des verkleinerten Reichsgebietes, trotz der Toten des Ersten Weltkrieges und trotz sinkender Geburtenzahlen war die Bevölkerung Deutschlands von 1900 bis 1933 dank der höheren Lebenserwartung um etwa 10 Millionen Menschen gewachsen. Dennoch warnten Untergangspropheten schon vor 1933, das deutsche Volk sterbe aus, da seine ‚wertvollen' Glieder zu wenige Kinder hervorbrächten. Die Nationalsozialisten stimmten ein; sie brauchten Verfügungsmasse zur Ausweitung deutscher Herrschaft. Das Reich sollte im Osten ‚Lebensraum' erobern, in dem Deutsche siedeln würden.

Erschreckend offen erläutert der ‚Meyer', das linientreue Konversationslexikon, im Artikel ‚Bevölkerung', was die Machthaber planten und unternahmen. Es gehe ihnen um „Mehrung erbgesunder Vollfamilien" und „Erweiterung des Lebensraumes für Gesunde und Tüchtige"; dank ihres Gesetzes zur ‚Verhütung erbkranken Nachwuchses' werde der „Volkskörper von körperlich und geistig Mißgebildeten weitgehend befreit" [44]. – Wissenschaftler, und zwar nicht nur deutsche, hatten seit Jahrzehnten erörtert und zum Teil auch erprobt, wie die Gesellschaft von erbkranken Menschen zu befreien sei. Die notfalls auch gegen den Willen der Kranken vorgenommene Sterilisierung war keine Erfindung der Nationalsozialisten. Im Meyer konnte man nachlesen, was diese meinten, wenn sie von ‚Ausmerzen' redeten. Im März, so erklärt das Lexikon, werden ungeeignete Schafe ausgesondert; ausmerzen bedeute „als untauglich ausscheiden"[45]. Was damit angedeutet war, hat das Regime nie offen verkündet, aber seit Kriegsbeginn verwirklicht: Die Vernichtung von Menschen, die als ‚lebensunwert' galten.

Den Nationalsozialisten lag nichts an einer gesünderen Menschheit; sie bemühten sich um die Volksgesundheit; das deutsche Volk sollte stark und gesund sein. Darum waren sie überzeugt, alle austilgen zu müssen, die nach ihren Maßstäben als undeutsch galten. Sie ergänzten das Gesetz zur Verhütung erbkranken Nachwuchses (14. 7. 1933) durch das ‚Nürnberger Rassegesetz' (15. 9. 1935) und dessen Erweiterung im Reichsbürgergesetz (14. 11. 1935), die den Juden die Bürgerrechte entzogen. Den Krieg nutzten sie, um das in den drei Gesetzen grundgelegte Programm möglichst unbemerkt von der Öffentlichkeit und mit beispielloser Brutalität umzusetzen. Zu den Opfern gehörten Millionen junger Menschen.

Im umfangreichen Dachartikel ‚Rasse' nennt der Meyer die für die NS-Bevölkerungspolitik entscheidende Verknüpfung zweier Forderungen: Möglichst reich weiterzugeben seien „die erbgesunden und gleichzeitig rassisch wertvollen Anlagen"[46]. Wie diese zu bestimmen seien, bleibt ungesagt. Jeder wußte doch, woran man den echten Deutschen erkennt! Groß, blond und blauäugig ist er, wie die alten Germanen. Zumindest für einen Witz eignete sich diese Vorstellung: Propagandaminister Goebbels – dunkelhaarig, von mittlerer Statur, durch einen Klumpfuß behindert – wurde insgeheim als „Schrumpfgermane" verhöhnt.

Auch wer nie den Meyer in die Hand nahm, sollte erfahren, wieviel das Regime für die Volksgesundheit tat. In Geschäften und Wartezimmern lagen Heftchen aus, in denen selbst Kinder nachlesen konnten, wie viele „Idioten wir mit uns herumschleppen“[47]. Jeder erfuhr die drei Ziele der NS-Bevölkerungspolitik: Erwünschte Kinder sollten gezeugt und nach Kräften gefördert, unerwünschte Kinder gar nicht erst gezeugt werden; waren sie bereits am Leben, sollten sie ‚ausgemerzt‘ werden.

Aufgehoben war das Recht zur freien Wahl des Ehepartners, eine Errungenschaft der Freiheitsbewegung im 18./19. Jahrhundert. In Deutschland entschied wieder die Obrigkeit, wer heiraten durfte. Es genügte nicht, daß Heiratswillige ehemündig waren, der Mann mindestens 21, die Frau mindestens 16 Jahre alt[48]. Bis ins 19. Jahrhundert durfte ein Paar nur eine Ehe eingehen, wenn der Mann fähig war, eine Familie zu ernähren. Nun mußten die Brautleute ‚Rassereinheit‘ und ‚Erbgesundheit‘ nachweisen.

Am 15. September 1935 hatte das NS-Regime, „durchdrungen von der Erkenntnis, daß die Reinheit des deutschen Blutes die Voraussetzung für den Fortbestand des deutschen Volkes ist“, Ehen zwischen Juden und Staatsangehörigen „deutschen oder artverwandten Blutes“ als nichtig erklärt und nichteheliche Beziehungen zwischen solchen Partnern mit Zuchthaus oder Gefängnis bedroht[49]. Seit dem 18. Oktober desselben Jahres konnte der Standesbeamte von heiratswilligen jungen Leuten ein ‚Ehetauglichkeitszeugnis‘ verlangen, ausgestellt von einem der Erbgesundheitsgerichte, die seit 1933 aufgrund des Gesetzes zur Verhütung erbkranken Nachwuchses eingerichtet worden waren. Stellte sich heraus, daß Braut oder Bräutigam ‚erbkrank‘ war, konnten diese Gerichte die Zwangssterilisierung anordnen; das Paar wurde zu Kinderlosigkeit verurteilt.

Die Staatsbürger hatten solche Maßnahmen zu bejahen. Schüler lernten, daß Dänen, Flamen, Niederländer, Norweger, Schweden ‚artverwandten Blutes‘ seien, nicht dagegen Menschen aus slawischen Völkern. Im Biologieunterricht mußten die Mendelschen Erbgesetze dazu herhalten, vor ‚verdeckt vererbtem Schwachsinn‘ zu warnen. Die Jugendlichen sollten sich einprägen, was den Deutschen vom Juden unterscheide, von ‚Halbjuden‘, ‚Vierteljuden‘ und anderen ‚Mischlingen‘. Im Mathematikunterricht hatten sie auszurechnen, wie ihre slawischen Nachbarn sich mehrten, während das „Zweikindersystem“ die Deutschen unweigerlich zum „Volkstod“ verurteile; Rechenaufgaben sollten ihnen die Judengesetzgebung nahebringen[50]. War es ein Wunder, daß Kinder, die solche Dinge lernten, ein Judenmädchen bedrängten und ihm die Flucht ins Elternhaus versperrten[51], oder daß große Brüder immer wieder ihre Fäuste zeigen mußten, um ihre kleine, geistig behinderte Schwester in Schutz zu nehmen? Verunglimpft wurde, wer als erbgesund und rasserein galt, aber nicht bereit war, sich zu ‚mehren‘.

Bildungsbürgern mußte nicht erklärt werden, wer gemeint war mit dem „ehefähige(n) Mann, der die Ehe ablehnt“: Zolibatär lebende Priester seien schuld, daß manche erbgesunde Frau keine Kinder gebäre; gewollte Kinderlosigkeit sei „völkischer Verrat“[52].

Die Förderung der Vier-Kinder-Familie war mit Maßnahmen zum Abbau der in den Anfangsjahren des Regimes noch hohen Arbeitslosigkeit verbunden. Geringverdienende konnten, wenn die Frau bei der Heirat einen Arbeitsplatz frei machte, bis zu 1.000 RM als unverzinsliches Ehestandsdarlehen erhalten. Schenkte die Frau einem gesunden (!) Kind das Leben, wurde ein Viertel des Betrages erlassen; nach der Geburt von vier Kindern war das Darlehen, wie es im Volksmund hieß, abgekindert. Gemessen am Lohn eines Industriearbeiters, monatlich etwa 120 RM, konnte sich das Darlehen sehen lassen. Allerdings wurde meist viel weniger ausgezahlt, zudem in ‚Bedarfdeckungsscheinen‘, die nur bei ausgewählten, parteihörigen Betrieben einzulösen waren. Aufgebracht wurde das Geld durch die ‚Ehestandshilfe‘, eine Steuer auf das Einkommen derer, die – wie die verhaßten katholischen Priester - ledig blieben und keine Kinder in die Welt setzten.

Merkten Eheleute, die sich über ein solches Darlehen freuten, wie verächtlich der Staat von ihnen dachte? Die Antragsteller mußten ein ärztliches Gutachten über ihre Erbgesundheit vorlegen, und die Gutachter waren gehalten, die „Voraussetzungen für die Aufzucht eines gesunden Nachwuchses (zu) verbessern“[53]. Nationalsozialisten redeten von Kindern, als gehe es um Tierzucht.

Die deutsche Mutter, erbgesunde Gebärerin

Billiger als Darlehen, Steuererleichterung und Kinderbeihilfen sind Orden. Am 16. Dezember 1938 stiftete Hitler das ‚Ehrenkreuz der Deutschen Mutter‘, für vier oder fünf Kinder in Bronze, für sechs oder sieben in Silber, für acht und mehr Kinder in Gold. Die feierliche Verleihung erfolgte am Muttertag, dem dritten Sonntag im Mai, durch den Ortsgruppenleiter der NSDAP, 1939 zum ersten Mal. Die Mütter mußten jedoch bestimmten Bedingungen genügen: Ihre Kinder mußten lebend geboren, sie selbst mußte würdig, deutschblütig und erbtüchtig sein[54]. Ob eine Mutter würdig sei, bestimmte die jeweils zuständige Parteigröße nach eigenem Ermessen. Da hatte der Ehemann einer Frau von 1917 bis 1927 der SPD angehört; eine andere hatte Lebensmittel an Haustiere verfüttert; zwei Kinder einer dritten Familie gingen zur Hilfsschule. Solchen Frauen wurde das Ehrenkreuz vorenthalten. Nicht alle fügten sich demütig; es kam zu heftigem, auch schriftlich ausgetragenem Streit.

Höhnisch wies die Parteikanzlei den Einspruch einer Mutter zurück: „Asoziale sind nie kinderreich, bei ihnen kann höchstens von einer ‚asozialen Großfamilie' gesprochen werden"[55].

Die meisten Frauen werden die Auszeichnung gern angenommen haben, zumal Mütter es nicht gewohnt waren, daß ihre Arbeit im Haushalt sowie ihr Tag- und Nachteinsatz für die Kinder gesellschaftliche Anerkennung fanden. Manche sprachen allerdings verächtlich vom „Kaninchenorden"[56]. Ganz unzutreffend war das Spottwort nicht. Das Ehrenkreuz trug die Umschrift: „Das Kind adelt die Mutter". Es schuf einen eigenartigen Geburtsadel; anerkannt wurde einzig die Leistung der Geburt und die auch nur dann, wenn das Kind den Ansprüchen der Partei genügte. Eine Frau hatte einen Witwer mit fünf Söhnen geheiratet; die Kinder gediehen, doch das Mutterkreuz wurde der selbstbewußten Katholikin mit der Begründung verweigert, sie selber habe ja nur zwei Kinder geboren.

Eigentlich hätte jede Mutter Grund gehabt, die Auszeichnung gekränkt zurückzuweisen. Hitler hatte das Mutterkreuz ein „Zeichen des Dankes des deutschen Volkes" genannt – des Dankes für ein Geschenk. Das Kind sollte nicht der Mutter gehören, die es erzieht, damit es schließlich selber entscheide, wohin es gehöre. Sprüche und Lieder zum Muttertag feierten die Frau, die bereit war, ihr Kind zu opfern: „Mütter, eure Wiegen sind wie ein schlafendes Heer, stets bereit zu siegen, werden sie nimmermehr leer"[57]. Das Mutterkreuz glich dem Eisernen Kreuz I. Klasse, einem hohen militärischen Verdienstorden. Anläßlich der Stiftung dieses Ordens verkündete der Reichsärzteführer, der deutschen Mutter stehe der gleiche Ehrenplatz in der Volksgemeinschaft zu wie den Männern an der Front; denn ihr Einsatz von Leib und Leben für das Vaterland sei „der gleiche wie der des Frontsoldaten im Donner der Schlachten"[58]. Wie viele Frauen haben derart hohlem Geschwätz zugestimmt? Repräsentativ für die Stimmung im Volke erschien dem Sicherheitsdienst der SS die Äußerung einer Frau aus Schwerin, es sei „direkt eine Sünde, wenn man sich jetzt Kinder anschafft", müsse man doch vielleicht schon bald „erleben, daß sie bei einem Bombenangriff umkommen"[59].

Der NS-Staat verstand Geburten als Beitrag zum ‚Lebenskampf' des Volkes, Abtreibung wurde „biologischer Landesverrat" genannt[60] und war durch § 218 des Strafgesetzbuchs streng verboten. Dessen ungeachtet wurde sie „aus erbpflegerischen Gründen" praktiziert. Ärzte, die bei der Zwangssterilisation einer Schwangeren das Kind töteten[61], wähnten, dem deutschen Volk einen Dienst zu erweisen. Wer ein ungeborenes Kind tötete, um zur Züchtung eines ‚gesunden Volkskörpers' beizutragen, handelte im Sinne des Regimes[62].

Zu den Propagandasprüchen der Nationalsozialisten gehörte das Wort von der Mutterschaft als dem natürlichen Beruf der Frau. Gemeint war nur die verheiratete Frau. Ledige Mütter und uneheliche Kinder verfielen in der damaligen Gesellschaft und nicht anders auch in NS-Kreisen der Verachtung. Wurde eine unverheiratete ‚braune' Schwester schwanger, hat die NS-Schwesternschaft sie aus ihren Reihen ausgeschlossen[63]. Manche Schwangere, die keinen anderen Ausweg sah, der Diskriminierung zu entgehen, nahm die mit einer illegalen Abtreibung verbundenen Gefahren in Kauf. – Einer jedoch rühmte sich seines Wirkens für unverheiratete Mütter: Heinrich Himmler, Reichsführer SS von 1940 bis 1945, einer der mächtigsten Männer im Reich. Von seiner Gründung, dem ‚Lebensborn', wird noch zu berichten sein.

Berufstätige Ehefrauen gab es kaum; nur, wenn die Not sie zwang, suchten sie außerhäusliche Arbeit. Heiratete eine Lehrerin, wurde ihr gekündigt. Erst recht verachtete man die Mutter, die nicht bei ihren Kindern zuhause blieb. Ebenso dachte man in der Partei. Selbst als der Krieg zur Anspannung aller Kräfte zwang, unterstützte das Regime die Mütter, die zuhause blieben, statt in der Fabrik zu arbeiten. Die Beihilfe für eine Soldatenfamilie brachte im allgemeinen mehr ein als die Arbeit, für die eine Mutter ihre Kinder zeitweise allein ließ.

Soldatenkinder

Damit der Krieg sich nicht negativ auf die Geburtenzahl auswirkte, wurden Ehen von Soldaten gefördert und Ferntrauungen ermöglicht. Ledige Frauen, die von einem gefallenen Soldaten schwanger waren, konnten mit dem Toten nachträglich eine Ehe eingehen[64]. So blieb Mutter und Kind das Stigma ‚unehelich' erspart, und das Kind konnte sich später mit Stolz zu seinem Vater bekennen. Verheiratete Soldaten erhielten weit häufiger Heimaturlaub als im Ersten Weltkrieg, und in der Bevölkerung wußte man, warum. Auf Lokomotiven und an Bahnhofswänden prangte noch lange nach Kriegsende in großen Lettern: „Räder müssen rollen für den Sieg"[65]. Spötter ergänzten: „Und Kinderwagen für den nächsten Krieg".

Das laut propagierte Ziel wurde nicht erreicht. Von 1934 bis 1939 wurden zwar kontinuierlich mehr Kinder geboren, doch nicht so sehr wegen staatlicher Förderung als deshalb, weil relativ starke Jahrgänge ins gebärfähige Alter gekommen waren[66]. Die Zahl der Kinder pro Ehe blieb gering. Dem Regime erschien das als verhängnisvoll, zumal das Bevölkerungswachstum bei den verachteten Slawen vergleichsweise hoch war. Seit 1939 versuchten die neuen Herren diesen einzureden, es sei „schädlich ..., sich viele Kinder anzuschaffen“[67]. Wenn dagegen in einer Gegend Deutschlands die Kindersterblichkeit anstieg, argwöhnten die Behörden kriminelle Machenschaften; führte doch schon „der Krieg eine negative Auslese herbei“ [68].

Wohl kaum ein Soldat hat ein Kind gezeugt, um germanisches Volkstum zu stärken. Viele Ehepaare hätten in der Kriegszeit lieber kein weiteres Kind in die Welt gesetzt. Manches unerwünschte Kind wurde in der Wiedersehensfreude des Urlaubs gezeugt; vertretbare Verhütungsmethoden waren noch zu unbekannt und schwierig.. Frau Annelies N. erinnert sich, wie festlich die Trauung war, zu der ihr Mann 1939 überraschend aus der Kaserne zurückgekommen war; zusammengelebt haben beide nur in dessen Urlaubszeiten; 1940, 1942 und 1944 kamen drei Töchter zur Welt; 1945 starb ihr Mann[69]. – Irmgard E., geboren 1915, hatte nach sieben Ehejahren drei Kinder, aber sie und ihr Mann hatten „kaum sieben Wochen gemeinsam gelebt“. Viele Kinder, die dank der ‚Urlaubspolitik‘ geboren wurden, mußten Bomben, Flucht, Vertreibung und Nöte der Nachkriegszeit ohne Väter durchstehen, mit der Hilfe von Frauen, die ihren ‚Mann gestanden‘ haben.

„Erbbiologisch wertvoll“ – Nachwuchs aus dem ‚Lebensborn‘

Als die Elite des deutschen ‚Herrenvolkes‘ sollte die SS nach Kräften die deutsche Art mehren. Zu diesem Zweck gründete Heinrich Himmler im Jahr 1935 als Unterabteilung der SS den ‚Lebensborn e.V.‘. Der Verein verschaffte Frauen der SS-Männer einige Monate vor und nach der Entbindung ein komfortables Leben in gut geführten Heimen. Die Satzung verpflichtete den Verein, dem deutschen Volk „erbbiologisch wertvollen Nachwuchs“ zu sichern[70]; jeder Mutter „guten Blutes“ sollte er Schutz und Hilfe bieten. Eine seiner Parolen richtete sich auch an unverheiratete Frauen: „Schenk dem Führer ein Kind!“ Nicht die Kinder galten den Organisatoren als wertvoll, sondern die ‚Art‘. Frauen, die sich dem Lebensborn anvertrauten, waren solche Schlagworte gleichgültig; gern haben sie dagegen die gut organisierte Fürsorge zugunsten ihrer Kinder und ihres eigenen Wohlergehens genutzt.

Bald nach Kriegsbeginn machte Himmler seinen Männern die Zeugung zur Pflicht; schlimmer als der Tod im Kriege sei das Fehlen der „nicht gezeugten Kinder“ [71]. Diese Ermunterung vom 28. Oktober 1939 erwähnt den Lebensborn nicht; doch SS-Männer wußten, was gemeint war. Feierlich-schwülstig bezeugt Himmler seine Achtung den Frauen, die zu außerehelichem Geschlechtsverkehr bereit waren: „Über die Grenzen vielleicht sonst notwendiger bürgerlicher Gesetze und Gewohnheiten hinaus wird es auch außerhalb der Ehe für deutsche Frauen und Mädel guten Blutes eine hohe Aufgabe sein können, nicht aus Leichtsinn, sondern in tiefstem Ernst Mütter der Kinder ins Feld ziehender Soldaten zu werden, von denen das Schicksal allein weiß, ob sie heimkehren oder für Deutschland fallen."

Außerhalb der SS wurde diese Aufforderung kaum bekannt. Sie erregte erst nach dem Kriege Aufsehen; man verstand sie als Beweis, daß der Lebensborn eine Art Gestüt zur Züchtung von SS-Nachkommen gewesen sei. Heftige Reaktionen löste dagegen schon damals ein Artikel aus, der ausgerechnet zum Weihnachtsfest 1939 in der Münchner Ausgabe des ‚Völkischen Beobachters', des Zentralorgans der NSDAP, erschienen war: „Der höchste Dienst der Frau für Deutschland. Rudolf Heß an eine unverheiratete Mutter". Dem ‚Stellvertreter des Führers' antwortete unter anderen Kardinal Faulhaber am 14. Januar 1940 mit einem scharf ablehnenden Hirtenbrief zum Fest der Hl. Familie[72].

Der Lebensborn betreute in Deutschland neun Heime; in sieben davon lebten jeweils 20 bis 25 Mütter mit ihren Kindern einige Monate lang; die zwei anderen waren reine Kinderheime. Bis Anfang 1945 kamen acht- bis elftausend Kinder im Lebensborn zur Welt; das waren wenige im Vergleich zu Himmlers großspuriger Ankündigung, er werde 100.000 „wertvolle" Kinder pro Jahr vor Abtreibung retten. Vor 1940 waren es überwiegend außereheliche, in der Kriegszeit fast zur Hälfte eheliche Kinder; denn Ehefrauen von SS-Männern wußten den Schutz der ländlich gelegenen Heime zu schätzen. Unverheiratete Frauen konnten in diesen Heimen ungeschmäht ihr Kind zur Welt bringen und in den ersten Wochen versorgen. Zuerst übernahm der Lebensborn die Vormundschaft. Die meisten Mütter suchten ihrem Kind jedoch so bald wie möglich einen Vormund in ihrem persönlichen Umfeld[73].

Marianne W. (geb. 1920) nennt die Monate in einem Lebensbornheim „fast die schönste Zeit in meinen jungen Jahren"[74]. Als sie wieder in ihren Beruf ging, mußte sie ihre kleine Tochter zunächst zurücklassen, wurde aber, als diese schwer erkrankte, an das Krankenbett gerufen. Dank der Milchspende anderer Mütter sei das Kind durchgekommen; sie habe dann einen Heimplatz in der Nähe ihrer Arbeitsstelle bekommen und die Kleine von dort so bald wie möglich ganz zu sich geholt. Konnte oder wollte eine Mutter nicht selber für ihr Kind sorgen, vermittelte der Verein es in eine Pflegefamilie oder zur Adoption, und zwar nicht nur in ‚linientreue' Familien.

Trotz hochtrabender Worte mißachteten die Lebensborn-Funktionäre grundlegende Rechte unehelicher Kinder. Der Vater eines jeden Kindes war ihnen bekannt, denn das ‚Rasse- und Siedlungshauptamt der SS' hatte beide Eltern überprüft; aber auf Wunsch tauchte der Name des Vaters in keiner weiteren Akte auf. Bei der Vermittlung von Pflegestellen umging man die Jugendämter und bei Adoptionen die gerichtliche Überprüfung der Unterlagen[75]. Es ist verständlich, daß derartige Machenschaften falsche Gerüchte nährten. Die Wirklichkeit war schlimm genug: Unter dem Vorwand, die Anonymität unverheirateter Eltern zu wahren, eignete die SS sich unkontrollierte Verfügungsgewalt über Kinder an.

Die Verantwortung für behinderte Kinder schob der Verein ab. Erhalten ist ein Schreiben des Heimleiters in Wien, ein geistig zurückgebliebener Säugling werde in die Anstalt ‚Am Spiegelgrund' verlegt, da diese „im Sinne einer Ausmerze" tätig sei[76]. Wie wenig aber auch die Rechte ‚wertvoller' Kinder galten, zeigte sich 1945. Die Zuständigen vernichteten, um ihre Verantwortung zu vertuschen, Akten zum rechtlichen Status der Kinder und zu deren leiblichen Eltern. Infolgedessen sind viele Zahlen zum Lebensborn nur zu schätzen, vor allem blieben verwandtschaftliche Beziehungen ungeklärt. Adoptiveltern erfuhren nur, daß ihr Kind aus dem Lebensborn komme. War es herangewachsen, fiel diesem das ‚L' in seiner Geburtsurkunde spätestens dann auf, wenn es von sensationslüsternen Berichten hörte. Mit Glück und Findigkeit haben manche etwas aus der Lebensgeschichte ihrer leiblichen Eltern erfahren und leibliche Geschwister kennen gelernt. Der Eifer, mit dem solche Kontakte gepflegt werden, verrät, wie hart es andererseits ist, mit der Unkenntnis über die eigene Herkunft zu leben und erst recht mit der durch reißerische Artikel in Illustrierten genährten Vorstellung, aus einer Verbindung hervorgegangen zu sein, in der, gleich wie, ein Kind gezeugt werden sollte.

„Mit Schwert und Wiege" Kinder gewinnen

Die SS sollte ‚deutsche, nordisch bestimmte Art' mehren. Da Himmler meinte, nordisches Blut sei nirgends reiner zu finden als in Norwegen, versandte er, als Pläne zur Besetzung dieses Landes reiften, ein Rundschreiben des Titels: „SS für Groß-Deutschland – mit Schwert und Wiege". Darin heißt es: „Es ist unbedingt wünschenswert, daß die deutschen Soldaten mit norwegischen Frauen so viele Kinder wie möglich zeugen, egal, ob ehelich oder außerehelich"[77]. Im April 1940 besetzte die Wehrmacht Norwegen. Im Februar 1941 erfuhr Himmler, 15 Norwegerinnen seien mit Kindern deutscher Soldaten schwanger. Daraufhin beschloß er, die Tätigkeit des Lebensborn auszuweiten[78].

Bis zum Kriegsende entstanden in Oslo, Bergen, Trondheim und an sechs weiteren Orten vom Lebensborn geführte Entbindungs- und

Kinderheime, nicht anders als in Deutschland in erstklassigen Häusern; so etwa im „Klekken Turisthotel“ (67 Zimmer, 101 Betten), das der Lebensborn 1942 für 35 Mütter und 60 Kinder gemietet hatte. Im letzten Kriegsjahr verfügte der norwegische Ableger des Vereins über einen Etat von 6,2 Millionen RM. Unter den mindestens 300 Angestellten, die für ihn arbeiteten, waren unverheiratete deutsche Frauen, die ihre Schwangerschaft zuhause verbergen wollten. Hatte der Kindsvater sich nicht gemeldet, gaben die Angestellten des Vereins sich viel Mühe, ihn aufzuspüren, freilich nur um die ‚Rassereinheit‘ des Kindes zu prüfen. Erhalten geblieben ist das Schreiben an einen Soldaten, der sein Kind gern in einem Heim des Lebensborn untergebracht hätte: „Wir sind an lappischen Mischungen nicht interessiert“.

In Norwegen hat der Lebensborn sich um rund 7.600 Kinder gekümmert. Nach Kriegsende übernahm das norwegische Sozialministerium etwa 1.900 noch offene Fälle[79]. Die meisten Mütter hatten sich entschlossen, selber für ihr Kind zu sorgen. Leicht war das nicht; wo schätzt man schon Frauen, die sich mit Besatzern eingelassen haben? Manche Norwegerin hat, um sich und ihrem ‚Deutschenkind‘ Verachtung zu ersparen, in eine Adoption eingewilligt. An die 250 uneheliche Kinder brachte der Lebensborn nach Deutschland, oft zu Eltern oder Geschwistern des Vaters, der seine Freundin nach dem Kriege heiraten wollte; andere wurden adoptiert, bei Pflegeeltern und in Heimen untergebracht.

Diesen Kindern wurde es zum Verhängnis, daß sie nach dem Haager Abkommen (1907) Norweger waren. Im November 1947 beschloß das norwegische Parlament, norwegische Kinder zu ‚retten‘. Mitarbeiterinnen des Internationalen Roten Kreuzes holten Kinder aus ihren deutschen Pflegefamilien, manche wurden mit Täuschungsmanövern den empörten Pflegeeltern entrissen. Die ‚Geretteten‘ wuchsen in Norwegen auf, ohne zu begreifen, warum man ihnen ihre, wie sie annehmen mußten, ungehörige Herkunft verheimlichte. Eines dieser ‚Kinder der Schande‘ hat erzählt, wie sie, die in Norwegen als Turid groß geworden war, bei der schwierigen Suche nach ihrer Identität schließlich das kleine Mädchen Elke fand, das in einer deutschen Familie geliebt worden war[80].

In allen von der Wehrmacht besetzten Ländern ließen deutsche Soldaten bei ihrem Abzug die von ihnen gezeugten Kinder zurück. In Belgien etwa 40.000, in Frankreich 85.000-100.000, in den Niederlanden 50.000, in Norwegen und Dänemark 12.000. Zu anderen Ländern fehlen verläßliche Schätzungen[81]. Viele dieser Kinder sahen sich, ebenso wie ihre Mütter, aus der Gesellschaft der Anständigen verstoßen. Selbst die Enkel bringen es oft nicht fertig, die Geschichte der Großeltern als abgeschlossen zu betrachten; sie befragen die Großmutter und suchen nach ihrem Großvater.

Für die Betreuung der im Ausland lebenden Kinder deutscher Soldaten war, von Norwegen und Dänemark abgesehen, bis zum Kriegsende vorwiegend die Nationalsozialistische Volkswohlfahrt e. V. zuständig[82]. Während der Lebensborn der SS angegliedert war, gehörte die NSV als Unterorganisation zur NSDAP. Zu einem abartigen Streit zwischen beiden kam es im besetzten Polen; der Lebensborn nahm es nicht hin, daß die NSV dort allein ausführe, was Himmler seiner SS großmäulig aufgetragen hatte, „germanisches Blut zu rauben"[83].

Für Mutter und Kind, doch zuerst für den Nationalsozialismus

Von außen gesehen, sind die Leistungen der Volksfürsorge in der NS-Zeit beeindruckend. Gemeindeschwestern halfen Familien, ihre Kranken zuhause zu pflegen. Es gab Krippen, Kindergärten und Horte für Schulkinder, Erholungs- und Heilaufenthalte für Mütter und Kinder. An diesen und vielen anderen Hilfen waren Frauen der NSV beteiligt, die meisten ehrenamtlich. 1940 unterstützten mehr als 11 Millionen Mitglieder die NSV[84], zumindest mit ihren Beiträgen.

Auskunft über die Ziele der NSV gab ein bis 1939 neu bearbeitetes Nachschlagewerk[85]. Die NSV habe den „Totalitätsanspruch der Partei" durchzusetzen, sie unterstütze Menschen, die „artrein, erbgesund, politisch zuverlässig" seien, keinesfalls aber Asoziale. Unter dieser Bezeichnung faßte man Alkoholiker, Arbeitsscheue, Dirnen, Homosexuelle und andere am Rand der Gesellschaft lebende Menschen zusammen. Als asozial galt aber auch eine Mutter vieler Kinder, die allzu häufig bei dem von der NSV getragenen ‚Hilfswerk Mutter und Kind' vorgesprochen hatte[86]. Letztlich ging es dem Regime nicht um Hilfe für Schwache, sondern um die eigene Macht.

„Wir gehen nicht vom einzelnen Menschen aus, wir vertreten nicht die Anschauung: man muß die Hungernden speisen, die Durstigen tränken und die Nackten bekleiden ... wir müssen ein gesundes Volk besitzen, um uns in der Welt durchsetzen zu können." Propagandaminister Goebbels hat gern in aller Öffentlichkeit polemische Reden gehalten. Diesen frontalen Angriff auf das Leitwort christlicher Fürsorgetätigkeit, gegen den Spruch, mit dem Christus im Weltgericht über das endgültige Schicksal eines jeden Menschen entscheidet (Mt 25, 31 ff.), hat er nur im kleinen Kreise gewagt, vor wenigen Vertretern der NSV[87]. Streit mit Christen konnte die NSV nicht gebrauchen. Obwohl das Regime früh begonnen hatte, sich Finanz- und Sachmittel, Einrichtungen und Personal der kirchlichen Wohlfahrtsverbände anzueignen, blieb es auf Institutionen christlicher Nächstenliebe angewiesen. Hitler selber suchte der Beschlagnahme kirchlichen Vermögens ein Ende zu setzen[88]. Alters- und Pflegeheime überließ die NSV gern christlichen Kräften. Konfessionelle Verbände betreuten 1942 immer noch rund zwei Drittel der in Heimen untergebrachten Fürsorgezöglinge. Die Rechte dieser jungen Menschen waren dort weit besser geschützt als in den seit August 1940 bestehenden ‚Jugendschutzlagern' des Regimes, von denen im nächsten Kapitel zu berichten sein wird.

Die NSV sollte die Macht der Partei mehren; das Geld für ihre Aktivitäten aber brachten private Spender auf. Gewaltige Summen kamen zusammen[89], zum Teil geradezu erpreßt. An Straßensammlungen mußte sich auch die Hitlerjugend beteiligen. Wer wagte schon, Jungen in HJ-Uniform zurückzuweisen? Im Gefühl ihrer Macht bildeten sie Ketten und ließen nur Passanten durch, die gespendet hatten und dafür eine Anstecknadel erhielten. Wer sich mit diesem Zeichen am Rockaufschlag notgedrungen zum Führer und dessen Krieg bekannte, wurde wenigstens nicht gleich wieder mit der rasselnden Büchse behelligt. Ein Merkblatt verrät, wie Haussammlungen mißbraucht werden sollten: „Als Blockwalter suchen Sie regelmäßig die Familien Ihres Blockes auf zur Einholung der Beiträge und Spenden. Sie erhalten Einblick in die Verhältnisse dieser Familien und ihr Denken. Melden Sie: 1. Notstände; 2. Eltern trennen sich; 3. Vater oder Mutter sind für Kinder sittlich gefährdend"[90].

Obwohl es allenthalben an parteigebundenem Personal fehlte, nutzte die NSV alles, was gut eingeführt war. Für ihr ‚Hilfswerk Mutter und Kind' hatte sie sich den Namen einer Gründung des evangelischen Frauenbundes angeeignet. Das Hilfswerk hatte einen guten Ruf; es organisierte Mütterberatungen, unterhielt Kindergärten, Mütterheime und Pflegestationen. Die meisten Mitarbeiterinnen wirkten ehrenamtlich[91]; viele lehnten das NS-Regime innerlich ab, hätten es aber für unanständig gehalten, sich der Sorge für Mütter und Kinder zu entziehen. Darum hat der Meyer wahrscheinlich nicht recht, wenn er betont, das Hilfswerk Mutter und Kind biete Säuglingsfürsorge „nur für erbgesunde Kinder"[92].

Damit ledige Mütter erwerbstätig bleiben und selber für sich und ihr Kind aufkommen konnten, unterhielt die NSV Säuglings- und Mütterheime für ‚wertvolle' Frauen und ‚erbgesunde' Kinder; 1936 betreute sie rund 15.000 ledige Mütter[93]. Wie verachtet diese Frauen waren, wenn sie nicht genug verdienten, um die Pflege im Säuglingsheim der NSV zu bezahlen, verraten Akten des Kreiswohlfahrtsamtes Brake (Detmold): Das Amt wollte einer Mutter das Sorgerecht entziehen, verzichtete aber darauf, als Diakonissen das Kind unentgeltlich in ihr Heim aufnahmen. Dem Kind blieb die Mutter erhalten und nationalsozialistische Erziehung erspart; der Staat sparte Fürsorgekosten.

Um sicher zu sein, daß die in der häuslichen Pflege tätigen Gemeindeschwestern asoziale Familien oder behinderte Kinder pflichtschuldig den für eine Sterilisierung zuständigen Stellen meldeten[94], setzte die NSDAP für diese Aufgabe möglichst linientreue Frauen ein. Einen Blockwart konnte man an der Haustür abwimmeln, die Krankenschwester kam bis ins Schlafzimmer. Viele Gemeinden wehrten sich, wenn eine ‚braune' Schwester eingeführt werden sollte[95]; so geschah es auch in der NS-Hochburg Teningen (Baden). Die Ortsverwaltung sperrte sich erfolgreich gegen die Ablösung der Krankenschwester Maria Moser und die Einrichtung einer NSV-Schwesternstation. Jahrzehnte später, am 4. November 1969, dankte die Gemeinde Frau Moser für 35 Jahre segensreicher, entsagungsvoller Arbeit an Alten und Kranken bei Tag und Nacht.

Bemüht um die Senkung der Säuglingssterblichkeit legte das Regime Wert darauf, daß Hebammen gut ausgebildet und angesehen waren. Sie hatten ihren je eigenen Bezirk, in dem sie zu jeder Hausgeburt hinzugezogen werden mußten. Erbkranken Nachwuchs hatten sie dem Amtsarzt zu melden[96]. Wie wenig es gelang, die Hebammen in die ausmerzende Geburtenpolitik einzubinden, zeigt ein Runderlaß vom 20. September 1941: Die Gesundheitsämter werden zu schärferer Kontrolle angehalten, da „aus einzelnen Bezirken Meldungen nur spärlich eingehen"[97]. Eltern vertrauten darauf, daß *ihre* Hebamme sich vor allem dem Leben verpflichtet wußte, und dann erst dem Staat; anderes hätte sich schnell herumgesprochen. Was aber, wenn zur Entbindung die Vertreterin kam? Unvergessen ist Anna O. bis heute, wie streng der Vater sie und ihre Geschwister einmal ‚ins Zimmer oben' verbannte; die Hebamme sollte seine geistig behinderte Tochter nicht zu Gesicht bekommen.

Hebammen haben sich ihres Widerstandes nicht gerühmt. Doch man kann sich vorstellen, was es bedeutete, daß eine Gemeindehebamme, die von 1928 bis 1968 im Odenwald gearbeitet hat, von ihrem Dienst nicht mehr berichtet, als daß sie „von so manchem Frauenleid gehört" und viele Beweise der Dankbarkeit erhalten habe. Einer anderen Hebamme drohte der Gauleiter, sie werde mit ihrer Familie aus dem Odenwald ins Sudetenland versetzt, wenn sie noch einmal Ostarbeiterinnen in Geburtsnöten beistehe. Sie tat weiterhin, was sie für Recht hielt – die Drohung wurde nicht verwirklicht[98].

Kinder der Jahrgänge 1943/44 eines Kindergartens in Wesel, 1947 (?). Während des Krieges wurden noch viele Kinder geboren. Das gesunde Aussehen der Mädchen und Jungen sowie die gute Kleidung und die gepflegten Haare überraschen, wenn man an Mangel und Not im Jahr 1947 denkt.

Junge Mutter mit Trauerflor, 1943. Hunderttausende von Frauen mußten sich, nachdem ihr Mann als Soldat gefallen, vermißt oder an einer Krankheit verstorben war, allein mit einem oder mehreren Kindern durchschlagen. Die meisten dieser Halbwaisen sind ihren Weg gegangen, mitgetragen von der Mutter, den Großeltern und den Altersgenossen.

Dieser Vater ist im Krieg mit dem Leben davongekommen, ‚nur' seinen rechten Arm hat er eingebüßt. Der Sohn ist glücklich, er spürt die Nähe und Zuwendung seines Vaters.

Unten: Im ‚Bund Deutscher Mädel' gehörten die Mädchen zur ‚Jugend des Führers'. Nicht anders als die Jungen, mußten sie im ‚Dienst' und bei vielen anderen Gelegenheiten Uniform tragen: Rock, Bluse, von einem Lederknoten zusammengehaltenes Halstuch, Schuhe und Söckchen. Wie andere Uniformen, konnte auch diese ausgesprochen kleidsam wirken.

Um ihre monströsen Ziele zu verwirklichen, brauchten die Machthaber Mitarbeiterinnen, auf deren Loyalität sie sich verlassen konnten. Als Unterorganisation der NSDAP war am 17. Mai 1934 die ‚NS-Schwesternschaft' gegründet worden; die ‚braunen Schwestern' sollten auf Dauer die anderen, zumeist konfessionell gebundenen Schwestern in der Sozialarbeit ablösen. Das gelang nicht einmal ansatzweise. Eine NSV-Leiterin klagte, sie müsse „dreieinhalb Schwestern nachschicken, um eine Nonne zu ersetzen"[99]. Diakonissen und Nonnen wußten sich ganz ihrem Beruf verbunden; braune Schwestern legten Wert auf Einhaltung der Dienstzeit. Sie fielen aus, wenn sie heirateten und die Familie ihre Kraft forderte. Manche wird ausgeschieden sein, weil sie es nicht fertig brachte, sich an die widernatürlichen Richtlinien für die ‚weltanschauliche Schulung der Lernschwestern und Krankenpflegeschüler' zu halten, die sie hatte erlernen müssen: „Erbkranke, Gemeinschaftsfeindliche und Gemeinschaftsunfähige werden gar nicht oder nur in beschränktem Umfange unterstützt"[100].

Erziehung zur Volksgemeinschaft

In Victor Klemperers berühmtem Tagebuch aus der NS-Zeit findet sich die Notiz, „Volk" werde beim Reden und Schreiben inzwischen so oft verwendet wie „Salz beim Essen; an alles gibt man eine Prise ‚Volk'"[101]. Richter beriefen sich auf das gesunde Volksempfinden; der Volksgerichtshof war zu Recht gefürchtet. Attraktion der Funkausstellung im August 1933 war der Volksempfänger – den Volkswagen gibt es noch heute. Pädagogen pflegten romantische Vorstellungen von Volkserziehung; Volkslieder und Volkstänze sollten Kindern deutsches Volkstum nahebringen. Jugendgruppen sangen „Ich hab mich ergeben mit Herz und mit Hand, dir Land voll Lieb und Leben, mein deutsches Vaterland". Merkten die Sänger, wozu sie sich bekannten? Man sollte sich immer nur für das deutsche Volk einsetzen, nie für sich selbst, für seine Freunde, seine Familie. Bindung an Deutschland wurde Religionsersatz. Berüchtigt ist ein Spruch Hitlers, den sich auch junge Menschen zu Herzen nahmen. „Du bist nichts, dein Volk ist alles!"[102]

Kleinkindern vom Führer erzählen

Das Regime hätte gern schon die Kleinkinder in seinen Griff bekommen, da „bereits hier die Grundlagen zu einer nationalsozialistischen Gemeinschaftsethik gelegt werden"[103]. Das gelang kaum. Da Ehefrauen ohne Not keine außerhäusliche Arbeit annahmen – fürs Geldverdienen war der Ehemann zuständig –, blieben Kinder im Vorschulalter auch in den Jahren der NS-Herrschaft meist zuhause bei ihren Müttern; priesen doch die Nationalsozialisten Mutterschaft als den eigentlichen Beruf der Frau. Jede Familie, so hieß es, solle „ihren eigenen Kindergarten" bilden. Kinder sollten nicht in muffigen Wohnungen und dunklen Hinterhöfen allein bleiben, wenn die Mutter zur Arbeit ging. Träger der Kindergärten waren die Kirchen, die Arbeiterwohlfahrt oder andere freie Verbände. Gleich nach der Machtergreifung hatte das Regime damit begonnen, sich Einrichtungen der freien Wohlfahrt anzueignen; Kindergärten sollten nur noch von der NSV geleitet werden. Doch diese stand vor dem gleichen Dilemma wie in anderen Bereichen der Fürsorge (s.o. S. 61); es fehlte ihr an qualifizierten Kräften. Mancher Kindergarten konnte nur dank der Weiterarbeit von Ordensschwestern fortbestehen, auch wenn örtliche Parteigrößen sich beschwerten, an Erziehung im Geiste des Regimes sei dann nicht zu denken.

Als die konfessionellen Kindergärten offiziell aufgelöst wurden (am 2. 4. 1941), ersuchte das Hauptamt für Volkswohlfahrt die deutschen Bischöfe in auffallend gemäßigtem Ton, bei der „allmählichen Ablösung" mitzuwirken[104]. Mußten beliebte, kirchlich gebundene Kräfte gehen, kam es wiederholt zu erbitterten Auseinandersetzungen. Der Bischof von Fulda schrieb dem Reichsminister des Inneren, „bewährtes Erziehungspersonal" werde durch „ganz junge und unerfahrene Erzieherinnen" ersetzt; die Eltern seien empört[105]. Im Bistum Mainz mußte sogar die Gestapo eingreifen; unter Berufung auf das Gesetz zur ‚Abwehr staatsgefährdender Akte' beschlagnahmte sie 50 Kindergärten[106]. 1943 waren fast alle Kindergärten in Händen der NSV[107]; nur auf dem Land konnten kirchliche Einrichtungen sich dem Zugriff entziehen. So blieben im Gau Westfalen-Nord von etwa 4.000 katholischen Kindergärten an die 2.800 als solche erhalten[108]. In den von der NSV geleiteten Kindergärten trat an die Stelle des Kreuzes das Bild des Führers; Verse zu seinem Lob ersetzten das Tischgebet: „Händchen falten,/Köpfchen senken,/innig an den Führer denken,/der uns Arbeit gibt und Brot/und uns hilft aus aller Not."[109]

Um den vom Regime hofierten ‚Bauernstand' für den Nationalsozialismus zu gewinnen, entwickelte die NSV eine neue Form der Betreuung. Da in der Erntezeit jede Hand gefragt war, sollten Erntekindergärten die Bäuerinnen entlasten. 1943 unterhielt die NSV nach eigenen Angaben 11.000 Kindertagesstätten für die Erntezeit[110]. Im katholisch geprägten Westfalen wurden diese Einrichtungen kaum angenommen.

Johanna Haarer – Ärztin, Mutter von fünf Kindern, angesehene Vertreterin der NS-Frauenschaft – verfaßte im Auftrag der Partei ein Buch, das auch die Mütter erreichen sollte, die ihre Kinder zuhause behielten: „Mutter, erzähl von Adolf Hitler!" Sie wolle, so schreibt Frau Haarer, Frauen, die sich „am liebsten schützend zwischen unsere Kinder und die harte Wirklichkeit stellen", überzeugen, daß es notwendig sei, „schon dem kleinen Kind von Kampf und Krieg und von der Not des Vaterlandes zu erzählen"[111]. Weiter verbreitet als dieses war ein anderes Buch der Autorin: „Die deutsche Mutter und ihr erstes Kind". Johanna Haarers Ermahnungen zur Erb- und Rassenpflege wird man mit Achselzucken überschlagen haben; gefragt waren ihre Vorschläge zu Pflege, Ernährung und Kleidung kleiner Kinder. Mancher Ratschlag wirkt heutzutage befremdlich, war aber nicht spezifisch nationalsozialistisch. Sei ein Kind widerspenstig, solle die Mutter es im Nachbarzimmer „kalt stellen"; verweigere ein Kind eine Speise, solle sie es bis zur nächsten Mahlzeit hungern lassen und dann dasselbe bieten[112]. Ein Erziehungsstil, wie Haarer ihn empfiehlt, war auch vor und nach der NS-Zeit in vielen Familien üblich. Eltern sollten, was sie als richtig erkannt hatten, notfalls mit Härte durchsetzen; Nachgiebigkeit mache die Kinder unsicher, und langes Diskutieren schwäche die Autorität des Erziehers.

Der weit verbreitete autoritäre Erziehungsstil kam einem Regime entgegen, das keinerlei Kritik zuließ. Einstweilen fehlten ihm noch die Mittel, die Erziehung der Kleinkinder völlig in die eigene Hand zu nehmen; um so mehr wollte es sich in den Schulen durchsetzen.

Die Volksschule als Schmelztiegel

„Wir wollen junge deutsche Menschen zusammenschmelzen zu einem heiligen Willen zur Volksgemeinschaft, auf daß sie in einem einzigen Guß zu einem einheitlichen, großen, organischen, stahlharten Gebilde vereinigt werden". Dieses Wort des Reichsministers für Wissenschaft, Erziehung und Volksbildung ist den ‚Richtlinien für Volksschulen' als Motto vorangestellt[113]. Man könnte die Häufung unsinniger Metaphern als belanglos abtun, wüßte man nicht, daß solche Phrasen verantwortungsbewußten Erziehern das Leben schwer gemacht haben.

Das Lehrerhandbuch, das sich mit diesem Motto schmückt, rühmt die ‚große Gemeinschaftsschule des deutschen Volkes': „Der Sohn und die Tochter des Handarbeiters sitzen mit dem Sohn und der Tochter des Bauern, des Landwirts, des Angestellten und Kaufmannes, des Industriellen und des Beamten auf der gleichen Schulbank, einer des anderen Kamerad, einer des andern Freuden und Leiden schon in der Jugend kennend und teilend". Soviel ist richtig: Alle Kinder besuchten vier Jahre lang die Grundschule. Doch waren damit die gesellschaftlichen Unterschiede ausgebügelt? In der Dorfschule erhielt die Tochter des Häuslers für ein leises Wort zur Nachbarin mit dem Stock eins über die Finger. Der Sohn des Großbauern durfte ungestraft über die Stränge schlagen; und der Sohn eines Landgerichtsdirektors hat in vier Jahren keinmal Schläge bekommen, aber „einige Kerle aus dem Waisenhaus wurden fast jeden Tag verdroschen"[114].

Seit 1941 gab es keine katholischen oder evangelischen Schulen mehr[115]. Zwar war nach Konfessionen getrennter Religionsunterricht in der ‚Deutschen Gemeinschaftsschule' erlaubt, wenn er aber in die erste oder letzte Stunde gelegt wurde, konnte man ihn leicht ausfallen lassen. Doch der Pfarrer besaß mancherorts weiterhin mehr Autorität als der Lehrer, und keinesfalls ließen Katholiken sich den ‚Weißen Sonntag' verderben. Gingen die Siebenjährigen zur Erstkommunion, schmückten weiß-gelbe Kirchenfahnen die Straßen; Verwandte und Nachbarn feierten mit. Aufgeweckten Kindern mußte man nicht erst sagen, daß sie sich mit ihrem Fest zu ihrem Glauben bekannten. Auf dem Gedenkblatt der Kommunionkinder in Hamm (Westf.) stand 1943 der Spruch: „Ich schäme mich meines Evangeliums nicht" (Röm 1,16). Die Machthaber zeigten sich einstweilen nachsichtig: Was sich den Siebenjährigen eingeprägt hatte, würden sie ihnen drei Jahre später beim ‚Jungvolk' schon wieder austreiben. Vorläufig duldeten sie auch die sonntägliche Christenlehre sowie den außerschulischen Konfirmations- und Firmunterricht; bis zum Endsieg wollten sie sich mit einer seit 1942 geltenden Vorschrift begnügen: Die Vierzehnjährigen hatten in demselben Alter, in dem sie sich mit der Konfirmation bzw. Firmung ihres Glaubens ausdrücklich bewußt werden sollten, beim Übergang vom Jungvolk zur HJ das Gelöbnis selbstloser Treue zum Führer abzulegen (s.u. S. 78).

Zwölf Jahre NS-Herrschaft waren zu kurz, um die Jugend dem Elternhaus und der Kirche völlig zu entfremden. Dennoch verkündete ein Machwerk zur „Erziehung im Großdeutschen Reich" schon 1940 in quasi-religiösem Ton: „Früher" habe es viele Erziehungsmächte gegeben, „Elternhaus, Staat, Kirche usw."; nun seien Partei und Staat „die zweieinige Erziehungsmacht, die allein die Erziehungshoheit besitzt"[116]. Diese Zweieinigkeit ersetzte Kreuze durch Hitlerbilder, das Schulgebet durch Lieder der HJ. Vergeblich protestierten Fronturlauber, die ihre Schule nicht wiedererkannten. Die Schulwoche begann mit dem Hissen der Hakenkreuzfahne und dem Wochenspruch, der Schultag mit Fahnenappell und Tagesspruch[117]. – Eine Studentin aus den USA erzählte 1994, ihre aus Deutschland stammende Mutter sei in Tränen ausgebrochen, als sie erlebte, daß ihre Tochter in der amerikanischen Schule den Tag mit einem Fahneneid beginnen mußte: „I pledge allegiance to the

Flag of the United States", „Ich schwöre Treue der Fahne der Vereinigten Staaten". – Im Juni 2002 hat das US-Bundesgericht den Treueschwur an Schulen als verfassungswidrig eingestuft.

ABC-Schützen lernten am ersten Schultag, wie sie zu grüßen hatten: Mit einem markigen „Heil Hitler!", den rechten Arm im richtigen Winkel hochgereckt, den Blick starr auf den Lehrer gerichtet. Schüler haben diesen Ritus ungezählte Male vollzogen; manches Kind konnte sich ihn nach dem Untergang des Regimes kaum abgewöhnen. Betrat ein Lehrer die Klasse, standen die Schüler auf und stramm. Der Lehrer stellte sich vor sie hin und grüßte als erster: „Heil Hitler!" mit erhobenem rechten Arm. Die Schüler erwiderten Gruß und Geste, ebenso am Ende der Stunde. Im katholischen Religionsunterricht sagten Lehrer zwar weiterhin „Gelobt sei Jesus Christus", und die Schüler ergänzten: „In Ewigkeit, Amen". Doch zu Beginn mußte vor, am Ende der Stunde nach dem Christuslob das „Heil Hitler!" ertönen. Wer nicht mitmachen wollte, konnte vom Besuch weiterführender Schulen ausgeschlossen werden[118].

Trotz aller Mühen, religiösen Eifer umzupolen, hatte die Partei Grund zu heftiger Klage: „Es kann nicht geduldet werden, daß die sittliche Ganzheit des Weltbildes, das der gesamten Jugend übermittelt werden soll, durch konfessionelle Auffassungen gefährdet wird"[119]. Unvergessen ist einer Frau, wie stolz sie bei der Heimkehr vom ersten Schultag das Gelernte ihrer Mutter vorführte: „Heil Hitler, Mama!" – und sich eine Ohrfeige einfing; war dieser Hitler doch schuld am Krieg, und vor kurzem war die jüngste Schwester bei einem Bombenangriff ums Leben gekommen! Als alle am Mittagstisch saßen, erklärte die Mutter: „Wer von uns nachhause kommt, sagt ‚Gelobt sei Jesus Christus!'" Die Familie hat noch Jahre nach dem Krieg an diesem Brauch festgehalten. – Eine 1925 geborene Jüdin erinnert sich: „In der Schule sprang die Klasse jetzt morgens nicht mehr auf, um unsere Lehrerin im Chor mit ‚Guten Morgen, Fräulein Räthjen' zu begrüßen; statt dessen mußten wir mit hocherhobenem rechten Arm strammstehen und ‚Heil Hitler' rufen. Ich wußte nie ganz genau, ob ich dabei mitmachen müsse oder nicht, war mir doch bekannt, daß Hitler böse und die Ursache all unserer Schwierigkeiten war. Aber ich hatte Angst, meinen Arm nicht zum *Deutschen Gruß* zu erheben. Fräulein Räthjen, die das bemerkt hatte, sagte mir eines Tages ruhig, daß ich nicht mitzumachen brauche"[120].

Kinder lernten, daß ein ‚Heil Hitler' nicht überall willkommen war. In der Konfirmandenrunde war ein artiges „Nament" (Guten Abend) angebracht; in Süddeutschland wußten Jugendliche, wer ein „Grüß Gott!" erwartete. Frechlinge kamen sich witzig vor, wenn sie auf der Toilette, wo das nicht statthaft war, „Heil Hitler!" schmetterten, dem Lehrer gegenüber „Heilitla" leierten oder, nur für den Banknachbarn hörbar, mit „Heil du ihn doch!" antworteten. Die jeweils richtigen Worte zu finden, lief auf eine Lektion in Anpassung, wenn nicht in Verstellung hinaus. Erika Mann hat die Folgen der NS-Erziehung beklagt: Die „arischen" Kinder würden „verdorben", die jüdischen „*nur* gequält"[121].

Nicht zuviel Wissen vermitteln!

Stolz bekannte Hitler sich zu seiner Abneigung gegen Bildung: „Wir leiden heute an einer Überbildung. Man schätzt nur das Wissen. Die Neunmalweisen aber sind Feinde der Tat. Was wir brauchen, ist Instinkt und Wille"[122]. Von dieser Einstellung sind die Richtlinien für Volksschulen geprägt; bei jedem Unterrichtsgegenstand müsse der Lehrer die politische Bedeutung hervorheben. Die Richtlinien waren kurz nach Kriegsbeginn, am 15. Dezember 1939, erlassen; sie sollten die Lehrer anleiten, sich der Schule als einem „kriegswichtigen Betrieb besonderen Maßes" zu widmen[123].

So verwundert es nicht, daß dieses Handbuch der Leibeserziehung neun Seiten widmet, genauso viele wie den Fächern Deutsch, Heimatkunde, Erdkunde und Geschichte zusammen. Mit der üblichen Häufung von Schlagwörtern betont es, der Schulsport erziehe zu „Volksgemeinschaft, Wehrhaftigkeit, Rassebewußtsein und Führertum". Anstelle eigener Richtlinien zum Sport der Mädchen findet sich die Mahnung, diese seien für „ihre spätere Aufgabe als Hausfrau und Mutter" zu erziehen. Konkrete Hinweise, wie das geschehen solle, begegnen allerdings nur wenige. Das Handbuch rühmt zwar die „Lebensnähe unserer Schule", kennt jedoch nicht den Alltag der Kinder, sondern will für den „Lebenskampf des deutschen Volkes" begeistern. Im Fach Deutsch ist „das Schrifttum dem völkischen Kerngut zu entnehmen", vor allem der „Kampfdichtung der nationalsozialistischen Bewegung". Die Heimatkunde soll dem Kind Helden nahebringen, Helden der Heimat, der Sagen, des Weltkriegs, der nationalsozialistischen Bewegung. Den Geschichtsunterricht soll „der Gedanke des Führertums in germanisch-deutscher Ausprägung erfüllen". Im Fach Erdkunde sollen „wehrgeographische Betrachtungen" Verständnis wecken für „wichtige Maßnahmen der nationalsozialistischen Führung".

Selbst Rechenbücher waren auf perfide Weise ‚lebensnah' angelegt. Eine Aufgabensammlung trägt den Titel: „Warum erbkranker Nachwuchs verhütet werden muß". Was zu beweisen ist, wird vorausgesetzt: „Erbminderwertige Familien haben erfahrungsgemäß eine höhere Kinderzahl als erbgesunde. – Nehmen wir an, es gäbe in einem Land gleich viel erbgesunde (A) und erbminderwertige (B) Ehepaare, von denen die Gruppe A durchschnittlich je drei, die Gruppe B durchschnittlich je fünf zur Heirat gelangende Kinder hätte. Die A-Kinder würden wiederum durchschnittlich je drei, die B-Kinder je fünf Nachkommen haben. In welchem Verhältnis würden die Nachkommen der beiden Gruppen nach hundert Jahren (= drei Geschlechterfolgen), nach zweihundert Jahren stehen?"[124]. – Die Richtlinien halten die Lehrer an, ihre Schüler „zu selbständiger Leistung" zu erziehen[125]. An solchen Aufgaben ist abzulesen, welch verlogenes Gerede das war. Kinder sollten meinen, mit ihren Rechnungen die Richtigkeit einer abstrusen und unmenschlichen Ideologie bewiesen zu haben.

Schüler, denen Lehrer stets dasselbe eintrichtern, geben sich bestenfalls Träumen hin. Nach den Grundsätzen autoritärer Erziehung war das nicht zu dulden, erst recht nicht im NS-Staat. „Überall ist der Führergrundsatz, die Forderung von Disziplin und Zucht maßgebend"[126]. So martialisch wie die offiziellen Verlautbarungen war der Unterrichtsalltag zum Glück selten. In Erinnerungen, die der 1927 geborene Karl H. für seine Enkel aufgeschrieben hat, heißt es: „Ich schaue zum Fenster hinaus; die Buche wird schon grün. Plötzlich schreit Herr Stephan: ‚Hoguth, was machen die Spatzen?' Ich springe auf, stehe stramm: ‚Sie fliegen, Herr Lehrer!'" – Lehrbücher der NS-Zeit können den Blick darauf verstellen, daß der Schulalltag, selbst wenn er autoritär anmutete, oft freundlich, spannend oder harmlos langweilig war. Millionen von Stunden verliefen nicht viel anders als vor 1933 und nach 1945, waren es doch meistens dieselben Lehrer, die in den unseligen zwölf Jahren ihre Lieblingssprüche klopften. Der Krieg hat solche Kontinuitäten verstärkt. Je länger er dauerte, desto mehr junge Lehrer waren zur Wehrmacht eingezogen. Zurück blieben die Älteren, von denen viele es sich nicht nehmen ließen, Jungen und Mädchen zum Nachdenken anzuregen. In den Behörden wußte man, daß die Schule auf bewährte Kräfte angewiesen blieb; parteigläubige Beamte mußten darüber hinwegsehen, daß diese Lehrerin nicht viel zur nationalsozialistischen Gesamterziehung beitrug und jener Kollege sich gar defätistisch äußerte.

Wer zehn Jahre alt war, mußte in die HJ eintreten. Zur gleichen Zeit hatten Mädchen und Jungen, die in die Oberschule wechselten, sich an eine neue Klassengemeinschaft und an einen anderen, oft weiten Schulweg zu gewöhnen; manche mußten gar bei Verwandten, Bekannten oder in einem Internat wohnen. Die NSDAP verstand sich als ‚Arbeiterpartei'; doch lag ihr wenig daran, daß Kinder aus Arbeiterfamilien höhere Bildung erwarben. Die Oberschule blieb noch lange nach dem Untergang des NS-Regimes vor allem Kindern aus dem Bildungsbürgertum vorbehalten. Der pensionierte Lokführer Karl H. erinnert sich lebhaft, wie sein Vater seinen Wunsch aufnahm, ein Gymnasium zu besuchen: „Erst mal einen Beruf lernen, dann kommst du weiter." Als Karls Schwester 1947 ins Gymnasium kam, fuhr sie als einziges Kind aus der Arbeitersiedlung in die Stadt zur Schule.

Abschreckend hoch war das Schulgeld. Unentgeltlich waren nur Volks- und Berufsschule; für den Besuch der Mittelschule waren jährlich 120 RM, für den der Höheren Schule 240 RM zu zahlen, d. h. zwei Monatseinkommen eines Fabrikarbeiters. Geschwister- sowie Begabtenermäßigung[127] gab es nur unter den üblichen Bedingungen: Die Familie mußte kinderreich sein und das Kind „erbgesund und geistig und sportlich entwicklungsfähig"[128]. Wer in der HJ nur lau mitmachte, oder wer von einem katholischen Internat aus zum Gymnasium ging, wie die beiden Brüder Ratzinger, war von solcher Förderung ausgeschlossen.

Auch die Höheren Schulen waren vereinheitlicht; aufgehoben hatte das Regime kirchliche Einrichtungen und Schulen linker Reformpädagogen[129]. Die Trennung von Jungen- und Mädchenerziehung galt als naturnotwendig[130]. Jungen konnten wählen zwischen der neusprachlichen und der mathematisch-naturwissenschaftlichen Oberschule sowie dem altsprachlichen Gymnasium, Mädchen zwischen der neusprachlichen und der hauswirtschaftlichen Oberschule. Für Schüler, die erst nach der sechsten Klasse die Schule wechselten, gab es Aufbauformen[131].

Auf den Zeugnissen nahm nicht mehr Religionsunterricht die erste Stelle ein, sondern Leibesübungen. Im Zuge der kriegsbedingten Straffung des Schulbetriebs war seit 1940 der Religionsunterricht auf die Klassenstufen der Schulpflichtigen beschränkt; Behinderungen und Schikanen sorgten dafür, daß er in den folgenden Jahren verdrängt wurde, sobald der entschlossene Widerstand der Eltern und der Bischöfe nachließ[132]. Während des Krieges wollte das Regime solche Konflikte nicht auf die Spitze treiben; doch blieb Vertretern der Kirche oft nichts anderes übrig, als sich mit vollendeten Tatsachen wie der Beschlagnahme von Räumen abzufinden. Grundschullehrer mahnten Bewerber um einen Platz in der Oberschule, sich auf eine Prüfung nicht in ihrer Religion, wohl aber in ihrer Weltanschauung einzustellen[133].

Wer bei den Leibesübungen dauernd versagte, wem der „Wille zu körperlicher Härte und Einsatzbereitschaft" fehlte, gefährdete seine Versetzung und mußte mit einem Verweis von der Oberschule rechnen[134]. Der Führer selber hatte seine Erwartungen in Bilder gefaßt: „In unseren Augen, da muß der deutsche Junge der Zukunft schlank und rank sein, flink wie ein Windhund, zäh wie Leder, hart wie Kruppstahl. Wir müssen einen neuen Menschen erziehen, auf daß unser Volk nicht an den Degenerationserscheinungen der Zeit zugrunde geht"[135]. Umgangssprachlich zog man die Forderung in dem seit der Antike bewährten Dreitakt ins Lächerliche: ‚Die deutsche Jugend soll sein hart wie Kruppstahl, zäh wie Leder und flink wie'n Windhund!' Wozu Wissen anhäufen? 1938 war die Schulzeit der Oberschulen für Jungen von neun auf acht Jahre verkürzt worden; seit 1940 galt dasselbe für Mädchen[136].

Das Normal-Alltägliche spiegelt sich selten in Erinnerungen. Deshalb stellen wir im Folgenden eine Sammlung von Aufsatzthemen vor, über denen Schüler der Hohenstaufen-Oberschule in Göppingen im Schuljahr 1942/43 gebrütet haben[137]. Es mag offen bleiben, welchen Reiz sie solchen Aufgaben abgewinnen konnten.

Die Schüler verfaßten Erlebnisberichte:
Mein Dienst im Jungvolk./Das vierte Kriegsweihnachten im Elternhaus. (1)
Verdunkelung./Am Tag der Wehrmacht./Wie ich einmal einen beim Kohlenklau erwischt habe./Wie wir einen entwichenen Kriegsgefangenen einfingen. (2)
Inwiefern greift der Krieg in mein Leben ein?/Unsere Heldengedenkfeier 1943 [also nach Stalingrad]. (3)
Unsere Hausgemeinschaft bei Fliegeralarm. (5)
Welchen Einfluß üben die gegenwärtigen die Lebenshaltung einschränkenden Maßnahmen auf die Erziehung jedes Einzelnen aus? (7)
Sachkenntnis sollten die Schüler bei folgenden Themen beweisen:
Wenn ich ein Flieger (U-Boot-Jäger etc.) wäre./Wie ich gegen den Kohlenklau kämpfe./Der Besuch eines beurlaubten Soldaten (früher ein Schüler der Anstalt). (1)
Reichsjugendwettkampf./Wir sammeln Bucheckern./HJ bastelt Spielzeug./Wir werben für den Modellbau./Bildbeschreibung: Germanen auf der Landsuche. (2)
(3) Zu welcher Waffengattung ich mich melden würde./Von Kolbergs

Verteidigung [Die preußische Festung Kolberg hatte 1807 gut vier Monate lang der Belagerung durch Truppen Napoleons getrotzt]./Die Verdunkelung wegen Fliegergefahr./Welche Vorkehrungen haben wir in unserem Haus zur Vermeidung von Fliegerschäden getroffen? (3)
Ich bastle für das Winterhilfswerk. (5)
Ist die Infanterie immer noch die Königin der Waffen? (6)
Probleme waren zu erörtern:
Warum sind die zur Erringung des Sieges durchgeführten Kriegs-Maßnahmen nicht nur notwendig, sondern auch segensreich?/Welche Gründe bestimmen Dich, Dich freiwillig für die Offizierslaufbahn zu entscheiden?/Ist Tapferkeit nur eine Tugend der Soldaten?/Welche Eigenschaften verlangt man von einem Offizier? (5)
(6) Entwurf einer Begrüßungsansprache für den Eichenlaubträger Leutnant Beisswenger./Inwiefern kann man sagen, daß dieser Krieg ein Lehrmeister für viele geworden ist?/ Je bequemer der Weg eines Menschen ist, desto weniger leistet er; je schwerere Aufgaben einem Volk gestellt werden, auf desto höhere Stufe steigt es. (6)
Der Mensch gehört nicht sich selbst, sondern seinem Vaterland./Menschen und Völker können des Zwangs nicht entbehren, wenn sie höher steigen sollen. (7)

So suggestiv, wie die Themen der letzten Reihe formuliert sind, muß man fürchten, daß die Schüler kaum angeleitet waren, ihre Erlebnisse und ihr Wissen kritisch zu durchdenken und genau in Worte zu fassen. Eher hatten sie gelernt, daß es klüger sei, Phrasen zu dreschen – nicht nur um der guten Note willen.

Auch Lehrer hatten Gründe, sich an vorgegebene Sprach- und Denkregeln zu halten. Wer im März 1944 das folgende Thema für eine Hausarbeit stellte, konnte nichts falsch machen: Schülerinnen sollten markige Sätze kommentieren, die seinerzeit auch auf Postkarten prangten: „Der Führer kennt nur Kampf, Arbeit und Sorge. Wir wollen ihm den Teil abnehmen, den wir ihm abnehmen können". Einer dieser Aufsätze ist überliefert[138]. Die Schülerin macht sich keine Gedanken, was der Kampf des Führers in einer Zeit bedeutet, in der feindliche Bomber fast ungehindert deutsche Städte in Ruinenlandschaften verwandelten. Sie zählt auf, daß sie getan habe, was Schule und BDM von einem tüchtigen Mädchen erwarteten: Sie habe Heilkräuter gesammelt, zusammen mit Kameradinnen Verwundeten im Lazarett frohe Stunden bereitet, Bäuerinnen geholfen, Fröhlichkeit und Besinnlichkeit in den Kriegsalltag gebracht. Ohne weitere Begründung ist die Arbeit mit „2/1" benotet, gut bis sehr gut.

„Wovon die Leute sprechen." – Was mag einen Lehrer bewogen haben, seinen Schülern ein solches Aufsatzthema zu geben? Am 12. November 1943 zitierte ein Bericht des SS-Sicherheitsdienstes aus derartigen Aufsätzen: „Die Bonzen müssen jetzt alle barfuß gehen, damit man ihnen nichts in die Schuhe schieben kann." – „Die Deutschen müssen schon mit Kindern Krieg führen". – „Die Sonne geht im Westen unter, Hitler im Osten."[139]

Bis in den Lateinunterricht verfolgte das Thema Krieg die Jugendlichen. „Latein imponiert mir nicht besonders", schrieb die dreizehnjährige Rosemarie 1940 ihrem Vater. In ihrer ersten Lateinstunde ging es um die „a-Konjugation: *neco, necas, necat* usw", „ich töte, du tötest, er, sie, es tötet". Später schreibt sie: „Latein ganz leicht. *Arminius et Varus in silva pugnant*"[140], „Arminius und Varus kämpfen im Wald". Waren Kinder für Latein zu begeistern, wenn sie zuerst einmal lernten, was „töten" heißt, und Hitlers Krieg mit der Schlacht im Teutoburger Wald verglichen?

Heute wirkt es lächerlich, wie primitiv alles zur Indoktrination genutzt werden sollte. Damals langweilte solcher Unterricht, und die Schüler atmeten auf, wenn ein Lehrer von der Linie abwich. Im Biologieunterricht mußte die Rassenlehre durchgekaut werden. Überliefert ist, wie ein begeisterter Biologielehrer auf schwache Leistungen reagierte: „Für einen Bannführer [der HJ] reicht's noch". Gelegentlich fügte er hinzu: „Hier muß man denken." War wieder einmal die Erblehre an der Reihe, fragte er: „Wer ist die begehrteste Frau in Deutschland?" Die Antwort gab er selber: „Die arische Großmutter." Manchmal wagte er eine weitere Frage: „Und wer *war* die begehrteste Frau? – Die jüdische Großmutter. Sie hat Verstand und Geld in die Familie gebracht." Parteihörige Schüler haben solche Aussprüche gesammelt und den Widerborstigen bei der Gestapo angezeigt. Der Volksgerichtshof blieb dem Vater zweier gefallener Söhne erspart; 1943 wurde er zwangspensioniert[141].

In Oberschulen sind Heranwachsende häufiger als in der Volksschule Lehrern begegnet, die stolz auf ihr Fachwissen waren und davon ausgingen, daß höhere Bildung zu begründeter Kritik verpflichtet. Aufgeweckten Mädchen blieb nicht verborgen, wie oft der Musiklehrer das Lied ‚Die Gedanken sind frei' singen ließ[142]. Günter de Bruyn, geboren 1927, erwähnt einen Lehrer, der Geschichte so erzählt habe, „daß sie Aktuelles streifte; er gab keine Nutzanwendung, aber seine Darstellung regte zur Anwendung an. Cäsars Sturz, Napoleons Fiasko in Rußland, Bismarcks Rückversicherungsvertrag oder die Leiden des jungen Schiller »in der Pflanzschule seines Landesherren und obersten Befehlshabers«, alles schnell, leise, leidenschaftslos und monoton vorgetragen, rührten an Gegenwärtiges und zwangen uns, genau hinzuhören, weil es uns selbst betraf"[143].

Schulen der Auslese

Um sich Führungskräfte heranzuziehen, hatte das Regime bald nach der Machtergreifung mit dem Aufbau von Eliteschulen begonnen. Die ‚Nationalpolitischen Erziehungsanstalten' (NPEA), kurz Napola genannt, nahmen zehnjährige Jungen auf und führten sie in acht Jahren zum Abitur. In Konkurrenz zu diesen unmittelbar dem Reichserziehungsminister unterstellten Schulen gründete die NSDAP seit 1937 ‚Adolf-Hitler-Schulen' (AHS) für Jugendliche, die erst mit zwölf Jahren die Volksschule verließen. Sie konnten nach sechs Jahren ein Diplom erwerben, das auch sie zum Studium an der Universität berechtigte. Im Herbst 1939 gab es 32 Napolas mit etwa 6.000 Schülern. Die zehn bis dahin gegründeten Adolf-Hitler-Schulen waren mit etwa 1.000 Jungen vorläufig alle in der ‚Ordensburg' Sonthofen untergebracht[144]. Obwohl die Schülerzahlen niedrig blieben, ist es sinnvoll, diese Schulen genauer vorzustellen. Was verstand man unter Führung; wie wollte man die dazu notwendigen Fähigkeiten vermitteln?

Wo es nur anging, haben die Nationalsozialisten Kinder aus Familie und Heimat gelöst, um sie desto fester an ihre Ideologie binden zu können. So ist es nicht verwunderlich, daß diese Eliteschulen Internate waren. Bereits bestehende Internate wurden in ‚Deutsche Heimschulen' umgewandelt und SS-Führern unterstellt. Im Herbst 1943 war selbst die angesehene, auf ihre Erlebnispädagogik stolze Schule Schloß Salem betroffen[145]. Einige Internatsschulen blieben um den Preis der Anpassung erhalten. Wolf Jobst Siedler, ehemaliger Schüler eines Landerziehungsheimes, erzählt: Wegen zersetzender Äußerungen von Mitschülern angezeigt, sei er ins Gefängnis gekommen. Der Direktor der Schule habe ihm als einem „rechtskräftig Verurteilten" ein Zeugnis über seinen bisherigen Schulbesuch verweigert. 1947 habe derselbe Direktor ihm jedoch ein „vorzüglich" bestandenes Abitur bescheinigt, obwohl er keines abgelegt hatte[146].

Von außen betrachtet, glichen Napola und AHS reformpädagogisch ausgerichteten Landerziehungsheimen. Die Internate lagen in offener, schöner Landschaft; ebenso wichtig wie geistes- und naturwissenschaftlicher Unterricht waren Sport, Musik, Handwerk und Naturerlebnis. Zum Programm gehörten auch Morgenlauf und Nachtwanderung. Die Erziehung sollte Körper und Geist formen; doch Eigenständigkeit und Selbsttätigkeit zu fördern, wie Reformpädagogen es verlangt hatten, kam nicht in Frage. Die Schüler sollten sich in fragloser Treue zum Nationalsozialismus bekennen. Gern übernahm man für diese Schulen frei stehende und wie Klöster in sich geschlossene Anlagen, denn man sah sich in der Tradition der alten Ritterorden. Nichts erinnerte an die Demut, mit der Mönche adeliger Herkunft einst auch niedrige Dienste wie die Krankenpflege übernommen hatten. Statt der Kutte trugen Schüler und Lehrer eine Uniform, die Kampfbereitschaft und Gemeinschaftsbewußtsein signalisierte. Mitgebrachte Bindungen sollten verblassen: „Die Kleidung, in der der Jungmann in die Anstalt kommt, wird nach Einkleidung den Eltern zurückgeschickt“[147]. Napolas wurden auch in Österreich, im Sudetenland, in Luxemburg und in anderen annektierten und eroberten Ländern gegründet. Ein Napola-Erzieher sprach offen aus, was dort den Schülern zugemutet wurde: Es werde keine leichte Aufgabe sein, „aus volksdeutschen Elsässern deutsche Nationalsozialisten zu machen“[148].

Nach einem Wort des Reichserziehungsministers Rust sollte die Napola „ein Instrument der Auslese durch Kampf“[149] sein. War ihm bewußt, wie treffend er die Menschenverachtung benannte, die dieser Staat sogar den Jugendlichen entgegenbrachte, die als die Besten galten? Bei der Auslese des für dieses „Instrument“ geeigneten ‚Materials‘ hatte der Staat bzw. die Partei das erste Wort. Für die Napolas sollte jedes Kreisschulamt vier bis fünf Vorschläge einreichen; zur Aufnahme in die AHS benannten die jeweils zuständigen Parteiführer Jungen aus den Reihen der HJ. Die Zustimmung der Eltern wurde nachträglich eingeholt[150]. Vollendet wurde die Auslese in anspruchsvollen Wettkämpfen; die Schüler selber sollten beweisen, daß sie zu den Besten gehörten. In aufwendigen, bis zu zehn Tage dauernden Prüfungen mußten sie Mutproben bestehen, sich durch überdurchschnittliche körperliche Fähigkeiten, Ausdauer und Einsatzfreude hervortun. Gefragt war die außergewöhnliche Leistung. Wer etwa beim Boxen als der Schwächere unterlegen war, aber den Kampf nicht aufgab, hatte Chancen; wer in der schriftlichen Prüfung einen deftigen Jungenstreich zu schildern verstand, dem wurden sprachliche Schnitzer nachgesehen. Im Juli 1942 wurden bei einer Prüfung für die Napola Reichenau aus 132 Kandidaten 55 ausgewählt, entsprechend 42 Prozent.

Im Internat ging die Auslese durch Kampf weiter; nicht nur der Sitzenbleiber hatte zu gehen, sondern auch der Schüler, dem es nicht gelang, Anerkennung in der Gemeinschaft zu gewinnen. Kameradschaft war groß geschrieben, aber wie alles andere dadurch verseucht, daß es darauf ankam, sich hervorzutun. Wie echt ist eine durch Uniform dargestellte Gemeinschaft, in der es ständig darum geht, entweder zu gewinnen oder zu den Versagern zu gehören? Nach den für die AHS überlieferten Zahlen mußten in den ersten drei Jahren mehr als 25 Prozent der Schüler gehen[151].

Die Napolas zeichneten sich durch einen meist anspruchsvollen Unterricht aus, der den Richtlinien für die Oberschulen folgte. So blieb Schulpforta auch als Napola ein altsprachliches Gymnasium. Zum nachmittäglichen Sport gehörten Boxen, Fechten, Motorrad- und Autofahren, Reiten, Rudern, Segeln, Segelfliegen und Skilaufen. Kunsthandwerkliche Fertigkeiten waren zu üben, ein Musikinstrument zu erlernen. Die Fachlehrer waren überzeugte Nationalsozialisten, aber für die Napolas auch nach fachlichem Können sorgfältig ausgewählt.

Durch unablässig geforderte Dienste sollten Führernaturen herangebildet werden. Angesagt waren korrekte Ordnung, Pünktlichkeit, rascher und genauer Gehorsam. Wer dabei versagte, handelte sich und seiner Gruppe Ärger ein. Ein ehemaliger Napolaschüler spricht in diesem Zusammenhang von „Tyrannei der Kameradschaft". Hatte er bei der abendlichen Inspektion nicht vorschriftsmäßig aufgeräumt, wurde sein Regal umgestoßen, und die Kameraden mußten in Hab-Acht-Stellung verharren, bis er alles aufgeräumt hatte[152]. Abwechselnd war einer aus der Stubengemeinschaft dafür verantwortlich, daß alle Kameraden Ordnung hielten. Erziehung zur Gemeinschaft schloß das Führerprinzip ein; immer und überall hatte einer die für alle jeweils gültige Maßnahme festzulegen, sie durchzusetzen und dafür geradezustehen. Einerseits wurde völlige Unterordnung verlangt und jeder Verstoß mit erniedrigender Strafe geahndet; andererseits sollten die Zöglinge Herrenmenschen werden.

Darum sollten sie auch bürgerliche Umgangsformen beherrschen, sich an einem sorgfältig gedeckten Tisch ebenso zu benehmen wissen wie bei einem Tanzabend mit Damen aus einer nahen Mädchenoberschule. Aber auch bei Arbeiten auf dem Bauernhof oder in der Industrie hatten sie den rechten Ton zu treffen und Anerkennung zu gewinnen. Die Ferien waren verkürzt durch tagelange harte Manöver. Fahrten ins Ausland sollten den Jungen die Augen dafür öffnen, daß sie sich unermüdlich für Deutschland einsetzen müßten: Völker können verderben und untergehen. Man erwartete, daß die Zöglinge Verantwortung übernähmen. Sechzehnjährige, die kaum älter waren als die ihnen Anvertrauten, mußten sich in der Kinderlandverschickung bewähren. Tüchtige junge Menschen stellen sich solchen Herausforderungen gern; nicht wenige der Napola-Schüler haben sich später in der deutschen Gesellschaft bewährt. Zu ihnen gehören der Schauspieler Hardy Krüger, der Journalist Theo Sommer, der Bankier Alfred Herrhausen, und in der DDR der Politiker Werner Lambertz, der in den 1970er Jahren als ‚Kronprinz' von Erich Honecker galt[153].

Die Mehrzahl der Schüler kam aus begüterten Familien, in denen man hoffte, die Ausbildung in einer politisch angesehenen Anstalt werde der Karriere ihrer Kinder nützen. Ehrgeizige ließen sich durch die ständig geforderte Bewährung vor der Gemeinschaft zu Leistungen anstacheln, andere litten darunter. „Die Angst der Bettnässer" ist der Bericht eines ehemaligen Napolaschülers überschrieben[154].

Erziehungs-, Schul- und Kostgeld betrugen etwa 50 RM pro Monat. Zwar gab es Ermäßigungen und einige Freiplätze; aber auch dann blieb genug zu zahlen. Die Eltern mußten für Schulbücher und Lernmittel aufkommen; etwa 10 RM monatlich waren fällig für Unfall- und Krankenversicherung sowie für das Taschengeld. „Für Schäden und Verluste an staatseigenen Gegenständen, die der Jungmann verursacht hat", war Ersatz zu leisten. Dazu kam das Geld für Reisen zwischen Anstalts- und Heimatort bei der Aufnahmeprüfung und zu Anfang und Ende der Ferien[155]. Unentgeltlich aber war der Besuch der Adolf-Hitler-Schulen. „Aufnahmefähig" sollte „jeder hochwertige deutschblütige Junge" sein, ohne Rücksicht auf Herkommen oder Stand[156]. Die Partei unterhielt diese Schulen vor allem mit Geldern der Deutschen Arbeitsfront (DAF), die sich das Vermögen der aufgelösten Gewerkschaften angeeignet hatte. Arbeiterkindern kam dieses Geld kaum zugute; sie stellten nur knapp zehn Prozent der Schüler an den AHS[157].

Die Zeit der NS-Herrschaft war zu kurz, um dieses Schulsystem auszubauen. Großartige Neubauten waren geplant, aber nicht verwirklicht. Bestehende Gebäudekomplexe fanden sich zur Genüge. Ehemalige Heil- und Pflegeanstalten waren infolge der *Ausmerze* der Schwachen für die *Auslese* frei geworden. Den Schülern blieb nicht verborgen, wer in ihren Räumen gelebt hatte. Eine Klasse der Napola Rottweil war entsandt worden, um bei der Tochtergründung Reichenau Hand anzulegen. Stolz meldete ein Reichenauer seiner ehemaligen Schule: „Unsere Gebäude erinnern wenig mehr daran, daß hier einmal die Irren gehaust haben"[158].

Belastungen der Schüler durch Mitarbeit beim Neubeginn in fremder Umgebung gehörten zum Erziehungskonzept. Das Sendungsbewußtsein, mit dem man solche Aufgaben anpackte, wirkt wie ein Zerrspiegel christlichen Mönchtums. Im Oktober 1941 bezog ein Napola-Erzieher mit Vierzehnjährigen das beschlagnahmte Kloster der Ursulinen in Haselünne (Emsland). Resignierend stellte er im Januar 1943 fest, daß der Nationalsozialismus dieser katholischen Gegend immer noch fremd sei: „Wir bilden nur eine Zelle neuen Lebens". Seine Schule könne „den Gehalt unserer Weltanschauung nur vorleben und verkünden und der einst notwendig werdenden Vernichtung der kirchlichen Macht eine aufbauende Tätigkeit zur Seite stellen"[159]. Tausend Jahre früher hätten christliche Missionare ihr Wirken unter heidnischen Germanen mit ähnlichen Worten beschreiben können.

Es gelang nicht, in Deutschland eine weibliche Napola zu schaffen[160]. Eine ehrgeizige Lehrerin der in der ehemaligen Heil- und Pflegeanstalt Illenau bei Achern (Baden) untergebrachten Internatsschule für Mädchen aus Südtirol hat das versucht. Mit 24 ihrer besten Schülerinnen zog sie im Herbst 1942 nach Hegne (Bodensee) in eine Schule, in der bis dahin Ordensschwestern Hauswirtschaft unterrichtet hatten. Als sie bald darauf in ihre Schule auch Mädchen aus bombardierten Städten aufnehmen mußte, gab sie ihren Plan auf. Eine ehemalige Schülerin, die diese Entwicklung miterlebt hatte, sprach im Rückblick von dieser Schule als einer „Insel der Seligen"[161]. – Mit ähnlich freundlichen Gedanken mag mancher Napola- oder AHS-Schüler auf seine Schulzeit in einem ländlich gelegenen Internat zurückschauen. Doch mehr noch als auf andere Jungenschulen wirkte sich der Krieg auf diese staats- und parteitreuen Internate aus. Männer, die man als Erzieher gebraucht hätte, dienten in Wehrmacht oder SS; strenger noch als Jugendliche aus anderen Schulen wurden diese Eliteschüler zu kriegswichtigen Einsätzen eingezogen und am Kriegsende als letzte Reserve für den Kampf mißbraucht.

Bestimmt zum Werkzeug für den Nationalsozialismus

Es genügte der Partei nicht, einige Ausgelesene in den Griff zu bekommen. Auf dem zweiten Reichsparteitag der NSDAP im Juli 1926 war die Hitlerjugend (HJ) gegründet und im Juli 1930 um den Bund Deutscher Mädel (BDM) ergänzt worden[162]. Nach der Machtergreifung mühte das Regime sich anfangs, die Jugendlichen durch Werbung für die HJ zu gewinnen; anders klingt das ‚Gesetz über die Hitlerjugend' vom 1. Dezember 1936:

Die Hitlerjugend erfaßt „die gesamte deutsche Jugend"

„§ 1. Die gesamte deutsche Jugend innerhalb des Reichsgebietes ist in der Hitlerjugend zusammengefaßt. § 2. Die gesamte deutsche Jugend ist außer in Elternhaus und Schule in der Hitlerjugend körperlich, geistig und sittlich im Geiste des Nationalsozialismus zum Dienst am Volk und zur Volksgemeinschaft zu erziehen." – Nach § 7 waren Juden von der Zugehörigkeit zur HJ „ausgeschlossen"[163].

Scheinbar erkennt das Gesetz neben der HJ auch Elternhaus und Schule als erziehungsberechtigt an. Bemerkenswert ist, daß es die Kirchen nicht erwähnt; diese haben das zu Recht als Kampfansage verstanden. Bischöfe protestierten, mit dem HJ-Gesetz werde der Kirche das „Recht auf Erziehung und Menschenführung" stillschweigend abgesprochen[164]; der Staat ging darauf gar nicht erst ein.

Die Wörter „gesamt" und „zusammengefaßt" (§ 1) betonen den Ausschließlichkeitsanspruch des Regimes. Kein deutscher Jugendlicher sollte sich ihm entziehen. Hitler hat sich im Dezember 1938 eindeutig dazu bekannt: „Wenn diese Knaben mit 10 Jahren in unsere Organisation hineinkommen, ... vier Jahre später vom Jungvolk in die Hitlerjugend, und dort behalten wir sie wieder vier Jahre, und dann ... nehmen wir sie sofort in die Partei, in die Arbeitsfront, in die SA oder in die SS, in das NSKK usw., und wenn sie dort zwei Jahre oder anderthalb Jahre sind und noch nicht ganze Nationalsozialisten geworden sein sollten, dann kommen sie in den Arbeitsdienst und werden dort wieder sechs oder sieben Monate geschliffen ... dann die Wehrmacht zur weiteren Behandlung auf zwei Jahre, und dann nehmen wir sie, damit sie auf keinen Fall mehr rückfällig werden, sofort wieder in die SA, SS usw. und sie werden nicht mehr frei ihr ganzes Leben"[165]. - Jungvolk und Hitlerjugend sollten die ersten Glieder einer Kette von NS-Organisationen sein, die ihre Mitglieder lebenslang der Freiheit berauben. Der ‚Ehrendienst' in der HJ wurde als achtjährige, Kindheit und Jugend verklammernde Dienstpflicht verstanden, die ebenso rücksichtslos durchgesetzt werden sollte wie die Wehrpflicht.

Mit den am 25. März 1939 erlassenen Durchführungsbestimmungen zum HJ-Gesetz bekannte das Regime sich unverblümt zum Zwang[166]. Versäumten Jugendliche den Dienst, konnte die Polizei sie holen. Zusätzlich drohte ihnen Arrest oder gar Ausschluß aus der HJ; und der brachte Ärger am Arbeitsplatz und in der Schule, vielleicht gar die Verweigerung des Zugangs zur Universität. Ausgeschlossen aus der „ganzen deutschen Jugend" sollte auch sein, wer nach den auslegungsoffen formulierten Bestimmungen wegen ‚ehrenrührigen' oder ‚unsittlichen' Verhaltens (§ 3) als unwürdig galt. Durfte er sich dann noch „deutsch" nennen? Gesetzliche Vertreter, die ihr Kind bis zum 15. März des Jahres, in dem es zehn Jahre alt wurde, nicht für die HJ angemeldet hatten, mußten mit einer Geldbuße bis zu 150 RM oder mit Haft rechnen. Dieselbe Strafe drohte jedem, der versuchte, ein Kind von der HJ fernzuhalten. – Mechtild K., geboren 1930, erzählte noch im Jahr 2008 mit kaum verhaltenem Zorn, wie sie gelernt hat, sich dem Zwang zu fügen: Die Zehnjährige hatte keine Lust, zu den Jungmädeln zu gehen. Als zwei Mädchen aus der Gruppe kamen, sie zu holen, versteckte sie sich hinter ihrer Mutter; die aber sagte: „Nun geh doch, wir haben auch so schon Ärger genug!"

Nicht überall ließ man sich den Zwang uneingeschränkt gefallen. Vor allem in Dörfern stellten Eltern sich quer zu HJ und BDM, sobald sie sahen, daß die Kinder ihnen entglitten[167]. Ein Schulungsleiter aus Neustadt an der Aisch (Franken) klagte: „Überhaupt die Jugend! Das Sorgenkind! ... Geeignete Führer fehlen! ... BDM-Führerinnen halten Kindergottesdienst!“[168] In einem bayrischen Dorf scheiterten nacheinander die Töchter der Honoratioren, des Lehrers, des Wirts sowie des Bürgermeisters in der Führung des BDM. Die katholische Lehrerin übernahm die Gruppe und führte sie, obwohl sie persönlich und beruflich drangsaliert wurde, von 1938 bis 1945 zur Zufriedenheit der Mädchen und der Eltern[169].

1939 gehörten von den fast 9 Millionen Deutschen im Alter von 10 bis 18 Jahren an die 8 Millionen zur männlichen und weiblichen Hitlerjugend[170]. Der NS-Staat hatte also – das sei ausdrücklich hervorgehoben - eine Million junger Deutscher aus der „ganzen deutschen Jugend“ ausgeschlossen.

Jahr um Jahr wurden die Zehnjährigen am Geburtstag Hitlers (20. April) in die HJ aufgenommen. Begrüßt wurden sie mit den Worten: „Ab heute seid ihr die jüngsten Kämpfer des Führers und legt Euer Dasein in seine Hände. Eure Mütter aber bringen ihm in Euch das schönste Geburtstagsgeschenk“[171]. Die Kinder sollten zustimmen: „Ich verspreche, in der Hitlerjugend allzeit meine Pflicht zu tun in Liebe und Treue zum Führer und unserer Fahne“. – Lucia K., 1931 geboren, verbindet mit dem BDM manch positive Erinnerung; bei diesem Gelöbnis aber habe sie nur die Lippen bewegt und sich gesagt: „Lieber Gott, ich lüge nicht, denn ich schwöre ja nicht“[172].

Das Ende des Kaiserreichs lag 1940 schon 22 Jahre zurück; die Uniform aber, einst ‚des Kaisers Rock‘, hatte ihr Ansehen bewahrt. Zu Führers Geburtstag, nationaler Feiertag wie einst Kaisers Geburtstag, traten nun schon die Zehnjährigen in Uniform an. Die meisten trugen sie mit Stolz als Zeichen, daß sie keine Kinder mehr seien. Wer oberflächlich hinschaute, sah nichts als volkstümliche Jugendkultur. Das schwarze Halstuch mit Lederknoten, die kurze Hose, Kniestrümpfe und halbhohe Schnürschuhe erinnerten an die Kluft der bündischen Jugend. Aus dem Jargon der Jugendbewegung stammte die offizielle Bezeichnung der Jungen als ‚Pimpfe‘. Zur Kleidung der Mädel gehörten ein dunkelblauer Rock, eine weiße kurzärmelige Bluse, ebenfalls Halstuch und Lederknoten, eine braune, später blaue Jacke, aber keinesfalls Seidenstrümpfe oder hochhackige Schuhe.

Die HJ wollte mehr sein als eine Organisation für die Freizeit. Ihre Veranstaltungen hießen ‚Dienst‘, und zum Dienst erschien man uniformiert. Höhere Ränge erkannte man an verschiedenfarbigen Schnüren auf Jacke oder Bluse; Spötter nannten sie ‚Affenschaukeln'. Abzeichen verzierten den linken Ärmel des braunen Hemdes, Embleme die Jakken. Das Koppelschloß und der Griff des Fahrtenmessers, das nach der ‚Pimpfenprobe' verliehen wurde, trugen das Hakenkreuz.

Für die Ausstattung hatten die Eltern aufzukommen. In der Schule rechneten die Kinder aus, wie hoch die Kosten waren[173]: „Horst ist am Geburtstag des Führers Pimpf geworden. Seine Mutter kauft ihm eine Hose zu 4,45 RM, ein Braunhemd zu 2,75 RM; Halstuch und Knoten kosten 0,90 RM, Schulterriemen und Koppel 3,10 RM. a) Stelle eine Rechnung auf! b) Was fehlt ihm noch?" – Die letzte Frage macht die Kinder darauf aufmerksam, daß die Eltern ihnen noch mehr schuldig seien: 4,00 RM für das Fahrtenmesser und 2,75 RM für die Mütze[174]. Die Uniform kostete also 18 bis 20 RM. Bei einer Umfrage in einem Zeltlager hatten 45 der 353 Teilnehmer angegeben, ihr Vater verdiene monatlich (!) bis 50 RM[175]. Für eine Pimpfenuniform gab manche Familie also den halben Monatslohn.

Eine andere Aufgabe in dem oben erwähnten Rechenbuch spiegelt Erfahrungen aus der Zeit, in der die HJ noch ‚freiwillig' war: „In einem Bezirk meldeten sich am 20. 4. 1937 5769 Knaben zum Jungvolk und 5596 Mädchen zur Jungmädelschar. Wieviel traten also dort zur „Jugend des Führers" hinzu? – Und du?" Damit schließt das Buch. Die beiden letzten Worte lassen ahnen, welcher Druck auf Unangepaßten und deren Eltern lastete.

„Ehrendienst am deutschen Volke"

In zahlreichen Festen feierte das Dritte Reich sich selbst; erhebende Riten sollten dem Volk die Macht des Führers und die Treue seiner Gefolgschaft vor Augen führen. Am 30. Januar wurde der Tag der Machtergreifung (1933) gefeiert, am 20. April der Geburtstag des Führers (1889), am 9. November der Marsch zur Feldherrnhalle (1923), bei dem die ‚Blutzeugen der Bewegung' ihr Leben gelassen hatten. Der 1. Mai, traditionell der Kampftag der Arbeiterbewegung, wurde seit 1933 als „Tag der nationalen Arbeit" begangen; im NS-Staat mußten Arbeiter doch nicht mehr um ihr Recht kämpfen! Nun feierte man die Partei, die der Arbeit die Würde eines Dienstes für das Volk gegeben habe. Uniformierte marschierten im Gleichschritt durch die Straßen und salutierten auf öffentlichen Plätzen. Auch die HJ hatte uniformiert anzutreten, damit man sehe, daß Wert und Würde eines jeden Jugendlichen auf seiner Zugehörigkeit zur Volksgemeinschaft beruhe.

Jahr um Jahr war die HJ aufgerufen, einem düsteren Heldenkult zu huldigen. In Langemarckfeiern wurden Kriegsfreiwillige als leuchtende Vorbilder gepriesen, die, wie die Propaganda vorgab, am 22./23. Oktober 1914, „das Deutschlandlied auf den Lippen, gegen feindliche Stellungen angestürmt waren". Der Volkstrauertag im November war zum ‚Heldengedenktag' umgedeutet; nicht in Trauer sollte man der Gefallenen gedenken, seit 1939 auch der Gefallenen des gegenwärtigen Krieges, vielmehr mit dem Entschluß, dafür zu kämpfen, daß die Helden ihr Leben nicht umsonst hingegeben hätten.

Damit nicht genug, hatte die HJ auch eigene Aufmärsche zu absolvieren. Der Mittwoch- und Samstagnachmittag sollten für solche und andere Dienste frei von Hausaufgaben bleiben. Um die Kirchen herauszufordern, wurde der Appell wohl auch auf den Sonntagvormittag gelegt. Dann konnte der Zug, begleitet von Fanfaren, an der Kirche vorbei marschieren, während drinnen die Gemeinde Gott ehrte. Eine Anzeige wegen Störung des Gottesdienstes hätte wohl kein Gericht verfolgt. Doch selbst kirchenferne Jugendliche waren des stundenlangen HJ-Dienstes am Sonntagmorgen überdrüssig. „Wie haßte ich diesen frühmorgendlichen Marsch, denn einmal in der Woche hätte ich ausschlafen mögen!"[176] Der fünfzehnjährige Egbert dagegen schildert im Brief vom 6. Februar 1944 seinem Vater voller Stolz den „Propagandamarsch durch die Stadt. Wenn wir an den Kirchen vorbeimarschierten, wurde besonders laut gesungen, denn um diese Zeit war gerade Gottesdienst"[177]. Gewiß haben nicht wenige Jugendliche es sich zur Ehre angerechnet, den anderen mit Gesang und Trommelwirbel zu zeigen, wer Herr der Straße war.

Kirchentreue Jugendliche hatten harte Proben zu bestehen. Lucia K., geboren 1931, blickt als erwachsene Frau fast stolz darauf zurück, daß sie Charakter gezeigt hat: Dann mußte man, „denn man war stark, man war pflichtbewußt und diszipliniert ... vor die gesamte Klasse treten und sagen: Ich komme am Sonntag nicht zum Appell! Und warum nicht? Du weißt doch, unser Führer sieht das gerne, wir sind doch dann zusammen, und Gemeinschaft macht stark. Und dann mußte ich sagen: Ich gehe in die Kirche"[178]. Andere erfuhren Schlimmeres. „Gerhard Gruschka wird aus dem deutschen Jungvolk ausgestoßen, da ihm der Dienst am Altar wichtiger ist als der Dienst fürs Vaterland". Vor angetretener Mannschaft wurde ein noch nicht vierzehn Jahre alter Junge ‚zur Schnecke gemacht'[179].

Wie erlebten es Jungen, als ein HJ-Führer beim Appell die Katholiken vortreten ließ, damit alle prüfen könnten, ob an deren Knien Hornhaut sei? Ein Friseur in Hamm (Westf.) ließ Kinder auf dem Sitz knien, damit er sich beim Schneiden der Haare nicht zu bücken brauchte. Das wäre weiter nicht bemerkenswert, doch Reinald O. hat nicht vergessen, wie der Friseur die Anweisung bei ihm begründete: „Du bist katholisch, du kannst ja knien!“ – Es blieb nicht aus, daß Kinder, mit denen man so umging, sich Gedanken machten, was in den Gottesdiensten geschieht, nicht nur beim Niederknien. Wer zur Kirche ging, tat es bewußt.

Gefühlsstarke Lieder

Feiern, Lieder, markige Sprüche jener Zeit konnten das Denken vernebeln und starke Gefühle wecken, weiche und erhebende ebenso wie harte und kämpferische. Nationalsozialisten haben solche Ausdrucksformen gepflegt; sie wußten, daß gerade junge Menschen sich mit Liedern gewinnen lassen.

Konnten kirchenferne Führerinnen und Führer mit Beifall rechnen, haben sie ihre Gruppe auch antichristliche Lieder gelehrt: „Wir sind die fröhliche Hitlerjugend,/Wir brauchen keine christliche Tugend./Denn unser Führer ist Adolf Hitler./Er ist unser Erlöser und Mittler./Kein Pfaff, kein Böser kann uns hindern,/daß wir uns fühlen als Hitlerkinder./ Nicht Christus folgen wir,/sondern Horst Wessel./Fort mit Weihrauch und Weihwasserkessel. .../Die Kirche kann uns gestohlen werden,/Das Hakenkreuz macht uns selig auf Erden. ...“[180]. Weithin bekannt wurden diese Verse nicht. Andere nationalsozialistische Lieder kannte fast jeder, weil sie immer wieder bei den von Partei und Staat anberaumten Feiern erklangen. Doch wenn junge Leute sich bloß am Singen freuen wollten, waren sie nicht zu hören; da stimmte man einen Kanon an, ein Volkslied oder ein Lied der Jugendbewegung[181].

An eines der Lieder aus ihrer HJ-Zeit erinnern sich allerdings viele immer noch mit innerer Bewegung. Vor allem auf Mädchen übten Melodie, Harmonie und Text ihren Zauber aus, und auch ein Mann erklärte: Noch heute werde ihm „ganz eigenartig zumute“, wenn er dieses Lied höre: „Hohe Nacht der klaren Sterne,/die wie weite Brücken stehen/über einer tiefen Ferne,/drüber unsre Herzen gehen. – Hohe Nacht mit großen Feuern,/die auf allen Bergen sind/heut muß sich die Erd erneuern/ wie ein junggeboren Kind. – Mütter, euch sind alle Feuer,/alle Sterne aufgestellt,/Mütter, tief in euren Herzen/Schlägt das Herz der ganzen Welt“[182]. Es war ein Lied für die Weihnachtszeit, wie „Stille Nacht“, und es wurde mit um so größerer Inbrunst gesungen, als die „klaren Sterne“ unvergleichlich heller strahlten als heute, störte doch wegen der Verdunkelung kein Widerschein aus den Siedlungen ihren Glanz.

Dichter dieses Liedes war Hans Baumann. Er hat auch das folgende, in der HJ oft gesungene Lied verfaßt: „Es zittern die morschen Knochen/

der Welt vor dem roten Krieg/Wir haben den Schrecken gebrochen,/für uns war's ein großer Sieg/Wir werden weiter marschieren, wenn alles in Scherben fällt,/und heute gehört uns Deutschland und morgen die ganze Welt. – Und liegt vom Kampfe in Trümmern/die ganze Welt zuhauf,/ das soll uns den Teufel kümmern,/wir bauen sie wieder auf./Wir werden weiter ... – Und mögen die Alten auch schelten,/so laßt sie nur toben und schreien,/und stemmen sich gegen uns Welten,/wir werden doch Sieger sein./Wir werden weiter ...“[183]. Heute erinnert das Lied an junge Menschen, die einem verbrecherischen Regime bis in den Untergang gefolgt sind. Als Baumann es bald nach 1933 dichtete, war er junger Volksschullehrer im Bayrischen Wald, begeistert von dem Gedanken, das Jungvolk werde auch Dorfkindern die Welt öffnen.

Wer von der Jugendbewegung erfaßt war, hatte sich als Revolutionär erlebt, der mithilft, eine in Konventionen erstarrte Gesellschaft zu besiegen und eine neue aufzubauen. Jugendliche hatten der Niedergeschlagenheit nach dem verlorenen (Ersten) Weltkrieg einen trotzigen Stolz auf das eigene Land entgegengesetzt. Der NS-Staat heizte diese Stimmung an; er mißbrauchte das erwachende Selbstbewußtsein einer Jugend, die sich ihre eigenen Welt schaffen wollte. Jugendliche haben sich vom unrealistischen, oft kitschigen Zauber großer Worte verführen lassen. Dienst, Einsatz, Pflicht, Wettkampf und andere Schlüsselbegriffe aus dem NS-Vokabular finden sich selbst in Tagebüchern junger Mädchen.

„Jugend soll Jugend führen“

Vieles in der HJ gehörte zum wertvollen Erbe der Jugendbewegung: Unternehmungen mit Gleichaltrigen, Lieder, Freude am körperlichen Einsatz in freier Natur, am Experimentieren mit neuen Lebens- und Erziehungsformen, am Gemeinschafts- und Lagerleben[184]. Entscheidend ist der Unterschied: Die Jugendbewegung hatte viele Zweige ausgebildet; der Einzelne hatte einen davon wählen, aber auch erklären können, daß keiner seinen Wünschen entspreche. Was die HJ übernahm, war nach Vorstellungen der Machthaber umgeformt, radikalisiert und für alle ‚Würdigen‘ verbindlich gemacht; ‚Unwürdige‘ wurden ausgegrenzt, verfolgt - und umgebracht.

Aus der Jugendbewegung stammte auch der Leitspruch der HJ: „Jugend soll Jugend führen“. Was bedeutete ‚führen‘ für Vierzehnjährige, die beim Eintritt in die HJ gelobt hatten, „dem Führer treu und selbstlos zu dienen“[185]? Mit gläubiger Gewißheit erklärten Nationalsozialisten, eine Gemeinschaft gedeihe nur, wenn sie geführt werde, wie Adolf Hitler das deutsche Volk führe. Der Führer brauchte zwar Zuarbeiter; aber Verhandlungen und Kompromisse waren verpönt, und Mehrheitsbeschlüsse galten als unverantwortlich. Solches Denken herrschte auch innerhalb der HJ. „Überall und stets" sollte einer der Führer sein, der sich auf treue Gefolgschaft verlassen könne[186].

Von außen betrachtet, mochte es so aussehen, als sei die Idee der Eigenverantwortlichkeit der Jugend in der HJ verwirklicht gewesen. Die Führer der unteren Einheiten waren nur wenige Jahre älter als die von ihnen Geführten. Führer oder Führerin zu werden, bedeutete Chance und Versuchung in einem. Talentierte Jugendliche durften früh Verantwortung übernehmen; Ehrgeizlinge ließen sich damit ködern, daß in der hierarchisch gegliederten Hitlerjugend hohe Ränge zu erklimmen waren. Wer weniger hoch strebte, wurde wohl auch von den Eltern, einem Lehrer oder Bekannten gedrängt, es anderen nachzutun. Die letzte Entscheidung aber trafen die Führer ganz oben. Eine Denkschrift der SS aus dem Jahr 1944 mahnt: Bleibe die Auslese der HJ-Führer allein der Hitlerjugend überlassen, werde diese bestimmen, wer in Zukunft politischer Leiter werde. Damit es nicht dazu komme, sei bei der Einsetzung von HJ-Führern „auch das vorherige Einverständnis des Hoheitsträgers notwendig"[187]. Der Leitspruch der HJ erweist sich als ein weiteres der hohlen Worte der NSDAP.

Mit 26 Jahren war Baldur von Schirach Reichsjugendführer geworden; mit 33 gab er dieses Amt ab[188]. Daß ein Erwachsener sich zur Jugend zählte, sei ihm gegönnt, nicht aber, wie Schirach sein Amt verstand. „Eine einheitliche Führung bis zur kleinsten Einheit ist sichergestellt"[189]. Wo die Leitung so funktioniert, sind Führer und Führerinnen der unteren Ränge nur noch ausführende Organe. Das Regime ließ sich die Ausbildung der HJ-Führer und BDM-Führerinnen angelegen sein; Jahr um Jahr wurden sie zu Tausenden in Lehrgängen auf kommende Aufgaben vorbereitet. Fast immer führten sie gehorsam aus, was sie sich während einer solchen Fortbildung angeeignet hatten: Führen lerne man durch Unterordnung.

In der Schule dagegen haben HJ-Führer sich nicht selten als höchste Autorität aufgespielt. Sie wußten sich so gut wie unangreifbar, wenn sie sich Rüpelhaftigkeit, unentschuldigtes Fehlen und mangelnde Leistung erlaubten. Ernst Krieck, seinerzeit hoch angesehen als Autor eines pädagogischen Machwerks, war überzeugt, daß hoffnungslos veraltet sei, was Lehrer zu bieten haben. In der Schule werde „der andersgearteten Jugend etwas auferlegt und angesonnen, was sie sich nicht mehr aneignen kann und soll, gegen das sie sich darum innerlich zur Wehr setzt, um außerhalb der Schule ihr eigenes Leben ohne Leitung durch die

Lehrerschaft oder in bewußtem Gegensatz zu ihr zu führen“[190].

Selbst stramm nationalsozialistische Lehrer sorgten sich, die Kinder kämen gar nicht mehr dazu, ordentlich Schreiben und Rechnen zu lernen. Die HJ beanspruchte immer mehr Zeit und Kraft der jungen Menschen. Eine vierzehnjährige BDM-Führerin schreibt ihrem Vater: „Die Jungmädelprobe muß abgenommen werden, die Aufnahmefeier muß vorbereitet werden, Altpapier, Alteisen, Altmaterial und Hagebutten und Heilkräuter müssen gesammelt werden, Berichte über die Leitung, über die jetzige Jungmädelarbeit muß ich machen, die Schule und Schularbeiten, denn am 20. 10. gibt's Zeugnisse“. Weiter erzählt sie von einer Ringschulung (was immer das war), einer Führerinnentagung und vielem mehr. Der Seufzer zum Schluß ist verständlich: „Ich komme zu gar nichts anderem“[191]. Gerade das gehörte zur Strategie der Nationalsozialisten: aufgeweckte Jugendliche mit Führungsaufgaben zu ködern, so daß sie zu „nichts anderem“ kamen, vor allem nicht zum Nachdenken.

Und das Privatleben? Ansprüche der Partei behinderten nicht nur das Lernen in der Schule, sondern störten auch das Leben der Familie. Eine Anekdote erhellt den Aberwitz dieses Zugriffs: Vater, Mutter, Sohn und Tochter müssen abends zu Parteiversammlung, NS-Frauenschaft, HJ bzw. BDM. Jeder meldet sich auf einem Zettel ab und vermerkt, daß es spät werde. Als die Familie nach und nach heimkehrt, ist die Wohnung leergeräumt. Auf dem Tisch liegt ein fünfter Zettel: „Daß wir hier stehlen konnten, danken wir unserm Führer. Heil Hitler! Die Diebe“[192].

Zu Millionen sind Mädchen und Jungen durch die HJ gegangen[193]. Es kann gar nicht anders sein, als daß widersprüchliche Erinnerungen überliefert sind. Zwei Stimmen sollen zu Wort kommen. Carola Stern, 1925 geboren, war angetan: „Es war immer etwas los. Das war überhaupt ein Kennzeichen der NS-Zeit, es war immer etwas los. ... Es gab Aufmärsche, Zeltlager, Schulungskurse und Dienst und Sportwettkämpfe ... Das fand ich gut. Und ich war nicht allein. Ich konnte immer mit anderen zusammen sein“[194]. Im BDM, das darf man verallgemeinernd wohl sagen, ging es menschenfreundlicher zu als in der männlichen HJ.

Mit Grausen erinnerte sich der 1930 geborene Klaus Krüger an das ‚Schleifen‘ im Jungvolk. Es war Sonntag, sie mußten antreten. Einer brüllte Kommandos, blickte dabei immerfort den kleinen Klaus an. „Er schleift mich vor aller Augen, weil ich nicht stillstehen kann, wie er behauptet, ihm nicht starr in die Augen gesehen habe, wie der ‚Führer‘ es von seinen Soldaten verlangt! Und Hunderte von Pimpfen sehen zu, wie er an mir ein Exempel darüber statuiert, wie man Gehorsam erreicht!

Auf und ab, Hinlegen und Strammstehen, Grüßen und wieder Hinlegen". Vor versammelter Mannschaft erniedrigt, läuft Klaus schließlich davon. Von keinem aufgehalten, flieht er in den Wald und heult jämmerlich. „Ich komme spät nach Hause. Niemand fragt; natürlich war ich den ganzen Nachmittag beim ‚Dienst'."

Jede der beiden Stimmen spricht für viele andere. Der Gedemütigte findet Trost weder daheim noch in seiner Gruppe; keiner wagt, zugunsten eines Kameraden dem Führer zu widersprechen. Andere, die sich mit ein wenig Glück anpaßten, fanden BDM und HJ unterhaltsam. In einer Hinsicht stimmen positive und negative Zeugnisse überein: Man ließ die Jugendlichen nicht zur Besinnung kommen; es war „immer etwas los": Appelle, Feiern, Heimabende, Lager, Märsche, Sammlungen, vormilitärische Ausbildung, Wettbewerbe. Im Verlauf des Krieges kamen dazu Dienste bei der Wehrmacht, auch mit der Waffe.

Hitlerjungen „steh'n nie hinten an"

In der Schule hatten Zehnjährige es nicht leicht. Wer in die Oberschule kam, gehörte dort auf einmal wieder zu den Kleinen. Fünftkläßler waren zwar groß, saßen aber immer noch in derselben Volksschule wie die Schulanfänger. Um so stolzer sangen sie im Jungvolk: „Wir sind die Hitlerjungen, wir steh'n nie hinten an." Sie waren Pimpfe; das klang so frech, wie Zehnjährige es gern sind[195]. Manchmal war ‚Pimpf' jedoch nicht feierlich genug; bei der ‚Pimpfenprobe' sprachen die Jungen ihre ‚Schwertworte': „Jungvolkjungen sind hart, schweigsam und treu. Jungvolkjungen sind Kameraden. Des Jungvolkjungen Höchstes ist die Ehre". Männlich kamen sie sich vor, wenn sie nach bestandener Prüfung sozusagen als Schwert das (von ihren Eltern gekaufte) Fahrtenmesser verliehen bekamen, mit dem die Uniform endlich vollständig war.

Das Gesetz zwang die Zehnjährigen in die Hitlerjugend; die Pimpfenprobe aber, die sechs Monate später abzulegen war, verschaffte ihnen den Eindruck eines selbst erworbenen Weihegrades. Sie mußten 60 Meter in 12 Sekunden laufen, 2,75 m weit springen, den Ball 25 m weit werfen. Dafür trainierte die Jungenschaft, bis die zehn, elf, zwölf Jungen, die zu einer solchen Gruppe gehörten, es schafften. Die drei Lieder für die Prüfung wurden beim wöchentlichen Heimabend so schwungvoll gesungen, daß sie sich wie von selbst einprägten: „Deutschland, Deutschland über alles"; „Die Fahne hoch"; „Vorwärts! Vorwärts! schmettern die hellen Fanfaren. Vorwärts! Vorwärts! Jugend kennt keine Gefahren!" Mancher Junge wird sich damit Mut zugesungen haben, wenn er bei der anderthalbtägigen Fahrt, die zur Probe gehörte, zum ersten Mal ohne seine Eltern übernachtete[196]. Erst in der HJ erlebten *alle* Jugendlichen – sofern sie nicht zu den Ausgegrenzten zählten – Freiheiten, wie Lieder der Jugendbewegung sie verheißen hatten: „Aus grauer Städte Mauern zieh'n wir in Wald und Feld". Viele Kinder kamen erstmals hinaus ins Grüne; ihre Führerinnen und Führer zeigten ihnen, wie reich die Heimat war.

Das Regime hatte dafür gesorgt, daß nur noch die Hitlerjugend solche Möglichkeiten bot. Konkurrierende Verbände waren seit 1933 aufgelöst oder zwangsweise in die HJ überführt worden. Allein in der HJ konnten Jugendliche außerhalb der Schule Sportarten üben, für die man einen Platz, eine Halle oder Geräte brauchte. Erst recht gab es keine Alternative zu Sonderformationen, in denen Jungen nicht nur Reiten und Segeln, sondern auch brandneue Sportarten kennenlernten: Fliegen, Funken und Motorradfahren.

Es ist verständlich, daß Jugendliche in der HJ oft mehr Ehrgeiz entwickelten als in der Schule. Prüfungen und Wettkämpfe waren so organisiert, daß die Einzelnen nicht nur für sich selbst Leistungen erbrachten, sondern für ihre Jungen- oder Mädchenschar. Gertraud L., 15 Jahre alt, schrieb am 20. Juni 1943 in ihr Tagebuch: „Bannsportfest, ein toller Tag. Ich machte in der Mannschaft mit. Wir bekamen natürlich den 1." (ersten Preis)[197]. An Heimabenden plante man miteinander eine Wanderung für den nächsten schulfreien Tag oder eine (großenteils zu Fuß unternommene) Fahrt für die nächsten Ferien. Jungen überlegten sich einen ausgefallenen Einsatz zugunsten des Winterhilfswerks, Mädchen nähten Kinderkleidung. Und immer war zu beweisen, wie gut die eigene Gruppe war.

Doch wer selbständig planen wollte, kam damit kaum durch. Führerinnen und Führer, die nur weitergaben, was ihnen kurz vorher in einem Lehrgang beigebracht worden war, langweilten ihre Gruppe. Abgeleierte Themen wurden breitgetreten: Germanische Helden, der Kampf des Führers, die Reinhaltung des Blutes, der fanatische Glaube an den Endsieg[198]. „Hitlers Lebensdaten kann ich noch heute runterschnurren", erklärte eine Achtzigjährige im Rückblick auf solche Abende – und erbrachte gleich den Beweis für ihre Behauptung.

Genauestens festgelegt waren oft auch die Unternehmungen im Freien. Märsche, auf dem Sportplatz in öden Runden geübt, sollten den Mädchen und Jungen das Bewußtsein von Geschlossenheit vermitteln. Auszuhalten waren sie nur, wenn man schließlich abschaltete, und genau das war die Absicht derer, die sich solche Übungen ausgedacht hatten: Die Jugendlichen sollten lernen, sich ohne Nachdenken in die Gemeinschaft einzufügen. Leistungsmärsche wurden auch nachts und unter

Schweigen durchgeführt. Ein 1933 herausgekommenes Handbuch für die HJ sah vor: „Schrittlänge etwa 80 cm bei 114 Schritt in der Minute." Zehnjährige hatten 8-20 km am Tag zu schaffen, Fünfzehnjährige 22 km mit 5 kg Gepäck auf dem Rücken, Achtzehnjährige 30 km mit 10 kg Gepäck; bei mehrtägigen Gepäckmärschen waren täglich bis zu 25 km zurückzulegen[199].

Sport lief nicht selten auf endloses Exerzieren hinaus. Zehn Pimpfe gehorchten, wenn ein zwölfjähriger Jungenschaftsführer über den Sportplatz bellte: „Stillgestanden!", „Ausrichten!", „Rührt euch!", „Hinlegen!", „Sprung-auf-marsch-marsch!" Wer nicht sofort und aufs Wort gehorchte, mußte strafexerzieren. „Auf das Kommando ‚Hinlegen' hatten wir uns mit bloßen Knien in die Schlacken zu werfen; bei Liegestützen wurde uns die Nase in den Sand gedrückt." Und das ließen kräftige Jungen sich von wenig älteren Führern gefallen? Im Rückblick versucht ein Mann, sich sein damaliges Verhalten zu erklären: „Wir alle waren vom Ehrgeiz gepackt, wollten durch vorbildliche Disziplin, durch Härte im Nehmen, durch zackiges Auftreten den Unterführern imponieren. Denn wer tüchtig war, wurde befördert, durfte sich mit Schnüren und Litzen schmücken, durfte selber kommandieren"[200].

Im Lager konnte ein HJ-Führer seine Macht über Scharen von Jungen genießen, erst recht wenn er wirklich Spannendes zu bieten hatte: Geländespiel mit dem Lesen und Zeichnen von Karten; Beschreibung von Bodenformationen; Schätzen von Entfernungen. Dazu kamen Spatentechnik, Orientierung bei Tag und Nacht, knappe und genaue Berichterstattung, Täuschung des Gegners und nächtliche Wache. Wer sich daheim mit fünf weiteren Personen eine Zwei-Zimmer-Wohnung teilen mußte, schätzte sich glücklich, daß er bei der HJ – zusätzlich zum üblichen ‚Dienst' und mit ein wenig Glück – lernen konnte, was Altersgenossen vor Neid erblassen ließ: Fliegen, Motorradfahren, Reiten, Segeln – und das Schießen mit dem Kleinkaliber-Gewehr, im Liegen und Sitzen, Knien und Stehen. Wer durchschaute schon, welche Absichten das Regime damit verfolgte?

„Trägerinnen der nationalsozialistischen Weltanschauung"

Als Hauptaufgabe auch des BDM galt die körperliche Ausbildung, doch martialischer Wehrsport war nicht angesagt[201]. Vorrang hatte die ‚seelische' Erziehung, auch beim Sport. Das Geleitwort zum BDM-Jahrbuch 1936 verkündet: „Im BDM werden die Mädel zu Trägerinnen der nationalsozialistischen Idee geformt"; als Mütter sollen sie die „Idee" an die nächste Generation weitergeben[202]. Gesunde Mütter sollten dem NS-

Staat kräftige Kinder gebären und ihre Knaben von frühester Kindheit an zu Kriegern erziehen, die für das zur Herrschaft berufene Deutschland zu kämpfen und sterben bereit waren. „Wir wurden mit sanftem, aber nachhaltigem Druck zu Tugenden verpflichtet, die der Bewährung an der ‚Heimatfront' dienten: zum mädchenhaften Bravsein, zum zähen Durchhalten, zum Fröhlichsein, zum unbedingten Gehorsam und schließlich zum verzichtfreudigen und stolzen Opfertum"[203].

Die zehn- bis vierzehnjährigen Mädchen waren im ‚Jungmädelbund in der HJ' zusammengefaßt, die vierzehn- bis achtzehnjährigen im ‚Bund deutscher Mädel in der HJ'[204]. Der Pimpfenprobe entsprach eine ‚Jungmädelprobe', Vierzehnjährige mußten eine weitere Prüfung ablegen. Zuerst wurde das oft eingebimste Wissen schriftlich abgefragt: „Wer hat den Staatsjugendtag eingeführt? – Welche ist die Stadt der Reichsparteitage? – Wann wurde unser Führer Adolf Hitler geboren und wo?" Dann mußten die Mädchen zwölf Lieder auswendig vortragen, von jedem mindestens eine Strophe. Anschließend waren Gratulationen, Einladungen, Plakatentwürfe für Sing- oder Elternabende zu zeichnen. Vor dem Mittagessen ging es im Gleichschritt um den Schulhof; Befehle ertönten: „Ganze Abteilung – kehrt!" und „Rechts um – ein Lied!" Während der Mahlzeit (Knorr-Fertigsuppe mit Brot und Nachtisch) las die Führerin ein deutsches Märchen vor; nach knapper Vorbereitung hatten die Prüflinge es mit verteilten Rollen zu spielen. Es folgten Turnübungen und dann, kurz vor 16 Uhr, genau nach Plan, die Schlußfeier, unter der Hakenkreuzfahne[205].

Beim wöchentlichen Heimabend traf sich die zehnköpfige ‚Schar' zum Spielen, Singen und Vorlesen; Theaterstücke wurden erdacht und eingeübt; aus Pappmaché formte man Kasperlköpfe und aus Sperrholz mit der Laubsäge allerlei Spielzeug. Die meisten Mädchen gingen gern einmal pro Woche abends zum Dienst. Die HJ gab uns „Gelegenheiten zum Ausbüchsen von zu Hause", erinnerte sich eine Ehemalige[206]. Wann durften Mädchen schon allein ausgehen und erst nachts heimkehren? Manche erfuhr in der Gruppe zum ersten Mal in ihrem Leben „ein so starkes Glücks- und Zusammengehörigkeitsgefühl, wie ich es in der eigenen Familie niemals gekannt hatte".

Viele Mädchen begeisterten sich für die vom BDM veranstalteten Sportnachmittage und -feste; sie freuten sich über Opernbesuche und beteiligten sich an der Sammlung für das Winterhilfswerk. Seit Kriegsbeginn erlebten Mädchen sich als unentbehrlich für den ‚Kriegseinsatz der Hitlerjugend': Sie entlasteten berufstätige Mütter, luden Kinder zu Spielnachmittagen ein und halfen bei der Ernte; sie begleiteten Mütter und Kinder in die Evakuierung. Sie packten Feldpostpäckchen, schrieben Briefe an unbekannte Soldaten, strickten für die kämpfenden, frierenden Väter und Brüder Handschuhe ohne Fingerkuppen und Stiefelsocken aus handgesponnener Schafwolle. Sie bereiteten Feiern vor für Abteilungen der SS oder für Soldaten im Lazarett. Kam ein Soldatentransport durch den Ort, sorgten sie für freundlichen Empfang und Verpflegung[207]. Eine Vierzehnjährige schreibt ihrem Vater an der Front von ihrem Alltag, wie es ihn auch heute gibt: „Mein Rad ist jetzt wieder wie neu". Im selben Brief berichtet sie von der Enttäuschung bei einem BDM-Einsatz. Nachts sei sie alarmiert worden, „Flüchtlingen" aus Rumänien zu helfen; fünfzig Mädchen habe sie zusammengetrommelt; aber die Flüchtlinge seien ausgeblieben[208].

Die Sehnsucht nach dem ‚schönen Mädel'

Die Mädchen unterlagen denselben Gesetzen und Verordnungen wie die Jungen; wie diese mußten sie mit zehn Jahren in die HJ eintreten und in Uniform zum Dienst erscheinen. Einmal im Jahr war auch den Mädchen das Lager vorgeschrieben. Acht bis zehn Tage genau verplant für weltanschauliche Schulung, Spiel, Sport, Geländeübungen, Nachtmärsche mit Gepäck; kaum ein Mädchen konnte sich dafür begeistern. Durchzustehen hatten sie es alle. Trotz der Forderungen, denen Jungen wie Mädchen gleichermaßen gerecht werden mußten, hat die HJ eingefahrene Vorstellungen von den ganz anderen Erziehungszielen für Mädchen noch verstärkt. Frauen sollten heiraten und viele Kinder bekommen. In Schulungen entwarf man abstoßende Utopien, wie sie Gebiete, die deutsche Krieger dereinst erobern würden, zum Blühen bringen und versklavte Bewohner zu sinnvollem Tun anleiten könnten.

„Zum bestimmenden Typ unserer weiblichen Jugend" sollte „das schöne Mädel" werden. Dafür war 1938 das ‚BDM-Werk Glaube und Schönheit' gegründet worden[209]. 18-21jährige konnten, immerhin freiwillig, darin eintreten, um sich in kleinen Gruppen wöchentlich mit ‚fraulichen' Themen zu befassen: Gesundheits- und Körperpflege, Gymnastik und Sport, Brauchtum und Musik, Hauswirtschaft, Raum- und Wohngestaltung, Werkarbeit und, ein wenig aus dem Rahmen fallend, Auslandskunde. Bei einer größeren monatlichen Zusammenkunft ging es um Fragen der persönlichen Lebensgestaltung und der Kultur. Doch all dies verlor wenig später an Bedeutung gegenüber den ursprünglich nicht vorgesehenen Kriegseinsätze beim Roten Kreuz, im Lazarett und auf dem Lande[210].

Fotos, die für ‚Glaube und Schönheit' werben sollten, zeigen junge Frauen in weißen, kurzen Kleidern bei der Ballgymnastik am Seeufer. Arme, Beine und Füße sind nackt; das schräg von hinten kommende

Sonnenlicht betont die Weiblichkeit der schlanken, gestreckten Körper[211]. Über Sexualität wurde im Dritten Reich nicht offen gesprochen, Uniformen aber und Sportkleidung der HJ sollten den Körper junger Menschen zur Geltung bringen. So hatte es doch Hitler selber verlangt: „Der Junge, der im Sommer in langen Röhrenhosen herumläuft, eingehüllt bis an den Hals, verliert schon in seiner Bekleidung ein Antriebsmittel für seine körperliche Ertüchtigung... Das Mädchen soll seinen Ritter kennen lernen. ... Auch dies ist im Interesse der Nation, daß die schönsten Körper sich finden und so mithelfen, dem Volkstum neue Schönheit zu geben“[212].

Erziehung durch das Lager

„Jugend soll Jugend führen!“ Nirgendwo ließ sich der Leitspruch der HJ besser verwirklichen als im Lager. Eine große Schar von Jugendlichen lebte ein bis zwei Wochen ohne Aufsicht durch Erwachsene in Zelten, manchmal in einem Heim; ringsum Wiesen und Wald, ein Sportplatz, vielleicht gar ein See. Tausende solcher Schulungen hat es gegeben, denn jedes Mitglied der HJ sollte pro Jahr an mindestens einer teilnehmen. Die nicht gerade geringen Kosten hatten die Eltern zu tragen. So waren für eine „3-Wochen-Fahrt mit 45 Jungen oder Mädchen (Zelt oder Scheune)“ vorgesehen: für Verpflegung 950 RM, für Fahrgeld 450 RM, für Sonstiges 200 RM, ferner ein Notbetrag in Höhe von 200 RM und für die Anschaffungskasse 50 RM. Zusammen machte das 1.850 RM[213] oder ziemlich genau 41 RM pro Kopf der Lagergemeinschaft.

Manche erinnern sich gern an das Lager. Begabte jugendliche Führer konnten hier mehr noch als sonst den ihnen Anvertrauten glückliche Erlebnisse verschaffen. An jedem Tag sollte etwas Besonderes los sein. Gemeinsam zog man zum Baden an den See, man übte verschiedene Sportarten, bereitete den bunten Abend vor oder trat zu Spielen und Wettkämpfen an. Dann wieder war Basteln angesagt oder Briefeschreiben. Übungen wie Anschleichen in der Dämmerung, Morsen und Winken konnten ebenso spannend sein wie Unterricht in Erster Hilfe. Beim Aufräumen und Putzen kam man miteinander ins Gespräch. Abends saß alles am Lagerfeuer, sang und hörte Erzählungen. Ein Lager konnte so vieles bieten, was mit Freude angenommen wurde, daß man anderes gähnend hinnahm: die unvermeidliche Rassenkunde und Erbgesundheitslehre, das Rühmen der Bauern und Germanen, die Verherrlichung des Führertums und Adolf Hitlers.

Das Regime sah im Lager die „wichtigste Erziehungsform, die der Hitlerjugend zur Verfügung steht“. Nicht die Vielfalt der Betätigungen brachte ihm diese Auszeichnung ein. Im Lager waren die Jugendlichen herausgelöst aus all dem, was Elternhaus, Schule und Kirche von ihnen erwarteten. Tag um Tag erlebten sie sechzehn Stunden lang intensiv, wie es ist, wenn man in enger Gemeinschaft mit vielen anderen Jugendlichen dasselbe unternimmt, an denselben Freuden und Beschwernissen teilhat. Glaubt man der offiziellen Werbung, so ergab sich daraus eine „beinahe unbewußt sich vollziehende, ausgleichende und fördernde Formung". Der Prahler werde entlarvt und müsse sich ändern, der Gierige müsse sich bezähmen, der Feige könne sich nicht drücken. „Über allem wacht der Geist der Kameradschaft".

Die Erziehungsmacht des Geistes reichte den Führenden offensichtlich nicht aus. Jede Minute war verplant; die Teilnehmer unterlagen ständiger Kontrolle. Der Tagesdienst in einem Lager konnte folgendermaßen aussehen: „6.20 Wecken; 6.30-7.00 Morgengymnastik; 7.00-7.40 Waschen, Anziehen, Zeltordnung; 7.40-7.50 Flaggenhissen; 7.50-8.15 Frühstück; 8.15-8.35 Zeltbesichtigung und Befehlsausgabe; 8.35-9.15 Behandlung weltanschaulicher Fragen; 9.30-12.00 Dienst laut Tagesbefehl; 12.15-12.30 Postverteilung an die Zeltältesten, anschließend Wachablösung; 12.30-13.30 Mittagessen; 13.30-14.30 Bettruhe; 14.30-17.00 Dienst laut Tagesbefehl; 19.30-20.00 Abendessen; 20.00-21.30 Dienst laut Tagesbefehl; 21.30-21.35 Flaggeneinzug; 21.50 Locken zum Zapfenstreich; 22.00 Zapfenstreich, Zeltruhe". Die Leitwörter ‚Befehl' und ‚Dienst' begegnen drei- bzw. viermal.

Auch in einem Schullandheim unserer Zeit ist der Tagesablauf gegliedert, schon damit die Küche rechtzeitig tätig werden kann. Im HJ-Lager aber blieb nichts ungeregelt. Bis ein Brief den jungen Adressaten erreichte, war er durch mehrere Hände gegangen. Rückfragen lagen nahe: „Sag mal, Dieter. Wer ist dieser Rolf eigentlich, der dir da laufend schreibt?" Was bei Erörterung weltanschaulicher Fragen beredet wurde, sollte morgens und abends zu feierlichem Erlebnis werden, wenn Sprüche das Hissen, Lieder das Einziehen der Flagge begleiteten. In den 1940er Jahren besuchten Kinder sonntags noch regelmäßig den Gottesdienst ihrer jeweiligen Konfession; an dessen Stelle traten im Lager die Morgenfeier und die Gedenkfeier für die Gefallenen. Da ertönten erhebende Worte zu „Freude – Zucht – Glaube" oder hehre Reden vom Mut der Soldaten, die ihr Leben für die Volksgemeinschaft geopfert hatten[214].

Was der erwähnte Werbetext als „beinah unbewußte Formung" beschönigt, war genau geplant. Erlebnisse wurden so eingefädelt, daß Jugendliche sich möglichst vorbehaltlos in die Gemeinschaft einfügten. Waren Spiel und Sport, Wettkampf und Marsch, Appell und Singen,

Unterricht und Weihestunde aufeinander abgestimmt, bedurfte es keiner großen Erziehungskunst, um Kinder in dem Glauben zu bestärken, daß sie auch die schönen Tage im Lager dem Führer verdankten, der sich von hehren Absichten leiten lasse; daß der Nationalsozialismus eine gute Sache sei, aber finstere Verschwörer – Bolschewisten, Juden, Plutokraten – dem hart arbeitenden deutschen Volk seine Erfolge neideten.

Wer Selbständigkeit gewöhnt war, wird gedacht, vielleicht gar gesagt haben: „Der Laden stinkt mir". Oswald U. erinnert sich: Quantitativ sei am Lageressen nichts auszusetzen gewesen; „nur was die Qualität anbetraf, da waren manche Küchenbullen echt überfordert. Die kochten einen Pamps zusammen, daß einem schon beim bloßen Anblick schlecht wurde. Kartoffeln und Gemüse wurden vielfach in Blechwannen geschüttet, an denen wir in langer Reihe mit unserem Kochgeschirr vorbeiziehen mußten. Wenn ich diese Wannen schon sah; das war die gleiche Sorte wie die Babywannen. In so einer Wanne wurde meine Schwester früher gebadet. Und ich sah manchmal zu, wenn unsere Mutter ihren verdreckten Hintern wusch. Das fiel mir dann ein, wenn ich im HJ-Lager diese Dinger wiedersah, darin das Gemüse dampfte"[215].

Sind Jugendliche sich selbst überlassen, bleibt es nicht aus, daß sie über die Stränge schlagen. Ein krasses Beispiel kennt Oswald U. vom Hörensagen: „Später hörte ich, daß nur zwei Kilometer von uns ein BDM-Lager gewesen sei. Als sich das herumgesprochen habe, seien einige Ältere – Führer und einfache Hitlerjungen – nachts heimlich zu diesem Lager gepirscht, um ein paar BDM-Mädchen zu vernaschen". Selbst erlebt habe er das „leider nie. Ich war knapp vierzehn Jahre alt und für die Aufreißer noch ein bißchen zu jung". Da sogar HJ-Führer beteiligt waren, hat es wohl keine Verweise gegeben. Oswald U. äußert sich jedenfalls weder dazu noch zu Reaktionen der ‚vernaschten' Mädchen oder ihrer Eltern.

Wer die Mittags- oder Nachtruhe der Kameraden mit dummen Streichen störte, kam als ‚richtiger Junge' mit einem Tadel davon; als unentschuldbar galt lahmes Mitmachen. Wer sich nicht mit den anderen in den kalten See stürzte, wer das Anschleichen durch Matsch und Gestrüpp scheute, forderte harte Strafen heraus. Der Lagerführer wußte, wie ‚charakterschwache Eigenbrötler' zu bekehren seien: Er schloß sie vom Nachtisch und von beliebten Spielen aus, ließ sie den Donnerbalken säubern und zeigte ihnen, was Schleifen ist. Niemand sprach mit dem Übeltäter, niemand fragte, warum er nicht mitgemacht hatte, aber Keile bekam er von allen Kameraden. Wer schon zuhause froh war, wenn er wieder einmal ein paar Stunden Dienst hinter sich hatte, dem wurde die Zeit im Lager unerträglich lang.

Haben Führer bei der Fortbildung gelernt, auf Schwächere Rücksicht zu nehmen? Und haben sie sich an solche Empfehlungen gehalten? Es gibt zu denken, daß der Reichsjugendführer die Unfallstatistik der HJ geheim hielt. Vom 1. 4. 1933 bis zum 1. 8. 1939 wurden ihm insgesamt 649 Todesfälle gemeldet, davon durch Ertrinken 139 (21 %), im Straßenverkehr 257 (40 %), beim Sport 43 (6,6 %), beim Geländespiel 14 (2,2 %), durch Erkältung 35 (5,5 %), durch Schußwaffe 27 (4 %). Wenig beeindruckt erklärte Schirach, bei den vielen Verkehrsunfällen habe die Schuld „nicht bei den HJ-Dienststellen" gelegen; im übrigen müsse „durch Belehrung der Jugend versucht werden, diese Zahlen, die durch den Leichtsinn Einzelner bedingt sind, zu drücken"[216].

Wie konnte es zu Todesfällen durch Schußwaffengebrauch kommen? Der folgende Bericht ist glaubwürdig, obwohl er aus zweiter Hand überliefert ist. Bei einer Nachtübung diente eine Taschenlampe als Ziel. „Unser Führer traf den August ins Knie. August fiel hin, aber er weinte nicht. Vielleicht war es nur ein Streifschuß – wir haben all unseren Verbandsstoff darum gebunden." Der Führer schimpft; August habe die Taschenlampe zu tief gehalten. Daraufhin hält der nächste die Lampe ganz hoch. „Unser Führer war auch schon etwas ängstlich. Er schoß zu weit nach links, da war die Stirn von Gert-Felix"[217].

Die HJ – attraktiv und abstoßend

Die Hitlerjugend trug das Leitbild der Jugendautonomie bis in das entlegenste Dorf. Wer in den vierziger Jahren jung war, übersieht heute möglicherweise die Verlogenheit dieser Propagierung jugendlicher Freiheit. Wie gewaltsam der NS-Staat sich auch mit Hilfe der HJ durchsetzte, erfuhren einige schon bald, andere erst nach dem Ende des Regimes; manche sind bis heute nicht bereit, sich das Bild ihrer Jugendzeit trüben zu lassen.

Der HJ, so hieß es damals, sei gelungen, wonach man sich seit Generationen gesehnt hatte: Sie habe den „Kampf um die Einheit der deutschen Jugend" vollendet[218]. Reichsjugendführer Schirach verstand es, Jugendliche zu begeistern: „Wir sind ein Zusammenschluß über Klassen und Konfessionen hinweg, das einige deutsche Volk von morgen. ... Die HJ ist weder protestantisch noch katholisch, sie ist deutsch". Daß er ein Fantasiegebilde feierte, als sei es Wirklichkeit, überhörte mancher um so lieber, als der Führer ebenso bombastisch redete: „Wir bauen in die Herzen der Jugend einen großen Altar, auf dem Deutschland steht. Damit bekennen wir uns zum Allmächtigen, denn er hat uns diese Heimat gegeben"[219].

Die Lobpreisungen verschweigen, welche Schande auch die HJ über Deutschland gebracht hat: Sie gab vor, „die Einheit der deutschen Jugend" zu erkämpfen und hat die deutsche Jugend in Wirklichkeit aufs schlimmste zerrissen. Jeder zehnte Jugendliche war als „undeutsch" ausgeschlossen. Doch die HJ verdient auch Lob; Schirach deutet mit dem Wort vom „Zusammenschluß über Klassen hinweg" an, womit sie sich Verdienste erwarb: Die HJ hat auch Angehörigen der Unterschicht wertvolle Erlebniswelten geöffnet und den sozialen Aufstieg ermöglicht.

Genügte das Angebot von Elternhaus und Schule jungen Menschen nicht mehr, fanden sie in der HJ vielfältige Möglichkeiten. Die HJ förderte und weckte Interessen für Spiel und Sport, Musik- und Theaterleben, Presse und die damals noch jungen Medien Film und Rundfunk. Im Rahmen der „volkspolitischen und fremdvölkischen Jugendarbeit" unternahm die HJ Fahrten ins Ausland, bis nach Japan[220]. Jutta Rüdiger, von 1937 bis 1945 „Reichsreferentin für den Bund Deutscher Mädel beim Reichsjugendführer", hat im Jahr 1983 (sic!) Tätigkeitsfelder der HJ zusammengestellt. Allein für deren „Kulturarbeit" nennt sie 97 Beispiele, zehn für den Gesundheitsdienst, elf für den sozialen Einsatz[221]. Wer erkannte, daß der Nationalsozialismus mit all dem (fast) unwiderstehliche Köder auslegte, um sich die Jugend anzueignen?

Das Regime schien schon so viele Probleme gelöst zu haben, daß junge Idealisten eine verlockende Herausforderung darin sahen, im Rahmen der HJ weitere Aufgaben anzupacken. Lohnte es sich nicht, die Unterschiede zwischen Stadt und Land so weit einzuebnen, daß Jugendliche überall die gleichen Chancen hätten? Die HJ verpflichtete Mädchen und Jungen zum Dienst am deutschen Volke; lag es da nicht nahe, die Rechte von Männern und Frauen einander anzugleichen? Aus ehrenwerten Motiven haben Mitglieder der HJ sich für Ziele des Regimes einspannen lassen: Mit der Bitte um eine Spende stärkten sie die Solidarität in der Bevölkerung; sie nahmen den ‚Eintopfsonntag' ernst und gaben damit ein gutes Beispiel; sie sammelten Altmaterial, um der Verschwendung zu wehren, und Heilkräuter, um wirtschaftlichen Nutzen zu mehren.

Talentierte Jungen und Mädchen übernehmen gern Führungsaufgaben. Wer sich für Heimabend, Lager oder Kinderlandverschickung sinnvolle Vorhaben ausdenken und mit der ihm anvertrauten Schar ausführen konnte, erlebte, was es bedeutet, anderen wichtig zu sein. Wo gab es Anfang der 40er Jahre Gelegenheit dazu? Vielleicht noch im Rahmen insgeheim weitergeführter kirchlicher Jugendarbeit, oder in der Untergrundorganisation der KPD, unter Lebensgefahr. Nicht wenige ließen sich von großspurig bekundeten Zielen blenden. Ein Führer, so hieß es in Führungskursen, solle seine Geeignetheit durch das überzeugende persönliche Vorbild beweisen, und nicht wenige Jugendliche haben das getan.

Doch wie andere Gliederungen der Partei bot auch die HJ vor allem denjenigen Chancen, die sich in dem ihnen vorgegebenen Rahmen bewährten. Durch Ausleselager und Schulungskurse, durch die ‚Akademie für Jugendführung' und die ‚Reichsführerschule' konnten Jungen über 16 Stufen vom ‚Rottenführer' zum ‚Obergebietsführer', Mädchen von der ‚Mädelschaftsführerin' über 8 Stufen bis zur ‚Obergauführerin' aufsteigen[222]. Es hat viele ungeeignete HJ-Führer gegeben, die sich nur mit der Autorität durchsetzen konnten, die der Rang ihnen verlieh. Sie haben ihre Machtgelüste an denen ausgelebt, die sich nicht wehren konnten, an den Schwächsten und Jüngsten. Wer in der HJ Karriere machen wollte, hatte bald gelernt, daß Buckeln mehr einbrachte als verantwortungsvolles Handeln. Immerhin ist es vorgekommen, daß unfähige Führer ihres Postens enthoben wurden[223].

Die HJ sollte die *ganze* deutsche Jugend umfassen. Jugendliche konnten wissen, daß ein erheblicher Teil ausgeschlossen blieb; oft genug hatten sie ja zu hören bekommen, was Rasse und Erbgesundheit bedeute, oder was eine asoziale Großfamilie sei. Doch wie sollten Mädchen und Jungen sich mit denen solidarisieren, die öffentlicher Verachtung anheimfielen und bald nach und nach spurlos verschwanden? Auch über die Ziele der HJ selber wurden die Jugendlichen bewußt irregeführt. Der Partei lag daran, die Macht des Regimes zu mehren. Welcher Junge, der in der HJ seinen Traum vom Fliegen oder Motorradfahren verwirklichte, dachte daran, daß sein Können Verbrechern zugute kam? Darf man den vielen, die gern die von der HJ gebotenen Förderungen genutzt haben, ihre Gutgläubigkeit verargen? Wer gehofft hatte, dank einer besonderen Ausbildung verlockende Aufgaben zugewiesen zu bekommen, fand sich am Ende oft genug im Fußvolk wieder, das in der Bodentruppe verheizt wurde.

Das Regime tat alles, um die Jugendlichen dem Elternhaus und der Kirche zu entfremden, den letzten ernstzunehmenden, dem totalitären Staat entgegenstehenden Kräften. Auf sich selbst gestellt, waren Mädchen und Jungen leichter formbar. Die HJ-Veranstaltungen mochten freudig und locker wirken, letztlich beruhten sie auf Zwang. Ausschluß war vorgesehen, Abmelden und Austritt nicht[224]. Von Kindsbeinen an waren junge Menschen dem ständig stärker werdenden Druck der Partei ausgesetzt. Rauschhafter Aktionismus ließ ihnen immer weniger Raum zu eigenständigem Denken. Im Dienst wurden sie um einen erheblichen Teil ihrer Jugend betrogen, und zwar nicht nur durch Drill und Schleifen. Idealistisch gesonnene junge Nationalsozialisten wurden zu Spitzeln abgerichtet, die meinten recht zu handeln, wenn sie ihren Oberen meldeten, daß ihnen dieser Volksgenosse bei einer Sammlung, jener Kamerad im Gespräch als politisch unzuverlässig aufgefallen war.

Dazu kam die offene Kontrolle. Seit 1934 gab es den ‚HJ-Streifendienst'; Jugendliche, erkennbar an der Uniform und mit einem Ausweis ausgestattet, überwachten Jungen und Mädchen in Dienst und Freizeit. Ließen Verstöße sich nicht anders regeln, sollten sie HJ-Gerichten gemeldet werden. Die schon erwähnte Reichsreferentin Jutta Rüdiger dachte noch 1983 voller Stolz an die HJ als die „erste und einzige Jugendbewegung der Welt", die sich eine eigene „Gerichtsbarkeit geschaffen" habe[225].

Arbeitsdienste

Solange Kinder und Jugendliche zur Schule gingen, gelang es dem NS-Staat nur, sie in den Ferienlagern der HJ wenigstens für zwei bis drei Wochen völlig zu vereinnahmen. Um so fester nahm er sie nach Beendigung ihrer Schulzeit in den Griff. Mit einem Netz von Gesetzen und Erlassen riß er sie aus Bindungen an Elternhaus und Heimatgemeinde heraus.

Am 29. März 1934 war das ‚Landjahr' eingeführt worden. Zur Teilnahme waren „alle Kinder verpflichtet, die die Schule nach Erfüllung der gesetzlichen Schulpflicht verlassen und zum Landjahr einberufen werden". Zu Recht bezeichnet das Gesetz in § 1 Vierzehnjährige als Kinder, zugleich aber spricht es von ihnen wie von Wehrpflichtigen, die „einberufen werden". Als billige Arbeitskräfte – für 0,05 RM pro Tag! – hatten Jungen und Mädchen täglich fünf Stunden in der Landwirtschaft zu arbeiten, alle übrige Zeit war wie in einem HJ-Lager verplant. Ein Landjahr dauerte freilich viel länger, von April bis Dezember. Im Winter schickte man die Kinder nachhause zurück, damit entfielen Heizkosten für die oft schlecht ausgestatteten Räumlichkeiten, in denen je 60 Jungen oder Mädchen in Gemeinschaft lebten. Urlaub war nicht vorgesehen, Besuch der Eltern unerwünscht[226].

Zum Wehrdienst wurden nur die Jungen einberufen; für einen gewissen Ausgleich sorgte ein Erlaß vom 20. April 1938: Mädchen, die 16 Jahre und älter waren, mußten in einem bäuerlichen oder einem kinderreichen städtischen Haushalt gegen Kost und Logis ein Pflichtjahr ableisten. Diese Zeit konnte lang werden. Gisela H., geboren 1927, erinnert sich, wie es sie geekelt habe, mit der ganzen Bauernfamilie aus einer einzigen Schüssel essen zu müssen. Die Bäuerin aber sei ihr wohlgesonnen gewesen und habe dafür gesorgt, daß sie einen eigenen Teller erhielt. Den Kontakt zu dieser Familie hat Gisela noch Jahrzehnte später gepflegt. – Es war erlaubt, die Arbeitsstelle für das Pflichtjahr selber zu suchen, und manche Frau scheute keine Mühe, ihre Tochter gut unterzubringen. Eine Mutter von fünf Kindern erzählte später, Frauen hätten sie geradezu angefleht, ihre Tochter zu nehmen. – Erst wenn das Pflichtjahr im Arbeitsbuch nachgewiesen war, durften Mädchen eine bezahlte Stelle antreten, erst dann durfte Abiturientinnen das Reifezeugnis ausgehändigt werden. Hatte ein Mädchen es jedoch nicht nötig, einen Beruf zu ergreifen, blieb es vom Pflichtjahr verschont.

Keine Ausnahme sollte es beim ‚Reichsarbeitsdienst' (RAD) geben. Ein Gesetz vom 26. Juni 1935 verpflichtete alle Jugendlichen, die 17 Jahre und älter waren, ein halbes Jahr lang für ein Taschengeld von 0,25 RM pro Tag Arbeitsdienst zu leisten. Der NS-Staat finanzierte diese Organisation mit erheblichen Mitteln; zudem hatte er dafür Einrichtungen an sich gezogen, die in den 1920er Jahren zur Bekämpfung der Jugendarbeitslosigkeit gegründet worden waren[227]. Nun sollten Jugendliche „Ehrendienst am Deutschen Volke" leisten. Zum Zeichen, daß der RAD sie „zur Volksgemeinschaft, zur wahren Arbeitsauffassung, vor allem zu gebührender Achtung vor der Handarbeit" erziehe[228], hießen sie ‚Arbeitsmänner' bzw. ‚Arbeitsmaiden' und trugen eine braune Uniform.

Der männliche Zweig des RAD war noch Mitte 1939 zwölfmal so groß wie der weibliche; es fehlte an Lagern, die sich für Frauen eigneten[229]. Doch drei Tage nach Ausbruch des Krieges, am 4. September 1939, schuf ein neuer Erlaß einen weiteren Ausgleich dafür, daß nur junge Männer Wehrdienst zu leisten hatten: Die weibliche Jugend zwischen 17 und 25 Jahren wurde zu einem *ganzen* Jahr Arbeitsdienst verpflichtet. Gegen Kriegsende waren etwa 150.000 Mädchen in 3.000 Lagern zusammengefaßt[230]. An seinen Vorstellungen von der Eigenart der Frau hielt der NS-Staat jedoch auch im Krieg fest; zum RAD einberufen wurden nur ledige Mädchen, die weder in der Ausbildung zu einem ‚weiblichen' Beruf standen, noch einen solchen bereits praktizierten.

Auch in der Jugendbewegung und der Reformpädagogik war man vom erzieherischen Wert körperlicher Arbeit überzeugt gewesen; Jugendliche hatten in Lagern erleben wollen, wie vereintes Zupacken Gemeinschaft stiftet. Diese Vorbilder wirkten nach; auch in RAD-Lagern legte man mehr Wert auf Erziehung, Natur- und Heimatromantik als auf tatsächlich nutzbringende Arbeit. Mit Hacke und Schaufel bauten die Arbeitsmänner Wege, entwässerten Moore und forsteten unfruchtbares Land auf. Die Erziehung aber sollte jungen Menschen nun blinden Gehorsam in Fleisch und Blut einpflanzen. Wichtiger als alles war die Disziplin; vom Hissen der Fahne um 5 Uhr bis zum Hornsignal um

22 Uhr. Beim nachmittäglichen Exerzieren mit dem ‚Paradespaten' hatten die Jugendlichen einem skurrilen Arbeitskult zu huldigen[231]. „Nur Wehrmacht und Arbeitslager", erklärte ein RAD-Führer, „können vom Ich zum Wir erziehen". Arbeit, Sport und vormilitärische Ausbildung mögen männlich starke Körper geformt haben; dem geistigen Erwachsenwerden ließ dieses Umfeld wenig Raum. Um einen Appell- und Fahnenplatz standen Holzhäuser (das Wort ‚Baracke' war verpönt); Zaun oder Hecke bildeten die Grenze zur Außenwelt, von nur einem Tor mit Wachhäuschen durchbrochen. Die Umwandlung in ein Lager für Zwangsarbeiter war leicht. „Die Geschlossenheit des Lagers verlangt den ganzen Menschen", hatte RAD-Führer Hierl getönt.

Jungen Frauen ist es eher gelungen, sich in den Lagern eine eigene Sphäre zu schaffen; sie stellten die Spinde um, improvisierten Möbel, sorgten für Bilder- und Blumenschmuck. Doch ob Frau oder Mann, im Lager blieb niemand unbeobachtet. Ruth H., Abiturientin des Jahrgangs 1943, klagt: „Nirgends eine Ecke, die man für sich hat". Ruth hatte sich vorgenommen, in ihrer RAD-Zeit täglich nach Hause zu schreiben; es gelang ihr kaum: „Das Schlimme eben, daß man auf jede Sekunde festgelegt ist, wie ein mechanisches Werk, das nur zum Ölen (also bei uns zum Fraß) stillstehen darf." Nach Fahnenappell, Frühsport und Frühstück der Lagergemeinschaft folgt der Ausmarsch zu Arbeiten im freien Gelände. Pünktlich sind die Zeiten für Gemeinschaftsdienste und Sport, Mittagsruhe und Feierabend einzuhalten; penibel ist auf Sauberkeit zu achten[232].

Gemeinsam wurde auch der Feierabend gestaltet. Heute mag man kaum glauben, daß Arbeitsmänner Kasperlspiele aufführten: Der freche Kasper besiegt Churchill und Chamberlain und wirft sie dem Krokodil zum Fraße hin[233]. Ebenso seltsam wirken gefühlsselige Lieder, die bei Arbeitsmaiden ertönten. Als Schülerinnen hatten sie oft gelangweilt dem Röhren Hitlers lauschen müssen, nun feierten sie seine Stimme mit unsäglichen Versen: „Tief wie Meeresatem ist Dein Wort,/Dunkeltönend wie die großen Wogen,/Es erfaßt uns, reißt uns rauschend fort/Auf zur Helle überm Himmelsbogen. – Führer, Deine Mahnerstimme ist/Tief uns allen in das Blut geschrieben..."[234].

Ein wenig Freiheit konnten die Frauen im zweiten Halbjahr finden; sie zogen nicht mehr zu gemeinsamer Arbeit aus, sondern arbeiteten einzeln auf einem ihnen zugewiesenen Bauernhof. Waren die Wege zu weit, lebten sie sogar ganz bei der Familie. - Als Ruth die ihr zugewiesene Stelle antritt, erfährt sie von ihrer Vorgängerin, die Familie sei freundlich, die Arbeit aber hart und „unsäglich schmutzig". Endlich ist auch dieses halbe Jahr vorbei. Doch seit Sommer 1941 müssen junge

Frauen zusätzlich ‚Kriegshilfsdienst' leisten. Ruth wird für sechs Monate Straßenbahnschaffnerin.

Jahrzehnte später erzählten eher Frauen gern von positiven Erfahrungen im RAD[235]. Es sei die Chance gewesen, „etwas ganz Neues, Unbekanntes kennenzulernen: Das war zunächst eine möglichst weit entfernte andere Landschaft, dann nach dem langen Schulbesuch eine körperliche Arbeit auf dem Lande, und ich war neugierig auf eine neue Gemeinschaft junger Menschen." So wie junge Männer den Wehrdienst, haben junge Frauen den ihnen abverlangten Einsatz als Auszeichnung empfunden. Ein Artikel in der Zeitschrift des weiblichen Arbeitsdienstes erzählt von einem Appell vor dem Führer. „Der Führer sprach von Deutschland und seiner Ewigkeit und Stärke und Größe und von den Opfern, die wir alle für dieses Deutschland bringen wollen. Und wir waren glücklich, ... daß wir draußen in unseren Lagern Dienst tun dürfen für Deutschland."[236] Viele junge Frauen haben sich freiwillig für längere Zeit als befohlen zum RAD verpflichtet. Eine erzählte später, ihr Vater habe ihr im Herbst 1939 dringend geraten, zuerst ihre Ausbildung abzuschließen, dann könne sie immer noch zurück in den Arbeitsdienst; sie aber habe erklärt: „Vati, wir haben Krieg, wir werden gebraucht. Du als Offizier müßtest das verstehen".

Für den Krieg zurechtgeschliffen

Die Machthaber haben den Heranwachsenden weit mehr Aufmerksamkeit gewidmet als frühere deutsche Regierungen. Wo es nur anging, haben sie in das Leben junger Menschen eingegriffen. Wäre es allein nach ihnen gegangen, hätten sie schon über die Zeugung von Kindern verfügt. Sie haben Mädchen und Jungen aller Schichten in zuvor ungeahntem Maß gefördert und gerade tüchtige und begabte Jugendliche, die sich gern in ein großes Werk einbringen, auf ihre Seite gezogen. Welche Bosheit sich hinter der Fassade packender Worte und beeindruckender Riten verbarg, war für junge Menschen nicht leicht zu durchschauen. Wer sagte ihnen, welche Menschenverachtung die Vergötzung des gesunden, starken, rassereinen Volkes einschloß? Selbst ein Kind, das seine kleine, geistig behinderte Schwester lieb hatte, stellte sich manchmal gern eine Welt vor, in der sie auch ohne diese Begleitung auf der Straße spielen konnte. Jüdische Mitschüler verschwanden sang- und klanglos aus der Klassengemeinschaft, so daß man sie bald vergaß.

Noch viel weniger mochten selbstbewußte junge Menschen sich klar machen, wie verächtlich die Machthaber auch von ihnen, den geförderten, umworbenen Jugendlichen, dachten. Dem Regime lag nichts am einzigartigen Wert eines jeden Menschen; die deutsche Jugend, ja, das ganze hoch gepriesene deutsche Volk war ihnen nichts als ein Mittel, ihre eigene Macht zu mehren. Mit verlogenen Bildern vom großen Ringen um die Zukunft Deutschlands haben sie Sehnsüchte und Aufopferungsbereitschaft Jugendlicher ausgenutzt und sie für einen Krieg begeistert, für den die deutsche Bevölkerung als ganze sich kaum erwärmen konnte.

Gleich nach der Machtübernahme hatte das Regime damit begonnen, sich die Jugend zu einem Werkzeug für den Krieg zurechtzuschleifen. Es entzog junge Menschen soweit wie möglich dem Einfluß von Familie, Kirche und Schule; die Kriegsmüdigkeit der älteren Generation, die sich lebhaft an das Elend des Ersten Weltkriegs erinnerte, sollte sie nicht anstecken. Mit vielerlei Vorschriften und Angeboten hat es sich die großen Scharen anspruchsloser, belastbarer und bedingungslos gehorchender Menschen herangebildet, die es für seinen Krieg brauchte. Trotz aller Eingriffe in den Unterricht, war die Schule dabei eher hinderlich. Die Schulzeit wurde verkürzt, Studium und Berufsausbildung hatten hinter Landjahr, Pflichtjahr, Arbeitsdienst zurückzutreten. Denn anders als dort, wo junge Menschen den richtigen Umgang mit geistigen und sachlichen Gegenständen erlernten, war in den Lagern Disziplin Selbstzweck.

Antiquiert waren die Vorstellungen von nützlicher Arbeit. Die Mädchen sollten erleben, daß Haushalt, Kindergarten, Krankenpflege und Landdienst besser zu ihnen passen als technische Berufe. Körperliche Arbeit wurde gefeiert, der Spaten rituell verklärt; hilfreiche Maschinen kamen beim RAD nicht zum Einsatz. Jugendliche sollten dem Mangel an Arbeitskräften auf dem Lande abhelfen, doch sinnvoll war allenfalls das Pflichtjahr, in dem kinderreiche Mütter und Bäuerinnen junge Mädchen zur Mithilfe im Haushalt anleiten konnten. Weite Wege zwischen Lager und Einsatzort begrenzten die Arbeitszeit der zu RAD und Landjahr Verpflichteten. Zudem war Hilfe, wie Bauern sie brauchten, im Tagesplan der Lager nur schwer unterzubringen; und der Vorschrift, größere Gruppen gemeinsam zu beschäftigen, war bei der Landarbeit kaum zu genügen. Es ist bezeichnend, daß junge Leute eher in der Erntezeit Urlaub vom RAD bekamen[237].

Das NS-Regime steuerte den Krieg an, weil es nur so die verbrecherische Ideologie von der ihm zustehenden Macht verwirklichen konnte – gegen europäische Staaten, gegen Menschen, die als undeutsch galten, zuletzt auch gegen sein eigenes Volk. Schließlich hat es sogar Kinder für seinen Machterhalt eingesetzt.

Kapitel 3. Leben und Sterben junger Menschen in Zeiten des Krieges

Am 1. September 1939 verkündete Hitler über das Radio: „Seit 5 Uhr 45 wird zurückgeschossen. Und von jetzt an wird Bombe mit Bombe vergolten." Hitler log; Deutschland hatte Polen überfallen. Großbritannien und Frankreich standen zu ihrem Garantieversprechen für Polen und erklärten dem Deutschen Reich am 3. September den Krieg. Damit hatte sich der deutsch-polnische Konflikt innerhalb von nur drei Tagen zu einem weltumspannenden Krieg ausgeweitet; auf dem europäischen Kriegsschauplatz endete er am 8. Mai 1945 mit der bedingungslosen Kapitulation der Wehrmacht.

Alltag in der Zeit des Krieges

Von Kriegsbegeisterung war in der deutschen Bevölkerung von Anfang an wenig zu spüren; allzu lebhaft erinnerten sich die Älteren an das Elend des Ersten Weltkrieges. Um so mehr suchte das Regime die Jugend von der Großartigkeit deutscher Kriegserfolge zu überzeugen und Kinder für seine Propaganda einzuspannen. Je schwerer der Krieg auf dem Alltag lastete, desto rücksichtsloser nützte es die Einsatzfreude junger Menschen aus, um die ‚Heimatfront' zu stabilisieren. Spät erst organisierte es die Evakuierung von Stadtkindern auf das relativ bombensichere Land; die ‚Kinderlandverschickung' setzte es dann jedoch mit erheblichem Druck durch, weil sich eine Chance bot, daß „Jugend von Jugend geführt" und der weit verbreiteten Kriegsmüdigkeit entzogen werde.

Der Kriegsverlauf, von Kindern wahrgenommen

Als die Kriegsberichterstattung mit Hitlers Lüge begann, war längst dafür gesorgt, daß die Bevölkerung nur erfuhr, was das Regime kontrolliert oder selbst in Umlauf gesetzt hatte. In Millionen von Häusern stand ein Radio, mindestens der ‚Volksempfänger'. Freche Zungen verschluckten eine Silbe und sprachen vom Volksfänger; den Kleinempfänger, der zum Preis von 35 RM auch für Jugendliche erschwinglich sein sollte, nannten sie ‚Goebbels' Schnauze'. Ausländische Sender waren damit höchstens in Randgebieten des Reiches zu empfangen, doch versuchen sollte das niemand. Denn seit dem ersten Kriegstag gab es ein neues Delikt, das ‚Rundfunkverbrechen'; mit Zuchthaus mußte rechnen, wer beim Abhören eines fremden Senders ertappt wurde, mit der Todesstrafe, wer Nachrichten weitergab, „die geeignet sind, die Widerstandskraft des deutschen Volkes zu gefährden“[238].

Musik aus dem Äther! Junge Leute waren fasziniert; am Radio zu kurbeln wurde fast zur Sucht. Am 13. September 1939 schrieb die vierzehnjährige Liese ihrem Vater, sie freue sich, das „Gekrebsel“ des Volksempfängers los zu sein. „Gestern haben wir ja einen Telefunken-Großsuper bekommen. Ich glaube, den werden wir behalten, denn der ist goldrichtig.“ Unbefangen erzählt sie, Warschau habe „gestern eigenartigerweise dieselbe Musik wie Leipzig“ gesendet[239]. Wußte sie nicht, daß sie einen Feindsender abgehört hatte? – Das Radio wurde zum Mittelpunkt deutscher Familien. Keinesfalls wollte man das Wunschkonzert verpassen, in dem man namentlich genannte Soldaten grüßen konnte. „Hört Ihr abends auch immer die schöne Funksendung ‚Die tönende Feldpost‘?“ fragte am 30. September 1939 Liese ihren Vater. „Wir können uns schon gar nicht mehr ohne Radio vorstellen.“

Mit diabolischem Geschick ließ Goebbels, Minister für Volksaufklärung, spannende Information, Hetze und unpolitische Unterhaltung mischen; die Massengesellschaft, die Millionen in den Bann derselben Sache zieht, nahm Gestalt an. In den ersten Kriegsjahren lieferten Erfolge der Wehrmacht der Propaganda besten Stoff; rauschhafte Takte aus den Préludes von Friedrich Liszt kündigten Sondermeldungen an; sprach Hitler im Radio, gerieten Junge und Alte in Ekstase. Am 5. September 1939 schrieb Liese ihrem Vater: „Das war einmal wieder richtig unser Führer, der bleibt nicht auf dem Ofenbänkchen wie unser Kaiser, sondern geht mit raus an die Front. Er war wieder ganz großartig. Ich habe mitgeschrieen vor Freude“.

Doch bald war das Gebelle von Kampf und Sieg vielen nur noch langweilig. Sollte eine Rede auch den letzten Volksgenossen erreichen, wurden die Schüler in der Aula versammelt und auf öffentlichen Plätzen Lautsprecher aufgebaut. Von einer Rede Görings, bei der die ganze Schule, auch die Lehrer, in der stickigen Turnhalle stramm stehen mußte, weiß eine Rosemarie ihrem Vater am 3. April 1940 nur zu berichten, „hinten“ sei nach einer halben Stunde einer ohnmächtig geworden. „Wir erschraken natürlich. Aber nach der Rede war er wieder kreuzfidel“. Bei einer ähnlichen Veranstaltung in Hamm (Westf.) kippte ein HJ-Führer in Uniform, die Fahne in der Hand, mit Getöse um. Daraufhin ein betagter Lehrer zu einem älteren Kollegen: „Uns hält der Kalk!“ – Haben Schüler das stolze Selbstbewußtsein herausgehört? „Alter schützt vor Torheit nicht“; wer durchschaut hatte, was der Jugendkult bezweckte, verschluckte das letzte Wort der Redensart.

Mädchen und Jungen verfolgten Wege ihrer Väter. Liese steckte während der Nachrichten jedesmal den Stand der deutschen Truppen auf einer Karte von Polen ab. Sie wußte, daß Hitler überraschend einen Pakt mit Stalin geschlossen hatte, am 23. August 1939, kurz vor Kriegsbeginn. Sie überlegte, was dessen Zusagen wert seien: „Hoffentlich bekommen wir jetzt durch das Bündnis mit Rußland recht viel Erdöl rein, denn wenn wir das nicht haben, können wir gleich aufhören“[240]. Je länger der Krieg sich hinzog, desto häufiger sagte man „hoffentlich“, oder man hielt das Wort lieber zurück; auf ein baldiges Ende des Krieges zu hoffen, galt als defätistisch; und auf Wehrkraftzersetzung stand die Todesstrafe.

Für die meisten Deutschen ließ das Unheil sich harmlos an. Es war etwas los in der Welt. Eine seinerzeit Fünfzehnjährige bekannte später: „Ich war stolz auf die Wehrmacht und stolz darauf, daß sie in nur wenigen Tagen Polen besetzt hatte. Bedenken oder Skrupel hatte ich nicht. Niemand, den ich kannte, hatte die“[241]. Im April 1940 hatte die Wehrmacht Dänemark und Norwegen in der Hand, im Mai auch Belgien, Luxemburg und die Niederlande. Kinder studierten die Europakarte und frohlockten über den Einmarsch deutscher Truppen in Paris am 14. Juni 1940. „Als Zwölfjähriger habe ich nach dem Waffenstillstand mit Frankreich (22. 6. 1940) eine Woche lang täglich mittags die Kirchenglocke auf dem Platz zwischen Schule und Kirche geläutet“[242]. – Der Krieg fand im Ausland statt; zur Zeit des Frankreichfeldzugs schrieb ein Kind seinem Vater. „Ich sag Dir, bei uns herinnen merkt man kaum was vom Krieg. Das Korn setzt schon Ähren an, und die Bauern mähen auf der Wiese, wie wenn dies das Selbstverständlichste auf der ganzen Welt wäre“[243].

Im Laufe der Jahre wurde die Reihe der Feindstaaten länger. Jugendliche prahlten: „Viel' Feinde, viel' Ehr'!“ Wer hätte gewagt, mit dem Sprichwort zu kontern, das schließlich wahr wurde: „Viele Hunde sind des Hasen Tod“? Am 22. Juni 1941 überfiel die Wehrmacht die Sowjetunion, am 11. Dezember 1941 erklärte das Reich den USA den Krieg. Kinder suchten auf Landkarten nun Eisenbahnstrecken und Straßen, über die ihre Lieben nach Osten gefahren waren. Ein Neunjähriger hat auf der Karte ‚Rußland‘ gelesen; sein Vater belehrt ihn: „Das Land heißt nicht mehr Rußland, sondern Lettland“. Der Hitler-Stalin-Pakt, den die Sowjetunion benützt hatte, um die baltischen Staaten zu schlucken, galt nicht mehr. Acht Tage später meldet Richard seinem Vater, wie gut er über den Vormarsch der Wehrmacht Bescheid weiß: „Ich konnte auch sehen, wo Witebkt liegt!“ [244]. Er meinte natürlich Witebsk in Weißrußland.

Die Zeit spektakulärer ‚Blitzkriege‘ war 1942 vorbei. Doch noch 1944 ließen sich viele von der amtlich propagierten Siegesgewißheit blenden.

Einer davon war Egbert, 15 Jahre alt. Der Junge ist überzeugt, daß der Nationalsozialismus eine wissenschaftlich gesicherte Weltanschauung sei; dafür, so schreibt er seinem Vater, werde er Propaganda machen. Der Vater mahnt ihn, zuerst einmal nachzudenken: „Du ... willst den Volksgenossen scheinwissenschaftlichen Sand in die Augen streuen. Gewiß, Propaganda ist nützlich und unvermeidbar, man muß aber ihr zweifelhaftes Wesen sehr genau kennen, um sie durchschauen und auf den in ihr enthaltenen Kern der Wahrheit zurückführen zu können“[245].

Am 6. Juni 1944 landeten die Alliierten in der Normandie. Die dreizehnjährige Trudel ist darüber informiert; Beunruhigendes hat sie nicht erfahren. Am 18. Juni schreibt sie ihrem Vater, „heute“ habe es ein Diktat von der Invasion gegeben; „ich weiß noch keine Fehler“. Mehr hat sie dazu nicht zu sagen; viel interessanter findet sie die neue ‚V 1‘ (Vergeltungswaffe 1): „Was sagst Du zur Vergeltung? Einfach pfundig mit den ferngelenkten Flugzeugen, nicht?“[246]. – Bis zuletzt haben viele Deutsche auf neue Geheimwaffen gehofft. Seit Juni bzw. September 1944 haben ‚V 1‘ und ‚V 2‘ schwere Schäden angerichtet, vor allem in London und Antwerpen. Die V 2 flog so schnell, daß eine Warnung nicht möglich war; eine Kriegswende hat sie nicht erzwungen. Kinder haben die V-Waffen im Flug beobachtet. Da steigt in der Ferne eine Rakete auf, man sieht ihren Schweif, dann verschwindet sie. Das sollte die hochgepriesene Wunderwaffe sein? Unter der V 2, schreibt ein Neunjähriger seinem Vater, habe er sich „etwas anderes vorgestellt“[247]. – Die letzte V 2 wurde am 27. März 1945 abgeschossen.

Dem Regime war es nur recht, daß Kinder sich für den Kriegsverlauf interessierten. Noch besser, wenn ein Lehrer ein Diktat benützte, um den Schülern klar zu machen, warum der Führer die Invasion der Alliierten zugelassen habe. Wenn Kinder zuhause begeistert von all dem redeten, was sie mitbekamen, müßte Propaganda doch den Anschein von Wahrheit bekommen. Hieß es nicht: „Kindermund tut Wahrheit kund“? – Kinder ließen sich von aufregenden Neuigkeiten mitreißen; vor allem aber haben sie ihre Wahrheit selber gesucht. Sie waren an Fakten interessiert; sie studierten Landkarten, sie bestaunten neue Waffen. Ein Mädchen fragte sich, ob das Kriegsmaterial wohl ausreiche; unbefangen äußerten Kinder Bedenken und Enttäuschung. Sie hatten großes Interesse am Kriegsverlauf, weil sie erlebten, wie sich durch den Krieg das Leben in ihrer Familie veränderte. Es ist nicht nur die in diesem Abschnitt vorwiegend herangezogene Quellengattung der Kinderbriefe, die diesen Eindruck vermittelt.

In der Furcht, eine unzufriedene Bevölkerung könne ihm die Gefolgschaft versagen, legte Hitler Wert darauf, daß der Alltag möglichst ungestört bleibe. Vor allem sollte man genügend zu essen haben; eroberte Gebiete wurden dafür rücksichtslos ausgeplündert. Dahinter stand das Trauma des Hungerwinters von 1917 und der darauf folgenden Revolution von 1918. Ausgebombte erhielten an Sammelstellen zuerst eine gute Mahlzeit, Kinder sogar Südfrüchte oder andere Raritäten; Müttern wurde (fast) echter Bohnenkaffee eingeschenkt.

Sogar im Winter 1944/45 konnten die Deutschen sich noch satt essen, auch wenn die Qualität der Nahrung oft zu wünschen übrig ließ. Mütter mochten noch so sehr darauf dringen, daß Kinder Vitamine brauchen. Schmackhaft wurde der ewige Kohl dadurch nicht. Wenn die als Kernmilch angepriesene Magermilch wieder einmal anbrannte, stank die ganze Wohnung. Doch kostbares Eiweiß durfte nicht verloren gehen, und zudem ißt das brave Kind, was auf den Tisch kommt, auch angebrannte Milchspeisen. Wie ein Märchen kam es Kindern vor, daß es „im Frieden" am Bahnhof einen Automaten gegeben habe, der nach dem Einwurf einer Münze einen Riegel Schokolade herausgab! Wirklichen Hunger lernten deutsche Kinder – in diesem Fall muß deutsch betont werden – erst nach dem Ende des Krieges kennen. Da kamen einer Mutter die Tränen, wenn ihr Töchterchen bettelte: „Mama. Poffel!", aber keine Kartoffel im Haus war.

Oft war es nicht die wenig schmackhafte Nahrung, die Kindern den Appetit verdarb. Schwerer wog anderer Kummer: „Abends, wenn wir essen, fehlt uns immer einer". Dieser Satz aus einem Kinderbrief ist treffend gewählt als Titel einer Sammlung von Briefen, aus der in diesem Buch schon mehrfach zitiert worden ist. Kinder waren daran gewöhnt, daß sie den Vater tagsüber nicht zu sehen bekamen; er mußte ja Geld verdienen. Aber nach der Arbeit gehörte er der Familie. Nun war er im Krieg. Edith, elf Jahre alt, schreibt ihrem Vater, wie sie ihn herbeizaubert: „Abends, wenn wir essen, fehlt uns immer einer. Das bist Du. Ich mach dann immer, als ob Du da sitzt und dann sage ich immer: Vati, machst Du noch ein Bütterchen. Dann muß die Mutti aber lachen"[248]. An der Wand hing das Foto des Vaters; chic sah er aus in seiner Uniform, doch das machte seine Abwesenheit fast noch bitterer. In der Erinnerung verklärte sich die Zeit, da er mit am Tisch gesessen hatte; vergessen war, wie oft er getadelt oder gar gestraft hatte. Verbindung halten hieß nun: Briefe schreiben und auf Post warten. Ungezählte Feldpostbriefe sind von 1939 bis 1945 zugestellt worden[249]. Die Machthaber wußten, daß regelmäßige Sendungen die Stimmung in der Truppe und an der Heimatfront heben. Die Luftpost funktionierte bis ins letzte Kriegsjahr, die normale Post sogar bis in die letzten Kriegswochen, wenn auch mit längeren Laufzeiten. Ein Kinderbrief war Ende 1943 von Deutschland ins Baltikum drei Wochen unterwegs[250].

Von den ersten Kriegstagen an spricht aus Kinderbriefen die Sehnsucht, „daß Du gesund bleibst und bald für immer heim kommst". Im Siegestaumel nach dem Frankreichfeldzug freute sich die dreizehnjährige Rosemarie auf das Wiedersehen: „Ich denke, daß ich nun nicht mehr viele Briefe schreiben muß, weil wir [!] mit Frankreich sowieso bald fertig sind. Und dann kommst Du auch bald heim."[251]. Lange Jahre hindurch kamen Väter nur für kurze Urlaubstage nach Hause. Mütter kochten dann Lieblingsspeisen, luden Freunde und Verwandte ein, Väter freuten sich an und mit ihren Kindern. Sie erlebten aber auch, daß die Kleinen fremdelten. Unvergleichlich härter sollte diese Erfahrung sich wiederholen, als die Männer nach jahrelanger Gefangenschaft heimkehrten. Der schöne Uniformträger, den die Kinder nur noch vom Foto her kannten, war von schweren Entbehrungen gezeichnet; und aus Kindern, die der Vater beim letzten Urlaub auf den Arm genommen hatte, waren junge Erwachsene geworden.

Blieb die Post längere Zeit aus, suchten Mütter ihre Unruhe vor den Kindern zu überspielen. Wie eine Erlösung wirkte dann die Meldung, der geliebte Mann sei verwundet oder in Gefangenschaft geraten; wenigstens war kein Brief gekommen mit dem lapidaren Vermerk „Gefallen für Großdeutschland"[252]. Hatten Kinder in der Verwandtschaft oder Bekanntschaft den tödlichen Schrecken einer solchen Nachricht erfahren, wollten sie ihren Vater nicht mehr fort lassen. Jahrelang erlebte man herzzerreißende Szenen. Marlies S., 1940 geboren, hat den Abschied ihres Vaters nach dessen letztem Fronturlaub nicht vergessen: „Vater stieg in den vorletzten Waggon. Ich begann, laut zu schreien. Vater ließ das Fenster runter. Der Zug fuhr an, ich schrie und schrie ... Noch nach Jahren sagten mir die Leute aus dem Ort: »Mein Gott, wie du geschrieen hast, als dein Vater wegfuhr!«"[253]

Kinder mußten ohne ihre Väter, Mütter ohne ihre Männer zurechtkommen; und alle hatten sich damit abzufinden, daß Mängel spürbar wurden. Spinnstoffwaren (Textilien) und Leder für das Besohlen der lange getragenen Schuhe waren auch auf Bezugschein oft nicht zu haben. Mit der Knappheit zu leben, war man in vielen Familien gewohnt; zum Flicken und Stopfen, zur Arbeit in Haushalt und Garten, zum Hüten kleiner Geschwister herangezogen zu werden, war für die meisten Kinder nichts Neues. Doch nun erlebten sie, daß sie Not wenden konnten. Die Jüngeren wuchsen in Tätigkeiten der abwesenden Väter und großen Brüder hinein. Jungen waren stolz darauf, sich auf das Flicken der Sicherung zu verstehen. Eine Siebenjährige kam sich groß vor, als die Mutter ihr auftrug, drei Tage lang das Essen für ihre Geschwister auf den Tisch zu bringen, weil sie noch einmal den Vater sehen wollte, bevor er zur Wehrmacht mußte.

Nach Bombenangriffen haben Mädchen und Jungen den Dreck aus dem Haus geschafft, Türen und Fenster abgedichtet, das Dach in Ordnung gebracht. War die Wasserleitung getroffen, mußten Kinder den Tankwagen abpassen und Trinkwasser holen; oft schleppten sie es über weite Entfernung von einer Pumpe herbei[254]. Aus Bombentrichtern, Flüssen, Gräben, Teichen schöpften sie Brauchwasser; sie wußten, daß es, wenn eben möglich, vor dem Spülen abgekocht werden sollte.

Doch womit kochen, erst recht: womit heizen? Auf Kohle angewiesen waren Eisenbahn und Wehrmacht, Industrie und Kraftwerke, Kliniken und Behörden; eher fiel bei strengem Frost die Schule aus. Die knappen Zuteilungen von Brennstoff wirkten sich um so ärger aus, als auch Strom und Gas rationiert waren. Kinder mußten achtgeben, ob der Angestellte unterwegs sei, der die Zähler ablas. War die zugeteilte Menge noch nicht aufgebraucht, durften sie nicht die Tür öffnen. Bis er wieder klingelte, hatte man gebacken oder Badewasser gewärmt, und der Zähler ‚stimmte'. – „Im ganzen Haus darf nur 1 Birne brennen", schrieb Trudel am 19. November 1944 ihrem Vater[255]. Kinder wurden angeraunzt: „Licht aus!", „Tür zu!", „Es zieht!" Hatten Bomben die Leitungen getroffen, fielen Gas, Strom und Wasser aus, anfangs nur für Tage, später für Wochen[256]. Gab es keinen Strom, mußte das Licht einer Kerze oder Karbidlampe reichen; oder man öffnete die Tür des Küchenherdes, und das Feuer spendete einen langsam blasser werdenden Schein. Kindern gefiel es, wenn man dann einfach beieinander hockte, sang oder erzählte.

Eifrig besorgten Kinder Brennmaterial, nicht selten auf krummen Wegen. Die Fenster sollten geschlossen bleiben – ein Ding der Unmöglichkeit, wenn die Bomben keine Scheibe heil gelassen hatten. Glas gab es nicht; Kinder wurden ausgeschickt, Bretter oder Holzfaserpappe zu besorgen oder Rollglas, eine durchsichtige Folie aus Kunststoff mit Drahteinlage. Sie schützte mäßig gegen Wind und Regen, kaum gegen die Kälte; und gerade unter der hatten alle zu leiden. Im Winter war der Weg zur Schule anfangs einigermaßen erträglich; man trug ja noch die Bettwärme in sich. Doch bei strengem Frost spürte man bald, wie sich in der Nase Eiskristalle bildeten. Die Kälte ließ gereizte Stimmung aufkommen, erst recht, wenn Kinder, Eltern und Lehrer wegen nächtlichen Fliegeralarms unausgeschlafen waren.

Tüchtigkeit und Findigkeit von Kindern waren gefragt, doch änderte das wenig an den Machtverhältnissen in der Familie. Zu sagen hatten die Erwachsenen; zuerst der Vater, wenn er da war, dann die Mutter und die Großeltern. Kinder hatten zu gehorchen, und zwar schnell, sonst war eine scharfe Zurechtweisung fällig. Doch Kinder waren darin geübt, unangenehme Forderungen zu überhören. Lieber lief ein Junge ungewaschen herum, als daß er als dritter aus der Familie in die Blechwanne mit dem mühsam erwärmten Wasser stieg. Und warum jedesmal vor dem Essen die Hände waschen mit dieser grauen, mit Sand versetzten Tonseife? Warum für jeden Dreck den Bimsstein gebrauchen, mit dem man sich die Haut wund rieb? Viele verbinden mit der Währungsreform 1948 deshalb angenehme Erinnerungen, weil es endlich wieder angenehm duftende Seife zu kaufen gab.

Um der Gesundheit willen setzten Mütter sich notfalls mit Heftigkeit gegen nachlässige Kinder durch. Im Bunker, im Zug, im Notquartier hockte man dicht beieinander, wurde angehustet, und schon hatte man sich angesteckt. Eher harmlose Krankheiten wurden bedrohlich, weil es an vitaminreicher Kost, keimfreiem Trinkwasser, gesunder Wohnung und Schlaf fehlte. Medikamente waren rar, Ärzte und Krankenhäuser überlastet. Mit Grausen erinnern sich viele an den Stahlkamm, mit dem die Mutter mehrmals täglich Läuse und deren Eier, die Nissen, ausharkte. Nicht immer konnte sie vermeiden, dabei Borken auf der Kopfhaut aufzureißen. Bald krabbelte es wieder in den Haaren, und einmal mehr kam der verhaßte Kamm zum Einsatz. Wehe, man lief davon!

Am Zusammenhalt der Familie änderten solche Erfahrungen nichts. Kinder spürten, daß ihre Mutter übermenschliche Lasten trug, verstanden es aber auch, sich selber Entlastung zu verschaffen, und sei es auf Kosten der Mutter. In einer Familie, in der die Mutter sich mit sieben Kindern durchschlagen mußte, überspielten die Größeren mit einem Wettstreit ihren Ärger über allzu schnell ausgeteilte Ohrfeigen. Wer am Tag die erste gefangen hatte, wurde von den Geschwistern als Sieger anerkannt; nicht selten hatte er die Mutter mit einem frechen Spruch oder Lied eigens provoziert. – Heranwachsende trugen viel Verantwortung und blieben doch Kinder, die aus allem ein Spiel zu machen verstanden.

Erstaunt nimmt man zur Kenntnis, daß eine Art Panzer Mädchen und Jungen davor bewahrt hat, vieles von dem Gräßlichen, das sie sehen, und von dem Teuflischen, das sie erleben mußten, in ihr Inneres eindringen zu lassen. Geholfen hat ihnen die Fähigkeit, Unbegreifliches im Spiel nachzuahmen und zu erproben, ob sie nicht selber tun könnten, was sie erschreckte. Die zweijährige Kläre baute immer wieder ihre Klötzchen kunstvoll auf, um dann den Holztannenbaum, die Spitze nach unten, darauf zu werfen und, wenn ihr Bau zusammenstürzte, begeistert „Lupmine!" zu rufen. Luftminen waren besonders schwere Sprengbomben. – „Wir spielen immer Soldat", schreibt der zehnjährige Detlev seinem Vater und erzählt stolz von „mörderischem Feuer"[257]. Als das Ruhrgebiet Nacht für Nacht bombardiert wurde, spielten Kinder dort ‚Brandbomben'. Sie stellten aus Zeitungspapier gefaltete Häuser auf den Küchenboden, zündeten an der Gasflamme Käserinde an und hielten sie so, daß brennende Tropfen die Häuser in Brand setzten. Die Mutter durfte nichts davon wissen, mit Feuer zu spielen war verboten. Und dabei gehörte zu einem echten Kriegsspiel doch unbedingt der Ruf „Feuer!". Die Freiburger Zeitung ‚Der Alemanne' berichtet am 8. März 1943, „das leidige Spiel der Kinder mit Streichhölzern" habe Menschenopfer und Sachschaden verursacht. Aus Ostpreußen wurde mehrfach über die „Zunahme fahrlässiger Brandstiftungen durch kleine Kinder" geklagt[258].

Zu einem eher harmlosen Vergnügen nützten freche Buben die Kampagne, mit der die Bevölkerung seit dem Winter 1942/43 zum Energiesparen aufgefordert wurde. Auf Plakaten, an Litfaßsäulen und in Zeitungsanzeigen prangte ‚Kohlenklau', eine abstoßende Gestalt, mit einem Sack auf dem Rücken. Abends, wenn es wegen der Verdunkelung manchem draußen ohnehin unheimlich war, erschreckten sie Vorübergehende aus einem Versteck heraus mit dumpfer Stimme: „Kohlenklau ist überall! Huhu!"

In Kinderspielen wurde Krieg zum spannenden Abenteuer. „Den Kindern geht's besser," heißt es im Feldpostbrief einer Mutter, „die Buben waren heute den ganzen Tag auf, haben Festungen gebaut und nach England geschossen." Die Kinder seien bei diesen Spielen „restlos glücklich"[259]. Eltern und Paten förderten die Begeisterung mit Geschenken, bastelten wohl auch einmal selber einen Soldatenhelm. Stolz blickten Väter auf ihre technikbegeisterten Söhne. Als die Heimatstadt zerstört und die Familie auf dem Land notdürftig untergekommen war, schenkte der Vater einem Siebenjährigen zu Weihnachten eine ‚Ju 52' (die ‚Tante Ju' aus den Junkers-Werken war bei der Luftwaffe sehr geschätzt). Jahre später erzählte der Junge, als „richtiges" Spielzeug habe er lange nur die ‚Ju 52' gehabt[260].

In HJ und Schule bauten Jungen Modelle: deutsche und feindliche Jäger und Bomber nach mehrfarbigen, auf Karton gedruckten Vorlagen; Schiffe nach Plänen aus der ‚Seekiste', einer seit 1940 erscheinenden ‚Zeitschrift zur Förderung des Schiffsmodellbaus'[261]. Mancher Junge konnte es kaum abwarten, bei der Wehrmacht neue Techniken auszuprobieren. Nach der Einberufung bekamen die meisten bald zu spüren, wie öde das Exerzieren war und wie furchtbar der Fronteinsatz.

Kritisiert wurde die Militarisierung von Kinderspielen kaum, allenfalls von Mädchen, die ohnehin gern die Nase über Jungen rümpfen. „Unsere Jungen sind fürchterlich kriegerisch. Aus allen möglichen Gegenständen bauen sie sich Flakstände oder sonst etwas"[262]. Mädchen haben eben andere Interessen, damals mehr noch als heute. Sie übernahmen Frauenrollen bei einer wilden Verfolgungsjagd im Wald. Die Eltern hatten einst ‚Räuber und Gendarm' gespielt, jetzt mußten die Deutschen England besiegen; wer gefangen wurde, kam ins Lazarett und wurde von ‚Schwestern' verarztet. Mädchen für den Krieg zu begeistern, war nicht so einfach. Einer Frau ist unvergessen, welches Opfer eine Lehrerin verlangte. Eines Tages gebot sie ihrer Klasse: „Bringt alle euer Geld mit zur Schule, das ihr zu Weihnachten geschenkt bekommen habt! Der Führer braucht es für den Krieg. Ihr bekommt dafür Sparmarken." Statt ihre 7,55 RM für papierene Gutscheine herzugeben, erfüllte Evelyn sich einen Traum und kaufte einen Roller, den sie für 6,35 RM in einem Schaufenster entdeckt hatte[263].

Blieben sie unbeaufsichtigt, kamen Kinder auf gefährliche Ideen. Die Väter standen an der Front, die Mütter waren mit Kleinkindern, der Besorgung des Lebensnotwendigen und der Ausbesserung von Bombenschäden überlastet; in den Schulen fiel Unterricht aus. Harmlos war es noch, wenn Kinder nach einem Angriff auf der Straße Aluminiumstreifen[264], Bomben- und Flaksplitter sammelten, um sie untereinander zu tauschen oder an Altwarenhändler zu verkaufen. Jungen nahmen Blindgänger, nichtexplodierte Bomben, auseinander und bastelten aus einzelnen Teilen Feuerwerkskörper. Im noch unzerstörten Freiburg spielten sie auf dem Schrottplatz ‚Bombardierung': Dazu füllten sie Wasser und Karbid, das als Brennstoff für Lampen leicht zu beschaffen war, in Flaschen, die fest verschlossen und weggeworfen wurden. Schafften sie das nicht rasch genug und warfen sie nicht weit genug, verursachte die Explosion schlimme Verletzungen[265]. Zwei neunjährige Jungen hatten sich im Sommer 1944 im Garten eine Bude gebaut. Von einer Steckdose des elterlichen Hauses aus legten sie eine Stromleitung dorthin; den Draht dazu hatten sie aus Telefonleitungen zwischen zwei Flakstellungen geschnitten, ein klarer Fall von Sabotage. Daß darauf die Todesstrafe stand, ist ihnen nicht in den Sinn gekommen.

Zerstreuung war in der Kriegszeit dringend gefragt. Propagandaminister Goebbels sorgte dafür, daß rechtzeitig die passenden Filme ins Kino kamen, um die Stimmung zu heben oder zu indoktrinieren. Kurz nach Kriegsbeginn schreibt die vierzehnjährige Liese ihrem Vater: „Am Sonntag war ich im Westwallfilm. Die Werke müssen ja ganz großartig sein“[266]. Wie sollte ein Kind Tricks der Propaganda durchschauen, waren doch selbst Frankreich und Großbritannien durch Bilder der Verteidigungsanlagen so beeindruckt, daß sie im Herbst 1939 nicht einmal versuchten, ihre schwer bedrängten polnischen Verbündeten mit einem Angriff im Westen zu entlasten. ‚Die Feuerzangenbowle‘ versetzte Kinobesucher in eine harmlos-heile Welt. Um den Durchhaltewillen zu stärken, wurde mit gewaltigem Aufwand noch Anfang 1945 ‚Kolberg‘ gedreht, ein Film über die Verteidigung dieser preußischen Festung 1807 gegen Napoleon[267].

Vor jedem Film war die ‚Wochenschau‘ zu sehen, aktuell, von Könnern gestaltet und vom Propagandaministerium autorisiert. Sie wirkte um so intensiver, als es noch keine mediale Überflutung gab. Doch durchtriebene Propaganda hat Kinder nicht daran gehindert, sich eigene Gedanken zu machen. Die dreizehnjährige Rosemarie schreibt am 3. Juni 1940 ihrem Vater, wie „echt“ der Vorfilm vom deutschen Einmarsch in Holland und Belgien gewesen sei, und dann stellt sie sich vor, „Granatlöcher, zusammengeschossene Dörfer, überhaupt das ganze verwüstete Land“ wäre nicht Holland und Belgien, sondern Deutschland![268] Bald sollte es solche Bilder auch in ihrer Heimat geben; im Frühjahr 1942 setzten die Bombenangriffe gegen deutsche Städte ein.

In den schlimmen Jahren der Luftangriffe suchten junge Menschen zwischen Tagesarbeit und nächtlichem Alarm ein wenig Unterhaltung. Die siebzehnjährige Inge war nach einem anstrengenden Tag wieder einmal ins Kino gegangen. Ihre Wohnung wurde in dieser Nacht zerbombt; sie selber überlebte den Angriff in einem Luftschutzkeller beim Kino[269]. Seit dem Herbst 1944 blieben Kabarett und Varieté, Theater und Schauspielschulen geschlossen; in Kinos aber sorgten Spielfilme weiterhin dafür, daß Jung und Alt eine Zeitlang die Schrecken des Krieges vergaßen. Leicht kann man sich vorstellen, warum ein Film wie ‚Menschen, Tiere, Sensationen‘ die Säle füllte.

Solange das möglich war, gingen Kinder zur Schule; einen vom Kriegsgeschehen freien Raum fanden sie dort nicht. Gelegentlich verschaffte lockerer Umgang mit üblen Nachrichten etwas Erleichterung. Als englische Truppen den Rhein erreicht hatten, ließ der Musiklehrer die Mädchen einer Hammer Oberschule ein Lied singen, das den britischen Premierminister verhöhnte: „Chamberlain das alte Schwein/Fährt mit 'nem Pißpott über'n Rhein". Gereizte Lehrer kanzelten aufsässige Jungen mit neuen Schimpfwörtern ab: „Du Churchill-Bube, du Roosevelt-Lümmel, du Stalin-Knecht, du Tito-Bandit..."[270]. Lehrer im besten Alter standen an der Front; überalterte Lehrer mußten mit überfüllten Klassen zurechtkommen. Nach Wach- und Branddiensten waren die einen übernächtigt, auf anderen lastete politischer Druck. Häufiger als früher rutschte unbeherrschten Paukern die Hand aus. Wer sollte ihnen in den Arm fallen? Die Behörde hätte sich auf markige Sprüche wie ‚Gelobt sei, was hart macht' berufen; zudem waren Körperstrafen auch im Elternhaus üblich.

Es mußte schon einiges zusammenkommen, bevor eine Mutter sich schützend vor ihr Kind stellte. – In einem bayerischen Dorf stand eine Lehrerin, eine Evakuierte, eine von den verhaßten Preußen, zum ersten Mal vor der großen, aus vier Jahrgängen gebildeten Klasse. Von Anfang an wollte sie zeigen, daß mit ihr nicht zu spaßen sei. Sie rief eine Schulanfängerin nach vorn: „Streck mal die Hand aus!" Das Kind freute sich, einen Auftrag zu bekommen, da schlug die Lehrerin mit dem Stock auf die hingehaltenen Finger: „Damit du weißt, daß man in der Schule nicht schwätzt!" Sie hatte ihr Exempel an einem Preußenkind statuiert, denn vor den Einheimischen fürchtete sie sich. Doch sie hatte sich verrechnet. Die Mutter der Kleinen hatte sich schon so oft für ihre Kinder einsetzen müssen, daß sie wußte: Wer sich in diesem Dorf nicht wehrt, gilt bald überhaupt nichts mehr. Sie verlangte, daß die Lehrerin ihr Kind hinten bei seinen großen Brüdern sitzen lasse. Die Erstklässlerin mußte daraufhin die Aufgaben der dritten und vierten Klasse lösen. Allzu schwer war das nicht; sie saß ja neben ihren Brüdern.

Zu allen Zeiten hat man über schlechte Schulen geklagt. Angesichts des Vorrangs der Ideologie im Unterricht und der vielen HJ-Dienste wundert es kaum, daß Sprecher der Wirtschaft sich schon vor Ausbruch des Krieges über rückläufige Kenntnisse der Jugendlichen beschwert hatten[271]. Während des Krieges wurden die Klagen drängender und gelegentlich sogar Hitler persönlich vorgetragen. Der blieb unbeeindruckt. Zu wenig Lehrer? Unterrichtsausfall? In den Schulen werde viel zu viel Unnötiges gelehrt! Im übrigen sei „noch niemand an Dummheit gestorben"[272].

Viele Gründe führten zum Ausfall von Schulstunden. Um Heizmaterial zu sparen, hatte es schon in Friedenszeiten Kohleferien gegeben; vielerorts wiederholte sich das nun Winter um Winter. Am 14. November 1944 schreibt Detlev seinem Vater: „Die Volksschulen werden für 4 Monate geschlossen“. Seine eigene Oberschule bleibe geöffnet, dafür komme nachmittags die Mädchenschule. „Dies alles wegen des Kohlenmangels“[273]. – In Berlin erhielten die oberen Klassen 18, die mittleren 14, die unteren 12 Stunden Unterricht pro Woche[274]. Anderswo unterrichtete man so lange wie möglich wenigstens die ‚Kernfächer‘. „Erdkunde, Biologie und Zeichnen haben wir überhaupt nicht in den vier Wochen“, schreibt Ingeborg ihrem Vater[275]. – Gespenstisch mutet eine Meldung an, die der ‚Völkische Beobachter‘ in seiner Berlin-Ausgabe am 2. März 1945 brachte: Der Regierungspräsident in Potsdam habe angeordnet, daß „die Kinder mit Hausaufgaben beschäftigt und zur Abgabe derselben und Entgegennahme neuer in regelmäßigen Zeitabständen zur Schule bestellt werden. Damit Gesundheitsschädigungen vermieden werden, soll der Aufenthalt in den ungeheizten Schulräumen auf ein Mindestmaß beschränkt bleiben“[276]. Von Mal zu Mal erschienen weniger Kinder; es war die Zeit der Bombenangriffe und der Flucht vor der Roten Armee.

Nach nächtlichem Fliegeralarm fing die Schule am nächsten Tag erst mit der zweiten, dritten oder vierten Stunde an. Drohten Bombenangriffe auch tagsüber, fiel der Unterricht aus, sofern nicht gewährleistet war, daß die Kinder rechtzeitig einen Luftschutzkeller oder Bunker erreichten. „Wir hatten schon Mo, Di, Mi und auch fast heute den ganzen Tag frei“, schreibt die vierzehnjährige Trudel ihrem Vater im Sommer 1944, „Mami ist dann sehr ärgerlich“[277]. Mancherorts verlegte man den Unterricht in heil gebliebene Privathäuser; anderswo war das verboten. Fürchteten regimehörige Behörden, daß Lehrer und Schüler den Freiheitsraum nutzten? Wer nicht fragte, konnte keinen ablehnenden Bescheid erhalten. So erklärt sich vielleicht eine Erfolgsgeschichte aus dem Schwarzwald: Mehrere Kinder waren zusammen mit einer Lehrerin in den Gasthof ‚Zur Esche‘ evakuiert worden. Bauern aus der Nachbarschaft schickten ihre Kinder dorthin, um ihnen einen weiten Schulweg zu ersparen. Um einen großen runden Tisch lernten Buben und Mädchen unterschiedlichen Alters[278].

In Freiburg, 20 km von der Grenze zu Frankreich entfernt, hatte man schon in der Vorkriegszeit Schulen so eingerichtet, daß sie in kürzester Zeit in Lazarette mit Küche und Operationssaal umgewandelt werden konnten. In Kriegs- und Nachkriegsjahren dienten unversehrt gebliebene Schulen als Massenquartiere für Ausgebombte und Flüchtlinge und als Büros für Behörden; die Turnhalle wurde zum Getreidelager[279]. Selbst dort, wo es Unterrichtsräume gab und Lehrer ihrem Beruf gewachsen waren, war ordentlicher Unterricht schwer durchzuführen. Es fehlten Schulbücher und Schreibmaterial; Tinte lief auf dem Papier aus, als bestünden die Hefte aus Löschpapier. Der Städtischen Oberschule für Mädchen in Hamm (Westf.) waren schon im Schuljahr 1942/43 Zeugnisvordrucke ausgegangen. Für das „III. Jahresdrittel" der „6. Hauswirtschaftlichen Klasse" erstellte jede Schülerin auf einem Blatt (Din A 5, Querformat) handschriftlich ein Formular, in das die Klassenlehrerin dann Noten und Bemerkungen eintrug[280]. An erster Stelle ist auf diesen Formularen die ‚Leibeserziehung' aufgeführt; welches Gewicht ihr zukam, geht daraus hervor, daß ein ‚Gesamturteil' erst nach fünf Noten für Spiele, Leichtathletik, Schwimmen, Turnen, Gymnastik und Mädeltanz einzutragen gewesen wäre. Alle diese Noten fehlen. Offenbar hatte diese Schule das Fach, dem die Ideologie die größte Bedeutung für die Erziehung zumaß, schon 1942/43 nicht mehr unterrichten können.

Gymnasiasten hatten strapaziöse Pflichten außerhalb der Schule zu erfüllen; Unterricht fiel dafür aus. Auf dem Zeugnis eines sechzehnjährigen Luftwaffenhelfers sind Deutsch, Geschichte, Erdkunde, Chemie, Physik, Mathematik und Latein durchgestrichen; daneben steht, mit Schreibmaschine geschrieben: „Leistungen nicht zu beurteilen, da längere Zeit kein regelmässiger Unterricht möglich." Der Versetzungsvermerk ist jedoch bereits vorgedruckt: „Auf Grund der Leistungen und des Verhaltens im Unterricht und im Einsatz und in Anwendung des Erlasses des Reichsministers für Wissenschaft, Erziehung und Volksbildung vom 22. Januar 1943 – E IIIa 3360 – wird der Schüler in die Klasse 6 versetzt"; nur die „6" ist handschriftlich eingetragen[281].

Der Luftkrieg, mit Spannung verfolgt

Jungen sehnten sich danach, zur Luftwaffe zu kommen, erst recht, wenn sie in der Flieger-HJ gelernt hatten, in einem selbstgebauten Segelflugzeug zu fliegen und sicher zu landen. Karl und Kurt hatten alle Prüfungen der Segelflieger- und der Funker-HJ glänzend bestanden. Wie viele andere hatten sie die ‚Stukas' (Sturzkampfbomber) bewundert, die den Vormarsch deutscher Truppen unterstützten, indem sie mit heulender Sirene auf den Gegner herabstürzten, zielgenau angriffen, schnell in den Gleitflug übergingen und davonflogen. Als die beiden Freunde am 14. September 1944, kurz nach der Gesellenprüfung, einberufen wurden, war die Zeit der Stukas vorbei; seit 1942 fielen Bombergeschwader in Deutschland ein. Doch es gab neue Jagdflugzeuge, die, geleitet durch Funksignale der Bodenstationen, die feindlichen Bomber sogar nachts angriffen. Hatte die Funker-HJ die beiden nicht bestens darauf vorbereitet, Bordfunker zu werden? – Sie wurden den Fallschirmjägern zugeteilt. Noch Jahrzehnte später erzählte Karl das so, als erlebe er die Enttäuschung neu: „Weißt du, was das bedeutet, Kurt? Wir sind jetzt Bodentruppen geworden." Bald darauf wurden sie noch tiefer eingestuft; die Infanterie brauchte Verstärkung. Als einfacher Fußsoldat ist Kurt im Osten gefallen. Karl geriet in englische Gefangenschaft; 1947 kehrte er nach Hause zurück.

Ende 1944 fehlten der deutschen Luftwaffe Flugzeuge, Benzin und ausgebildete Piloten. Der Begeisterung für die Luftfahrt tat das keinen Abbruch. Jungen hörten auf weite Entfernung, ob leichte oder schwere Flak geschossen hatte; sie erkannten winzige Punkte hoch am Himmel als Spitfire oder Lightning. Am 14. November 1944 schrieb Detlef seinem Vater: „Abends kann man jetzt hier immer so komische Leuchtzeichen beobachten: »lang-lang-kurz«, lange Pause, »lang-lang-kurz«, kurze Pause, und wieder von vorne ... Weißt Du vielleicht, was das bedeutet?" Der Vater klärte ihn auf. „Die Leuchtzeichen, die Du im Dunkeln siehst, sind Zeichen für eigene Flugzeuge bei Nacht. Jeder Flughafen hat besondere Zeichen"[282]. Mit seinen fünfzehn Jahren wußte Detlef sicher bald, welche Signale zu welchem Flughafen gehörten.

„Feindliche Bomberverbände über die Zuider-See eingeflogen." Nach dieser Radiomeldung wußten Jungen im Ruhrgebiet: Die Engländer kommen. Über der Zuider-See störte keine Flak deren Einflug. Kam kurz darauf die Meldung: „Die Verbände drehen im Raum Meppen-Lingen auf Südwestkurs", würde der Angriff Münster, Hamm oder Dortmund gelten. Der Autor erinnert sich, daß er 1944, mit neun Jahren, von einer Vorlage unbekannter Herkunft eine Karte des Reiches und der westlichen Anrainer durchgepaust hat; die Fläche war in Planrechtecke aufgeteilt, von denen jedes neun Unterflächen umfaßte. Die Spalten waren oben, die Zeilen rechts mit Code-Wörtern markiert. War im Radio von ‚Konrad-Quelle-3' die Rede, wußten die Kinder, daß ihre Heimatstadt Hamm (Westf.) gemeint war. Bekannt waren ihnen auch verschlüsselte Bezeichnungen für unterschiedliche Bomben und die jeweils angeforderten Löschgeräte.

Jugendliche blickten so stolz auf ‚unsere' Luftwaffe, daß es für sie unvorstellbar war, Feindflugzeuge könnten einmal die Luftherrschaft über Deutschland erringen. Doch unvorbereitet trafen die Schrecken sie nicht; Bewunderung für neue Technik schloß Gedankenspiele ein. Bereits in der Vorkriegszeit hatte ein Schulbuch Kindern Aufgaben zur Zerstörungskraft moderner Bomben gestellt:

„Auf dem Meßtischblatt 1 : 25.000 bildet die Innenstadt von Essen einschließlich der Kruppschen Fabrik ein Rechteck von 10 x 6,5 Zentimeter. Wieviel Quadratkilometer umfaßt das Rechteck (auf Ganze genau)? Wieviel Bomben von je 1.000 Kilogramm wären zur Vernichtung dieses Gebiets erforderlich, wenn eine solche Bombe alle Gebäude im Umkreis von 50 Meter zum Einsturz bringt? // Ein moderner Nachtbomber kann 1.800 Brandbomben tragen. Auf wieviel Kilometer Streckenlänge kann er diese Bomben verteilen, wenn er bei einer Stundengeschwindigkeit von 250 Kilometern in jeder Sekunde eine Bombe wirft? // Wieviel Quadratkilometer können zehn derartige Flugzeuge in Brand setzen, wenn sie in seitlichen Abständen von fünfzig Metern fliegen? // Wieviel Brände entstehen dabei, wenn ein Drittel der Abwürfe Treffer sind und dann wieder ein Drittel zünden?“[283]

Sollten solche Aufgaben Beispiele lebensnaher Pädagogik sein? Was ging bei den geforderten Berechnungen in Schülern vor, die in Essen zuhause waren?

Wer dachte an die Menschen in bombardierten Städten?

Die Haager Landkriegsordnung hatte 1907 verfügt, in einem künftigen Krieg dürften nur das Militär und militärische Objekte angegriffen werden. Doch schon in den 1920er Jahren erwogen militärische Planer in menschenverachtenden Kosten-Nutzen-Analysen, wie dem Feind durch Bomben mit einem Minimum an Aufwand und eigenen Verlusten ein Maximum an Verlusten zuzufügen sei. Im Zweiten Weltkrieg hat das Deutsche Reich sich von Anfang an über das Haager Gebot hinweggesetzt. Am 27. September 1939 kapitulierte Warschau, nachdem fast 20.000 Menschen deutschen Bomben und deutscher Artillerie zum Opfer gefallen waren. Im Mai 1940 bombardierte die Luftwaffe Rotterdam. Im Sommer darauf verkündete Hitler, britische Städte „ausradieren“ zu wollen. Bei Luftangriffen auf Birmingham, Coventry, Liverpool, London, Portsmouth, Southampton kamen Abertausende unschuldiger Menschen ums Leben, weit mehr wurden schwer verletzt. In Deutschland feierten Radio, Zeitung und Wochenschau diese Angriffe als Siege. Viele hofften, daß dank der Erfolge der Luftwaffe der Krieg bald beendet sei. Wer dachte an die Opfer? – Eine Dreizehnjährige hatte sich schon 1940 bei den Bildern der Wochenschau vom Vormarsch in Belgien und Holland vorgestellt, „das verwüstete Land“ könnte ja auch Deutschland sein (s.o. S. 111). Für die meisten aber war es unvorstellbar, daß wenige Jahre später deutsche Kinder und Erwachsene zu Hunderttausenden einem erbarmungslosen Bombenkrieg zum Opfer fallen würden.

Am 14. Februar 1942 beschloß das britische Kabinett unter Leitung von Premierminister Churchill, Flächenbombardements gegen deutsche Städte durchzuführen. Was jene oben zitierten ominösen Aufgaben deutsche Schüler hatten ausrechnen lassen, wurde von nun an Wirklichkeit. Selbst das Beispiel der Stadt Essen war passend gewählt. Arthur Harris, seit dem 20. Februar 1942 Chef des Bomberkommandos der Royal Air Force, erklärte, man müsse die Industriearbeiter demoralisieren, damit diese die nationalsozialistische Führung zur Einstellung des Kampfes zwängen. Da die Häuser der Wohlhabenden aufgelockert stünden und zu ihrer Zerstörung „ein Mehraufwand an Bomben" erforderlich sei, sollten dichtbebaute Wohnviertel der Zivilbevölkerung angegriffen werden, „nicht Werften oder Luftfahrtindustrien"[284].

Während amerikanische Bomber eher Präzisionsangriffe gegen Bahnanlagen und andere militärisch bedeutende Ziele führten, warfen britische Verbände über engen Altstädten Brand- und Sprengbomben ab. In kürzester Zeit wucherten verstreute Einzelbrände zu einem Flammenmeer, das einen Feuersturm verursachte, der mit unwiderstehlicher Gewalt Kinder und Erwachsene in das Inferno riß. Bei britischen Angriffen starben drei- bis viermal mehr Menschen als bei amerikanischen. So forderte am 11./12. September 1944 der Nachtangriff auf Darmstadt, wo es keine Rüstungsindustrie gab und die Eisenbahnanlagen verschont blieben, etwa 12.300 Tote, darunter 2.129 Kinder[285].

Kurz vor jenem britischen Kabinettsbeschluß hatte das NS-Regime auf der Wannsee-Konferenz (20. 1. 1942) die fabrikmäßige Ermordung der Juden beschlossen. Zwei völlig unterschiedlich verfaßte Staaten haben sich praktisch gleichzeitig für die massenhafte Vernichtung wehrloser Menschen entschlossen. Am 6. Juli 1944 antwortete Churchill auf Proteste gegen diese Form der Kriegsführung: „Es ist ganz einfach eine Frage der Mode, die hier genauso wechselt wie zwischen langen und kurzen Frauenkleidern"[286]. Großbritannien gereicht es zur Ehre, daß der Luftkrieg des ‚Bomber Harris' auf grundsätzlichen, wenn auch vereinzelten Widerspruch gestoßen ist. George Bell, Bischof von Chichester, erklärte im Februar 1944 vor dem Oberhaus, es heiße, „die Barbarei voranzutreiben", wenn man gegen das deutsche Volk so vorgehe, wie „die Nazi-Mörder" es verdienten[287]. In Deutschland hat keine derart prominente Stimme gegen die von der Luftwaffe angerichteten Verwüstungen protestiert. Als drei Pfarrer in Lübeck zur Besinnung aufriefen, wurden sie von ihren Bischöfen im Stich gelassen. Die Mahnung der drei Freunde war eine Antwort auf den ersten Flächenangriff gegen eine deutsche Stadt: In der Nacht vom 28. auf den 29. März 1942 hatten 320 Menschen in Lübeck den Tod gefunden, 784 wurden verletzt; zerstört waren 1.425

Wohnhäuser, zu schweigen von der Vernichtung kultureller Werte. Die drei Pfarrer hatten ihre Gemeinden aufgefordert, die Schrecken dieser Nacht als mächtiges Zeichen zu verstehen, das Gott dem deutschen Volk gebe; sie wurden inhaftiert und hingerichtet (s.u. S. 155).

Beim ersten ‚1.000-Bomber-Angriff' – auf Köln, in der Nacht vom 30. auf den 31. Mai 1942 – wurden in 90 Minuten 1.455 t Bomben abgeworfen; sie forderten 469 Tote und machten an die 45.000 Menschen zu Obdachlosen. Churchill gratulierte Harris „zu dieser bewundernswerten Organisationsleistung"; damit sei angekündigt, was „eine deutsche Stadt nach der anderen von nun an hinnehmen muß"[288]. Bis zum Kriegsende wurden 131 deutsche Städte schwer getroffen, viele durch mehrfache Großangriffe[289]. Während die Männer an der Front kämpften, starben in der Heimat Kinder, Frauen und Alte.

Die nationalsozialistische Propaganda übertünchte die grauenvollen Leiden der Bombenopfer mit Worten aus dem Jargon unerschütterlicher Krieger. Man sprach von der Heimatfront; das verwüstete Hamburg galt als Schlachtfeld[290]. Man wollte der Zivilbevölkerung die Moral kämpfender Truppen einimpfen. Wie abwegig das war, sei an Einträgen aus dem bis zum Kriegsende sorgfältig geführten Sterbebuch von Pirna gezeigt. Am 19. April 1945 griffen Flieger die sächsische Stadt an; noch am gleichen Tag trug der Standesbeamte ein knapp dreijähriges Kind als „gefallen" ein[291], als sei es Soldat gewesen. Fünf Tage später verzeichnete er die Namen weiterer Kinder, die bei dem Angriff zu Tode gekommen waren, die letzten nach acht Tagen. Wahrscheinlich hatte man ihre Leichen in den Trümmern nicht gleich gefunden, oder die Überlebenden hatten zuerst anderes im Sinn als den Gang zur Behörde. Das jüngste „gefallene" Kind war einen Monat alt.

Anders als von Arthur Harris erwartet, hat der Bombenkrieg weder die Zivilbevölkerung demoralisiert noch zur Revolte gegen Hitler geführt. Eltern waren voll davon in Anspruch genommen, ihre Kinder durchzubringen; Kinder setzten sich mit unglaublicher Zähigkeit für ihre Familien ein, Jugendliche für Opfer der Katastrophe. Dieses Wort zu verwenden, war freilich verpönt; unter der NS-Regierung konnten Deutsche doch nicht Opfer einer Katastrophe werden! Immerhin war diese Behauptung nicht völlig falsch; die meisten Deutschen hatten nie oder nur wenig unter Bombenangriffen zu leiden[292]. Und in den bombardierten Städten sind viele dank des umsichtig durchgeführten Luftschutzes dem Inferno entkommen.

An dieser Stelle sei es erlaubt, zu spekulieren. Was wäre geschehen, wenn die Hilfen nicht so gut funktioniert hätten? Hätte die Zivilbevölkerung dann nicht standgehalten; wäre es zum Aufstand gekommen?

Wären dann nicht weniger Menschen und Güter den Bomben zum Opfer gefallen? Soviel steht außer Frage: die gezielte Zerstörung von Industrie- und Verkehrsanlagen hätte das Regime eher in die Knie gezwungen als Angriffe gegen dicht besiedelte Wohngebiete[293].

Junge Helfer beim Luftschutz

Seit dem Ersten Weltkrieg war damit zu rechnen, daß in einem künftigen Krieg auch Orte weit hinter der Front angegriffen würden. Die nationalsozialistische Regierung hatte 1935 ein Reichsluftschutzgesetz erlassen[294]; auf öffentlichen Gebäuden waren Sirenen anzubringen, die Verdunkelung war zu üben. Während des Krieges mußten auch die Glücklichen, die vom Luftkrieg verschont blieben[295], abends das Rollo herunterlassen, bevor sie Licht machten; Fahrradlampen und Autoscheinwerfer trugen Kappen, die nur einen schmalen Streifen frei ließen. Bei offenem Himmel strahlten überwältigend die Sterne; in dunklen Nächten trug man, um Zusammenstöße zu vermeiden, am Mantel eine Leuchtplakette. Die zwölfjährige Ingeborg schreibt ihrem Vater von einem beklemmenden Ereignis auf dem abendlichen Heimweg. Hand in Hand sei sie mit Helga daher gegangen, da habe diese plötzlich gesagt: „Ach, hier steht ja einer!“ Beinahe sei sie gegen einen Baum gelaufen. „Nach einer kleinen Weile wußten wir überhaupt nicht mehr, wo wir waren“[296].

Vermeintlich bombensichere Bunker wurden gebaut, seit Kriegsbeginn in Tag- und Nachtschichten[297]. Da die Rüstungsindustrie Vorrang hatte, fehlte es bald an Armierstahl. Ersatzweise wurden Eisen- und Autobahnunterführungen zu Schutzräumen umgebaut und Stollen in Berghänge getrieben. Ein Durchstieg vom eigenen zum Keller im Nachbarhaus mußte so angelegt sein, daß er leicht aufzubrechen war, wenn der eigene Ausgang verschüttet sein sollte. Kinder hatten mitzuarbeiten, wenn zuhause und in der Schule Luftschutzkeller eingerichtet wurden. Dachböden waren frei zu räumen, damit etwaige Brände rasch gelöscht werden könnten. Kinder füllten Sand in große Papiertüten und stellten mit Wasser gefüllte Eimer bereit. Nicht selten haben sie, wenn sie zwischen zwei Angriffswellen schnell ins Freie gelaufen waren, als erste in einem Haus Feuer gesehen, das dann noch rechtzeitig gelöscht werden konnte.

Nächtliche Brandwachen in der Schule waren für Jugendliche nicht nur lästige Pflicht. „So vier oder fünf Freundinnen suchten sich den richtigen Lehrer oder die Lieblingslehrerin, mit der wir dann – in der Hoffnung, daß kein Alarm kam – etwas unternahmen“[298]. Jugendliche konnten mit Löschspritze und Feuerpatsche umgehen; mit Beil und Stemmeisen erweiterten sie das Bombenloch im Dach und warfen brennende Teile hinaus. Zwölfjährige Mädchen waren „Experten im Aufspüren von Brandbomben"; über den weiten Dachboden der Schule riefen sie einander zu, wo etwas schmorte, und „rannten los, die achteckigen Metallstäbe [der Brandbomben] mit Sand zu bedecken"[299]. In mancher Schule war auch in einer ruhigen Nacht keine Zeit zum Spielen oder Lesen. Fünfzehnjährige hatten von 18 Uhr abends bis zum Morgen aufmerksam Radiomeldungen zu verfolgen und, wenn nötig, mit dem Schultelefon umgehend die Hilfskräfte zu alarmieren[300].

Die Schlüsselwörter Dienst und Einsatz bekamen neuen Sinn. HJ-Sondereinheiten spurteten, wie man sagte, nach einem Angriff zu ihren Standorten. Als Kenner ihrer Stadt suchten Melder mit dem Fahrrad nach Wegen, die noch passierbar waren. Am 26. Oktober 1944, nach dem Angriff auf Braunschweig, schrieb eine BDM-Führerin in ihr Tagebuch: „Am Montag löschten wir noch die Schule und ich ging zur Augusttor-Schule, um Brote zu streichen und Essen auszuteilen"[301]. BDM-Gruppen kümmerten sich vor allem um Ausgebombte. Heulte die Sirene Entwarnung, hasteten sie zur Sammelstelle. „Wir verteilten Decken ..., rührten Kindernahrung an und übertrumpften uns gegenseitig in Hilfsbereitschaft"[302]. Manche erlebten solche Einsätze wie ein Abenteuer, wie einen Rausch. Am 6. März 1944 trägt die vierzehnjährige Lilo in ein Berichtbuch ein, daß sie mit ihrer Mainzer Gruppe auf einem Lastwagen nach Frankfurt gefahren sei. Es habe in Strömen gegossen; auf der Ladefläche hätten sie unter dem Mantel des Fahrers gehockt. In Frankfurt „mußte aber der Mantel weg, denn wir wollten auch was sehen." Durch brennende Straßen ging es zum Einsatzort, wo sie die Suppe verteilten, die sie schon in Mainz gekocht hatten. Lilo schließt ihren Bericht: „So machten wir manchen Einsatz mit Freude und Einsatzbereitschaft"[303]. – Ließ das Erlebte die Mädchen wirklich so kalt? In der HJ war ihnen gepredigt worden, daß Deutsche sich unter allen Umständen durch Tatkraft auszeichnen; diese Haltung hat vielen geholfen, böse Zeiten durchzustehen.

Schließlich sei von einem Kriegseinsatz erzählt, der Jugendlichen viel Freude gemacht hat. Nach dem verheerenden Bombenangriff auf Freiburg (Breisgau) am 27. November 1944 war das Münster, das geliebte Wahrzeichen der Stadt, inmitten der Ruinen wie durch ein Wunder stehen geblieben; doch das Dach war abgedeckt. Woher 80.000 Ziegel nehmen? 15.000 waren heil geblieben; 45.000 lagerten nah bei Freiburg in Merzhausen. Wo fand man Dachdecker? Einem Aufruf an die Pfarreien in Stadt und Umland folgten 40 Jungen und Mädchen, zwölf bis fünfzehn Jahre alt. Sie arbeiteten an ‚ihrem' Münster zusammen mit sechs, eigens freigestellten französischen Kriegsgefangenen. Zeigten sich unten auf dem Münsterplatz ‚Goldfasanen', knallte denen rein zufällig ein Ziegelstück vor die Füße. Bis zum Einmarsch der Franzosen am 21. April 1945 waren 46.000 Ziegel verlegt. Viele Jugendliche arbeiteten weiter, bis im Spätsommer die Schule begann[304]. Ende 1945 schenkte die Schweiz der Stadt die noch fehlenden Ziegel. Das friedliche Zusammenwirken von Deutschen, Franzosen und Schweizern hat das Münster, ohne das Freiburger sich ihre Heimatstadt nicht denken können, vor lang nachwirkenden Wasserschäden bewahrt.

Alarm bei Tag und Nacht

Die Sirene geht noch heute vielen, die damals Kinder waren, durch Mark und Bein. Dreimaliges Heulen bedeutete Voralarm; bei diesem Zeichen machten sich Familien mit kleinen Kindern, Alte und Gebrechliche vorsichtshalber schon auf den Weg zum Luftschutzraum[305]. – Die Mutter der sechzehnjährigen Elisabeth hatte gerade einen Herzanfall überstanden, da ertönte das verhaßte Signal. Der Weg zum Stollen war zu weit. „Ich mußte eine Trage besorgen und sehen, daß ich irgendwo ältere Männer auftrieb, die dann Mutter in den gegenüberliegenden Keller geschafft haben"[306]. – Auf- und abschwellendes Gellen hieß Vollalarm; feindliche Bomber waren näher als 100 km; es wurde Zeit, sich in Sicherheit zu bringen. Im Herbst 1944 kam ein drittes Warnzeichen dazu: Akute Luftgefahr; bis dahin sollten Verkehr und Wirtschaft möglichst ungestört weitergehen.

Meinte man, der Angriff gelte diesmal einer anderen Stadt, blieb man draußen stehen und beobachtete die Bomberverbände, wie sie geordnet ihr Ziel ansteuerten und es nachts mit Leuchtbomben markierten. Bald konnten auch Kinder aus der Himmelsrichtung, in der dieses schaurig schöne Bild erschien, schließen, in welcher Stadt Menschen starben und Häuser brannten: Dortmund war dran, oder Duisburg, oder Kassel, oder Münster... Oft sah man den Feuerschein noch in der folgenden Nacht.

Als die Flugzeuge schneller und die Einflugstrecken kürzer wurden, folgten Vor- und Vollalarm immer rascher aufeinander. Beim ersten Sirenenton sprangen die Mütter auf: Raus aus dem Bett, sich und die Kinder anziehen, Treppe runter, in den Luftschutzkeller, Tür zu! Ein Kind fehlt! Zurück! Zum Glück hockt es auf der Treppe, schon wieder eingeschlafen. Um etwas länger im warmen Bett bleiben zu können, zog sich mancher abends erst gar nicht aus. In der Familie der Autorin erzählte man später, zwei der Geschwister seien oft schon vor dem ersten Sirenenton aufgestanden und hätten ihr Gepäck für den Keller an sich genommen. Die Mutter habe sich nach diesem familieneigenen Voralarm richten können.

Noch schneller mußte es bei Vollalarm gehen, wenn dem Keller nicht mehr zu trauen war. Menschen hetzten zum Bunker; unvergeßlich ist einem Erzähler, wie „Kinder in weißen, leuchtenden Hemden" aus der Kinderklinik hinüber liefen[307]. – Dorothea „mußte einer Frau helfen, die drei Kinder hatte, in den Stollen im Riedberg zu kommen. Ich mußte rennen, ich habe gezittert. Du mußt helfen, sagte meine Mutter. Es war eine harte Aufgabe für ein zehnjähriges Kind"[308]. – In Tasche, Koffer oder Rucksack trug man seine Habseligkeiten: Ausweise; Kerze und Streichholz; feste Schuhe und warmen Mantel; Traubenzucker zum Aufmuntern; Spielzeug, Puppe und Kuscheltier; Briefe und Fotos des geliebten Mannes; Hammer und Brecheisen... In Heimen lagen Bündel mit Wäsche und Kleidung für jedes Kind griffbereit[309]. Wenig hatte zu tragen, wer bereits ausgebombt war.

Gegen Ende des Krieges versagte häufig das Warnsystem; der Strom war ausgefallen, oder die Bomber waren nicht rechtzeitig gemeldet worden, weil mit der Front auch die Beobachter zurückgewichen waren. – Ilse W. war mit ihren drei Kindern aus dem zerstörten Essen nach Crollage (bei Bückeburg) gezogen, wo sie „überwintern" wollte. Sicher war sie auch dort nicht. Am 12. April 1944 schreibt sie ihrem Mann, bei einem Angriff habe sie die Kinder nicht mehr anziehen können und sich deshalb Vorwürfe der Vermieterin eingehandelt; der habe sie gesagt, „daß unseren Männern gesunde Kinder im Nachthemd lieber wären als angezogene und tot. Wenn man nämlich schon die Bomben hört und dann noch im Dunklen die Kinder anziehen soll. Na, ja, so haben wir hier auch manche Scherze".

Damals versuchten manche, sich mit scheinbarer Leichtigkeit über tiefe Verunsicherung hinwegzuhelfen. Wer heute auf die Schrecken jener Tage und Nächte zurückschaut, redet anders. Wilhelm O. erinnert sich, was er mit neun, zehn Jahren erlebt hat. Zu mehreren Familien saß man bei einem Nachbarn im Luftschutzkeller. Die Gefahren wirkten um so bedrohlicher, als man sie nicht sehen, ihr Nahen aber genau wahrnehmen konnte. „Am Brummen hörten wir, wie ein Verband auf uns zuflog. Dann das unheimliche Rauschen der abgeworfenen Bomben, dann Explosionen. Wir spürten, wie ein Bombenteppich näher kam, immer näher. Einer fing an, laut das Vaterunser zu beten; andere stimmten ein. Das Gebet verstummte; man wagte kaum mehr zu atmen; gleich würde das Haus getroffen. Der Boden bebte; entsetzlicher Krach; schwere

Seit 1942/43 mußte man Tag und Nacht mit Fliegeralarm rechnen. Um rechtzeitig den Keller oder den Bunker zu erreichen, hatte man Mantel und Kopfbedeckung schon angezogen. Mit einem anspruchsvollen Spiel vertrieb man sich die Zeit.

Im Laufe des Krieges wurden immer Jüngere ‚eingezogen', zuerst Jungen, dann auch Mädchen. Die Luftwaffen- bzw. ‚Flakhelfer' trugen Uniform, mit Hakenkreuz. Obwohl sie nicht zur Wehrmacht gehörten, unterstanden sie dem militärischen Strafrecht.

Oben: Trotz der Gefahren durch Blindgänger und einstürzende Mauern hatten Kinder bald auch Trümmerwüsten als Spielreviere entdeckt. Beim beliebten Wippen auf einem Balken geriet ein Fuß leicht zwischen Balkenende und Boden; oft endete das harmlos scheinende Spiel mit einem gellenden Schrei und einer bösen Verletzung.

Unten: Zugig und unbeleuchtet, ohne Waschgelegenheit und ungeheizt war das Plumpsklo Kindern vor allem in finsterer Nacht verhaßt. Immerhin hat es dazu beigetragen, ansteckende Krankheiten einzudämmen.

Druckwellen lasteten auf den Ohren; Türen wurden eingedrückt, Holz und Glas splitterten, Putz bröckelte von Wand und Decke; das Licht flackerte und verlöschte. Stille. Dann ein Aufatmen; einmal mehr waren wir davongekommen. Einer zündete eine Kerze an. Staub lag in der Luft; Sand knirschte zwischen den Zähnen. Später, so erzählte meine Mutter, habe Frau Dr. B. ihr gesagt, sie habe die Kinder bewundert, daß sie die Anspannung während der bösen Angriffswellen mit solcher Fassung ertragen hätten." – Retteten Kinder sich vor der nackten Angst, indem sie genau beobachteten, was ringsum geschah?[310]

Wie fest das Neugeborene in seinem Körbchen über schlimmstes Getöse hinweggeschlafen hatte, erzählte man sich später in einer anderen Familie. Haben Säuglinge vielleicht aus der Geborgenheit des Mutterleibs die Gewißheit mitgebracht, Bombenlärm könne ihnen nichts anhaben? Das Baby schlief; die anderen Kinder beteten laut gegen den Schrecken an: „Hilf, Maria, es ist Zeit! Hilf, Mutter der Barmherzigkeit!" Oft war die evangelische Freundin der Familie noch schnell herübergekommen, um bei der Flucht in den Keller zu helfen; sie nahm eins der Kleinen auf den Schoß und rief mit ihm zusammen Maria an. Wurde es draußen ruhiger, stimmte sie das Vaterunser an. – Die Bombenzeit hat Anfänge ökumenischen Miteinanders gekräftigt.

In Schutzräumen mußten Alt und Jung ausharren, bis ein gleichmäßiger Sirenenton Entwarnung gab. „Wir sitzen hier im Luftschutzkeller. Alarm seit 10, jetzt viertel vor 1 ... weil ich sowieso schreiben wollte, tue ich es jetzt," schreibt Edith ihrem Vater[311]. – Die 1940er Jahre waren eine Zeit des Wartens. Kinder warteten auf Post vom Vater; der wartete auf Heimaturlaub und später auf die Entlassung aus der Gefangenschaft[312]. Vor Geschäften und vor Amtsstuben standen Schlangen; oft hatten Kinder für die Mutter die Stellung zu halten. Wartesäle der Bahnhöfe waren überfüllt. – In öffentlichen Luftschutzräumen mußten Kinder in stickiger Luft und drangvoller Enge oft stundenlang stillhalten. Der Platz war knapp, so daß die Polizei für Ordnung sorgte. Am 10. Juni 1944 erinnerte der Freiburger Polizeipräsident in der Zeitung ‚Der Alemanne' daran, der Stollen im Schloßberg sei Müttern und Kindern aus der Umgebung vorbehalten, die in ihrem Hause nur unzulänglichen Schutz fänden. Wer eingelassen werde, dürfe den einmal zugewiesenen Platz nicht verlassen. War nachts mit weiterem Alarm zu rechnen, blieb man gleich im Luftschutzraum und versuchte zu schlafen. Wenn es gutging, hatte man dort einen festen Platz auf einem Strohsack in einem zweistöckigen Holzbett.

Alarm wurde für viele Städte das Normale, zwei seien beispielhaft genannt: In Heidenheim (Württ.) wurde der erste Alarm am 4. November 1939 ausgelöst; bis zum Einmarsch der Amerikaner am 15. April 1945 gab es 690 Luftalarme, die insgesamt 36 Tage, 22 Stunden und 26 Minuten dauerten. Aus Münster (Westf.) sind für 1943 insgesamt 209 Alarme überliefert, für 1944 sogar 329, für Januar bis März 1945 noch 177; diese dauerten zusammen 293 Stunden[313].

Mütter und Kinder waren am Rande ihrer Nervenkraft. Gereizte Frauen rissen ihre Kinder aus dem Schlaf; in den Schutzräumen konnten Menschen, die ohnehin schon mißgelaunt waren, das Kindergeschrei kaum noch ertragen. Doch erstaunlich oft ist es Müttern gelungen, ihren Kindern ein Gefühl der Geborgenheit zu vermitteln. Margret K. hat als Achtjährige die Terrorangriffe auf Hamburg erlebt: „Die Angst vor den Bomben war nie so groß wie die Angst, meine Mutter zu verlieren“[314]. Vier Jahre alt war Jürgen, als er und seine Mutter in einem Keller verschüttet wurden; laut schreiend hätten Leute die Hilfskräfte herbeigerufen. „Jetzt fingen die Leute an zu brüllen, und ich hab auch gebrüllt. Aber komischerweise hatte ich keine Angst ... Mama war ja dabei – es kann nix passieren“[315]. – Im Juni 1944 beschloß die Führung der alliierten Luftstreitkräfte, den Bombenkrieg zu steigern und die deutsche Bevölkerung rund um die Uhr zu terrorisieren. Nüchtern erzählt Edith von einem Besuch in ihrer Heimatstadt Dortmund; am 30. September 1944 schreibt sie: „Wir waren 6mal an einem Tag im Bunker, aber es war trotzdem schön. Herbert Böttcher ist auch gefallen. Nun will ich schließen. Es grüßt und küßt Dich 10000000 mal dein Turteltäubchen“[316].

Die Kinderpsychologin Anna Freud hat Kleinkinder beobachtet, die wegen der Angriffe auf London außerhalb der Hauptstadt untergebracht waren: „Der Krieg bedeutet der Mehrzahl der Kinder wenig, solange er nur ihre körperliche Sicherheit bedroht, ihre Lebensbedingungen verschlechtert und ihre Rationen kürzt; er gewinnt erst einschneidende Bedeutung, wenn er den Familienverband auflöst und damit die ersten Gefühlsbindungen der Kinder an ihre nächsten Angehörigen erschüttert. Viele Kinder haben aus diesem Grunde die Aufregungen des Londoner Bombardements besser vertragen als die zu ihrem Schutz vorgenommene Evakuierung aus der Gefahrenzone“[317]. Für Kinder ging in Schutzräumen ein Stück normalen Lebens weiter. „Wir waren 12 Kinder im Haus, da bekamen wir einen eigenen Bereich im Keller“[318]. Die Zeit vertrieb man sich mit Brettspielen, Lesen[319] und Schreiben.

Auch im Bunker sind Kinder zur Welt gekommen. Gelegentlich hatten die Wehen gerade mit dem Alarmsignal eingesetzt, und die Hebamme fuhr im gepanzerten Auto vor, den Stahlhelm auf dem Kopf. Arbeiterinnen aus kriegswichtigen Betrieben, die selbst bei Schwangerschaft das umkämpfte Berlin nicht verlassen durften, fanden Zuflucht im ‚Entbindungsbunker' des Berliner Krippenvereins. Schon 1930 hatte der Verein zusätzlich zu Tageskrippen eine Wochenstation eröffnet, um „die aus wirtschaftlichen Gründen allzu häufige Trennung von Mutter und Kind zu verhindern". 1943 wurde die Geburtshilfe in den Luftschutzkeller verlegt. Unter Leitung der Ärztin Ottilie Hofmann haben Diakonissen Frauen in Geburtsnöten Beistand geleistet, oft bei Dunkelheit, fast immer bei Kälte, begleitet vom Lärm und von den Erschütterungen des Krieges[320].

Ausgebombt

Tönte die Sirene Entwarnung, verließen Kräftige in aller Eile den Bunker; wo mußte man retten, wo konnte man löschen, was ließ sich bergen? Als letzte durften kleine Kinder und Alte hinaus. Oft kamen sie nicht an die erhoffte frische Luft; Rauch verdeckte die Sicht. Dort standen Häuser in Flammen; da hatte eine Bombe die Front des Hauses weggerissen, und wie bei einer Puppenstube blickte man in Wohnzimmer und Küche. Möbel standen noch an der Wand; die Lampe hing an der Decke, die sich schon durchbog. Zwischen Furcht und Hoffnung lief die Familie weiter; manche standen wie gebannt vor ihrem eigenen, lichterloh brennenden Haus; auch sie gehörten nun zu den Ausgebombten.

Wie lebendig die Erinnerung an solche Erfahrungen über Jahre hinweg bleibt, hat die Autorin im Jahre 2008 erlebt. Eine ihr flüchtig bekannte Frau kam zur Bushaltestelle; sie blickte finster drein und beantwortete kaum den Gruß. Eine Frage sollte sie ein wenig aufheitern: „Wohnen Sie schon länger hier?" Da wischte das Bild des alten Schreckens den neuen Kummer weg: „Im Stühlinger hab' ich gewohnt, bis 1940. Meine Mutter war krank, ich saß an ihrem Bett und machte Schularbeiten. Mein Heft war voll, und sie schickte mich ein neues kaufen. Unterwegs donnerte es, dabei sah es überhaupt nicht nach Gewitter aus. Als ich zurückkam, war die Straße abgesperrt; Leute schauten auf unser kaputtes Haus. »Da sind alle tot«, sagten sie. Meine Mutter hat überlebt, weil ich einkaufen war. Es hatte geklingelt, und sie war gerade zur Haustür gegangen, als die Bombe fiel. Dort, wo ihr Bett gestanden hatte, war alles zusammengekracht. Die Kinder vom Spielplatz nebenan waren tot." – Merkwürdig, schon 1940? Zuhause machte die Autorin sich kundig: Irrtümlich haben deutsche Flugzeuge am 10. Mai 1940 Freiburg bombardiert. Die NS-Propaganda hat die Toten und die Zerstörungen der französischen Luftwaffe angelastet[321].

Obwohl Bunker sicherer waren, blieben viele lieber im Keller ihres Hauses; bei einem Brand könnte man wenigstens dies und das in Sicherheit bringen. Was aber, wenn alle Ausgänge verschüttet waren? Maria war zwölf Jahre alt, als sie das erlebte. „Ich kauerte zwischen den Knien meiner Mutter. Sie hatte ein nasses Tuch um meinen Kopf geschlungen. Es wurde immer stiller. Dann hörten wir Schlagen und Klopfen an einer Kellerwand ... Unser Leben war gerettet, sonst hatten wir nur noch das, was wir anhatten und die paar Sachen, die man als Handgepäck mitnehmen konnte“[322]. – Karl Heinz war fünfzehn, als über dem Keller, in dem er mit vielen anderen saß, das Haus einstürzte. Alle konnten sich ins Freie retten: nein, eine ältere Dame fehlte! Karl Heinz war, wie er erzählt, „der älteste Mann im Haus“. Er machte sich auf die Suche, fand „im Schutt ein Bein, aber ohne Fuß. Ich arbeitete mich zu der Frau durch. Gottlob, sie lebte noch“.

Nicht jeder, der entkam, fand sogleich Helfer. Am 16. November 1944 trafen Bomben das Krankenhaus in Elsdorf (bei Köln). Mutter H. hatte dort soeben ihr drittes Kind zur Welt gebracht. Als ihre Familie sie fand, war sie sechzehn Stunden durch die Trümmer geirrt, den Neugeborenen im Arm. Wie sie ins Freie gelangt war, konnte sie nicht sagen. Noch am selben Tag wurde Rudolf getauft. Drei Wochen später hatte Familie H. die Chance, auf einem mit Holzgas angetriebenen Lastwagen nach Engelskirchen, ins Bergische Land, auszuweichen. Am 19. März 1945 wurde dieser Ort so plötzlich bombardiert, daß keine Zeit blieb, den Felsenbunker aufzusuchen. Mutter und Kinder hockten hinter einem steinernen Backofen, dessen stabile Wand standhielt. Durch die brennende Stadt flohen sie Richtung Miebach; verkohlte Leichen säumten den Weg. „Mutter erzählte später, ich habe einige Tage gar nicht gesprochen und habe dann gefragt, warum denn nur Kinder ums Leben gekommen sind. »Es sind auch Erwachsene umgekommen«, sagte Mutter, »aber die Leichen schrumpfen, wenn sie verbrennen.«“

Menschen lebten mit dem Bewußtsein, daß der Tod sie oder einen ihrer Lieben jederzeit treffen könne. Darum wurde Rudolf, der Neugeborene der Familie H., sobald wie möglich getauft; Gläubige wollten nicht, daß ihr Kind sterben müsse, bevor es ein sichtbares Zeichen göttlichen Segens empfangen habe. Mütter, die ihren Kindern nach dem Bad frische Wäsche gaben, mahnten: „Mach das Kreuzzeichen, bevor Du das Hemd anziehst! Es könnte dein Totenhemd sein“. Mancherorts hatte man Vorkehrungen getroffen, um die Toten mit einem würdigen Begräbnis zu ehren. In Mainz hatten Bestattungsunternehmen 140 Kinder- und 330 Erwachsenensärge für Bombenopfer bereitgehalten; beim Angriff am 27. Februar 1945 verbrannten auch die Särge. In Papiersäcke gehüllt, wurden die Toten auf Handkarren und Pferdefuhrwerken in Sammelgräber auf Friedhöfen geschafft. In Freiburg brachten Angehörige „ihre Toten auf Leiter-, Hand- und Kinderwagen selbst zum Friedhof", wo sie in einem Massengrab beigesetzt wurden. In Dresden waren derartige letzte Dienste nicht möglich. Man hat die Toten auf Scheiterhaufen verbrannt; zehn Kubikmeter Asche ruhen im Ehrenhain auf dem Heidefriedhof[323].

Breslau und Dresden waren als einzige deutsche Großstädte bis in das sechste Kriegsjahr noch nicht schwer heimgesucht worden. Am 13. und 14. Februar 1945 griffen Bomber das von Flüchtlingen überfüllte Dresden an; etwa 25.000 bis 35.000 Menschen starben[324]. Anzeigen in sächsischen Zeitungen vom Februar 1945 vermitteln eine Ahnung, wie es Frauen ging, die bei der Flucht aus dem Feuersturm ein Kind verloren hatten. „Suche meinen Sohn, 1 ¼ Jahre alt, bißchen Ausschlag im Gesicht. Kleidung weiß, Hemd rosa gestrickt, Leibchen blau gestrickt, Stoff-Windelhose, braune Strümpfe, blaue Filzschuhe, dunkelblauer Lammfellmantel und in eine braune Wolldecke eingepackt. Kind ist am 13. 2. in ein Hausgrundstück am Holbeinplatz abgelegt worden. Nachricht erbittet Hilde Müller, zur Zeit (10) Dorfhain 69 I über Tharandt, Bezirk Dresden" [325]. So genau, wie diese Frau beschreibt, hat sie ihren Sohn gewiß nicht „abgelegt", weil er ihr gleichgültig war. Mußte sie die Hände für die Rettung ihrer anderen Kinder frei haben? Und – wie erlebt ein kleines Kind eine solche Trennung?

Haltung bewahren

Wie gingen Kinder mit Schreckenserfahrungen im Bombenkrieg um? Bevor wir Antworten darauf suchen, sei an die Menschen erinnert, die wir nicht befragen können, weil sie im Feuersturm verbrannten, hinter verschütteten Ausgängen erstickten, von umstürzenden Mauern erschlagen, von Tieffliegern getötet wurden. Gretl Büttner hat als Mitglied der Luftschutzleitung in Hamburg nach der ‚Operation Gomorrha' (25. 7. – 3. 8. 1943) Menschen gesehen, die das Entsetzen gefangen hielt: „Kinder irrten umher und riefen nach den verbrannten Eltern. Mütter saßen wie versteinert am Wegrand und warteten, daß man ihnen den Sohn bringen würde oder die Tochter. Lange Wochen nach diesem fürchterlichsten der Angriffe noch irrten sie herum und suchten und hofften und suchten – und waren wie aus Stein"[326]. – Viele haben auch schier unerträgliches Grauen überwunden und mit unbegreiflicher Zähigkeit die schlimmen Jahre durchstanden. Woraus nährte sich ihr Mut?

An Durchhalteparolen ließ das Regime es nicht fehlen. – Ende Januar, Anfang Februar 1943 kapitulierten die Reste der 6. Armee in Stalingrad. Nahrung, Kleidung und Waffen hatten gefehlt, weil der Nachschub aus der Heimat völlig unzureichend gewesen war; doch Hitler hatte den Rückzug nicht erlaubt. Am 18. Februar 1943 entfachte Goebbels seine Zuhörer im Berliner Sportpalast zu rauschhafter Begeisterung. Seinen Ruf „Wollt ihr den totalen Krieg?“ beantworteten sie mit leidenschaftlich gebrüllter Zustimmung[327]. Seine Rede und der frenetische Beifall der Menge waren über das Radio noch im letzten Dorf zu hören[328]. Von Lehrern wurde erwartet, daß sie sich gegen eine nüchterne Beurteilung der Lage stemmten. In Protokollen von Schulkonferenzen heißt es: „5. März 1943. Es ist Aufgabe und Pflicht jedes einzelnen Erziehers, den Willen zum Durchhalten und die Überzeugung vom Endsieg in den Schülern zu wecken und zu festigen.“ – „9. August 1944. Es wird von allen restloser Einsatz im Sinne einer totalen Kriegsführung gefordert“[329].

Hitler hatte geprahlt, die Bomber sollten ruhig ‚reinen Tisch‘ machen; dann könne er auf Kosten der besiegten Feinde die Städte prächtiger als zuvor aufbauen. Die Erstklässlerin Gisela W. hat luftige Verheißungen auf kindliches Maß zurückgestutzt. Der Familienbesitz war vernichtet, die Oma hatte Mutter und Kinder aufgenommen. Von dort schrieb Gisela ihrem Vater: „Nun haben wir keine Spielsachen mehr. Wir sind gar nicht traurig. Wir werden nach dem Krieg schon alles wiederbekommen.“ Gisela war auch ohnedies zufrieden und stolz: „Wir haben jetzt das große R gelernt. Ich bin die beste Leserin in der Klasse. Bei Oma ist das Wetter schön. Wir haben jetzt wieder Spielsachen. Schade das unsere Puppenstube kaput ist.“ Ein kostbares Spielzeug war zwar hin, aber Spielsachen gab es auch bei der Oma. Zudem würde sie etwas Besonderes erleben: „Am Sonntag gehen Britta und ich ins Kino. Wir sehen einen Hampelmannfilm und drei Kasperlfilme“[330]. – Kinder können über schöne, neue Erlebnisse manche Not vergessen, und Eltern halten bösen Schrecken eher stand, wenn sie sehen, daß ihre Kinder sich freuen.

Die Machthaber haben sich einiges einfallen lassen, um die Stimmung zu heben. Im Dezember 1942 lud Karl Kaufmann, Reichstatthalter in Hamburg, die „Hamburger Soldatenkinder“ zu einem „Weihnachtsmärchen“ ein. Da sie sich „so tapfer verhalten haben, wenn bei Tage oder Nacht einmal Fliegeralarm war“, habe er eigens für sie in allen Hamburger Theatern Plätze bestellt – wohl kaum auf Kosten der Partei. Die Eintrittskarten habe er dem Brief beigefügt. „Ich wünsche Euch allen, daß Ihr eine schöne Weihnacht habt. Heil Hitler!“[331] – Nach Bombenangriffen gab es Sonderzuteilungen an Brot, Fleisch und Obst, zur Freude der Kinder sogar Süßwaren, Walnüsse, Zitrusfrüchte u. ä.[332]. Unbeantwortet blieb die bange Frage, wie es weitergehe.

Die Familie der kleinen Gisela, die über die Zerstörung des Elternhauses „gar nicht traurig“ war, wurde viermal ausgebombt. Im März

1944 schreibt das Mädchen aus dem Zufluchtsort Crollage, in Essen müsse es „ja schrecklich" sein; sie hätten gehört, daß es dort morgens und mittags „Akute Luftgefahr" gegeben habe; „hier haben sie heute mit Bortwaffen geschossen." Das Kind kennt die Bezeichnung des Sirenensignals für die höchste Gefahrenstufe, es schreibt ‚Bord' zwar falsch, weiß aber genau zu benennen, womit Tiefflieger Schrecken verbreiten. Doch für ein Ereignis, das die Familie schwer getroffen hat, findet die Siebenjährige nicht das rechte Wort. Nachdem ihr Vater in einer Bombennacht umgekommen ist, schreibt sie: „Diesen Weihnachten müßen wir ohne Papi feiern es ist sehr schade"[333].

Mit Erfahrungen, die tief in das Leben einschnitten, gingen junge Menschen oft so um, als versage sich ihnen die Sprache. Sie waren unfähig, Trauer und Mitleid in Worte zu fassen. „Einer der ersten Sätze, die mein kleiner Bruder sprechen konnte (indem er auf ein zerstörtes Haus deutete): Do hat's au noch Leiche drin"[334]. Herbert K., geboren 1926, erinnert sich, wie ungerührt er vor langen Jahren durch das zerbombte Berlin gegangen war. „Wir sahen die zerstörten Häuser in der Innenstadt und dachten: »Naja, die haben Pech gehabt.«"[335] Daß unter Trümmern tote Menschen lagen, gehörte zur Normalität, in der Kinder lebten. Wer in jener bösen Zeit Tag um Tag überleben wollte, durfte sich nicht so leicht erschüttern lassen. Manche Mutter hat liebevoll ihre Kleinen umsorgt, doch die Größeren angeherrscht, wenn sie anfingen zu schluchzen: „Stell dich nicht so an!" Kinder lernten, ohne Gesten und Worte des Kummers auszukommen. Marion, elf Jahre alt, erzählt zwar anschaulich aus ihrem Alltag, aber ihrem schwer verwundeten Vater kann sie nur unbeholfen sagen, wie leid er ihr tut: „Es ist ja eine dumme Sache mit dem Arm"[336].

Im Jahr 1950 hat Gerhard Baumert für eine Dissertation auch Kinder befragt, deren Familien im Krieg alles verloren hatten. Aufgefallen ist ihm, daß die Kinder sich nur sachlich und nur zu den Folgen des Schreckens äußerten: „Weil wir ausgebombt sind, müssen wir uns alles wieder anschaffen". Von der Bombennacht selbst habe „nicht eines unaufgefordert als Erlebnis erzählt". Wenn er danach fragte, kamen Antworten „mit Mühe und stockend". „Das weiß ich nicht mehr so richtig." „Auf einmal flog die Mutti an die Wand"[337]. Die Kinder hatten gelernt, daß man Kummer nicht noch pflegen dürfe.

Vor allem aber wissen kluge Kinder, daß Mutter und Vater sich an ihnen freuen wollen. Spürten sie, wie dringend ihre Eltern Lebensmut brauchten? In demselben Brief, in dem Marion die Verwundung ihres Vaters eine „dumme Sache" nennt, spielt sie die Folgen eines Angriffs herunter. „Wir haben vom letzten Alarm einen ganz winzigen Bombenschaden", meldet sie, er sei „schon wieder wie ganz gemacht". Wie schwer das Leben zuhause ist, kann der Vater erraten, weil das Kind die Mutter entschuldigt: „Mutti hat soviel zu tun, daß sie nicht zum Schreiben kommt". Der Mutter nimmt das Kind das Briefschreiben ab; was der Vater gerne lesen wird, weiß es: „Ich habe jetzt unser altes Alpenveilchen aus dem Keller geholt und will versuchen, es wieder groß zu ziehen." In einem späteren Brief erzählt Marion von einem Besuch in Berlin; zuerst gibt sie die gute Nachricht weiter: „Denke Dir nur, Olrichs leben noch", dann erst die schlechte: „aber ihr Haus ist völlig eingestürzt." Und gleich darauf, damit der Vater auf seine Tochter stolz sein kann: „Wir haben einen prima Adventskranz, ich habe ihn selbst gemacht." Nur ein Stoßseufzer deutet böse Erfahrungen an: „Gott sei Dank! Wir konnten wieder einmal durchschlafen." In einem Brief steht: „Eben ist etwas Schreckliches passiert"; doch wirklich Schlimmes ist nicht gemeint: Der Schlüssel vom Fahrradschloß des Vaters sei ihr zerbrochen; „kannst Du das wieder ganz machen?"[338]

Verharmlosung des Schreckens gehörte zur Überlebensstrategie. „Hat es bei Euch auch schon gekracht?", fragt Detlev seinen Vater im Herbst 1944. In einem späteren Brief schreibt er: „Auf den Flugplatz sind auch einige Eier gefallen", gemeint waren Bomben. ‚Pfadfinder' nannte man Flugzeuge, die den Bombern den Weg wiesen, indem sie weithin sichtbare, schaurig anzusehende Lichtkaskaden auswarfen, die langsam zur Erde sanken und das Zielgebiet in gleißendes Licht tauchten. ‚Christbäume' hießen diese Vorboten von Tod und Verderben. Heulte die Sirene immer neu, sagte man, es habe „in allen Variationen getutet". Nach einem „Nachtbesuch" (nächtlicher Angriff) waren die vom Luftdruck zerstörten Fenster und eingedrückten Türen „durchgeblasen". Schwere Bomben waren „dicke Sachen"; folgte Detonation auf Detonation, „ging es munter los".

Sind die Menschen in die Sprache friedlicher Bilder geflohen, weil sie sich scheuten, das Grauen in Worte zu fassen? Oder weil sie wußten, daß Worte dem Erlebten nicht gerecht werden konnten? Spielten sie die Schrecken herunter, um es sich und anderen nicht noch schwerer zu machen? Waren banale Worte ein Zeichen der Abgestumpftheit oder des Panzers, den man sich notgedrungen zugelegt hatte? Gegeneinander abgrenzen läßt sich das alles kaum.

Wenn die siebzehnjährige Renate B. aus Berlin 1943/1944 zu Besuch nach Hamm (Westf.) kam, erzählte sie, mit welch grimmigem Humor Berliner neue Namen für verwüstete Viertel ihrer Stadt geprägt hatten: ‚Stehtnix' für Steglitz, ‚Trichterfelde' für Lichterfelde. Marion erwähnt in einem ihrer Briefe einen neu geprägten Namen, der verrät, was man in Berlin von der verordneten Siegesgewißheit hielt. Am 7. April 1943, also 38 Tage nach der Kapitulation in Stalingrad und 20 Tage nach Goebbels' berüchtigtem Aufruf zum „totalen Krieg", schreibt das Mädchen seinem Vater, sie sei in Berlin-Friedenau gewesen. „Die Kundrystr. ist überhaupt ganz weg. Es stehen nur noch Mauerreste. Die Leute nennen diesen Teil »Klein Stalingrad«"[339].

Verlogene Durchhalteparolen haben ihre Wirkung nicht ganz verfehlt. Bis zum Ende haben sich viele an den von der Propaganda genährten Glauben an den Führer und an die Hoffnung auf Wunderwaffen und Vergeltung geklammert. Was von verlorenen Armeen und zerstörten Städten zu hören war, überstieg die Vorstellungskraft; unbestreitbare Verluste bagatellisierte man, um nicht den Mut zu verlieren. Wer zweifelte oder gar von der Niederlage überzeugt war, schwieg aus Angst vor dem Terror des Regimes. Von ihm eingeschüchtert, hielt man Gerüchte über Verbrechen der eigenen Leute an Behinderten, Juden und Slawen lieber für bösartig übertrieben. Niedergedrückt durch eigene Nöte, fehlten den Menschen Mut und Kraft, Schandtaten, die sich in ihrem eigenen Umfeld ereigneten, wahrzunehmen, geschweige denn, sich dagegen aufzulehnen.

Kinder können erraten, was ihre Eltern bewegt, auch wenn diese es nicht auszusprechen wagen. Die siebenjährige Hildegard O. fragte Ende 1944: „Mutti, wenn alles kaputt ist, ist dann Friede?" Wer wird Friedenshoffnung darauf setzen, daß endlich „alles kaputt ist"? Von Jugendlichen kann man das kaum erwarten. Sie waren überzeugt, daß es auf sie ankomme, damit bald die bessere Zukunft anbreche, die eine teuflisch geschickte Propaganda großartig ausmalte. Kurz nach Goebbels' Rede im Sportpalast vertraute die fünfzehnjährige Gertraud L. ihrem Tagebuch an: „Unser Leben heißt Kampf! Und ich danke Gott, daß ich in solch eine Zeit hineingeboren bin, wo die Parole Kampf heißt"[340]. Hitler kannte nur Sieg oder Untergang; konnten die Deutschen sich nicht als Herrenvolk behaupten, sollten sie verrecken! Gertraud war eines der vielen Mädchen, die zum Luftschutz eingezogen wurden; für diese jungen Menschen hieß kämpfen, sich für Hilfsbedürftige einzusetzen.

Die meisten Deutschen haben den Krieg ohne bleibende körperliche Schäden überstanden. In allen Schichten und Altersgruppen kamen ihnen große Leidensfähigkeit und unbändiger Überlebenswille, ein erstaunliches Improvisationstalent und eine, trotz aller Egoismen, bemerkenswerte Solidarität zugute. Erinnert sei an die Frau, die ihre zehnjährige Tochter anherrschte, ungeachtet ihrer Angst vor dem unmittelbar bevorstehenden Angriff einer Unbekannten zu helfen, die mit drei kleinen Kindern ebenfalls noch den Stollen erreichen wollte (s.o. S. 122). Im

Bombenhagel eingeübte Verhaltensweisen haben dazu beigetragen, daß der Aufbau nach dem Krieg gelang. Gerade Jugendliche haben sich mit hohem Idealismus für andere eingesetzt. Darf man es ihnen verübeln, daß ihre Hingabe auch Verbrechern zustatten gekommen ist? Das Regime aber konnte sein fluchwürdiges Ende nicht zuletzt deshalb so lange hinauszögern, weil es Begeisterungsfähigkeit und Hilfsbereitschaft junger Menschen rücksichtslos mißbrauchte.

Flucht vor den Bomben

13,5 Millionen Ausgebombte[341] brauchten ein Dach über dem Kopf. Damit die Familie unter sich und in gewohnter Nachbarschaft bleibe, hausten die einen in Kellerlöchern, richteten andere sich in ihrer Gartenlaube ein. Bis weit in die 1950er Jahre haben viele Familien ihre Wohnung, Küche und Toilette mit anderen geteilt, oft freiwillig. Beispiele bemerkenswerten Gemeinschaftssinns ließen sich erzählen, oder richtiger, der nicht weniger beachtlichen Fähigkeit, über Reibereien hinwegzukommen. Dazu beigetragen haben Kinder, die Streit lieber untereinander austrugen, als überlastete Mütter zu Hilfe zu rufen.

Eines Tages mußte Anna ihre Lagerstatt mit ihrer Kusine Marlen teilen. Marlens Mutter war mit ihren beiden Kindern aus dem bombardierten Wanne-Eickel in das kleine Quartier eingezogen, wo ihre Schwester Zuflucht vor den Luftangriffen gefunden hatte. Ruhig miteinander im selben Bett zu schlafen, das schafften die beiden, sechs und acht Jahre alten Mädchen nicht; doch sie fanden eine Lösung: Mit Hilfe junger Ukrainerinnen, die nebenan in der Scheune untergebracht waren, fertigten sie eine zweite Strohmatratze. Marlens Mutter aber ärgerte sich, daß ihr Kind sich mit Zwangsarbeiterinnen angefreundet hatte. Sie suchte Unterschlupf bei einer anderen Schwester, zum Kummer der beiden Kusinen, die gern beieinander geblieben wären.

Diese Geschichte einer verhinderten Kinderfreundschaft spielte im Sommer 1943, in einer Zeit, da Marlens Mutter bei der Suche nach Unterkunft auf dem Lande staatliche Hilfe in Anspruch hätte nehmen können. Annas Mutter hatte das getan. Sie hatte im April 1943 Zwillinge zur Welt gebracht. Als das eine Neugeborene durch den Druck einer explodierenden Luftmine ums Leben gekommen war, wollte sie nicht länger im Ruhrgebiet bleiben und meldete sich für die vom Staat angebotene Umquartierung[342]. Wer sich dafür entschied, reiste ins Blaue. Anna und ihre sechs Geschwister genossen die Zugfahrt in eine unbekannte Ferne, zumal sie mit ihrer Mutter ein Abteil für sich hatten. Um so größer war der Schrecken nach der Ankunft auf einem Bahnhof in Franken. Nur die Kleinsten sollten bei der Mutter bleiben!

Hätte Annas Mutter sich vor der Abreise informiert, was bei einer Evakuierung vorgesehen war, wäre sie wohl zuhause geblieben. Seit dem ersten Kriegsjahr hatten Stadtkinder sich zu Hunderttausenden für einige Wochen auf dem Land erholen können; diese ‚Kinderlandverschickung' hatte einen guten Ruf[343]. 1943 wurde die Aktion als ‚Erweiterte Kinderlandverschickung' in großem Stile ausgebaut. Mütter und Kinder bis zum Alter von vierzehn Jahren konnten nun für unbestimmte Zeit aus bombengefährdeten in sichere Gebiete umziehen. Die NSV besorgte Quartiere für Mütter mit Kleinkindern; für die Sechs- bis Zehnjährigen suchte sie Gasteltern. Die Zehn- bis Vierzehnjährigen wurden in Heimen und Lagern untergebracht; für sie war die HJ zuständig.

Annas Mutter war nicht gewillt, die beiden ältesten Jungen der HJ zu überlassen. Sie setzte sich durch; nach ein paar im Wartesaal verbrachten Tagen wurde sie zusammen mit ihrer ganzen Kinderschar per Lastwagen in das Dorf transportiert, in dem die NSV ein Quartier für die Mutter und ihre sieben Kinder ausfindig gemacht hatte.

Der sechsjährigen Anna und dem achtjährigen Georg hätte die Vermittlung in eine Gastfamilie wohl kaum geschadet. Die meisten Bauernfamilien nahmen die ihnen zugeteilten Kinder freundlich auf. Eine Mutter hielt am 7. April 1943 in ihrem Tagebuch fest: „Familienzuwachs haben wir bekommen: ein 10jähriges Mädchen aus Essen, Fliegerflüchtling. Sie ist lieb und fröhlich und macht uns allen Freude"[344]. Frauen mit Kleinkindern stießen dagegen oft auf Abneigung; Bäuerinnen, die allein für ihren Hof sorgen mußten, waren erbost, wenn die ‚Bombenweiber' ihren Landaufenthalt wie in Friedenszeiten als Erholung genießen wollten. Auf das Leben in den Lagern der Zehn- bis Vierzehnjährigen ist in einem gesonderten Abschnitt einzugehen; nur zu gern ergriffen die Machthaber die Chance, Jugendliche für unbestimmte Zeit aus ihren Familien herauszulösen.

Für Annas Mutter begann mit der Ankunft im Dorf harte Arbeit. In einem Schulhaus, das inzwischen Altenteil eines großen Hofes war, hatte man ihr und ihren Kindern drei völlig leere Räume zugewiesen: den ehemaligen Klassenraum, das kleine Lehrerzimmer und eine Abstellkammer. Dorfbewohner überließen ihnen ein paar Möbel, die in einem Kuhstall gestanden hatten. Mutter und Kinder scheuerten sie mit Sand, bis sie blank waren; einen alten Herd spendierte der pensionierte Pfarrer, und der älteste Sohn, 14 Jahre alt, schloß das Ofenrohr an. Die Familie erwarb sich Respekt, doch sie blieben ‚Preußen'. Und die, so hieß es im Dorf, seien schuld am Krieg. Die Spannungen verschärften sich in dem Maße, wie weitere Bombenflüchtlinge eintrafen.

Lange war die vorsorgliche Räumung luftgefährdeter Städte sträflich vernachlässigt worden; damit hätte das Regime ja zugegeben, daß es die Bevölkerung nicht schützen konnte. Seit 1943 wollte man den Soldaten beweisen, daß man sich um die Sicherheit ihrer Angehörigen kümmere. Doch das Wort Evakuierung, das sich eingebürgert hatte, war verpönt; eine ‚Entleerung' deutscher Städte durfte es doch nicht geben! NS-Behörden sprachen von Umquartierung. Als Evakuierung bezeichneten sie die Vertreibung der Polen aus annektierten Gebieten und die Deportation der Juden in die Vernichtungslager[345].

Etwa sechs bis neun Millionen Menschen sind aus bombengefährdeten Städten evakuiert worden[346]. Im Rückblick erscheint diese Aktion wie eine Vorübung für die Zeit von Flucht und Vertreibung: Deutsche aus unterschiedlichen Reichsteilen lernten, miteinander auszukommen. Der ländlichen Bevölkerung fiel das gewiß schwerer. Nach Ostpreußen evakuierte Berliner galten dort als anspruchsvoll, arrogant und vorlaut. Die Jugend, heißt es in einem Bericht vom 29. November 1943, grüße nicht einmal mit ‚Heil Hitler!'[347] Kölner erzählten einander gern, wie ein aus ihrer Stadt verschicktes Jüngelsche sich in Sachsen vorstellte. „Wie heißt du eigentlich?" fragt ein Leipziger. „Felix." – „Wie bitte?" – „Felix." Und dann in gekonnt sächsischem Tonfall: „Ganz einfach: F wie Faterland, E wie Elsardine, L wie Lektrische [Elektrische Straßenbahn], I wie ibermorgen und X wie Xangverein." – Zu wehren wußten sich auch die Einheimischen. Wieso sollten sie einem Neuen verraten, daß gewisse Weidezäune unter Strom standen? Die Dorfjungen veranstalteten also einen Wettbewerb: Sieger sei, wer es schaffe, „beim Pinkeln im großen Bogen mit seinem Strahl den Draht zu treffen." Die Jungen aus der Stadt erzielten „immer eine hundertprozentige Trefferquote. Aber zu welchem Preis! Wenn sie dann mit schmerzverzerrtem Gesicht und zusammengekrümmtem Körper einen beachtlichen Luftsprung machten, ertönte das schadenfrohe Gelächter ihrer heimtückischen Peiniger"[348].

Anna O. erinnert sich freilich nur an Balgereien, wie es sie auch in der heimischen Siedlung gegeben hatte. Ihre Brüder arbeiteten gern bei Bauern und freuten sich über den dicken Kanten Brot und das Stück Wurst zur Vesper. Georg, acht Jahre alt, stand beim Morgengrauen auf, um noch vor der Schule mit aufs Feld zu fahren.

Manchem in einer Gastfamilie untergebrachten Kind fiel es jedoch schwer, das harte Leben der Landkinder zu teilen. Nicht wenige Mütter holten ihr Kind heim, wenn sie bei einem Besuch gesehen hatten, was die Gasteltern von ihm verlangten. Gegen Kriegsende mehrten sich solche Eigenmächtigkeiten. Eine Landfrau, die einen Jungen aus einer befreundeten Familie aufgenommen hatte, erzählte: „Als die Front immer näher kam, holte sein Vater ihn trotz vieler Bedenken bei uns ab. Die Familie wollte das Kriegsende zusammen erleben oder zusammen sterben“[349].

Im Herbst 1944 kam die luftkriegsbedingte Evakuierung zum Erliegen. Für Ausgebombte blieben als Dauerquartiere oft nur noch Schutzräume, die für den Aufenthalt während des Alarms gedacht waren. Nach dem Luftangriff auf Freiburg am 27. November 1944 warteten Obdachlose im Schloßbergbunker wochenlang auf den von der NSV in Aussicht gestellten Abtransport. Waschgelegenheiten fehlten; Kinder litten unter Läusen, Krätze und Furunkulose. Der leitende Luftschutzarzt berichtete, durch persönliches Eingreifen habe er „notdürftig“ Übelstände behoben, die durch Dunkelheit und „überlaufende Aborte“ unter „dicht gedrängten Menschenmassen“ entstanden waren[350].

Nach dem Krieg hat Lilly Tschudin, Leiterin des Schweizerischen Hilfswerks in Köln, die Geschichte eines Kindes aufgezeichnet. Sein erstes Jahr verbrachte Jakob L., 1940 geboren, Tag und Nacht im Keller. Im November 1941 wurden Mutter und Kind nach Ostpreußen evakuiert. Bei eisiger Kälte ließen die Gastgeber sie nur zum Mittagessen in die geheizte Küche, wo sie zwar am selben Tisch saßen, doch schlechteres Essen bekamen. Am 1. Dezember mußte Jakob ins Krankenhaus; vor Weihnachten wurde er, noch nicht ganz geheilt, entlassen und war bald darauf über und über von Geschwüren befallen. Im Frühjahr kam die Mutter ins Krankenhaus; der Junge blieb bei den Gastgebern, und die mißhandelten ihn. Sobald die Mutter genesen war, fuhren beide heim nach Köln, auch wenn sie dort wieder in einem Keller hausen mußten. Von neuem evakuiert, erlebten sie in Sachsen Bombenangriffe und 1945 den Siegerrausch der Rotarmisten. Die Rückkehr ins kriegszerstörte Köln gelang nach langer Irrfahrt. Der Bericht schließt: Ostern kam Jakob zur Schule; „er freute sich schon immer darauf und nimmt gern am Unterricht teil. Im Februar kam noch der Vater nach Hause aus der amerikanischen Gefangenschaft zurück, und das Glück des Wiedersehens vereinigte neu die kleine Familie“[351].

Die Evakuierung von Müttern mit Kleinkindern haben die Machthaber nur im Sommer 1943 gefördert. Die Verschickung der Zehn- bis Vierzehnjährigen setzten sie dagegen mit erheblichem Druck durch, konnten sie doch die Erziehung der Kinder in den Lagern ganz in die Hand überzeugter Nationalsozialisten legen.

Anfangs hatte es sich nur um Erholungsaufenthalte von sechs Monaten gehandelt, und viele Eltern hatten das Angebot, ihre Kinder für einige Zeit aufs Land zu schicken, gern angenommen. Im April 1941 verkündete der Reichsjugendführer, Rückkehrtermine stünden nicht mehr fest[352]; seitdem hatte die mit großem Aufwand betriebene Staatsaktion der Kinderlandverschickung (KLV) ihren guten Ruf verloren. Ende 1943 waren 160.000 Kinder in KLV-Lagern; das seien, rügte das Reichministerium für Erziehung, nur zwei Prozent der Altersgruppe[353]. Trotz des zunehmenden Bombenterrors waren viele Eltern nicht bereit, ihr Kind auf ungewisse Zeit der KLV anzuvertrauen. Einzelne Lehrer wagten es, offen zu warnen. Im März 1943 schreibt die elfjährige Marion ihrem Vater: „Mit der Kinderlandverschickung ist es auch großer Blödsinn. Frl. Dr. Klippstein hat uns aus eigenem Erfahren etwas erzählt. Sie hat völlig abgeraten. Sie meint, es kann ein ganzes Jahr dauern"[354]. Resolute Mütter holten ihr Kind einfach aus dem Lager heraus. Um derartige Eigenmächtigkeiten zu verhindern, verweigerten kommunale Behörden Ende 1943 zurückgeholten Kindern die Lebensmittelkarte. In Bochum, Hamm und Lünen kam es zu heftigen Protesten; am 11. Oktober 1943 demonstrierten in Witten an die 300 Frauen[355]. Das Regime fürchtete öffentlichen Unmut und sah davon ab, die KLV mit Zwang durchzusetzen. Der Druck blieb jedoch; der Volksmund sprach von ‚Kinderlandverschleppung'.

Von 1940 bis 1944 haben an die 850.000 Jungen und Mädchen in mehr als 9.000 Lagern gelebt[356]. Schilderungen des Lebens in KLV-Lagern sind widersprüchlich. Auf dem Land fehlten Arbeitskräfte; Zehn- bis Vierzehnjährige pflanzten Rüben, holten sich beim Flachsrupfen blutige Finger, waren dem Bauern bei der Hopfenernte viel zu langsam. „Kinder von 12 Jahren sind mit solch schwerer Akkordarbeit hoffnungslos überfordert", klagte ein ‚Lagermannschaftsführer'[357]. Anders klingt, was ein Junge aus Krefeld seiner Mutter von der Kartoffelernte schrieb: Er rühmt die üppige Bewirtung mit „Kuchen und Birnen" schon zur Begrüßung, mittags „eine gute Suppe, Klöße, Gemüse und ein großes, dickes Stück Zungenwurst. Zehn Zentimeter lang, 8 breit und 1 Zentimeter dick". Für die Kartoffelernte selber findet der Junge nur ein paar trockene Worte: „Dann haben wir wieder tüchtig gelesen"[358].

Basteln wurde bis weit in die Nachkriegszeit groß geschrieben. Der Junge, am Emblem auf dem linken Ärmel als Angehöriger des ‚Jungvolks' zu erkennen, weiß die Laubsäge zu führen. Die linke Hand hält das Sperrholz, und die Haltung des Kopfes zeigt, daß er gewöhnt ist, aufmerksam bei der Sache zu sein.

Abfahrt in die Kinderlandverschickung, Sommer 1943. In Sonderzügen fuhren Abertausende in Lager der KLV. Kinder und Jugendliche sollten vor Bombenangriffen möglichst sicher sein und im Geiste des Regimes indoktriniert werden. – Die Zugtüren mußten noch einzeln geschlossen werden.

Kinderlandverschickung am Tegernsee. Die meisten Jungen sind in der erwünschten Uniform angetreten: Schwarze Hose mit Ledergürtel und Koppelschloß, braunes Hemd, Halstuch mit Lederknoten gehalten; mindestens einer trägt die bis in die 1960er Jahre beliebte Lederhose. Über die rechte Schulter und unter den linken Arm ist die Decke gelegt. Vom Betrachter aus links vorne, ohne Decke, ein ‚Führer', als solcher an der Kordel auf der linken Brust erkennbar. Alle halten die Hände an der Hosennaht, den Kopf hoch und den Blick möglichst starr geradeaus. Sie haben wohl vor einem ranghöheren ‚Führer' Haltung angenommen.

Zu festen Zeiten hatten die Kinder Briefe und Tagebuch zu schreiben. Beides wurde kontrolliert, als handle es sich um Schulaufgaben. Sie habe die Kinder, so erklärte eine Lehrerin später, mit Bleistift schreiben lassen; auf diese Weise seien Fehler spurlos zu korrigieren gewesen. „Ich habe gesagt: Ihr wollt ja, daß die Mutter sich freut"[359]. Durften Kinder sich dann über das Lagerleben beklagen? Mit „Brandbriefen", erinnert sich ein Krefelder, „schlichen wir zur Post". Sogar aus dem Loblied der üppigen Bewirtung konnte die Mutter in Krefeld schließen, wie viele Stunden am Tag ihr Sohn sich „tüchtig" nach Kartoffeln gebückt, und wie lange er insgesamt in zwei aufeinander folgenden Wochen von Montag bis Donnerstag gearbeitet hatte; denn solange habe der Einsatz gedauert, schreibt der Junge. „Wir haben das sehr gern getan, ... weil jetzt totaler Kriegseinsatz ist und das geht noch vor Unterricht." Gegen harte Arbeit hatte die Mutter wohl nichts einzuwenden; zuhause mußten Kinder ja auch zupacken. Aber hatte man nicht damit geworben, in der KLV gebe es, anders als in den bombardierten Städten, regelmäßigen Unterricht? In Krefeld hatte man den Eltern gar gesagt, wer sich nicht an der KLV beteilige, müsse das Gymnasium verlassen. Die Jungen waren längst in Mainfranken, als sie erfuhren, daß ihre Schulen geöffnet blieben. Sie waren empört, daß man ihre Eltern belogen hatte.

Die Eltern hofften, daß der Schulunterricht in der KLV weitergehe; die Organisatoren verfolgten ein anderes Ziel: totale Erziehung im Geist des Nationalsozialismus. Eine Zeitschrift für Jugenderziehung rühmte diese Lager: „Schulische Arbeit, HJ-Dienst und Freizeit lassen sich hier erzieherisch gleichmäßig beeinflussen"[360]. Der Tag war verplant mit Diensten, Werken, Sport und Singen. Ständig, auch in der Zeit des Briefeschreibens, sollten die Kinder sich als Teil der großen Gemeinschaft erleben. Flaggenappell, Morgenfeier, Tages- und Wochenspruch gaben dieser Einbindung einen religiösen Anstrich.

„Jugend soll Jugend führen"; der von der Jugendbewegung geprägte Leitsatz sollte das Lagerleben bestimmen. Vierzehn- bis Sechzehnjährige wurden nach einem zweiwöchigen Lehrgang Lagermannschaftsführer (La-ma-fü) und Lagermädelführerinnen, die das Leben ihrer ‚Mannschaft' zu gestalten und deren Ordnung zu überwachen hatten. Schärfer als HJ-Führer daheim, konnten sie die Wehrertüchtigung erzwingen[361].

Foto links: Träger des Ritterkreuzes, einer am 1. September 1939 von Hitler gestifteten hohen militärischen Auszeichnung, fachten in Schulen den ‚Wehrwillen' der Schüler an und drängten sie, sich früh ‚freiwillig' zum Kriegsdienst zu melden. Der Direktor stellt den Ausgezeichneten seinen Schülern als leuchtendes Beispiel der Tapferkeit vor Augen. Die meisten Lehrer waren, wie die hier zu sehenden, recht betagt.

Doch wer überwachte diese jungen Leute? Da brüllte ein La-ma-fü ständig Befehle; dort begeisterte ein charismatisch begabter Junge oder ein liebenswürdiges Mädchen die Kinder. Und wie setzten Führer, die nur wenig älter waren als die ihrer Obhut übergebenen Kinder, sich gegen Rabauken durch? Am gefährlichsten seien bösartige Kameraden gewesen, erinnert sich der 1927 geborene Günter de Bruyn, „weil sie in den ersten Monaten ihre Rangstreitigkeiten austrugen und zum Beweis ihrer Macht Opfer brauchten". Nachts erschienen sie maskiert, zerrten einen Verängstigten aus dem Bett, mißhandelten ihn im Waschraum mit Schrubbern und übergossen ihn mit kaltem Wasser. Gellten die Schreie, stellten die Zimmergenossen sich schlafend[362]. Mädchen zischelten Gehässigkeiten; überliefert ist aber auch folgende Szene: „Alle neun Mädchen im Zimmer warfen ihre Bettdecken nachts über mich und setzten sich oben drauf. Ich habe noch Jahre danach unter diesen angstvollen Erstickungsanfällen gelitten"[363].

Wer half gequälten Kindern? Dieser Lagermannschaftsführer wird sich lieber schlafend gestellt haben, als sich die Feindschaft junger Sadisten zuzuziehen; jener La-ma-fü hatte an Mißhandlungen der Schwächeren selber seinen Spaß. Der von E. „zwang die Kleinen und Schwachen immer, mit Größeren zu boxen." Große Jungen, die dabei die Kleinen schonten, mußten gegen ihn antreten. „Die Jungs wurden dann von ihm regelrecht verprügelt". Institutionell verankerten Schutz gegen Ausschreitungen gab es nicht. Die vom NS-Lehrerbund gestellten Lagerleiter waren gehalten, sich mit den jungen Führern kameradschaftlich zu einigen.

Zehn- bis Vierzehnjährige sind gern mit Gleichaltrigen zusammen. Eine Frau schreibt im Rückblick auf die KLV sogar: „Nun begann die schönste Zeit meiner Jugend"[364]. Schon um den Transport zu erleichtern, wurden Schulkinder einer Stadt miteinander in dieselbe Gegend verschickt. Damit war auch der Druck auf die Eltern verstärkt, ihr Kind mitzugeben. Die Schüler aber nahmen ein Stück Heimat in die Fremde mit, erst recht, wenn beliebte Lehrer sie begleiteten. Doch auch wer leichten Herzens von Zuhause weggefahren war, lernte das Heimweh kennen. Wenn die Nachricht kam, daheim seien Bomben gefallen, war es um so wichtiger, sich mit Klassenkameraden zu einer Schicksalsgemeinschaft verbunden zu wissen. Gab es verständnisvolle Lehrer, setzte eine verschworene Gruppe sich wohl auch gegen einen unfähigen La-ma-fü durch oder wählte gar einen anderen[365]. Es stärkte den Zusammenhalt, wenn die Kinder sich gegen Einheimische verteidigen mußten, für die sie ungeliebte Fremde blieben. In Erwartung eines Überfalls der Dorfjugend hatten die Krefelder Jungen unter den Fenstern Briketts gestapelt – als Abwehrmunition!

Die Krefelder waren in Franken in einer seit Jahren unbenutzten Jugendherberge untergebracht; da war „nichts ... für unser Kommen vorbereitet". Wasser mußten die Kinder in Fässern auf einem Ochsenkarren von der Pumpe im Dorf herbeischaffen. In ihren Briefen sprechen die Jungen vom Duschen wie von einem seltenen Fest: „Heute Mittag haben wir wieder Brausen. Ich freue mich schon darauf." Ein vom Lagerleiter diktierter Brief soll die Eltern beruhigen. Eine „große Waschanstalt" besorge die Bettwäsche. „Mit unserer Leibwäsche ist das nun so geordnet, daß jeder Junge im Dorfe seine Patin hat, die ihn betreut"[366]. Rheinische Kinder und fränkische Hausfrauen werden einander bald verstanden haben; den Jungen lag schon deshalb an freundlichem Austausch, weil sie beim Abgeben und Holen der Wäsche für kurze Zeit dem Lager entkamen.

Den Organisatoren paßte es ins Konzept, daß die Kinder ihre Heimat verließen. Um keine Proteste herauszufordern, haben Lagerleitungen den Besuch von Gottesdiensten nicht glattweg verboten; man hoffte jedoch, in der Fremde würden sich Bindungen an Elternhaus und Kirche schon von selbst lockern. In nicht wenigen Lagern gab der Erfolg denen recht, die solche Überlegungen angestellt hatten[367]. Witterten Kinder jedoch die Chance, mit religiöser Unterweisung ein wenig Freiheit zu gewinnen, waren sie gleich dabei. Da der Konfirmandenunterricht in der Kirche am Ort stattfinden sollte, „meldeten sich viele, denn jede Möglichkeit, einmal ohne Aufsicht das Lager verlassen zu können, war ein Lichtblick".

„Religionsunterricht haben wir jeden Donnerstag. Jeden Sonntag können wir zur Kirche gehen, und das habe ich noch nicht versäumt. Beichten können wir so oft wir wollen jeden Samstag", schreibt ein Krefelder. Andere Jungen erzählen von Kommunionempfang oder Ministrantendienst. Die Kinder erhielten sogar ein auf den 22. März 1944 datiertes „Zeugnis über die Teilnahme am konfessionellen Religionsunterricht" [368]. In Krefeld waren die kirchlichen Bindungen noch stark; den Organisatoren lag daran, besorgte Eltern zu beruhigen.

Oft wurden die Kinder in weit entfernte Gebiete verschickt. Sie sollten sich überall zuhause fühlen, wo Nationalsozialisten herrschten. So läßt sich jedenfalls der Titel der Zeitschrift ‚Junge Heimat' deuten, die von der ‚Reichsdienststelle für die KLV' herausgegeben wurde. Kinder aus Hamburg wurden in die ‚Bayrische Ostmark' geschickt, von Köln ging es nach Danzig und Schlesien, aus dem Ruhrgebiet nach Pommern. Die für Entsendung und Aufnahme entscheidenden Gesichtspunkte blieben um so unklarer, je schlimmer die Bomber wüteten. Ungereimtheiten erklären sich auch mit dem Mangel an geeigneten Quartieren; manche waren heruntergekommen, eng und schmutzig. Die Lager waren in Jugendherbergen und großen Schulhäusern eingerichtet, in Internaten und Schullandheimen, in Klöstern, deren Bewohner vertrieben, in Heimen, deren Patienten umgebracht worden waren, in Ferienpensionen, Gaststätten und Hotels, deren Besitzer dadurch in der Kriegszeit zu Einnahmen kamen[369]. In manchem Lager staunten Kinder aus zerbombten Städten über die heile Welt und den Luxus. „Wir fühlten uns unter der dortigen Mädchenschar wie Menschen von einem anderen Stern"[370].

KLV-Lager entstanden auch außerhalb des Reiches. In Böhmen und Mähren, in der Slowakei, in Siebenbürgen, Bulgarien, Südtirol, Dänemark, Lettland mieteten oder beschlagnahmten die neuen Herren mehr oder weniger brauchbare Gebäude. Aus einem Lager schreibt ein Kind 1943 den Angehörigen von denkwürdigen Begegnungen: „Wenn wir durchs Dorf gehen auf dem engen Bürgersteig, dann müssen die Polen uns aus dem Weg gehen." Andernorts brauchte man die Hilfe Einheimischer; nach der Erinnerung eines der damaligen Schüler war „die Verärgerung des tschechischen Personals deutlich bemerkbar"[371].

Die Vorbehalte der Eltern gegen die KLV nahmen zu. Als am 1. November 1943 nach fast zweimonatiger Vorbereitung die 5. Volksschule aus Berlin verlegt wurde, beteiligten sich von 445 Schülern nur 39 an dem Transport, für 178 besorgten die Eltern selber Unterkünfte auf dem Land, 228 blieben in der schon arg heimgesuchten Hauptstadt zurück[372]. In der Werbung für die KLV war von den Gefahren des Bombenkrieges lange keine Rede; damit hätte man ja die deutsche Luftabwehr bloßgestellt. Im Frühjahr 1944 aber wurden Berliner Eltern unverblümt gewarnt: „Es ist immer noch besser, seine Kinder außerhalb in Sicherheit gegen Luftgefahr und Bombenterror zu wissen als für immer auf dem heimischen Friedhof." Plakate mahnten: „Luftnotgebiete – kein Platz für Kinder!" Im Hintergrund sieht man Ruinen, im Vordergrund glückliche Mädchen und Jungen. Darunter: „Kommt mit in die KLV-Lager der Hitlerjugend". Der Erfolg blieb aus. In Hamm (Westf.) kippte eine Mutter bei einer Elternversammlung den Vorschlag, die Oberschule für Mädchen in die KLV zu schicken; sie trug vor, eine so schwerwiegende Entscheidung dürfe nicht ohne die an der Front stehenden Männer getroffen werden; zudem habe der Krieg schon so viele Familien zerrissen, daß man weitere Trennungen unbedingt vermeiden müsse.

Auch Kinder in den Lagern konnten, was sie übers Radio oder von Lehrern über den Kriegsverlauf erfuhren, nicht mehr mit der geforderten Siegesgewißheit begrüßen. Am 8. Juni 1944 schreibt einer, „schon gehört" zu haben, „daß die Invasion da ist. Wir wollen hoffen [!], daß wir gewinnen"[373]. Zehn Tage später: „Wir wollen hoffen, daß es schnell und siegreich für uns geht." Am 18. Oktober 1944 kommentiert er „unsere neuen Waffen": „Wir wollen hoffen, daß der Krieg bald aus ist." – Das Leben für die Jungen wurde hart; zu verbergen war daran nichts mehr. Auf offener Postkarte schrieb einer am 23. November 1944: „Diese Tage sind die Schüler aus unserem Lager von der 5. Klasse vom Schanzen zurückgekommen." Die Elfjährigen (!) hatten wahrscheinlich Panzergräben ausheben oder Behelfsflugplätze anlegen müssen. Die erschrekkenden Nachrichten rissen nicht ab. Am 16. Februar 1945 erzählt ein Junge von Feuerwehrübungen, am 14. März ein anderer, daß sie keine Kohlen mehr bekommen. Die Verpflegung wird schlecht; ein frecher Tischspruch kommt auf: „Auf daß diese edle Jauche/Wellen schlag' in unsrem Bauche!" Seit dem 6. April 1945 gibt es keinen Strom mehr; damit fällt auch das Radio aus. Die im Jahr 2000 in Krefeld gesammelten Berichte und Dokumente zeichnen ein zunehmend düsteres Bild vom Lagerleben. KLV wurde aufgelöst mit dem Spruch „Kannze langsam verrecke!" Hätte die Verhunzung die falsche Adresse erreicht, wäre der Erfinder hart bestraft worden.

Ein Krefelder Junge erwähnt auch Kameradendiebstahl. Doch öfter ist zu erfahren, wie die Schicksalsgemeinschaft der Kinder sich bewährte. Im Frühjahr 1945 nahmen Mädchen in einem Lager in Mähren eine Waise unter ihre Fittiche. Alice, vierzehn Jahre alt, schreibt am 8. März 1945 in ihr Tagebuch: „Ein kleines Mädel ist heute hier eingetroffen. Sie ist erst 10 Jahre alt. In Dresden hat sie beide Eltern verloren und auf der Reise ist ihr noch der Koffer gestohlen worden ... Wir suchen alles zusammen ... was wir entbehren können. Ich gebe 4 Paar Strümpfe"[374].

Im Sommer 1944 wäre es höchste Zeit gewesen, wenigstens aus dem Osten die Kinder aus der KLV heimzuholen; die Reichsjugendführung hat das ausdrücklich untersagt[375]. Um jeden Preis sollte der Eindruck vermieden werden, der Krieg sei verloren. Einzelne Lagerleiter organisierten von sich aus den Rücktransport, kamen aber oft nicht weit. Im Frühjahr 1945 kümmerte sich keine Reichsdienststelle mehr um die geordnete Heimkehr der Kinder. In dem einen Lager erschienen plötzlich Mütter, die wochenlange Reisen gewagt hatten, um ihre Kinder zu holen[376]; in anderen Lagern traten Kinder auf eigene Faust den Heimweg an. Ein fliehender Soldat hielt am 15. Mai 1945 in seinem Tagebuch eine erstaunliche Begegnung bei Viechtach im Bayrischen Wald fest: Kinder hätten ihm stolz erzählt, sie seien nach Hamburg und Berlin unterwegs; im Lager sei das Essen ausgegangen, und ihre Lehrer hätten sie im Stich gelassen[377]. Viele Ehemalige erinnern sich dankbar ihrer Lehrer, die „wahre Wunder vollbracht haben", um die ihnen Anvertrauten, oft nach wochenlanger Odyssee, ihren Familien zurückzugeben[378].

Gegen Ende des Krieges waren immer neue und größere Lücken an den Fronten zu stopfen; ständig wurden Truppen hin und her verschoben; die meisten der noch verkehrenden Züge waren der Wehrmacht vorbehalten. Doch trotz aller Einschränkungen, trotz der Luftangriffe und langer Fahrzeiten, waren zahllose Menschen auf eigene Faust unterwegs. Viele wollten gerade in den Schrecken des Krieges ihre Angehörigen wiedersehen und reisten zu Verwandten und Bekannten; andere suchten Sicherheit oder wenigstens eine Bleibe für sich und die Ihren. Eltern, die ihre Kinder nicht der KLV überlassen wollten, brachten sie aufs bombensichere Land zu einer Unterkunft, die sie selber gesucht hatten. Manche Familie unternahm sogar noch im Sommer 1944 eine Ferienreise[379]. Man verließ sich auf die Eisenbahn. War eine Brücke zerstört oder lag eine Stadt gerade im Bombenhagel, wurde der Zug eben umgeleitet. Wie Briefe aus dem Herbst 1944 zeigen, war man zufrieden, wenn man im Fernverkehr auf einen Durchschnitt von 8 km pro Stunde kam[380].

Zum Bild der Bahnfahrten gehörten Mütter mit schreienden Kindern, Ausgebombte mit Resten ihrer Habe. Man hockte zwischen Dekken, Füßen, Kisten, Kleintieren, Knien, Koffern, Menschen, Säcken... Während man Gepäck und Personen durch Zugfenster hinein- und herausschaffte, wurden ängstliche Rufe laut: Waren die Kinder mitgekommen? Um niemanden im Gedränge zu verlieren, hatte eine Mutter „alle Kinder untereinander und mit sich" mittels einer Wäscheleine verbunden[381]. Am 9. Oktober 1943, die Züge verkehrten fast noch planmäßig, schrieb die elfjährige Edith ihrem Vater: „Heute mittag war der Eilzug so voll, daß es unmöglich war hineinzukommen. Manche Leute, die weite Reisen machen, steigen durch das Fenster. Da gucken wir immer zu und müssen uns kaputt lachen; es sieht zu drollig aus, wenn so eine steife Frau durch das Fenster steigt".

Heutzutage fürchten Eltern sich mancherorts, ihre Erst- und Zweitklässler auf einem kurzen Schulweg allein zu lassen; damals waren mitten im Verkehrschaos Kinder sogar auf weiten Strecken allein unterwegs. – Eine Dreizehnjährige wollte ihre Freundin in Göppingen besuchen. Nach einer Odyssee im Viehwaggon kam sie morgens um halb fünf auf dem Bahnhof der Stadt an. „Da stand ich wieder mit meinem Koffer. Ein Soldat vom Fliegerhorst hat mich mitgenommen. Er hat mich zu der Freundin gebracht und hat zu mir gesagt: »Kind, das will ich dir sagen. Du darfst nie wieder mit einem wie mir gehen. Ich hab' dir jetzt nichts getan, aber das darfst du nie wieder machen.« Ich hab' gesagt: »Was hätte ich denn machen sollen?« Meine Eltern haben zwei Tage nicht gewußt, wo ich war“[382]. – Karl Heinz, neun Jahre alt, fuhr während der Herbstferien am 26. Oktober 1944 mit dem Zug nach Hannover, um seinen Vater in der Kaserne zu besuchen. Gerade im Hauptbahnhof angekommen, heulte die Sirene, und alles rannte. Da „bin ich in panischer Angst einem Landser auf den Rücken gesprungen“. Nach dem ersten Schreck habe der „seinen neuen ‚Tornister‘ wohlbehalten durch die Menge bugsiert“ und ihn beim Roten Kreuz abgeliefert. „Bei aller sonstigen Großspurigkeit“ habe er später seinen Altersgenossen über Hannover nicht berichten können. – Der Angriff vom 26. Oktober forderte in den westlichen Stadtteilen von Hannover 201 Bombenopfer.

Eltern haben ihren Kindern und diese sich selber Erstaunliches zugetraut. Ein Flakhelfer, 15 Jahre alt, kam während des Urlaubs nach Hause. Der Vater trug ihm auf, acht ungerittene Stuten und zwei Fohlen auf einem 30 bis 40 km entfernten Hof in Sicherheit zu bringen. Unterwegs stifteten Lastwagen und Tiefflieger Panik; doch der Junge brachte die Pferde durch, auch dank der Hilfe eines kriegsgefangenen Polen, der sich auf dem Hof mittlerweile wie zu Hause fühlte[383]. Minderjährige haben in den Wirren jener Zeit weite Wege zurückgelegt. Ebenso bemerkenswert ist, daß sie sich auf spontane Hilfe verlassen konnten. So brauchten vierzehn- und fünfzehnjährige Jungen, die in den Wirren des Kriegsendes ihr Lager verlassen hatten, vom 22. 4. bis zum 11. 5. 1945 zu Fuß 20 Tage von Sulzburg bis zu ihrer 200 km entfernten Heimatstadt Mannheim; unterwegs nahmen Frauen sie auf, und ein Schuster reparierte ihre Schuhe[384].

Bedroht – Ausgegrenzt – Vernichtet – Geraubt

Im Krieg kam der Nationalsozialismus in seiner ganzen Bosheit sozusagen zu sich selbst; wo das Regime die Macht dazu besaß, verwirklichte es seine zugleich irrsinnige und furchtbare Ideologie mit gewalttätigem Zwang. Deutsche Kinder, die nicht in seine Vorstellung von einem gesunden Volk paßten, wurden ‚ausgemerzt‘; Menschen, die als undeutsch galten, grausam hingemordet. Slawen sollten Sklavendienste leisten, junge Menschen ‚guten Blutes wurden aus diesen Völkern entführt und ‚eingedeutscht‘. Der unmenschliche Vernichtungskrieg gegen ‚Undeutsche‘ und ‚Unbrauchbare‘ sollte der Öffentlichkeit möglichst verborgen bleiben. Doch soviel sollte jeder wissen: Wer sich mit dem Regime anlegte, hatte Furchtbares zu erwarten. Ein französischer Beobachter hatte schon 1934 folgendes Stoßgebet aus Bayern mitgebracht: „Lieber Herrgott, mach mich stumm,/Daß ich nicht nach Dachau kumm“[385].

Je höher der Anpassungsdruck, desto verlockender ist es für Heranwachsende, Verbote zu übertreten und Anordnungen zu unterlaufen. Obwohl bereits eine abweichende Meinung als Landesverrat gedeutet werden konnte, fanden Jugendliche Mittel und Wege, sich mit Gleichgesinnten zu verständigen, wenn ihnen die üblichen Parolen und Forderungen gegen den Strich gingen. Das konnte harmlos anfangen. Man feixte, wenn wieder einmal das Thema Rasse aufgewärmt wurde. Ernst wurde es, wenn man Verfemten Sympathie bekundete oder gar half, Staatsverbrechen an diesen Menschen zu verhindern. Protest gegen das Regime äußerte sich in kindlichem Spaß am Gebrauch verbotener Wörter ebenso wie in politischem Widerstand, bei dem Freiheit und Leben auf dem Spiel standen.

Parteiorganisationen trugen lange Namen; Abkürzungen waren weit verbreitet. SS klang markiger als ‚Schutzstaffel', und geschrieben ähnelten die Pseudorunen einem Doppelblitz. Jugendliche erfanden mit Vergnügen neue Kürzel. ‚Reibi' (Reichsbischof) zu sagen, konnte man sich leisten; waghalsig war es, vom ‚Gröfaz' zu reden (Hitler wurde von seinen Anhängern als „größter Feldherr aller Zeiten" gefeiert). Plakate warnten: „Psst! Feind hört mit"; eine unheimlich schleichende Schattenfigur vermittelte den Eindruck, allenthalben lauerten Spione. Jugendliche gaben der Warnung neue Bedeutung. Sie schauten sich um, bevor sie Worte wie Goldfasan (ein ordenbehängter Hoheitsträger) oder ‚Bonbon' (Parteiabzeichen) gebrauchten. Eingeweihte verstanden verwegenes Reden als Mutprobe. Sie wußten, wo man ein herablassendes ‚Pleitegeier' (Hoheitsadler mit dem Hakenkreuz) oder ein abfälliges ‚Wuwa' (Wunderwaffe) richtig verstand.

In einem totalitären Staat lernen junge Menschen auch, Rücksicht zu nehmen auf den, der zwischen unterschiedlichen Loyalitäten balancieren muß. „Wir Schüler wechselten das Thema, wenn einer von uns hinzukam, dessen Eltern als Nazis galten. Er wäre ja in Konflikt mit den Vorstellungen seiner Eltern gekommen"[386]. Verpetzte einer seine Mitschüler, kam es zu Verhören beim Direktor. Der Unvorsichtige und alle, die ihn nicht angezeigt hatten, mußten Tiraden über sich ergehen lassen. Die meisten nahmen dergleichen gelassen hin – und rächten sich bei nächster Gelegenheit. Mit Vergnügen wurden stramme Parteigenossen zur Weißglut gebracht. So ließ ein Erdkundelehrer die Schülerinnen zu Beginn der Stunde ein zackiges Lied singen. Dazu habe er vom Pult aus kommandiert: „Hände an die Hosennaht!" Die Mädchen ärgerten sich: „Geographie war keine Musikstunde, und überhaupt, was hieß »Hände an die Hosennaht«? Wir trugen Charmeuse-Schlüpfer, und die hatten die Naht vorn und hinten." Die Schülerinnen verabredeten, nächstens die Hände „an die richtigen Stellen zu legen. Unschuldsvoll erklärte Susi dem verblüfften Lehrer: »Wir machen nur, was Sie sagen, unsere Hosennähte sitzen nun mal da.« Es gab ein großes Strafgewitter wegen der unglaublichen Frechheit. Aber die Sache war wohl zu lächerlich, um mehr daraus zu machen. Das Kommando unterblieb künftig, um das Lied kamen wir nicht herum"[387].

In Diktaturen gedeiht der politische Witz. Wer Unsinn nicht hinterfragen darf, bekommt ein Gespür für wunde Punkte der Mächtigen; und die reagieren gereizt. Schülerwitze und gewagte Aussprüche von Lehrern haben zu Gerichtsverfahren geführt. Andererseits kam es zu bemerkenswerten Koalitionen. So war Musik verboten, die nach Meinung der Machthaber dekadent, jüdisch oder ‚verniggert' war. Fünfzehnjährige hatten für einen Klassenausflug über Berliner Seen Schallplatten mitgebracht. Bald tönte amerikanische Musik aus den Lautsprechern des Ausflugbootes; Glen Miller! Nicht genug damit, fingen die Mädchen an, den verpönten Swing zu tanzen! Bald tanzten Lehrerinnen und Lehrer mit. Die Erzählerin schließt mit den Worten: „Die Lehrkräfte brachten zu unserer großen Verwunderung bei der Direktorin kein Wort der Beschwerde vor". Die Lehrer taten gut daran zu schweigen; wäre die Sache aufgeflogen, hätte das auch für sie ernste Folgen gehabt, hatten sie sich doch zu Komplizen bei der Auflehnung gegen ein Verbot gemacht.

Junge Leute verwendeten viel Geschick darauf, entgegen dem zu Kriegsbeginn erlassenen Verbot nach draußen zu horchen. Hilde K. aus Unterfranken erzählt, sie habe nachts um ein Uhr die Tischdecke über den Kopf und das Radio gezogen, um Beromünster (Schweiz) zu hören. „Wir wollten doch wissen, was an all den Fronten passiert, wo unsere Brüder waren"[388]. In einer westfälischen Schule erfuhren sich Lehrer und Klasse als verschworene Gemeinschaft: Klopfte ein Schüler das Pausenzeichen des Londoner Rundfunks (die ersten Takte der 5. Symphonie von Beethoven; dumpf klingende Paukenschläge) mit den Fingerknöcheln auf die Unterseite der Bank, wußte die Klasse, daß der Lehrer Nachrichten der British Broadcasting Corporation (BBC) weitergab. Wer den Lehrer angezeigt hätte, wäre selber in Bedrängnis geraten: Wieso kannte er das Zeichen des Feindsenders?

Das Regime ergriff jede Gelegenheit, Exempel zu statuieren. So hatte der siebzehnjährige Lehrling Helmuth Hübener aus Hamburg britische Nachrichten gehört. Überzeugt, daß die BBC den Kriegsverlauf richtiger darstelle und jeder die Wahrheit erfahren müsse, hatte er seine Erkenntnisse mit der Schreibmaschine getippt und, zusammen mit Freunden aus seiner Mormonen-Gemeinde, Durchschläge in Briefkästen verteilt. Die Gestapo (Geheime Staatspolizei) faßte die Gruppe. So sehr fürchteten die Machthaber unangepaßtes Denken und Verhalten, daß sie dem Jungen den Prozeß machten und sein ‚Verbrechen' durch Aushänge bekanntmachen ließen: Hübener sei am 11. August 1942 vom Volksgerichtshof „wegen Abhörens eines Auslandssenders und Verbreitung der abgehörten Nachrichten in Verbindung mit Vorbereitung zum Hochverrat und landesverräterischer Feindbegünstigung zum Tode und zum Verlust der bürgerlichen Ehrenrechte auf Lebenszeit" verurteilt und in Berlin am 27. Oktober 1942 hingerichtet worden. Seine Freunde kamen mit Gefängnisstrafen davon[389].

‚Rechtsgrundlagen' zu solchen Urteilen hatte das Regime sich zu Beginn des Krieges geschaffen. Bis dahin hatte der Grundsatz gegolten, daß kein Jugendlicher zu Zuchthaus oder zum Tode verurteilt werden dürfe. Das änderte sich mit der „Verordnung zum Schutz gegen jugendliche Schwerverbrecher" vom 4. Oktober 1939, der einzigen, die ausdrücklich von Jugendlichen spricht. Ausgiebig wurden aber auch die „Verordnung gegen Volksschädlinge" vom 5. September 1939 und eine weitere gegen „Gewaltverbrecher" vom 5. Dezember 1939 zur Verurteilung Jugendlicher, schließlich sogar Zwölfjähriger benützt. Schutzrechte junger Menschen hatten zurückzustehen gegenüber der Abschreckung; Vorrang vor abgewogener Beurteilung der Schwere der Tat und der Reife des Täters hatte der ‚Schutz der Volksgemeinschaft'. Neue, besonders scharf zu verurteilende Straftaten wurden definiert: Vergehen gegen Lebensmittelkarten-Bestimmungen, Gewalttat im Schutz der Verdunkelung, Wehrkraftzersetzung[390].

Erst siebzehn Jahre alt war Jonathan Stark. Am 1. Oktober 1943 zum Arbeitsdienst eingezogen, weigerte er sich, den Treueid auf Hitler zu leisten. Jonathan gehörte zu den Zeugen Jehovas, die sich jeder politischen Betätigung enthalten und nicht schwören[391]. Am 4. Oktober wurde er verhaftet, später im Konzentrationslager Sachsenhausen erhängt[392]. Anders als die Hinrichtung des ‚Rundfunkverbrechers' Hübener wurde der ‚Fall Stark' nicht öffentlich bekannt gemacht. Die ‚Ernsten Bibelforscher' waren eine kleine Minderheit, so daß es überflüssig schien, Nachahmer zu warnen. Doch das Regime schaffte Menschen, die ihm die Zustimmung verweigerten, auch dann mit Freiheitsentzug und Mord aus dem Weg, wenn es keinen Grund hatte, sie zu fürchten.

Helmuth Hübener und Jonathan Stark wußten, daß sie den Zwangsstaat nicht erschüttern konnten; religiöse Überzeugung hat sie bestärkt, sich dem Unrecht trotz aller Gefahr zu widersetzen. Was der Historiker Gerhard Ritter mit dem Blick auf Carl Goerdeler und dessen Umsturzpläne schreibt, gilt auch für diese Jugendlichen: „Widerstand gegen die Tyrannei, wenn es ganz ernsthaft wird, wenn der unmittelbare Einsatz des Lebens gefordert wird, kann nur da erfolgen, wo ein echter Glaube dazu zwingt“[393].

Durch Elternhaus und Kirche in selbständigem Denken bestärkt

Kinder wurden gemeinhin eher zu Achtung vor Autoritäten erzogen als zu Kritikfähigkeit; Elternhaus, Schule und HJ erwarteten, daß junge Menschen ohne Wenn und Aber parierten. Was aber, wenn die Eltern anderes verlangten als die HJ? – Karl H., geboren 1927, war selig, als er 1941 in die Flieger-HJ aufgenommen wurde. Sonntags ging es zum ‚Fliegerberg‘; Kameraden zogen das selbstgebaute Segelflugzeug hoch, und dann schwebte man von oben ins Tal hinab. Doch vorher mußte Karl in der Messe gewesen sein. Sich gegen seinen Vater aufzulehnen, kam ihm nicht in den Sinn, zumal er auch gern zu den Meßdienern gehörte. Diese durften zwar keine Heimabende abhalten, aber in der Krypta unter der Kirche ließen sich Spiel- und Erzählrunden als Übungen für den Altardienst tarnen. Einmal glückte sogar ein Ausflug. Einzeln schlichen die Ministranten im Dunkeln zum verabredeten Treffpunkt im Wald. Von dort ging es zu einem Bauernhof, der einem Verwandten des Organisten gehörte. Lagerfeuer, Singen und Schlafen im Stroh waren um so reizvoller, als alles geheim bleiben mußte. Am folgenden Montag riefen Mitschüler in der Pause „Nachtschleicher!“ hinter ihnen her. Aber nach Schulschluß schlugen die Ministranten sich beachtlich, und, so erzählt Karl noch heute mit Stolz, keiner habe verraten, wo sie gewesen waren. Die HJ rächte sich auf ihre Weise. Eines Morgens war die Krypta aufgebrochen und verwüstet. In der Pfarrgemeinde hielt man es für geraten, auf eine Anzeige zu verzichten.

Bald nach der Machtergreifung hatte das Regime alle Jugendverbände aufgelöst, zur Selbstauflösung genötigt oder verboten, ungeachtet des Konkordates auch die katholischen. Die Bischöfe hatten daraufhin empfohlen, Jugendgruppen in den Pfarreien zu bilden. Das HJ-Gesetz vom Dezember 1936 untersagte auch diese Form der Jugendarbeit; doch solchen Kleingruppen war schwerer beizukommen als großen Verbänden. Gruppen der Pfarrjugend gaben sich auch als Kirchenchor; manchmal haben sie sich den Zugang zur Chorprobe mit Fäusten erkämpft[394].

Schlimmer als die Vereinnahmung durch das Regime war es, daß Mißtrauen in die Familien einsickerte. In den engen Wohnungen bekamen Kinder mit, wie man zuhause zu all dem stand, was in HJ, Schule und Radio verkündet wurde. Eltern mußten fürchten, ihre Kinder könnten ausplaudern, worüber sie gesprochen hatten, wußten sie doch, was in der HJ gelehrt wurde: Wer ‚staatsfeindliche' Äußerungen des Lehrers, Pfarrers oder der Eltern zur Anzeige bringe, beweise damit, daß er ein freier Mensch sei. Doch Kinder haben oft ein Gespür für das, was draußen niemanden etwas angeht. Der zwölfjährige Roland hörte, wie aufgeregt eine Nachbarin seiner Mutter am 20. Juli 1944 vom Attentat auf Hitler berichtete. „Kaum war sie wieder weg, zischt meine Mutter: »Warum hat das Schwein schon wieder überlebt?« Ich habe sie nicht angezeigt, aber ich war betroffen und fühlte mich schlecht"[395].

Junge Menschen, die jahrelang zwischen verschiedenen Loyalitäten abwägen müssen, können eines Tages so weit sein, daß sie endgültig ablehnen, was gegen ihr Gewissen verstößt. Otto May, geboren 1926, war HJ-Führer gewesen; 1943 weigerte er sich, in die Partei einzutreten. Der Direktor seiner Schule traktierte ihn mit Ohrfeigen und verwies ihn der Schule. May erhob Einspruch; das Ministerium billigte die Entscheidung des Direktors: „Der Staat hat kein Interesse daran, Gegnern von Partei und Staat auf den höheren Lehranstalten das Rüstzeug für eine spätere, zersetzende Tätigkeit zu liefern und ihnen die Wege zu geistigen Führerstellungen zu öffnen"[396].

Manche Eltern haben staatlich nicht mehr anerkannte Feiertage wie Drei Könige oder Allerheiligen genützt, um ihre Kinder zu furchtlosem Bekenntnis zu ermutigen. Sie schickten die Kinder im Sonntagsstaat zur Schule, auch wenn diese dort den Blicken oder gar Sticheleien der anderen standhalten mußten. An Fronleichnam begleiteten auch junge Menschen das Allerheiligste durch ihren Heimatort, selbst wenn andere Jugendliche am Straßenrand gafften und feixten. Egbert, 15 Jahre alt und mit der Kinderlandverschickung nach Rottweil gekommen, schrieb seinem Vater: „Gestern war hier eine öffentliche Prozession, ein endloser Zug mit über 40 reichgekleideten Ministranten und zahlreichen Priestern. Das Schauspiel hat mich sehr angewidert"[397].

Von Eltern, Pfarrern oder auch Lehrern in ihrer Standfestigkeit bestärkte Kinder haben sich mancherorts auch ganz eigenständig zu einem klaren Bekenntnis zusammengetan. – Eines Tages beschlossen die Mädchen der siebten Volksschulklasse in Kleinwallstadt (Unterfranken), ihr Taschengeld zusammenzulegen, ein neues Kreuz zu kaufen und es in ihrer Klasse aufzuhängen. Die Folge waren lange Verhöre, Tag um Tag. Am liebsten hätte der Ortsgruppenleiter dem Pfarrer oder wenigstens einigen Eltern das Vergehen nachgewiesen; doch die Mädchen hatten absichtlich ohne deren Wissen gehandelt. Den letzten drei, die ihre Aktion immer noch verteidigten, drohte man mit dem Umerziehungslager. Ihr Lehrer rettete sie, indem er erklärte, sie seien die „Elite seiner Klasse"[398].

Angriffe festigten den Zusammenhalt. Ein Schulungsleiter aus Maxfeld (Kreis Nürnberg) klagte: „Heute ist es so, daß nicht mehr der Pfarrer dem Volk nachläuft, sondern umgekehrt das Volk dem Pfarrer. Die erdrückende Mehrzahl der Jugend ist konfirmiert“[399]. Wurde einem Priester das Betreten der Schule untersagt, steigerte das seine Beliebtheit: „Pfarrer Holzheimer ... hält nun in der Kirche doppelt soviel Religionsunterricht, der von den Kindern mit Genehmigung der Eltern freiwillig besucht wird“, wurde der Parteizentrale aus Neustadt an der Aisch (Franken) gemeldet[400]. Der Kapitelsaal in St. Burkhardt, Würzburg, ließ sich leicht gegen Unbefugte sperren; hier fand die ‚Bauernstunde‘ statt, eine bis Kriegsende monatlich von Kaplan Bauer abgehaltene Führerschulung, zu der regelmäßig an die 70 Mädchen und Jungen kamen[401]. Man kann sich vorstellen, wie solche Veranstaltungen das Selbstbewußtsein junger Menschen stärkten. Als Hitlers Anhänger die Besetzung Frankreichs als Beginn einer Zeitenwende feierten, bei der „am Ende eine trutzige Nation in den jungen Morgen des tausendjährigen Reiches marschieren wird“[402], brauchte ein Jugendkaplan nur das mehr als zweitausend Jahre alte Gotteslob aus Psalm 90,4 zu zitieren: „Denn tausend Jahre sind für DICH wie der Tag, der gestern vergangen ist, wie eine Wache in der Nacht.“

In finsteren Zeiten tut es gut, Worte zu kennen, an die man sich halten kann. Viele Eltern haben ihren Kindern solche Leitlinien mitgegeben. Wie ein letzter Wille wirkt ein Brief, den ein Vater am 3. Juni 1943 von der Front seinem elfjährigen Sohn Richard und dessen jüngerem Bruder schickte. Er schreibt ihnen zwei Lieder auf; es werde ihn freuen, wenn sie diese bei seinem nächsten Besuch kennen: „Nun ruhen alle Wälder/Vieh, Menschen, Städt’ und Felder/Es schläft die ganze Welt./ Ihr aber, meine Sinnen,/Auf, auf, ihr sollt beginnen,/Was eurem Schöpfer wohlgefällt.“ Das zweite Lied war wohl für den kleinen Bruder gedacht: „Breit aus die Flügel beide, o Jesu, meine Freude, und nimm dein Küchlein ein./Will Satan mich verschlingen, so laß die Englein singen: Dies Kind soll unverletzet sein.“ Monate später, am 8. Oktober 1943, fragt der Vater bei Richard an: „Betest Du noch: Nun ruhen alle Wälder?“[403]

In einem Staat, der Jugendliche für verwerfliche Ziele zu gewinnen versteht, brauchen junge Menschen aber auch Eltern, die bereit sind, mit ihnen zu streiten. Einzelne hatten dieses Glück. Von Februar bis Juni 1944 will der 15jährige Egbert seinen Vater überzeugen, daß es gut sei, wenn er sich freiwillig zur SS melde; sie sei „die Elitetruppe und außerdem größte Gegnerin der Kirche, das Werkzeug unseres Führers. Später aber stehen mir nach dem Krieg, wenn ich in der SS war, noch viel mehr Tore offen." In manchen Antwortbriefen nur mühsam seinen Unwillen zügelnd, hält der Vater mit Argumenten dagegen. Grundsätzlich müsse die Kirche sich in Volk und Staat einordnen; „da sie das nicht von heute auf morgen kann, habe Geduld." Aus eigener Erfahrung wisse er, „wie leicht man als junger Mensch den Kopf verdreht bekommt und wie gewissenlos jeder jugendliche Idealismus von ehrgeizigen Führern und Vorgesetzten mißbraucht wird." Vergebliche Warnungen. Am 12. Juni 1944 meldet Egbert, er sei also seit dem 17. Mai „Freiwilliger und Reserveführerbewerber der Waffen SS". Der Vater gibt die Hoffnung nicht auf; am 16. Juni 1944 antwortet er: „Ich glaube nicht daran, daß es um Deutschland schon so steht, daß es Euch hochgeschossene Wickelkinder zum Kriegführen braucht." Er bleibt dem widersetzlichen Sohn zugetan: „Dir selbst scheinen ja nun leider Mutters und meine Wünsche gleichgültig zu sein!!! Das sind schöne Zustände! Es grüßt Dich herzlich Dein getreuer Vater"[404]. – Die Tatsache, daß jene Briefe überliefert sind, zeigt, daß der Sohn sie nicht achtlos weggeworfen hat. Egbert konnte wissen, daß sein Vater sich erheblich gefährdet hatte; solche Briefe zu schreiben, war fast selbstmörderisch.

Viele Eltern haben geschwiegen, um ihre Kinder nicht zu belasten. Frauen, die in Angst um ihren Mann oder ihre Söhne waren, weinten lieber still vor sich hin. Für ihre Kinder war das eher noch schwerer zu ertragen. Anna O., 1937 geboren, hat nicht vergessen, wie ihre Mutter sie getröstet hat. Wenn diese weinte, mußte sie mitweinen; die Mutter hat sie dann in die nahe Kirche geschickt: „Geh lieber rüber! Bete für Papa! Kindergebet dringt durch die Wolken!"

Es ist nicht möglich zu sagen, was häufiger gewesen ist: Vorsicht oder offener Austausch von Gedanken. In Briefen aus dem letzten Kriegsjahr zeigt sich, daß mit der Furcht vor der Zensur zugleich Bedenken der Eltern gefallen waren, sie könnten ihren Kindern zuviel zumuten. Ein Vater schreibt sich von der Seele, was ihm das Leben schwer macht; am 20. November 1944 klagt er seinem 15jährigen Sohn Detlev: „Die letzten Wochen haben mir genügt, um mir die schlechten Seiten des Soldatenlebens im Übermaß zu zeigen." Am 9. Februar 1945 berichtet er ausführlich von einem Angriff der Russen; in seiner Einheit überlebten nur wenige, er selbst wurde verwundet. Der Brief vom 18. Februar 1945 klingt wie ein Vermächtnis; der Vater bittet Detlev, wenn „gottlose und schlechte Charaktere versuchen, die Religion in den Dreck zu ziehen", an das Gelübde zu denken, das er bei der Konfirmation abgelegt habe[405].

„Wir sind verloren." – Verzweifelt schreibt Elsa R. aus Berlin am 11. März 1945 ihrem Sohn Joachim. „Mein innig geliebter Junge, heute schreibe ich Dir einen Brief, den ich mir schwer von der Seele ringe. Aber die Gelegenheit, einmal offen mit Dir über einige Fragen korrespondieren zu können, werde ich wohl nicht wieder so bald haben." Es schmerze sie, seinem „jungen Herzen so wenig Hoffnung auf eine deutsche Zukunft machen" zu können; aber von zu vielen erfahrenen Männern höre sie: „Wir sind verloren". Diese drei Worte hätten Elsa R. wegen Defätismus an den nächsten Laternenpfahl bringen können, erst recht die Tatsache, daß sie ihrem Sohn zur Desertion verhelfen wollte. Sie erklärt ihm, wo er Zivilkleidung finde, Kompaß, Karte, Geld, sogar Silbergeld, das er „immer gut verwahrt" bei sich tragen solle. Gerate er in Gefangenschaft, sei es ihr lieber, ihn „im Westen als im Osten zu wissen. Bitte provoziere nicht unnötig. Man kann sein Deutschtum und seinen Stolz anders zur Schau tragen als durch Banalität. Sei immer klug und bleib gesund, mein Liebes, damit wir uns alle wieder zusammen finden, und wenn es noch so bescheiden werden sollte"[406].

Sippenhaft – auch für Kinder?

Eltern, die sich gegen das Regime stellten, mußten nicht nur für sich selbst fürchten. – Ein Vater war als Wagenmeister auf einem großen Bahnhof unabkömmlich; oft kam er nicht einmal zum Schlafen nach Hause. Später haben seine Kinder ihn bedrängt: „Hast du denn nie einen Judentransport gesehen? Wie konntest du schweigen?!" Er antwortete mit einer Gegenfrage: „Was wäre aus euch geworden?" Hätte das Regime seine Kinder in Heime gesteckt und ihnen den katholischen Glauben ausgetrieben? Wie es mit noch so harmlosen Gegnern umging, wußte er von einem Arbeitskameraden, einem Zeugen Jehovas.

Am 28. März 1942 wurde Lübeck bombardiert; am folgenden Tag, einem Palmsonntag, rief Kurt Friedrich Stellbrink, evangelischer Pfarrer in der Hansestadt, seiner Gemeinde zu: „Gott hat mit mächtiger Sprache geredet. Die Lübecker werden wieder beten lernen." Zwei katholische Priester hatten sich ähnlich geäußert; die drei Freunde wurden verhaftet und am 10. November 1942 enthauptet. In seinem Abschiedsbrief bittet Pfarrer Stellbrink seine Kinder: „Schart euch fest um die Mutter, die nun alles in meinem Namen tut und trägt. Das ist für die Mutter schwer, sehr schwer, wenn auch schön, helft ihr nach allen Kräften! Gottes Segen wird Euch geleiten! Aber haltet auch untereinander zusammen, solange ihr lebt. Achtet kein Geld und Gut höher als Eure Gemeinschaft!" Der Brief wurde nicht weitergeleitet; erst im November 2004 hat ein Historiker ihn im Staatsarchiv Potsdam entdeckt[407]. Doch so, wie Pfarrer Stellbrink seine Kinder darin anspricht, hatte er ihnen gewiß längst die

Einstellung mitgegeben, um die er sie bittet. – Familiärer Zusammenhalt bewahrte Kinder noch am ehesten davor, sich von dem Unrechtsstaat, in dem sie leben mußten, vereinnahmen zu lassen.

Die vaterlose Familie Stellbrink konnte beieinander bleiben; die Familie Stauffenberg wurde auseinander gerissen. Nach dem gescheiterten Attentat auf Hitler am 20. Juli 1944 wurde Stauffenberg hingerichtet, seine Frau verhaftet; um die Kinder kümmerten sich wildfremde Leute der Geheimen Staatspolizei. Franz Ludwig Stauffenberg (geboren 1938) berichtet, das Dienstmädchen der Großmutter habe sie noch zum Dorfpfarrer gebracht, den sie gut kannten. „Er sprach mit uns, gab uns seinen Segen und meinte, auf uns würden möglicherweise schlimme oder gar grauenhafte Erlebnisse warten ... Aber was auch immer geschehe, wir sollten daran denken, daß unser Vater ein großer Mann und, was er getan, recht gewesen sei." Grauenhafte Erlebnisse sind den Kindern erspart geblieben; sie wurden unter falschen Namen in ein Heim nach Bad Sachsa (Harz) gebracht und dort gut versorgt[408]. Doch bösartig genug war es, daß man ihnen ihren Namen nehmen wollte. Es war ja ‚gutes Blut'. Vergäßen die Kinder, woher sie kamen, könnten sie zu strammen Nationalsozialisten erzogen werden. Franz Ludwig war damals sechs Jahre alt; er wußte, wohin er gehörte. Als er krank wurde und der Arzt ihn mit falschem Namen ansprach, korrigierte er ihn. Die Enkel des Widerstandskämpfers Goerdeler aber waren ein bis drei Jahre alt, als sie unter falschem Namen in ein Kinderheim der NSV gesteckt wurden. 1945 hat man sie nur unter großen Mühen wieder gefunden[409].

Maria Nickel, 32 Jahre alt, Mutter zweier Kinder, wußte, was Kindern geschehen konnte, deren Eltern sich dem verbrecherischen Regime widersetzten. Doch als sie, die vor kurzem selber ein Kind geboren hatte, eine hochschwangere Jüdin auf dem Weg zur Zwangsarbeit sah, sprach sie diese Frau an, lernte sie kennen und half ihr unterzutauchen. Ruth Abraham brachte ihr Kind zur Welt; beide überlebten die Zeit des Nationalsozialismus[410]. – Frau Nickels Kinder waren zu klein, als daß sie hätten begreifen können, welchen Gefahren ihre Mutter sie aussetzte. Andere junge Menschen haben sich bewußt für Bedrohte eingesetzt, die das Regime verachtete und umbringen wollte.

Die drei Söhne des Arztes Dr. Fritz Kahl waren 15, 14 und 9 Jahre alt, als ihr Vater sie „in das gefährliche Geschehen" einweihte, auf das er sich eingelassen hatte. Auf dem Dachboden seines Hauses in Frankfurt waren jahrelang zwei Jüdinnen und ein Jude verborgen. Als Arno Lustiger am Holocaust-Gedenktag 2004 an „Retter, die keiner mehr kennt" erinnerte, nannte er nicht nur Fritz Kahl; er wies auch darauf hin, daß die Söhne des Arztes damals Hitlerjungen und Luftwaffenhelfer waren[411]. Da sie die vom Staat geforderten Dienste leisteten, sind sie nicht aufgefallen und haben auf diese Weise dazu beigetragen, daß die in ihrem Vaterhaus Versteckten überlebten.

Andere Ausgegrenzte bekam man in Deutschland häufig zu Gesicht. Ausländische Zivilarbeiter rackerten sich in Rüstungsbetrieben ab, oft Seite an Seite mit zum Kriegsdienst verpflichteten deutschen Frauen; auf dem Lande ersetzten Kriegsgefangene die zur Wehrmacht eingezogenen Männer. Im August 1944 zählte man auf dem Gebiet des Großdeutschen Reiches 7,8 Millionen Fremdarbeiter[412]. Eine Verordnung vom 25. November 1939 warnte die Bevölkerung: „Wer ... mit einem Kriegsgefangenen in einer Weise Umgang pflegt, die das gesunde Volksempfinden gröblich verletzt, wird mit Gefängnis, in schweren Fällen mit Zuchthaus bestraft". Am 11. Mai 1940, ein knappes halbes Jahr später, wurde die Drohung verschärft: Außer denen, die beruflich oder dienstlich dazu gezwungen seien, „ist jedermann jeglicher Umgang mit Kriegsgefangenen und jede Beziehung zu ihnen untersagt"[413].

Was heißt ‚gesundes Volksempfinden'? Wo fängt ‚Beziehung' an? Unklare und ständig veränderte Gesetze erzeugten ein Klima unbestimmter Angst. „Die gefangenen Russen und Franzosen sind Gott sei Dank jetzt weg,", schrieb die dreizehnjährige Trudel am 18. September 1944 ihrem Vater[414]. Russen hatten bei ihnen gearbeitet, ein Franzose hatte als Kutscher gedient. Die seltsame Sprache dieser Leute, der Gedanke, daß ihr Vater gegen solche Männer kämpfte, das erbärmlich schlechte Aussehen der Russen – das alles konnte ein Kind verwirren, erst recht, wenn man es ständig mahnte, den Fremden ja fern zu bleiben.

Das vom Regime geforderte gesunde Volksempfinden hat nicht überall gesunde Menschlichkeit ausgelöscht. Im Bunker saß man eng beieinander; da konnte ein Kind auch einmal aus der Nähe einen dieser Gefangenen betrachten. Ein Russe, erzählte eine Frau, habe sie als kleines Mädchen „so lieb" angesehen. Da sei sie aufgestanden und habe sich neben ihn gesetzt und ihre Hand auf sein Knie gelegt. „Er streichelte sie mit seiner von Arbeit gezeichneten Hand und weinte. Ich verstand es damals noch nicht; meine Mutter vermutete: Er hat wohl zu Hause auch ein kleines Mädchen!“[415] Nach herrschender Lehre hätte die Mutter ihrer Tochter mit ein paar Ohrfeigen einbläuen müssen, daß ein deutsches Mädchen sich niemals neben einen dieser Verachteten setzt. Statt dessen äußerte sie Mitgefühl, und niemand griff ein. Gegen die Vorschrift hatten alle verstoßen, die dort saßen; sie hätten nicht dulden dürfen, daß ein Russe im Bunker Schutz suchte.

Hunderttausende Russen sind in deutscher Kriegsgefangenschaft elend zugrunde gegangen. Auf dem Land haben Kinder erlebt, was es für Gefangene bedeutete, einmal wie geachtete Gäste eingeladen zu werden. Unterernährt und unzulänglich gekleidet, waren Russen zur Arbeit auf einen Hof gekommen. Da die Bäuerin Slowakisch sprach, konnte sie sich ihnen verständlich machen. Trotz wüster Drohungen des Ortsgruppenleiters der NSDAP holte sie die Männer in ihre Küche, damit sie sich wärmten, bis sie für sie gekocht habe. „Als die Suppe aufgetragen wurde, fingen die Russen an zu weinen, sie fielen vor meiner Mutter auf die Knie und küßten ihre Hände. Dann fingen sie an zu essen, erst vorsichtig, denn die Suppe war heiß, dann immer schneller, gierig schnaubend, stieren Blicks, wie Wölfe zuletzt. Nach dem zweiten Teller schickte Mutter sie wieder in den Hof mit der Bemerkung, sie dürften erst später wieder essen, da sie sonst krank würden“[416].

Mehr als die Hälfte der aus der Zivilbevölkerung Polens und der Sowjetunion zwangsverpflichteten Arbeitskräfte waren Frauen, die meisten unter 20 Jahre alt[417]. Eine aus dem Ruhrgebiet evakuierte Frau war mit ihren Kindern in einem bayrischen Dorf im Nebenhaus eines großen Hofes untergekommen; draußen vor der Hintertür hatte sie sich eine Feuerstelle für die Kochwäsche eingerichtet. Mädchen aus der Ukraine, zur Erntezeit in der Scheune untergebracht, zeigten ihr gestenreich, wie gern auch sie ihre Wäsche reinigen möchten. Von da an überließ die Mutter den Mädchen, so oft sie kamen, Feuerstelle, Kessel und sogar kostbare Seife. Die Kinder aber saßen abends in der Scheune, hörten zu, wie die Mädchen sangen, und bestaunten die Geschicklichkeit, mit der sie Strohschuhe flochten. Neugierige Dörfler schauten von fern zu, doch keiner hat ein Wort gegen diese deutsch-ukrainische Freundschaft gesagt, nicht einmal der parteihörige Dorfschullehrer.

Wer Verfemten menschlich begegnete und davonkommen wollte, brauchte Mut und Glück. Der Ortsgruppenleiter hätte der Bäuerin Schlimmeres antun können, als sie wüst zu beschimpfen. Die Kinder der aus dem Ruhrgebiet evakuierten Familie blieben von Anpöbelungen verschont, weil ihre Mutter kurz nach der Ankunft im Dorf ihre geistig behinderte vierjährige Tochter heftig gegen bösartige Angriffe verteidigt und Hilfe bei dem wortmächtigen Pfarrer gefunden hatte. Diese ‚Preußin' wollte man nicht noch einmal gegen sich aufbringen. – Eine Mutter erlaubt, daß ein Russe ihr Kind streichelt; eine Bäuerin kocht für Zwangsarbeiter; eine Frau überläßt Ostarbeiterinnen ihren Waschkessel. Zur gleichen Zeit haben andere Deutsche millionenfach abscheuliche Verbrechen begangen. Wozu an menschliche Zuwendung erinnern, die am bösen Geschichtsverlauf nichts geändert hat und letztlich ebensowenig am Schicksal jener Verachteten? So könnte man auch bei der folgenden Szene fragen.

In einem Haus residierte die HJ und ein Stockwerk höher der BDM. Erika A., 19 Jahre alt, ist mit ihrer Mädelgruppe und der Bannführerin im oberen Stock. Sie hören, wie im Stockwerk unter ihnen jemand entsetzlich schreit. Da wird gefoltert! Die Bannführerin stampft mit den Füßen auf den Boden und ruft „Aufhören! Aufhören!" Daß das keine Kleinigkeit war, zeigt die Fortsetzung der Erzählung. Nach langen Jahren hat Erika A. die ehemalige Bannführerin wiedergesehen und ihr gesagt: „Ich werde dir das nie vergessen, daß du gerufen hast: Aufhören!" Die antwortete: „Du, ich bin runtergegangen und habe gesagt, aufhören! Und die *haben* aufgehört!"[418]. Sie staunte immer noch über ihren Erfolg. Ebenso bemerkenswert ist die Tatsache, daß Erika A., die von diesem Erfolg nichts wußte, die Szene nach langer Zeit noch gegenwärtig war.

In jenem verbrecherischen Staat bekamen Jugendliche mit, wie alltäglich es war, daß Mitmenschen verachtet und mißhandelt wurden. Wer das nicht schweigend ansehen konnte, wagte viel, wenn er sich für Gequälte einsetzte. In Szenen wie den hier geschilderten haben junge Menschen erlebt, daß Frauen, die ihnen viel bedeuteten, zu Hilfe bereit waren, ohne lange über etwaige Folgen nachzudenken. Auch auf diese Weise ist über die Zeit des Unrechtsstaates hinweg die Erfahrung lebendig geblieben, daß Menschlichkeit einfach nur normal ist.

Freiheitsdurstig – aufsässig – verwildert

Die HJ wurde in der Kriegszeit vollends zum Werkzeug, mit dem das Regime sich eine hörige Jugend schmieden wollte. Die Dienste nahmen zu; gleichzeitig wurden sie langweiliger, da geeignete Führer im Felde standen. Zudem wollten Jugendliche sich in der ohnehin knappen Freizeit zwischen Alarm und Schule oder Arbeit nicht von Gleichaltrigen oder gar Jüngeren herumkommandieren lassen. Lieber gingen sie in Tanzlokale oder vergnügten sich grölend auf dunklen Straßen. Aus Städten an Rhein und Ruhr wurden Klagen über rüpelhaft auftretende Cliquen von Zwölf- bis Achtzehnjährigen laut. Selbst aktive Mitglieder von HJ und

BDM machten mit. Gegen solches Treiben wurde am 9. März 1940 eine Polizeiverordnung „zum Schutz der Jugend“ erlassen. Jugendliche unter 18 Jahren durften sich während der Dunkelheit nur in Begleitung von Erziehungsberechtigten auf Straßen und Plätzen aufhalten und nach 21 Uhr keine öffentlichen Vergnügungsstätten mehr besuchen[419]. Gegen Kriegsende eingezogene Siebzehn- und Sechzehnjährige klagten: An der Front müßten sie ihr Leben einsetzen, im Urlaub dürften sie nicht einmal ins Kino gehen!

Der Streifendienst der HJ ging, von der SS unterwiesen, mit zunehmender Härte gegen Gruppen vor, die ihre Freizeit selber gestalten wollten[420]. Am 2. April 1940 wurde für die Dauer des Krieges die Dienststrafordnung der HJ verschärft; seit dem 17. September 1940 gab es neben Verweis und Ausschluß aus der HJ den ein- bis achttägigen Jugenddienstarrest. Nach einer Anweisung Himmlers vom 25. September 1940 war „dem Beschuldigten bei Antritt des Arrestes zu eröffnen, daß er bei einem Fluchtversuch zwangsweise zurückgeholt und unter Umständen ins Konzentrationslager gebracht“ werde.

HJ-Führer sahen sich berechtigt, auf eigene Faust gegen Jungen vorzugehen, die „das Erscheinungsbild der deutschen Jugend verunglimpften“. Wer eine Künstlermähne trug, lief Gefahr, gewaltsam geschoren zu werden. Im Bezirk Eichstätt richteten drei Hitlerjungen einen Friseurlehrling auf offener Straße so übel zu, daß die Mutter Strafanzeige erstattete. Beim nächsten Appell warnte der Stammführer den Jungen: „Wenn du noch einmal etwas sagst, dann hau ich dir eine runter, daß dir die Zähne den Hals runterrutschen“. Die Mutter beschwerte sich beim Bannführer; doch der erklärte nur: „Meine Buben erziehe ich“[421].

Auf den Straßen Hamburgs fielen junge Leute durch amerikanische Kleidung auf; über Freunde in der Wehrmacht besorgten sie sich aus dem Ausland Platten mit Jazz und tanzten Swing. An Rhein und Ruhr nannten sich Jugendliche, denen die HJ zuwider war, Edelweißpiraten; sie gaben sich Gleichgesinnten durch ein Edelweiß auf oder unter dem Rockaufschlag zu erkennen oder wenigstens durch bunte Stecknadeln im Kragen[422]. Am 7. Dezember 1942 wurden in Düsseldorf und Duisburg jeweils zehn Gruppen mit insgesamt 283 bzw. 260 Jugendlichen „schlagartig aufgelöst“, in Essen und Wuppertal jeweils vier Gruppen mit insgesamt 124 bzw. 72 Jugendlichen[423].

Die Jugendbanden verübten nicht nur Dumme-Jungen-Streiche. Franz Rudolf von Weiss, Schweizer Generalkonsul in Köln, berichtete nach Bern, was Verhafteten zur Last gelegt werde: In Düsseldorf hätten etwa 100 Kinder im Alter von 12 bis 16 Jahren Einbruchdiebstähle und Sabotageakte begangen; in Köln hätten 40 Jugendliche nachts Kanaldekkel hochgehoben. Nach 18 Uhr, so fährt er fort, trauen sich fünfzehn- bis achtzehnjährige Kriegsdienst-Helferinnen nicht mehr zum Dienst, weil sie fürchten, von Edelweißpiraten verprügelt zu werden. BDM-Mädchen seien nachts in den Volksgarten gelockt und nackt an Bäume gefesselt worden[424].

Freiheitsdurst, Widerstand gegen das Regime und Rowdytum gingen oft ineinander über. In Köln-Ehrenfeld waren Jungen unter Führung des 16jährigen Barthel Schink in die NSDAP-Bezirksstelle eingebrochen; die dabei erbeuteten Lebensmittelkarten gaben sie an untergetauchte Ostarbeiter und KZ-Flüchtlinge weiter. Zu Führers Geburtstag (20. 4. 1944) brachten sie einen Zug zum Entgleisen[425]. – Verwahrlosung und Kriminalität nahmen zu; im Jahr 1941 wurden an die 11.000 Jugendliche rechtskräftig verurteilt; 1937 waren es 6.000 gewesen.

Junge Menschen konnten noch von Glück sprechen, wenn sie, vor Gericht einer Straftat überführt, dazu verurteilt wurden, sich sogleich, ohne die Einberufung abzuwarten, zum RAD oder zur Wehrmacht zu melden. Wohlwollende Richter entzogen sie damit nicht nur ihrem kriminellen Umfeld, sondern brachten sie auch in Sicherheit vor viel schärferen Maßnahmen. Ordentliche Gerichtsverfahren wurden kaum noch abgewartet; schnelle Abhilfe gegen die wachsende Jugendkriminalität versprachen sich die Machthaber vom harten Zupacken der Polizei. Welche Rechte diese hatte und welche Strafen sie verhängen konnte, wurde jedoch immer unübersichtlicher. „Streng vertraulich" hatte Himmler im Oktober 1944 die ihm unterstellte Gestapo angewiesen, „jugendliche Cliquen" zu bekämpfen[426]. Wer an ‚undeutschen' Verhaltensweisen Gefallen fand und damit den Wehrwillen schwächte, hatte mit dem Schlimmsten zu rechnen. Auch gegen Jugendgruppen, denen weder kriminelle Taten noch offene Opposition zur Last gelegt werden konnten, ging die Polizei mit nacktem Terror vor. Himmler hatte befohlen, der Swing-Begeisterung radikal ein Ende zu bereiten. Am besten weise man „alle Rädelsführer in ein Konzentrationslager" ein, wo sie zunächst verprügelt und dann mehrere Jahre lang in schärfster Form zur Arbeit gezwungen werden müßten[427]. Am 10. November 1944 zeigte das Regime in aller Öffentlichkeit, daß es zu noch größerer Brutalität fähig war: In Köln-Ehrenfeld wurden 13 Edelweißpiraten aus Köln von der Gestapo öffentlich gehängt, einer davon war Barthel Schink[428].

Von *einer* Form erschreckender Verwahrlosung sollte die Bevölkerung jedoch nichts erfahren. An Garnisonsorten trugen selbst zwölf- und dreizehnjährige Mädchen zur Belustigung deutscher Soldaten bei. Damit das Bild der Wehrmacht makellos bleibe, durfte das Vorgehen der Polizei gegen diese Mädchen kein Aufsehen erregen. Berichte wurden mit dem Vermerk „Nur für den Dienstgebrauch“ unter Verschluß gehalten. Nur die Behörden erfuhren: „Uneheliche Geburten nehmen signifikant zu“; nach ärztlichen Untersuchungen seien „bis zur Hälfte der Aufgegriffenen geschlechtskrank“[429].

Eine wirksame Möglichkeit, unangepaßte Jugendliche ohne langes Fackeln aus der Öffentlichkeit verschwinden zu lassen, hatte das Regime sich bereits im ersten Kriegsjahr geschaffen: die ‚polizeilichen Jugendschutzlager‘. Seit dem 15. August 1940 gab es ein solches für Jungen in Moringen, seit dem 30. März 1941 ein weiteres für Mädchen in der Uckermark.

Im ‚Jugendschutzlager‘– ohne Rechtsschutz und ausgebeutet

Von Anfang an hat das NS-Regime ganze Gruppen von Menschen diffamiert und entrechtet. Zur gleichen Zeit, in der es andere Staaten mit Krieg überzog, brachte es einen brutalen Vernichtungsfeldzug gegen die Verfemten aus der eigenen Bevölkerung in Gang. Verfolgt und ermordet wurden Asoziale, Erbkranke, Ernste Bibelforscher, Freimaurer, Gewerkschaftler, Homosexuelle, Juden, Kommunisten, Slawen, Sozialisten, unheilbar Kranke, Zigeuner. Die Liste ist weder vollständig noch genau, denn mit willkürlichen und pseudowissenschaftlichen Klassifizierungen waren Nationalsozialisten ebenso rasch bei der Hand wie mit dehnbaren Verordnungen.

Das gilt auch für den bereits am 14. Dezember 1937 veröffentlichten Erlaß, der bis zum Ende des Regimes die einzige ‚Rechts‘-Grundlage für die Einweisung in ein Jugendschutzlager bleiben sollte. Danach konnte die Polizei, ohne gerichtliche Überprüfung, eine Person auch dann in Vorbeugehaft nehmen, wenn nur zu erwarten war, daß ihr „asoziales Verhalten die Allgemeinheit gefährde“. Ergänzend hat das Reichskriminalpolizeiamt am 1. Juli 1939, zwei Monate vor Kriegsbeginn, eine ‚Reichszentrale zur Bekämpfung von Jugendkriminalität‘ eingerichtet. Sie sollte die polizeiliche Überwachung von Kindern und Jugendlichen organisieren und über die Anwendung des Vorbeugehaft-Erlasses auf Jugendliche entscheiden[430]. Hitler bevorzugte einstweilen noch Gerichtsverfahren; Polizei und SS aber nutzten die Kriegszeit, um aus eigener, angemaßter Machtvollkommenheit auf unangepaßte Jugendliche zuzugreifen.

Die Jugendschutzlager wurden in siedlungsarmen Landstrichen eingerichtet. Die Öffentlichkeit sollte nicht erfahren, was dort geschah. Einen Zeitungsartikel zur Gründung des Lagers Moringen hatte es immerhin gegeben, doch mit dem, was dort zu lesen war, konnte die

Staatspolizei zufrieden sein: Die Einweisung in dieses Lager sei nicht Strafe für eine bereits begangene Tat, sondern „rechtzeitiger Schutz der Gemeinschaft vor Asozialen und Kriminellen“[431]. Seit 1933 hatte ‚Schutz‘ eine Bedeutung, die jeder fürchten mußte, der nach den bösartigen Vorstellungen der Machthaber die Volksgemeinschaft gefährden könnte. Wer in ‚Schutzhaft‘ genommen wurde, kam auf unbestimmte Zeit ins Konzentrationslager, damit das ‚Volk‘ vor Menschen geschützt sei, die dem Regime nicht genehm waren.

Die Einweisung in Jugendschutzlager erfolgte unter der Vorgabe, die Fürsorgeheime von hoffnungslosen Fällen zu entlasten. In Moringen waren von August 1940 bis zur Auflösung des Lagers im April 1945, soweit sich das nachweisen läßt, 1.386 Jugendliche zwischen 16 und 21 Jahren eingesperrt[432]. Einer von ihnen war Eugen L., sechzehn Jahre alt. Er hatte bei seinen Eltern nie Zuwendung oder wenigstens Interesse gefunden und hatte sich ständig herumgetrieben. Nach kleineren Diebstählen griff die Polizei ihn Anfang des Jahres 1940 auf. Jugendamt, Vormundschaftsgericht und Fürsorge befaßten sich mit ihm, bis das Jugendgericht Stuttgart am 18. September 1940 entschied, Eugen sei auf Dauer in die Fürsorgeerziehungsanstalt Schönbühel einzuweisen. Doch dann stellte sich heraus, daß die Kriminalpolizei den Jungen schon am 17. August in das neu eröffnete Jugendschutzlager gebracht hatte[433]. – Im Lager Uckermark war die achtzehnjährige Theresia B. von Oktober 1942 bis November 1943 eingesperrt, weil sie sich in einen polnischen Landarbeiter verliebt hatte. Daß die beiden heiraten wollten, machte die Sache für Theresia nur schlimmer[434]. Slawisch-deutsche Mischlinge würden aus einer solchen Ehe hervorgehen, deutsches Blut wäre verunreinigt! – Kriminelle Taten hat man Eugen und Theresia nicht vorgeworfen; eingeliefert wurden sie, weil sie als asozial galten. Offizielle Verlautbarungen gaben ‚asozial‘ häufig mit ‚gemeinschaftsfremd‘ wieder; das sollte glauben machen, daß junge Menschen wie diese beiden nicht in die Volksgemeinschaft paßten. Man sollte froh sein, sie im Jugendschutzlager zu wissen.

Im Laufe der Zeit wurden immer öfter Jugendliche eingewiesen, die alles andere als Versager waren. Günter D. hatte ordentliche Leistungen aus Volksschule und Lehrzeit vorzuweisen[435]; er war weder arbeitsscheu noch erblich belastet[436]. Aber er kleidete sich nach englischem Vorbild, lehnte Marschmusik ab, beschaffte sich Platten mit Swing-Musik. Die Gestapo verhaftete ihn und brachte ihn, da er „Bestand und Sicherheit des Volkes und Staates“ gefährde, am 15. Januar 1943 nach Moringen. – Im Mai 1943 wurde Erwin R. eingewiesen. In Schule und HJ war er gut zurechtgekommen. Im Sommer 1942 hatte er mit anderen Hitlerjungen englische Flugblätter aufgesammelt und einige behalten; ein ‚Kamerad' hatte das beobachtet und Erwin denunziert. Die Polizei nahm ihn daraufhin ins Visier; es fiel auf, daß Zwangsarbeiter ihn kannten, für die er hin und wieder Botendienste übernommen hatte.

Die Lagerinsassen mußten hart arbeiten, weit mehr als die 48 Stunden in der Woche, die das am 1. Januar 1939 in Kraft getretene Jugendarbeitsschutzgesetz erlaubte[437]. Die Häftlinge fielen dem NS-Staat also keineswegs zur Last. Unternehmen konnten sie zu äußerst günstigen Löhnen mieten, „durchschnittlich 5,21 Mark pro Mann und Tag". In einem Monat standen Einnahmen von 76.713,94 Mark Ausgaben von nur 45.597,71 Mark gegenüber; es war also ein Überschuß von 31.116 Mark 23 Pfennig erwirtschaftet worden. Die Gehälter des Wachpersonals wurden aus dem Arbeitslohn der Jugendlichen bezahlt; für diese selber, heißt es in einem Bericht, sei „grundsätzlich" eine Arbeitsprämie von 10 Pfennig pro Tag genehmigt. Sie werde in eine Kasse gezahlt, aus der die Jungen „vielleicht" etwas an Verwandte überweisen dürften.

Der Überschuß erklärt sich auch durch die erbärmlichen Lebensumstände im Lager. Nach einer Besichtigung im Juli 1943 hält ein Inspektor kommentarlos fest: „Es wird alle 8 Tage, soweit die Jungen schmutzige Arbeit verrichten, geduscht, sonst alle 14 Tage." Die Zahl der Aborte sei „etwas begrenzt"; auch die Waschgelegenheiten könnten nur „als Notbehelf" gelten. Kommissionen aus Berlin, die sich über Arbeit und Löhne, sanitäre Verhältnisse und Strafen informierten, ging es um die Wirtschaftskraft dieser Lager, nicht um den Schutz der dort arbeitenden Jugendlichen. Voll Verachtung beschreibt ein Inspektor das „Menschenmaterial", das er in Moringen zu Gesicht bekommen habe; aufgefallen waren ihm „deformierte Schädel, Unterwüchsigkeit usw.", gesehen habe er ferner „eine Reihe von Zigeunern und Zigeunermischlingen, einige Judenmischlinge und sogar zwei Negerbastarde".

Die Lagerinsassen waren Sadisten ausgeliefert. In abstoßendem Jargon erklärte der Kommandant des Jungenlagers, warum er „probeweise" ohne Stockhiebe auskommen wolle: Ein „Erzieher" habe zwei geflohenen, wieder eingelieferten Zöglingen durch Mitzöglinge „eine Abreibung" geben lassen. Bei dem ersten waren „diese Prügel recht gelinde ausgefallen"; beim zweiten habe er die Jungen gereizt, „etwas derber zuzuschlagen, woraus dann das von ihm tief bedauerte Zutodeprügeln des Jungen kam". Die strengste Strafe sei nun „Strafstehen", vollzogen an freien Sonn- oder Feiertagen für einmal, zweimal oder dreimal je zwei Stunden; dabei habe der Häftling sich „etwa ½ Meter der Wand zu aufzustellen".

Die Mädchen im Lager Uckermark konnten jeden Morgen duschen, allerdings kalt; aber durchgesetzt wurde auch dieser Punkt im Tagesprogramm mit rücksichtsloser Härte. Wie Käthe A. berichtet, die seinerzeit dort inhaftiert war, nahm die Lageraufsicht dafür den Tod eines Mädchens in Kauf, das einen „offenen Fuß" hatte[438]. Die Mädchen arbeiteten barfuß im Sumpf; dann, so Käthe A., „haust dir mit der Schaufel eine rein. Nur einmal in der Woche haben wir einen Verband gekriegt. Damit der nicht naß wird, ist sie nicht unter die Dusche gegangen." Am Abend schüttete die Aufseherin ihr zur Strafe drei Eimer mit Wasser über den Kopf. „In drei Tagen ist sie tot gewesen, an Lungenentzündung gestorben." Nach Fluchtversuchen, so fährt der Bericht fort, habe man die Mädchen in das benachbarte KZ Ravensbrück gebracht; „dort haben sie 25 über den Hintern gekriegt. Da werdens auf den Block geschnallt, die Haare rasiert, dann in den Bunker." Als eine Bettnässerin sich beim Appell im nassen Hemd vor alle hinstellen mußte, regte Käthe A. sich so auf, daß sie „Wahnsinn!" schrie; dafür wurde sie mit Entzug der Kost bestraft. „Was das heißt, acht Tage kein Nachtmahl nach der Arbeit! ... Die anderen haben mir geholfen, immer!" Fielen freundliche Kontakte auf, hagelte es Strafen: Isolierung, acht Tage Arrest bei Wasser und Brot, harte Pritsche.

1942 merkten Erb- und Rasseforscher, welches ‚Material' Jugendschutzlager ihnen boten[439]. Bei den Mädchen hatten ‚Kriminalbiologen' rasch herausgefunden, ob Erziehung sich noch lohne; man bildete drei Gruppen: „Aufnahme", „Erziehungsfähige" und „Triebhafte". Bei den Jungen machte man sich vielleicht deshalb ein wenig mehr Mühe, weil die Wehrmacht dringend Soldaten brauchte. Es gab sechs Blöcke; jeder Häftling mußte das Zeichen seiner Zuordnung sichtbar auf der Kleidung tragen. Angehörige der Gruppen G , F und E (Gelegenheitsversager, fraglich Erziehungsfähige bzw. Erziehungsfähige) galten als nicht völlig hoffnungslose Fälle; „straffe Lagerzucht und angespannte Arbeit" sollten sie zu „Gemeinschaftsfähigkeit erziehen". Angehörige der übrigen Gruppen – U , S und D (Untaugliche, Störer bzw. Dauerversager) – wollte man nur noch „unter Ausnutzung ihrer Arbeitskraft" verwahren[440]. Nach einem Gespräch mit Goebbels machte Reichsjustizminister Thierack sich Notizen, die verraten, wie man das verstand: „Vernichtung asozialen Lebens" und „Vernichtung durch Arbeit". Wer sich auf Dauer als ‚gemeinschaftsfremd' erweise, werde „in Heil- und Pflegeanstalten, Konzentrationslagern usw." untergebracht – eine kaum verschleierte Umschreibung von Stätten zur Ermordung sogenannter Lebensunwerter.

Bei wem lohnt sich Erziehung? Diese Frage ist in vielen Ländern oft und seit langem erörtert worden, ohne daß man bedachte, wie sehr schon die Frage allein die Würde der Betroffenen verletzt. Deutsche haben sie mit Maßnahmen beantwortet, die man sich in solcher Konsequenz bis dahin nicht hatte vorstellen können.

„Ich mag keinen Zögling, der sich selbst und anderen unnütz ist, der allein damit beschäftigt ist, sich am Leben zu erhalten und dessen Leib der Erziehung der Seele schadet. Verschwende ich meine Fürsorge an ihn, verdoppele ich den Verlust, indem ich der Gesellschaft zwei statt nur einen Menschen entziehe." So steht es im ‚Emile', Rousseaus Schrift aus dem Jahr 1762, die bis heute nachwirkt[441]. Rousseau hatte verlangt, der Aufwand für die Erziehung der Kinder müsse sich für die Gesellschaft lohnen; über Zwischenglieder, die hier nicht aufzuführen sind, wurde daraus im Jahr 1934 eine brutale Forderung an Sonderschullehrer: „Es muß restlos Schluß gemacht werden mit den überhumanitären, krankhaften und staatsfeindlichen Schul- und Erziehungsexperimenten, wie sie im jüdisch-liberalistischen System bewußt gefördert wurden, um das gesunde und lebensstarke Geschlecht in ausgeklügelter Weise zu schwächen"[442]. Sorgfältige Erziehung Behinderter galt als niederträchtiger Angriff auf die Gesunden.

Nach dem „Reichsschulpflichtgesetz" vom 6. Juli 1938 konnte die Unterbringung geistig und körperlich behinderter Kinder „in geeigneten Anstalten und Heimen angeordnet" werden; Eltern blieb nur das Recht auf Anhörung[443]. „Jeder Groschen, der bei Sonderschulen gespart wird, kommt dem normalen Kind zugute." Nach diesem Motto wurden ‚Schwerschwachsinnige' aus den Hilfsschulen entfernt. Die Behörden verschwendeten keinen Gedanken auf die Frage, wie es auf behinderte Kinder wirkt, wenn sie aus ihrem vertrauten Umfeld gerissen werden. Längst hatten die Machthaber Böseres vor: Waren die Kinder erst einmal in „geeigneten Anstalten", konnte man sie mit wenig Aufwand umbringen.

Sonderschullehrer haben sich für ihre Schüler eingesetzt. Sogar Verantwortliche aus dem NS-Lehrerbund fragten, warum Hilfsschüler von der Kinderlandverschickung ausgeschlossen sein sollten; der Reichsleiter der NSV antwortete, auch diese Form der Betreuung sei „ausschließlich nach Richtlinien für die Beurteilung der Erbgesundheit durchzuführen"[444]. Wer war ‚erbgesund'? Die Kriterien dafür waren nirgends eindeutig festgelegt.

Damit erbkranke Kinder gar nicht erst gezeugt würden, verpflichtete das ‚Gesetz zur Verhütung erbkranken Nachwuchses' Ärzte, Gemeindeschwestern, Hebammen und Leiter einer Anstalt (vom Kinderheim bis zum Gefängnis), ‚Erbkranke' den 1933 neu eingerichteten Erbgesundheitsgerichten zu melden[445]. Wer der Aufforderung, sich einem dieser Gerichte zu stellen, nicht nachkam, wurde polizeilich vorgeführt. Bis 1945 sind nach meist schnell gefällten Urteilen 200.000 bis 350.000 Personen zwangsweise sterilisiert worden, darunter zahlreiche Kinder[446]. Eine breit angelegte Kampagne sollte der Bevölkerung zeigen, daß die Ausgaben für Asoziale, Minderwertige, Schwachsinnige untragbar hoch seien. Schüler hatten auszurechnen, was den Gesunden entgehe. Eine Aufgabe beziffert die täglichen Kosten für einen Geisteskranken mit 4 RM, die für einen Krüppel mit 5,50 RM, die für einen Verbrecher mit 3,50 RM. Andererseits heißt es, viele Beamte verdienten pro Kopf ihrer Familie täglich nur 4 RM, Angestellte kaum 3,50 RM, ungelernte Arbeiter noch keine 2 RM. „Stelle diese Zahlen bildlich dar. – Nach vorsichtigen Schätzungen sind in Deutschland 300.000 Geisteskranke, Epileptiker usw. in Anstaltspflege. Was kosten diese jährlich insgesamt?"[447]

Wer nicht genau hinsah, mochte meinen, die Regierung bezwekke nur die „Unfruchtbarmachung". Eine Gesetzesänderung mit dem irreführenden, bis in die 1970er Jahre gebrauchten Wort ‚Schwangerschaftsunterbrechung' hatte jedoch schon 1935 die Tötung ungeborener Kinder befürwortet[448]. War eine zur Zwangssterilisation verurteilte Frau schwanger, wurde ihr Kind abgetrieben. Der Meyer verteidigte die Sterilisierung als „Vorsorge für das kommende Geschlecht" gegen die Kritik der Kirche und das „Geschrei" aus dem Ausland; nicht zu Unrecht weist er auf ähnliche Regelungen in vielen Staaten hin[449]. Ein unseliger Zeitgeist hatte Meinungsführern auch in anderen Ländern den Blick getrübt. Alexis Carrel, Nobelpreisträger für Medizin, hatte in einem viel beachteten Buch auf die „gigantischen" Kosten aufmerksam gemacht, die der Betrieb von Gefängnissen und Irrenanstalten und der Schutz der Öffentlichkeit vor Banditen und Verrückten verursache. „Eine Euthanasieeinrichtung, ausgestattet mit geeignetem Gas, würde erlauben, sich dieser auf humane und ökonomische Weise zu entledigen." Carrel benützt drei Worte, die inhaltsschwer werden sollten: Euthanasie, geeignetes Gas, auf ökonomische Weise. In Frankreich ist man nicht den Weg bis zur systematischen Vernichtung der Behinderten gegangen; aber Zigtausende von ihnen hat man vernachlässigt und verhungern lassen.

In Deutschland wurde am 31. August 1939, einen Tag vor Kriegsausbruch, der Zwang zur Sterilisierung Erbkranker eingeschränkt; er gelte nur noch „bei großer Fortpflanzungsgefahr". Mancher wird aufgeatmet haben, ohne zu ahnen, daß dies nur ein Aufschub sein sollte; denn der Gesetzgeber gebot gleichzeitig: „Keine Einschränkung der Anzeige Erbkranker". Wer für den Krieg brauchbar war, sollte zuerst an die Front; anhand der weiter geführten Listen könnte man später immer noch gegen Erbkranke vorgehen[450].

Unter dem Deckmantel kriegsbedingter Nachrichtensperre setzte das Regime seine Vorstellungen von Volksgesundheit noch weit bösartiger durch. Eine Reichsdienststelle erfaßte seit dem 9. Oktober 1939 die Patienten der Heil- und Pflegeanstalten; 65.000 bis 70.000 dieser Menschen sollten getötet werden. Nach der Adresse der Dienststelle in Berlin, Tiergartenstraße 4, erhielt das Mordprogramm den Decknamen ‚Aktion T4'. Ende Oktober 1939 unterzeichnete Hitler folgenden Erlaß: „Reichsleiter Bouhler und Dr. med. Brandt sind unter Verantwortung beauftragt, die Befugnisse namentlich zu bestimmender Ärzte so zu erweitern, daß nach menschlichem Ermessen unheilbar Kranken bei kritischster Beurteilung ihres Krankheitszustandes der Gnadentod gewährt werden kann"[451]. Der Erlaß war auf den 1. September 1939 rückdatiert, auf den Tag des Kriegsbeginns. Hitler hatte allen Grund, den Erlaß geheim zu halten; noch augenfälliger als viele andere Maßnahmen seines Regimes widersprach die Verordnung geltendem Recht[452] und blieb doch die einzige ‚Rechts'-Grundlage für eine Aktion, die bis Herbst 1941 zur Ermordung von etwa 20.000 Kindern und 100.000 Erwachsenen geführt hat[453]. Mit dem Euphemismus „Gnadentod" verschleierten Hitler und seine Zuarbeiter das Ungeheuerliche der Maßnahme. Ein Euphemismus ist aber auch die bis heute viel verwendete Bezeichnung ‚Euthanasie', *eu*, schön, war der Tod (*thanatos)* dieser Menschen nicht.

Der Tod von Menschen, die von ihren Familien geliebt und von ihren Pflegern umsorgt waren, konnte nicht geheim bleiben. Im August 1940 verboten die Bischöfe katholischen Einrichtungen, bei einer staatlich verfügten Verlegung von Kranken mitzuwirken[454]. Der Direktor der St. Josefsanstalt Herten (Westf.), eines Heims für behinderte Kinder und Schulentlassene, hatte am 11. Juni 1940 dem Abtransport einer Anzahl der ihm Anvertrauten noch zugestimmt; am 20. August verweigerte er die Mitwirkung. Menschen aus der Umgebung scharten sich um die bereitstehenden Autobusse; es entstand ein „heilloses Durcheinander"; der Bürgermeister schrieb „Haarmann" in den Staub, den Namen eines Massenmörders. Behinderte, die sich wehrten, wurden mit Gewalt in die Wagen gezerrt. Schließlich ordnete der Anstaltsleiter zwei Schwestern ab, den Kranken „Veronikadienste" zu leisten. Wenigstens zwanzig Kranke konnte der Anstaltsdirektor noch zurückbehalten, doch am 26. September sahen die Schwestern sich wieder zu Veronikadiensten genötigt[455].

Verantwortungsbewußte Heimleiter, die von der bevorstehenden Räumung erfuhren, flehten die Eltern an, umgehend ihr Kind zu sich zu holen, da es sonst in eine „andere Anstalt verlegt" werde. Aus einem Heim in Mosbach (Baden) wurden 71 Kinder nach Hause geholt; um 27 kümmerte sich niemand[456]. War ein Kind erst in den Fängen der Kommission, mühten Eltern sich vergeblich. Ein Vater wollte seine Tochter in Herten besuchen und hörte, sie sei nach Zwiefalten (Schwaben) verlegt worden. Er fuhr ihr nach und fand seine Antonie, gesund und glücklich, ihn zu sehen. Doch warum sitzt sie in einem Raum, in dem nur ein Tisch und zwei Stühle stehen, und was bedeutet die Nummer auf ihrer Hand? Beunruhigt, will er sein Kind mit nach Hause nehmen; die Ärztin verweigert es ihm. Bald darauf erfährt er, Antonie sei nach kurzer Krankheit gestorben[457].

Das Kloster Zwiefalten war Zwischenstation auf dem Weg zu Schloß Grafeneck, einer der sechs eigens eingerichteten Mordstätten. Sie waren mit Gaskammern ausgestattet, in denen man schnell und mit geringem Aufwand viele Menschen umbringen konnte. Die Mordanstalten lagen weit über das Reichsgebiet verstreut. Wenn Eltern lange Reisen machen mußten, um ihr Kind zu sehen, waren die Mörder sicherer vor lästigen Besuchern[458]. Um weitere Spuren zu verwischen, wurden die Opfer durcheinandergewürfelt. Zudem waren sie leichter zu handhaben, wenn sie unter denen, die mit ihnen in die Gaskammer gestoßen wurden, kein vertrautes Gesicht sahen. Sie starben qualvoll, zusammengepfercht mit vielen anderen, jeder ganz allein.

Den Familien der Ermordeten teilte man mit, ihr Angehöriger sei an Angina, Grippe, Lungenentzündung oder einer anderen Krankheit gestorben; auf Anforderung erhielten sie sogar eine Urne mit Asche. Zur Ausstattung der Mordanstalten gehörte ein Krematorium; mit der umgehenden Einäscherung ließen sich Spuren löschen und Kosten sparen. Etwa 50 Ärzte und Techniker kannten Umfang und Tragweite der Maßnahme; bald darauf haben sie ihre Erfahrungen für die Vernichtung der Juden zur Verfügung gestellt[459]. – Die Eltern der kleinen Antonie, die der Vater in Zwiefalten noch einmal gesehen hatte, wußten wenigstens, daß es wirklich ihr Kind war, dem sie die letzte Ruhestätte bereiteten. Antonie konnte im Sarg bestattet werden. Bei der Gerichtsverhandlung nach 1945 erklärte die Ärztin, sie habe dem Kind eine Spritze gegeben, um der Familie die Urne zu ersparen.

Aus parteiinternen Berichten geht hervor, daß Menschen in der Umgebung der Anstalten von den Morden wußten. So meldete der Ortsgruppenleiter von Absberg (Franken) am 24. Februar 1941, in seiner Gegend sage man, es müsse um den Staat schlecht bestellt sein; „sonst könnte es nicht vorkommen, daß man diese armen Menschen einfach zu Tode befördert, damit man die Mittel, die bisher für den Unterhalt dieser Menschen zur Verfügung standen, nunmehr zur Kriegsführung frei macht“[460]. Bischof Hilfrich von Limburg schickte ein Protestschreiben an den Reichsjustizminister: „Öfter in der Woche kommen Autobusse mit einer größeren Anzahl solcher Opfer in Hadamar an. Schulkinder der Umgegend kennen diese Wagen und reden: »Da kommt wieder die Mordkiste.« Nach der Ankunft solcher Wagen beobachten die Hadamarer Bürger den aus dem Schlot aufsteigenden Rauch und sind von dem ständigen Gedanken an die Opfer erschüttert ... Kinder, einander beschimpfend, tun Äußerungen: »Du bist nicht recht gescheit, du kommst nach Hadamar in den Backofen«"[461]. – Öffentliche Empörung blieb aus. Wollte man den Führer auf dem Weg zum großen Sieg nicht mit Beschwerden über Mißstände behelligen, für die man nicht ihn, sondern untere Behörden verantwortlich machte? Amtsträger beider Kirchen erhielten auf Eingaben bestenfalls nichtssagende Eingangsbestätigungen[462].

Vergeblich hatte auch Clemens August Graf von Galen, Bischof von Münster, am 28. Juni 1941 Anzeige wegen Mordes bei der Staatsanwaltschaft Münster erstattet[463]. Am 3. August 1941 trat er mit einer aufrüttelnden Predigt in der überfüllten Lambertikirche in Münster an die Öffentlichkeit: „Hier handelt es sich um Menschen, unsere Mitmenschen, unsere Brüder und Schwestern. Arme Menschen, kranke Menschen, unproduktive Menschen meinetwegen! Aber haben sie damit das Recht auf Leben verwirkt? Hast du, habe ich nur so lange das Recht zu leben, solange wir produktiv sind, solange wir von anderen als produktiv anerkannt werden?" Der Bischof warnte, es brauche ja „nur irgendein Geheimerlaß anzuordnen, daß das bei Geisteskranken erprobte Verfahren auf andere ‚Unproduktive' auszudehnen ist, daß es auch bei den unheilbar Lungenkranken, bei den Altersschwachen, bei den Altersinvaliden, bei den schwerkriegsverletzten Soldaten anzuwenden ist. Dann ist keiner von uns seines Lebens mehr sicher. Irgendeine Kommission kann ihn auf die Liste der ‚Unproduktiven' setzen, die nach ihrem Urteil ‚lebensunwert' geworden sind. Und keine Polizei wird ihn schützen und kein Gericht seine Ermordung ahnden und den Mörder der verdienten Strafe übergeben"[464]. – Zum Eindruck dieser Predigt schreibt der Historiker Gerhard Ritter kurz und treffend: „Als man im engsten Umkreis Hitlers erwog, Graf Galen schleunigst aufhängen zu lassen, meinte Goebbels, dann könne man ruhig ganz Westfalen während des Krieges abschreiben"[465].

Um die Proteste zum Schweigen zu bringen, wurde die Euthanasie im Herbst 1941 offiziell eingestellt. Doch nach wie vor wurde sie als notwendig, ja, als Tat der Nächstenliebe propagiert. In Kinos lief seit dem 29. August 1941 der Spielfilm ‚Ich klage an', der anrührend von der ‚Erlösung' einer unheilbar kranken Frau erzählt. Ein runder Erfolg wurde der Film nicht. Ernst Rüdin, Direktor der Deutschen Forschungsanstalt für Psychiatrie und eigens zur Beobachtung bestellt, meldete am 21. September 1941 der T4-Zentrale: „Von einer Frau in meinem Rücken hörte ich, »das ist ein Propagandafilm für etwas, was eine schon beschlossene Sache ist«"[466]. Konrad von Preysing, Bischof von Berlin, protestierte in einer Predigt in der St.-Hedwigs-Kathedrale am 2. November 1941 gegen solche Propaganda; nur in drei Fällen, so erklärte der rechtskundige Bischof, sei die Tötung eines Menschen erlaubt: zum Schutz des Vaterlandes in einem gerechten Krieg, zur Bestrafung eines Verbrechers durch die rechtmäßige Obrigkeit, zum Selbstschutz, wenn ein ungerechtfertigter Angriff nicht anders abzuwehren sei. „Jede andere Tötung ist schwere Sünde, schwere Schuld, ob es sich um das Kind im Mutterleib handelt oder um alte, gebrechliche, geisteskranke Menschen, um sogenannte ‚lebensunwerte' Existenzen"[467].

Proteste änderten nichts daran, daß Schüler nach wie vor auszurechnen hatten, welch ungeheure Last die Gesunden zu tragen hätten. Erhalten geblieben ist eine Arbeit vom 26. November 1943. Schön untereinander und gefällig eingerückt hat ein Schüler seine Rechnungen aufgeschrieben: Ein Geisteskranker koste die Allgemeinheit täglich 8 RM, jährlich also 2.920 RM, in 40 Jahren 116.800 RM. Bei 199.028 Geisteskranken (im Jahr 1935) komme man auf Kosten in Höhe von 581.161.760 RM pro Jahr[468]. Mehr als 581 Millionen! Das überstieg die Vorstellungskraft. Und das für Idioten?! Ein Blick auf Rüstungsausgaben hätte gezeigt, wie moderat die Kosten waren, die Behinderte verursachten; doch solche Aufgaben standen in keinem Rechenbuch. Suggestive Bilder unterstrichen die Bedeutung der Zahlen. Ein Schulbuch zeigt vor dem Hintergrund einer Heilanstalt einen jungen Mann, niedergedrückt von einem Balken auf seinen Schultern, auf dessen Enden zwei Gestalten hocken. „Hier trägst Du mit. Ein Erbkranker kostet bis zur Erreichung des 60. Lebensjahres im Durchschnitt 50.000 RM"[469].

Der Krieg lieferte neue Argumente, das ‚Programm' fortzuführen. Man verbreitete, Hitler sei der Gedanke unerträglich, daß ein Geisteskranker in einem Bett liege, das einem Schwerverwundeten fehle[470]. Pflegeanstalten wurden in Krankenhäuser umgewandelt, aber auch in Adolf-Hitler-Schulen, nationalpolitische Erziehungsanstalten, Heime für die Kinderlandverschickung. Offizielle Berichte sprechen von den dahinter stehenden massenhaft vollzogenen Verbrechen wie von gelungenen Verwaltungsakten; man zählte die freigewordenen „Betten von Desinfizierten", d.h. von Menschen, die vergast worden waren[471].

Nachdem die Mordanstalten in Verruf geraten waren, wurden ‚Kinderfachabteilungen' von Heil- und Pflegeanstalten tätig. Ärzte und Krankenschwestern gaben Kindern tödlich wirkende Mengen von Medikamenten, oder man ließ die Kleinen verkommen und verhungern. So kamen von 1941 bis 1945 in Kaufbeuren-Irsee 209 Kinder ums Leben,

37 Prozent der dort Eingewiesenen[472]. Wie gefühllos Ärzte untereinander vom Mord an Kindern sprachen, belegt ein Briefwechsel unter Kollegen. Der Direktor der Heil- und Pflegeanstalt Niedernhart (Linz/Donau) wollte im März 1945 mit seiner Familie, „hauptsächlich wegen der Kinder", in eine ruhigere Gegend ziehen; er erhielt ein Angebot: „Treten Sie inkognito als Oberarzt in unsere Heilanstalt Solbad Hall ein und organisieren Sie dort die Reduzierung des Krankenbestandes"[473]. – Am 7. August 1943 wurden 76 Kranke, darunter 28 Kinder, aus Alsterdorf (Hamburg) nach Eichberg (Hessen) gebracht. Der Arzt, der sie in Empfang nahm, hat sie offenbar nicht einmal angesehen; 1946 sagte er vor Gericht: „Die Kinder waren so hinfällig, daß viele alsbald starben. Möglicherweise war ein Teil auch schon tot"[474].

Manche Kinder ahnten, was auf sie zukam. Ernst war als Vierzehnjähriger in eine Kinderfachabteilung eingeliefert worden. Ein Zeuge schilderte ihn 1948 vor Gericht als „aufgeweckt", „brauchbar", „stahl wie ein Dackel". Eines Tages habe er einem Pfleger ein Bild geschenkt, auf dem „zum Andenken" gestanden habe. Auf die erstaunte Frage, was das bedeute, habe Ernst geantwortet: „Ich lebe nicht mehr lange." Als er sich weigerte, vergiftete Nahrung zu sich zu nehmen, brachte man ihn in ein Einzelzimmer; zwei Männer hielten ihn fest, und eine Schwester spritzte das tödliche Mittel.

Finstere Prophezeiungen des Bischofs von Münster wurden wahr; ermordet wurden auch „Bombengeschädigte mit Verwirrungszustand". Eine Zeugin berichtete tief erschüttert: Oberpflegerin E. „bekam im Juni 1944 einen Transport alter Mütterchen, die in Stettin ausgebombt waren. Es waren etwa 500 alte, abgeklapperte Frauen. Die E. mußte sie auf Anweisung von Dr. Motz und Dr. Wernicke beseitigen. Das war nach so schweren unverschuldeten Erlebnissen das Ende nach arbeitsreichem Leben"[475]. Wahrscheinlich hatte das Regime unlängst viele der „Abgeklapperten" mit dem Mutterkreuz ausgezeichnet.

In der Kinderfachabteilung von Brandenburg-Görden wurden Ärzte und Schwestern für die Euthanasie ausgebildet; als ‚Material' dienten behinderte Kinder aus dem Lebensborn, etwa 150 Jungen und Mädchen wurden hier ermordet[476]. Auch für die toten Kinder hatte man keinen Funken Anstand übrig; die ‚Reichsausschußkinder' sollten noch wissenschaftlichen Nutzen bringen; man überließ sie daher dem Kaiser-Wilhelm-Institut für Hirnforschung. Sorge machte die Verwaltung sich nur um die Täter; Ärzte, Krankenschwestern und die Sekretärin, die an der Ermordung beteiligt waren, erhielten am 22. November 1943 „Sonderzuwendungen"[477].

Überall setzte Unmenschlichkeit sich nicht durch. In Lübeck blieben Behinderte vor dem Tod bewahrt. ‚Vorwerk', ein Heim für epileptische und geistesschwache Kinder, getragen vom ‚Verein zur Fürsorge für geistesschwache Kinder', sollte 1942 aufgelöst werden. Lübecker Tageszeitungen schmähten die in dem Heim geleistete Arbeit als „unsittlich". Am 29. März 1942 ließ ein Bombenangriff die Stadt in Flammen aufgehen. Vorwerk blieb verschont und nahm viele Ausgebombte auf. „Da schwiegen die Stimmen der Unverständigen." Als die Besatzungsmacht zum 7. März 1946 das Heim beschlagnahmen wollte, setzten karitative Organisationen, auch solche in Schweden und England, sich dafür ein, daß den behinderten Kindern das Haus erhalten blieb. Einer dieser Bittbriefe schildert die dort geleistete Arbeit; danach lebten am 12. Februar 1945, also noch zur Zeit des NS-Regimes, 299 Kinder in dem Heim. In vier Klassen wurden mehr als 100 von ihnen unterrichtet; die Eltern zahlten, soweit sie dazu in der Lage waren, 27 bis 54 RM im Monat für Unterkunft, Verpflegung, Kleidung, Arzt und Erziehung. Da das Heim über neun Hektar Land verfügte, war es „nicht auf öffentliche Gelder angewiesen"[478].

Mancherorts ging das Morden nach Ende des Krieges weiter. So erhielt der vierjährige Richard aus Ihringen am 29. Mai 1945, dreiunddreißig Tage nach der Einnahme Kaufbeurens durch die Amerikaner, in der dortigen Anstalt die tödliche Spritze[479]. In den Nachkriegsjahren sind in Pflegeheimen mehr Menschen dem Hunger als zuvor dem Euthanasie-Programm zum Opfer gefallen[480].

Kinder erfahren, was es bedeutet, Jude zu sein

Schwer lastet beim Rückblick auf die Geschichte der Kindheit in den vierziger Jahren die Erinnerung an verfolgte und ermordete jüdische Kinder. Mehr noch als bei Berichten von anderen bedrückenden Geschehnissen bleibt unsere Darstellung unzureichend. Wir nennen einige Namen, erwähnen wenige Einzelschicksale; eigentlich müßte Anklage und Klage um jedes dieser vielen tausend Kinder erhoben werden.

Am 30. Januar 1939 hat Hitler in einer Reichstagsrede unverhohlen „die Vernichtung der jüdischen Rasse in Europa" als Ergebnis eines künftigen Weltkrieges angekündigt[481]. Zwei, drei Jahre später war die Voraussetzung geschaffen, um diese Drohung wahr zu machen; die Wehrmacht hatte weite Teile Europas erobert. Hitler hat seinen Haß auf die Juden nie verhüllt, sein böses Ziel jedoch zunächst nur mit einzelnen Maßnahmen angesteuert. Wenige Wochen nach der Machtergreifung, am 1. April 1933, riefen Nationalsozialisten zu einem reichsweiten ‚Judenboykott' auf. Uniformierte Parteigenossen beschimpften harmlose Bürger, die das Geschäft, die Praxis oder das Büro eines Juden betreten wollten. Von nun an sahen Juden sich immer weiterer elementarer Rechte beraubt, jüdischen Kindern wurde eine Freude nach der anderen verwehrt. Vor dem Eingang von Eisdiele und Museum, Schwimmbad und Zoo hingen Schilder wie „Juden unerwünscht". Noch zynischer war das infame UND auf dem Plakat einer Eisbahn: FÜR HUNDE UND JUDEN VERBOTEN[482]. Auf einer Tafel am Ortseingang von Eschenbach (Franken) prangten die Worte: „Der Vater der Juden ist der Teufel"[483]. In der Schule lernten Kinder, die jüdische Rasse bringe nichts als Verderben; „unsichtbare Mauern" wurden aufgerichtet[484]. „Plötzlich hatte ich keine Freunde mehr. Ich hatte keine Freundinnen mehr, und viele Nachbarn hatten Angst, mit uns zu reden. Manche von den Nachbarn, die wir besuchten, sagten zu mir: »Komm nicht mehr, weil ich Angst habe. Wir sollen keinen Kontakt zu Juden unterhalten«."[485]

Die bedrückende Atmosphäre blieb nicht vor der Haustür zurück. Jüdische Kinder lebten mit Eltern, die um ihren Lebensunterhalt, bald auch um ihr Leben fürchten mußten. In Ausweise der Juden war der Vorname Sara bzw. Israel einzufügen. Manchem Kind, das bis dahin kaum Vorstellungen von der Geschichte des Judentums hatte, wird nun erklärt worden sein, warum es stolz auf diese Namenserweiterung sein durfte, selbst wenn Juden damit aus der Gemeinschaft der Deutschen ausgeschlossen sein sollten[486]. Oft verschwiegen Eltern ihre Sorgen, ohne zu bedenken, wieviel schwerer es für ein Kind sein kann, wenn es keine Worte für den Druck hat, der auf der Familie lastet. Erklärungen wurden notwendig, wenn Eltern sich zur Flucht entschlossen, und erst recht, wenn sie ihre Kinder allein ins Ausland schickten.

Im Herbst 1938 wurde die Bedrohung offen und brutal. Am 3. November erschoß ein siebzehnjähriger polnischer Jude in Paris einen Angehörigen der deutschen Botschaft. Seine Tat lieferte den Nationalsozialisten den schon längst gesuchten Vorwand zu bösartigen Ausschreitungen, die sie höhnisch ‚Reichskristallnacht' nannten. Am 9. November steckten sie reichsweit Synagogen in Brand, verwüsteten jüdische Kinderheime, Geschäfte und Wohnungen. Kinder sahen ihre Eltern ohnmächtig dem Treiben der Uniformierten ausgesetzt, sie erlebten, daß Vater und Mutter sich gegen Jugendliche aus HJ und BDM nicht wehrten[487].

Wenige Tage später verkündete Reichserziehungsminister Rust, „nach der ruchlosen Mordtat" könne es deutschen Lehrern nicht mehr zugemutet werden, jüdische Kinder zu unterrichten. „Auch versteht es sich von selbst, daß es für deutsche Schüler und Schülerinnen unerträglich ist, mit Juden in einem Klassenzimmer zu sitzen"[488]. Teilnahmslos hält der Meyer fest: „1938 wurden Juden auf ihre eigenen Schulen verwiesen“[489]. Seit 1941 durften auch Halbjuden – Personen, unter deren vier Großeltern zwei Juden oder Jüdinnen waren – nicht mehr die Haupt-, Mittel- und Höheren Schulen besuchen. Überlebende erinnern sich, daß sie nach dem Wechsel auf eine jüdische Schule aufgeatmet haben. Hier brauchten sie keine Rassenlehre mehr zu lernen oder gar persönlich als Beispiele für den Rassenwahn herzuhalten. Viele waren getauft, die Eltern ebenso; ihr Vater war vielleicht stolz auf militärische Orden aus dem Ersten Weltkrieg. Doch um als Jude verfemt zu sein, genügte es ja, daß Vorfahren sich zur jüdischen Religion bekannt hatten. In jüdischen Schulen wurden unterschiedlich aufgewachsene Kinder sich ihres gemeinsamen Schicksals bewußt. Die Lehrer verstanden den Unterricht als Vorbereitung für die Auswanderung. Mädchen und Jungen sollten lernen, was ihnen in einem Land, das sie hoffentlich aufnehmen werde, nützlich sein könnte.

Da kaum ein Land bereit war, Familien mit Kindern Zuflucht zu gewähren, brachten Eltern ihre Kinder nach England in Sicherheit. Als der Ausbruch des Krieges der Aktion ein Ende setzte, waren mehr als 10.000 Kinder dem sicheren Tod entkommen[490]. Viele haben ihre Eltern nie wiedergesehen; manche haben später aufgeschrieben, wie schwer es war, allein in einer fremden Welt zu leben. Wie geht es einer Zehnjährigen, die unter solchen Umständen ihre „geliebte Puppe Ruth“, die sie seit ihrem sechsten Lebensjahr immer bei sich hatte, zugunsten bedürftiger Kinder abgeben muß? Für Kinderspiele, erklärten die Gasteltern, sei sie zu groß[491].

Im Krieg sah das Regime die Zeit für endgültige Maßnahmen gekommen. Die Niederlage Frankreichs im Sommer 1940 ermöglichte eine erste Großaktion. Aus Baden und der Pfalz wurden 6.054 Juden, Männer, Frauen und Kinder, nach Südfrankreich deportiert; ihre Versorgung überließ man internationalen Hilfsorganisationen. Als Elsbeth Kassel, Mitarbeiterin des Schweizerischen Roten Kreuzes, im November 1940 in das Lager Gurs (am Fuß der Pyrenäen) kam, wurde sie Zeugin eines Massensterbens. Täglich waren bis zu 20 Menschen zu begraben, vor allem Kleinkinder und Alte. Frau Kassel blieb drei Jahre in Gurs; sie kümmerte sich um die fast tausend Kinder, sorgte für Milchpulver, organisierte Unterricht[492].

Der Verfolgung zu entkommen, wurde fast unmöglich. Seit September 1941 mußten Juden, die älter als sechs Jahre waren, in der Öffentlichkeit den Judenstern tragen[493]. In einem Schulaufsatz aus dem Jahr 1942 heißt es: „Ein Verrat an unseren Soldaten, die jetzt im Kampf mit jüdisch-bolschewistischen Horden liegen, wäre es, wenn man mit Juden verkehrt. Sie sind gekennzeichnet worden, damit man sie verachte“[494].

Die meisten Deutschen schauten an Juden vorbei, als seien sie Luft; einem von HJ-Jungen verhöhnten Juden zu Hilfe zu kommen, wagte man nicht. Eine Polizeiverordnung vom 24. Oktober 1942 bedrohte jeden Deutschen, der in „freundschaftliche Beziehungen" zu einem Juden trete, mit Schutzhaft. Die Zeitgenossen wußten, was das bedeutete.

Die Drohung ergänzte ein Verbot, das einen Tag zuvor erlassen worden war. Seit dem 23. Oktober 1942 war Juden die Auswanderung endgültig untersagt. Es sollte für sie weder außerhalb noch innerhalb Deutschlands eine Chance geben, der Vernichtung zu entkommen. Bereits am 20. Januar 1942, auf der berüchtigten ‚Wannsee-Konferenz', hatten sich Vertreter mehrerer Reichsministerien sowie der SS und der NSDAP unter Führung von Reinhard Heydrich, Chef der deutschen Sicherheitspolizei, darauf geeinigt, wie die Ausrottung der Juden zu bewerkstelligen sei. Die in der T4-Aktion erprobte Methode sollte industriemäßig ausgebaut werden, doch auf keinen Fall sollten sich Proteste wiederholen, wie die Euthanasie sie ausgelöst hatte. Obwohl die seit langem offen betriebene Verfolgung der Juden keine vergleichbaren Reaktionen ausgelöst hatte, wurden die Mordmaschinerien außerhalb des Reiches, in besetzten Ländern des Ostens, eingerichtet; Transporte in die Vernichtungslager tarnte man mit einem unverschämten Euphemismus als ‚Umsiedlung'. Seit August 1942 wurden die Lagerinsassen von Gurs Zug um Zug nach Auschwitz deportiert und dort zu Tausenden vergast.

Zugleich wurden Drangsalierung und Entrechtung der Juden inmitten ihrer deutschen Volksgenossen weiter gesteigert. Seit dem 24. April 1942 durften Juden keine öffentlichen Verkehrsmittel mehr benutzen, bald darauf auch kein Fahrrad mehr; seit Oktober 1942 wurde an Juden, die älter als sechs Jahre waren, weder Marmelade noch Kunsthonig, weder Wurst noch Fleisch ausgegeben. Jüdische Kinder, die jünger waren, erhielten pro Tag höchstens 1/2 Liter Magermilch[495]. Am 30. Juli 1942 untersagte das Reichsinnenministerium „jegliche Beschulung jüdischer Kinder"; die jüdischen Schulen wurden geschlossen, die Kinder hatten nun auch dieses Stück Heimat verloren.

Eines der von diesem Verlust schwer getroffenen Kinder war Marion Samuel. Die Familie war nach den Schrecken des 9. November 1938 von Arnswalde nach Berlin gezogen, weil sie hoffte, in der Großstadt unbehelligt zu bleiben. Marion wohnte mit ihren Eltern in einem von einem Zigarrenladen abgetrennten Zimmer. Als die jüdische Schule in Berlin geschlossen wurde, war sie elf Jahre alt. Da die Eltern Zwangsarbeit leisten mußten, war Marion tagsüber allein. Nachbarn aus jener Zeit erinnerten sich an ein Kind, das stundenlang auf der Straße stand;

ein Mädchen anzusprechen, das den Judenstern trug, haben sie offenbar nicht gewagt. Sieben Monate dauerte dieses einsame Warten, Tag um Tag. Am 27. Februar 1943 wurden die Eltern auf ihren Arbeitsstellen und Marion zuhause verhaftet. Drei Tage und drei Nächte wartete sie zusammen mit anderen, ihr fremden Kindern auf den Abtransport. Im Zug nach Auschwitz hat sie wohl ihren Vater wiedergesehen; denn auf der Transportliste vom 3. März steht sowohl ihr Name als auch der ihres Vaters [496]. Der Vater blieb im KZ noch kurze Zeit am Leben; Marion wurde sogleich in die Gaskammer getrieben. In einer eidesstattlichen Erklärung des Lagerkommandanten Rudolf Höß vom 3. April 1946 heißt es: „Kinder in zartem Alter wurden unterschiedslos vernichtet, da sie aufgrund ihrer Jugend unfähig waren zu arbeiten“[497].

An dem Tag, an dem Marion verhaftet wurde, sollten bei einer Großrazzia 11.000 Juden gefaßt werden; etwa 4.000 von ihnen konnten entkommen [498]. Marions Eltern waren fremd in Berlin, keiner hatte sie gewarnt, keiner hatte Hilfe angeboten. – Anderen Eltern gelang es, wenigstens ihre Kinder bei ungefährdeten Verwandten oder Freunden unterzubringen, bei denen sie dann unter neuem Namen als deren Neffen oder Nichten lebten. Vier Kinder, die damals in die Niederlande geschmuggelt worden sind, seien – stellvertretend für Tausende anderer – mit Namen genannt. Leni Valk aus Goch (bei Kalkar, am Niederrhein) war fünf Jahre alt, als ihre Eltern sie in die Obhut eines Verwandten in den Niederlanden geben wollten. Ein Freund der Familie nahm das Mädchen mit bis Boxmeer, kaufte ihr dort eine Fahrkarte und gab ihr ein Schild: „Bitte, helft dem Kind. Zielort Leeuwarden“. Leni ist bei ihrem Onkel angekommen und hat überlebt. – Ein anderer Fluchthelfer brachte drei Kinder der Familie Cohen über die Grenze. Der siebenjährige Herbert wurde gefaßt und deportiert; Margot und Gabriel, acht bzw. fünfzehn Jahre alt, kamen durch[499].

Nur angedeutet sei, wie hart die Trennung von den Eltern, der Verlust der Geschwister, die Annahme einer anderen Identität die Kinder ankam. Das Leben war noch relativ einfach, wenn ein untergetauchtes Kind sich draußen bewegen konnte; doch auffallen durfte es auf keinen Fall. Jungen wurde eingeschärft, nur allein zur Toilette zu gehen. Manchem wurde erst dadurch bewußt, daß er anders war; bis dahin hatte niemand ihm die Beschneidung erklärt. Weit schwerer noch hatten es Kinder, die im Untergrund ausharren mußten, oftmals weitergegeben von Versteck zu Versteck. Womit sich beschäftigen? Und wie den Helfern, die immer neue Strategien auszudenken hatten, möglichst wenig Ungemach bereiten?

In Berlin war das Jüdische Krankenhaus eine Zufluchtsstätte für verlassene Kinder, zugleich aber auch ein Ghetto, von dem aus Menschen in Konzentrationslager deportiert wurden. Die Sozialabteilung des Hauses mühte sich, ‚arische' Verwandte der Kinder ausfindig zu machen; manche Antwort auf solche Anschreiben zeugt von familiären Tragödien. Eine Mutter will ihren Sohn nicht zu sich nehmen, bis das Gericht entschieden habe, ob er Jude sei; nachdem dieses den Jungen als solchen definiert hat, wird er deportiert. Ein ‚Arier' hat sich von seiner jüdischen Ehefrau getrennt und ist nicht bereit, sein Kind zu retten[500].

Sieben Monate lebte die vierzehnjährige Cordelia Hoffmann im Jüdischen Krankenhaus. Ihre Geschichte bezeugt, wie weit bösartiger Irrsinn gehen kann. Um dieses Mädchen der Vernichtung preisgeben zu können, haben Beamte sie aufgefordert, sich zu ihrer deutschen Staatsangehörigkeit zu bekennen! Cordelia war die uneheliche Tochter der ‚halbjüdischen' Schriftstellerin Elisabeth Langgässer und des Juden Hermann Heller; sie trug jedoch den Namen ihres arischen Stiefvaters. Dennoch fürchtete ihre Familie um sie und war froh, daß ein spanisches Ehepaar sie adoptierte. Mutter und Tochter wurden von der Gestapo vorgeladen. Die Vierzehnjährige sollte unterschreiben, daß sie neben der spanischen auch die deutsche Staatsangehörigkeit habe und sich den Rassegesetzen unterwerfe; weigere sie sich, werde ihre Mutter wegen Hochverrats bestraft. Als Halbjüdin mit arischem Mann war Elisabeth Langgässer vor Deportation geschützt, aber ihre als volljüdisch geltende Tochter dem Zugriff des Staates zu entziehen, galt als todeswürdiges Verbrechen. Cordelia hat sich geopfert[501]; sie wollte ihren drei kleinen Stiefgeschwistern die Mutter erhalten. Das junge Mädchen wurde im Jüdischen Krankenhaus interniert und im März 1943 nach Auschwitz deportiert. Als das Schwedische Rote Kreuz sie rettete, war sie schwer krank; ihre innere Verwundung ist nie verheilt.

Seit 1942 erfuhr der Schweizer Generalkonsul in Köln mehrfach von rigorosen Maßnahmen deutscher Behörden gegen Personen aus Mischehen. Am 21. Oktober 1942 berichtete er: Eine ‚nichtarische' Mutter dreier Kinder war katholisch, ihr arischer Mann ebenfalls. Als ihr Mann gestorben war, erhielt sie die Mitteilung, sie werde in den nächsten Tagen nach Osten abtransportiert; die Kinder werde man in einem Kölner Waisenhaus unterbringen[502]. In einer Mischehe lebte auch die Jüdin Lilli Jahn. 1926 hatte sie einen Arier geheiratet; fünf Kinder waren aus dieser Ehe hervorgegangen. Um ihrem Mann eine neue Ehe zu ermöglichen, willigte Frau Jahn 1942 in die Scheidung ein. Bald darauf wurde sie deportiert, zuerst in das Arbeitslager Breitenau; 1944 wurde sie in Auschwitz ermordet. Ihren Kindern blieb die Verlegung in Heime erspart; unterstützt durch ihren Vater, schlugen sie sich allein durch. Erst Jahrzehnte später fand sich im Nachlaß des einzigen Sohnes, Gerhard

Jahn, ein Briefwechsel zwischen der inhaftierten Mutter und ihren Kindern. Aufseherinnen hatten die Korrespondenz ermöglicht; eine hatte die Kinderbriefe aufbewahrt und sie später dem Absender übergeben. Bis zur Entdeckung durch einen Enkel hatte niemand von dieser Sammlung gewußt[503].

Die Kinder der Lilli Jahn haben böse Erfahrungen miteinander überstanden; haben sie sich hinterher nicht mehr darüber ausgetauscht, haben sie niemals ihren Kindern davon erzählt? Anders ist es kaum zu erklären, daß die Briefe ihrer Mutter erst so spät entdeckt wurden. Vielen Überlebenden der Konzentrationslager ist es nicht anders ergangen. Solange sie um ihre Existenz kämpften, blieb keine Zeit, sich dem Entsetzen auszuliefern; sobald sie zur Ruhe kamen, brach das Unsagbare furchtbar über sie herein; sie wußten sich nicht anders zu wehren, als ihre Erfahrungen in ihr Inneres zu verschließen.

Zu den Häftlingen in den Konzentrationslagern gehörten zahlreiche Kinder. Als erste erfuhren ‚Zigeuner' die Schrecken dieser Lager; zusammen mit ihren Müttern waren sie in das 1939 errichtetet Frauenkonzentrationslager Ravensbrück eingeliefert worden; zeitweise lebten dort an die 400 Kinder. Bei stundenlangen Appellen mußten die Kleinen neben ihren Müttern stehen; wer zwölf Jahre und älter war, hatte Schwerstarbeit in Rüstungsbetrieben zu leisten[504].

1941 vertrieben die deutschen Machthaber die tschechischen Einwohner aus Theresienstadt und wandelten den Ort in ein Konzentrationslager für Frauen mit Kindern um. Anfangs blieben Mütter und Kinder hier beieinander, auch Geburten waren noch erlaubt. Ab Juli 1943 mußten die Mütter schriftlich in eine Abtreibung einwilligen; manche haben sich dann lieber für die ‚Umsiedlung' nach Osten gemeldet – ohne zu ahnen, was sie in Auschwitz erwartete. Im Juni 1942 wurden in Theresienstadt die Kinder von ihren Müttern getrennt und in einem eigenen Kinderblock untergebracht. Die meisten Frauen gaben ihre Kinder nicht ungern dorthin. Zwar hatten die Kleinen zum Schlafen, Essen, Spielen nur einen einzigen Raum; doch mit Mut, Disziplin und List schufen sie einander manche Freuden; sogar geheimer Schulunterricht war möglich. Zweimal führten sie eine Oper auf, in der 200 Kinder den gräßlichen „Brundibar" vertreiben, der zwei kleine Geschwister daran hindert, mit Gesang das Geld zu verdienen, das sie brauchen, um der kranken Mutter Milch zu kaufen[505]. Von den annähernd 15.000 Kindern, die im Laufe der Jahre in Theresienstadt eingeliefert worden sind, lebten nicht einmal mehr 150, als das Lager 1945 befreit wurde[506].

In Auschwitz-Birkenau wurde im September 1943 ein Familienlager eingerichtet. Offenbar reichte die Kapazität der Mordmaschinerie nicht, alle Arbeitsunfähigen aus den eintreffenden Transporten sogleich umzubringen. Aus Theresienstadt war auch Fredy Hirsch eingeliefert worden, ein junger ehemaliger Sportlehrer, der mit geschniegeltem Auftreten der deutschen Lageraufsicht imponierte. Es gelang ihm, etwa 700 Kinder im Alter zwischen 8 und 14 Jahren in einem eigenen Block zusammenzufassen, für sie besseres Essen zu beschaffen (das die Lagerleitung aus dem Zigeunerlager holte) und auch hier eine Art Schule einzurichten. Im Juli 1944 wurde das Familienlager aufgelöst; 3.791 Menschen wurden auf Lastwagen zu den Gaskammern transportiert. Am Tag zuvor hatte Fredy Hirsch sich vergiftet[507]. Vor der Auflösung war den Frauen angeboten worden, sich zu Aufräumarbeiten in bombardierten Städten zu melden. Von den etwa 600 Müttern erklärten sich nur zwei dazu bereit; alle anderen blieben bis zum Tod in der Gaskammer bei ihren Kindern[508].

Kurt Gerstein, Angehöriger der SS und Augenzeuge einer Vernichtungsaktion, hat als Kriegsgefangener in französischem Gewahrsam seine Beobachtungen niedergeschrieben[509]. Alle mußten sich nackt vor der Gaskammer aufstellen, Kinder, Männer und Frauen, Mütter, die Säuglinge an der Brust halten. „Selbst im Tode kennt man noch die Familie. Sie drücken sich, im Tode verkrampft, die Hände." Nach Aussage des Lagerkommandanten Rudolf Höß meinten viele Mütter, die „Desinfektion" bekomme ihren Säuglingen nicht; sie hätten ihre Kinder in den Kleiderhaufen versteckt; doch ein Sonderkommando habe ihnen zugeredet, die Kleinen lieber mitzunehmen. Er habe beobachtet, berichtete Höß weiter, „daß Frauen, die ahnten oder wußten, was ihnen bevorstand, mit der Todesangst in den Augen die Kraft noch aufbrachten, mit ihren Kindern zu scherzen, ihnen gut zuzureden". Im Vorbeigehen habe eine Frau ihm einmal zugeflüstert, „indem sie auf ihre vier Kinder zeigte, die sich brav angefaßt hatten, um die Kleinsten über die Unebenheiten des Geländes zu führen: »Wie bringt ihr das bloß fertig, diese schönen lieben Kinder umzubringen? Habt ihr denn kein Herz im Leibe?«"[510]. Höß wurde 1947 in Auschwitz gehängt.

„Ich hielt mich nicht für berechtigt, die Männer auszurotten, und die Rächer in Gestalt der Kinder groß werden zu lassen", erklärte Himmler, ‚Reichskommissar für die Festigung des deutschen Volkstums' und Gebieter über alle Konzentrationslager, am 21. Juni 1944 in einer Rede[511].

Slawische Kinder werden eingedeutscht

Mit der Annexion der Resttschechei und dem Sieg über Polen (1939), der Eroberung Jugoslawiens (1941) und weiter Teile der Sowjetunion

(1941/42) waren Millionen von Slawen unter deutsche Herrschaft geraten. Partisanen bekämpften die deutsche Besatzung mit äußerster Härte, und diese rächte sich grausam. – Serbische Untergrundkämpfer hatten zehn deutsche Soldaten erschossen; die Wehrmacht reagierte darauf am 21. Oktober 1941 mit einem Massaker an 2.300 Bürgern der Stadt Kragujevac, darunter 300 Schüler, die man aus dem Unterricht an die Richtstätte geholt hatte[512]. Am 4. Juni 1942 fiel SS-Führer Heydrich, Reichsprotektor von Böhmen und Mähren, in Prag einem Attentat zum Opfer. Daraufhin wurden am 10. Juni 1942 in Lidice (20 km westlich von Prag) 198 Männer und 7 Frauen erschossen. 98 tschechische Kinder wurden verschleppt und einer „geeigneten Erziehung zugeführt". Nur 16 dieser Kinder konnten nach 1945 noch identifiziert werden[513].

Wer dem nationalsozialistischen Rassenwahn verfallen war, hielt Slawen für Untermenschen, die man zu gutwilligen Sklaven für das deutsche Herrenvolk abrichten solle. Bei einer Rede in Posen am 4. Oktober 1943 forderte Himmler seine SS auf, mit allen erdenklichen Mitteln dafür zu sorgen, daß bei den Völkern des Ostens keine Führungsschicht heranwachse. Was dort „an gutem Blut unserer Art vorhanden ist, werden wir uns holen, indem wir ihnen, wenn notwendig, die Kinder rauben und sie bei uns großziehen"[514]. Worte wie Rückdeutschung sollten glauben machen, daß Deutschland sich nur nehme, was man ihm widerrechtlich vorenthalten hatte. Deutsche Polizei spürte polnische Kinder auf, deren Vorfahren im Reich gelebt hatten; sie verschleppte Kinder aus Schulen, entriß Waisenkinder ihren Pflegemüttern, nahm Kinder ihren Eltern weg. So entzog ein deutsches Gericht einer ledigen Polin ihren zweieinhalbjährigen Sohn mit der Begründung, der Vater sei Deutscher. Die Spuren der meisten Geraubten haben sich verloren. Waisenkinder wurden zu Findelkindern erklärt, erhielten Geburtsurkunden mit neuen Daten und Namen. Auch ohne rechtskräftige Adoption bekamen Pflegekinder kurzerhand den Familiennamen des Ehepaares, das sie aufnahm[515].

Nur wenige waren alt genug, sich ihrer Herkunft zu erinnern. In der Auslesestation des Jugendschutzlagers Litzmannstadt/Lodz, das die deutsche Besatzung für ‚verwahrloste' polnische Jugendliche zwischen 8 und 16 Jahren eingerichtet hatte, war das Mädchen Zyta als gutrassig aufgefallen und in die Heimschule für Volksdeutsche in Achern (Baden) verlegt worden. Dort begegnete sie Janek, einem Leidensgefährten aus der Auslesestation in Litzmannstadt. Janek, so erzählte Zyta später, habe sie gemahnt: „Denk daran, daß du Polin bist!" Sie hielt sich daran. Als junge Frau kehrte sie nach Polen zurück, doch glücklich sei sie als „halbe Deutsche" dort nicht geworden. Ilona, ein anderes Polenmädchen aus Achern, heiratete in eine deutsche Bauernfamilie; noch als Mutter dreier Kinder empfand sie sich als Fremde. Für ihre Nachbarn, so erzählte sie, sei sie „ein Dreckspolack“ geblieben[516].

Es blieb nicht beim Raub von Kindern, die eingedeutscht werden sollten. In Deutschland fehlten Arbeitskräfte; Ausländer sollten sie ersetzen. In den besetzten Ländern des Westens ließen sich viele anwerben, die auf bessere Arbeitsbedingungen hofften. Im Osten fürchtete man die Deutschen; die Werbung hatte kaum Erfolg. Daraufhin wurden Menschen unter Zwang nach Deutschland verfrachtet. Dorfälteste mußten bestimmte Kontingente zusammenbringen; Arbeitstaugliche wurden von der Straße weg verhaftet, während der Gottesdienste aus Kirchen oder nachts aus ihren Häusern geholt. Eingefangen wurden sogar junge Frauen mit kleinen Kindern[517]. Siegfried Nickel, Mitarbeiter im Reichsministerium für die besetzten Ostgebiete, teilte am 19. Oktober 1944 dem politischen Führungsstab der HJ mit, er habe vom 27. Mai bis zum 20. September jenes Jahres 18.917 Jungen und 2.500 Mädchen, und vorher schon 5.500, insgesamt also 28.117 Jugendliche der Rüstungsindustrie zugeführt[518]. Die Häscher hatten es vor allem auf junge Menschen abgesehen, ging es doch darum, unverbrauchte Arbeitskräfte zu gewinnen und zugleich das Nachwachsen von Führungskräften unter den Slawen sowie die Zunahme ihrer Bevölkerung zu behindern.

Mütter, die zusammen mit ihren Kindern zur Zwangsarbeit nach Deutschland verschleppt worden waren, wurden grundsätzlich in Lager gesteckt. Bei einer Arbeitszeit von zehn bis zwölf Stunden konnten sie sich kaum um ihre Kinder kümmern. Die Ernährung war schlecht; manche Lagerleitung legte es darauf an, rassisch unerwünschte Kinder verhungern zu lassen. Um zusätzliche Essensgutscheine zu erhalten, ließen sich auch sechs- und siebenjährige Kinder für harte Arbeiten einspannen, so auch an den Maschinen der Jutespinnerei Ahaus (Westf.)[519]. Erwarteten Zwangsarbeiterinnen ein Kind, wurden sie wieder abgeschoben. Deshalb legten nicht wenige es darauf an, schwanger zu werden, doch bald war diese Chance verbaut. Um keine Arbeitskräfte zu verlieren, nötigte man schwangere Ostarbeiterinnen, in eine Abtreibung einzuwilligen.

Deutschen Frauen war die Abtreibung streng verboten. 1943 beschloß der Ministerrat für Reichsverteidigung (!), den entsprechenden Paragraphen des Strafgesetzbuches noch zu verschärfen[520]. Dem Regime lag nichts am Lebensschutz für die Ungeborenen, aber alles an der künftigen Wehrkraft des deutschen Volkes. Folgerichtig empfahl der Ministerrat, Personen „nichtdeutscher Volkszugehörigkeit“ von diesen Strafbestimmungen auszunehmen. Veröffentlicht wurde allein die Verschärfung des § 218; von der Regelung für „Nichtdeutsche“ erfuhren die Zuständigen nur über eine „vertrauliche Information“ der Parteikanzlei[521]. Aus Dokumenten der Hamburger Ärztekammer geht hervor, wie diese Information gehandhabt wurde. Offiziell erlaubt war die Abtreibung, wenn der Arzt eine schwere Erkrankung der Mutter feststellte; bei einer Gutachterstelle in Hamburg, die darüber entschied, wurden vom 2. August 1944 bis zum 25. Mai 1945 (also über das Kriegsende hinaus!) 514 Anträge auf Abtreibung eingereicht. Von Ostarbeiterinnen stammten 453 dieser Gesuche, und die wurden fast alle genehmigt. In die Rubrik „Krankheit der Patientin“ trug man die Nationalität ein[522].

Für Ostarbeiterinnen, die eine Abtreibung ablehnten, gab es seit 1942 Entbindungslager[523]; um ihre Zwangsarbeiterinnen bald wieder einsetzen zu können, stellte manche Firma ihnen zur Entbindung das gleiche Haus zur Verfügung wie deutschen Frauen. Im Arnoldhaus, das zur Firma Krupp gehörte, war von Januar bis Oktober 1944 die Sterblichkeit unter den 128 dort geborenen Kindern von Ostarbeiterinnen etwa fünfmal so hoch wie die unter den 629 Kindern deutscher Mütter[524]. Auf daß die Zwangsarbeiterinnen nach der Entbindung nicht durch die Pflege der Kinder in der Arbeit behindert seien, befahl Himmler, deren Kinder in ‚Ausländerkinderpflegestätten‘ zu verlegen. Dort sollten sie rassenbiologisch untersucht werden; „wertvolle“ seien der NSV oder dem Lebensborn zu übergeben, um sie „dem Deutschtum zu erhalten“. Die Zustimmung der Ostarbeiterinnen einzuholen, erübrige sich[525].

Die Zahl der Kinder, die auf diese Weise am Leben geblieben sind, läßt sich nicht feststellen. Die Zahl der Verstorbenen ist dagegen in manchen Gemeinden den Sterbebüchern zu entnehmen. Standesbeamte haben auch Namen, Geburts- und Sterbedaten, sowie Todesursachen der Kinder aus den Ostarbeiterlagern verzeichnet[526]; wenigstens in der Liste der Todesfälle galten sie als Menschen wie andere Verstorbene. Die Autoren dieses Buches haben in Pirna/Elbe ein solches Sterbebuch aus der unheilvollen Zeit gegen Kriegsende durchgesehen. Viele der darin genannten Kinder aus dem Ostarbeiterinnenlager waren schon am Tag ihrer Geburt gestorben, fast keines war älter als sechs Monate geworden. Als Todesursache meldete man dem Standesbeamten meist einfach „Lebensschwäche“; bei einem dieser Kinder hält der Beamte fest, der Zeitpunkt des Todes sei unbekannt. Hinter den nüchternen Daten des Sterbebuchs verbergen sich schlimmste Erfahrungen. Wie ist es diesen Säuglingen bis zu ihrem frühen Tod ergangen? Wie haben die Mütter das Sterben ihrer Neugeborenen erlebt?

Das lange Ende des Krieges

Der Wehrmachtsführung mußte seit Stalingrad klar sein, daß Deutschland den Krieg nicht gewinnen konnte, seit der Landung der Alliierten in der Normandie, daß der Krieg verloren war. Trotzdem unterwarfen sich fast alle Verantwortlichen blindlings Hitlers Wahn vom Endsieg. Immer jüngere Menschen wurden zum Dienst mit der Waffe genötigt. Als feindliche Truppen ins Innere Deutschland vordrangen, haben die Behörden im Westen und im Osten sich höchst unterschiedlich verhalten. Im Westen haben sie der Zivilbevölkerung befohlen, sich in noch unbesetzte Gebiete zurückzuziehen; im Osten haben Gauleiter die rechtzeitige Evakuierung, die Millionen von Menschen gerettet hätte, verhindert, bis es zu spät war. Deutscher Boden durfte doch nicht in die Hände der verachteten Slawen fallen! Dabei hatten die Alliierten längst beschlossen, daß große deutsche Siedlungsgebiete an Polen und die Sowjetunion fallen sollten. Für die Deutschen, die dort zuhause waren, war der Krieg nach der Kapitulation der deutschen Wehrmacht noch lange nicht zuende; mit der Entrechtung und Vertreibung wehrloser Menschen wurde er grausam fortgesetzt.

Das Regime verschleudert Kraft und Leben junger Menschen

Wieder und wieder hatten Jungen und Mädchen das ‚HJ-Fahnenlied' gesungen: „Vorwärts! Vorwärts! Jugend kennt keine Gefahren!" Man hatte ihnen eingetrichtert, daß ein junger Mensch Freude am Kampf habe und keinen Krieg fürchte. Da sie sich im Kriegseinsatz wußten, nahmen Jugendliche mit Eifer schwere Lasten auf sich, die ihnen in den Ferien und neben der Schule aufgebürdet wurden: Bei Arbeiten in der Land- und Forstwirtschaft; als Helfer in der Kinderlandverschickung; bei Notdiensten im Luftschutz und schließlich auch bei der Wehrmacht. Im Chaos der letzten Kriegsmonate trat der Nihilismus der Machthaber offen zutage. Sie zwangen junge Menschen, in aussichtslosen Kämpfen ihr Leben zu wagen. Als die Niederlage längst besiegelt war, riefen sie Jugendliche mit dem Schlagwort ‚Werwolf' zum Partisanenkampf auf.

Zu Waffendiensten verpflichtet, verlockt, gezwungen

Ein Reichsbefehl vom 1. April 1942, der nicht veröffentlicht werden durfte[527], forderte, jeder Junge ab 16 Jahren müsse an einem dreiwöchigen ‚Wehrertüchtigungslager' teilnehmen, notfalls während des Urlaubs. 1942 sind an die 150.000 Jungen durch 143 dieser Lager geschleust worden. Fronterfahrene Ausbilder der Wehrmacht schulten sie an Infanteriewaffen, in Geländekenntnis und Tarnung; HJ-Führer sollten ihnen nationalsozialistische Weltanschauung vermitteln[528].

Wer sich nicht vor Beginn der Wehrpflicht freiwillig zur Wehrmacht oder SS meldete, wurde zu anderen Kriegsdiensten herangezogen. „Als ich 14 Jahre alt war, wurde die Stadt Barmen innerhalb einer knappen Stunde vernichtet, wir selbst wurden ausgebombt, mit einem Schlage war die Kindheit zu Ende, die Freunde verschwunden, die Schule wurde nach Weimar evakuiert und wenig später, ich war 15, wurden wir klassenweise als Luftwaffenhelfer einberufen und verlebten die nächsten eineinviertel Jahre in Flakbatterien während der Luftangriffe im Ruhrgebiet“[529]. – Was diesem Zeugen im heutigen Wuppertal in der Nacht vom 29. auf den 30. Mai 1943 widerfuhr, haben Abertausende von Jugendlichen seinerzeit erlebt. Seit dem Frühjahr 1943 wurden Jungen der Jahrgänge 1926 bis 1928 als Wehrmachtshelfer einberufen; sie übernahmen Boten- und Transportdienste, sortierten Feldpost, dienten vor allem bei der Luftabwehr. 1944 waren an die 56.000 Schüler als Luftwaffenhelfer[530] zuständig für Funk und Höhenmessung, Einstellung der Scheinwerfer, Laden und Pflege der Kanonen. Sie trugen Uniform, hatten rund um die Uhr in Bereitschaft zu sein und erhielten einen Sold von 50 Pfennig pro Tag. Lag ihre Stellung nah ihrer Heimatstadt, durften sie einmal pro Woche ihre Familie besuchen. Ihre Lehrer sollten ihnen bei ihrer Batterie wöchentlich 18 Stunden Unterricht geben, bis zum ‚Notabitur‘.

Berichte über Erfahrungen und Einstellungen dieser Jungen aus weit voneinander entfernten Teilen des Reiches gleichen einander[531]. Die Flakhelfer, so nannten sie sich selbst, galten nicht als Soldaten, doch fühlten sie sich so. Ohne ihr Können hätten die Bomben noch mehr Opfer gefordert. Die Jungen wußten sich für die Menschen ihrer Stadt verantwortlich, und dafür setzten sie ihr Leben ein; denn Flakstellungen und Scheinwerferbatterien gehörten zu den bevorzugten Zielen feindlicher Bomber. Durch Volltreffer starben im Oktober 1943 in Kassel 23, im Mai 1944 in Saarbrücken 16 Flakhelfer[532]. Flakhelfer taten Dienst in der HJ als kindisch ab; sie verachteten HJ-Führer, die sich vor dem Einsatz am Geschütz drückten. Besuchten Parteibonzen eine Stellung, erklärten die Jungen, es seien Übungen angesetzt, die keinen Aufschub duldeten.

Seit 1943 klafften immer größere Lücken in Wehrmacht und Waffen-SS. In KLV-Lagern sahen die Jungen sich einem Druck ausgesetzt, von dem die Eltern nichts wissen sollten. Vierzehnjährige konnten den Werbern der Waffen-SS kaum entkommen. Einer der Umworbenen erzählte später, sie hätten sich verabredet zu „bluffen“. Jeder habe zu Protokoll gegeben, er habe sich „bereits zu einer regulären Waffengattung freiwillig gemeldet“[533]. Erfolgreich war Himmlers Idee eines groß angelegten Wettbewerbs. Die Sieger sollten in eine neu zu schaffende „Panzerdivision Hitlerjugend“ eintreten. Im Sommer 1944 wurden mehr als 10.000 Jungen dieser Division an die Front geschickt, nicht, wie sie gehofft hatten, als Panzerführer, sondern als Panzergrenadiere, d.h. als Fußsoldaten. Ein britischer Panzerführer erzählte später: „Wie die Wölfe sprangen sie die alliierten Panzer an, so daß wir wider Willen gezwungen waren, sie zu töten“[534]. Im September 1944 waren bereits 94 Prozent der Jungen aus der SS-Panzerdivision Hitlerjugend gefallen oder vermißt[535]. In den letzten Kriegsmonaten haben aus HJ-Jungen gebildete Einheiten gegen Gegner gekämpft, denen erfahrene Soldaten ausgewichen wären. „Sie haben sich an verschiedenen Fronten bisher hervorragend geschlagen“, heißt es am 17. April 1945 zur Lage im Gau Franken. Der Berichterstatter äußert Bedauern: „Es ist aber sehr schade um dieses junge und kostbare Blut, wenn es in solchen Kämpfen dahinfließt. Ein Bataillon ist bereits nahezu aufgerieben“[536]. Ein solcher Bericht durfte nicht in die falschen Hände geraten; Klagen um den Tod junger Menschen galten als defätistisch, und Defätismus wurde hart bestraft.

Mit Werbung und verlockendem Wettbewerb war nicht genügend Ersatz für die Gefallenen und Gefangenen zu beschaffen. Der männliche Reichsarbeitsdienst sollte aushelfen; mehr und mehr wurde er zu einem Anhängsel der Wehrmacht. Abteilungen, die hinter der Front Gräben ausgehoben, Trümmer beseitigt, Behelfsflugplätze angelegt hatten, wurden zu unzulänglich ausgebildeten Kampftruppen umgemodelt. Von regulären Streitkräften kaum zu unterscheiden, galten sie völkerrechtlich nicht als Soldaten. Ende März 1945 bildete die Heeresleitung aus etwa 15.000 jungen RAD-Männern des Jahrgangs 1928 drei Infanteriedivisionen zur Verteidigung Berlins[537].

Spätestens seit 1943 setzte das Regime auch auf Zwang. Am 12. August 1943, zur selben Zeit, in der die Panzerdivision Hitlerjugend aufgestellt wurde, erging eine Verordnung, kraft derer Jungen zum Wehrdienst eingezogen werden konnten, auch wenn sie noch nicht 18 Jahre alt waren[538]. Am 4. Oktober 1943 erklärte Himmler seiner SS in einer Geheimrede in Posen: „Man kann selbstverständlich Sechzehnjährige einziehen, man kann sogar einen Vorgriff auf Fünfzehnjährige machen – ich bin absolut dafür, daß wir das auch bei uns tun, wenn es das Schicksal der Nation einmal fordert, denn besser es sterben die fünfzehnjährigen Jungen, als daß die Nation stirbt“[539].

In den letzten Kriegsmonaten hat das Regime zu diesem verzweifelten Mittel gegriffen und auch Fünfzehnjährige eingezogen; zunächst wahrte man noch den Schein, als halte man sich an die Grenze der Wehrpflicht. Im Januar 1945 wurden 60.000 Fünfzehnjährige für den RAD gemustert, um als Arbeits-,Männer' an Flakstellungen zu dienen[540]. Ein Reichsbefehl der Reichsjugendführung vom 27. Februar 1945 gab sich als Werbung: „Durch Erziehung muß es gelingen, daß der Jahrgang 1929 in seinem Bekenntnis zur Kriegsfreiwilligkeit noch den Jahrgang 1928 übertrifft"[541]. Bis zuletzt haben Jungen aus der Flieger-, Motor- und Marine-HJ gehofft, durch freiwillige Meldung zu der von ihnen bevorzugten Waffengattung zu kommen. Die meisten sahen sich enttäuscht; ungenügend ausgebildet und ausgerüstet, wurden sie in den Erdkampf geworfen. Die SS streifte die letzten Skrupel ab und wies Jungen, die sich zur Wehrmacht gemeldet hatten, einer ihrer eigenen Einheiten zu. Soweit diese Kinder die Kämpfe und die Gefangennahme überlebten, bekamen sie als ehemalige Angehörige der SS große Schwierigkeiten[542]. Seit dem 5. März 1945 ergingen Gestellungsbefehle sogar an Sechzehn- und Fünfzehnjährige[543].

Mädchen im Kriegsdienst

Junge Frauen, die älter als 17 waren, mußten seit dem Sommer 1941 nach dem Arbeitsdienst ein halbes Jahr lang gegen geringen Lohn (45 RM im Monat) ‚Kriegshilfsdienst' leisten; seit April 1944 kam ein weiteres Jahr ‚Nothilfsdienst' dazu[544]. Die ‚Kriegshilfsdienstmaiden' arbeiteten in kinderreichen Haushalten, bei Behörden und Verkehrsbetrieben; in Krankenhäusern und Lazaretten traten sie an die Stelle von Schwestern, die an die Front abgeordnet waren. Einsatzbereit, kräftig und zuverlässig, wurden sie seit 1942 auch zu unmittelbar kriegswichtigen Aufgaben herangezogen. Von den etwa 50.000 Kriegshilfsdienstmaiden arbeiteten im Winter 1942/43 über 30.000 in der Rüstungsindustrie, Seite an Seite mit Kriegsgefangenen und Ostarbeiterinnen. Gegen ausdrückliche Anweisung sind sie ihren Arbeitskameraden oft mit selbstverständlicher Freundlichkeit begegnet; insgeheim hat manche ihre Verpflegung mit der Kollegin geteilt[545].

Ein knappes Jahr später dienten diese jungen Frauen auch als ‚Wehrmachthelferinnen'. Heer, Luftwaffe und Marine wußten ihre Arbeitskraft und Fantasie, ihre Aufopferungsbereitschaft und ihr Verantwortungsbewußtsein zu schätzen. Sie konnten sich unterordnen, ohne ihr Selbstbewußtsein zu verlieren, schnell hatten sie sich auf neue Aufgaben eingestellt. Bald waren sie unentbehrlich im Büro sowie als Fahrerinnen und Funkerinnen. Im Herbst 1943 zählte die Luftwaffe an die 6.000, im Spätsommer 1944 schon etwa 10.000 Nachrichtenhelferinnen[546], erkennbar an dem Blitz an der Mütze und auf den Ärmeln ihrer Uniformjacke. In Illustrierten waren ‚Blitzmädel' zu bewundern: Lächelnd, in schmukker Uniform, ein fesches Käppi auf dem Blondhaar, bereit zu freudiger Pflichterfüllung. Bloße Propaganda war das kaum. Fähigen jungen Frauen gefiel es, Männern bei ihrem gefährlichen Auftrag zur Seite zu stehen; viele hatten sich freiwillig gemeldet[547]. Flakwaffenhelferinnen – gegen Kriegsende etwa 25.000 – bedienten Horchgerät und Fernrohr, Meß- und Peilgerät; bei der Luftwaffe übernahm manche dieser jungen Frauen die Funktion des Jägerleitoffiziers. Sie waren zivile Angestellte ohne militärischen Status, mußten aber gegebenenfalls mit den beim Militär üblichen Sanktionen rechnen[548]. Versuchten sie im Chaos des Kriegsendes sich abzusetzen, hatten sie nicht anders als desertierende Soldaten vom Standgericht das Todesurteil zu erwarten.

Von einer relativ guten Dienstzeit und einer geglückten Flucht hat Hertha P. erzählt. Nach dem Abitur, das sie in einem KLV-Lager abgelegt hatte, kam sie als Achtzehnjährige im Frühjahr 1944 zum RAD an die Weichsel. Obwohl polnische Partisanen das Land unsicher machten, wurde das Lager nicht aufgelöst; ein Rückzug war auch Mädchen nicht erlaubt. Im Herbst wurde Hertha einem Flak-Regiment in Berlin zugewiesen; sie war für Scheinwerfer zuständig. „Oft setzte der Lichtbogen aus, dann mußte ich hineinklettern und mit Asbesthandschuhen die Kohlestäbe wieder zusammenführen". Der Dienst war streng, doch in den Baracken der Mädchen gab es „immer etwas zu lachen". Schließlich wurde sie noch am Maschinengewehr ausgebildet. „Ich fiel fast um vom Rückstoß, hätte es im Ernstfall kaum bedienen können". Ende April 1945 machte sie sich zusammen mit einer Freundin aus dem Staub; mit dem Fahrrad kamen sie nach Lübeck. „Die Arbeitsdienstkleidung arbeitete ich zu einem schicken Kostüm um"[549].

Nachdem ein Führererlaß am 25. Juli 1944 auch die Mädchen zum ‚totalen Kriegseinsatz' aufgerufen hatte, mußten so gut wie alle Schülerinnen und Schüler berufsbildender und Fachschulen sowie der achten Klassen der Höheren Schulen „für den Einsatz in der Rüstungsindustrie oder zu anderen unmittelbar kriegswichtigen Aufgaben bereitgestellt" werden[550]. Es war nur konsequent, daß im Herbst 1944 die achte Klassenstufe der Oberschulen ersatzlos gestrichen wurde, mancherorts war das schon im November 1943 geschehen [551]. Schülerinnen der siebten Klassen der Oberschulen durften noch die Schule besuchen, waren aber daneben zum „Sozialeinsatz" verpflichtet. Seit Herbst 1944 wurden selbst 15jährige Mädchen, die sich freiwillig dazu meldeten, als Luftwaffenhelferinnen eingesetzt[552]. An der Ostfront haben Jungen und Mädchen mit der Flak sogar gegen Panzer gekämpft[553].

Auch selbstbewußte Jugendliche machten sich kaum klar, was mit ihnen geschah. - Am 2. November 1944 warteten Hunderte junger Frauen in der Kaserne Pinneberg auf die Musterung; unter ihnen drei Neunzehnjährige, die 1943 miteinander das Abitur bestanden hatten. Eine davon versetzte sich später in diesen Novembertag zurück: „Wir suchen krampfhaft nach Gebrechen, um vielleicht doch noch untauglich geschrieben zu werden... Plötzlich empfinden wir es als ein Manko, daß wir so abgehärtet, so sportlich trainiert, daß wir so gesund sind“[554]. Nicht weil sie den Kriegsdienst ablehnten, wären sie gern untauglich, sondern weil sie nach Arbeitsdienst, Kriegshilfsdienst, Notdienst endlich studieren wollten. Dem Ausbilder fühlten sie sich überlegen. Die Berichterstatterin hatte die Vorschriften gelesen und wußte, daß Mädchen beim Exerzieren nur mäßig belastet werden durften. Als wieder das „Vorwärts, marsch, marsch!“ ertönte, blieb sie beim Marschtempo und ließ sich überholen. Der Befehlsgeber wird wütend. Ruhig weist sie ihn auf die Bestimmungen hin; vom nächsten Tag an hält er sich daran. – Eine aus heutiger Sicht naheliegende Frage stellten die klugen jungen Frauen sich nicht: Hatte der ihnen aufgezwungene Kriegsdienst überhaupt noch Sinn? Im November 1944 standen die Feinde im Osten und im Westen ja bereits auf dem Boden des Reiches. Selbstbewußtsein und stramme Haltung hatten sie aus der Erziehung in all den ihnen auferlegten Diensten mitgebracht; Kritik an Entscheidungen der Machthaber zu üben, kam ihnen nicht in den Sinn. Solche Kritikfähigkeit hatten sie nie geübt.

Kinder und Alte im letzten Aufgebot

Am 18. Oktober 1944 – dem Jahrestag der ‚Völkerschlacht‘ bei Leipzig, in der das Heer Napoleons im Jahr 1813 eine schwere Niederlage erlitten hatte – wurde Hitlers Aufruf zum ‚Volkssturm‘ veröffentlicht[555]. „Zur Führung eines unerbittlichen Kampfes überall dort, wo der Feind den deutschen Boden betreten will“, war nach dem Willen des obersten Kriegsherrn „aus allen waffenfähigen Männern im Alter von 16 bis 60 Jahren der deutsche Volkssturm zu bilden“[556]. Mehrfach wurde der Befehl erneuert; immer jüngere Jahrgänge wurden aufgeboten. Es hat Zwölfjährige gegeben, die „den Krieg noch gewinnen wollten“ und sich ärgerten, daß man sie zurückwies[557], und Vierzehnjährige, die sich begeistert in das Abenteuer stürzten.

So ist im Tagebuch des Schülers einer Adolf-Hitler-Schule unter dem Datum des 11. Februar 1945 zu lesen: „Wir haben dem Iwan ein Dorf in unserer Nähe abgeknöpft. Mit uns griffen 40-60 Hitlerjungen an. Sie kamen freiwillig mit ... Es war für mich eine Freude, diese Kerle zu sehen, wie sie verwegen schossen, sprangen und die vordersten Leute waren. Die Landser blieben 200 m zurück. Unsere Jungen sangen beim Angriff und schrieen hurra und – hatten die meisten Ausfälle. Die Jüngsten waren 14 Jahre. So verwirklichen wir unsere Ideale." Die Presse stärkte den ‚Durchhaltewillen' der Jugend. Am 14. März 1945 berichtete der ‚Völkische Beobachter' aus Hindenburg (Oberschlesien): Nachts lagerten „60 Bolschewisten" in der Schule des Ortes; Hitlerjungen erschossen die Posten und warfen Sprengsätze in das Gebäude; es stürzte ein und „begrub unter sich die verhaßten Feinde"[558].

Vom 20. März 1945 stammt ein Foto, auf dem Hitler „kampferprobten Hitlerjungen" das Eiserne Kreuz I. Klasse verleiht; einer der Jungen war zwölf Jahre alt. Zu dieser Zeit standen in Berlin 5.000 Hitlerjungen unter Waffen, nicht wenige davon höchstens 14 Jahre alt. Bedrückend wirken als Propaganda gedachte Fotos von Jungen mit viel zu großem Stahlhelm und zu langem Mantel; auf Kindersoldaten war das Zeugamt nicht vorbereitet. Fotos von Kindern mit bandagiertem Kopf oder mit Krücken sollten die Einsatzbereitschaft der Jungen steigern, ebenso andere, auf denen man Jugendliche bei der Ausbildung an der Panzerfaust sieht. Mädchen tauchen auf solchen Propagandabildern nicht auf; im NS-Staat mußten Frauen doch keine Waffen ergreifen! Der „besondere Ehrendienst der Frau im Krieg", zu dem ein ‚Reichsbefehl der Reichsjugendführung' Ende 1944 aufrief, war nicht minder abstrus: Junge Frauen über 18 sollten 150.000 Männer an ihren Arbeitsplätzen ablösen, die als Soldaten an der Front dringend gefragt seien; bis zum 15. Dezember müßten mindestens 50.000 Mädchen dazu bereit stehen[559].

Spott hat vielen über böse Zeiten hinweggeholfen. Stimmungsberichte, die nach wie vor für die Gestapo verfaßt wurden, halten hämische Bemerkungen zur verheißenen Wende im Krieg fest: „Man sagt: V 2 das seien die Kinder und Greise, die jetzt im Volkssturm Soldat werden müßten, und als nächstes käme dann V 3, wenn die Mädchen und Frauen zur Wehrmacht einberufen würden"[560]. Im üblichen Dreitakt antwortete man auf die drängende Frage, wann die Wunderwaffen einsatzbereit seien: „Der Führer weiß es, der Herrgott ahnt es, und uns geht es nichts an!"

Je sicherer die Niederlage sich abzeichnete, desto krasser offenbarte das Regime, daß es die Jugend als seinen Besitz ansah, den es Jahrgang um Jahrgang dem Moloch Endsieg opferte. Harmlos nimmt sich noch aus, was der fünfzehnjährige Detlef am 17. September 1944 stolz seinem Vater schreibt: Viereinhalb Wochen lang habe er täglich sechs Stunden beim Bau eines Flugplatzes in der Nähe von Dortmund mitgemacht.

„Viel gesehen, gehört, gelernt... Worte des Führers: »Widerstände sind nicht dafür da, daß man vor ihnen kapituliert, sondern daß man sie bricht«“[561]. Ob solche Sprüche den Kindern geholfen haben, die seit September 1944 im Kaiserstuhl täglich zwölf Stunden Schützengräben aushoben, ständig bedroht durch Tiefflieger[562]? Im Münsterland und am Niederrhein haben Schulkinder und RAD-Maiden zusammen mit Kriegsgefangenen und zwangsverpflichteten Holländern geschanzt[563]. Die Eroberer haben diese Sperren meist einfach überrollt, und wenige Tage später mußten Ortsbehörden wieder Junge und Alte aufbieten, um die mühsam angelegten Gräben einzuebnen[564]. Im Osten erschwerten solche unter Qualen errichteten Hindernisse nicht der Roten Armee den Vormarsch, wohl aber Frauen, Kindern und Alten die Flucht.

Terror gegen das eigene Volk

Wilhelm Keitel – Oberbefehlshaber der Wehrmacht, 1946 als Kriegsverbrecher in Nürnberg gehängt – befahl im März 1945, versprengte Soldaten wie Deserteure „durch allerorts eingesetzte Standgerichte abzuurteilen und sofort zu erschießen“[565]. Um Munition zu sparen und die Unglücklichen zu verhöhnen, wurden viele Opfer an Bäumen und Laternenpfosten erhängt, mit einem Schild vor der Brust: „Ich war zu feige zu kämpfen“. Dieses Schicksal ereilte auch Luftwaffenhelfer, „halbe Kinder noch, weil sie ihre in der Nähe lebenden Eltern noch kurz besuchen wollten“[566].

Zur Familienüberlieferung der Anna O. gehört die Geschichte von der Heimkehr ihres Bruders Josef. Mit anderen Duisburger Jungen wurde er im Frühjahr 1945 eingezogen und nach Rügen verfrachtet. Eines Abends erklärte der Ausbilder: „Jungs, morgen früh bin ich nicht da. Seht zu, was ihr macht.“ Mit einem Freund hat sich Josef noch in derselben Nacht davongemacht. Tagsüber hielten sie sich versteckt, nachts ging es weiter; sie lernten, Kühe auf der Weide zu melken und Eßbares aus Gärten und Häusern zu stehlen. Als Josef daheim ankam, hatte sein Vater sich zufällig einmal vom Dienst bei der Bahn frei gemacht, um im Haus nach dem Rechten zu sehen. „Papa, ich hab' Hunger“, war Josefs erstes Wort. Ein paar Tage später wurde er sechzehn; doch gefeiert wurde erst, als Mutter und Geschwister aus der Evakuierung heimgekehrt waren.

In jener unseligen Zeit war Johann Baptist Metz 16 Jahre alt und als Meldegänger unterwegs. Später erzählte er: „Als ich zu meiner Kompanie zurückkam, fand ich nur noch Tote. Sie alle waren kaum ein Jahr älter als ich, und nun waren sie, mit denen ich tags zuvor noch Kinderängste und Jungenlachen geteilt hatte, von einem kombinierten Jagdbomber- und Panzerangriff überrollt worden. Verstört irrte ich noch stundenlang im nahen Wald umher. Krampfhaft hielt ich, um nicht als Überläufer verdächtigt und aufgeknüpft zu werden – das hatte man uns Buben eingeschärft – meine Knarre umklammert, ehe sie mir ein riesiger GI aus der Hand schlug und so mein betäubtes Leben rettete"[567].

Trotz gesteigerten Terrors kam es zu Widersetzlichkeit. Wiederholt haben Mütter ihre Kinder vor dem sicheren Tod bewahrt. Da sollten Fünfzehnjährige eine Brücke bewachen; plötzlich tauchte eine Frau auf und zog ihren Sohn aus der Gruppe: „Du kommst sofort nach Hause! Was soll ich dem Vater sagen, wenn er aus dem Krieg kommt?" Nun wollten andere Jungen ebenfalls heim; aber der Wachposten zeigte sich uneinsichtig. Nach einem k. o.-Schlag war sein Widerstand gebrochen[568]. – Mancher Wink kam von unerwarteter Seite. Eine Berlinerin war mit Sohn und Tochter auf dem Lande untergekommen. Eines Tages erfuhr sie vom Gemeindediener, am nächsten Morgen würden alle Jungen vom zwölften Lebensjahr an zur „letzten Mobilmachung eingezogen". Daraufhin flohen Mutter und Kinder zurück nach Berlin. Ohne ihren Jungen hätte sie die nächsten Monate kaum durchgestanden, denn er kam auf dem Schwarzen Markt zurecht. Von ihrem jüngeren Sohn, der bei der Kinderlandverschickung in Posen war, hatte diese Mutter seit Ende 1944 nichts mehr gehört. Im Sommer 1945 kam er heim, „zerlumpt, zerschunden und ausgehungert". Überschrieben ist der Bericht mit „Ein ganz normales Leben"[569].

Normal hieß für viele Familien, einen Gefallenen betrauern oder sich um einen Vermißten härmen. „Von Fitti fand sich nie mehr eine Spur". So schließt eine andere Berliner Mutter ihre Aussage. Sie hatte ihren Sechzehnjährigen festhalten wollen; der aber hatte ihr entgegnet: „Ich habe meinem Führer den Fahneneid geschworen", und in HJ-Uniform war er den Russen entgegengefahren[570]. Tausende von Jungen und Mädchen sind im Kriegsdienst umgekommen; es muß offen bleiben, wie viele so in den Tod gegangen sind, wie man es ihnen seit Kindsbeinen eingeimpft hatte: im Glauben an den Führer. Überliefert ist, was Davongekommene später gesagt oder geschrieben haben. Auch Hans wollte Berlin gegen die Russen verteidigen; er weigerte sich, mit seinen Eltern zu fliehen. Wozu war er denn an der Panzerfaust ausgebildet? „Da bekam ich als Antwort eine Tracht Prügel." Hans überlegte, ob er seine Eltern nicht anzeigen müsse. „Doch ich gab mich folgsam und überlebte"[571].

Andere Jungen haben aus Furcht vor bösen Folgen dem Einberufungsbefehl gehorcht, selbst wenn sich das als schwierig erwies. Klaus, 1929 geboren und im März 1945 eingezogen, fand in Ludwigsburg die

Kaserne, zu der er bestellt war, leer vor. Ein Wehrmachtsauto nahm ihn und sechs weitere Jungen, die nicht weiter wußten, mit nach Sulzburg. Dort war man überrascht: „Ihr dummen Buben, wärt ihr doch zuhause geblieben!“ Sie fortzuschicken wagte man nicht. Gleich im ersten Gefecht geriet Klaus in amerikanische Gefangenschaft. Im September kam er heim, im November wurde er sechzehn.

Rolf Schörken gehört zu denen, die sich glücklich schätzten, mit dem Leben davongekommen zu sein. Schwer verwundet war er in Gefangenschaft geraten. Als er aus langer Bewußtlosigkeit erwachte, entspann sich mit einer amerikanischen Krankenschwester folgender Dialog: „»I have pain in my left leg.« – Sie schaut mich merkwürdig an und antwortet: »In your left leg? You mean in your right leg.«– »No, in my left leg.« –»You have no left leg.« Sie deckt die Decke auf, und ich sehe die Bescherung.“ Wie zum Ausgleich erlebte Rolf das Militärlazarett als Schlaraffenland; auch die deutschen Gefangenen bekamen echten Bohnenkaffee, Ham and Eggs, Corn flakes, Rice crispies, Weißbrot, Ananas, Schokolade, Maracuja- und andere Obstsäfte; dazu warme und leichte Schlafanzüge und sogar frische Bettwäsche, wenn nur ein Blutfleck auf dem Laken zu sehen war[572].

Überzeugt, dem Staat gehorchen zu müssen, sind die meisten Jugendlichen der Einberufung gefolgt. Unter diesen waren Mädchen wie Hertha und Jungen wie Josef; doch auch sie ließen sich schließlich durch keine Drohung mehr hindern zu fliehen. Andere junge Leute – etwa die sieben aus Ludwigsburg und der 16jährige Johann Baptist Metz – könnten abgewogen haben: Wurden sie als Deserteure gefaßt, war der Tod ihnen sicher; nur wahrscheinlich war er, wenn sie sich in ihr Schicksal ergaben.

Werwolf

Verantwortungslose Fanatiker versuchten, Junge und Alte anzustiften, den sinnlosen Kampf sogar hinter der Front fortzusetzen. So forderte Himmler am 18. Oktober 1944 in Ostpreußen: „Jeder Häuserblock einer Stadt, jedes Dorf, jedes Gehöft, jeder Graben, jeder Busch, jeder Wald wird von Männern, Knaben und Greisen, und wenn es sein muß, von Frauen und Mädchen verteidigt.“ Auch in vermeintlich erobertem Gebiet müsse immer wieder „deutscher Widerstandswille auflodern, und wie die Werwölfe werden todesmutige Freiwillige dem Feind schaden und seine Lebensfäden abschneiden“[573]. Plakate drohten: „Der Werwolf ist da, wer sich ergibt, wird erschossen!“

Selbst Kinder sollten dem Feind Verluste zufügen. „Wer keine Waffe führt, kämpft auf seine Weise!“ Ein Kraftfahrzeug lasse sich lahmlegen, wenn man Zucker in den Tank fülle. Ein Motorradfahrer verunglücke, wenn man angerosteten, also kaum erkennbaren Draht über die Straße spanne... Die Verführer redeten wie von harmlosen Bubenstreichen: „Nicht dabei sich erwischen lassen. Dumm stellen, findig sein, immer neue Schliche und Wege gehen“[574]. Artur Axmann, Reichsführer der HJ, forderte Ende März 1945, die Jugend müsse „das Zentrum des nationalen Widerstandes“ bilden. „Leidenschaftlich bekennt die Jugend: Wir kapitulieren nie. Dieser Vernichtungskrieg läßt keine bürgerlichen Maßstäbe mehr zu. Es gibt kein Zurück mehr, sondern nur ein Vorwärts“[575]. Am 1. April 1945 verlangte Goebbels über den Rundfunk, alle Deutschen müßten sich der „spontanen Untergrundbewegung“ anschließen. „Haß ist unser Gebet und Rache unser Feldgeschrei“[576].

Zum Glück sind nur wenige solchen Aufrufen gefolgt. Aufsehen hat ein Mord wenige Tage vor dem Rachegeschrei des Propagandaministers erregt. Am 25. März 1945 wurde Franz Oppenhoff gemeuchelt, den die Alliierten in Aachen, der ersten von ihnen am 21. Oktober 1944 eroberten deutschen Großstadt, als Oberbürgermeister eingesetzt hatten. Dem fünfköpfigen von der SS gelenkten Werwolf-Kommando gehörte auch der 1928 geborene Erich Morgenschweiß an. Bei dem Oppenhoff-Prozeß 1949 kam Morgenschweiß in den Genuß des Jugendrechts, wurde also nicht angeklagt, sondern diente der Anklage als eine Art Zeuge[577].

Angesichts des blinden Fanatismus, mit dem Heranwachsende in der Schlußphase des Krieges gekämpft haben, mußten die Eroberer auf der Hut sein. Wahrscheinlich haben sie manche harmlose Angehörige von HJ und BDM für Werwölfe gehalten und niedergeschossen. In der SBZ wurden Tausende junger Menschen unter dem Vorwurf, zum Werwolf zu gehören, in Internierungslager eingeliefert und ohne Beweise zu langer Lagerhaft verurteilt[578].

Sinnlose Vernichtung

Bis ins letzte Kriegsjahr gab es innerhalb Deutschlands krasseste Gegensätze, hier Chaos und Zerstörung, dort idyllische Ruhe. Ausgebombten konnte ein neues Quartier wie das Vorzimmer zum Paradies erscheinen. Da hatten sechs Erwachsene und zwei Kinder ein Häuschen am Waldrand gefunden, zwei Räume, einen Keller und einen Speicher zum Schlafen. Der damals neunjährige Hans-Frieder sehnte sich noch viele Jahre später dorthin zurück, „nach sanften Bergen, dem Grün heller Wiesen und dunkler Tannen“[579].

Doch schlagartig brach der Krieg dann auch in Landstriche ein, in denen man bis dahin fast wie im Frieden gelebt hatte. Da es praktisch keine deutsche Abwehr mehr gab, konnten alliierte Jabos (Jagdbomber) nach Herzenslust beschießen, was sich regte: Kinder auf dem Schulweg; Bauern auf dem Feld; Einheiten der Wehrmacht; KZ-Häftlinge, die in ein anderes Lager getrieben wurden; Eisenbahnzüge, denen nicht anzusehen war, wen und was sie beförderten[580]. Vielen, die seinerzeit Kinder waren, hat sich die Erinnerung an die heranrasenden Tiefflieger unauslöschlich eingeprägt[581]. Wenn man sie hörte, war es oft schon zu spät. Mit etwas Glück rettete man sich in ein Haus; im Freien mußte man sich in einen Graben werfen oder hinter einem Gebüsch in Deckung gehen. Kinder sahen das Gesicht des Piloten in der Kanzel; sie sahen, wie er die Bordwaffe richtete[582]. Wer meinte, mit dem Schrecken davongekommen zu sein, erlebte oft eine böse Überraschung: Das Flugzeug wendete, und wieder begann das tödliche Tak-tak-tak. Überliefert ist auch, daß ein Pilot hätte schießen können; „aber er schenkte uns – mir – das Leben“[583]. Tiefflieger haben so oft und an so vielen Orten Jagd auf wehrlose Menschen gemacht, daß es sich kaum um „Eigenmächtigkeit einzelner Piloten“ [584] gehandelt haben dürfte.

Am 28. März 1945 gab Churchill dem Stabschef der britischen Luftwaffe zu bedenken, ob es nicht an der Zeit sei, die Bombardierungen einzustellen. „Sonst werden wir in den Besitz eines völlig zerstörten Landes kommen.“ Dennoch ließ ‚Bomber Harris‘ weiterhin Flächenziele bombardieren, Kiel noch am 3. Mai[585]. Dem Führer waren solche sinnlosen Zerstörungen nur recht; da er die Feinde nicht besiegen konnte, sollten sie nur Ruinen vorfinden. Am 19. März gab Hitler den berüchtigten ‚Nerobefehl‘ aus: Vor ihrem Rückzug sollten die deutschen Truppen im Reichsgebiet zerstören, was dem Feind nützen könnte: Fabriken, Verkehrs- und Versorgungsanlagen[586]. Infolgedessen kam es zu widersinnigen Vernichtungen; Deutsche schadeten vorsätzlich ihrem eigenen Volk. Ein Beispiel mag genügen. Feindlichen Bombern war es nicht gelungen, die Eisenbahnbrücke über die Ravennaschlucht zu zerstören, empfindlicher Teil der Verbindung von Freiburg über den Schwarzwald nach Ulm. Deutsche Pioniere haben Brücke und Tunnel gesprengt. In der Hungerzeit nach dem Krieg ist in Freiburg jeder fünfte Säugling gestorben; viele hätten überlebt, wenn man ihnen Milch der Bergkühe hätte geben können[587].

Im Westen: Erstes Aufatmen

Im Osten haben Menschen mit Angst und Schrecken an das Eintreffen der Sowjets gedacht; im Westen haben viele den Einmarsch der Amerikaner und Engländer insgeheim ersehnt. Dann werde man endlich sicher sein vor den Luftangriffen, dem Terror des Regimes und dem Zwang, minderjährige Kinder, Mädchen und Jungen, in den Krieg zu schicken. Die Alliierten hatten schon am 21. Oktober 1944 Aachen erobert. Daß der Krieg danach noch mehr als sechs Monate dauern sollte, erklärt sich auch mit der Opferbereitschaft junger Menschen.

Plötzliches Verschwinden nationalsozialistischer Verbrecher

Zu Kriegsbeginn hatten Kinder auf Landkarten die Wege ihrer Väter und Brüder durch Feindesland verfolgt (s. S. 103). Später entnahmen sie verschlüsselten Meldungen im Radio die Ziele einfliegender Bomberverbände (s. S. 115). Seit Januar 1945 fielen Strom und Radio immer häufiger aus, oft für längere Zeit; Zug- und Briefverkehr kamen zum Erliegen; Zeitungen erschienen, wenn überhaupt, mit höchstens zwei Seiten. Lief das Radio, hörte man in militärisch abgehacktem Ton Meldungen wie „erdrückende Materialüberlegenheit des Feindes“, „Frontbegradigung“, „pausenloser heldenhafter Einsatz“. Um den Widerstandswillen zu stärken, wurde zwischendurch Goethes Gedicht ‚Feiger Gedanken bängliches Schwanken‘ vorgetragen und ‚Wenn alle untreu werden‘ gesungen[588]. Auf Durchhalteparolen folgten Drohungen: Zu erschießen seien die männlichen Personen in Häusern, aus denen eine weiße Fahne wehe.

Anna O. erlebte das Kriegsende in Bernsfelden, einem Dorf im Frankenland. Wie nah die Front war, erfuhr die Familie, als eines Abends abgekämpfte Soldaten um etwas zu essen baten. Annas Mutter dachte an ihren Sohn, der bei der Wehrmacht war, und fragte nicht, woher der junge Mann die Eier hatte, die sie ihm braten sollte, und ob das Huhn, das ein anderer brachte, wirklich unter die Räder geraten war. Am nächsten Morgen fuhren Männer in gepflegter, hoch dekorierter Uniform vor; sie verwiesen die Familie in den Keller und richteten in den Wohnräumen eine Kommandozentrale ein. Als die Kinder hörten, wie rüde die da oben mit ‚ihren‘ Soldaten umgingen, halfen sie in den nächsten Tagen um so lieber mit, im Kellereingang eine Art Feldküche in Gang zu halten. Ungehindert beschafften die Landser gute Beigaben, denn das Dorf gehörte ihnen; die Bauern waren auf einmal verschwunden. – Vielerorts sind die Landleute, nicht anders als in früheren Kriegen, beim Herannahen der Front mit Kind und Kegel in den Wald geflüchtet[589]. – In Bernsfelden war die Familie der Evakuierten lieber im Keller geblieben, als in den Wald zu ziehen ohne zu wissen, wie sie dort durchkäme. Das Grollen der Kanonen kam näher; da und dort schlug eine Granate ein. Für die Kinder war es wie ein Abenteuer, auf den Hof zu laufen und zurück in den Keller zu sausen, wenn etwas heranzischte. Eines Morgens war plötzlich die Wohnung leer, die fein Uniformierten hatten sich abgesetzt. Wiedergesehen haben die Kinder nur ‚ihre' Soldaten; zwei Tage später hockten sie in einem der Höfe auf dem Boden, von Amerikanern bewacht, die Hände hinter dem Kopf gefaltet, verschmutzt und mit grauen Gesichtern.

Stadtbewohner wurden aufgerufen, vor den feindlichen Truppen die Flucht zu ergreifen. In Göppingen verkündete ein Merkblatt, der Führer habe „die vorübergehende Räumung unseres engeren Heimatgebietes befohlen". Statt konkreter Hilfsangebote waren wohlfeile Ratschläge darauf verzeichnet: Wie man am besten lange Fußmärsche bewältige; daß an die Zahnbürste zu denken und „Kindern unter 10 Jahren eine Karte mit genauer Heimatanschrift" umzuhängen sei[590]. Der am 9. März 1945 veröffentlichte „Räumungsbefehl für westdeutsche Städte" ordnete an, die Bevölkerung solle Trecks bilden, um „unter Führung der Partei und der Behörden" in innerdeutsche Gaue zu ziehen. In Hamm (Westf.) hatten Frauen, Kinder und ein paar alte Männer in einem Hochbunker Schutz vor der heranrückenden Front gesucht. Behördenvertreter erschienen und forderten, Jung und Alt müsse sich nach Osten in Marsch setzen. Lauter Protest: Auf der Landstraße sei man Jabos und einmarschierenden Soldaten schutzlos ausgeliefert. Man fürchtete sich weniger vor der Einnahme der Stadt als vor der Ungewißheit unterwegs. Die Regimehörigkeit hatte ihre Grenzen gefunden, zuerst bei den Müttern. Was waren das auch für Leute, die Gehorsam forderten! Großmäulige Hoheitsträger, die vor kurzem noch Kinder, Frauen und Alte zum Schanzen gepreßt und den Kampf bis zum letzten Blutstropfen gefordert hatten, waren plötzlich verschwunden.

Feige aus der Verantwortung gestohlen hat sich vor allem der oberste Kriegsherr; am 30. April 1945 beging Hitler Selbstmord. Einen Tag später tat Goebbels es ihm gleich, nachdem er seine Frau getötet hatte, die ihrerseits vorher ihre sechs Kinder vergiftet hatte[591]. Zu jenem 30. April meldet das Kriegstagebuch des Oberkommandos der Wehrmacht: „Das heroische Ringen um das Zentrum der Reichshauptstadt hält mit unverminderter Heftigkeit an. In erbitterten Häuser- und Straßenkämpfen halten Truppen aller Wehrmachtteile, Hitlerjugend und Volkssturm den Stadtkern. Ein leuchtendes Sinnbild deutschen Heldentums"[592].

Ein Held war eher jener Ausbilder, der seinen Rekruten den Tip gab, den Josef nutzte, um zu fliehen. Ein Soldat hatte seinen Jungen nahegelegt zu desertieren! Sein Rat hat Menschen gerettet, ihn selbst aber vielleicht das Leben gekostet. Anders als Hitler und Goebbels haben viele Deutsche sich verantwortungsbewußt für die ihnen Anbefohlenen eingesetzt. Mütter haben ihre Kinder aus letzten Aufgeboten herausgeholt, Gemeindediener haben vor der Einberufung gewarnt. Nicht überall herrschte Grauen; Kinder waren allein unterwegs und kamen gut an. Selbst aus dem Kriegsdienst haben Mädchen und Jungen auch gute Erinnerungen mitgenommen. Sie waren stolz, sich aus der Hut ihrer Eltern lösen zu können und zusammen mit Altersgenossen ihr Bestes zu geben. Mit teuflischem Geschick hat das Regime Freiheitsliebe und Idealismus mißbraucht; junge Menschen haben sich in Abenteuer gestürzt, in denen sie ihr Leben sinnlos aufs Spiel setzten.

Die Zwischenzeit nutzen

Die Stunde Null hat es nicht gegeben. Für Millionen war es die Stunde, in der sie vergast wurden oder im Feuersturm des Bombenterrors untergingen, in der sie als Soldaten fielen, in der sie vergewaltigt oder aus ihrer Heimat vertrieben wurden. Für Angehörige der Wehrmacht war das Inkrafttreten der bedingungslosen Kapitulation – am 8. Mai 1945 um 23.01 Uhr mitteleuropäischer Zeit – insofern eine Stunde Null, als sie nun den Feinden gehorchen mußten[593]. Von diesem Ende des Krieges erfuhren Deutsche zu unterschiedlichen Zeiten, erst im Herbst 1945 im nördlichen Ostpreußen[594]. Für die meisten Menschen im deutschen Herrschaftsgebiet setzte ein spürbarer Umschwung ein, sobald die Feinde ihren Ort eingenommen hatten. Dann sahen Überlebende der Konzentrations- und Gefangenenlager sich endlich befreit; für die deutsche Zivilbevölkerung wurde es im Westen eine Wende zu einer besseren Zeit; im Osten gingen Abertausende einem schlimmen Schicksal entgegen.

Für die siebenjährige Anna O. und ihre Geschwister begann die neue Zeit mit einem großen Reinemachen. Nichts in der Wohnung durfte an die SS erinnern; die Mutter trieb ihre Kinder an, wie diese es noch nie erlebt hatten. Mit der Schubkarre liefen die Jungen zum Ententeich. „Seht zu, daß keiner euch sieht; paßt auf, daß alles untergeht!" – Überall nutzten Menschen die Zeit vor dem Eintreffen der Sieger zu gründlicher Säuberung. Ein Junge erfuhr handgreiflich, daß das Großdeutsche Reich untergegangen war, als sein Großvater ihn verdrosch, damit er seine „HJ-Uniform mit allen Abzeichen, Sterne und Führerschnur in die Abortgrube am Haus" werfe[595]. Hastig verbrannt wurden Fotos, die Kinder in Uniform zeigten, ferner Hitlerbilder, ‚Mein Kampf', NS-

Schulungsbriefe, Parteiabzeichen, der ‚Völkische Beobachter' – kurz alles, was die Sieger nicht bei der Familie finden sollten[596]. Kritisch war die Zeit zwischen dem Abzug der alten und der Ankunft der neuen Herren. Schließlich wollte man überleben. Deshalb sollten Nachbarn von dem Reinemachen möglichst nichts bemerken; vielleicht tauchte die SS schon bald wieder auf?!

Trotz ängstlichen Bangens dachten viele an den nächsten Tag. Die Hakenkreuzfahne wegwerfen? Davon konnte man eine Bluse schneidern! Und die Uniform? Wann würde man so guten Stoff wieder zu kaufen bekommen? Die Mädchen trennten Schulterklappen, Kragenspiegel und den ‚Pleitegeier' mit Hakenkreuz ab; dann wurde die Uniform gefärbt. Auch kindliche Freude am Sammeln kam auf ihre Kosten. Theodor, acht Jahre alt, schrieb 1945 in sein Tagebuch: „Jetzt ärgert sich die Frau Lierer, daß wir alle goldenen und silbernen Papierhackenkreuze [!] vernichtet haben, bevor die Amerikaner kamen". Er aber habe einige versteckt und sage, er habe „das Zeug" gefunden, wenn er damit „bei den Amerikanern schachere"[597].

Nach bewährtem Brauch wurde vergraben, was Begehrlichkeiten hätte wecken können: Silber, kostbarer Schmuck, wertvolle Kleidung, Markenporzellan, eingeweckte Lebensmittel. Doch Fantasiebegabte unter den Feinden sind zu allen Zeiten mit einer Witterung für unscheinbar aussehende Verstecke begabt; ein ‚Nest' nach dem anderen wurde ausgehoben. Unentdeckt blieb ein herrenloser Lastwagenanhänger der Wehrmacht, den die Brüder der Anna O. in eine Waldscheune geschoben hatten. Einige Wochen später hat der Bauer, für den sie das kostbare Stück beiseite geschafft hatten, die Familie mit seinem Leiterwagen zu dem Bahnhof gebracht, von dem aus die lange Heimfahrt ins Ruhrgebiet begann.

Wem gehörte, was die Wehrmacht zurückgelassen hatte? Nach dem Abzug der deutschen Soldaten und dem gespenstischen Verschwinden der bis dahin allmächtigen Partei dauerte es manchmal Tage, bis die neuen Machthaber sich zeigten. Frauen und Kinder nutzten das Herrschaftsvakuum. Da war das Heeresverpflegungsamt unbewacht, dort eine Kaserne, an der Bahn ein Güterwagen. Kindern war ‚Schokakola' unbekannt; wem es vergönnt war, ein wenig davon zu bekommen, ließ die Delikatesse in kleinsten Stücken auf der Zunge zergehen. Doch bald schon warnten Anschläge der Besatzungsmacht: „Wer weiter plündert, wird auf der Stelle erschossen"[598]. Man wußte nicht, wie ernst das gemeint war; doch Familien konnten die fremde Habe nur zu gut gebrauchen. Mütter erinnerten sich an die Not nach dem Ersten Weltkrieg; schmerzlich hatten sie seit Monaten erfahren, wie die Versorgung zusammenbrach[599]. Der Schweizer Generalkonsul in Köln stellte am 26. April 1945 voller Mitgefühl fest: „Ohne Übergang ist die Angst vor den Bomben der Angst vor dem bereits sehr deutlich spürbaren Hunger gewichen“[600].

Keine Bomben mehr, keine Jabos mehr, keine Angst mehr vor fanatischen Anhängern Hitlers – endlich wieder in Ruhe schlafen. In manchem Haus wurde der Umschwung gefeiert, sogar mit einem guten Wein, den man über die Wirren gerettet hatte. Besser man ließ den edlen Tropfen durch die eigene Kehle rinnen, als daß die Soldateska am nächsten Tag darüber herfiel mit Folgen, die zu fürchten waren. Schon deshalb durften selbst Kinder einmal nippen[601].

Einmarsch der Sieger

Für Anna O. und ihre Geschwister begann die Besatzungszeit mit einem Schrecken: Die Wohnungstür wurde aufgestoßen; mit einem barschen „Hands up!“ richtete ein Soldat die Pistole auf ihren vierzehnjährigen Bruder. Die Kleinen begannen zu weinen. Die Mutter mußte die Kisten öffnen, in denen verstaut war, was die Familie in die Evakuierung mitgenommen hatte. Noch ein Blick in alle Ecken, „Good bye!“, und der Fremde war verschwunden. Neugierig drängten sich die Kinder am Fenster. Soldaten schlenderten daher und winkten lachend nach oben. Kein Landser hätte das gewagt. Bald trauten die Jungen sich auf die Straße, um schnelle Jeeps und vollbesetzte Lastwagen zu bestaunen. Sie kamen zurück mit Geschichten von schwarzen Männern und mit seltsam weichen Bonbons; ‚Amis‘ hatten ihnen Kaugummis zugeworfen. Dann der zweite Schreck: Amerikaner erschienen, um die Wohnung zu besichtigen! Doch sie beschlagnahmten nur das Altenteil des Bauernhofes; die Familie mußte nicht wieder in den Keller. Nun begann ein Freudenfest, zumal die Fremden den Kindern Bananen zugesteckt hatten.

Briefe, Tagebuchnotizen und Erinnerungen bezeugen, daß die Amerikaner seit ihrem Einmarsch einen überwältigenden Eindruck machten. Ihre materielle Überlegenheit löste ungläubige Verblüffung und Erschütterung aus. Sie waren gut ernährt, trugen saubere, tadellos sitzende Uniformen, waren beneidenswert motorisiert. Sie gaben sich aufreizend lässig; bei Deutschen galt solches Verhalten noch Jahre später als unmännlich. Wer von einem Herrenvolk geträumt hatte, durfte nicht daran denken, wie Angehörige der Wehrmacht in den letzten Kriegsmonaten ausgesehen hatten. Ließ man als soldatisch nur zackiges Auftreten gelten, mußte man sich fragen, wieso ausgerechnet *die* den Krieg gewinnen sollten.

Berichte aus der Besatzungszeit stimmen darin überein, daß die Amerikaner freundlich und locker, die Engländer eher reserviert und korrekt aufgetreten sind. Von Franzosen erzählt man andere Geschichten. Sie hatten sich den Alliierten in dem Maße angeschlossen, wie diese ihr Land befreiten. Nun wollten sie den Deutschen ihre Überlegenheit beweisen, sich für Böses rächen, das sie erlitten hatten; Furcht verbarg sich hinter harschem Auftreten[602]. Kinder erschraken, wenn wild aussehende Nordafrikaner durch ihr Haus stürmten[603]. Es kam zu gewalttätigen Ausschreitungen, wenn auch weit seltener als im Osten. Die Familie atmete auf, wenn nach einer Hausdurchsuchung nur der Küchenwecker oder der Fotoapparat fehlte.

Die Anordnungen der Besatzungsmächte klangen genauso herrisch wie die Befehle des verflossenen Regimes. Auch dort, wo Engländer und Amerikaner zu sagen hatten, sollte man sich an die Sperrstunde halten. „Wer sich in dieser Zeit auf die Strasse begibt, setzt sich der Gefahr aus, erschossen zu werden". Ortsvorsteher hafteten dafür, daß abgegeben wurde, was einem deutschen Widerstand hätte nützen können: Brieftauben, Kraftfahrzeuge, Munition, Radio- und Sendegeräte. Mancher ehemalige Hitlerjunge brachte es nicht übers Herz, sich von seinem Ehrendolch zu trennen, trotz martialischer Drohungen: Finde man noch Waffen, „so wird der Eigentümer erschossen."

Ein Stück vom Frieden war da; neben dem Kinderbett lag nicht länger griffbereit das Notgepäck für den Bunker. Dafür drohte anderes Ungemach: Manche Familie, deren Haus unversehrt geblieben war, mußte Unterschlupf bei Bekannten suchen, weil die Sieger Privatwohnungen mit allem Zubehör für ihre Soldaten beschlagnahmten, denen bald die Familien folgten. Mit Vergnügen erinnert sich Erika T. an eine List: Die Kinder durften alles „gräßlich zurichten", damit die fremden Soldaten beim Kontrollgang abwinkten. Ein toller Spaß war das: Kaninchenställe in die Badewanne; das Waschbecken mit Gerümpel verbarrikadieren; allenthalben Dreck verteilen und den Eindruck eines heillosen Durcheinanders erwecken[604]. Dieses Haus blieb frei; anderswo ließen Kenner sich nicht hinters Licht führen.

Wie hart es Jugendliche ankam, die Niederlage anzunehmen, geht aus Berichten über das Kriegsende hervor, die Schüler noch 1945 im Kreis Schwäbisch-Gmünd verfaßt haben. Ein Mädchen schrieb: „Ich ging vom Keller hinauf in unsere Stube. Da saß ein amerikanischer Soldat in unserem Polstersessel und hatte die Füße mitten auf dem Tisch. Da habe ich plötzlich begriffen, daß wir den Krieg verloren hatten, und ich mußte bitterlich weinen. Der Soldat schenkte mir ein großes Paket Bonbons, aber sie wollten mir nicht schmecken"[605]. Anna O. mußte weinen, als sie unter den Gefangenen auf dem Nachbarhof auch bekannte Gesichter sah. Diesen Männern hatte sie aus der Feldküche im Kellereingang leckere Suppe ins Geschirr geschöpft, und nun durfte sie ihnen nicht einmal zuwinken; die Wache verscheuchte die Kinder.

Der Friede ließ noch lange auf sich warten; doch hier und da war etwas davon spürbar. Ein Verbot wurde aufgehoben, ein Stacheldrahtzaun weggeräumt. Ein Stück vom Frieden war jeden Abend zu sehen: Keine Verdunkelung mehr! Wachte man nachts auf, ahnte man zumindest Konturen; und morgens erlebte man die Dämmerung. Ein nicht verhängtes Fenster gehört für manchen, der damals Kind war, bis heute zu einer guten Nacht und zur Erfahrung des Friedens. Zum ersten Mal in ihrem Leben sahen nun Sechs- und Siebenjährige von der Straße aus erleuchtete Fenster. Wegen der Sperrstunde mußten freilich viele noch warten, bis sie diesen Anblick genießen konnten. War hinter jedem Fenster Licht, zeugte das von Lebenswillen, aber auch von Wohnungsnot.

Im Osten: Flucht und Vertreibung

Pommern, Ostpreußen und Schlesien waren bis weit in das letzte Kriegsjahr hinein Inseln des Friedens. Hunderttausende waren in den Reichsluftschutzkeller, wie der Volksmund sagte, evakuiert worden. Als die Front näher rückte, haben die Machthaber der Bevölkerung unverantwortlich lange verboten, ins Innere des Reiches auszuweichen, um dann schließlich Frauen, Kinder und Alten in den Strudel einer chaotischen Flucht zu stoßen. Wieder und wieder standen Menschen, die meinten entkommen zu sein, plötzlich Rotarmisten gegenüber[606].

Bevor Szenen der furchtbaren Erfahrungen nachgezeichnet werden, denen Deutsche im Osten ausgesetzt waren, sei *den* Nichtdeutschen (der Einfachheit halber sei diese Ausdrucksweise einmal erlaubt) Dank gesagt, die unglückseligen Deutschen damals geholfen haben. Kriegsgefangene, Zivil- und Zwangsarbeiter aus West- und Osteuropa wollten das Schicksal ‚ihrer' Familien auch in schwerster Zeit teilen. An Stelle der abwesenden Väter und Söhne sind sie im wahrsten Sinne des Wortes Treuhänder geworden[607]. Anerkennung gebührt ferner denjenigen unter den sowjetischen Soldaten, den Polen und den Tschechen, die sich schützend vor recht- und wehrlose Deutsche gestellt haben. Kinder waren mit übelsten Vorurteilen über Slawen aufgewachsen; böse Erfahrungen beim Einmarsch der Roten Armee mußten sie darin befestigen. Kann ein Russe überhaupt ein lieber Vater sein? Ein Flüchtling hat später aufgezeichnet, wie ein russischer Soldat ihm diese Frage beantwortet hat: „Einen Monat später sollte mir irgendwo auf der Landstraße ein solcher Familienvater begegnen, der meinen jüngsten Bruder, einen blonden, blauäugigen Vierjährigen, mit den deutschen Worten: »Der wie mein Kind. Frau tot, Kind tot. Rostow am Don. Krieg verdammt!« von unserem Flüchtlingskarren hob und zärtlich an sich drückte. Ein Satz und eine Geste, die ich nie vergessen werde. Bei Rostow am Don war mein Vater gefallen“[608].

Flucht über Landstraßen

Angst vor den Russen hatten in den deutschen Ostgebieten viele, weil sie ahnten oder gar wußten, wie Deutsche sich in östlichen Ländern aufgeführt hatten[609]. Als im August 1944 der Vormarsch der Roten Armee ins Stocken geriet, atmeten sie auf. War nicht jeden Tag mit den verheißenen Wunderwaffen zu rechnen? Eine verhängnisvolle Autoritätsgläubigkeit ließ die große Mehrheit darauf vertrauen, im schlimmsten Fall werde der Führer rechtzeitig eine geordnete Evakuierung veranlassen. Die Menschenverachtung, mit der er vorsätzlich sein Volk dem Verderben preisgab, überstieg die Vorstellungskraft. Als die Front näher kam, suchten die Gauleiter, treue Gefolgsleute des Führers, mit allen Mitteln zu verhindern, daß die Menschen flohen. Sie blockierten die Ausgabe von Lebensmittelmarken und Quartierscheinen, den Verkauf von Bahnfahrkarten für Strecken über mehr als 100 Kilometer, ließen Straßen und Bahnhöfe kontrollieren; auf Fluchtversuch stand die Todesstrafe.

Als die Rote Armee im Herbst 1944 Litauen und Teile von Ostpreußen erobert hatte, ließen sich solche Verbote nicht mehr überall durchsetzen. Zuerst reisten Evakuierte ab, sie wußten wenigstens, wohin: Zurück in ihre Heimat[610]. Ganze Dorfgemeinschaften brachen aus eigenem Entschluß auf, oft erst, wenn das Grollen der Schlacht schon zu hören war. Über Landstraßen und durch Orte fuhr Wagen auf Wagen, mit Hausrat hoch beladen. Frauen oder ältere Kinder lenkten die Pferde. Gerhard Z. stand damals als zehnjähriger Bub an der Straße und schaute zu: „Armeekolonnen zogen zur Front hin, die Trecks in entgegengesetzte Richtung.“ SS und Militärpolizei verschafften sich Platz. „Feine Herrschaften in einer Kutsche mit Kutscher und guten Pferden“ verlangten freie Fahrt. Da kippte ein Fuhrwerk um, dort brach ein klappriges Zugpferd zusammen; ein alter Mann lag tot in einem Wagen. „Es wurde gestohlen, geplündert, nach Eßbarem gesucht“[611].

Leitfaden der folgenden Darstellung ist der Brief einer jungen Mutter, geschrieben am 29. Januar 1945; er bringt bedrückend nah, was Flüchtlingen widerfahren ist, die zu Fuß unterwegs waren. Alles Grauen, an dem ein Mensch scheinbar teilnahmslos vorübergeht, solange er den erschöpften Körper weiterschleppt, fällt mit geballter Wucht auf ihn herab, sobald er zur Ruhe kommt. Diese Frau hatte einen kurzen Zwischenhalt gefunden. „Ich muß morgen weiter, weil alles überfüllt ist und die Russen auch hierhin kommen." Selbst an das Ziel kann sie nur mit Angst denken; sie schreibt den Brief, um ihre Mutter auf einen Schrecken vorzubereiten: „Ich bringe Gabi nicht mit." Ihr vier Monate altes Töchterchen ist auf der Flucht gestorben.

Liest man den Brief im Zusammenhang[612], drängt sich mehr noch als bei vielen anderen in diesem Buch herangezogenen, von Erfahrungen Einzelner erzählenden Texten eine zentrale Frage auf: Ist es recht, solche Zeugnisse als historische Quellen zu benützen und sich passender Zitate sozusagen als Scheinwerfer zu bedienen, um große Zusammenhänge zu beleuchten? Unersetzlich ist Gabi ihrer Mutter, und diese schreibt so eindringlich, daß es unmöglich ist, ihren Schmerz einzuordnen und aufzurechnen. Und doch sieht der Historiker sich durch diesen Brief geradezu aufgefordert, das geschichtliche Umfeld in den Blick zu nehmen. Was Deutsche in östlichen Ländern sich haben zuschulden kommen lassen, kann keine Entschuldigung dafür sein, daß Gabi auf der Flucht vor den Russen verhungert und erfroren ist. Dieser Gedanke bleibt nicht aus, weil der Brief wie eine andere Art von Entschuldigung wirkt. Die Mutter fühlt sich schuldig, daß sie ihr Kind verloren hat, und sie sucht zusammen, was ihr Verhalten erklären könnte. Sie tut es mit scharfem Blick für Einzelheiten und Zusammenhänge. Zeiten, die sie nennt, lassen sich nachrechnen, und Orte sind auf der Karte zu finden. Damit erlaubt die junge Mutter dem Historiker, seiner Aufgabe nachzukommen und, wenn auch unruhigen Gewissens, nachzuzeichnen, wie damals eins auf das andere folgte.

Als die junge Frau diesen Brief schrieb, war sie seit 9 Tagen unterwegs; am 20. Januar war sie spätabends aus Breslau aufgebrochen. Die Bevölkerung der Stadt war durch Flüchtlinge von 625.000 auf fast 1 Million angeschwollen. Als Breslau zur Festung erklärt wurde, die mit allen Kräften gegen die Rote Armee zu verteidigen sei, befahl der Gauleiter denen, die nicht fähig waren mitzukämpfen, unverzüglich die Stadt zu verlassen. Seit dem 20. Januar 1945 hat er an die 500.000 deutsche Frauen, Kleinkinder und Alte aus Breslau vertrieben; im zynischen Jargon des Regimes hieß das „Auflockerung"[613]. Die Vertriebenen mußten hinaus auf die Landstraße; ein eisiger Wind, hoher Schnee und Temperaturen bis zu minus 20 Grad machten jeden Schritt zur Qual.

Am 29. Januar war Gabis Mutter bis nach Striegau gekommen, 50 km südwestlich von Breslau. In Kanth, 10 km südwestlich von Breslau, hatte sie die tote Gabi zurückgelassen. Beide Orte liegen an derselben Bahnlinie. Doch Züge durfte die Zivilbevölkerung nur nutzen, wenn die

Wehrmacht keinen Bedarf angemeldet hatte. Schlimmer noch: Am 22. Januar 1945 befahl Georg Hans Reinhardt, Oberbefehlshaber der Heeresgruppe Mitte, Trecks, die auf Landstraßen die Bewegungen der Truppe störten, seien zu „entfernen"; das sei „gewiß schmerzlich. Die Lage verlangt es aber"[614]. Besser wurde die Lage durch solche Maßnahmen nirgendwo. Im Gegenteil, die Niederlage wurde hinausgezögert, um so größer wurde die Zahl der Toten und Verletzten. Am 15. Februar hatte die Rote Armee den Ring um Breslau geschlossen, und es begann ein für beide Seiten verlustreicher Straßen- und Häuserkampf. Seit dem 7. März mußten Jungen und Männer vom zehnten, Mädchen und Frauen vom zwölften Lebensjahr an schanzen; Arbeitsverweigerern drohte die standrechtliche Erschießung. Am 6. Mai, zwei Tage vor der allgemeinen Kapitulation, gaben die Verteidiger auf. Kurz zuvor hatte sich Gauleiter Hanke in einem Fieseler Storch, einem Kleinflugzeug, davongemacht; über sein weiteres Schicksal ist nichts Genaues bekannt[615].

Als eine geordnete Evakuierung noch möglich gewesen wäre, hatte dieser Handlanger Hitlers sie verboten. Als er sie befahl, war es zu spät. Weder jenem Verbot, noch diesem Befehl hat man sich in Breslau widersetzt. Hatte das Regime sich alle derart hörig gemacht? – Gabis Mutter denkt nicht daran, der unmenschlichen Regierung die Schuld am Tod ihres Kindes zu geben. Sie erklärt ihre Flucht nicht mit dem Befehl des Gauleiters, sondern mit einem Versprechen, das sie ihrem Mann gegeben hat: „nicht in Breslau zu bleiben wegen der Russen und allem, was sie uns Frauen antun. Er sagte, er wird nie darüber hinwegkommen, wenn mir so etwas geschieht." – Am 20. Oktober 1944 hatten Rotarmisten im ostpreußischen Nemmersdorf junge und alte Frauen vergewaltigt und die Bewohner massakriert[616]. Nachdem deutsche Truppen den Ort zurückerobert hatten, hatte die Propaganda den „bolschewistischen Blutrausch" groß herausgestellt[617]; seitdem eilte den Sowjets erst recht der Ruf voraus, daß sie sich mit unstillbarem Durst an deutschen Frauen und Kindern rächen wollten. Für Gabis Mutter wurde die Furcht vor den Russen unerträglich bei dem Gedanken, daß ihr Mann „nie darüber hinwegkommen" werde, wenn ihr „so etwas" geschehe. Hunderttausenden von Mädchen und Frauen ist „so etwas" widerfahren. Zeit ihres Lebens haben sie weder bei Angehörigen Hilfe, noch bei Seelsorgern Trost gefunden[618].

Solange sie konnte, hat die Mutter Gabi auf dem Arm getragen, auch noch nach dem Tod des Kindes. So wie diese junge Frau zogen überall im Osten Flüchtlinge durchs Land, zu Fuß und schwer bepackt mit Rucksäkken und Bündeln, mit Bettzeug, Lebensmitteln und mit Kindern. Wer an ein Fahrrad oder einen Kinderwagen gekommen war, schob ein solches

Gefährt. Kinder zogen Handkarren, Rodelschlitten, Koffer oder umgedrehte Tische als Schlittenersatz. Zu der Kolonne der aus Breslau Ausgewiesenen gehörten viele, die vor kurzem in der Stadt Zuflucht gesucht hatten. Denn seit dem Herbst 1944 waren überall im Osten Flüchtlinge unterwegs, ein buntes Völkergemisch: Deutsche aus östlichen Reichsteilen, Volksdeutsche, die in annektierten Gebieten angesiedelt worden waren, ausländische Kriegsgefangene und Zivilarbeiter, Balten, Bessarabier, Galizier und andere. Ausländer, die sich bis in die westlichen Besatzungszonen durchschlugen, erhielten dort nach dem Krieg den Sonderstatus der *Displaced Persons* (DPs, entwurzelte Personen); wie deutsche Flüchtlinge durchkämen, sollten die deutschen Behörden sehen.

Auf ihrer oft monatelangen Flucht nutzten die Menschen, wenn möglich, die Personenwagen der Eisenbahn trotz der zerbrochenen Fensterscheiben, oder Viehwaggons, in denen unlängst Ausländer zur Zwangsarbeit, Juden und Zigeuner zur Vergasung gefahren worden waren. Last- und Personenkraftwagen waren kaum zu sehen, um so mehr Fuhrwerke. Gezogen wurden die Fahrzeuge von Ochsen oder armseligen Kleppern; die robusten Pferde waren bei der Wehrmacht. Am Wegesrand lag, was die Flucht behinderte: Hausrat und Kleidung, Mehl- und Zuckersäcke, Briefe und Akten, Gewehre und Uniformen, aufgegebene Geschütze, Tierkadaver. An einem Straßenrand ist auch die tote Gabi zurückgeblieben. „Ich bringe Gabi nicht mit, und ich habe einen erfrorenen Arm". Die Mutter konnte ihr Kind nicht mehr tragen. „Ich habe sie gut eingewickelt und an der Straße hinter Kanth tief in den Schnee gelegt. Da war Gabi nicht allein, denn mit mir waren ein paar tausend Frauen mit ihren Kindern unterwegs, und sie legten auch die Gestorbenen in den Graben".

Wird ein Kummer leichter, wenn andere dasselbe Leid trifft? Gabis Mutter hat Frauen gesehen, die ärger daran waren als sie selber. „Ich habe noch versucht, Gabi hinter einem Haus die Brust zu geben, aber sie nahm sie nicht, weil alles so kalt war." Viele Frauen hätten das versucht, sich dabei aber die Brüste erfroren, manche hätten sich obendrein eine Lungenentzündung geholt. Sie lägen nun da und fantasierten von Breslau, den Männern und den Kindern. Eine Frau aus der Brandenburger Straße habe „alle drei Kinder verloren." Der Historiker muß nach Ursachen und Folgen fragen und versuchen, ein Urteil zu finden. Gabis Mutter beschuldigt niemanden, vielleicht will sie nicht einmal sich selbst entschuldigen. Was sie erfährt und ringsum sieht, beweist ihr nichts als die unüberwindbare Verlorenheit des Menschen. „Mutterliebe ist sicher die größte Liebe. Aber wie groß alle Liebe sein mag, wir sind doch nur schwache Geschöpfe."

Manche Flüchtlinge haben aufgegeben, wenn sie weitere Mühsal für sinnlos hielten. Mit vielen anderen Zeugen sahen Kinder an einem See, in der Dämmerung, „zwei alte Leute, einen Mann und eine Frau, die sich an den Händen gefaßt hatten und ganz langsam ins Wasser gingen, Schritt für Schritt – und niemand hielt sie auf. Bald waren sie verschwunden. Für sie war die Flucht zu Ende“[619]. Eine andere Erzählerin hat später erfahren, daß die Flucht ihrer Familie beinah ebenso zu Ende gegangen wäre. „Endlich hielten wir an, wir stiegen ab und wurden in ein großes Gebäude geführt. Überall lagen Menschen, viele mit schmutzigen Verbänden, darunter Kinder jeden Alters, die weinten.“ Draußen ein wildes Durcheinander, auf der Straße Planwagen; in den Gräben, halb von Schnee und Eis bedeckt, „tote Menschen und Viehkadaver. Man hatte sie einfach liegenlassen.“ Die Familie ging an einen See, „der am Rande zugefroren, weiter draußen aber offen war. Wir standen sehr lange an dieser Stelle. Mutti weinte. Später erzählte sie uns, warum. Papa hatte mit uns allen in das Wasser gehen wollen, was Mutti gerade noch verhindern konnte“.

Müttern gab die Sorge um ihre Kinder einen schier übermenschlichen Durchhaltewillen. An ein Wunder grenzt es, daß sogar auf der Flucht geborene Kinder die unsäglichen Strapazen ausgehalten haben. Viele andere Säuglinge haben die eisigen Temperaturen, Hunger und Durst nicht überlebt. Gabis Mutter hat geklagt, wie schwach „wir“, die Mütter, seien. Und doch ist sie, nachdem sie ihr totes Kind sorgsam in den Graben gelegt hat, noch bis Striegau gelaufen, 40 km weit, und dort hat sie ihren langen Brief geschrieben. Dieser Brief ist mehr als eine Klage. Einen Sarg, so schreibt sie, hätte sie auch in Striegau für ihr Kind nicht bekommen; ein Grab hätte in dem eisig gefrorenen Boden nicht angelegt werden können. Die Mutter hat ihrem Kind ein anderes Denkmal gesetzt, ihren Brief. Darin ist genau festgehalten, wo sie ihr Kind dem Tod überlassen mußte: Im Straßengraben hinter Kanth. Auch dieser jungen Frau hat Mutterliebe die Kraft gegeben weiterzugehen.

Aber auch Mutterliebe hat Grenzen. Flüchtlinge haben Kinder ausgesetzt; andere Kinder gingen verloren. Fremde haben sich mancher dieser Findelkinder angenommen und sie wie eigene, vielleicht gerade verstorbene, betreut. Mütter haben im Voraus bedacht, was ihrem Kind widerfahren könnte, und Vorsorge getroffen. Erhalten geblieben ist die Umhängetasche, die ein Flüchtlingsmädchen getragen hat, darin ein Foto und ein Brief:

„Eckersdorf, den 23. 1. 45. Kreis Glatz.
Eigentümer ist das Kind Christa-Dorothea Brix aus Breslau 16, Meisenweg 17, z. Zt. wohnhaft in Eckersdorf Kreis Glatz, geboren am 3. Oktober 1943 in Breslau Seine nächsten Verwandten wohnen in Hamburg: Bruno Hellrung, Hamburg-Poppenbüttel, Schulberg. Vati ist Oberstleutnant und im Sommer 1944 in Toulon in Gefangenschaft geraten. Ich bitte herzlichst und innigst, wer das Kind auffindet, nach angegebener Adresse baldige Mitteilung zu machen. Das Kind in liebevolle Obhut zu nehmen, bis ich es mir abhole. Gottes reichster Segen ruhe auf dem Kinde. Heilige Muttergottes beschütze mein Kind. Heiliger Schutzengel, begleite es auf allen Wegen.
In herzlicher, sorgender Liebe küßt Dich mein liebes Herzekind Deine Mutti."[620].

Fast ist es leichter zu verstehen, daß Menschen schließlich die Kraft fehlte, um die ihnen anvertrauten Kinder zu hüten, als daß Kinder auf unglaublich langen Wegen durchgehalten haben. Die Tagesleistung schwankte zwischen negativen Werten, wenn man wieder zurück mußte, und bis zu 60 Kilometern, „mit Kinderwagen unter den furchtbaren Verhältnissen jener Zeit und ohne irgendwelche Verpflegung"[621]. Ein Schlaglicht aus Pommern vom 8. März 1945: Vier Erwachsene und neun Kinder waren auf der Flucht. Nach etwa 35-40 Kilometern knickte „Marianna mit den Füßen um, auch Rosi hatte Beschwerden, so daß wir ihnen breite Haarschleifen an Stelle von Verbänden um die Gelenke wickeln mußten".

Ein Urteil über Flüchtlinge, die aufgegeben haben, darf der Historiker sich nicht anmaßen. Um so härter sind die Verantwortlichen in den deutschen Behörden zu verurteilen, die Menschen in die Flucht hinaus gestoßen haben, ohne Vorkehrungen zu treffen. „Es war so schrecklich kalt, und es stürmte so eisig, und es fiel Schnee, und es gab nichts Warmes, keine Milch und nichts", schreibt Gabis Mutter. Kinder mußten sterben, weil nicht für geheizte Räume gesorgt war, wo Mütter ihre Kinder unterwegs hätten nähren, alle sich ein wenig hätten erholen können. Hätte es auf dem Weg zwischen Kanth und Striegau solche Haltepunkte gegeben, hätten nicht, wie in dem Brief zu lesen, Mütter draußen auf dem Boden gesessen, die sich auch durch die Tränen ihrer Kinder nicht bewegen ließen, dem erschöpften Körper noch einmal Kraft abzuringen[622]. Nicht selten hatten Hausbesitzer, die noch nicht geflohen waren, Türen und Fenster vernagelt, damit sie keine „fremden Volksgenossen" aufnehmen müßten[623].

Zu rühmen sind die Helfer. Wie nach Bombenangriffen, so rückten auch auf Fluchtwegen oft Kinder in die Rolle von Erwachsenen. Sie zogen ihre kranke Mutter auf einem Schlitten durch die Schneewüste und bettelten für sie um einen geschützten Platz oder ein warmes Getränk. Zu nennen sind auch hier wieder Mädchen und Jungen aus der Hitlerjugend, die Einsatzfreude oft geübt hatten und nun zusammen mit Luftwaffenhelferinnen und NSV-Schwestern letzte Kraftreserven einsetzten, um Erschöpften ein wenig Ruhe, Wärme und Nahrung zu verschaffen. Glücklich schätzten sich Flüchtlinge, die in einer Turnhalle übernachten konnten, „auf deren Boden Stroh ausgebreitet war. Dicht an dicht lagen dort die Menschen nebeneinander, jede Familie hatte ein paar Quadratmeter zugewiesen bekommen“[624]. In Striegau gab es sogar ein Behelfskrankenhaus; vielleicht hat dort eine Helferin den erfrorenen Arm von Gabis Mutter in eine feste Armbinde gelegt, bevor die junge Frau weiterziehen mußte.

Flucht über die Ostsee

Am 26. Februar 1945 erreichten sowjetische Verbände bei Tolkemit das Frische Haff; der deutschen Bevölkerung blieb nur noch die Flucht über die Ostsee. Doch da drohten russische Jagdbomber, U-Boote, Überwasserschiffe und Seeminen. Der schlimmste Feind deutscher Flüchtlinge aber war die deutsche Marineleitung; sie hatte befohlen, alle etwa freien Schiffskapazitäten in den Dienst der Wehrmacht zu stellen. Das Regime hielt die Fortsetzung längst sinnlos gewordener Kämpfe für wichtiger als die Rettung von Menschen. Erst nach Hitlers Selbstmord (30. 4. 1945) erhielt die Evakuierung der Flüchtlinge Vorrang. Wenn 1945 noch mehr als zwei Millionen Menschen über die Ostsee in Sicherheit gebracht worden sind[625], dann auch deshalb, weil Offiziere sich wiederholt über ausdrückliche Befehle der Marineführung hinweggesetzt haben.

In den Häfen von Pillau, Danzig und Gdingen spielten sich entsetzliche Szenen ab. Matrosen versuchten, die alte, bei Unglücksfällen zur See geltende Regel durchzusetzen: „Frauen mit Kindern zuerst!“ Um zu diesen Ersten zu gehören, haben Frauen Säuglinge mißbraucht. War eine Mutter mit ihrem Kind an Bord gekommen, warf sie das Bündel mit dem Baby einer Verwandten am Ufer zu. Manches Kind fiel in das eiskalte Wasser; andere gerieten unter die Füße der Wartenden. Wieder andere wurden von Fremden aufgeschnappt; Menschen stritten sich um die lebende Bordkarte[626].

Legte das Schiff schließlich ab, begann neues Ungemach. Wer auf offenem Deck Platz gefunden hatte, drohte zu erfrieren, unter Deck meinte man, in ekelerregendem Gestank zu ersticken. Auf einem Kohlenschiff stand etwa 3.000 Passagieren während einer fünf Tage und Nächte dauernden Fahrt „nur ein Abort" zur Verfügung[627]. Den Sowjets war man noch längst nicht entkommen; Einheiten ihrer Marine versenkten die ‚Goya', die ‚Wilhelm Gustloff', die ‚Karlsruhe', die ‚General Steuben' und manches andere Schiff. Die Flucht über die Ostsee hat 14.000 bis 20.000 Menschen das Leben gekostet[628], hundert mal mehr sind gerettet worden; bei denen, die über Land geflohen sind, ist dieses Zahlenverhältnis weit ungünstiger.

Rettungsgeschichten bestätigen den guten Ruf der Seeleute; die Achtung vor Kleinen und Schwachen galt bei ihnen auch in böser Kriegszeit als ein Beweis echter Männlichkeit. Im Januar 1945 hatte ein Kapitän Mutter und Tochter in seine Kajüte aufgenommen. Als die zehnjährige Eva-Maria eine Vase umstieß, geriet die Mutter außer sich. Der Kapitän wiegelte ab: „Liebe junge Frau, nachdem nun schon soviel in Scherben gegangen ist, wollen wir doch nicht um eine Vase weinen!"[629] Jahre früher könnten Kapitän und Mutter gesungen haben: „wir werden weiter marschieren, wenn alles in Scherben fällt".

Der junge U-Boot-Kommandant Wolfgang Heibges hat am 13. März 1945 mehr als vierzig Zivilisten, unter ihnen drei Frauen mit sieben Kindern sowie 14-16jährige abgerissene Hitlerjungen, an Bord seiner U 999 genommen. Die Wachoffiziere überließen den Kindern ihre Kojen. Da sie diese Plätze in der Enge des U-Boots nur für den Gang zur Toilette verlassen durften, lasen die Offiziere ihnen, um sie ruhig zu halten, aus Andersens Märchen vor und verteilten Bonbons. Für die Mütter hatte der Kommandant seine Kabine geräumt; in der Zentrale, dem „Nervenzentrum des Bootes", hingen Windeln. Gisela Müller, Mutter von vier Kindern im Alter zwischen drei Monaten und acht Jahren, erzählte später, daß der Leitende Ingenieur ihrem Jüngsten das Fläschchen zubereiten wollte; sie habe es ihm erklärt: „Ein Viertel Milch, drei Viertel Wasser mit Haferschleim." Der Mann müsse sie für eine Rabenmutter gehalten haben, denn er habe das Fläschchen bis oben hin mit Kondensmilch gefüllt. „Mein Baby schluckte zweimal – dann war alles wieder draußen." Sobald das U-Boot aufgetaucht fahren konnte, durften die beiden ältesten Mädchen „hin und wieder mit zum Ausguck auf den Turm". Nach glücklich verlaufener Fahrt konnten die Flüchtlinge am 17. März 1945 in Warnemünde an Land gehen[630].

Rettungsgeschichten erzählen auch vom unglaublichen Lebenswillen der Kinder; wiedergegeben sei eine davon, die der Lehrer Otto Fritsch sieben Jahre nach dem Ereignis aufgezeichnet hat. Zusammen mit etwa 150 weiteren Personen hatten er und sein Enkel die Versenkung der ‚Karlsruhe' überlebt. Der Zweieinhalbjährige habe im Meer „auf einem kurzen Balken rittlings gesessen, sich mit beiden Händchen festgehalten und jämmerlich geweint". Ein Schiff habe sie beide dann nach Dänemark gebracht, wo sie bis zum 30. Oktober 1947 geblieben seien[631].

In der Gewalt der Roten Armee

Nach dem Einmarsch der Roten Armee haben Menschen in Ost- und Mitteldeutschland Furchtbares erlitten. Zuerst haben russische Soldaten Uhren geraubt, dann Mädchen und Frauen vergewaltigt, Erwachsene und Kinder gefoltert, erschlagen, erschossen. Eingeäschert wurden Häuser und Straßen, Gehöfte und Schlösser, Dörfer und ganze Städte; geschändet wurden Kirchen, Tabernakel und Friedhöfe. Als die Zeit der schlimmsten Exzesse vorüber war, wurde das Land ausgeplündert und die Beute nach Osten abtransportiert[632].

Amerikaner und Briten haben sich bei der Eroberung Deutschlands Frauen gegenüber fast immer diszipliniert verhalten; weniger kann man das von Angehörigen der französischen Streitkräfte sagen, gefürchtet waren die ‚Marokkaner'[633]. Russische Soldaten haben Mädchen und Frauen wie seelenlose Kriegsbeute behandelt. Aus Pommern ist zum Frühjahr 1945 überliefert: „Ursula, die damals vierzehn Jahre alt war, ein sehr hübsches, liebes Mädchen, wurde von den Russen so schändlich mißbraucht, daß sie starb"[634]. Die Ausschreitungen gingen weiter bis in den Herbst 1945. Seit Mitte 1947 kam es nur noch selten zu bösen Übergriffen; da lebten die sowjetischen Besatzungsstreitkräfte von der deutschen Bevölkerung weitgehend getrennt, und das Militärstrafrecht wurde strenger gehandhabt.

An russische Kinderliebe erinnert das Ehrenmal in Berlin-Treptow, die wichtigste Gedenkstätte in Deutschland für die sowjetischen Gefallenen des Zweiten Weltkrieges: Ein hünenhafter Rotarmist blickt in die Ferne; mit den Füßen tritt er auf die Trümmer des Hakenkreuzes; in der rechten Hand hält er ein überdimensionales Schwert, auf dem linken Arm ein Kind, das seinen Kopf vertrauensvoll an die Schulter des Kriegers schmiegt[635]. Rotarmisten haben Kinder aus brennenden Häusern gerettet, verloren gegangene Säuglinge Vorübergehenden in die Arme gedrückt; sie haben deutsche Kinder gestreichelt und geherzt. Gelegentlich hat ein Säugling sich als Nothelfer erwiesen. „Einmal wurde die Mutter von hereinstürzenden Soldaten beim Stillen überrascht. Sie stutzten, bekreuzigten sich und verließen das Zimmer. Diese Erfahrung machte sich die Mutter fortan zunutze. Sobald Uniformierte eindrangen, legte sie den Säugling an die Brust – und blieb verschont."

Doch nur selten erfüllte sich die Hoffnung, der Kinder wegen geschützt zu sein[636]. Rotarmisten, die Kinder sahen, wußten, daß deren

Mütter in der Nähe versteckt sein mußten. Um die Besiegten vollends zu erniedrigen und eigene Machtgelüste noch mehr auszuleben, haben sie Gewaltverbrechen an ihren Opfern im Beisein des Ehemanns, der Kinder, der Nachbarn verübt. Ermordet wurden Mütter, die sich schützend vor ihre Tochter stellten. Fassungslos erlebten Deutsche, daß gutmütige Rotarmisten plötzlich zu Sadisten wurden, vor denen weder Kinder noch Wöchnerinnen und Sterbende sicher waren[637]. Mädchen machten sich mit Asche alt und häßlich, sie trugen Lumpen und die Haare wirr; andere täuschten mit Tierblut die Monatsblutung vor. Die Verfolger ließen sich kaum täuschen[638]. Auch im Winter flohen Frauen in den Wald, sie nahmen Erfrierungen in Kauf und den Tod in der Kälte.

Manches Kind ist „über Nacht um Jahre gealtert". Viele Mädchen und Frauen bezahlten die Vergewaltigungen mit dem Leben, andere mit Geschlechtskrankheiten und Unterleibserkrankungen. Schmerzhaften gynäkologischen Eingriffen mußten sich sogar Zehnjährige unterziehen. Nie hat man gezählt, wie viele Mädchen, dem Alter nach Kinder, sich aus Furcht, wieviele sich aus Scham und tiefer Verletztheit den Tod gegeben haben; wer nichts anderes fand, verschluckte Essigessenz. Ein Vater, der seine Pistole noch besaß, mußte sich entscheiden, ob er dem Flehen seiner Tochter nachgebe, sie zu erschießen. Eine Lehrerin erklärte ihrer Klasse: „Wenn man euch schändet, bleibt euch nichts als der Tod". Mehr als die Hälfte der Schülerinnen ertränkte sich im nächstliegenden Wasser. „Ehre verloren, alles verloren. Gift oder Kugel, Strang oder Messer. Zu hunderten bringen sie sich um"[639].

Viele Mädchen und Frauen ließen das gewaltsam gezeugte Kind abtreiben[640], andere haben es zur Welt gebracht. Bis in die 1970er Jahre war es für eine ledige Mutter schwer, ein uneheliches Kind durchzubringen, wieviel mehr, wenn ein Blick auf das Kind sie an das erinnern konnte, was sie hatte erdulden müssen. Tausende ‚Russenkinder' wurden geboren, vor allem 1946. In Berlin (Ost) und in der SBZ wurde 1945-1950 die Abtreibung in einer Weise liberalisiert, wie man sie bis dahin in der deutschen Rechtsgeschichte nicht gekannt hatte. Seit 1945 und bis in die Gegenwart ist die Massenvergewaltigung durch Angehörige der Roten Armee in Ost- und Mitteldeutschland ein Tabuthema[641].

Die meisten Übergriffe blieben ungesühnt, da der Peiniger nur selten überführt werden konnte. Ein Fall sei erwähnt, der ähnlich abscheulich wie das Verbrechen ist, das geahndet werden sollte. Bei einer Siegesfeier von Rotarmisten am 8. Mai 1945 hielt ein Offizier die Rede. Da kam ein Deutscher aus dem Nachbarort und ließ durch den Dolmetscher sagen, ein von ihm bezeichneter russischer Soldat habe seine zwölfjährige Tochter vergewaltigt. „Da habe ich zum ersten- und hoffentlich letztenmal gesehen, wie ein Mensch zu Tode geschlagen wurde. Der hohe Offizier hat ganz allein seinen Soldaten niedergetreten und totgetrampelt"[642].

Verschleppung von Menschen und Ausraubung des Landes

Die Sowjetunion hatte im Krieg unermeßliche Schäden erlitten; Reparationen sollten sie wenigstens zum Teil ersetzen. Die Deutschen hatten slawische Arbeitskräfte eingefangen, nun deportierten Russen arbeitsfähige Deutsche. Nach einer Mitschuld der Gefangenen wurde nicht gefragt; auch Kinder, viel zu jung, um am Krieg beteiligt gewesen zu sein, waren Kriegsbeute. Kaum hatte die Rote Armee einen Ort eingenommen, setzte die Jagd auf Arbeitsfähige ein. Unter irgend einem oder ganz ohne Vorwand wurden Menschen festgenommen, darunter auch „Kinder, die vielleicht eben erst den Gestellungsbefehlen für Hitlers letzte Aufgebote entgangen waren"[643]. Mütter, die ihre Kinder umklammerten, wurden weggerissen; die Menschenbeute wurde in Viehwagen gepfercht und abtransportiert. Tausende sind den physischen und psychischen Belastungen erlegen; viele schon unterwegs, noch mehr Opfer starben in den sowjetischen Lagern, wo hohe Arbeitsleistungen verlangt wurden, wo Verpflegung, Kleidung, Unterkunft und medizinische Versorgung unzulänglich waren. Ungezählte blieben seit dem Tag ihrer Festnahme verschollen.

Drei Zeitzeugen sollen zu Wort kommen: Als der Vater „von Zuhause abgeholt" wurde, durfte die Tochter „ihm noch einen warmen Mantel auf den LKW reichen, bevor alle Männer aus Pitzerwitz weggefahren wurden. Ich habe meinen Vater nie wieder gesehen"[644]. – Helga N. (geboren 1932) und ihre Geschwister saßen Tag um Tag am Straßengraben und warteten, um der Mutter entgegenlaufen zu können, wenn sie zurückkomme; manchmal seien sie dort eingeschlafen, hätten sie doch nicht gewußt wohin. „Wir wurden überall vertrieben, um am nächsten Morgen wieder zu warten." Die Kinder hatten „immer Mamas warmen Mantel dabei. Sie hatte ja nur ein dünnes Kleid angehabt, als sie verhaftet wurde." Im Januar 1948 hat Helga N. in der Universitätsfrauenklinik in Leipzig ihre schwerkranke Mutter wiedergesehen, die nur wenig erzählen konnte. Sie sei verhört und geschlagen, in ein Lager in der Sowjetunion deportiert und von dort in die SBZ entlassen worden. „Meine Mutter starb vier Wochen später". – Waltraud W., geboren 1929, wurde als Fünfzehnjährige im März 1945 in Ostpreußen festgenommen und mit Tausenden anderer Frauen nach Sibirien verschleppt, wo sie im Bergwerk unter Tage arbeiten mußte. Sie wollte leben und heim zu ihren geliebten Eltern. „Aber es gab Unfälle und Krankheiten am laufenden Band: Zertrümmerungen, Quetschungen, Knochenbrüche, ansteckende Krankheiten, Gelbsucht, Diphtherie, Skorbut und Dystrophie, wie man so schön sagte, wenn einer drauf und dran war, vor Unterernährung zu krepieren. Das Lazarett füllte sich zunehmend. Es gab aber keine Krankenschwestern und keine Medikamente. Es gab nur einen Arzt für eine ganze Baracke mit kranken, verletzten, jammernden, armen, hilflosen und dreckigen verlausten deutschen Frauen, der sie alle nur mit Jodtinktur behandelte und sie deutsche Schweine nannte." Im Dezember 1949 wurde sie entlassen; sie gehörte zu dem Drittel der Insassen, das die Lagerzeit überlebt hatte.

Im Vergleich zum Menschenraub kann man fast noch Verständnis dafür aufbringen, daß die Sowjets das eroberte Land ausplünderten und lebenswichtige Güter in die UdSSR schafften. Für die Deutschen im Osten war mit dem durch die bedingungslose Kapitulation der Wehrmacht besiegelten Sieg der Roten Armee der Krieg noch lange nicht vorüber. Für die Siegermacht waren die deutschen Menschen und ihr Besitz Kriegsbeute, aus der sie sich nach Belieben bediente. Über Millionen von Deutschen brach weiteres Unheil herein; Polen, Tschechen, Sowjets und andere vertrieben sie aus ihrer Heimat. Ausmaß und Gewalt der Vertreibungen übertrafen die schlimmsten Befürchtungen.

Die Vertreibung der Deutschen – politische Hintergründe

Nach dem Willen der Nationalsozialisten sollte das Deutsche Reich weit über die Grenzen von 1937 hinausreichen. Im Osten haben sie Millionen von Slawen und Juden zwangsausgesiedelt, in Lager gesperrt, verschleppt und ermordet. Um die Heimatgebiete dieser Menschen ‚einzudeutschen', haben sie Deutsche, die als Minderheiten in anderen Staaten lebten, in den auf brutale Weise entvölkerten Dörfern und Städten angesiedelt. Diese Vorgeschichte ist zu bedenken, wenn sich im Folgenden der Blick auf die Vertreibung der Deutschen richtet. Zu bedenken ist aber auch, daß Polen gezwungen worden war, den östlichen Teil seines Landes an die UdSSR abzutreten; nun träumten Polen davon, ihren Staat bis an die Oder und die westliche Neiße zu vergrößern. Auf Konferenzen in Teheran und Jalta (28. 11. bis 1. 12. 1943 bzw. 4. bis 11. 2. 1945) einigten Churchill, Roosevelt und Stalin sich darauf, daß Deutsche aus Gebieten, die künftig zu Polen bzw. zur UdSSR geschlagen werden sollten, auszusiedeln seien[645]. „Reiner Tisch wird gemacht werden", hatte Churchill in einer Unterhausrede am 15. Dezember 1944 angekündigt, als wären Menschen Schmutz und als würde ein Land durch Vertreibungen „rein".

Am Ende des Krieges lebten östlich von Oder und Neiße mehr als fünf Millionen Deutsche. Auf Befehl der sowjetischen Besatzer hatten sie die Felder bestellt, Schäden beseitigt und das Alltagsleben wieder in Gang gebracht. Seit Mitte Mai 1945 traf in immer neuen Orten „wie ein Blitz aus heiterem Himmel“[646] ein harter Befehl ein: Die Deutschen mußten in wenigen Minuten Haus und Besitz verlassen, in dem sie wie ihre Vorfahren seit Jahrhunderten unangefochten gelebt hatten; sie hatten sich an Sammelplätzen einzufinden und wurden fortgeschafft. Nach persönlicher Schuld wurde nicht gefragt. Haß und Rachedurst gegen die Deutschen tobten sich aus, das heißt einmal mehr: gegen Frauen, Kinder und Alte. Sie waren mit einem Schlag so gut wie rechtlos; von ihrer Habe durften sie fast nichts mitnehmen. Die Polen machten zunächst einen etwa 100 Kilometer breiten Gebietsstreifen östlich der Oder-Neiße-Linie weitgehend von Deutschen frei; bald darauf kamen die weiter östlich lebenden Deutschen an die Reihe. Das als Staat wiederbegründete Polen wollte schnell und gründlich vollendete Tatsachen schaffen.

Während die Vertreibung längst lief, verständigten sich die ‚Großen Drei‘ in Potsdam (17. 7. bis 2. 8. 1945) auf Grundzüge der Nachkriegsordnung. Die Potsdamer Protokolle bestimmen bis heute die Landkarte Europas, obwohl sie Unklarheiten und Widersprüche enthalten. Man beschloß, die „endgültige“ Festlegung der Westgrenze Polens „bis zur Friedenskonferenz“ zu vertagen. „Vorläufig“ überließ man Polen und der UdSSR die Gebiete östlich der Oder/Neiße-Linie zur „Verwaltung“; wie diese zu verstehen sei, blieb offen. Ferner einigte man sich, die Deutschen seien aus Polen, aus der ebenfalls wiedergegründeten Tschechoslowakei und aus Ungarn auszuweisen, und zwar „in ordnungsgemäßer und humaner Weise“. Daß diese letzte Anordnung für viele zu spät kam, konnten die Konferenzteilnehmer einer Erklärung Stalins entnehmen: Zynisch behauptete er, in den Polen zugedachten Gebieten sei „nicht ein einziger Deutscher“ zurückgeblieben[647].

Unter polnischer Herrschaft

Nachdem die Sowjets Pommern, Ost-Brandenburg, Süd-Ostpreußen und Schlesien erobert hatten, dauerte es oft nur Tage, bis Polen auftauchten. Es wiederholte sich, was Polen und Russen 1939 und 1941 nach dem Einfall der Deutschen erlebt, und was Deutsche 1944/45 nach dem Einmarsch der Russen durchgemacht hatten: Willkürliche Verhaftungen, Folterungen, Zwangsarbeit, Mord. Anders als die Rotarmisten legten die polnischen Eindringlinge es seltener auf mutwillige Zerstörung an; schließlich wollten sie das Land auf Dauer in Besitz nehmen.

Sofern sie die Deutschen nicht sogleich vertrieben, gaben sie ihnen zu verstehen, da mit Worten, dort mit sadistischer Gewalt, daß von nun an alles bis zum letzten Erinnerungsstück ihnen gehöre. Sie beschlagnahmten deutschen Besitz und wiesen den Beraubten armselige Behausungen zu, in denen auf engstem Raum Alt und Jung zusammengepfercht war.

Abertausende Deutsche wurden in Lager gepreßt; die Kräftigen mußten Zwangsarbeit leisten[648]. Berüchtigt war das Lager in Lamsdorf (Oberschlesien)[649]. Im Morgengrauen des 27. Juli 1945 drangen polnische Soldaten in das Dorf Bielitz (Oberschlesien) ein. „Bald kam auch einer zu uns, die Tür aufreißend, sagte er: »Alles, was deutsch, in fünf Minuten raus!« Angstvoll rafften meine drei Kinder etwas zum Anziehen zusammen, ich nahm Töpfe und Eßwaren." Die Dorfbewohner wurden in das Lager Lamsdorf getrieben. Dort, so berichtet diese Frau weiter, „nahm man uns alles weg, jedes Bündel, jeden Topf, alles Eßbare, den Kleinkindern auch die Windeln." Sie hat in Lamsdorf ihre 10jährige Tochter, ihre Mutter, einen Bruder, eine Schwester, zwei Schwägerinnen und einen Schwager verloren[650].

Brandenburger, Ostpreußen, Pommern und Schlesier waren im Land ihrer Väter bestenfalls noch geduldet. In der Öffentlichkeit mußten sie Polnisch sprechen, ob sie es konnten oder nicht. Auch in der Kirche konnten sie sich nicht mehr heimisch fühlen; deutsche Gebete und deutsche Lieder waren verboten[651]. Bitter war es für die Deutschen zu erleben, daß ihre Peiniger ebenfalls dort beteten. Trotz aller Schikanen wollten nicht wenige in ihrer Heimat bleiben. Fachkräfte, die in der Industrie gefragt waren, fanden ein wenig bessere Arbeits- und Lebensbedingungen; manche haben sich mit ihren Kindern in die Volkstumsliste eintragen lassen.

Josef G. war, zwölf Jahre alt, aus einem Gefangenentransport geflohen und zu seiner in Cosel (Oberschlesien) noch geduldeten Mutter heimgekehrt[652]. In der Schule machte er nun dasselbe durch, was polnische Kinder in ‚eingedeutschten' Gebieten zuvor erlitten hatten. An die Stelle der ‚Rückdeutschung' trat die Zwangspolonisierung. Nach seinem Alter befragt, verstand Josef den Lehrer nicht. Der giftete ihn an: „Du ißt polnisches Brot und kannst die Sprache nicht?! Wir werden sie dir beibringen, du Hitlersamen, du Goebbels. Setz dich in die letzte Bank, du Szwab." In der Pause spuckten polnische Mitschüler ihn an. Zu seinem Glück lernte Josef in der Nachbarschaft ein Ehepaar kennen, er Pole, sie Ukrainerin. Die Frau bot an, ihm Polnisch beizubringen. „Ich fragte sie, warum? Da lachte sie und sagte, Junge euch Szwaby und uns Ukrainer mögen die Polen nicht." Eines Tages wurde Josef vom staatlichen Sicherheitsdienst verhaftet. Man warf ihm vor, in der Werkstatt seines Großvaters Waffen zu reparieren. „Nach 48 Stunden Verhör wurde ich entlassen. Man wollte mir ein Geständnis rausprügeln." Er mußte eine Loyalitätserklärung abgeben und sie mit Datum und Unterschrift bekräftigen: „Ich verspreche, ein getreuer und gehorsamer Bürger der Polnischen Republik zu sein und mit den Deutschen und dem Deutschtum jegliche Verbindung für immer abzubrechen, Gefühle für das Deutschtum gründlich auszumerzen, die Kinder im polnischen Geiste zu erziehen und in ihren Herzen die Liebe zu Polen, dem Vaterland meiner Ahnen, zu entflammen. In der Arbeit werde ich für die anderen ein Vorbild sein und im öffentlichen Leben den Weg des Fortschritts gehen, auf den Volkspolen durch den Sozialismus zuschreitet. Ich erkläre, daß die Nichteinhaltung irgendeines der oben gegebenen Versprechen meine automatische Aussiedlung aus den Grenzen des polnischen Staates zur Folge hat."

An dieser Stelle sei ein Rückblick auf das Jahr 1945 und ein Ausblick auf 1992 eingefügt. Josefs Vater, Küster der katholischen Kirche in Cosel, hatte kurz vor dem Einmarsch der Roten Armee liturgisches Gerät seiner Pfarrei versteckt. Josef, der ihm geholfen hatte, hat 47 Jahre später den Schatz gehoben und der Kirchengemeinde in Cosel ausgehändigt: Fünf Meßkelche, eine Barockmonstranz, eine der schönsten in Schlesien, ein Weihrauchfaß mit Schiffchen, eine Garnitur Meßkännchen mit Schale sowie eine silberne Taufkanne[653]. Die Pfarrei nahm die Kostbarkeiten an, auf Wunsch von Erzbischof Nossol ohne Feier und ohne dem Treuhänder angemessen zu danken. Denn nach wie vor galt das Gesetz, wonach aller deutsche Besitz als „aufgegeben oder verlassen" zu betrachten sei und darum dem polnischen Staat zufalle[654].

Da Güter der Deutschen beschlagnahmt, ihre Habe gestohlen oder geraubt war, hatten sie nichts, um sich auch nur einigermaßen ausreichende Nahrung zu beschaffen. Die ihnen von Amts wegen zugeteilten Lebensmittelrationen waren unzureichend oder blieben völlig aus. Hunger, Typhus, Ruhr rafften die in erbärmlichen Unterkünften Zusammengepferchten reihenweise hinweg; zuerst, wie in diesem Buch schon oft zu beklagen war, Säuglinge und Kleinkinder.

Bis weit ins Jahr 1946 wurden Tausende ausgewiesen. Damit keine Zeit zum Packen sei, kam der Befehl, in wenigen Minuten abmarschbereit zu sein, immer plötzlich und zu Tageszeiten, in denen keiner damit rechnete. Frauen, die ihr Kind gerade nährten, zogen dem Säugling das Fläschchen aus dem Mund, um das Nötigste zu raffen. Nachts schauten Halbwüchsige lüstern zu, wie Mädchen und Frauen sich hastig ankleideten. Mitnehmen durften die Deutschen höchstens soviel, wie sie tragen konnten. Unterwegs wurde bei erniedrigenden Leibesvisitationen jedes Geldstück, jeder Ring beschlagnahmt. Unter wüsten Mißhandlungen plünderten Polen die ständig schrumpfende Habe, bis hin zu den Schuhen, die wenige Meter vor Erreichen der neuen Grenze auszuziehen und abzugeben waren. Viele hatten ihre Kinder und sich schon vorher getötet.

Die Ausgewiesenen wurden auf weite Märsche geschickt oder in Viehwaggons gepreßt, auch bei extremer Hitze oder Kälte, ohne Wasser und Nahrung, pro Waggon bis zu achtzig Personen[655]. Unterwegs wurden Frauen vergewaltigt; wie der „Untersuchungsbefund des britischen Sanitätspersonals" festhielt, war das auch einem Mädchen von zehn Jahren geschehen. Als erste erlagen die Alten und die Kleinkinder den unsäglichen Strapazen. Im September 1945 sind auf dem Weg von Danzig nach Berlin in zwei Viehwagen von 83 Personen 20 gestorben[656]. Wie zum Hohn zwang man Deutschen „das schriftliche Zugeständnis ab, daß wir freiwillig das polnische Staatsgebiet verließen". Gefolterte mußten bei der Entlassung aus dem Lager versprechen, über Erlittenes „tiefstes Schweigen" zu bewahren.

Unter tschechischer Herrschaft

Ähnlich wie in Ostdeutschland und Polen ist es Deutschen in Jugoslawien, Ungarn und anderen Ländern Ost- und Südosteuropas ergangen. In der Tschechoslowakei lebten bei Kriegsende, Evakuierte und Flüchtlinge eingerechnet, über fünf Millionen Deutsche.

Am 5. Mai 1945, als die Rote Armee sich näherte, brach in Prag ein Aufstand gegen die deutsche Besatzung aus; damit begann für alle Deutschen im Lande eine böse Zeit mit Folter und Vergewaltigung, Lagerhaft und Zwangsarbeit, Totschlag und Mord. Gut 350.000 deutsche Männer, Frauen, Jugendliche und Kinder wurden für eine meist lange Leidenszeit in 1215 Internierungslager, 846 Arbeits- und Straflager, 215 Gefängnisse gesteckt. In einem Prager Lager wurde ein Vierzehnjähriger „mit seinen Eltern erschossen", weil er „mit einer Schere nach einem Rotgardisten gestoßen" habe[657]. Am 10. Januar 1946 berichtete der spätere Bundeskanzler Willy Brandt in der amerikanischen, deutschsprachigen Wochenzeitung ‚Der Wanderer' aus Saaz (Böhmen): „Fünf Jungen im Alter von dreizehn bis sechzehn Jahren wurden an die Wand gestellt und erschossen, weil sie sich einige Schritte von einem Platz entfernten, der ihnen zugewiesen worden war. Vierzig kleine Kinder starben in diesem Lager in zwei Tagen. Einige der Mütter, die ihr einziges Kind verloren, erhängten sich. Man bekommt den Eindruck, daß es sich bei alledem nicht nur um die Übergriffe untergeordneter Wachmannschaften handelt, die sich rächen wollten!"[658]

Deutsche, die sich noch frei bewegen konnten, mußten ein Zeichen ihrer Ächtung tragen: „Wie die Juden früher den Judenstern, mußten die erwachsenen Deutschen nun deutlich sichtbar ein schwarzes ‚N' [für Němec, Deutscher] auf weißem Grund an der linken Brust tragen. Drei tschechische Milizionäre wiesen meine Mutter, meine Schwester und mich am Niederring vom Bürgersteig. Einer der drei war meiner Mutter von früher bekannt, und die Sache war ihm sichtlich peinlich. Fortan hat Mutti meine Schwester auf dem linken Arm getragen, so daß das Zeichen verdeckt wurde. Auch haben wir, wenn nötig, tschechisch gesprochen"[659].

Soweit sie nicht eingesperrt waren, wurden die Deutschen vertrieben, nicht anders als in dem polnisch verwalteten Teil Deutschlands schon lange vor der Potsdamer Konferenz. In der Eile hat man wohl auch einmal ein tschechisches Kind mit auf einen Lastwagen geladen und zur Grenze geschafft. Kinder, Kranke und Alte sind unterwegs den Strapazen erlegen. Sie wurden in Massengräbern verscharrt, die man unkenntlich machte. Im Januar 1946 trat an die Stelle ‚wilder Vertreibungen' der systematische ‚Abschub', wie dieses Verbrechen gegen die Menschheit in Tschechien und in der Slowakei bis heute verharmlosend umschrieben wird[660].

Wunden aus jener bösen Zeit sind oft nur schlecht vernarbt. Berichte von deutschen Zwangsarbeitern weckten fast sechzig Jahre später bei Alfred T. Erinnerungen an das, was er im Steinkohlebergbau von Mährisch-Ostrau erlebt hat: „Acht Stunden schwerste Arbeit unter Tage in Schacht Ida I und II, zusätzlich bis zu vier Stunden über Tage, im Gefangenenlager in Hruschau, von tschechischen Partisanen bewacht, hinter Stacheldraht, Sonn- und Feiertage waren Arbeitstage, keine Winterkleidung, Hunger, minimaler Arbeitsschutz, keine Entlohnung, Prügel, wenn die Wachen besoffen waren. So freuten wir uns, als wir die Bescheinigung erhielten, daß wir zur Aussiedlung vorgemerkt waren, denn sie brachte uns – gegen Schmuck oder Wertgegenstände – die Entlassung aus der Gefangenschaft. Ich war froh, die Zeit vom November 1945 bis Mai 1946 überlebt zu haben. Eine Entschädigung gab es später natürlich nicht. Vielen hundert Gleichaltrigen erging es so wie mir – übrigens war ich damals gerade 14 Jahre alt"[661].

Unter sowjetischer Herrschaft

Auf der Potsdamer Konferenz wurde der nördliche Teil Ostpreußens sowjetischer Verwaltung unterstellt. Längst nicht alle Bewohner waren 1944/45 geflohen[662]. Am 1. September 1945 lebten dort mindestens noch 174.125 Deutsche, davon 44.511 Kinder unter 17 Jahren; von den 84.651 Deutschen in Königsberg waren 16.637 Kinder. Die Deutschen waren zunächst so gut wie rechtlos; viele fielen Seuchen, Hunger und Gewalt zum Opfer. Doch schon die genauen Zahlen zeigen an, daß sie dort beachtet wurden; die UdSSR brauchte Arbeitskräfte. Anders als ihre Landsleute in Litauen, Polen und der Tschechoslowakei durften sie weiter deutsch reden; später hatten sie sogar eigene Schulen: 1946/47 besuchten 4.927 Schüler insgesamt 44 deutsche Schulen, acht siebenklassige und 36 Grundschulen. Deutsche hatten einen eigenen Klub, Rundfunk, Theater und Zeitung. 1948 wurden die überlebenden Deutschen aus Nordostpreußen ‚ausgesiedelt'; die letzten verließen am 7. Januar 1950 das Land ihrer Väter.

In den ersten Nachkriegsjahren widerfuhr es deutschen Müttern, daß sie bei der Heimkehr von der Zwangsarbeit ihre Kinder nicht mehr vorfanden; sie waren in russische Heime abtransportiert worden. Um den Russen zu entkommen, flohen größere Kinder in die Wälder. Auf das Gerücht hin, im benachbarten Litauen gebe es noch zu essen, zogen sie dorthin. Auch Verwaiste, um die sich niemand kümmerte, hofften, sich in Litauen durchbetteln zu können. „Hin und wieder führten litauische Händler deutsche Kinder mit sich, die man ihnen angeboten hatte. In den Dörfern kannten sie ältere Leute, deren Kinder aus dem Haus gegangen, ausgewandert oder umgekommen waren und die ein hungerndes deutsches Kind in Pflege zu nehmen bereit waren". Andere versuchten, auf eigene Faust hinüber zu kommen, in offenen Waggons, auch bei Kälte und Regen. Wurden sie entdeckt, haben Polizisten sie „mit Schlägen vertrieben oder vom fahrenden Zug geworfen". In Litauen nannte man diese verhungernden, verwahrlosten deutschen Kinder *vokietukai* (kleine Deutsche), in Deutschland sprach man später von ‚Wolfskindern'.

Eines dieser Kinder war Lothar-Manfred W., geboren 1935 in Königsberg. Seine Mutter war 1947 an Hunger gestorben, und er war mit seiner noch nicht zehnjährigen Schwester allein zurückgeblieben. Im Herbst 1947 halfen die beiden einem litauischen Bauern bei der Kartoffelernte, und dieser bot ihnen an, sie zu kinderlosen Verwandten zu bringen, wo sie auf die Dauer bleiben könnten. Dort lernten die Geschwister die schwere Arbeit in Haus und Hof kennen; bald konnte Lothar-Manfred auch melken. „Wir waren satt und eingekleidet. Ich ehrte dieses Ehepaar, liebte es, war ihnen grenzenlos dankbar, erinnerte mich aber dennoch jeden Tag an meine Angehörigen. Am meisten fehlte uns die Mutter – die Liebe einer Mutter zu ihren Kindern läßt sich durch nichts ersetzen". Seit dem 1. September 1948 gingen die beiden Geschwister zur Schule. „Da konnten wir schon gut Litauisch."

Bis heute leben in Litauen Deutsche und deren Nachkommen. Nach 1989/90 gründeten ehemalige ‚Wolfskinder' den Verein ‚Edelweiß', um sich auszutauschen und nach Angehörigen zu forschen. Im September 1997 traf der Brief eines Sechzigjährigen beim Suchdienst ein: „Sehr geehrte Damen und Herren, ich heiße Karl F. Ich bin geboren am 12. April 1937 in Ostdeutschland (Gebiet Königsberg). Mein Vater heißt Eberhard F., meine Mutter Ina F. Ich habe einen älteren Bruder Paul und eine jüngere Schwester Gisela. Ende Mai/Anfang Juni 1945 haben die Russen unsere Familie mit dem Zug transportiert. Das Ziel kannten wir nicht. Als der Zug irgendwo in Litauen hielt, bin ich ausgestiegen, weil ich sehr hungrig war. Als ich zurückkam, war der Zug weg". – Monika L. wandte sich an den Suchdienst, weil sie für ihren Rentenantrag eine Bescheinigung brauchte. Sie war mit ihrer Mutter im eroberten Königsberg geblieben. „Die Mutter verhungerte, und die Zwölfjährige machte sich im Oktober 1947 wie viele andere auf den Weg nach Litauen." Bis zum Frühjahr 1948 wanderte sie von einem Bauern zum anderen; dann arbeitete sie „bis Mai 1951 beim Bauern Letzskauskas". Der Suchdienst veröffentlichte die Geschichte dieser Frau; vielleicht fand sich jemand, der ihre Aussagen bestätigen könnte.

Die ‚Aussiedlung' wurde, anders als die ‚Großen Drei' verkündet hatten, weder „ordnungsgemäß" noch „human" durchgeführt. Sie gehört in die lange Reihe der Verbrechen gegen die Menschheit, die ein Wesensmerkmal des 20. Jahrhunderts sind. Menschenverachtung blieb ein Kennzeichen dieser Zeit auch dann, wenn sie sich ‚nur' in lügnerischen Worten spiegelte: So sprachen deutsch-polnische Schulbuchempfehlungen noch in den 1970er Jahren nicht von „Vertreibung", sondern von „Flucht und Evakuierung"[663].

Kapitel 4.
Junge Menschen im Vierzonendeutschland

Die bedingungslose Kapitulation der Wehrmacht am 8./9. Mai 1945 besiegelte den Untergang des Nationalsozialismus; doch selbst die Deutschen, die nur mit Grauen an einen Sieg des Regimes hatten denken können, blickten mit Bangen in die Zukunft. Deutschland war vom Krieg schwer geschädigt und in vier Zonen zerstückelt[664]. Es war um ein Viertel seiner landwirtschaftlich genutzten Fläche verkleinert und mußte Millionen Deutsche aufnehmen, die ihre angestammte Heimat verloren hatten. 1939 hatten in dem Gebiet, das später der DDR und der Bundesrepublik zugeteilt war, 44,5 Millionen Menschen gelebt; trotz der Kriegstoten war die Bevölkerung bis 1947 auf fast 62 Millionen gewachsen[665]. Die Nachkriegsgeschichte begann mit einer großen, für die Zukunft Deutschlands entscheidenden Herausforderung.

Das Bonner ‚Haus der Geschichte' konfrontiert Besucher sogleich am Eingang der Dauerausstellung zur deutschen Nachkriegsgeschichte mit einer Filmsequenz, die Menschen auf der Flucht zeigt: Frauen schieben hoch beladene Kinderwagen, Kinder schleppen Rucksäcke; mühsam kommt ein Kind mit nur einem Bein voran. Sollten alle, Flüchtlinge, Vertriebene und Einheimische, Lebenschancen finden und die Kinder der Ankömmlinge auf Dauer eine Heimat, mußte weit mehr gelingen als ein Wiederaufbau. Die unablässig wiederholten Bilder des Films führen vor Augen, wie schrecklich die Gefangenschaft in einer Not war, in der auch Kindern nichts bleibt, als Schritt um Schritt irgendwie weiterzugehen. Weder Flüchtlinge noch Ansässige konnten ahnen, daß nach einigen Jahren das Schlimmste überstanden wäre; erst recht konnten sie sich nicht vorstellen, in welchem Wohlstand ihre Kinder und Kindeskinder nach einigen Jahrzehnten in sauberen Städten und dann sogar in gepflegten Landschaften eines wiedervereinigten Deutschlands leben würden. Wer den Fortgang der deutschen Geschichte kennt, entdeckt in den Überlieferungen aus den Vierziger Jahren jedoch manche Hinweise, die erklären, wie der rasche Aufschwung möglich wurde. Oft war es die Lebenstüchtigkeit junger Menschen, die einen Ausweg fand, oft der hartnäckige Lebenswille der Eltern, die ihren Kindern eine Zukunft schaffen wollten.

Anfangs vermehrten Forderungen der Besatzungsmächte die Lasten, die das Land zu tragen hatte; gefürchtet waren ‚die Russen'. Als Amerikaner und Briten Anfang Juli 1945 die von ihnen besetzten Teile Sachsens, Thüringens, Mecklenburgs sowie der Tschechoslowakei im Tausch gegen einen Teil Groß-Berlins den Sowjets überließen, beeilten sich viele, die auf der Flucht vor der Roten Armee in Mitteldeutschland gestrandet waren, weiter in die Westzonen zu kommen. Daß von den Grenzen zwischen den Besatzungszonen die zwischen West- und Ostdeutschland 45 Jahre bestehen würde, konnte man sich in der ersten Nachkriegszeit nicht vorstellen. Im Rückblick wird allerdings deutlich, daß die lang dauernde Spaltung Deutschlands sich in Regelungen angekündigt hat, die vielen als Provisorien galten.

Zunehmende Spannungen zwischen der Sowjetunion und den Westmächten wirkten sich aus. Amerikaner und Briten beschlossen, Westdeutschland als ihrem Vorposten im ‚Kalten Krieg' eine beschleunigte wirtschaftliche Erholung zu gönnen; die Franzosen schlossen sich an. Die am 20. Juli 1948 in Westdeutschland durchgeführte Währungsreform wurde als spürbares Zeichen der Besserung erlebt; hart verdientes Geld war wieder etwas wert. Die wirtschaftliche und politische Spaltung des Landes wurde damit jedoch vertieft. Am 7. September 1949 trat der frei gewählte erste deutsche Bundestag in Bonn zusammen; einen Monat später setzte die Volkskammer in Ostberlin die Verfassung der DDR in Kraft. Zwei deutsche Staaten waren entstanden, die zwei einander feindlichen Machtblöcken angehörten.

Wie erging es Kindern und Jugendlichen nach dem schmachvollen Untergang des NS-Regimes? Im Folgenden wird von harten Erfahrungen zu berichten sein, denen unschuldige junge Menschen nur deswegen ausgesetzt waren, weil sie Deutsche waren. Eines darf dabei nicht vergessen werden und soll darum vorweg betont werden: Verglichen mit Angehörigen fremder Völker, die nationalsozialistischer Barbarei unterworfen gewesen waren, ist die große Mehrheit der Deutschen nach dem Krieg glimpflich davongekommen.

Gesichter der Not

Die meisten Deutschen hatten weder die Kraft noch den Mut, über private Nöte hinaus zu denken. Alle hatten sich mit Eroberern und Besatzern zu arrangieren, einen gebrochenen Nationalstolz und kollektive Demütigung zu verkraften, wenn nicht individuelle Willkür zu erleiden. Alle standen Tag um Tag vor grundlegenden Fragen: Wie werden wir satt? Wo finden wir eine Bleibe? Wo eine leidlich bezahlte Arbeit? Wann finde ich die Meinen wieder? Schwere Lasten drückten vor allem Mütter und ihre Kinder. Viele Männer waren gefallen oder in Gefangenschaft; kamen sie körperlich und seelisch krank zurück, vermehrten sie die Bürde. Familien hausten in Kellern und Lagern; Eltern konnten ihre Söhne nicht an zweifelhaften Geschäften auf dem Schwarzen Markt hindern. Da half es nicht, daß ein Vater, der das Geld durchaus hätte brauchen können, einen Packen Scheine, den er in der Tasche seines Jungen fand, mit dem zornigen Ruf in den Herd warf: „Unrecht Gut gedeiht nicht!" Wie ein roter Faden ziehen sich Wörter wie „ausweglos", „katastrophal", „verzweifelt" durch Stimmungsberichte aus den ersten Nachkriegsjahren[666].

Ein wenig Trost schenkten Auslandshilfen. Deutsche, die erlebten, daß Menschen aus aller Welt ihnen und vor allem ihren Kindern liebevoll entgegenkamen, sahen, daß die Niederlage sie nicht nur in katastrophale Nöte gestürzt, sondern sie auch aus der Enge der nationalsozialistischen Ideologie von einem deutschen Herrenvolk befreit hatte.

Umerziehung

„Aber ich kann es nicht fassen, daß Deutschland sterben soll. Das Deutschland, wo Luther lebte und wirkte, das Deutschland Friedrichs des Großen, das Deutschland Bismarcks, das Deutschland Adolf Hitlers. ... Noch sitze ich frei an eigenem Tische auf freiem Boden. Morgen schon vielleicht sind wir Knechte, Sklaven vielleicht von Schwarzen. Und nie mehr werden wir singen dürfen: »Deutschland, Deutschland über alles, über alles in der Welt«. Aber sie sollen uns nicht unterkriegen. Sie können uns besiegen, aber niemals überwinden, sie können uns Gewalt antun, aber niemals Geisteszwang. Wir bleiben frei. Innerlich wollen wir ihnen überlegen sein – himmelhoch! Im Können und im Charakter, dann wird Deutschland niemals sterben!"[667] Am 9. März 1945 schrieb die siebzehnjährige Gertraud L. diese Sätze in ihr Tagebuch. Sie beruft sich auf historische Gestalten, die bei der Frage nach den Ursachen von Schuld und Verhängnis Deutschlands häufig genannt worden sind. Ihre Klagen münden in ein stolzes Sich-Aufbäumen. Wenige Wochen später waren diejenigen, von deren hochtrabenden Reden Jugendliche sich hatten blenden lassen, unrühmlich von der Bühne abgetreten. Doch nach Umfragen der britischen und amerikanischen Militärregierung waren bis zum Sommer 1947 noch weit mehr als 60 Prozent der jungen Deutschen der Ansicht, der Nationalsozialismus sei eine gute, allerdings schlecht ausgeführte Idee gewesen[668]. Wie ist es zu verstehen, daß so viele sich weiterhin zur ‚Idee' des Nationalsozialismus bekannten?

Jugendliche hatten bei Arbeits- und Kriegsdiensten selbständig harte Aufgaben gemeistert; nun kontrollierten fremde Soldaten ihr Kommen und Gehen. Wer Lebensmittel für hungrige Angehörige gehamstert hatte, mußte vor der Sperrstunde zurück sein, mancherorts schon vor 19 Uhr. Hatte man gar eine Kostbarkeit wie Butter ergattert, war es ratsam,

Passierschein- und Taschenkontrollen zu umgehen. Es machte freilich auch Spaß, Militärposten auszutricksen und hinterher über die fremden Soldaten zu lachen. Ende 1946 bildeten Briten und Amerikaner die ‚Bizone'; im März 1948 traten die Franzosen dieser Wirtschaftseinheit bei. Ein neuer Karnevalsschlager spottete: „Wir sind die Eingeborenen von Trizonesien." Traten die Besatzungsmächte nicht tatsächlich wie Kolonialherren auf?

Junge Leute wußten zwar, wie man auch ohne Interzonenpaß von Karlsruhe nach Freiburg kam; doch sie erlebten solche Schleicherei im eigenen Land als demütigend. In der HJ hatten sie gesungen „Wir sind durch Deutschland gefahren vom Meer bis zum Alpenschnee"; nun war ihnen freie Fahrt verwehrt. Der achtzehnjährige Reinald O. meinte, mit der Währungsreform sei die Reisefreiheit gekommen, und fuhr ohne Interzonenpaß mit dem Fahrrad rheinaufwärts. An der Grenze der französischen Zone wurde er festgenommen, drei Tage eingebuchtet und zurückgeschickt, nachdem er eine empfindliche Strafe in wertvoller D-Mark bezahlt hatte. Hätte er nur ein wenig gewartet! Am 1. August 1948 entfielen die Grenzkontrollen innerhalb der Trizone[669]. Nach und nach wurden für Reisen ins westliche Ausland Visumpflicht und Zwangsumtausch aufgehoben. Jugendliche nutzten begierig die neuen Möglichkeiten, sich in der Welt umzutun. In der SBZ hörte man davon voller Neid. Weit mehr als der Eigensinn französischer Besatzungsbehörden machte die Sowjetverwaltung vielen das Leben schwer. Scharen junger Menschen verließen ihre Heimat in der SBZ, um dem Druck der dort geforderten ‚demokratischen' Umgestaltung zu entgehen.

Die Sieger wollten die Deutschen ‚umerziehen'. Wie das geschehen solle, hatten sie am 2. August 1945 im Protokoll der Potsdamer Konferenz erklärt: Der Nationalsozialismus solle „ausgerottet" und zugleich solle – man beachte die umständliche Formulierung – „dem deutschen Volk die Möglichkeit gegeben werden, sich darauf vorzubereiten, sein Leben auf einer demokratischen und friedlichen Grundlage wieder aufzubauen"[670]. Jugendliche wollten nicht abwarten, was die Besatzungsmächte ihnen boten. Auch wer sich bei Umfragen trotzig zum untergegangenen Deutschland bekannte, verschwendete nicht viel Zeit auf solche Überlegungen. Mit hartnäckigem Lebenswillen suchte man Wege aus einem engen Alltag. Notgedrungen lernten junge Menschen, Chancen nüchtern abzuwägen und großen Worten zu mißtrauen. Sie übten sich in Tugenden, die einer freiheitlichen demokratischen Ordnung nützen.

Mädchen und Jungen hatten aufzuholen, was sie wegen der Einsätze im Krieg und wegen geschlossener Schulen nicht hatten lernen können.

Dank der Entnazifizierung blieben ihnen fanatische Nationalsozialisten als Lehrer erspart; Rassenkunde, völkisches Denken und ähnlicher Humbug waren wenn nicht aus den Köpfen, so doch aus den Lehrplänen getilgt. Oft stießen jedoch selbst bescheidene Hoffnungen auf Grenzen. Wer in einer Adolf-Hitler-Schule oder in einer Napola gelernt hatte, durfte die Höhere Schule nicht besuchen; wer in einer NS-Eliteschule das Abitur abgelegt, in HJ oder Wehrmacht einen Rang innegehabt hatte, erhielt an Universitäten keinen Studienplatz. Jungen, die kurz vor Kriegsende noch zum Leutnant befördert worden waren, oder die der arglistigen Werbung der Waffen-SS erlegen waren, sahen sich der Hoffnung auf einen beruflichen Aufstieg beraubt. Vergeblich setzten sich seit dem Sommer 1945 Würdenträger der evangelischen und der katholischen Kirche für solche studierwilligen Jugendlichen ein[671]. Vergeblich erklärte der Sozialdemokrat Kurt Schumacher, den die Nationalsozialisten von 1933 bis 1943 eingekerkert hatten, am 2. Juni 1946: Das „überwältigende Gros der jungen Menschen, die mehr oder weniger gezwungen in der Hitlerjugend waren, die als Soldaten das taten, was ihnen befohlen war und was sie als ihre Pflicht ansahen, sind im tiefsten Sinn nicht verantwortlich. Sie haben die Knochen hingehalten für ein vermeintliches Ideal“[672].

Zentrale Bedeutung für die „Ausrottung des Nazismus“ maßen die Sieger den Prozessen vor dem Internationalen Militärgerichtshof in Nürnberg zu. Damit eine Barbarei wie die des untergegangenen Regimes sich nicht wiederhole, sollte alle Welt erleben, daß die Hauptverantwortlichen von unabhängigen Richtern verurteilt und gerecht bestraft wurden. Angeklagt war auch Baldur von Schirach. Zeitungen veröffentlichten Auszüge aus seiner Verteidigungsrede; die ‚Badische Zeitung‘ vom 28. Mai 1946 stellte sie unter den Titel „Schirach: Es war meine Schuld ... Geständnisse und Ausflüchte des ehemaligen Reichsjugendführers“. Solche Veröffentlichungen konnten jungen Menschen helfen, sich mit ihrer HJ-Vergangenheit auseinanderzusetzen. Schirach erklärte: „... Es ist meine Schuld, daß ich die Jugend erzogen habe für einen Mann, der ein millionenfacher Mörder gewesen ist. Ich habe an diesen Mann geglaubt. .... Die Grundsätze und Ziele, die ... unsere Jugend aus eigener Kraft unter meiner Führung aufgebaut hat, waren: opferbereite Vaterlandsliebe, Überwindung von Standesdünkel und Klassenhaß, planmäßige Gesundheitspflege, Ertüchtigung durch Wandern, Spiel und Sport, Förderung der Berufsausbildung ...; sie sind nach meiner festen Überzeugung Grundsätze jeder Jugendführung, die sich ihrer Pflicht gegenüber Volk und Jugend bewußt ist...“[673]. – Wer voller Stolz seine HJ-Gruppe geführt hatte, wird der Aufzählung edler Erziehungsziele zugestimmt haben; er konnte sich dann auch eher mit dem ehemaligen Reichsjugendführer identifizieren, der Hitler verurteilte und sich dafür schuldig wußte, daß er andere auf einen verhängnisvollen Irrweg geführt hatte[674]. Wesentliches hat Schirach jedoch unterschlagen: Zwangsmitgliedschaft und vormilitärische Ausbildung gehören keineswegs zu „jeder" Jugendführung; „Vaterlandsliebe" hat nichts zu tun mit der planmäßigen Ermordung Abertausender, die zunächst aus gesundheitlichen, rassischen oder sozialen Gründen ausgegrenzt worden waren.

Verurteilt wurde Schirach nicht, weil er Reichsjugendführer gewesen war, sondern weil er nach dem Ausscheiden aus diesem Amt als Gauleiter von Wien Tausende von Juden in die Vernichtungslager hatte deportieren lassen. Erst nach Verbüßung der ihm zugemessenen Strafe von zwanzig Jahren Haft durfte er 1966 das Gefängnis verlassen. Als er vor Gericht stand, waren seine vier Kinder zwölf Jahre und jünger. 1950 haben sie sich vergeblich um eine vorzeitige Entlassung ihres Vaters bemüht.

Kinder prominenter Nationalsozialisten waren stolz auf ihre Väter gewesen; nach 1945 mußten sie sich damit auseinandersetzen, daß ihr Vater Schuld auf sich geladen hatte. Rolf Mengele war sechzehn, als er erfuhr, daß sein Vater in Auschwitz Häftlinge grausamen Experimenten unterworfen hatte. Er trug schwer daran, hielt es aber für geboten, seine Kinder über ihren Großvater aufzuklären[675]. Selbst Kinder einfacher Soldaten litten, wenn sie zu hören bekamen, ihr Vater habe sich an einem ungerechten Krieg beteiligt. Auf die Frage nach seinem Vater antwortete im Januar 1947 ein Zehnjähriger, der sich in einer Schweizer Familie hatte erholen dürfen, einem Journalisten: „Der ist noch im Krieg (er meint: in Kriegsgefangenschaft), aber er schießt nicht mehr. Der andere Pappi in Zürich hat noch nie geschossen." Und zu dem wollte er zurück[676].

Entnazifizierung

Den Besatzungsmächten lag daran, möglichst alle, die sich in der NS-Zeit schuldig gemacht hatten, gerechter Strafe zuzuführen. Wer bedachte, ob gerecht war, was deren Kindern geschah? Viele Kinder litten darunter, daß ihre Väter als politisch Belastete jahrelang in Internierungslagern festgehalten wurden[677]. Ehemalige Berufssoldaten mußten mit ansehen, daß ihre Kinder vom Besuch weiterführender Schulen und Universitäten ausgeschlossen waren. Als im Sommer 1948 derartige Studierbeschränkungen aufgehoben wurden, begannen manche dieser Väter selber ein Studium, um nach dem Abschluß vielleicht eher eine leidlich bezahlte Arbeit zu finden. Ein junger Mann trug in einen Meldebogen in die Spalte ‚Beruf' ein: „Hauptmann a. D., Familienvater, Schwarzhändler und Student"[678].

Ehedem überzeugte Nationalsozialisten sollten keine öffentliche Funktion mehr ausüben. Nicht nur Schüler haben davon profitiert, daß Leute, die im Namen des NS-Regimes Mitbürgern schweres Unrecht zugefügt hatten, nicht mehr in Amt und Würden waren. Um Schuldige zu erfassen, brachten die Amerikaner eine Fragebogenaktion in Gang; Franzosen und Briten machten mit. Millionen Deutscher mußten 131 Fragen zu ihrem Werdegang in der NS-Zeit beantworten. Schematisch angelegt, bürokratisch durchgeführt, war dieses Verfahren kaum geeignet, wirklich alle Schuldigen aufzuspüren. Um einer Strafe zu entkommen und ihrer Familie Unannehmlichkeiten zu ersparen, haben viele sich erfolgreich reingewaschen. Ein gefragtes Waschmittel war der ‚Persilschein', die schriftliche Aussage eines unbescholtenen Kollegen oder Bekannten, daß man sich nichts habe zuschulden kommen lassen. Die Besatzungsbehörden waren mit der Prüfung überfordert; nach und nach übergaben sie die Entnazifizierung deutschen Stellen. 1948 war der Mehrzahl der Befragten ‚Sauberkeit' bestätigt; viele Internierte waren aus den Lagern entlassen.

Jugendlichen unter 18 Jahren blieb der Fragebogen erspart; doch Spuren hat diese Aktion auch bei ihnen hinterlassen. Ein seinerzeit Elfjähriger erzählte: „Unser Nachbar August K. lieh sich meines Vaters Schreibmaschine, zusammen mit Kohlepapier. Als er beides zurückgebracht hatte, schauten wir uns das bis dahin unbenutzte Kohlepapier an und trauten unseren Augen nicht: Da begegnete uns ein aktiver Gegner des Nationalsozialismus; davon hatten wir bis dahin nichts bemerkt." - Auch junge Menschen wußten, daß Schuldige dank fragwürdiger Winkelzüge ungeschoren davongekommen waren. Mit Widerwillen beobachteten sie, wieviel Unehrlichkeit ringsum herrschte. Nationalsozialisten hatten Jugendliche mit hehrem Gerede verführt; umso empfindlicher reagierte die Nachkriegsjugend auf verlogene Worte[679].

Die sowjetische Besatzungsmacht benutzte die Entnazifizierung von Anfang an auch dazu, Gegner der neuen, kommunistisch-totalitären Ordnung auszuschalten, die sie mit Hilfe deutscher Gefolgsleute durchsetzen wollte. Wieder kam Zwangsherrschaft nicht ohne Lügen aus, wie die bereits erwähnte Übertünchung der Vertreibungen als Umsiedlung zeigt. Die neuen Machthaber rühmten sich ihres Antifaschismus und griffen das Lügenwort auf, mit dem die von ihnen als Faschisten bekämpften Nationalsozialisten die Transporte in die Vernichtungslager als Umsiedlung kaschiert hatten (s.o. S. 179). Im Osten herrschte also neuer Zwang, die ‚richtigen' Worte zu gebrauchen; im Westen dagegen meldeten sich selbst im Lager der Sieger Stimmen zu Wort, die fragten, ob die Welt mit der „Ausrottung des Nazismus" sauberer werde. Zu Beginn der Prozesse gegen die Hauptkriegsverbrecher hat eine angesehene Londoner Sonntagszeitung bedauert, daß die für diese Verfahren aufgestellten „trefflichen Normen nur auf die Besiegten, nicht aber auf die Sieger angewendet" würden; nüchtern nennt dieser Artikel „die wahllose Vertreibung von Millionen Ostdeutscher ... ein ebenso schlimmes Verbrechen wie die Untaten, über die man zu Gericht sitze"[680].

Junge Deutsche sahen sich in ihren Zweifeln bestärkt, ob der Sieg über das verbrecherische NS-Regime der Welt ein wenig Redlichkeit geschenkt habe. Mütter fragten, ob es gerecht sei, den Vater jahrelang in Kriegsgefangenschaft zu halten. Was hatten die Kinder getan, die im Bombenkrieg unter schrecklichen Umständen umgekommen waren? „Natürlich ist eine Strategie, der 75.000 Kinder zum Opfer fielen, moralisch verstörend", schrieb der Oxforder Historiker Adrian Gregory[681]. Zum öffentlichen Leben gehörten minderjährige Kriegskrüppel; ein Bericht zählt auf: „Armlose, Beinlose, Hirnverletzte, Rollkarrenjungens, Krückenbubis, vollbandagierte Vierzehnjährige mit Eisernen Kreuzen am Gips und silbernen Verwundetenabzeichen"[682]. Vorgestellt wird einer, der nun eine Lederhose trug: „Als Siebzehnjähriger hatte er sich freiwillig zum Barras gemeldet, weil er etwas ausgefressen hatte. Nach zehn Monaten kam er wieder, der rechte Arm und das linke Bein waren weg. Er war auf eine Mine getreten. Bisher hatte er stets seine Wehrmachtsuniform getragen, den rechten Ärmel und das linke Hosenbein säuberlich nach oben geklappt und mit Sicherheitsnadeln angeheftet."

Viele haben die Frage nach ihrer eigenen Rolle im Unrechtssystem verdrängt. In der NS-Zeit hatten junge Menschen, die sich nicht anpassen wollten, Heimat in den Kirchen gefunden (s.o. S. 151ff.); nun konnte sich hier am rechten Ort fühlen, wer nicht mitmachte, wenn alle die Augen vor der üblen deutschen Vergangenheit verschlossen. Bischöfe legten Schuldbekenntnisse ab: „Viele Deutsche, auch aus unseren Reihen ... leisteten durch ihre Haltung den Verbrechen Vorschub, viele sind selber Verbrecher geworden." So steht es in einem Hirtenbrief, der im August 1945 in Sonntagsmessen der Diözese Fulda vorzulesen war. „Wir klagen uns an, daß wir nicht mutiger bekannt, nicht treuer gebetet, nicht fröhlicher geglaubt und nicht brennender geliebt haben", heißt es in der Erklärung des Rates der Evangelischen Kirchen in Deutschland, die im Oktober 1945 veröffentlicht wurde[683].

Sind Jugendliche, sind Familien ihren Bischöfen gefolgt, haben sie sich der Frage nach eigener Mitschuld gestellt? Das ungeheuerliche Ausmaß deutscher Schuld war noch nicht bekannt: Weltweit hat der von Deutschen mutwillig ausgelöste Zweite Weltkrieg 55 Millionen Tote gefordert, 13.000.000 davon – absichtlich ist diese Zahl ausgeschrieben – waren Kinder[684], Opfer von Bomben und Schußwaffen, von NS-Verbrechen, von Kälte, Hunger, Erschöpfung bei Flucht und Vertreibung. Doch das, was man bereits wußte, war schon so erschreckend, daß die meisten es lieber nicht wahrhaben wollten.

Bezeichnend sind Beobachtungen, die Franz Rudolf von Weiss, der schon erwähnte Generalkonsul der Schweiz in Köln, im Jahr 1948 festhält: Die Bevölkerung habe den Jahrestag der bedingungslosen Kapitulation unbeachtet gelassen, sich dagegen lebhaft an Feiern zum 300. Jahrestag des Westfälischen Friedens beteiligt[685]. An den Verlust deutscher Souveränität wollte man nicht erinnert werden, um so mehr äußerte sich Sehnsucht nach Frieden. Oder war es das Verlangen nach einem „ewigen Vergessen", wie man es einander bei dem großen Friedensschluß 1648 gelobt hatte?

Der Einsatz amerikanischer und britischer Piloten für die ‚Luftbrükke' nach Berlin hat mehr als viele Umerziehungsprogramme die Herzen der Menschen für die freiheitliche Demokratie gewonnen. – Den Sowjets waren die mitten in ihrem Herrschaftsbereich liegenden westlichen Sektoren Berlins ein Dorn im Auge. Sie nahmen die Einführung der Deutschen Mark in West-Berlin zum Anlaß, um die Land- und Wasserwege, die durch ihre Besatzungszone führten, zu blockieren. Daraufhin versorgten Amerikaner und Briten das freie Berlin auf dem Luftweg mit Lebensmitteln, Kohlen, Benzin, Medikamenten und anderem Lebensnotwendigen. Vom 23. Juni 1948 bis zum Abbruch der Blockade am 12. Mai 1949 landete durchschnittlich alle drei Minuten ein Transportflugzeug in West-Berlin. Dort winkten Kinder von Trümmerbergen aus den ‚Rosinenbombern' zu.

Die Verabschiedung des Grundgesetzes der Bundesrepublik ist ein deutliches Zeichen des Umdenkens; sie erfolgte am 8. Mai 1949, dem vierten Jahrestag der Bedingungslosen Kapitulation. Der spätere Bundespräsident Theodor Heuss fand bei diesem Akt eindrucksvolle Worte. Er nannte den 8. Mai 1945 die „tragischste und fragwürdigste Paradoxie der Geschichte für jeden von uns, weil wir erlöst und vernichtet in einem gewesen sind"[686]. Bei „erlöst" war in erster Linie an die Befreiung von der NS-Barbarei gedacht. - Viele Familien erfuhren Erlösung in einem kleinen, für sie lebenswichtigen Bereich: Wenn nach langem Suchen alle wieder beieinander waren.

Fast jeder vierte Deutsche war nach 1945 ein Suchender oder Gesuchter; jedes zweite gesuchte oder suchende Kind war in den Jahren 1940 bis 1945 geboren[687]. Verloren gegangen waren Kinder nach Bombenangriffen, auf der Flucht, während der Vertreibung, nach der überstürzten Auflösung von Lagern der Kinderlandverschickung. Viele Kinder hatte es in Gebiete verschlagen, in denen sie durch eine der neuen, anfangs nur schwer zu überwindenden Grenzen von ihren Eltern getrennt waren. Überlieferungen von der Flucht erzählen auch von Findelkindern und ihrer Rettung. - Unter einem zerschossenen Wagen hatte ein Rotarmist ein Kind entdeckt und es einer Frau in die Arme gedrückt: „Du Kind mitnehmen, Mutter kaputt, Kind nix kaputt." – Nach dem Untergang der mit Flüchtlingen überladenen ‚Memel' hatten Matrosen ein Kind aufgefischt und es in Flensburg abgeliefert. – Im Schilf der Moldau zwischen Tabor und Pisek hatten Anwohner in einem Korb einen kleinen ‚Moses' gefunden, und Flüchtlinge hatten ihn in ihre Obhut genommen.

In Berlin gab es so viele obdachlose Kinder, daß die Stadtkommandantur die Ausbreitung von Seuchen fürchtete und am 20. Juni 1945 befahl, diese Mädchen und Jungen einzusammeln und in Heimen unterzubringen[688]. Aus Ost- und Westdeutschland sind niederschmetternde Zahlen überliefert: An die 16.000 heimat- und elternlose Jugendliche irrten noch 1946 in Mecklenburg umher; nach Schätzungen für das Jahr 1947 waren es in der britischen Besatzungszone 50-60.000[689].

Kehrte eine Gruppe aus der Kinderlandverschickung heim, warteten auch Eltern aus benachbarten Orten: „Wo kommt ihr her? Habt ihr was von unseren Kindern gehört?" Frauen, die Fotos von Vermißten hochhielten, sah man auf Bahnhöfen, in Übergangslagern und überall, wo Heimkehrer ankamen oder Menschen, die aus der Heimat geflohen oder vertrieben waren. Der Postverkehr kam im Herbst 1945 nach und nach wieder in Gang. Aber lange vorher hatten sich mit großer Geschwindigkeit von Mund zu Mund nicht nur Todesnachrichten verbreitet. Auseinandergerissene Familien fanden erstaunlich rasch wieder zusammen. Den entscheidenden Wink hatten nicht selten knappste Hinweise gegeben, etwa an rauchgeschwärzten Hausmauern die Freudenbotschaft: „Wir leben noch. K.M."

Viele hatten auf dem Weg zu den Ihren große Strapazen, wenn nicht Lebensgefahr durchzustehen. Kinder aus KLV-Lagern mußten sich allein durchschlagen, weil sie den Anschluß an ihre Gruppe verloren oder weil ihre Führer sich davongemacht hatten[690]. Obwohl die meisten

Begleitpersonen sich selbstlos eingesetzt haben, um die ihnen Anvertrauten heil zurückzubringen, kam es zu Unglücksfällen. Ein Geistlicher hatte einen Möbeltransporter aufgetrieben, mit dem man KLV-Kinder aus Franken heim nach Krefeld schaffte. Bei Bingen fiel ein übermüdeter Junge von dem Motorwagen und wurde vom Anhänger überrollt. „Mit dem toten Jungen kam man in Krefeld an"[691].

Lange mußte Georg G. nach seiner Familie suchen. Ende Juli 1945 ließen die Briten ihn aus dem Gefangenenlager bei Münster (Westf.) frei[692]. Von seiner Familie, die in Ratibor (Oberschlesien) zuhause war, hatte er seit Ende 1944 nichts mehr gehört. Seine Frau war damals mit ihrem zweiten Kind schwanger gewesen. Sobald G. das Nötigste beisammen hatte, suchte er Auskunft bei Verwandten und Jugendfreunden. Von einem zum nächsten geschickt, kam er auf fünf abenteuerlichen Fahrten nach Köln, Karlsruhe, Augsburg, München, Bamberg und Würzburg, und nach einem gefährlichen Grenzübergang in die SBZ bis nach Annaberg (Schlesien). Von seiner Familie keine Spur; wohl gab man ihm Nachrichten für andere Oberschlesier mit. Er beschloß, in seine Heimat zu reisen. An der Neiße erlebte er schmerzlich die neue Grenze; der Weg nach Ratibor war versperrt. Er versuchte es mit dem Umweg über Berlin; dort stattete ihn seine Tante, eine Ordensschwester, mit Zivilkleidung aus. Zweimal konnte er sich mit einem Oberhemd die Freiheit erkaufen.

Die vollständige Odyssee würde den gebotenen Rahmen sprengen. Georg G. fand seine Frau mit den beiden Kindern in erbärmlichen Umständen in Zwittau (Tschechoslowakei). Um eine Ausreisegenehmigung für sie zu erlangen, mußte er nach Deutschland zurück. Mit Zähigkeit, Glück und Hilfen einzelner Tschechen, Polen, Deutscher kam er nach Bayern hinüber. Bei einem Jugendfreund in Bamberg erwartete ihn eine Nachricht seiner Frau: Sie solle in die SBZ ausgesiedelt werden, sei mit den Kindern im Lager Grottau und müsse Zwangsarbeit leisten. Frau G. will bis heute nicht erzählen, was sie in Ratibor, Zwittau, Grottau und unterwegs erlebt, noch wie sie ihr Kind geboren und die Kinder durchgebracht hat. Ihr Schweigen ist ein ebenso eindrückliches Zeugnis für die Erfahrungen jener Zeit wie die genauen Erzählungen ihres Mannes. - Georg G. brach auf, um seine Frau aus Grottau zu holen. Wieder waren Grenzen zu überqueren, in die SBZ und nach Böhmen; doch in Grottau gab es kein Lager mehr. Die Sowjetische Militäradministration (SMAD) hatte sich geweigert, die ‚Umsiedler' aufzunehmen; dem Bischof von Regensburg aber war es gelungen, ihnen Zugang zur amerikanischen Zone zu erwirken. Im bayrischen Traunstein fand Georg G. am 6. Januar 1946 die Seinen wieder.

Suchdienste haben erstaunlich viele verloren geglaubte Kinder in die Arme ihrer Eltern zurückgeführt. Im Sommer 1945 begannen in München die kirchlichen Hilfswerke und in Flensburg das Deutsche Rote Kreuz mit dem Aufbau von Suchkarteien. Nachdem man in München die Aktion in Sonntagsgottesdiensten verkündet hatte, bildeten sich lange Schlangen vor den Büros, so daß die Amerikaner schon Unruhen befürchteten. Als sie hörten, um was es ging, sorgten sie für Papier. In Flensburg sammelten Kuriere Nachrichten aus Lagern in Dänemark und von Heimkehrerzügen[693]. Drei Maßnahmen beschleunigten die Arbeit: Im Dezember 1945 legten die Suchdienste über die britisch-amerikanische Zonengrenze hinweg ihre Karteien zusammen. An Rathäusern erschienen Aushänge: „Wir suchen unsere Eltern! In der Kinderliste Nr. 1 veröffentlichen wir die Namen von Kindern im Alter bis zu etwa 10 Jahren, die durch die Kriegseinwirkungen von ihren Eltern getrennt wurden“[694]. Bald darauf wurden täglich zehn Minuten lang im Rundfunk Namen verlesen; durchschnittlich 8 von 100 Suchmeldungen waren von Erfolg gekrönt. Versuche, weitere Suchlisten einzuarbeiten, scheiterten lange am Widerstand der französischen und vollständig am Nein der sowjetischen Verwaltung. Daraufhin übermittelten die Suchdienste gesonderte Listen; 8000 Kindermeldungen wurden im Dezember 1946 nach Ostberlin geschickt, und 10.000 kamen von dort nach Hamburg. Der Austausch der so gefundenen Kinder zwischen der sowjetischen und der britischen Zone zog sich bis in den Februar 1950 hin[695].

Auf Anordnung der westlichen Besatzungsmächte mußte der deutsche Suchdienst dem Suchdienst der Vereinten Nationen (UNRRA) Einsicht in die Karteien geben. Deren Mitarbeiter „notierten sich Anschriften von Kindern, die ihrer Meinung nach keine Deutschen waren, holten sie in Pflegestellen ab und brachten sie ins Ausland“. Viele dieser Kinder wurden dort von Pflegeeltern adoptiert, darunter eine große Zahl deutscher Jungen und Mädchen, deren Aufenthaltsorte später nicht mehr ausfindig zu machen waren.

Die Mitarbeiter des Suchdienstes sahen sich oft vor schwierige Entscheidungen gestellt. Manchmal beteuerten bis zu dreißig Mütter, ein Kind unter genau den vom Suchdienst gemeldeten Umständen aus den Augen verloren zu haben. Nicht selten verweigerten Pflegefamilien die Mitarbeit. Wies der Suchdienst jedoch nach, daß die Eltern ihres Pflegekindes tot waren, stellten sie unverzüglich den Antrag auf Adoption. Eine harte Aufgabe war es, Kindern, die von weither den Weg nachhause gefunden hatten, mitzuteilen, daß der Krieg sie zu Waisen gemacht hatte. Es kam auch vor, daß eine Mutter sich nicht bewegen ließ, ein Kind anzuerkennen, das nach Erkenntnissen des Suchdienstes ihr gehörte. - Bis 1950 konnten 56.522 Kinder an ihre Eltern zurückgegeben werden[696] - ein eindrucksvolles Ergebnis der mit kriminalistischem Spürsinn durchgeführten Arbeit[697].

Nicht unerwähnt bleibe eine der vielen verstörenden Erscheinungen der Nachkriegsjahre: An verkehrsreichen Bahnhöfen kam es zur Entführung, aber auch zur Aussetzung von Kindern[698]. Anschaulich weiß Carl Zuckmayer davon zu erzählen. In seinem ‚Deutschlandbericht' aus dem Jahr 1946 stellt er Schwester Christina vor, die am Frankfurter Bahnhof in dem Mütter mit Babys vorbehaltenen Wartesaal arbeitet. Der Raum ist häßlich, die Fenster mit Brettern vernagelt. Die Frauen bekommen einen Brei für ihre Kinder; sie können sie waschen und die Windeln wechseln. Schwester Christina erzählt, sie werde „in viele Schicksale verwikkelt". Schon manche zerrissene Familie habe sie zusammengeführt; doch unmöglich könne sie ständig alle Frauen und Kinder im Blick behalten. Sechs Babys seien „zurückgelassen" worden; und das Rote Kreuz habe nicht eine der sechs Mütter wieder ausfindig machen können. Manche Frau komme nach ein paar Stunden mit Schokolade für das Kind zurück. „Aber", so läßt Zuckmayer die Schwester fortfahren, „wir haben auch einige gehabt, die die Babys verhökert haben. Ja, sie verkauft haben. An wen? Angeblich gibt es auf der anderen Rheinseite, in der französischen Zone, einen Schwarzen Markt für Babys"[699]. Zuckmayer kommentiert ihren Bericht: „In Deutschland ist alles möglich".

Im Gewühl eines großen Bahnhofs verschwinden kleine Kinder, werden andere allein zurückgelassen. Wer tut so etwas? Mit einem Baby zu verreisen hatte Vorteile. Manchmal sorgte ein Schaffner in respektgebietender Uniform dafür, daß eine solche Frau als erste in einen überfüllten Zug kam. Zu Bahnhöfen gehörte ein Warteraum. Warum nicht ein Kind mitnehmen, das dort gerade unbeaufsichtigt war? Warum es nicht zurücklassen, wenn man es nicht mehr brauchte? Im ‚Haus der Geschichte' (Bonn) gehört zu der Sequenz ‚Kinder-Suchdienst' auch das Foto eines in einem Pappkarton abgestellten Babys. - Ungezählte Frauen hatten ihr Kind gegen ihren Willen bekommen. Wie sollten sie mit dieser Last leben? Was würde der Ehemann sagen, wenn er aus der Gefangenschaft heimkehrte? Bei der Bahnhofsmission würde sich schon jemand des Kindes annehmen[700].

Als rettenden Eisenbahnbeamten hat Anna O. ihren eigenen Vater erlebt. Die Szene gehört zu einer Heimkehrgeschichte, von der die Geschwister einander später noch oft erzählt haben. Seit Anfang April 1945 hatten Mutter und Kinder, in einem fränkischen Dorf evakuiert, nichts mehr vom Vater gehört, der im Ruhrgebiet auf einem großen, gefährdeten Bahnhof Dienst tat. Anfang Juni stand er auf einmal vor der

Tür, und sofort wurde die Heimfahrt ins Werk gesetzt. Aus den vielen Abenteuern der achttägigen Reise eine Einzelheit: Auf einem Bahnhof blieb die Familie mehr als einen Tag hängen. Mutter, sieben Kinder und Gepäck kamen in keinen der überfüllten Züge hinein – bis die Tür eines Waggons einfach nicht aufzukriegen war. Nun bewährte sich der Vater nicht nur als Schlosser, sondern stellte sich, an der Uniform als Eisenbahner zu erkennen, vor die endlich offene Tür und rief: „Alle zurücktreten! Zuerst die Familien mit Kindern!" – Und man gehorchte.

Ohnehin gehörte diese Eisenbahnerfamilie zu den Glücklichen jener Zeit. Ihre Wohnung war unzerstört, und die Kinder kannten es nicht anders, als daß vier Zimmer für Eltern, sieben Kinder und zwei große Brüder reichten, die gesund aus dem Krieg heimkehrten.

Unterkommen in verwüsteten Städten

Keine der größeren deutschen Städte hat den Krieg heil überstanden. In Köln waren 70 Prozent, in der Mittelstadt Düren 99,2 Prozent aller Wohnungen zerstört[701]. Ist es da verwunderlich, daß alte Menschen noch heute von Albträumen aus Kindertagen heimgesucht werden? Der Weg nach Hause ist nicht mehr zu finden; Straßen liegen unter Trümmern verschüttet; aus geschwärzten Ruinen gähnen Fensterlöcher.

Armselige Unterkünfte und Unterernährung gehörten zum Los von Millionen. Im Nachhinein weiß man, daß der Tiefpunkt im Februar 1947 erreicht, das bitterste Elend im Sommer 1948 überstanden war, nach gut drei Jahren. Doch das waren auch drei Winter, darunter der außergewöhnlich strenge 1946/47, sowie der heiße, trockene Sommer 1947 mit schlechter Ernte. Tausenden fehlte die Kraft, über den Tag hinaus zu denken. Allzu vieles lähmte den Lebensmut: Dieser trauerte um liebe Menschen, von deren Tod er wußte; jene plagte die Ungewißheit, welches Schicksal Angehörige ereilt hatte. Flüchtlinge und Vertriebene waren am härtesten getroffen. Evakuierte zog es selbst dann mit aller Kraft in die Heimat, wenn ihre Wohnung zerstört war. Erinnert sei an die Geschichte des kleinen Jakob, dessen Mutter mit ihrem Kind in die Heimatstadt nach Köln zurückkehrte, obwohl sie dort nur ein Kellerloch hatten[702]. Daheim fand man leichter den vertrauten Ton und eher Leute, die helfen konnten.

Obwohl es viel zu wenig Unterrichtsräume gab, beschlagnahmten die Besatzer auch Schulen. 1947 hält ein Notstandsbericht des Landes Nordrhein-Westfalen fest: „Im Bunker »Ratherkreuzweg« in Düsseldorf wohnen ständig 320 Personen in 140 Kabinen zu je 8 qm. Im selben Bunker haben täglich 800 Kinder 3 ½ Stunden Schule". Kein Wunder, daß unter solchen Umständen „Gereiztheit und Nervosität" herrschten, daß Streitigkeiten ausbrachen, „an denen auch Kinder teilhaben“[703].

Die Besatzungsmächte verlangten ordentliche Unterkünfte und Sachleistungen nicht nur für sich und ihre Angehörigen, sondern zusätzlich für Millionen ehemaliger KZ-Häftlinge und Displaced Persons, DPs, Entwurzelte, die als ausländische Kriegsgefangene, ‚Freiwillige‘ und Zwangsarbeiter in der deutschen Wirtschaft geschuftet hatten[704]. So forderten die Briten im Herbst 1945, das von Flüchtlingen überflutete Lübeck müsse – außer genau bestimmten großen Mengen an Kleidung – 8.500 Wolldecken abliefern. Vergeblich wies der Oberbürgermeister darauf hin, daß die Stadt schon im Mai 19.900 Wolldecken abgegeben habe[705]. Kurz vor Winterbeginn mußte er Bevollmächtigte ausschicken, Schlafzimmer kontrollieren und ‚überflüssige‘ Decken beschlagnahmen lassen. Der Zorn der Bevölkerung richtete sich gegen das Stadtoberhaupt, nicht gegen die Briten.

Über solchen Mißhelligkeiten vergaß man leicht, was den Besatzungsmächten zu verdanken war. Vor allem: Sie sorgten für Ruhe im Land; Mütter konnten ihre Kinder unbesorgt draußen spielen lassen. Allerdings gaben sie ihnen oft eine heute undenkbare Mahnung mit: „Bleibt ja auf der Straße!“ Im Gelände konnte Munition herumliegen; in Trümmern steckten Blindgänger.

Schutt zu räumen war nicht ungefährlich. Männer von 14-65, Frauen von 15-50 Jahren erhielten nur Lebensmittelkarten, wenn sie beim Arbeitsamt registriert waren[706]. Wer arbeitsfähig war, mußte Steine pikken, aber auch beim Abbau von Maschinen und Fabriken helfen, die zum Leidwesen der Deutschen von den Siegern als Teil der Reparationsleistungen beansprucht wurden[707]. Frauen sollten nur herangezogen werden, wenn sie keine Kinder zu versorgen hatten[708]; dennoch ließen sich sogar Mütter anwerben, um etwas Geld zu verdienen[709]. Doch woher nahmen sie dann Zeit und Kraft, um all das zu ergattern, was für Geld nicht zu haben, zum Leben aber notwendig war?

Familien richteten sich in Kellerlöchern und Gebäuderesten, Bretterbuden und Gartenhäuschen, Wohnwagen und Ställen ein, um wenigstens unter sich zu sein. Andere waren froh, in einem von der öffentlichen Hand errichteten Behelfsheim unterzukommen. In rasch aufgestellten Hütten aus Wellblech staute sich die Sommerhitze, und die Winterkälte ließ an den Wänden Eiskristalle glitzern. Ganze Vororte bestanden aus langgestreckten Baracken, jede vielfach in etwa 20 Quadratmeter große Räume unterteilt, in denen jeweils bis zu fünf Personen wohnten. Für mehrere Familien gab es nur eine Wasserstelle; an elektrischen Strom war nicht zu denken; ein Liter Petroleum pro Familie und Monat sollte für die Beleuchtung reichen[710].

In Bunkern und Hallen lebten viele jahrelang nah an nah mit Fremden[711], teilten mit ihnen Kochgelegenheit und Toilette. Das konnte schon zwei Parteien belasten. Einem Ehepaar mit einem Neugeborenen und einem weiteren Kind hatte das Wohnungsamt in der Wohnung einer Witwe zwei Zimmer zugewiesen. Die Vermieterin hielt Küche und Bad außerhalb der von ihr bestimmten Benutzungszeiten fest verschlossen[712]. Zwei andere Beispiele, keine Einzelfälle: Eine 1944 ausgebombte Familie, Eltern und fünf Kinder, hauste bis 1951 in zwei Kellerräumen. Mit einem einzigen Raum und zwei Luftschutzbetten ohne Kissen mußten im Jahr 1947 Eltern und drei Kinder im Alter von 18, 7 und 6 Jahren auskommen; die Frau war im achten Monat schwanger. Nach einer Umfrage aus dem Jahr 1947 lebten in Bremen 18 Prozent aller Schüler in Notwohnungen, von den Hilfsschülern waren es sogar 28,5 Prozent. Manches Kind schläft besser, wenn es das Bett mit jemandem aus der Familie teilt. Wie aber ging es Kindern in der Schule, Jugendlichen bei der Arbeit, wenn sie nachts auf einer Bank oder dem nackten Boden schlafen mußten, vielleicht nur mit Zeitungspapier zugedeckt?[713]

Drei Jahre lang nahm die materielle Not beängstigend zu. Soweit Privatleute, Krankenhäuser, Ämter bei Kriegsende noch über Vorräte an Lebensmitteln, Brennstoffen, Textilien, Medikamenten verfügt hatten, waren die Reserven bald aufgebraucht, wenn sie nicht zuvor beschlagnahmt worden waren. Nur schleppend lief die Produktion selbst einfachster Dinge an. In Ermangelung von Toilettenpapier wurden Zeitungen handlich zugeschnitten; manches lesehungrige Kind hat diese Papiere in dem einzigen Raum, in dem es allein sein konnte, aufmerksam gelesen. Die erste, am 4. Januar 1947 erschienene Ausgabe des ‚Spiegel' brachte auch folgende Werbung: „Fürs Kleinkind Nivea. Liefermöglichkeit vorbehalten". Gab es wider Erwarten Gegenstände des täglichen Bedarfs zu kaufen, waren sie abschreckend teuer: Im Winter 1946/47 kostete ein Kinderkleid, das in Kriegszeiten für 7 bis 15 Reichsmark zu haben gewesen war, 110 RM. Für ein Küchenhandtuch, das 60 bis 90 Pfennig gekostet hatte, waren 10 RM zu bezahlen, für ein Pfund Seifenpulver nicht mehr 75 Pfennig, sondern 8 RM[714].

Viele Familien waren darauf angewiesen, daß Söhne und Töchter mit vierzehn Jahren die Schule verließen, um Geld zu verdienen; nicht wenige Mütter sahen sich zu außerhäuslicher Arbeit gezwungen. Unter der Überschrift „Wir klopfen Beton" berichteten Frauen in der ‚Neuen Ruhr Zeitung' vom 6. November 1946, der Stundenlohn für Bauhilfsarbeiter betrage 0,70 RM, für sie selber 0,60 RM, und „unser Nesthäkchen", noch nicht 17 Jahre alt, verdiene 0,42 RM in der Stunde[715].

Inmitten unsäglichen Elends, das in Deutschland herrschte, fielen dem Franzosen Albert Camus im Sommer 1945 gepflegte, sorgfältig gekleidete Mädchen auf[716]. Bei den Glücklichen, die weder ausgebombt, noch geflohen oder vertrieben waren, machte sich ein Mangel an Kleidung erst langsam bemerkbar. Man trug seine Sachen so lange wie möglich, flickte und stopfte sie kunstvoll. Gab es Stopftwist zu kaufen, deckte man sich ein, selbst wenn eine Rolle nun 74 statt 19 Pfennig kostete. Abgetragene Kleider wurden aufgetrennt und zu Kinderröcken weiterverarbeitet; löcherige Stricksachen ribbelte man auf. Stolz führten zehnjährige Mädchen Pullover vor, die sie sich mit viel Fantasie aus bunten Wollresten gestrickt hatten.

Schuhe waren seit langem Kostbarkeiten, die man für den Winter schonte. Nun aber mußten Kinder im Winter daheim bleiben, weil sie weder Schuhe noch Mantel besaßen. Nach einem Bericht des Schweizer Hilfswerkes versäumte in Köln Ende 1945 jedes vierte Schulkind aus diesem Grund den Unterricht. Ähnliches ist aus anderen Städten überliefert[717]. Geschwister halfen einander aus; günstigstenfalls reichte ein Paar Schuhe für zwei Geschwister, sofern eines vormittags, das andere nachmittags Unterricht hatte. Jüngere erbten die Schuhe älterer Geschwister. Waren sie zu groß, stopfte man in die Spitzen Zeitungspapier; waren sie zu klein, fand man sich mit Scheuern und Blasen ab. Wer handwerklich geschickt war, behalf sich lieber anders. Eine Frau aus dem badischen Jöhlingen hat den Autoren erzählt, wie gemütlich es war, wenn die Familie abends zusammen saß und Geschichten erzählte. Während die Kinder Maisstroh flochten, nähte die Mutter die Strohzöpfe und aus Stoffresten das Schuhfutter zusammen, und der Vater schnitt Sohlen aus einem abgefahrenen Autoreifen. Doch als sie ihre neuen Schuhe stolz dem Lehrer in der Schule vorführte, habe der sie abgefertigt: „Ein deutsches Mädel trägt solche Schuhe nicht!" – Erinnert sei an die jungen Zwangsarbeiterinnen, die in einem bayrischen Dorf für befreundete, deutsche Kinder Strohpantoffeln geflochten haben.

Wer weder Geschick noch Material hatte, um zu improvisieren, weder Ersparnisse noch genügend Geld, um auf dem Schwarzen Markt das Notwendige zu beschaffen, war übel dran. Die Dortmunder Familienfürsorge erwähnt in einem Bericht vom 6. Juni 1947 eine Bergarbeiterfamilie, von deren fünf schulpflichtigen Kindern seit Ostern nur zwei zur Schule gehen konnten, weil „die nötigste Kleidung fehlt"[718]. Viele Flüchtlinge und Vertriebene hatten nur ihr Leben retten können. Eltern, die einmal stolz darauf gewesen waren, ihre Kinder gut auszustatten, hatten nun keine Chance, ihre Arbeitskraft zu Geld zu machen. Flüchtlinge, so meldete die Verwaltung dem Lübecker Oberbürgermeister, seien schwer in Arbeit zu vermitteln, „weil ihnen Kleidung und Schuhe fehlen“[719]. Carl Zuckmayer schildert in seinem Deutschlandbericht Kinder, die seltsame Lumpen tragen. „In den Lagern der Verschleppten aus dem Osten habe ich einige gesehen, die fast nackt waren, die sich in zerlumpte Decken gewickelt hatten, und mit Bretterstücken, die sie sich mit alten, zusammengeknoteten Bindfäden unter die bloßen Füße gebunden hatten“[720]. Boten Landfamilien an, unterernährte Kinder könnten sich in den Ferien bei ihnen durchfuttern, mußten ausgerechnet die Ärmsten zurückstehen, weil sie nichts Ordentliches anzuziehen hatten. Im Schweizerischen Roten Kreuz kannte man das Problem; ein Merkblatt betonte: „Wegen Mangel an Kleidungsstücken oder Schuhen muß kein Kind zuhause bleiben“[721].

In dem strengen Winter 1946/47 spitzte sich die Not zu. Das Kohlenrevier in Schlesien unterstand polnischer, das im Saarland französischer Verwaltung. Kohle aus dem Ruhrgebiet schafften die Sieger nach Belgien und Frankreich. Mit dem durch den Krieg schwer geschädigten Verkehrswesen[722] ließen sich dringendste Aufgaben nicht mehr lösen. Die Versorgung der Städte brach zusammen; die Monate des Hungerns und Frierens wollten kein Ende nehmen. Schulen blieben mangels Kohle geschlossen. Kinder verbrachten möglichst viel Zeit im Bett mit ihren Büchern und mit Spielen, bei denen sie unter der Decke bleiben konnten. Einer Mutter war es peinlich, als der Pastor kam; doch der wiegelte ab: „Dies ist heute schon der vierte Konfirmandenbesuch, bei dem ich die Leute in den Betten vorfinde“[723]. Das spärliche Brennmaterial, oft frisches Holz oder Schlammkohle, sparte man für den Sonntag auf. Dann drängte sich alles um den Kanonenofen. Gemütliche Wärme? Bei schlecht schließenden Fenstern stieg das Thermometer vielleicht auf 10 Grad. Familie Josef G. bewohnte 1947 in Aachen eine „Nissenbaracke“. Die Eltern und neun unmündige Kinder, eines davon ein Säugling, verfügten über „6 Betten mit je 1 Decke. Wenn es ihnen zu kalt war, legten sie sich zu 3 Personen in ein Bett. Bettzeug fehlt fast gänzlich.“ Da das „kleine Öfchen“ kaum wärmte, erkrankte ein Kind an Lungenentzündung, und andere mußten wegen Erfrierungen an Händen und Füßen in die Klinik[724].

Wasserleitungen froren ein, so daß man Trinkwasser von weit her holen mußte. Rührend mutet die Feststellung im Bericht einer untergeordneten Behörde an: „Die Kälte hindert die Leute am Waschen“[725]. Abflußrohre platzten; am ärgsten traf es diejenigen, die auch Toiletten mit Fremden teilen mußten. Aus Lübeck, wo sich Flüchtlinge und Vertriebene drängten, meldete das ‚Norddeutsche Echo' im Mai (!) 1947: „Die eingefrorenen Abortanlagen wurden wieder in Betrieb genommen"[726].

Manche Städte verfügten über menschenfreundliche Einrichtungen: Sie eröffneten Wärmehallen, mußten wegen des großen Andrangs aber die Verweildauer begrenzen[727]. Anderswo waren gegen geringe Gebühr öffentliche Dusch- und Wannenbäder zu benutzen. Doch auch die mußten in Göppingen, als sie dringend gebraucht wurden, mangels Kohlen „bis auf weiteres geschlossen" bleiben[728]. Kinder schärften ihren Blick für Brennbares. Aus Asche klaubten sie jedes nicht völlig verbrannte Stückchen Kohle heraus. Unterwegs bückten sie sich sogar für dünne Zweige und brachten sie nach Hause. Trotz der Gefahr suchten sie in Ruinen nach Holz. Vielleicht kam soviel zusammen, daß es reichte, um zuhause eine warme Suppe zu kochen.

Im Ruhrgebiet kannten Kinder bald die Strecken von Kohlenzügen. Lokführer, Bahnwärter, LKW-Fahrer haben oft ein Auge zugedrückt, wenn nicht Beihilfe geleistet, damit die jungen Räuber ohne große Gefahr zugreifen konnten. Kardinal Frings hat 1946 mit der Silvesterpredigt im Kölner Dom seinem Namen Eingang in die Umgangssprache verschafft: Wer aus purer Not stehle, so durfte man seitdem meinen, sündige nicht, sondern ‚fringse' nur. Wörtlich sagte der Kardinal: „Wir leben in Zeiten, da in der Not auch der einzelne das wird nehmen dürfen, was er zur Erhaltung seines Lebens und seiner Gesundheit notwendig hat, wenn er es auf andere Weise, durch seine Arbeit oder Bitten, nicht erlangen kann"[729].

Familien waren auf die Talente ihrer Kinder angewiesen. Die kannten sich bald aus, wie sie, vor allem bei amerikanischen Soldaten, wertvolle Güter erhandelten (s. S. 199). Doch die Grenzen zur Straftat waren ins Schwimmen geraten, und mancher Junge schätzte Erfolge auf dem Schwarzen Markt höher ein als das Einvernehmen mit seinen Eltern. Einer Frau fällt es noch heute schwer, von ihrem Bruder zu erzählen. Auf der Lehrstelle, die der Vater 1946 besorgt hatte, erschien der Fünfzehnjährige nicht. Zur Rede gestellt, rühmte er seinen ‚Reibach' (Schwarzhändler verwendeten das jüdische Wort für ‚Gewinn'). Zuhause sah man ihn nur kurz, und wenn, dann als Angeber, dem nichts gut genug war. Zum Krach führte eine Frechheit, die Eltern heutzutage wohl kaum ernst nähmen: Als er heimkam und auf dem Abendtisch der Familie nur Pellkartoffeln sah, zischte er „Kartoffeln gehören in den Keller", und wollte gehen. Die Mutter geriet in Zorn und ohrfeigte ihn; er schlug zurück. Da sprangen die beiden älteren Brüder auf und vertrimmten ihn. Am nächsten Morgen lag auf dem Tisch ein Zettel: „Ich geh' zur Fremdenlegion"[730]. Zum Glück hat er auf einem amerikanischen Militärflugplatz Arbeit gefunden, die ihm zusagte. – Seine herablassende Bemerkung hatte verletzt, denn mühselig hatten der Vater und die beiden Ältesten auf einem Stück Brachland Kartoffeln gepflanzt; der Ertrag war gering. Obwohl die Mutter die Kartoffeln jedem genau abzählte, war bis zum Frühjahr wenig übrig. Was ihr selber zustand, gab sie oft den Kleinen.

Dem Hunger trotzen

Wohnungselend und Kleidermangel konnte man zeitweise vergessen; der Hunger aber bohrte immer und überall, am schlimmsten im Winter. Wer damals Schulkind war, den mag bei großer Kälte noch heute plötzlich ein Glücksgefühl überkommen, das seinerzeit selten war und gerade deshalb unvergessen ist: Man geht morgens aus dem Haus, der Frost verklebt die Nase, doch innerlich wärmt noch das gute Frühstück, bei dem es Heißes zu trinken gab.

Aus dem verlorenen Osten des Reiches wurde nichts mehr geliefert. Maschinen und Treibstoff, Saatgut und Dünger fehlten; Kühe wurden als Zugtiere genutzt und gaben wenig Milch, doch zusätzlich waren Millionen von Vertriebenen und Flüchtlingen zu ernähren. Zudem verlangten die Besatzungsmächte Nahrung nicht nur für sich, sondern auch für die vielen, die sie befreit, und für diejenigen, die sie im Zuge der Entnazifizierung interniert hatten. Es verstörte, daß Nationalsozialisten, die schwere Schuld auf sich geladen hatten, in den Internierungslagern besser zu essen hatten als Normalverbraucher[731]. Der Schweizer Generalkonsul beschreibt am 16. November 1946 eine „Ernährungskrise, wie es sie bisher weder im noch nach dem Krieg" gegeben habe. In den Städten bekomme man weder Brot noch Kartoffeln. Eine Abordnung von Arbeitern habe die Militärregierung auf die Entschließung des Völkerbundes aufmerksam gemacht, wonach ein unbeschäftigter Mensch täglich mindestens 2.400 Kalorien brauche; die deutsche Bevölkerung erhalte jedoch nur 850 Kalorien. Mitte Mai 1947 waren es nur noch 754 Kalorien[732].

Kalorien-Zahlen sagen zu wenig. Der Leiter der Freiburger Kinderklinik klagte, Kleinkinder erhielten nur ein Drittel der notwendigen Menge an Fett, größere Kinder zunehmend weniger, Zwölfjährige nur noch ein Siebzehntel; zusammen mit dem Mangel an tierischem Eiweiß und an Kalorien sei das „eine im höchsten Maß gefährdende Hungerdiät"[733]. Im Frühjahr 1948 veröffentlichte eine Zeitung einen Kindertraum: „Ich laufe zum Bäcker und hole mir eine Tasche Semmel. Darauf eile ich schnell zu einem Milchladen und nehme mir drei Pfund Butter.

Jetzt setze ich mich vor den Milchladen und esse mein gutes Vesper“[734]. Zur Realität gehörten Szenen wie aus dem Märchen vom Aschenputtel; Kinder mußten Linsen verlesen, damit Würmer und Käfer nicht mitgekocht würden. Das Mehlsieb war ein wichtiges Haushaltsgerät geworden. War eine Familie so reich, daß sie Hühner halten konnte, brachten Nachbarskinder die herausgesiebten Mehlwürmer, um an Festtagen zum Dank ein Ei zu bekommen. Im Frühjahr versuchten Mütter, mit Spinat aus Pflanzen vom Wegesrand dem Vitaminmangel abzuhelfen; Kinder lernten, junge Brennesselspitzen so abzureißen, daß es nicht schmerzte.

Am schlechtesten war die Ernährungslage in der französischen Zone. In Baden hatten schon in Friedenszeiten die Ernteerträge nicht genügt, die eigene Bevölkerung zu ernähren. Nun mußten sie sogar noch für französische Kinder reichen, die zur Erholung in den Schwarzwald geschickt wurden[735]. Amerikaner und Briten versorgten ihre Truppen zum Teil selber und ließen schließlich auch für die hungernde Bevölkerung Nahrungsmittel einführen[736].

Wurde ein Abschnitt der Lebensmittelkarten aufgerufen, bildeten sich vor den Geschäften sogleich Schlangen. Nahmen Kinder ihren Müttern das Warten ab, drängten Erwachsene sie beiseite: „Du kannst besser stehen als ich“. Eingeprägt hat sich ein abweisendes „Das gibt’s nur auf Punkte“, oder im Ruhrgebiet der mürrische Dreitakter „Hammer nich, kriegemer nich, kriegemer nich wieder rein“. – Christel B. war acht Jahre alt. Nachdem ihre Mutter mehrfach auf der Straße zusammengebrochen war, sollte Christel „jeweils bis zum Abend etwas Eßbares auftreiben, während sie mit meinem zweijährigen Bruder und dem neugeborenen Brüderchen zuhause beschäftigt war.“ Stand Christel in der Schlange, bekam sie zu hören: „Wieso kommt deine Mutter nicht selbst?“[737]

Städter waren froh, wenn sie ein Stück Land bebauen konnten. Überließen Eltern einem Kind eine Ecke des kostbaren Gartens, gedieh das Gemüse unter geschickter Kinderhand oft erstaunlich gut. Reichte der Platz für Kaninchen, brauchten Eltern sich um das Futter nicht zu kümmern. Nach einem guten Wurf waren überflüssige Tiere zur Freude junger Züchter leicht gegen nützliche Objekte einzutauschen. Wurde ein Kaninchen geschlachtet, wog der Stolz, zur Ernährung der Familie beizutragen, den Kummer über den Tod des lieben Tieres auf. Manches Kind wurde Haupternährer der Familie. Was auf Marken nicht zu haben war, besorgte es im Garten, auf Hamsterfahrten, auf dem Schwarzen Markt. Doch auch wenn sie lebenstüchtiger als ihre Eltern waren, blieben Kindern Rechte der Erwachsenen verwehrt. Kein Wunder, daß es Jugendliche gab, die sich nahmen, was sie für ihr Recht hielten.

1946 war ein gutes Bucheckernjahr. Kinder gingen auf die Suche. 4.000 Früchte ergaben ein Kilogramm; daraus ließ sich 250 Gramm Öl pressen. Als die Ölmühlen in Göppingen für 1 kg nur 150 g Öl abgaben, kam es zu scharfen Protesten. Dennoch bildeten sich vor den Mühlen Schlangen; bis zu 300 Zentner wurden täglich angeliefert. Manche Familie brachte einen ganzen Zentner; die 15 Pfund Buckeckernöl, die sie dafür bekam, halfen, den Winter 1946/47 zu überstehen[738]. Im nächsten Herbst warben Plakate: „ACHTUNG! Einwohner und Flüchtlinge. Wissen Sie schon? Die anfallenden Kastanien und Eicheln dürfen nicht verkommen!" Pro Kilogramm Kastanien gab es 8 Pfennig, pro kg Eicheln 12 Pfennig, „amtlich festgesetzte Höchstpreise". Selbst Kinder dürfte es kaum verlockt haben, sich für 8 oder 12 Pfennig zu bücken. Lieber halfen sie, 100 kg zusammenzubringen, denn dafür gab es 10 kg „feinste markenfreie Waschmittel" oder einen im Frühjahr einlösbaren Gutschein für 7 Pfund Stärkesirup oder 12 Pfund Kastanienmehl oder Eichelkaffee[739].

Mit Geld war nicht viel anzufangen. Ging man zum Hamstern aufs Land, verlangten die Bauern wirkliche Wertsachen. Besteck und Fotoapparat, Geschirr und Tischdecke wurden eingetauscht für Kartoffeln, Obst und Getreide. - Beim Wäscheaufhängen konnte Anna es ihrer Mutter nie recht machen, denn alle guten Teile waren nach und nach aufs Land gewandert, und das Gelumpe sollte so hängen, daß kein Nachbar es zu sehen bekam. Im Frühjahr zog der Vater mit einem bepackten, zugedeckten Bollerwagen los, im Dunkeln kam er mit der ebenso gut getarnten Karre zurück. Zwei Ferkel waren darin, eins davon war schwarz erhandelt und wurde im Herbst schwarz geschlachtet. Im September durften die Kinder bei einem Bauernhof, acht Kilometer entfernt, Fallobst lesen, den ganzen Bollerwagen voll. War das beim Handel ‚Bettwäsche gegen Schweine' zusätzlich ausgemacht worden? – Leicht hatten es auch die Bauern nicht. Ein Bürgermeister seufzte, Tag um Tag ständen Frauen vor der Tür, die „mit bewegten Tönen ihr Leid [klagen] und Kinder, die immer hohläugiger zum Organisieren geschickt werden"[740].

Heranwachsende bewegten sich in rechtlichen Grauzonen wie in einem Abenteuer. Erstaunlich viele Wörter bezeichneten Formen des Eigentumswechsels, die nicht im Einklang mit den Gesetzen standen: Abstauben, Beschaffen, Besorgen, Fringsen, Kompensieren, Organisieren, Tauschen, Verschieben. Lateinschüler verlängerten die Liste der unregelmäßigen Verben um *stehlere, klauo, momopsi, langfingeratum*. Am Kriegsende hatten Kinder unbewachte Heeresbestände geplündert und erlebt, wie ihre Eltern Dinge, die sie brauchten, mitgehen ließen. Sich an öffentlichem Eigentum zu vergreifen, galt fast als Sport. Flinke junge

Leute kletterten nicht nur auf Kohlenzüge, sondern entwendeten Milch aus Zügen auf der Strecke Garmisch-München und Lebensmittel aus dem Lager von Großküchen in Lübeck. Klagen über Garten- und Felddiebstähle zeigen, daß auch der Respekt vor Privateigentum ins Wanken geraten war[741]. 1937 waren in Berlin 6.583 Fälle einfachen Diebstahls zur Anzeige gekommen, 1946 waren es 74.597, mehr als zehnmal so viel[742]. Am 20. August 1948, zwei Monate nach der Währungsreform, hielt der Schweizer Generalkonsul in Köln in einem seiner Berichte fest: „Rund 250 Personen fielen in den Abendstunden über einen vier Morgen großen Kartoffelacker in dem Dorf Merkstein her". Er fügte hinzu: „Was den Hungertod betrifft werden keine Statistiken veröffentlicht"[743]. Eltern schickten ihre Kinder aus, um von fremden Feldern und Gärten Eßbares zu beschaffen; wurden die Kleinen erwischt, ließ man sie am ehesten laufen.

Ehrenhafter, sollte man meinen, waren Tauschgeschäfte, für die man Anzeigen aufgab oder Zettel an Haltestellen anheftete. Manches Angebot deckt himmelschreiende Not auf: „Tausch: Muttermilch gegen Äpfel." War da eine Frau so gut ernährt, daß sie Milch übrig hatte? Eher ist an das Ärgste zu denken: Ein Säugling war gestorben, und seine Mutter pumpte, solange es ging, zugunsten ihrer anderen Kinder ihre Milch ab. Mütter haben fast Unmögliches getan, damit ihre Kinder zu essen hatten. Eine Zahl steht für viele Geschichten: Die Freiburger Caritas berichtete Ende Mai 1946, seit Monaten habe es für Kleinkinder keine Nährmittel gegeben; der Bericht fährt fort: „Erwachsene ernähren diese Kinder von den ihnen zustehenden Rationen, die z. Zt. 632 Kalorien betragen"[744].

Wer über sehr viel Geld verfügte, fand fast alles auf dem Schwarzen Markt. An Bahnhöfen murmelten Männer Vorübergehenden zu: „Zukker, Zucker!"; „Öl, Öl!" Woher der Zucker (1 kg für 90 RM), das Fleisch (1 kg für 80 RM), das Brot (1,5 kg für 100 RM) und vieles andere kam[745], durfte man nicht fragen. - Eine Mutter, so berichtete die Süddeutsche Zeitung, konnte ihr Kind nicht nähren; nach fünf Tagen stellte sich heraus, daß es Kuhmilch nicht vertrug. Für Trockenmilch verlangte die Apotheke Abschnitte der Kleinstkinderkarte, doch der Milchhändler hatte die Marken bereits abgegeben. Bei der Markenrücklaufstelle wollte man sie nicht heraussuchen, sei man doch an „Vorschriften gebunden". Für den 20fachen Preis beschaffte ein Schwarzhändler die Trokkenmilch. Hätte man nach dem Woher gefragt, wäre die Quelle versiegt. Am Monatsende waren die Ersparnisse der Familie aufgebraucht[746].

Wozu arbeiten, wenn der Lohn so gut wie wertlos war? Im April 1947 reichten die 230 Mark Monatslohn eines Facharbeiters gerade einmal zum Kauf von einem Pfund Butter auf dem Schwarzen Markt. Amerikanische Zigaretten bildeten da eine bessere Währung. Warf ein Soldat die Kippe weg, hatte ein Kind sie blitzschnell aufgehoben. „Für eine Streichholzschachtel voll Tabak aus Amizigaretten gab der Rankl-Bauer ein Kilo Butter oder drei Laib Brot," heißt es in einem Erinnerungsbericht[747]. Eine humorvolle Anekdote zur Zigarettenwährung ist aus Hessen überliefert. Ein Richter fragte einen Angeklagten, warum er keine ehrliche Arbeit annehme. Der Mann rechtfertigte sich, er habe fünf Kinder, darum müsse er seine 24 Hühner scharf bewachen. Der Richter: „Aber Sie können mir doch nicht weismachen, daß Sie von diesen 24 Hühnern ihre Familie ernähren." Angeklagter: „Awwer, awwer, Herr Rat, darf ich Sie bitten, doch emal logisch zu denke." Er rechnet ihm vor: Die Hennen legen pro Woche mehr als 30 Eier, zwanzig davon verkauft er an Amerikaner, „die krieche ja aach nur Eipulver, die arme Kerle." Er kassiert vier Päckchen Zigaretten, eines verbraucht er selbst, eins „verfüggelt" er für Hühnerfutter. Und „die annern Päckchen Zigarette wern zu Geld gemacht und bringe rund achthundert Mark im Monat. Und damit komme mir schee hin, Herr Rat"[748].

Nicht jeder fand einen so „logischen" Ausweg. Drei Jahre lang haben die Deutschen im Elend gesteckt, manche sanken so tief, daß sie ihre heranwachsenden Töchter zu den Amerikanern schickten, damit sie die richtige Währung mitbrächten. Am 11. März 1948 wurde in einem Ausschuß des Bayrischen Landtages geklagt: „Manche verwahrlosten Eltern leben heute von der legalisierten [?!] Prostitution ihrer Kinder"[749].

Fast ein Wunder: Seuchen blieben aus

Im Juli 1946 veröffentlichte das Rote Kreuz einen Hilferuf: In den Lübecker Flüchtlingslagern fehlten täglich 8.000 Kubikmeter Wasser, und für die 9.500 in den letzten vier Wochen neu Eingetroffenen gebe es nur 30 Waschschüsseln. Dennoch mußte die Stadt ihre öffentlichen Bäder für Besatzungssoldaten reservieren, auch wenn diese sie nur wenig nutzten[750]. Ähnliches ist aus anderen Städten überliefert. Mütter atmeten auf, wenn sie ihren Säugling bei großer Kälte wenigstens von Zeit zu Zeit in einem leidlich temperierten Raum waschen konnten. Nicht von ungefähr herrschte in dem vom Roten Kreuz betriebenen Mutter-Kind-Wartesaal des Frankfurter Hauptbahnhofs stets reger Betrieb (s.o. S. 234).

Wenn Schweizer Ärzte die für eine Erholung in der Schweiz vorgesehenen Kinder untersuchten, erschütterte sie der Anblick der Kleinen, die wegen ungenügender Pflege an Krätze und Furunkulose litten, deren

Knochen von Rachitis krumm und schwach, deren Zähne vom Skorbut blutig waren[751]. Humanitäre Organisationen machten die französische Militärregierung in Baden darauf aufmerksam, daß Kinder, die kaum Bauchfett haben, oft an äußerst schmerzhafter Darmverschlingung leiden. Weiter warnt der Bericht, die Tuberkulose breite sich aus; bei Kindern führe sie zu fast unheilbaren Augenentzündungen[752].

In engen Notunterkünften, in übervollen Zügen und beim Gedränge in Geschäften hatte man sich rasch angesteckt. Die Zahlen der an Keuchhusten, Krätze, offener Tuberkulose und Ruhr Erkrankten schnellten auf ein Vielfaches hoch. In Bayern hatte es 1938, bezogen auf 100.000 Einwohner, 2,4 Typhusfälle gegeben, 1946 waren es 42,8, und sogar 60,2 im Regierungsbezirk Oberfranken, der besonders viele Flüchtlinge und Vertriebene hatte aufnehmen müssen[753]. In Krankenhäusern fehlten Betten, Medikamente[754], Verbandzeug, Fieberthermometer... In der Lübecker Kinderklinik hatten 75 Prozent der Kinder kein Hemd, 25 Prozent keine Bettwäsche. Da das Pflegepersonal ohne Schutzkittel und Gummihandschuhe arbeiten mußte, infizierte es sich und trug die Ansteckung weiter[755]. Daß dennoch keine Seuche ausbrach, ist Ärzten und Schwestern zu danken, die sich im Dienst der Kranken verausgabt haben; Gesundheitsämter haben sich erfindungsreich eingesetzt; die Besatzungskräfte, in Sorge um Massensterben in ihrer jeweiligen Zone[756], haben Schutzimpfungen ermöglicht[757].

„Wehe den Frauen, die in jenen Tagen schwanger sind oder ein Kind stillen!“ Über Deutschland hätte man denselben Klageruf anstimmen können wie einst über das vom Untergang bedrohte Jerusalem (Mk 13,17). In Bochum verfügte die Geburtshilfe der Landesfrauenklinik „über 26 statt der benötigten 200 Betten; die Säuglingsklinik über 33 statt der benötigten 100 Betten“. – In Lübeck schluchzte eine Frau, die unerwartet Zwillinge zur Welt gebracht hatte: „Ich habe ja nicht mal für ein Kind genug.“ – In Dortmund berichtete die Familienfürsorge, über das Wirtschaftsamt sei für jedes Neugeborene nur 1 Hemdchen zu bekommen, für jedes dritte ein Jäckchen, für jedes siebte eine Moltonwindel, für jedes 15. ein Strampelhöschen, für jedes 70. eine Gummiunterlage. Der Bericht schließt mit der Frage: „Ist es noch zu verantworten, ein Kind dieser schlimmen Welt auszuliefern?“[758]

Trotz aller Widrigkeiten sind in jenen bösen Jahren erstaunlich viele Kinder zur Welt gekommen. Bezogen auf 1000 Einwohner und das Bundesgebiet, ist die Zahl der Lebendgeborenen von 19,5 (im Jahr 1938) auf 16,1 (1946) gefallen und bis 1949 wieder auf 16,8 gestiegen[759]. Kehrte der Ehemann aus Krieg und Gefangenschaft zurück, ist in der Freude, daß man endlich beieinander war, manches Kind gezeugt worden. Oft belastete dann Kummer über den frühen Tod eines Kindes die ohnehin schwierige Eingewöhnung in das Zusammenleben. Mancherorts stieg die Säuglingssterblichkeit in den ersten Nachkriegsjahren auf 20 oder gar 30 Prozent. Ein Extremwert aus Berlin: Im Juli 1945 starben 72 von 100 Neugeborenen[760]. Das Düsseldorfer Gesundheitsamt erklärte den Anstieg mit unzureichender Pflege. Neugeborene sind erfroren; Säuglinge konnten mangels Kohle nicht gebadet, die Windeln nicht getrocknet werden. Gebrauchte Windeln waren am Boden festgefroren, bevor die Mutter sie im Badewasser ausgewaschen hatte[761]. Säuglinge konnten nur selten trocken gelegt werden, und wunde Stellen vertieften sich zu Verletzungen, die kaum heilten.

War die Winterkälte vorüber, blieb die schlechte Ernährung. Ärzte beobachteten mit Sorge, daß der Fettgehalt der Muttermilch statt 3,5-5 Prozent nur 2 Prozent, in einigen Fällen 0,5 Prozent betrug[762]. Mütter, die ihre Säuglinge nicht satt bekamen, versuchten, ihnen aufgelöstes Maisbrot oder Reste der Schulspeisung einzuflößen; die Folgen kann man sich vorstellen[763]. Häufig verzeichneten Standesämter bei Säuglingen als Todesursache Allgemeine Lebensschwäche, Darmkatarrh und Lungenentzündung[764]. Um dem Elend zu steuern, nahm die Schweizer Spende in Köln auch Schwangere und Stillende in ihr Speiseprogramm auf. Damit Frauen nicht mehr von weit her zu Fuß herbeiwandern mußten, entschloß man sich, Eßpakete für je eine Woche an sie auszugeben[765].

In den Erinnerungen von Frau A. findet sich eine ‚Wundergeschichte', wie sie aus Notzeiten gern überliefert werden. „Als der Krieg vorbei war, schrieb mein Vater seinem Bruder einen langen Brief, damit er wisse, wie es uns ergangen war. Onkel Georg war Pfarrer in Nord-Dakota. Die Kirchenzeitung veröffentlichte den Brief, mit unserer Adresse. Plötzlich kamen Pakete aus den USA, sogar mit Schuhen, die uns paßten. Ich war gerade ins Gymnasium gekommen, lieh mir ein Lexikon und beantwortete jede Sendung in einem gewiß kuriosen Englisch. Doch die Leute drüben müssen es verstanden haben. Ich schrieb nämlich auch, Mama fürchte, es komme wieder ein Baby. Auf einmal erhielten wir Pakete mit allem, was ein Säugling braucht. Bei uns waren sie zum Glück überflüssig; Mama hatte sich getäuscht. »Das wird nicht in Kartoffeln umgesetzt!« erklärte sie. Eine Zeitlang bekamen junge Frauen unserer Siedlung für ihre Kleinen Jäckchen, Windeln, Trockenmilch, ganz umsonst."

Eine denkwürdige Kindheitserinnerung aus dem Herbst 1945 spielt in Beckum (Westf.), einem Landstädtchen, das heil durch den Krieg gekommen war. Frau U. erzählt: „Wir wußten genau, wann mein Bruder

Hubert gezeugt worden ist: am 9. November 1944; denn das war der Tag, an dem mein Vater von der Wehrmacht aus kurz zuhause gewesen war. Kurz nach seiner Geburt mußte Hubert ins Krankenhaus; bald kam Nachricht, er werde nicht mehr lange leben. Als meine Mutter klagte: »Hätte ich ihn doch nicht fortgegeben!« lief ich zu meiner Freundin, lieh mir ihren aus Sperrholz gebauten Puppenwagen, Puppenkleider und -decken. So bin ich zum Krankenhaus gezogen und habe erklärt, ich wolle meinen Bruder abholen. Ich war acht Jahre alt und muß forsch aufgetreten sein, denn sie haben ihn mir mitgegeben. Wenn ich heute meinen Bruder besuche, der jetzt (60 Jahre später) wieder schwer krank ist, muß ich daran denken, wie ich ihn als todkrankes Kind im Puppenwagen durch die Stadt gefahren habe. Damals haben wir extra für ihn eine Ziege angeschafft, und er ist durchgekommen." Offenbar hat sich im Krankenhaus niemand gewundert, wer da auf welche Weise den Säugling abholte; sich zu behelfen war normal. Ungewöhnlich war, daß ein todkrankes Baby überlebte. Klein-Hubert hatte das Glück, Kind einer alteingesessenen Familie zu sein. Hätte eine Flüchtlingsfamilie sich eine Ziege beschaffen können? Hätte sie über Weidegrund für das Tier verfügt?

In die Fremde verschlagen

Das verarmte, fremder Herrschaft unterstellte Nachkriegsdeutschland mußte Scharen von Heimatlosen aufnehmen. Als erste waren Flüchtlinge eingetroffen, die der Roten Armee entkommen waren. Viele von ihnen hatte es in das noch von Deutschen besetzte Dänemark verschlagen, wo sie jahrelang in Lagern lebten. Bald nach Kriegsende begann der Zustrom der Menschen, die aus den polnisch und sowjetisch verwalteten ostdeutschen Gebieten sowie aus deutschen Siedlungsgebieten in Ost- und Südosteuropa vertrieben worden waren. Jeder vierte oder gar dritte der Entwurzelten war jünger als vierzehn Jahre[766]. 1947, zur Zeit der größten Not, waren mehr als 21 Prozent der Einwohner Restdeutschlands heimatlos, das heißt 15 Millionen Menschen[767], davon 4,5 Millionen Mädchen und Jungen im Alter von bis zu 14 Jahren. Übermenschliche Kräfte verlangten die Aufgaben der Eingliederung, die zudem noch ungleichmäßig verteilt waren. In Mecklenburg waren 49 Prozent der Einwohner ‚Zugewanderte', in Schleswig-Holstein 47 Prozent, in Bayern 31 Prozent[768]. In der französischen Zone sperrten sich die Besatzungsmacht und, hinter dieser sich verschanzend, deutsche Behörden gegen die Aufnahme Heimatloser. Infolgedessen machten diese in dem französisch besetzten Teil Deutschlands nur 1,5 Prozent der Bevölkerung aus[769].

Die 1947 in großem Maßstab eingeführte Schulspeisung war für viele Kinder die einzige warme Mahlzeit am Tag. Sie wurde in mitgebrachte Behälter gefüllt; das Mädchen im Vordergrund hält einen Pott in der Hand, der etwa ½ Liter faßt und dessen Emaille an mehreren Stellen schon abgestoßen ist. Die Schulspeisung hat Abertausende von Kindern vor schweren gesundheitlichen Schäden bewahrt.

Wohnen in Baracken und Nissenhütte.

Viele Flüchtlinge und Vertriebene schätzten sich glücklich, einen eigenen, wenn auch kümmerlichen Raum für die Familie zu haben. Tisch, Stühle und Geschirr wirken fast schon feudal. Sofern es Brennbares gab, half das lange Ofenrohr, die Wärme möglichst gut auszunutzen.

Bald nach Ende des Krieges wurden Jugendgruppen neu gegründet, die von 1933 bis 1945 verboten waren. Der Christliche Verein Junger Männer (CVJM), die Pfadfinder, der Bund Neudeutschland und andere gingen ‚auf Fahrt' und zeigten sich stolz in der Öffentlichkeit mit ihren Emblemen: hier mit Kreuz, Fanfaren und Stab. Das mit Schande untergegangene nationalsozialistische Regime hatte Errungenschaften der Jugendbewegung nicht dauerhaft in Mißkredit bringen können.

Zu den Heimatlosen, für die in Deutschland zu sorgen war, gehörten auch ehemalige Fremdarbeiter. Viele, die während des Krieges im Osten angeworben, öfter noch eingefangen worden waren, wollten nicht in ihre Heimat zurück. Die meisten dieser Displaced Persons (DPs) sind später in englischsprachige Länder ausgewandert. Schicksale der in Deutschland gebliebenen Kinder von Ostarbeiterinnen seien auch deshalb an dieser Stelle erwähnt, weil Standesbeamte weiterhin deren Geburts- und Todesdaten ebenso gewissenhaft aufgezeichnet haben wie Angaben zu Deutschen. Wir, die Autoren, haben Sterbebücher der Stadt Pirna an der Elbe, südlich von Dresden, eingesehen[770]. Als Zeugnisse aus den Wirren nach der Besetzung der Stadt durch die Rote Armee seien fünf Einträge hervorgehoben: Am 22. Mai 1945, vierzehn Tage nach der Kapitulation der Wehrmacht, starb ein dreizehnjähriges Mädchen durch „Brustschuß", am 23. Mai kamen zwei Jungen ums Leben; bei dem Elfjährigen ist nur vermerkt „gefallen", bei dem Achtzehnjährigen „Kopfdurchschuß (Schuß wohl aus großer Nähe)". Bei zwei Kindern fehlt der Familienname: „Ein unbekanntes Kind mit Rufnamen Erika im ungefähren Alter von 3 Jahren ist am 10. Mai 1945 um 8 Uhr 30 Minuten in Pirna, Sandgasse 16, verstorben." - „Ein unbekanntes Findelkind männlichen Geschlechts, etwa drei Monate [alt], ist am 31. Mai 1945 um 1 Uhr 30 Minuten in Pirna, Sandgasse 16, verstorben." – Im Gebäude Sandgasse 16 waren Ostarbeiter untergebracht; hatten die Mütter sich allein davongemacht? Wahrscheinlicher ist, daß sowjetisches Militär Ostarbeiter, die dort gewohnt hatten, auch gegen deren Willen ‚repatriiert' hat, aber ohne deren kleine Kinder. Gefragt waren in der UdSSR Arbeitskräfte, nicht jedoch pflegebedürftige Säuglinge[771].

Erzählt sei eine der wenigen Rettungsgeschichten. Manche Ostarbeiter sind erneuter Verschleppung, nun durch ihre heimische Regierung, entkommen. Einigen haben Deutsche dabei geholfen. Emmy W., geboren 1936 in der Ukraine, war als Siebenjährige zusammen mit ihrer Mutter zur Zwangsarbeit nach Deutschland verschleppt worden. Ihre 14 Jahre ältere Schwester Hanusia hatte sich ein Jahr zuvor freiwillig zur Arbeit dorthin gemeldet. Hanusia war in Göppingen Hausmädchen bei Familie Euler. Den Eulers gelang es, Emmy und ihre Mutter aus unerträglichem Lagerdasein herauszuholen und ihnen eine Stelle in einem HJ-Lager auf der Reichenau zu verschaffen. Die Mutter hatte auch dort hart zu arbeiten, doch Emmy konnte zur Schule gehen, und bei der HJ fand sie Freunde. Bevor Mutter und Tochter nach Kriegsende zwangsweise einem Rücktransport in die Sowjetunion zugeteilt wurden, gelang es ihnen, eine Ausreisegenehmigung aus der französischen in die amerikanische Zone zu bekommen. Auf dem Dachboden einer Göppinger

Familie versteckten sie sich vor der rabiat vorgehenden Repatriierungskommission. Sicher fühlten sie sich erst, als in ihre Ausweise „staatenlos" eingetragen war. - 1957 hat Emmy in Göppingen einen amerikanischen Soldaten geheiratet. Das Hochzeitskleid hatte ihre Schwiegermutter aus den USA geschickt, der Schleier war das Geschenk des Hutgeschäftes, in dem sie in Göppingen gearbeitet hatte. Die weißen Schuhe hatte sie sich von ihrem selbstverdienten Geld gekauft[772].

Beherzt hat ein Mädchen aus einem der von den Nationalsozialisten geschmähten Völker Brücken der Freundschaft beschritten, die Deutsche ihm öffneten. Eine Szene sei nachgezeichnet: Weihnachten 1945 waren Emmy und ihre Mutter bei Familie Lang in Göppingen eingeladen. Überwältigt schaut das Mädchen den Christbaum an. „Ich glaubte, nie etwas Schöneres gesehen zu haben". Herr Lang hat auch für die „besonderen Gäste" ein Geschenkpaket: Warme Hausschuhe sind darin. „Da meine Mutter immer noch sehr gebrochen Deutsch sprach, sagte ich scheu für uns beide: »Dankeschön«. Sie lächelten zufrieden."

Junge Menschen finden in der Fremde leichter Wurzelboden, auf dem das Leben neu gedeihen kann. Kinder aus deutschen Ostgebieten haben für die Ihren im neuen Land Wege gebahnt. So fremd Mundart und Brauch im Westen auch anmuteten, es waren doch Deutsche, die so lebten, und Kinder lieben Sprachspiele und freuen sich daran, Sitten zu verfremden. - In einem anderen Göppinger Haus waren Weihnachten 1945 Flüchtlinge aus dem Memelland untergekommen. Das Verhältnis zur schwäbischen Gastfamilie war so herzlich, daß die Gastgeberin in späteren Aufzeichnungen „Tante Otti" heißt. Sie habe die Fremdsprache Schwäbisch meist in der Küche unterrichtet. Eines Morgens habe sie ihr Flüchtlingsmädchen gefragt: „Wialscht a Gsälzbrot, Jutta?" Juttas Mutter ist verdutzt, am frühen Morgen gesalzenes Fleisch? Tante Otti lacht, schneidet mit einem riesigen Messer „imol om dr Loib rom", holt das Glas mit dem selbstgemachten „Treiblesgsälz" aus dem Schrank und freut sich, wie erstaunt die Mutter dreinschaut, als ihr Kind Brot mit Johannisbeermarmelade bekommt[773]. - Auch dies ist eine der Wundergeschichten, wie sie aus finsteren Zeiten fester im Gedächtnis bleiben als viele Beschwernisse, die nur zu normal waren. Die meisten Fremden hatten einen langen, steinigen Weg zu bewältigen, bis sie sich nach und nach in unbekannten deutschen Landen ein wenig heimisch fühlen durften. Die Sorge für Kinder machte diesen Weg gewiß nicht einfacher. Doch wer sich für sie verantwortlich weiß, gibt solange wie möglich nicht auf und findet bei ihnen ermutigende Hilfen und Freuden.

Manche Behördenvertreter sahen das anders. Welchen Nutzen konnte sich das aufnehmende Land von Menschen versprechen, die mittellos waren und belastet mit Kindern und Alten? Gräßliche Szenen schildert ein Bericht der Evangelischen Bahnhofsmission Frankfurt (Oder) über die Jahre 1945/46. Wochenlang seien „täglich 10-15.000 Flüchtlinge" eingetroffen; um Seuchen vorzubeugen, habe man monatlich 124 Waggons „Unrat" vom Bahnhof wegschaffen müssen. Ein Transport hat sich der Berichterstatterin eingeprägt: „Als der Zug einlief, sahen wir mit furchtbarem Entsetzen, wie Menschen aus ihm herausfielen, die total geschwächt, unfähig aufrecht zu gehen, schreiend nach Brot, über die Schienen auf uns zugekrochen kamen." Transportmöglichkeiten und Helfer fehlten. „Die erschöpften Mütter, Kinder, Kranke und Greise" mußten „viele Kilometer bis zu einer Unterkunft laufen"[774].

Um ihre Zone vor Seuchen zu bewahren, verlangten die Briten, daß „Aussiedler" vor der Abfahrt „im Beisein der Beamten der britischen Repatriierungsstellen ... mit DDT behandelt" würden[775]. Die Vertriebenen werden kaum die Kraft gehabt haben, sich darüber zu empören, daß man sie wie Gemüse behandelte, das von Ungeziefer befallen ist. Andernorts hat man sie am Ankunftsort aus dem Güterzug in Lastwagen verfrachtet und in Zwischenlagern abgeladen[776]. Aus dem Lübecker Durchgangslager Pöppendorf ist eine Lagerordnung erhalten; zitiert sei § 7: „Jede Verunreinigung des Lagers ist unzulässig. Auch die Kinder sind anzuhalten, die Aborte aufzusuchen"[777]. Das Gebot war ebenso notwendig wie schwer durchzusetzen. Nach allem, was sie erlitten hatten, wollten Kinder sich nicht von den Müttern trennen, erst recht nicht in einer durch keine Glühbirne erhellten nächtlichen Finsternis.

Flüchtlinge wurden in Barackenlager eingewiesen, die unlängst für Fremdarbeiter oder Häftlinge gebaut worden waren, oder in Bunker, Lagerhallen und Tanzsäle, in denen schon Ausgebombte hausten. Konkrete Angaben finden sich in den Lübecker Akten; einige seien zitiert. Ein Bericht vom 1. August 1946: „Viele tausend Flüchtlinge müssen auf dem Fußboden schlafen". Ein Schreiben an die Militärregierung vom 2. November 1946: „Viele Flüchtlinge schlafen auf etwas notdürftig ausgebreiteter Holzwolle. Bei Regenwetter ist diese Holzwolle wegen der undichten Dächer kalt und feucht". Aufzeichnungen über das vom Deutschen Roten Kreuz unterhaltene Lager ‚Vaterland' (!) vom 21. November 1946: „Besonders die Ratten machen sich sehr unangenehm bemerkbar und fressen den Flüchtlingen ihr bißchen Essen weg". Ein Bericht an die Landesverwaltung Schleswig-Holstein vom 4. Dezember 1946: „Dächer fast überall undicht, Fenster und Türen schließen nicht", Öfen fehlen, Betten fehlen, Wolldecken fehlen. Kinder „müssen noch in dieser Jahreszeit barfuß laufen". Ein Jahr später, am 14. Dezember 1947, nun an die Landesregierung: „Es fehlen Wolldekken, Strohsäcke, Kleidung. Eine ganze Anzahl von Kindern muß barfuß gehen"[778].

Jahrelang vegetierten Frauen und Kinder in solchen Unterkünften. Im Sommer 1949 besichtigte eine Delegation des Schweizerischen Roten Kreuzes Flüchtlingslager in Bayern. Hunger und Krankheit seien zwar noch nicht gebannt, doch die eigentliche Not heiße „Menschenpferch". Es komme vor, daß 40 Personen sich einen verwanzten Raum von 42 Quadratmetern teilen. „Eine Schnur mit einem Lumpen reicht nicht aus, Menschen einen familiären Raum zu gewähren. Auf kleinstem Platz wird gearbeitet, gegessen, geschlafen, gelitten und wohl auch geliebt." – „Oben schläft eine kranke Greisin, unten liegt ein Kind bleich in den unbezogenen Kissen." Und niemand wisse, wann dieses Elend ein Ende nehme; ob es noch ein weiteres Jahr dauern werde oder noch jahrelang[779]. In Grenzgebieten und in zerbombten Großstädten kam man noch nach 1950 nicht ohne Massenquartiere aus.

Auch in Lagern wurden Kinder gezeugt. Fürsorgerinnen berichteten im April 1950: „Im Grenzlager Hof-Moschendorf gibt es mehr als 100 Säuglinge, fast alle leiden unter Rachitis." Liebend gern hätte man sie zeitweise an die frische Luft gebracht; doch es fehlten Kinderwagen und Decken. „Es ist schon ein Fortschritt, wenn einer Mutter mit einem Säugling ein Fensterplatz vermittelt werden kann"[780]. Im Sommer 1951 lebten in Frankfurt noch an die 2.350 Personen in 15 Bunkern und sechs Lagern. In Bayern wurde das letzte Flüchtlingslager am 1. Juli 1963 aufgelöst[781], achtzehn Jahre nach Kriegsende.

Weit mehr Dokumente als die hier erwähnten belegen, daß Kommunen sich um ihre Flüchtlinge gemüht haben. So wurde das Stadtbad Göppingen im vierten Quartal 1946 für 59.675 Wannen- bzw. Brausebäder genutzt; Sonn- und Feiertage eingerechnet, macht das etwa 650 Bäder pro Tag. „Vor allem den ankommenden Flüchtlingen boten die Brausebäder die erste Gelegenheit einer »Generalreinigung«"[782]. Zu rühmen ist der Eifer, mit dem man sich für junge Menschen einsetzte. Der Lübecker Bürgermeister forderte Ende Mai 1945 das Jugendamt auf, die Betreuung von 60 im Haus Hüxterdamm untergebrachten drei- bis fünfzehnjährigen elternlosen Flüchtlingskindern zu überprüfen. Ein Ausschuß sollte bis Oktober Pflegefamilien für rund 100 Kinder suchen und darauf achten, daß keines gewerblich ausgenutzt werde. Im Frühsommer 1947 gab es in Lübeck zwei Heime für 140 alleinstehende Jugendliche; die meisten hatten einen festen Arbeitsplatz, 51 erlernten ein Handwerk[783].

Lübeck nahm auch Flüchtlinge auf, die gegen Kriegsende in Dänemark gestrandet waren. Die Dänen hatten sie nach dem Ende der deutschen Besetzung in Lager gesperrt, mit dem Nötigsten versorgt und sich selbst überlassen. Nach Recherchen von Kirsten Lyloff, einer dänischen Ärztin und Hobbyhistorikerin, sind 1945 in Dänemark 13.495 Flüchtlinge gestorben, etwa 7.000 davon Kinder unter fünf Jahren. „Man tat nichts, um die deutschen Flüchtlinge umzubringen, aber man wandte den Blick ab und unterließ es, ihnen zu helfen“[784]. Das Urteil der Dänin ist hart, zu hart. Dänemark hat eine nicht geringe Last getragen; das kleine Land hat jahrelang für 220.000 deutsche Flüchtlinge gesorgt, sowie für deutsche Soldaten in Lazaretten. Darüber hinaus beteiligte Dänemark sich an Hilfsaktionen für das notleidende Deutschland; besonders für die Ostzone[785]. - Die Flüchtlinge selber konnten damals freilich kaum so rechnen.

Gottfried M. hat gut drei Jahre in dänischen Lagern verbracht. Seine Familie war aus dem Ermland (Ostpreußen) geflohen und nach Kopenhagen geraten. Dort erlebte der Achtjährige den Tag der Kapitulation als Gefangener hinter Stacheldraht; dänische Kinder und Erwachsene bewarfen die Flüchtlinge mit Steinen. Bald darauf lag Gottfried, an Typhus erkrankt, in einem dänischen Krankenhaus. Niemand spricht mit ihm. Eines Abends steht ein Franziskaner an seinem Bett und redet ihn auf deutsch an. Gottfried hat seinen Namen nie vergessen: Pater Leander. Der Pater spendet dem todkranken Jungen die letzte Ölung. Als Gottfried M. sechzig Jahre später davon erzählte, schrieb er sein Überleben der Freude zu, mit der er deutsche Worte und das vertraute Latein der Liturgie gehört habe. In einem Lager in Jütland hatten die Flüchtlinge für ihre Kinder eine Art Schule eingerichtet; Gottfried besuchte sie gern. Nach Deutschland kam er erst 1948. Verwandte in Solingen verschafften der Familie einen Platz in einer der durch Decken abgeteilten ‚Wohnungen‘ in einem Rittersaal. Gottfried machte das Abitur und anschließend eine Lehre beim Kaufhof; später wurde er Hauptgeschäftsführer einer großen Handelskette. Seit etwa 1958 hat es, seiner Meinung nach, im Lebenszuschnitt keinen Unterschied mehr zwischen ihm und gleichaltrigen Westdeutschen gegeben.

So wie Gottfried M. haben viele Flüchtlingskinder später Karriere gemacht. Sie fielen in Schule und Ausbildung durch überdurchschnittliche Leistungen auf. In ländlichen Gemeinden waren sie oft die ersten, die eine weiterführende Schule besuchten. Sie brachten Zähigkeit, Anpassungsbereitschaft und den Willen zum sozialen Aufstieg mit. Sie kamen aus muffiger Enge und konnten sich um so mehr dafür begeistern, wieviel es zu lernen gab. Für Eltern war es ein Lichtblick, wenn ihr Kind trotz häufigen Schulwechsels zu den Besten gehörte[786]. Ein Foto aus dem Jahr 1953 strahlt, so möchte man meinen, Zuversicht aus: Ein Mädchen sitzt auf der nackten Erde vor einer Baracke. Auf ihren Knien ruht der Papptornister, der als Unterlage für das Heft dient, in das sie schreibt; neben ihr, auf bloßem Boden, das Tintenfaß. Im Vordergrund trocknet Wäsche auf einem Stacheldrahtzaun[787]. Armut ist für ein Kind kein Gefängnis, wenn es in einer Umgebung lebt, in der Lernbereitschaft geachtet und gepflegt wird. Ein ermutigendes „Aus dir wird schon 'was Rechtes" des Lehrers hat manchem von Mitschülern gehänselten Flüchtlingskind lang nachwirkenden Auftrieb gegeben.

In Lagern des NS-Systems sollten die vor 1935 Geborenen lernen, sich, gelöst aus Bindungen an Familie und Heimat, in eine von der Ideologie bestimmte Gemeinschaft einzufügen. In den Flüchtlingslagern lebten, nein, vegetierten Kinder und Erwachsene unter einem anderen Diktat, dem der Not. Beiden Zwängen gegenüber haben Jugendliche sich durchgesetzt. - Margarete P. hatte es 1947 aus Pommern nach Schleswig verschlagen. Mit fünf Familienangehörigen und neun weiteren Personen hatte man sie in den etwa 16 Quadratmeter großen Raum einer Kaserne eingewiesen, pro Person also etwas mehr als ein Quadratmeter. Jeder hatte seine Schlafstelle. Stroh und Decken wurden morgens zusammengerollt und an die Wand gelegt. „Wir Kinder haben die Zeit mehr als ein Abenteuer bewältigt." Nach Wochen in Kälte, Dreck und Gefahr atmete man auf, wenn man sich auf einem sauberen Lager ausstrecken konnte. Gelitten hätten, so erzählte Margarete später, Mütter und Großeltern[788]. – Doch, so muß hinzugefügt werden, auf die Dauer können auch Kinder eine derartige Enge nicht als „Abenteuer" erleben.

„Brutstätte der Lethargie" nannten die oben zitierten Schweizer das Flüchtlingslager. Dazu gehörten Massenverpflegung, Unruhe bei Tag und Nacht, die Vergeblichkeit von Beschwerden sowie das Fehlen eines Raumes, in dem die Familie für sich sein konnte. Carl Zuckmayer ist Jungen begegnet, denen die Amerikaner bei der Entlassung aus der Kriegsgefangenschaft Arbeit, anständiges Essen, saubere Kojen und Heizung in einem ihrer Lager angeboten hatten. Die Jungen hätten abgelehnt: „Sie würden lieber allein kaputtgehen, als sich noch einmal irgendeine Art von Reglementierung gefallen zu lassen. Sie haßten den Gedanken, zusammengepfercht zu sein"[789].

Wo es nur ging, haben die Behörden Flüchtlinge und Ausgebombte in Wohnungen eingewiesen. Von manchen Vermietern haben Flüchtlingskinder wie von lieben Verwandten erzählt; erinnert sei an „Tante

Otti". Doch offenbar ließen Wohnungsinhaber so oft die Wut über die Beschlagnahme ihrer Räume an den Einquartierten aus, daß Behörden sich genötigt sahen, ein wenig Menschlichkeit zu erzwingen. So erinnerte der ‚Wohnungs- und Flüchtlingskommissar' in Mühldorf (Bayern) auf einem Aushang an die „Verordnung vom 10. 7. 1946, wonach im Falle von Ausschreitungen gegen Flüchtlinge, Verweigerung von Quartiergabe oder Verweigerung von Nebenleistungen wie Küchen- und Abortbenützung oder Entfernung von Wohnungseinrichtung ... Geldstrafen bis 10.000 RM oder Gefängnis bis zu 5 Jahren vorgesehen sind"[790]. Fürsorgerinnen haben Frauen bedauert, die mit kleinen Kindern im Lager leben mußten. Aber auch niederträchtige Vermieter haben Müttern mit Säuglingen das Leben zur Hölle gemacht. Wie sollte eine Frau ihr Kind pflegen, wenn sie nur zu bestimmten Zeiten Zugang zu Küche, Bad und Toilette hatte?

Auf dem Lande hatte man vielerorts vom Bombenterror fast nichts bemerkt, und nach Kriegsende war der Alltag wieder eingekehrt. Das Vieh wurde versorgt und das Feld bestellt. Kinder gingen ihren Eltern zur Hand und besuchten die Schule. Eine Zeitenwende erlebte man, als Scharen von Flüchtlingen und Vertriebenen eintrafen. Oft saßen nun „an einem Tisch, wo früher zehn Leute gegessen hatten, deren 14, 15 und in einzelnen Gebieten 16 bis 17", wie es im Protokoll einer Sitzung des Münchener Stadtrats heißt[791]. Für weitere hungrige Mägen mochten die Vorräte eines großen Hofes reichen, auch Unterkunft war irgendwie zu finden; zudem brauchte man nach dem Fortgang der Zwangsarbeiter dringend Helfer. Aber wie redeten diese Leute! Und wer von ihnen kam schon mit Pflug und Vieh zurecht! Zu allem Überfluß waren es oft Ketzer, die nicht einmal wußten, wie man sich in der Kirche benimmt!

In Dörfern hatten Flüchtlingskinder Grund, die einheimische Jugend zu fürchten. Gegen einen Peiniger schickte, wer es konnte, den großen Bruder; der „hat ihm dann auf der Straße rechts und links eine geknallt. Dann war Ruhe". Zum Einkaufen gingen die Kinder der Zugezogenen, wenn nur eben möglich, nicht allein. Mädchen lernten, kleine Geschwister zu verteidigen. „Nur weil wir Flüchtlingskinder waren", erzählte eine Frau, wurden wir oft „ohne Vorwarnung und Grund verprügelt". Schnell habe sie „begriffen, daß die ersten Schläge von mir sitzen mußten, daß man Respekt vor mir bekam und sie uns von vornherein in Ruhe ließen"[792].

Auch Städter sind den Fremden mit dumpfem Haß begegnet. Am 4. Juli 1945 erhebt ein Johann Georg B. in einem Brief an den Oberbürgermeister von Lübeck Klage über ein erschreckendes Gerede in der Stadt: „Den Flüchtlingen müßte ein ‚F' auf die Stirn gebrannt werden, damit jeder Kaufmann gleich wisse, mit wem er es zu tun habe“[793]. Dieser Brief ist nicht der einzige im Lübecker Archiv aufbewahrte Beleg dafür, daß verwerfliche Gedanken des untergegangenen Regimes nicht aus der Welt waren. Die Verwaltung dieser von Flüchtlingen überfüllten Stadt hat sich vielfältig für die Fremden eingesetzt. Wenn sie solche Schreiben aufgehoben hat, so ist das ein Zeichen, daß man sich verpflichtet wußte, bösartige Fremdenfeindlichkeit zumindest wahrzunehmen.

In einem Roman wird einem Ansässigen ein noch bösartigeres Wort in den Mund gelegt. Da sagt einer von dem Jungen eines Flüchtlings: „Aus dem hätte man beizeiten ein Pfund Seife machen sollen. Dann hätte er wenigstens einen Nutzen“[794]. Der Titel ‚Landnahme‘ zeigt an, welche Furcht hinter Feindseligkeiten gegen Flüchtlinge steckte. Je tüchtiger die Fremden sich eine neue Existenz aufbauten, desto mehr fürchteten Einheimische, diese Leute würden ihnen ihr ‚Land nehmen‘. Der Roman spielt in der SBZ/DDR. Die dort vorgeschriebene beschönigende Bezeichnung der Vertriebenen als Umsiedler und die zur Einebnung sozialer Unterschiede durchgeführte Bodenreform könnten die Furcht gestärkt haben.

Im Westen gab es ebenfalls Pläne zu einer Bodenreform, verwirklicht wurden sie kaum. Anfangs haben Bauern wohl noch damit gerechnet; mancher von ihnen wird seiner Flüchtlingsfamilie auch deshalb geholfen haben, weil er einer Enteignung zuvorkommen wollte. Familie K. aus Ostpreußen war 1945 in Hemmingstedt (Schleswig-Holstein) auf einem Hof untergekommen. Gern erinnert sich Charlotte K. daran, wie dieser Ort ihr zur Heimat geworden ist. Im Frühjahr 1949 bot der Bauer ihrem Vater ein Grundstück an, wenn er bauen wolle. Hocherfreut nahm der das Geschenk an, und Ostern 1950 war das neue Haus bezugsfertig[795].

Eine völlige Ausnahme war dieses großherzige Entgegenkommen nicht. Ein Bericht der ‚Schweizer Spende‘ vom 20. September 1950 beklagt den schlechten Zustand überbelegter Barackendörfer, die sich mehr und mehr zu Asozialensiedlungen entwickelten. Doch „bei den kurz vor dem Auszug stehenden ist Erfreuliches zu sehen.“ In Jülich habe jeder Bauwillige 900 Quadratmeter bekommen. Wer in einem Ort Wohneigentum erwerben konnte, war dort bald zuhause. Beim Bau haben die Siedler kräftig Hand angelegt. Ihre Kinder haben mitgearbeitet und waren stolz darauf, daß die Familie auch dank ihrer Hilfe bald in den eigenen vier Wänden lebte.

Der Zustrom der Entwurzelten hat das Nachkriegselend zunächst verschärft; doch bald stellte sich heraus, daß das Land bereichert war. Weiterblickende Einheimische sahen klar, daß unter den Neubürgern dringend benötigte Fachleute waren[796]. Ohne Ausbildungskosten standen Abertausende qualifizierter Arbeitskräfte zur Verfügung, anspruchslos, sparsam, mit dem Willen aufzusteigen. Schon 1948 hatten viele Ankömmlinge in der Verwaltung und im Dienst der Kirche eine angemessene Stelle gefunden. Andere arbeiteten als Ärzte, Lehrer, Ratsschreiber, manche wurden gar zum Bürgermeister gewählt. Vertriebene nützten mitgebrachte Fähigkeiten und Kenntnisse, um in abgelegenen Gegenden Unternehmen zu gründen, die auch Einheimischen Arbeitsplätze boten. Im August 1945 hatte der katholische Pfarrer der Geigenmacherstadt Schönbach im Egerland im Auftrag seiner Gemeinde den bayrischen Ministerpräsidenten gebeten, die ganze Stadt, etwa 6000 Menschen, geschlossen anzusiedeln. „Unter solchen Umständen gibt es eine Zukunft für unsere Kinder“[797]. Bubenreuth (bei Erlangen) wurde zur Heimat der Egerländer Geigenbauer. Der Graslitzer Musikinstrumentenbau wurde in Waldkraiburg (östlich von München) neu begründet.

An dieser Stelle sei eine Überlegung zum Vokabular eingefügt. Das in der SBZ verordnete Wort Umsiedlung war eine Lüge; im Westen sprach man von Eingliederung der Flüchtlinge. Heute sagt man Integration; ein Fremdwort läßt sich eher mit dem jeweils politisch korrekten Inhalt füllen. Ein Vorschlag: Was damals in Deutschland zum Glück möglich wurde, ist Einwurzelung. Flüchtlinge und Vertriebene waren aus ihrem Heimatboden herausgerissen worden, doch alle Wurzeln hatten sie nicht verloren. Die meisten brachten ein Stück Heimat mit, vor allem ihre Familie. Der lebendigste Teil des mitgebrachten Wurzelwerks waren die Kinder. Schneller als Erwachsene entdeckten sie Verwandtschaften, sobald jemand wie ‚Tante Otti‘ einen Ort bot, an dem sie sich zuhause fühlen durften. Die Eltern konnten für ihre Kinder in der Fremde am ehesten eine Zukunft schaffen, wenn es möglich war, mitgebrachte Fähigkeiten zu neuer Blüte zu bringen. Bei jeder Integration müssen die Ankömmlinge wertvolle Teile ihres Erbes unter Schmerzen aufgeben. So sind seit 1944 ganze deutsche Sprachlandschaften verloren gegangen. Doch damit eine auch menschlich vertretbare Integration gelingt, brauchen die Neuen Anerkennung für das, was sie einbringen. Vieles kann dann auf einem anderen Boden überraschend reiche Frucht tragen, die auch Alteingesessenen schmeckt.

Einheimische haben sich mit Rat und Tat für die wie Strandgut Angeschwemmten eingesetzt. Als die Deutschen ihre Geschicke wieder eigenverantwortlich bestimmen konnten, haben sie Solidarität gesetzlich festgeschrieben und dadurch die weitere wirtschaftliche und gesellschaftliche Integration der schwer Geprüften gefördert[798]. Daß Flüchtlinge und Vertriebene sowie deren Kinder schon bald in ihrer neuen Heimat Wurzeln geschlagen haben, ist angesichts anderer Vertreibungsschicksale in der Welt ein Ergebnis, das den Deutschen zur Ehre gereicht.

Hoffnungen auf einen Frieden in Freiheit

„Wenn sie uns allein wirtschaften lassen, kommen wir in fünf Jahren aus dem Dreck; wenn sie sich einmischen, vielleicht in zwanzig." Zu Anfang der Besatzungszeit waren solche Sprüche öfter zu hören; mit „sie" waren die Sieger gemeint. War den Sprechern bewußt, daß sie von der Überheblichkeit angesteckt waren, die das NS-Regime den Deutschen eingeimpft hatte? Fünf Jahre später waren die Deutschen aus dem schlimmsten Dreck heraus; doch sie hatten nicht vor, allein zu wirtschaften. Sie hatten erlebt, wieviel sie dem Ausland verdankten. Nach dem Einmarsch waren französische und länger noch sowjetische Soldaten willkürlich und auch grausam gegen Deutsche vorgegangen, doch bald hatten die Besatzungsmächte darauf geachtet, daß die Bevölkerung vor Plünderung und Straßenterror geschützt war. Deutsche Behörden waren unter Aufsicht der Militärregierung wieder an die Arbeit gegangen, damit eine Grundversorgung gewährleistet war. Konflikte der letzten Jahrzehnte in vielen Teilen der Welt zeigen, wie wenig selbstverständlich das alles war.

Großen Eindruck hinterließen Hilfen aus nahen und fernen Ländern, auch aus den Staaten, gegen die Deutschland Krieg geführt hatte. Am 27. November 1951 erinnerte Bundespräsident Theodor Heuss daran, daß freiwillige Gaben aus vielen Völkern ungezählten Menschen das Leben gerettet hatten; Verzweifelte hatten Mut gefaßt, und Kinder konnten „wieder fröhlich sein und spielen". Er rief zu einer Dankspende des deutschen Volkes auf. Man wolle Geld sammeln, mit dem Ertrag Werke zeitgenössischer deutscher Künstler kaufen und sie den Helfern als Zeichen der Erkenntlichkeit übergeben. Heuss war überzeugt, daß seine Landsleute ihren Dank ebenso verstehen, wie die Hilfe aus aller Welt gemeint war. „Sie wurde geleistet ohne politische Meinung im Geiste jenes Friedens, der im Herzen der Menschen gegründet ist." 1,5 Millionen DM kamen zusammen; mit 17.096 DM hatte das schwer kriegsgeschädigte Duisburg den höchsten Betrag aufgebracht[799].

„Wenn heute, nach sechs Jahren, auch längst noch nicht alle Not geschwunden ist, so sind es die Klagen nicht, welche sie wenden könnten." Dieser Satz im Aufruf des Bundespräsidenten war gewiß allen aus dem Herzen gesprochen, die sich seit Kriegsende abgerackert hatten. Wohnungsnot und Arbeitslosigkeit waren 1951 längst noch nicht beseitigt[800], doch sichtbar ging es aufwärts. Die D-Mark erwies sich als ermutigend stabil, und dank der Kredite aus dem ‚Marshallplan' fand Westdeutschland Zugang zum Weltmarkt[801]. Zu den Wesensmerkmalen der 1949 gegründeten Bundesrepublik gehörten eine freiheitlich-demokratische Ordnung und Solidarität mit Benachteiligten. Ein Lastenausgleich mit Flüchtlingen, Vertriebenen und Bombengeschädigten kam in Gang, ebenso der soziale Wohnungsbau.

Wie haben Kinder und Jugendliche den Weg dorthin erlebt? Das Wort des Bundespräsidenten trifft auch auf sie zu; sie hatten erlebt, daß Klagen die Not nicht wenden. Sie hatten tatkräftig Hand angelegt.

Ansätze freier Entwicklung

Nach dem Einmarsch der Sieger haben junge Menschen Trümmer geräumt; damit haben sie sich selbst das Einleben in die veränderte Welt und Fremden das Zurechtfinden erleichtert. Die Alltagsnot war groß und nahm im Hungerjahr 1947 furchtbar zu; doch Kindern prägte sich die Erfahrung ein, daß harte Arbeit sich lohnt. Sie hatten Fenster abgedichtet, und der Schnee blieb draußen; sie hatten Bucheckern gesammelt, für die es Öl gab; sie hatten Ödland gerodet, auf dem Kartoffeln wuchsen. Eine Vorform des Lastenausgleichs erlebten Kinder, in deren Elternhaus für Fremde Platz gemacht werden mußte. Da besaß eine Lehrerfamilie ein 1934 gebautes Haus. Kaum hatte sie die Kriegsschäden notdürftig behoben, kam die Einquartierung. Zeitweilig wohnten fünf nicht miteinander verwandte Parteien mit insgesamt 19 Personen im Haus. Die Kinder des Hauseigentümers, acht bis achtzehn Jahre alt, schliefen auf dem Dachboden, im Sommer ein Glutofen, im Winter ein Eiskeller.

Man half Fremden und bat selber um Hilfe. Wer konnte Werkzeug ausleihen? Wer wußte Material zu beschaffen, um ein Dachstübchen auszubauen? In der Nachbarschaft der Familie H. lebten drei Ordensschwestern; zwei arbeiteten in der häuslichen Krankenpflege, eine leitete einen Kindergarten. Die drei Frauen teilten sich zwei Zimmer, im dritten Raum stand eine Nähmaschine, und abends war Nähkurs. Die zehnjährige Anna war stolz, wie niedlich ihre kleinen Schwestern in den Sommerkleidchen aussahen, die sie mit Hilfe von Schwester Edmunda aus einer alten Kittelschürze und einer Tischdecke genäht hatte. Die Zeit, in der die NSV als einzig anerkannte Hilfsorganisation nur die unterstützen sollte, die als lebenswert galten, war zum Glück nicht lang genug gewesen, um ältere Netze zu zerstören.

Als einzige Großverbände hatten die Kirchen die Katastrophe Deutschlands überstanden, wenn auch viele ihrer Würdenträger nicht wahrhaben wollten, wie sehr sie sich kompromittiert hatten. Im Rückblick nimmt sich manche Erfahrung wie eine Verheißung späterer Völkerverständigung aus. Wilhelm O. erinnert sich: „1945 gingen meine Mutter und wir fünf Kinder am Ostersonntag in die Kapelle des nahe gelegenen Reservelazaretts; unterwegs sahen wir allenthalben Spuren der wenige Tage zurückliegenden Kämpfe. Ein französischer Priester, der gerade seine Freiheit wiedergewonnen hatte, feierte die Messe. Er sprach ein klares, melodiöses Latein. Ich habe dann die ganze Osterwoche bei ihm ministriert. Damals habe ich nicht darüber nachgedacht, was wir Gott zu Beginn der Messe vortrugen: *Ab homine iniquo et doloso erue me* (Vom ruchlosen und arglistigen Menschen befreie mich!), sagte der Priester. *Spera in Deo* (Hoffe auf Gott!), antwortete ich als zehnjähriger Ministrant. Wir haben einander bekannt, in Gedanken, Worten und Werken gesündigt zu haben; wir haben der eine dem anderen gewünscht, der allmächtige Gott möge sich unser erbarmen." Eine mehr als tausend Jahre alte Bruderschaft (*fraternitas*) von Deutschen und Franzosen wurde mit neuem Leben gefüllt. Im Jahr 836 waren Reliquien des hl. Liborius von Le Mans im Westen Frankreichs nach Paderborn im seinerzeitigen Sachsen übertragen worden. Nach 1945 besann man sich auf den gemeinsam Verehrten und führte, lange vor der Gründung des Deutsch-Französischen Jugendwerks, Jugendliche beider Länder zusammen.

Die Besatzungsmächte brachten den Kirchen einen Vertrauensvorschuß entgegen, den diese genutzt haben, um Not zu lindern. Zwölf Ordensschwestern waren vor den sowjetischen Truppen aus Cottbus geflohen, waren eingeholt, überfallen und beraubt worden. Bei der Rückkehr fanden sie das Schwesternhaus zerstört vor; in einem Pfarrhaus kamen sie unter. Als sei es selbstverständlich, fährt der Ende August 1945 verfaßte Bericht fort: „Unsere Tätigkeit geht weiter. Der Kindergarten konnte bereits am 1. August wieder eröffnet werden und wird augenblicklich von 90 Kindern besucht." Die NSV, die mangels Personal die konfessionell gebundenen Schwestern nicht völlig hatte verdrängen können, war untergegangen. Für die Nonnen ging die Arbeit nicht nur weiter, sie nahm gewaltig zu. Tag für Tag trafen Scharen von Vertriebenen ein. „Wir versuchten nach Möglichkeit, in dieser Not zu helfen, indem wir unseren Luftschutzraum und einen Saal des Kindergartens als Übernachtungsstätten einrichteten. Allen Bittenden wurde geholfen durch Speise und Trank und Beherbergung in aller Liebe und Gastfreundschaft". Täglich arbeiteten die Nonnen am Wiederaufbau des Schwesternhauses. Ihre Bleibe stand „unter dem Schutz der russischen Kommandantur. Ein Schild mit russischem Siegel und Namensunterschrift des Kommandanten kündet es warnend allen, die mit unlauteren Absichten hier eindringen wollen"[802].

Den Besatzungsbehörden war es recht, daß die Kirchen Kindergärten, Horte, Krankenhäuser, Erholungs-, Alters- und Erziehungsheime wieder übernahmen. Einige Zahlen seien genannt: 1947 betrieb die Diözese Bamberg 87 Nähstuben, die täglich von fast 12.000 Mädchen und Frauen genutzt wurden; 1947/48 unterhielt die Innere Mission 4.000 Kindergärten; 1949 konnte sich das Evangelische Hilfswerk auf die Mitarbeit von etwa 90.000 Laien stützen[803]. Unentgeltlich haben Junge und Alte den Fremden unschätzbare, nirgends erwähnte Dienste erwiesen. Im Hungerjahr 1947 erbrachte in Karlsruher Pfarreien eine Kirchenkollekte in der Fastenzeit 45.000 Mark, drei Monate später kamen gar 70.000 Mark zusammen[804]. Arme hatten für noch Ärmere gespendet.

Richtlinien für den Wiederaufbau von Jugendgruppen hatte die britische Militärregierung schon im August 1945 erlassen. Darin heißt es: „Nach Auflösung aller Formationen der HJ ... soll die Bildung größerer Jugendgruppen auf freiwilliger Grundlage für religiöse, kulturelle und Erholungszwecke gefördert werden"[805]. Junge Menschen sollten sich nicht auf der Straße herumtreiben, und sie sollten lernen, ihre Ziele frei zu wählen. Daß der Erlaß politische Zwecke unerwähnt läßt, ist kaum Zufall. Lehrer konnte man der Entnazifizierung unterwerfen; wie aber wollten die Briten prüfen, welche politischen Ziele Jugendgruppen verfolgten? Religiöse Zwecke werden als erste genannt. Wie im Sozialbereich, so hatten die Kirchen auch in der Jugendarbeit einen Vorsprung. In der NS-Zeit hatten unter mancherlei Tarnung Gruppen der Pfarrjugend fortbestanden; nun zeigten sie sich wieder öffentlich. Sie halfen, Schäden an Kirchen zu beseitigen. Das Publikum feierte sie bei Theaterabenden und Sportfesten. Ein selbstgenähter Wimpel flatterte ihnen bei Wanderungen, Wallfahrten und Prozessionen voran. Als eine Jungengruppe aus Hamm (Westf.) eine Freizeit im Arnsberger Wald veranstaltete, stellten die Briten Militärlastwagen, Zelte und sogar Feldbetten zur Verfügung. Wilhelm O. hat sich bei dieser Fahrt ein neuer Genuß eingeprägt: Grapefruit-Konzentrat! „Wir genossen den Sirup unvermischt in kleinen Mengen, wie eine Droge!"

Ortsverwaltungen erkannten, wie dringend Jugendliche, die zuhause kaum einen Winkel für sich hatten, Räume brauchten, in denen sie mit Gleichaltrigen lernen, spielen und feiern konnten. Das Jugendhaus Göppingen bot Platz für Tischtennis, zum Musizieren und Lesen; in ruhigen, beheizten Räumen machten Schüler ihre Hausaufgaben. Jugendbünde luden zu Vorträgen und Diskussionsrunden ein; es gab Arbeitsgemeinschaften für Basteln, Englisch, Go, Handarbeit und

Schach, einen Kinderchor, Laienspielgruppen und sogar ein Orchester. Heranwachsende übten fleißig den in der NS-Zeit verbotenen Swing. Weitere Interessen konnte man über einen Briefkasten anmelden. Amerikanische Besatzungssoldaten regten ein Seifenkistenrennen an. Am 3. Juli 1949 starteten erstmals 283 Zehn- bis Fünfzehnjährige, denen etwa 15.000 Besucher die Ehre erwiesen. Im Laufe der Jahre hat sich daraus ein Volksfest entwickelt[806].

Öffnung der Schulen trotz aller Not

Deutsche Ämter und Besatzungsmächte waren sich einig, daß die Schulen so bald wie möglich wieder geöffnet werden müßten. Viele Kinder hatten mehr als ein halbes Jahr keinen Unterricht gehabt; in Essen waren die Schulen schon seit März 1943 geschlossen. In Köln gingen die ersten Kinder am 23. Juli 1945 wieder zur Schule, obwohl von 2.176 Klassenräumen nur noch 212 benutzbar waren[807]. Seit dem Herbst 1945 wurden nach und nach überall die Schulen wieder geöffnet. Oft standen die Verantwortlichen vor Zielkonflikten: Durften sie Ausgebombten und Flüchtlingen ihre Unterkunft in Klassenräumen nehmen? Was war zu tun, wenn eine Schule als Lazarett diente oder von der Besatzungsmacht beschlagnahmt war? Anfang September 1945 meldete die Lübekker Stadtverwaltung dem Regierungspräsidium Schleswig: „Die Anordnung, den Schulunterricht sofort wieder aufzunehmen, scheitert immer noch an der Raumfrage. Für 12.000 Kinder in den Grundschulklassen stehen zur Zeit nur 18 Klassenräume zur Verfügung". Kaum war der Unterricht angelaufen, trafen weitere Vertriebene ein, und eine Schule mußte wieder freigemacht werden, um darin Kranke zu versorgen[808].

Gefragt waren Initiative und Solidarität. Eltern boten ihr Wohnzimmer als Schulstube an: „Morgens wurde die eine Hälfte der Klasse unterrichtet, nachmittags die andere; nur ich mußte alles zweimal lernen." Die Dame aus Sachsen, die das im Jahr 2004 erzählte, wird sich damals geärgert haben; längst machte die Erinnerung ihr Freude. Schichtbetrieb gehörte bis in die 1950er Jahre zum Schulalltag. Viel war gewonnen, wenn die Kinder regelmäßig an vier Tagen der Woche für je zwei Stunden unterrichtet wurden. Im Jungengymnasium Hamm (Westf.) beschränkte man sich anfangs auf ‚Kernfächer': Montags Latein und Deutsch, dienstags Deutsch und Mathematik, mittwochs Mathematik und Latein, usw.

Für manches Kind begann mit dem Schulanfang wieder ein geordneter Alltag, so auch für die 1934 geborene Hannelore K. aus Berlin. „Dann wurden wir entlaust, das war auch schon geregeltes Leben, da gab es ne Tinktur, die man sich jeden Tag auf den Kopf schmieren konnte"[809]. Lehrer achteten auf die Gesundheit der Kinder, und diese lernten wieder einen festen Tagesrhythmus kennen. Doch notgedrungen blieben viele Schüler zu Hause; Gründe gab es zuhauf: Ansteckende Krankheit, körperliche Schwäche, Kleidermangel, Sorge für den Lebensunterhalt der Familie, Schlange stehen, Hamstern, Brennholz sammeln[810]. Versagt blieb der Schulbesuch oft gerade Unglücklichen, denen es gut getan hätte, aus ihrer trostlosen Umgebung herauszukommen. So lagen Flüchtlingslager in Lübeck, und gewiß nicht nur dort, weit entfernt von den Schulen; öffentliche Verkehrsmittel, mit denen die Kinder zum Unterricht hätten fahren können, gab es nicht[811].

Widrige Umstände brachten Schulverwaltungen zum Verzweifeln. Im Winter mußte man froh sein, wenn wenigstens einzelne Räume temperiert waren. Durfte man die Kinder anhalten, zum Unterricht ein Stück Holz mitzubringen, oder, wie es in Hamm geschah, das Jahr über einen Ziegel für den Aufbau der zerstörten Räume? Lief das nicht auf Anstiftung zum Diebstahl hinaus? Schulbänke waren verheizt; in ehemaligen Kasernen hockten die Kinder auf dem Boden, oder sie saßen auf mitgebrachten Stühlen[812]. Zeitungsränder ersetzten die fehlenden Hefte.

Schlimmer noch: Viele Lehrer waren gefallen oder in Gefangenschaft. Im Zuge der Entnazifizierung waren mancherorts drei von vier Lehrern aus dem Dienst entfernt[813]. Überalterte oder ungeübte junge Kräfte standen vor viel zu großen Klassen; in Hannover war zeitweise ein Lehrer für 229 Schüler zuständig. Wenn Lehrer ‚ausrasteten', dann nicht nur wegen schwer ausrottbarer Vorstellungen vom Züchtigungsrecht. Belastet durch ein hohes Stundendeputat, unterernährt, in Sorge um die eigene Familie, fehlte ihnen die Kraft, gelassen der Unruhe zu begegnen, die in großen Klassen mit vielen ortsfremden Schülern nicht ausblieben.

Ein beschämendes Kapitel muß erwähnt werden. Oberschüler, die wegen der Einberufung ihre Schulzeit nicht regelrecht hatten beenden können, hatten eine Art Reifevermerk erhalten, der nach Kriegsende in vielen Fällen nicht als Notabitur anerkannt wurde. Wollten diese ehemaligen Soldaten studieren, mußten sie erst wieder die Schulbank drücken[814]. Das war bitter, zumal manche Schüler ihre um Jahre älteren Klassenkameraden schmähten: Ihrer Schießwut wegen habe der Krieg so lange gedauert. Einer erzählte später: Während seines Studiums sei er einem gleichaltrigen Erstsemester begegnet. Der habe nach vier Jahren Kriegsgefangenschaft in der Sowjetunion, mehr als zwanzig Jahre alt, „von der Obertertia aufwärts alle Klassen bis zum Abitur durchlaufen müssen." Da die Noten sich am Durchschnitt orientierten, seien die „Kinderveteranen" einer „gnadenlosen Konkurrenz ausgesetzt" gewesen. Die Verwaltung habe für ihre Probleme kein Verständnis gehabt. „Es hatte ja keine Kindersoldaten, sondern nur Flakhelferpimpfe gegeben"[815]. Ein Beinamputierter wollte um jeden Preis das Abitur machen, da ein Beruf mit Körperarbeit für ihn nicht in Frage kam. Ein sadistischer Mathematik-Lehrer quälte ihn ständig. „Der hatte in den langen Monaten noch nicht einmal gemerkt, daß da ein Amputierter auf Krükken in seinem Unterricht war".

Trotz tiefer Schatten wies manches in eine hellere Zukunft. Wissensdurst und Lerneifer beseelten oft gerade diejenigen, die ohne eigene Schuld viel versäumt hatten. Schulanfänger waren in den Herausforderungen, denen sie gegenübergestanden hatten, zu tüchtigen, selbstbewußten Jugendlichen herangewachsen. Eine Schweizer Ärztin untersuchte in Oberhausen siebenjährige, für einen Erholungsaufenthalt in der Schweiz ausgesuchte Kinder, um festzustellen, ob ihnen die mehrwöchige Trennung von den Eltern zuzumuten sei. Nach Größe und Gewicht seien sie Fünfjährige, doch zeichne sie ein „hoher und guter Stand der geistigen Entwicklung" aus[816]. Ein Zeitzeuge erinnert sich, daß Schwarzhändler gern das harmlose Aussehen, die flinken Finger und den wachen Verstand von Kindern für ihre Geschäfte nützten. „Eine verlockende Laufbahn für mich! Doch ich blieb in der Schule"[817].

Was lernten junge Menschen, die bald schon das Leben ihres Landes gestalten sollten? „Kein Wort zum Nationalsozialismus, zum Kommunismus, zum modernen Amerika ... statt dessen mittelhochdeutsche Tanzliedchen"[818]. Nach 1933 waren Schülerbüchereien „gesäubert" worden; nun hätten Deutschlehrer ihre Schüler mit Heinrich Heine, Heinrich und Thomas Mann, Carl Zuckmayer und anderen in der NS-Zeit verfemten Autoren bekannt machen können. Doch woher sollten sie deren Texte nehmen? An die Stelle der Auseinandersetzung trat wieder politische Säuberung, denn dem NS-Ungeist verhaftete Materialien durften nicht verwendet werden. Bedenkliches wurde in Mathematik- und Physikbüchern geschwärzt, auf Landkarten überklebt[819]. Begriffe wie ‚Deutschland' und ‚Reich' waren in der französischen Zone tabu. Genau legten die Amerikaner fest, welche Lehrinhalte zu streichen seien: Erblehre, Geopolitik, Kolonialfragen, Luftschutz, Rassenkunde und Wehrphysik. Ein Sieben-Punkte-Programm zählte auf, was verboten war: Kriegsvorbereitung, Verherrlichung des Militarismus und der „Ziele des Führers", Rechtfertigung des Nationalsozialismus, Diskriminierung auf Grund von Religion und Rasse; Feindseligkeit gegen die Vereinten Nationen sowie alles, was Mißtrauen zwischen den Völkern säen könnte. Nur die siebte Forderung der Richtlinien erscheint als ganzer Satz: „Turnen und Gymnastik stehen im Dienste der Gesundheit, nicht im Dienste des Militarismus“[820]. Das Fehlen von Schulbüchern hatte immerhin einen Vorteil: Der Schulfunk erhielt einen kräftigen Aufschwung.

Die deutsche Jugend sollte zur Demokratie und zum friedlichen Zusammenleben mit anderen Völkern hingeführt werden. Das ist zu einem guten Teil gelungen, doch kaum dank all jener negativen Erziehungsziele, sondern eher deshalb, weil sich im öffentlichen Leben nach und nach andere Verhaltensweisen durchsetzten. Man konnte, mußte aber nicht mit Gleichaltrigen eine ‚Schar‘ bilden, auf Fahrt gehen, sich der Jugendorganisation einer der politischen Parteien anschließen. Man mag beklagen, daß die Verbrechen des Nationalsozialismus noch lange nach Kriegsende kein Unterrichtsthema gewesen sind. Doch war schon viel gewonnen, wenn Lehrer und Schüler sich mühten, Unterrichtsgegenständen, gleich welcher Art, sachlich gerecht zu werden. Autoritäres Gehabe verschwand nicht auf einen Schlag; aber Schüler konnten nachfragen, schließlich sogar darauf bestehen, daß Lehrer Anordnungen begründeten. Klassen- und Schulsprecher wurden frei und geheim gewählt. Schüler mußten nicht mehr fürchten, wegen einer mißliebigen Meinungsäußerung gemaßregelt zu werden. Wer seine Schule als einen befriedeten Raum erlebte, in dem man sich gegen Unrecht wehren konnte, wuchs auf mit der Überzeugung, daß dem Recht verpflichtete Institutionen zu den Grundlagen einer friedlichen, freiheitlichen Entwicklung gehören.

Schulspeisung

Geistig längst schulreife Kinder konnten wegen schwächlicher Konstitution nicht eingeschult werden[821]; Lehrer klagten über Schüler, die apathisch in den Bänken hingen[822]. Viele kamen mit leerem Magen zur Schule. – Hatte es für Anna und ihre Brüder vor der Schule kein Frühstück gegeben, liefen sie in der großen Pause sogleich zum Hoftor; oft stand da die Mutter mit frischem Brot, das sie inzwischen hatte kaufen können. Es sah gelb aus, wie Kuchen; doch sie wußten: Schon wieder Maisbrot! – Die Amerikaner hatten die Bitte um Korn von Roggen und Weizen mißverstanden und in großen Mengen *corn*, Mais, nach Deutschland geschafft.

Als im Frühjahr 1946 die Schulspeisung anlief, verknüpften sich Ländernamen mit Vorstellungen von gutem Essen. „Wenn ich Schweizer Spende höre, spüre ich gleich den Geschmack von Milchreis auf der Zunge", sagte im Herbst 2004 eine Dame, mit der die Autoren ins Gespräch gekommen waren. Im Februar 1946 setzte in Köln die Kinderspeisung der ‚Schweizer Spende' ein, einen Monat später in Freiburg[823]; im Norden Deutschlands gab es die ‚Schwedenspeisung' und die ‚Dänenspeisung'. Besondern hilfreich war die nach dem schlimmen Winter 1946/47 in der Bizone beginnende ‚Quäkerspeisung'. Hören alte Menschen das Wort ‚Quäker', denken sie noch heute nicht zuerst an die Religionsgemeinschaft; der eine erinnert sich an salzige Kekssuppe; die andere erzählt, das beste seien die Schokoladenriegel gewesen[824]. 1946 hatte Herbert C. Hoover (1929-1933 Präsident der USA) im Auftrag der amerikanischen Regierung Europa bereist, um zu erkunden, was gegen die schlimmsten Ernährungsmängel zu tun sei. Hoover bekannte sich zu den Quäkern, und diese haben zugunsten der Hungernden großzügig gespendet. 1947 haben sie für ihr segensreiches Wirken den Friedensnobelpreis erhalten[825]. – Bürger vieler Staaten waren sich einig, daß es dringend geboten sei, deutschen Kindern zu helfen, um sie für die Idee eines friedfertigen Miteinanders der Völker zu gewinnen. Wenn Europa auf mehr als ein halbes Jahrhundert friedlicher Entwicklung zurückblicken kann, dann dank guten Willens vieler Menschen. Stichworte wie Dänemark, Schweden und Schweiz, Quäker und Mennoniten rufen bei Älteren bis heute Erinnerungen an gute Mahlzeiten und weitherzige Spender wach[826].

Zwar konnte die Schulspeisung Unter- und Fehlernährung kaum ausgleichen, doch war sie für viele Kinder die einzige ordentliche Mahlzeit am Tag. Ein Löffel und eine ‚Kumpe' gehörten ebenso in den Schulranzen wie Tafel und Griffel, Heft und Schreibstift. Manches Kind hatte nur eine alte Konservendose, deren scharfer Rand umgebogen und flach gehämmert war, andere brachten ein Feldgeschirr aus Beständen der Wehrmacht mit. – Zu Beginn der großen Pause rannten Anna und ihre Brüder nicht mehr zum Hoftor. Zwei der stärksten Schüler waren zur Schulküche hinuntergestiegen; mit einem großen Kanister kamen sie zurück. Die Haltegriffe aus Draht schnitten in die Finger; doch die Jungen rissen sich um dieses Amt, weil sie als erste ihren Anteil erhielten. Austeilen durfte ein Mädchen; in der Schlange paßten alle auf, ob sie die Kelle für jeden gleich tief eintauchte. Gab es Milchbrei, stellte man sich gleich wieder hinten an und aß seine Portion im Stehen; vielleicht blieb ja etwas für einen Nachschlag übrig. Weniger beliebt war Erbsenbrei, aber auch davon nahm man eine Kumpe voll, wenn daheim Geschwister, Eltern oder Nachbarn auf Reste warteten. Seinerzeitige Hungerleider haben gelernt, jeden Bissen zu achten. „Bis heute bringe ich es nicht fertig, Lebensmittel in den Mülleimer zu werfen"[827].

Manche Staaten hatten schon während des Krieges umfassende Hilfe für die heimgesuchten Länder vorbereitet. So wurde im Dezember 1944 die ‚Schweizer Spende' ins Leben gerufen. Auch Deutschland zu bedenken, erschien dem Schweizer Bundesrat jedoch noch im August 1945 „mit Rücksicht auf die innenpolitische Stimmung nicht als opportun"[828]. Im Ausland hatte man nicht vergessen, daß es Deutsche gewesen waren, die der nationalsozialistischen Barbarei zugesehen, wenn nicht Wege bereitet hatten. Man wußte, welche Leiden Deutsche den unterworfenen Ländern zugefügt hatten. Der Brut dieser Leute nun auch noch helfen?!

Eine ‚Schweizer Stimme', der hoch angesehene Theologe Karl Barth, mißbilligte solches Denken. Im Juli 1944 hatte er die Führung des Deutschen Reiches heftig angeklagt: „Da bringt man es fertig, sich die Jugend zu einer Generation von zähnefletschenden kleinen Wölfen zu erziehen!"[829] Im Februar 1945 wies er die Eidgenossen auf ein Foto in einer Illustrierten hin: Frauen, Kinder und Alte verlassen das zerschossene Aachen. „Im Vordergrund an der Hand seiner schwer beladenen Mutter ein vierjähriges Büblein mit einer großen weißen Fahne auf der Schulter: die Deutsche Frage und Not von heute leibhaftig! Ja, sagen wir, ... es ist aber ein deutsches Büblein! Wer weiß, was für ein Nazi sein Vater gewesen sein mag?" Barth bespöttelt die Vereinigten Staaten; dort sei man willens, eine Schiffsladung von Schulmeistern auszuschicken. Deutschland brauche nicht zuallererst Lehrer, sondern Freunde, die nicht erst dann helfen, wenn die Bewohner sich bessern.

Die Hilfsbereiten setzten sich durch. Im September 1945 beschloß der Schweizer Bundesrat, auch deutsche Kinder in sein Hilfsprogramm einzubeziehen[830]. Im Wintersemester 1945/1946 durften 60 Studenten aus Lörrach über die Grenze zum Studium nach Basel fahren; einen Freitisch spendeten ihnen Schweizer Familien[831]. Im Mai 1946 nannte ein Bericht der Schweizer Caritas unter neun Empfängerländern, als sei das selbstverständlich, auch den nördlichen Nachbarn der Schweiz: Frankreich, Italien, Österreich, Deutschland, Luxemburg, Belgien, Polen, Ungarn, Jugoslawien[832].

Ohne nach Schuld zu fragen haben Weiterblickende, sowohl in neutral gebliebenen Ländern als auch in Feindstaaten, den am Boden Liegenden Hilfe angeboten. Eine von Monat zu Monat größere Zahl von Deutschen erfuhr: Wildfremde Menschen schicken uns Liebesgaben. „Unsere vornehmste Aufgabe", schrieb das brasilianische Hilfswerk, „ist die Hilfe für den Unbekannten". Aus Irland war schon Weihnachten

1945 eine Butterspende gekommen; bis 1949 folgten Jahr für Jahr wohldurchdachte Gaben, für die jeder Ire vier bis fünf Dollar aufgebracht hat. Ebenso wertvoll wie die materielle Hilfe war für die Deutschen die Erfahrung, daß sogar ein Volk, das alles andere als reich war, sie bedachte.

Hilfssendungen kamen aus vielen Ländern, auch aus solchen, mit denen man kaum rechnet: Argentinien, Australien, Belgien, Brasilien, Chile, Dänemark, England, Frankreich, Großbritannien, Indien, Iran, Irland, Island, Italien, Jugoslawien, Kanada, Kolumbien, Liechtenstein, Luxemburg, Mexiko, Neuseeland, Niederlande, Norwegen, Portugal, Schweden, Schweiz, Spanien, Südafrika, USA, Vatikanstaat. Ob damit alle genannt sind, muß offen bleiben. Am Wert gemessen, entfiel auf die USA der größte Teil der Hilfslieferungen. Auf den Kopf der Bevölkerung bezogen, dürfte die Schweiz an erster Stelle stehen[833]. Schon die Organisation beeindruckte: Spenden aus Übersee waren monatelang unterwegs und mußten entsprechend sorgfältig verpackt sein; in Europa hat man ungezählte Eisenbahnwaggons auf den Weg und die Gaben mit erstaunlich geringen Verlusten zu den Empfängern gebracht.

Staaten, nationale und internationale Organisationen, Kirchen und Religionsgemeinschaften haben die Not der kriegszerstörten Länder erkannt und sich dieser Herausforderung gestellt. Nach weiteren Motiven zu fragen bedeutet nicht, Menschlichkeit und Solidarität gering zu schätzen. Die ‚Schweizer Spende' gab sich offen als Hilfswerk ihres Herkunftslandes zu erkennen. In ihrer dreieinhalb Jahre währenden Tätigkeit setzte sie mehr als 200 Millionen Schweizer Franken ein; Firmen, Kommunen und Privatpersonen hatten mit freiwilligen Beiträgen ein Viertel davon aufgebracht. In Dörfern und Städten hatte man Kessel aufgestellt, in denen sich viel Münzgeld fand, aber auch 100-Franken-Noten und sogar goldene Trauringe![834] Dreiviertel des Hilfsfonds stammte aus Mitteln der Berner Regierung, also vom eidgenössischen Steuerzahler. Die Linderung der materiellen und sozialen Not jenseits der Grenze lag auch im Interesse des Schweizer Staates; gute Beziehungen zum Nachbarvolk zu reaktivieren, würde sich auf die Dauer auszahlen.

Hinter staatlicher Hilfe stand spontane Hilfsbereitschaft ungezählter Einzelner, die menschlich angerührt waren vom Elend der Deutschen, zuerst der Kinder. Der Wert jeder Geldspende wurde durch die Arbeit ehrenamtlicher Helfer vermehrt, die sich persönlich einsetzten. Deutschland war verfemt. Durfte man deswegen die Unschuldigen der Not überlassen? *Red Barnet*, ‚Rettet das Kind', hieß die dänische Auslandshilfe. Die Schulspeisungen wurden ergänzt um Hilfsprogramme für schwangere und stillende Frauen, für Entbindungs- und Säuglingsstationen. Wenn in Köln die Säuglingssterblichkeit, die vor Kriegsbeginn 7 Prozent betragen hatte, im Hungerjahr 1947 nur auf 11,5 Prozent gestiegen ist, so war das, wie das Gesundheitsamt der Stadt feststellte, der Schweizer Spende zu verdanken[835].

Mit den Hilfsgütern zusammen kamen aus der Schweiz junge Frauen und Männer, die an Ort und Stelle prüften, wo die Not am größten war. Gezielt haben sie ihre Mittel, fantasievoll ihre Kräfte eingesetzt. Im Februar 1946 berichteten sie aus Köln, die Engländer hätten zwar eine tägliche Speisung für Schulkinder eingerichtet, doch niemand kümmere sich um die Drei- bis Sechsjährigen. Um diesen und deren Müttern Wege zu ersparen, wurden 51 Abgabestellen eingerichtet, und bald erhielten 6.500 von Wohlfahrtseinrichtungen ausgesuchte Kinder jeden zweiten Tag Zusatznahrung. Dazu mußten 1.000 Milchflaschen und Sauger, 600 Suppenteller, Tassen und Besteckgarnituren aus der Schweiz beschafft werden. Als die Engländer forderten, den Kleinkindern nicht mehr zu geben als den Schulkindern, winkten die Schweizer ab: „Mit unseren hochwertigen Nahrungsmitteln ist es unmöglich, im Werte von nur 300 Kalorien eine sehenswerte Mahlzeit herzustellen“[836]. Wie in Köln, wurde die Schweizer Spende in anderen west- und süddeutschen Städten sowie in Berlin zu einem festen Begriff.

Noch viele andere Gemeinschaften wären zu nennen. Dankbar erinnerten sich Verantwortliche deutscher Wohlfahrtseinrichtungen im Jahr 1953, daß 214 ausländische Einrichtungen aus 27 Ländern den Deutschen in der Nachkriegszeit geholfen hatten[837]. Unter den Religionsgemeinschaften haben pro Mitglied Mennoniten, Mormonen und vor allem die Quäker hohe Beiträge geleistet. Dem kollektiven Bewußtsein haben sich CARE-Pakete eingeprägt. Im November 1945 hatten 22 amerikanische Wohlfahrtsverbände, darunter Gewerkschaften, die Heilsarmee und das während des Krieges in Italien von deutschen Juden gegründete American Jewish Committee, CARE gegründet als ‚Zusammenschluß für amerikanische Sendungen für Europa‘: *Cooperative for* ***A****merican* ***R****emittances for* ***E****urope*. Die meisten verbanden damit *care*, liebevoll ‚sorgen‘. Am 19. Februar 1946 hatte Präsident Harry S. Truman erlaubt, Hilfsgüter auch nach Deutschland zu schicken. Bis zum Juni 1960 sind acht Millionen CARE-Pakete im Hafen von Bremen gelöscht und von dort aus verteilt worden[838].

Die Spender konnten zwischen 15 Pakettypen wählen, um ihre Gaben gezielt auf Notlagen der Empfänger abzustimmen. Beliebt war das Paket mit hochwertigen Nahrungsmitteln (Fleischkonserven, Kaffee, Mehl, Schokolade, Speisefett, Trockenmilch, Zucker, ferner Kaugummi und Zigaretten); ein anderer Typ enthielt Textilien (Wolldecken, Nähzeug, Kleider und Schuhe); wieder andere waren für Neugeborene oder Kleinkinder gedacht. Seit Herbst 1949 gab es sogar ein Festtagspaket. Die Organisatoren wußten, daß zu den Grundbedürfnissen besonders der Kinder auch Überflüssiges gehört. Anna O. erzählt noch heute gern, wie begeistert sie war, als mit einem Paket ein Malbuch und sogar Farbstifte ins Haus kamen. Ihr selbsterfundenes Lied ‚Rosa und Hellblau!' kann sie noch heute singen. - Ebenso bedeutsam war es, daß Empfänger in ihrem Paket Namen und Anschrift des Spenders fanden. Nicht eine anonyme Organisation, sondern konkrete Menschen hatten an ihre Not gedacht. Für viele Kinder wurde der ‚Onkel in Amerika' zu einer Figur wie die gute Fee im Märchen, nur daß man diesem sogar mit einem Brief danken konnte.

Ähnliche Sendungen wurden in anderen Ländern zusammengestellt. Überliefert ist eine eindrucksvolle Rechnung über die Hilfsaktion der Christlichen Nothilfe aus Zürich und Zug in der Schweiz: Vom 17. Juli 1946 bis zum 31. Dezember 1949 wurden allein über die Deutsche Caritas in Freiburg 1.672.912 Pakete weiter vermittelt. Das ergibt bei einer „Durchschnittslänge von 30 cm je Paket eine zusammenhängende Paketkette von über 500 km Gesamtlänge, das wäre weiter als die Strekke von Freiburg nach Köln"[839].

Krankenhäuser haben gezielt Hilfen erbeten und erhalten. Im Mai 1948 schrieb der Leiter der Abteilung Auslandshilfe des Deutschen Caritasverbandes seinem Ansprechpartner in Basel, die Freiburger Chirurgische Universitäts-Klinik bedürfe „dringend eines Schleifsteines zum Abziehen der Messer für den Operationsgebrauch". Beim Angriff auf Freiburg seien alle Schleifsteine vernichtet worden, und nach Auskunft eines Fachgeschäftes sei ein solcher Stein nur in der Schweiz zu bekommen[840]. – Der ‚Schweizer Bücherhilfe', einem Ableger der ‚Schweizer Spende', gestattete die französische Besatzungsmacht, Bibliotheken mit Fachliteratur und Kinderbüchern zu versorgen. Bücher aus der Schweiz konnten ja nicht nationalsozialistisch verseucht sein.

Ein Schweizer Dorf in Köln!

Einer der Orte, an dem Notleidende persönlich wahrgenommen wurden, sei vorgestellt: Das ‚Schweizer Dorf' in Köln bestand aus fünf Baracken, gestellt von der Schweizer Armee, darin unter anderem Küche, Schuhmacher-Werkstatt und Lesestube. Da die deutsche Polizei das Dorf und die Vorräte an Lebensmitteln, Stoffen, Leder und anderen Kostbarkeiten nicht ausreichend schützen konnte, wurde für 400 Franken ein ausgebildeter Wachhund angeschafft. Die sechs Helferinnen und Helfer brachten Erfahrungen ein, die sie bei der Betreuung von Elenden in der Schweiz, in Frankreich und in Spanien gesammelt hatten. Sie führten Aufsicht, während Kinder ihre Schulaufgaben machten, hielten Mütterberatungen ab und verteilten Lebensmittel und andere Bedarfsartikel. Mühselige fanden in den Räumen des Schweizer Dorfes Hilfe und Rat, Ruhe und im Winter Wärme[841].

Den Helfern sind Kinder aufgefallen, die körperlich unversehrt und doch schwer geschädigt waren: Überaus nervös, unausgeschlafen, ungewaschen und unsauber gekleidet, kannten sie keine geregelte Zeiteinteilung und schätzten weder kindliches Spiel noch praktische Arbeit; fremd waren ihnen Achtung vor Mitmenschen und Dingen; ordentlich zu essen hatten sie nicht gelernt. Mit Märchenstunden, Festen und Scherzen suchten die Schweizer gegenzusteuern. Sie ließen die Kinder spielen, was sie erlebt hatten oder weiterhin erlebten: Der Vater ist umgekommen oder in Gefangenschaft; Flieger greifen an; gefährliche Ruinen werden eingerissen; Schwarzhändler bieten flüsternd Raritäten an...[842].

Hilfe zur Selbsthilfe spielte eine große Rolle. Neun Näherinnen aus Köln arbeiteten gegen Lohn, fünfzehn junge Helferinnen unter Anleitung von Fachlehrerinnen der noch nicht eröffneten Berufsschule, so daß ihre Arbeit auf die Schneiderlehre angerechnet werden konnte. Nähmaschinen und Stoffe, Scheren und Garn kamen aus der Schweiz; nicht einmal Nadeln waren in Köln zu haben[843]. In der Nähstube konnten Mädchen, alleinstehende Frauen und Kriegerwitwen sich ihren Kummer von der Seele reden, und die Schweizer Helfer erfuhren, wo sie Fachleute fanden, wo Material fehlte, und wo man die Verteilung von Gaben tunlichst überwachte.

Im Ruhrgebiet, in Berlin und in der französischen Zone gab es insgesamt dreizehn Schweizer Dörfer. In Aachen diente eine Baracke als Heim für 120 Säuglinge. Mütter konnten ihre Kinder dort in Obhut geben, während sie ihrer Familie das Notwendigste zu beschaffen suchten. In der Nähstube fanden sie alles, um gebrauchte Wäscheteile für die Kleinen umzuarbeiten. In Gelsenkirchen stellten Jugendgruppen unter Anleitung Holzschuhe her, von denen man im Frühjahr ein Paar bekam, wenn man ein Paar zerschlissene Schuhe abgab; im Herbst tauschte man seine bis dahin reparierten Schuhe zurück[844]. Aus den Kisten, in denen die Hilfsgüter geschickt worden waren, entstanden in Dortmund 24 Säuglingsbettchen. Angesichts der 475 Neugeborenen, die dort monatlich eine Ausstattung brauchten, war das zwar nur ein Tropfen auf den heißen Stein; doch für Helfer und Empfänger war es undenkbar, Holz zu vergeuden; schließlich hatten sich die Spender die Franken abgespart. Aber auch Puppenbetten und Puppen wurden in Schweizer Dörfern gebastelt, aus der Mangelware Stoff hat man Bettüberwürfe, Tischdecken und Vorhänge genäht[845]. Verschwendung? Gewiß nicht! Geschundene atmeten auf, wenn ein wenig Farbe und Luxus in ihre tristen Behausungen kam.

Kinder zu Gast in ausländischen Familien

Auch anderen Organisationen war an persönlichen Begegnungen ihrer Mitglieder mit Hilfsbedürftigen gelegen. Mütter und Kinder lernten Helfer aus fernen Ländern als Freunde und Nachbarn kennen. Noch engere Bindungen schuf eine weitere Form der Hilfe: Tausende unterernährter Kinder lebten, meist für drei Monate, in ausländischen Familien. Eingeladen waren sie unter anderem nach Irland und Portugal, seinerzeit ausgesprochen armen Ländern, nach Spanien, das schwer unter dem Bürgerkrieg (1936-1939) gelitten hatte, nach Dänemark, das vor kurzem noch von der Wehrmacht besetzt gewesen war. Die meisten waren zur Zeit der Reise zwischen sieben und vierzehn Jahre alt. In Gastfamilien fanden sie Zuwendung. Sie konnten sich zum ersten Mal seit langer Zeit satt essen; oft kamen sie neu eingekleidet zurück, mit Heften und Stiften für die Schule, mit Geschenken für Eltern und Geschwister[846].

Die Mehrzahl der Einladungen kam aus der Schweiz[847]. Die Schweiz muß fast allen Kindern wie ein Märchenland erschienen sein. In Erinnerungen, die oft erst Jahrzehnte später aufgeschrieben worden sind, reden sie derart begeistert davon, daß den Historiker erst Übereinstimmungen der Aufzeichnungen untereinander und mit Akten des Schweizerischen Roten Kreuzes davon überzeugen, wie außergewöhnlich das Erlebnis gewesen sein muß[848]. Vollbesetzte ‚Kinderzüge' fuhren aus den Westzonen und Westberlin nach Süden. Die UdSSR gestattete auch während der Blockade Berlins (18. 6. 1948 bis 12. 5. 1949) die Fahrt durch ihre Zone. Mit dem Traum vom Schlaraffenland, in dem es Schokolade und Milch, Berge und Schnee gibt, traten die Kinder ihre Fahrt an. Schon im Zug die ersten Überraschungen: Jedes Kind hat ein eigenes Bett mit einer weichen Decke; „weiße Handtücher liegen im Gepäcknetz über jedem Sitz". Bei der Ankunft in Basel zum Frühstück ein Brötchen „mit einer ganzen Ecke Käse, eine ganze Ecke für mich allein! Das war schier unvorstellbar." Und dann die Wohnungen, in denen die Kinder zu Gast sein durften! Elektrisches Licht, Heizung, ein Bad mit Wanne und „ein richtiges WC mit weichem Klopapier. Keine zerschnittenen Zeitungen, die auf einen Haken gespießt waren. So mußte es im Paradies sein."

Staunend sahen die Kinder Orte, in denen es keine Bombentrichter und Trümmer gab, keine grauen Gesichter und zerlumpten Gestalten, keine bein- und armlosen Männer. „Licht auf den Straßen und unter den Lauben schöne Schaufenster."

In ihrem Rückblick schreibt Anita H., geboren 1934 in Neiße (Oberschlesien): In der Heimat habe sie einmal gefragt, wie das sei, wenn es einst keinen Krieg mehr gebe; ihre Großmutter habe geantwortet: „Wenn Frieden ist, dann kannst Du ganz allein eine ganze Tafel Schokolade aufessen." In der Schweiz wurde der kleinen Anita plötzlich bewußt, daß sie zwei Tafeln besaß. „Das war unglaublich." Frau H. faßt zusammen: „Ich habe gespürt, wie es ist, wenn man von Fremden vorbehaltlos mit Herzlichkeit aufgenommen und umsorgt wird." Sie habe erlebt, wie gut es ist, „jemanden zu wissen, an den man sich im Notfall wenden kann. All das hat mir bis heute immer wieder Impulse gegeben für eigenes karitatives Handeln."

Wie nicht anders zu erwarten, gab es auch den einen oder anderen Kummer. Einige Kinder waren überfordert, andere mußten in bäuerlichen Familien schwerer arbeiten, als man einem geschwächten, ausgehungerten Kind zumuten darf; doch weit mehr Mädchen und Jungen wollten nicht mehr heim[849]. Auf der Rückreise malten Kinder sich das Wiedersehen mit der Mutter aus und waren enttäuscht, daß diese auf dem Bahnsteig nicht zurückwinkte, weil sie das wohlgenährte, neu eingekleidete Kind nicht sofort erkannte. „Schüchtern sagte ich: Aber Mama, ich bin es." Die während der Erholungsaufenthalte gewachsenen Bindungen wurden weiter gepflegt, nicht wenige über Generationen hinweg. Dankbar erinnerte sich Jahrzehnte später eine alte Frau an die „Rüegg-Mutti" in der Schweiz[850]. Ein ständig dichter werdendes Netz von Freundschaften und Ehen hat Europa auch an der Basis zusammenwachsen lassen.

In der SBZ ließ man Ansätze dazu verkümmern. Dank der Vermittlung des Internationalen Roten Kreuzes hatte die Sowjetische Militäradministration in Deutschland (SMAD) im April 1946 erlaubt, eine Kommission für die Verteilung ausländischer Spenden zu bilden[851]; die Namen Schwedenspeisung oder Schweizer Spende aber wurden den Empfängern wahrscheinlich nicht bekannt. Der Deutsche Caritasverband hat in der SBZ/DDR einen beträchtlichen Teil der CARE-Pakete verteilt. Durfte er die Quäker oder die Mormonen oder summarisch die USA als Spender nennen?

Die Hilfsbereitschaft hat eine nach oben weisende Spirale in Gang gesetzt: Unterernährte Kinder wurden auch von Deutschen zur Erholung aufs Land eingeladen. Selbst deutsche Kriegsgefangene in Lagern der westlichen Gewahrsamsmächte haben Spenden gesammelt, als sie von der Not in der Heimat erfuhren[852]. Im Februar 1947, zu einer Zeit also, da Menschen in Deutschland erfroren und verhungerten, wurde das Heimkehrer-Hilfswerk der westlichen Zonen für die SBZ gegründet. Päckchen mit Lebensmitteln, Verbandszeug, Wäsche und Kleidung haben Jugendlichen das Leben gerettet, die elend, krank und fast verhungert aus Haft oder Zwangsarbeit in Polen oder der UdSSR entlassen worden waren.

Zum Erfolg der Hilfen aus dem Ausland haben die Bedürftigen beigetragen, denen es gut tat zu geben, nachdem sie selber empfangen hatten. Innerhalb kurzer Zeit waren Organisationen wieder begründet, die das NS-Regime nach 1933 verboten hatte. Als Ansprechpartner standen bald Arbeiterwohlfahrt, Bahnhofsmission, Caritas, Deutsches Rotes Kreuz, Innere Mission und andere Einrichtungen bereit, um die Gaben ausländischer Hilfswerke zu verteilen. Zu den in Köln rührigen Nothelfern gehörte die Jüdische Gemeinde[853]. Jugendliche, die zuvor in HJ-Uniform Notleidenden beigestanden hatten, arbeiteten in diesen Organisationen mit. Sie leisteten ihre Einsätze nicht mehr im Namen des Regimes, das sich idealistischer junger Menschen bedient hatte, um sich selbst zu verherrlichen. Sie betreuten Menschen, die auf der Suche nach Angehörigen oder nach einer Bleibe unterwegs waren, die als mittellose Vertriebene in elendem Zustand eintrafen. Auf Bahnhöfen standen junge Frauen bereit, um Kindern, Müttern und heimkehrenden Soldaten zu helfen. „In Bamberg haben die 30 haupt- und ehrenamtlichen Helfer der katholischen und evangelischen Bahnhofsmission allein vom Juni 1945 bis Januar 1946 ca. 13.000 Übernachtungen in zwei geheizten Unterkünften geboten"; 48.000 Portionen Suppe und 120.000 Portionen Tee oder Kaffee (bis zu 800 täglich) wurden ausgeschenkt, Kranke und Verletzte gepflegt, den mit Kohlen- und Güterzügen Reisenden Gelegenheit zum Waschen mit warmem Wasser gegeben[854]. Ausländische Beobachter zeigten sich beeindruckt; nach Kräften haben sie Aversionen und Haß gegen die Deutschen abgebaut. Das wiederum hat Einzelne und Institutionen in Deutschland ermutigt, sich noch energischer gegen die Not zu stemmen.

Dankbarkeit zieht sich wie ein roter Faden durch Berichte aus jenen Jahren. Kinder faßten ihre Erlebnisse im Schweizer Dorf in rührende

Verse; Mütter schenkten den Helferinnen Blumen, die sie auf Trümmergrundstücken gepflückt und zu kunstvollen Sträußen zusammengestellt hatten[855]. Im März 1946 dankte der Kölner Erzbischof Frings in wohlgesetzten lateinischen Worten den spanischen Katholiken für ihre Hilfe in großer Not. Sein Schreiben an den Erzbischof von Toledo beginnt mit den Worten: *Eminentissime Princeps!* „Erhabenster Fürst!“[856] Tausende haben sich so gut und schön, wie sie es nur konnten, erkenntlich gezeigt, Kinder mit liebevoll ausgemalten Briefen, Schüler mit ersten Versuchen, sich auf Englisch auszudrücken, Gewerkschaftler und Politiker mit feierlich formulierten Dankadressen.

Im ersten Ärger über Regelungen der Besatzungsbehörden haben manche Deutsche so überheblich daher geredet, wie es ihnen in den zwölf Jahren vorgemacht worden war, in denen die schwachsinnige Ideologie vom germanischen Herrenvolk gepredigt worden war. Wie sich die Einstellung vieler Deutscher in den folgenden Jahren veränderte, soll zum Schluß dieses Abschnittes mit den ersten Worten aus dem denkwürdigen und erfolgreichen Aufruf des Bundespräsidenten Heuss zur Dankspende des deutschen Volkes gesagt werden: „Es wäre heute in Deutschland schlimm um uns alle bestellt, wenn uns in den Jahren der bittersten Not nicht so viele Völker der freien Welt aus freien Stücken so hilfreich beigestanden hätten.“[857]

Zwangsherrschaft unter anderem Vorzeichen – Aus der Vorgeschichte der DDR

Im Osten wie im Westen Deutschlands haben junge Menschen mutig und tatkräftig zugepackt, um Folgen des Krieges zu beseitigen. Auch in der SBZ haben sie in ihren Familien, in Kirchen- und Ortsgemeinden Beistand geleistet und Hilfe erfahren. Doch die Zeit der Not war dort länger und härter. Die Völker der Sowjetunion hatten im Krieg furchtbar gelitten, und die Sowjets sahen sich im Recht, die Deutschen dafür zahlen zu lassen. Weit rücksichtsloser als die westlichen Besatzungsmächte behinderten sie den Wiederaufbau mit Demontagen und dem Abtransport wichtiger Wirtschaftsgüter. Mehr als im Westen sahen die Deutschen sich in ihrem Elend allein gelassen; nur widerwillig erlaubte ihnen die sowjetische Besatzungsmacht, Hilfen anzunehmen, wie sie aus vielen Staaten tröstend und ermutigend in die kriegszerstörten Länder flossen. Sie sollten sich allein der Sowjetunion verbunden wissen und nach deren Regeln leben. Die SMAD griff weit spürbarer in das öffentliche Leben und in den Alltag der Bevölkerung ein als die westlichen Besatzungsmächte.

Dazu kam ein bedrückendes Klima von Täuschung und Lüge, erzeugt von kommunistischen Funktionären, die unter dem Schirm der Besatzungsmacht ein zentralistisches System nach sowjetischem Vorbild errichteten. Von Anfang an waren sie entschlossen, auch Kinder und Jugendliche darin einzuschließen. Es war ihnen jedoch klar, daß sie Mädchen und Jungen, die froh waren, der HJ entkommen zu sein, mit neuen Einheitsparolen nur abschrecken würden. Walter Ulbricht, jahrzehntelang einer der mächtigsten Männer in der SBZ/DDR, hatte als Richtschnur vorgegeben: „Es muß demokratisch aussehen, aber wir müssen alles in der Hand haben“[858]. Die mit Erlaubnis aus Moskau gegründete Organisation erhielt einen Namen, der in der Geschichte der sozialistischen Jugend einen guten Klang hatte: „Freie Deutsche Jugend“. Doch wer gehofft hatte, unter dem Dach der FDJ sei Raum für freie Zusammenschlüsse, sah sich bald eines anderen belehrt.

Am Kriegsende hatte die deutsche Zivilbevölkerung unter Gewalttaten der Roten Armee gelitten. Als diese schlimme Zeit vorüber war, lebten die Besatzungssoldaten abgeschottet in ihren Kasernen; traten sie draußen auf, hatte man Kontrollen zu fürchten. Die Parteigenossen aber setzten alles daran, daß die Sowjetunion als befreundete Macht erscheine. Wenn Verschleierung und beschönigende Worte nicht genügten, sollten Redeverbote verbergen, wie hart die Sowjets ihren Sieg ausnützten. Als erste hatten die Vertriebenen darunter zu leiden.

Sprachregelungen, Schweigen, Verschweigen

Die Ostzone teilte eine lange Grenze mit den Vertreibungsgebieten; bis zum März 1946 hatte sie bereits 3.241.000 Menschen aufnehmen müssen, darunter 1.069.400 Kinder im Alter bis zu 14 Jahren[859]. Drei Jahre später stellten die Vertriebenen fast ein Viertel der Bevölkerung der SBZ, in Mecklenburg beinah die Hälfte[860]. Auch im Westen bekamen Vertriebene zu spüren, daß sie lästig seien; in der SBZ aber schlug ihnen Mißtrauen, wenn nicht Haß entgegen. Von ihrem Schicksal wollten die Machthaber nichts wissen. Es durfte doch nicht sein, daß die Sowjetunion an millionenfachen Verbrechen gegen die Menschheit mitgewirkt hatte! Die als ‚Umsiedler‘ bezeichneten Vertriebenen seien, so hieß es, ‚eingewandert‘. Wie verlogen diese Sprachregelung war, bezeugen auch bewegende, erst jüngst veröffentlichte Dokumente aus Cottbus, einer Mittelstadt etwa 20 km westlich von Forst an der Neiße, die SBZ und polnisch verwaltete Gebiete schied. Ohne Voranmeldung wurden Tag für Tag Scharen von Menschen über den Fluß getrieben, herabgewürdigt zu einem „zehntausendfüßigen Menschenwurm“[861], der sich nach kurzem Aufenthalt weiterschleppen mußte. Viele irrten wochenlang umher, weil kein Ort sie länger als einen Tag haben wollte.

In einem dieser Berichte beklagt ein Seelsorger das Los von Kindern, die „aus gesicherten Verhältnissen herausgeworfen, nun oft wahllos, ohne Rücksicht auf ihr Religionsbekenntnis, anderweitig untergebracht und weiter geschoben werden". Notizen der Bahnhofsmission Cottbus erläutern: Schlesische Waisenhäuser waren aufgelöst worden. Die Kinder wurden, oft ohne ihre Betreuer und immer nur erbärmlich ausgestattet, in Vertriebenentransporte gesteckt[862]. In dem von Flüchtlingen und Vertriebenen überfüllten Mecklenburg entstanden bis 1947 staatliche Heime für rund 27.000 heimat- und elternlose Kinder[863]. Waisenkinder, die bis dahin von Ordensschwestern oder Diakonissen betreut worden waren, waren einem weiteren Schock ausgesetzt; sie waren fremden Händen übergeben, die ‚neue', der kommunistischen Ideologie ergebene Menschen aus ihnen formen sollten.

Kindern, die zusammen mit den Ihren vertrieben worden waren, blieb wenigstens die Heimat der Familie. Aber auch sie sollten Bindungen an den Ort und die Lebensumstände, aus denen sie kamen, vergessen. Gab ein Kind in der Schule als Geburtsort „Breslau", „Gleiwitz" oder einen anderen Ort unter polnischer oder sowjetischer Verwaltung an, machte es sich und die Seinen verdächtig; wer nicht Wroclaw oder Gliwitze sagte, sah sich als Feind des neuen Deutschlands, das unter der Obhut der Sowjetunion entstehen sollte, an den Pranger gestellt[864].

Günter de Bruyn, geboren 1924, ein in der DDR anerkannter Autor, bekennt in seiner zur Zeit der Revolution von 1989 verfaßten Autobiographie, er habe nach 1945 schnell begriffen, daß man „nie der ständigen Aufforderung zur Ehrlichkeit nachkommen durfte, daß man viel schweigen oder sich bedeckt halten mußte und Widerreden besser in Frageform kleidete"[865]. Als junger Dorflehrer ist de Bruyn solchen Schweigenden begegnet. Die Sowjets hatten Jugendliche aus Nachbardörfern verhaftet; einer davon „saß zwei Wochen später schon wieder in meiner Klasse, ohne von seinen Erlebnissen etwas verlauten zu lassen, andere kamen erst nach zwei oder drei Jahren nach Hause"; von einem weiteren habe man „nie wieder etwas gehört".

Die Sowjets internierten nicht nur und nicht einmal in erster Linie notorische Nationalsozialisten. Sie verschleppten, oft völlig willkürlich, Menschen unter dem Vorwurf, Feinde der Roten Armee zu sein. Eine anonyme Denunziation genügte, einen Jugendlichen als vermeintlichen Angehörigen des Werwolf zu verhaften; Geständnisse wurden mit Folter erpreßt. Draußen erfuhren nicht einmal die Eltern, wo die Verschwundenen geblieben waren. Vielen blieb verborgen, weshalb man sie zu vielen Jahren Straflager verurteilt hatte. Zahlreiche saßen ganz ohne Urteil jahrelang in ‚Speziallagern' der Sowjets fest. Als solche wurden auch Konzentrationslager weiter benutzt, in denen schon die Nationalsozialisten Menschen gequält und umgebracht hatten. Abertausende haben die Haft nicht überlebt[866].

Vergeblich setzte Kardinal Preysing, Bischof von Berlin, sich bei der SMAD für die inhaftierten Jugendlichen ein; vergeblich machte er Marschall Sokolowski darauf aufmerksam, daß es in den Lagern zugehe „wie in den Konzentrationslagern des Nazi-Regimes". Laut protestierte er 1947. Fünf Jahre zuvor hatte er in einem Hirtenbrief die Judenmorde angeprangert: „Alle die Urrechte, die der Mensch hat, das Recht auf Leben, auf Unversehrtheit, auf Freiheit ... dürfen auch dem nicht abgesprochen werden, der nicht unseres Blutes ist." Nun zitierte er diese Worte in einer Pfingstpredigt; er müsse sie jetzt auf seine Landsleute anwenden, „auf die verschleppten Jugendlichen, auf die Tausende und Zehntausende, zum großen Teil unschuldig in Konzentrationslager Gesteckte"[867]. Preysing sammelte Namen inhaftierter Jugendlicher und kam auf 1254, darunter ein Elfjähriger. Am 29. Oktober 1947 übergab Kardinal Frings als Vorsitzender der deutschen Bischofskonferenz diese Liste dem Alliierten Kontrollrat, und zum ersten Mal erhoben die Westmächte Vorwürfe gegen die Sowjets. Da einige der jungen Häftlinge aus Westberlin stammten, forderten sie Entlassung der Unschuldigen und Benachrichtigung der Eltern, erreichten aber nur, daß Eltern, ob alle Eltern ist ungewiß, im Januar 1948 die erste Mitteilung erhielten, wo ihre Kinder waren[868].

Das Schicksal von 38 Jungen aus der thüringischen Stadt Greußen hat Günter Agde nachgezeichnet. Ende 1945 zwischen 14 und 19 Jahre alt, waren die Jungen verhaftet worden, weil ein KPD-Genosse ihnen fingierte Werwolf-Flugblätter untergeschoben hatte. Vergeblich spannten die Eltern im Kampf um ihre Kinder auch die FDJ ein. Ebensowenig brachte es, daß ein Richter den Denunzianten der Lüge überführte. Als die Sowjets Anfang 1950 ihre Speziallager der jungen DDR übergaben, kamen neun der Greußener Jungen frei; einer von ihnen starb bald darauf in seinem Elternhaus. Nach einem Gnadengesuch an Wilhelm Pieck, den Präsidenten der DDR, wurden im Oktober 1950 vier weitere entlassen, ein fünfter ‚Begnadigter' war kurz zuvor gestorben. Zu den übrigen 24 fand sich keine Spur, kein Dokument[869]. Ein Mensch galt in jenen Lagern so wenig, daß er spurlos verschwinden konnte.

Dem entsprach, daß im Lager geborene Kinder von Amts wegen nicht existierten. – Frau Christa-Maria X. war zusammen mit ihrem Ehemann im April 1946 verhaftet worden. Ihr Mann, ein Journalist, wurde wegen „antisowjetischer Propaganda“ zu 20 Jahren Haft verurteilt, sie selber ohne Gerichtsverfahren in das Lager Sachsenhausen eingeliefert. Dort brachte sie am 19. November 1946 ihre Tochter Barbara zur Welt. Als sie im Frühjahr 1950 als eine aus dem ‚Spezialkontingent‘ der nicht Verurteilten frei kam, mußte sie darum kämpfen, daß auf ihrem Entlassungsschein auch stand: „mit Tochter Barbara“. Bevor das Amt eine Geburtsurkunde ausstellte, mußte die Mutter drei Zeugen beibringen. Als Geburtsort wurde nicht Sachsenhausen vermerkt, sondern Oranienburg. Da es für DDR–Behörden die ‚Schweigelager‘ nicht gegeben haben durfte, konnte dort auch kein Kind geboren sein.

Wie in den Konzentrationslagern des NS-Regimes, so herrschte auch in diesen Lagern der Tod, nur daß die Sowjets sich dafür nicht die Hände schmutzig machten. Bei minimaler Versorgung überließen sie die Lagerinsassen dem Dreck und dem Ungeziefer, der Enge, der Kälte und dem Hunger. Abgeschlossen von der Welt draußen, ohne irgendeine Beschäftigung, verfielen die Häftlinge der Lethargie, dem langsamen Sterben. Frauen, die im Lager einen Säugling durchbringen wollten, hatten wenigstens ein Ziel. Der Einsatz für ein geliebtes Kind war unglaublich mühevoll, doch er half Müttern zu überleben.

Wie wenig die Rechte dieser Frauen und ihrer Kinder der neuen Staatsmacht, der DDR, galten, zeigte sich bei der Auflösung der Lager. Die ohne Urteil einsitzenden Frauen wurden mit ihren Kindern einfach fortgeschickt; sollten sie doch zusehen, wie sie ihr Leben fristeten. Die verurteilten Frauen wurden zur weiteren Verbüßung ihrer von den Sowjets verhängten Strafen ins Gefängnis Hohneck verlegt; ihre Kinder aber nahm man ihnen weg. Die Oberin eines Leipziger Krankenhauses berichtete später, eines Tages habe der Polizeipräsident der Stadt sie aufgefordert, unverzüglich Platz zu schaffen für 20 bis 30 „Kinder der Landesregierung“; noch am selben Abend seien die Kinder eingetroffen. Wie sie hießen, habe sie erst erfahren, als sie erklärte, im Falle eines Falles werde ihr keine Friedhofsverwaltung ein namenloses Kind abnehmen. Daraufhin überließ man ihr kurz eine Liste mit Namen, die sie abschrieb, und gebot ihr Schweigen. Nachrichten sickerten dennoch durch; Verwandte holten eine Anzahl der Kinder heraus; die sechzehn Kinder, die blieben, kamen in ein Heim. Eines von ihnen hat sich als Erwachsener auf die Suche nach den Namen der Mütter und ihrer Kinder sowie deren Erinnerungen begeben. Die Sammlung bildet ein ergreifendes Dokument zur deutschen Nachkriegsgeschichte[870].

Ein bereits am 31. Juli 1945 veröffentlichter „Befehl" der SMAD hatte festgelegt, welche Jugendpolitik in der SBZ zu verfolgen sei. „Antifaschistische Jugendkomitees" seien zu schaffen; wie das zu verstehen sei, wurde unmißverständlich erläutert: „Alle anderen Jugendorganisationen, gewerkschaftliche und Sportvereine, sozialistische und ähnliche Organisationen sind ... verboten"[871]. Die deutschen Genossen gehorchten, doch sie gingen langsam vor; mit Zwang hätten sie die Jugendlichen nur gegen sich aufgebracht. Am 26. Februar 1946 gründeten sie die „Freie Deutsche Jugend" und formulierten das Ziel dieses Jugendverbandes so, daß sie breiter Zustimmung sicher sein konnten: „Aktive Teilnahme aller [!] Jungen und Mädel beim Wiederaufbau unseres Vaterlandes"[872]. Auch Vertreter der Christlich-Demokratischen Union (CDU) und der Liberaldemokratischen Partei Deutschlands (LDPD) unterzeichneten diesen Aufruf. Bis zum Jahresende 1946 hatte die FDJ bereits an die 400.000 Mitglieder, gut die Hälfte davon Industrie- und Landarbeiter, vierzehn bis siebzehn Jahre alt. Die FDJ schien eine Art Dach über vielfältigen Jugendvereinigungen zu sein. Die Gewerkschaften gründeten eigene Jugendverbände innerhalb der FDJ[873]; Räume und Sportstätten der FDJ standen auch kirchlichen Jugendgruppen zur Verfügung[874]; im Sommer 1947 wurde sogar die später heftig bekämpfte evangelische ‚Junge Gemeinde' von der SMAD als Untergliederung der FDJ anerkannt[875].

Daß Überparteilichkeit und Vielfalt nicht lange halten würden, konnte sich jeder ausrechnen, der die Entwicklung in der SBZ verfolgte. Im Zuge der Entnazifizierung frei gewordene Stellen blieben stets Parteigenossen vorbehalten; unter Zwang wurden SPD und KPD zur SED zusammengeschlossen (21./22. 4. 1946). Ende 1947 waren zwar die Mitglieder der FDJ in der überwiegenden Mehrzahl nach wie vor parteilos; der Leitungsapparat aber lag in Händen von SED-Funktionären. CDU und LDPD riefen daraufhin ihre Vertreter aus dem FDJ-Zentralrat ab; Mitglieder, die sich nicht für die SED einspannen lassen wollten, erklärten ihren Austritt. Trotz ihres Sportmonopols verlor die FDJ bis zum Juli 1948 mehr als 66.000 Mitglieder[876]. Überwunden wurde diese Krise, als Leiter der FDJ in Schulen und Betrieben wichtige Positionen erhielten; zudem winkten Mitgliedern der FDJ bessere Berufsaussichten. Wie von selbst wurde die FDJ zur Massenorganisation. Am 5. Juni 1949 gab sie sich durch ihr ‚Parlament' eine ‚Verfassung', die bewies, daß ausgeführt war, was die SMAD im Juli 1945 befohlen hatte: „Die FDJ ... lehnt die Spaltung der Jugend in parteipolitische, konfessionelle und andere Jugendorganisationen ab" (Artikel 10)[877].

Auch Kindergruppen wurden auf Linie gebracht. Reformpädagogische Erziehungsgrundsätze, die nach 1933 von Nationalsozialisten scharf abgelehnt worden waren, gerieten 1948 ebenso ins Visier der sozialistischen Einheitspartei wie einzelne Personen. So war Fridl Lewin bis 1933 ‚Helferin'[878] der reformpädagogisch orientierten „Kinderfreundebewegung" gewesen; nach 1945 hatte sie die dort erprobten Erziehungsgrundsätze in die FDJ eingebracht. Am 13. Dezember 1948 wurden diese ‚Kindervereinigungen' umgebaut zur straff geführten Organisation der ‚Jungen Pioniere'. Die Kinder sollten zu „Kämpfern im Lager des Fortschritts, der Demokratie und des Friedens" erzogen werden[879]. Zur Selbstkritik genötigt, gestand Fridl Lewin, sie habe die Selbsttätigkeit der Kinder überbetont und die „Notwendigkeit politisch-pädagogischer Führung der Kinder" unterschätzt. Dennoch wurde sie abgesetzt; im Dezember 1949 übernahm Margot Feist die Leitung. Die spätere Ehefrau von Erich Honecker versprach bei Amtsantritt, die Kinder auf die Ziele der SED einzuschwören: „Unsere Pioniere sollen alle die hassen lernen, die den Menschen nicht achten, ihn ausbeuten und unterdrücken ... Zeigen wir unseren Pionieren auf, daß es der amerikanische Imperialismus ist, der ... aus ganz Deutschland eine Kolonie machen will"[880].

An größeren Schulen wurde ein hauptamtlicher Pionierleiter eingestellt, der jedes Schulkind im Blick behalten sollte. Mit Beginn der Schulpflicht, also vier Jahre früher als bei der Hitlerjugend, wurden Mädchen und Jungen in die Pionierorganisation aufgenommen und blieben darin bis zum Abschluß des 7. Schuljahres. Im Dezember 1949 trug schon jeder dritte, im Dezember 1950 jeder zweite Schüler das blaue Halstuch[881]. „Seid bereit! – Immer bereit!" lautete ihr Gruß: Dazu erhoben die Kinder die rechte Hand über den Kopf; mit dieser Geste sollten sie „die Interessen des Friedens über ihre eigene Person hinausheben"[882]. An die Stelle der Hilfe zur Selbsttätigkeit trat in vielfältigen Freizeitaktivitäten – Arbeitsgemeinschaften; Sportgruppen; Ferienlager mit Flaggenhissung, Morgenappell, Exerzieren, Wachestehen – das Erlebnis des „Kollektivs". Die Kinder sollten lernen, eine „Funktion" auszufüllen. Der marxistische Jargon trug dazu bei, daß sie sich ernst genommen und wichtig fühlten. Wie vielen wurde bewußt, daß sie auf vorgeschriebene politische Ziele getrimmt wurden? Wie bei der HJ wurden Geländespiele zu vormilitärischer Ausbildung benützt[883]; nur das Feindbild war ein anderes. Zwei große Feinde gab es, den US-amerikanischen Imperialismus und den Klassenfeind[884].

Die FDJ hatte Industrie- und Landarbeiter angezogen; das marxistische Ideal der Überwindung von Klassenschranken sprach Jugendliche an, die vom Elternhaus her benachteiligt waren. Doch je fester die FDJ in Schulen und Betrieben Fuß faßte, desto ungenierter richtete sie neue Schranken auf. Man unterschied A-, B- und S-Kinder; A stand für Arbeiter, B für Bauern, S für Sonstige. Franziska X. erzählte später: „Das verdammte S muß mich schrecklich gekränkt haben ... Ich kann dir nicht sagen, wie wir darunter gelitten haben. ... wir sind ein bißchen unzufrieden, ein bißchen unehrlich, ein bißchen verkrüppelt, sonst ist alles in Ordnung"[885]. Junge Menschen bekamen zu spüren, daß die SED sich zum Klassenkampf und zu einem militanten Atheismus bekannte. Schon Kinder wurden gleichsam in Sippenhaft genommen; kamen sie aus bürgerlichem Elternhaus, sahen sie sich ausgeschlossen von der Schulspeisung, vom Zugang zur Oberschule und zur Universität[886].

Sobald die FDJ fest in der Hand der SED war, mußte sie nicht mehr „demokratisch aussehen". Vertreter der FDJ nahmen an der Reifeprüfung teil; sie konnten einem Prüfling „mangelnde gesellschaftliche Reife" bescheinigen. Es ist vorgekommen, daß Jugendliche als „unreif" verurteilt wurden, die als Berufswunsch Fremdsprachenkorrespondentin oder medizinisch-technische Assistentin angegeben hatten. Erst recht wurde jungen Menschen das Reifezeugnis abgesprochen, die sich nicht scheuten, einen kirchlichen Beruf zu nennen: Katechetin, Kirchenjurist, Organistin[887].

Den offenen Kampf gegen die Kirchen hat die kommunistische Führung so lange vermieden, wie sie sich Hoffnung machte, auch im Westen Fuß fassen zu können. Zwar durfte es in der SBZ von Anfang an keinen schulischen Religionsunterricht geben und erst recht keine konfessionellen Schulen[888]. Doch die Kirchen erhielten die angesichts der Zerstörungen wertvolle Erlaubnis, für ihren Unterricht Räume, Licht und Heizung in Schulen zu benutzen, allerdings außerhalb der Unterrichtszeit. War eine Schulverwaltung den Kirchen nicht gewogen, überließ sie ihnen einen Raum nur zu völlig unpassenden Stunden[889]. Obwohl die SED den Schulunterricht schließlich offen ideologisierte, wurde das „Recht der Kirche auf Erteilung von Religionsunterricht in den Räumen der Schule" sogar in der Verfassung verankert (Artikel 44,1). Immerhin bot sich damit die Chance zu kontrollieren, wer an diesem Unterricht teilnahm.

Kaum hatte die Führung der FDJ das in den Kindervereinigungen gepflegte Ideal der Selbsttätigkeit als altbürgerlich verworfen, wurde auch die Schülerselbstverwaltung als reaktionär diffamiert und aufgelöst[890]. Als fortschrittlich galt, was die Partei durch eine ihr ergebene Lehrerschaft anordnete. Auf dem Gebiet der SBZ waren 72 Prozent der Lehrer Mitglieder der NSDAP gewesen; bis 1947 war die Mehrzahl von ihnen entlassen. An ihre Stelle traten in Schnellkursen ausgebildete ‚Neulehrer', die zumindest nach außen bekunden mußten, sie seien willens, am sozialistischen Umbau der Gesellschaft mitzuwirken. Es war ein Kurs für Neulehrer, in dem Günter de Bruyn gelernt hatte, daß es notwendig sei, sich „bedeckt zu halten" (s.o. S. 279).

1949 gehörten fast die Hälfte der Lehrer und mehr als zwei Drittel der Neulehrer der SED an[891]; dennoch mißtraute die Parteiführung der Lehrerschaft. Aus Anlaß der Staatsgründung gab sie ein ganzes Bündel von Richtlinien, Verordnungen und Beschlüssen heraus, mit denen sie die Lehrer wortreich zum Kampf gegen „alle reaktionären und neofaschistischen, militaristischen, kriegshetzerischen, insbesondere antisowjetischen Einflüsse und Theorien" verpflichtete[892]. Jeder Lehrer müsse „ein *wahrhafter* Freund der Sowjetunion sein und sich für die Entwicklung eines *echten* Freundschaftsverhältnisses zur Sowjetunion bei seinen Schülern, den Eltern seiner Schüler und in der Öffentlichkeit *bewußt* einsetzen" (Hervorhebungen durch die Autoren).

Der Partei lag um so mehr daran, daß Lehrer „vorbehaltlos" auf ihrer Seite stünden, als sich über die Schule überwachen ließ, wie die Eltern redeten und sich verhielten. Kinder wurden zu Spitzeln abgerichtet, Junge Pioniere angeleitet, ihren Eltern politische Briefe zu schreiben und dann zu berichten, wie diese Briefe bei ihnen zuhause aufgenommen worden seien[893]. Sowjetische Militärgerichte gingen gegen Abweichler mit der gleichen bösartigen Härte vor, wie sie im NS-Staat geübt worden war. Die Sowjets kümmerte es wenig, daß Artikel 126 der Verfassung der DDR erklärt: „Die ordentliche Gerichtsbarkeit wird durch den Obersten Gerichtshof der Republik und durch die Gerichte der Länder ausgeübt." Im September 1950, ein Jahr nach Gründung der DDR, verurteilten sowjetische Richter zwei Schüler aus Altenburg wegen Abhörens eines illegalen Senders zum Tode und im Oktober zwölf Schüler aus Schwerin wegen Verbreitung von Flugblättern zu 25 Jahren Erziehungslager. Deutsche Richter waren gelehrig; in den Jahren 1950 und 1951 haben DDR-Gerichte über Schüler wegen „Agententätigkeit", „Untergrundbewegung" und ähnlicher Vergehen hohe Zuchthausstrafen verhängt[894].

Die Bevölkerung der SBZ/DDR gehörte in ihrer Mehrzahl zur evangelische Kirche. Eine vom Staat unabhängige Institution dieser Größe störte beim Aufbau eines zentralistisch-sozialistischen Systems. 1947 hatte die SMAD die ‚Junge Gemeinde' als Untergliederung der FDJ anerkannt, doch wenn Mitglieder evangelischer Jugendgruppen auffielen, hatten sie mit Repressionen zu rechnen. Glimpflich kamen Schüler in Dresden-Nord davon, die sich im März 1950 weigerten, eine Grußadresse an Stalin zu unterschreiben. Zum Abitur wollte man sie nur zulassen, wenn sie in einem Aufsatz Reue bewiesen. Von ihren Lehrern beschworen, lieferten sie den Aufsatz ab und bestanden trotz schlechter Noten letztlich das Abitur. Am 3. Oktober 1951 aber wurden 19 Werdauer Oberschüler in einem Geheimprozeß – man durfte Mitgliedern der Jungen Gemeinde doch kein öffentliches Forum bieten! – zu Zuchthaus zwischen 2 und 15 Jahren verurteilt[895].

Erfreuliche Bewegungsmöglichkeiten

Da die Katholiken im Gebiet der SBZ nur eine Minderheit bildeten, kümmerten die Machthaber sich nur wenig um sie. Katholische Jugendgruppen blieben unbehelligt, zumal sie, wie in der NS-Zeit geübt, nur in ihrer jeweiligen Heimatpfarrei aktiv waren. Geduldet wurde selbst eine Großveranstaltung wie die Jugendwallfahrt im Bistum Meißen, an der sich am 23. Mai 1948 an die 4.500 junge Christen beteiligten[896]. Dank der über politische Grenzen hinausreichenden kirchlichen Solidarität entstand in der SBZ eine katholische ‚Subgesellschaft', die sich mehr der Weltkirche als dem Land verbunden wußte, das für sie Diaspora war. So konnte es geschehen, daß der Deutsche Caritasverband noch am 27. Oktober 1949 von seinen Aktivitäten in der „Ostzone" berichtete, obwohl es seit dem 7. Oktober 1949 die DDR gab. Der Verband dankte dem Vatikan für eine Spende, durch die es möglich geworden war, vier bis sechs Wochen lang an 22.446 Kinder eine zusätzliche Speisung auszugeben, die mit religiöser Betreuung verbunden gewesen sei. Mit dem Hinweis auf Gewichtszunahmen „bis zu vierzehn Pfund!" wirbt der Brief um weitere Spenden[897], denn noch 1949 litten Kinder in der SBZ unter Fehl- und Mangelernährung.

Da die Bevölkerung der SBZ/DDR sich nach Hilfssendungen aus dem Westen sehnte, ließ man die katholische Caritas relativ ungehindert wirken. Mit Unterstützung durch westliche Partner behaupteten sich 1950 in der DDR noch 63 katholische Kinderheime mit 3.757 Plätzen, ferner 135 Kindergärten mit 9.713 Plätzen. In diesen Einrichtungen konnten die Kinder in die Glaubenswelt ihrer Familien hineinwachsen[898]. Das thüringische Eichsfeld war seit langem eine katholische Enklave, in der 78 jener Kindergärten wirkten. Die Diasporagemeinden wuchsen durch Vertriebene, die hier etwas von ihrer alten Heimat wiederfanden und ihre Kinder, wenn eben möglich, katholischen Einrichtungen anvertrauten.

Kinder im Vorschulalter waren bis in die NS-Zeit hinein normalerweise zuhause bei ihren Müttern geblieben. In der SBZ/DDR begann, was heutzutage längst üblich ist: Immer mehr Mütter nahmen eine Arbeit außer Haus an und brachten ihre kleinen Kinder in öffentlichen Einrichtungen unter. Vielen blieb nichts anderes übrig, da die Lebensmittelzuteilungen für Nur-Hausfrauen äußerst knapp gehalten wurden[899]. Der SED war an der Berufstätigkeit der Frauen gelegen. Ausdrücklich bestimmte die Verfassung der DDR, der Staat habe Betreuungseinrichtungen für Kinder bereitzustellen, damit „die Frau ihre Aufgabe als Bürgerin und Schaffende mit ihren Pflichten als Frau und Mutter vereinbaren kann" (Artikel 18). Arbeitskräfte waren gefragt; wohl noch wichtiger war ein zweiter Grund: Wie zuvor das NS-Regime so mißtraute auch die Führung der DDR der Familie; in ihren Familien konnten Menschen sich gegen die von der SED gesteuerte gesellschaftliche Entwicklung abschließen. Der Partei lag daran, Kindern von klein auf das ‚richtige' Weltbild einzuimpfen.

Zur selben Zeit, in der die ‚Kindervereinigungen' in die Organisation der Jungen Pioniere umgewandelt und Schülerselbstverwaltungen aufgelöst wurden, geriet das Ideal einer Erziehung, die freie Selbsttätigkeit fördert, auch in Kindergärten in Verruf. Es sollte keine gemischten Gruppen mehr geben, in denen jüngere von älteren lernen könnten und ältere ihre Fähigkeiten festigten, indem sie jüngeren halfen. Wie in der Schule sollten Gleichaltrige miteinander ‚richtiges' Wissen erwerben: Hier die Sowjetunion und deren friedliebende Freunde, bei denen sie leben dürfen, dort die bösen Imperialisten und die gefährlichen Kapitalisten[900].

Die Gemeinsamkeiten der sozialistischen und der nationalsozialistischen Diktaturen sind erschreckend. Um so wichtiger ist es zu betonen, wieviel bösartiger das NS-Regime war. Die Haftung für millionenfachen, im Namen einer vermeintlichen Herrenrasse begangenen Mord lastet bis heute auf dem deutschen Volk, auch auf denjenigen, die, wie in der SBZ/DDR geschehen, meinten, mit dem Bekenntnis zum Antifaschismus dieser Bürde ledig zu sein. Im NS-Staat sind Behinderte der Euthanasie zum Opfer gefallen; der DDR-Staat hat das Lebensrecht dieser Menschen nicht angetastet. Die Sorge für sie hat er freilich gern auf Gemeinschaften abgeschoben, die er für seine Ziele nicht brauchen konnte, da sie gegen die marxistisch-atheistische Lehre erwiesenermaßen immun waren. Zwei Gemeinschaften, die sich geistig Behinderter angenommen haben, seien genannt.

Die Abtei Marienthal bei Görlitz, gegründet 1234, hatte die zwölf Jahre der NS-Herrschaft überstanden. Die Klostergebäude waren beschlagnahmt worden, zuletzt für ein Lazarett, in dem die Nonnen Verwundete gepflegt haben. Die neuen Machthaber schnitten den Schwestern die Verbindung nach draußen ab; die Gemeinschaft sollte aussterben. Doch im Jahr 1952 bestätigte der Ministerpräsident der DDR, Grotewohl, dem Kloster sogar den Status öffentlichen Rechts, so daß die Schwestern ein Pflegeheim für geistig behinderte Mädchen eröffnen konnten. 1955 waren schon 60 Mädchen dort zuhause. Bei Kamenz, im Gebiet der Sorben, die als von der Staatsmacht geduldete slawische Minderheit ihr katholisches Brauchtum pflegen durften, liegt das Kloster Marienstern. Die dort lebenden Zisterzienserinnen begründeten im Jahr 1973 ein Heim für behinderte Mädchen.

Grenzgänger

Nicht unerwähnt bleiben darf ein finsteres, erst 1989 abgeschlossenes Thema der Geschichte der SBZ/DDR. Schmerzhaft erfuhren Deutsche in Ost und West, daß eine immer schärfer bewachte Grenze ihr Land spaltete. Artikel 10,3 der Verfassung der DDR lautete: „Jeder Bürger ist berechtigt auszuwandern“. Jugendliche, die im Westen Deutschlands Chancen in Beruf und Alltag suchten, durften sich nicht darauf berufen.

Die Machthaber der SBZ sahen sich von Anfang an in einem Dilemma, das den ‚sozialistischen Bruderländern‘ erspart blieb: Es gab ein anderes Deutschland. Viele gingen in den Westen, in der Mehrzahl junge Männer, tüchtig und belastbar, die man für den Aufbau dringend gebraucht hätte. In den Westzonen wurden diese „illegalen Grenzgänger“, wie man sie dort zeitweise nannte, keineswegs mit offenen Armen empfangen, war es doch auch dort schon schwer genug, all die Flüchtlinge und Vertriebenen unterzubringen[901]. Damit sich die Zahl der heimatlos Umherschweifenden nicht noch vermehre, wurden Notaufnahmelager eingerichtet. Den Jugendlichen aus der SBZ, die sich dort meldeten, riet man zunächst, ihren Entschluß noch einmal zu überdenken. Zurückbefördert wurden sie nicht, zumal nicht wenige der jungen Männer erklärten, sie seien dem „Übergang nach Sibirien“ ausgewichen[902]. Als einen Teil der von ihnen beanspruchten Reparationen hatten die Sowjets den Uranbergbau im Erzgebirge in ihre Hand genommen und Deutsche gezwungen, dort zu arbeiten. Die Lebensverhältnisse dieser Zwangsarbeiter unterschieden sich kaum von denen, die in sibirischen Straflagern herrschten.

Jahr um Jahr wuchs die Zahl der Jugendlichen, die sich in den Notaufnahmelagern meldeten. Allein in Poggenhagen bei Hannover trafen 1950 übers Jahr gerechnet täglich 65 Jugendliche ein, tüchtige junge Menschen, die für die SBZ damit verloren waren. Anfangs mag mancher Junge die Flucht über Berlin und die noch ‚grüne‘ Grenze fast wie ein Abenteuer erlebt haben, mit dem er sich beweisen wollte, daß er auch ohne seine Familie zurecht komme. Noch öfter werden Familien keinen anderen Ausweg gewußt haben, als einen der Ihren hinüber zu schicken.

Ein solcher, in bemerkenswert schöner Handschrift, verfaßter Bericht liegt den Autoren vor. Ein Vater von sieben Kindern hatte Geschwister in Essen. Er war vom Geheimdienst angeworben worden und wurde dort unter dem Decknamen „Essen" geführt. Da er nichts Substantielles lieferte, wurde ihm eines Tages ein Revolver auf den Tisch gelegt. Nun erst offenbarte er sich seiner Frau Gertrud, und die riet ihm, von einer verordneten Reise nach Essen nicht zurückzukehren. Ein Jahr später, 1950, wurde der Älteste, vierzehn Jahre alt, dabei ertappt, wie er SED-Plakate von der Kirchentür riß; er wurde scharfen Verhören unterworfen. Der Mutter gelang es, ihn unbemerkt nach Berlin zu begleiten und glücklich in den Westen hinüber zu bringen. Im Notaufnahmelager wies man die Mutter ab; der Vierzehnjährige sollte die Aufnahmeprozedur allein durchstehen. Er kam zu seinem Vater nach Essen. Vater und Sohn lebten dort erbärmlich; doch ohne ihr hart verdientes Geld hätten Mutter und Kinder in der SBZ nicht durchkommen können. Wieder ein Jahr später wurde der Zweitälteste vierzehn, und auch ihm gelang mit Hilfe der Mutter die Flucht über Berlin.

1952 wurde die Lage der Zurückgebliebenen brenzlig; Sendungen aus dem Westen blieben aus. Ein Antrag von Frau Gertrud S. auf Übersiedlung wurde abgelehnt: „Die einzelne Familie habe zurückzutreten, wenn es um die Befreiung Deutschlands vor dem westlichen Imperialismus gehe". Um nicht immer mehr ihrer Begabten zu verlieren, legte die DDR 1952 einen fünf Kilometer breiten Grenzsaum an, aus dem alle Bewohner ausgesiedelt wurden. Durchgeführt haben die DDR-Behörden diese Aktion unter dem Decknamen „Ungeziefer". – Trotzdem ist der Mutter mit ihren fünf Kindern die Flucht gelungen. Der Bericht, den Frau Gertrud S. für ihre Kinder verfaßt hat, sollte den Herangewachsenen erklären, warum es für Kinder und Eltern oft so mühsam war, friedlich miteinander auszukommen.

Obwohl der Weg in den Westen immer gefährlicher wurde, haben zumal junge Menschen Gesundheit, Freiheit und Leben eingesetzt, um den Zwängen einer ungeliebten Herrschaft zu entkommen. Doch auch diese Aussage muß ergänzt werden. Die meisten Kinder wuchsen wie selbstverständlich in das System der SBZ/DDR hinein. Als Jugendliche fanden sie sich mit Schattenseiten ab, sofern sie diese überhaupt als solche wahrnahmen. Sie entdeckten vielleicht gar Nischen, in denen es sich leben ließ, wenn man nur bereit war, die vom Regime geforderten Beweise der Loyalität zu erbringen.

1961 wurde die Mauer gebaut. Was danach in der DDR *auch* möglich war, erhellt die Geschichte eines Musikers aus den neuen Ländern. Ein junger Lehrer kommt zum ersten Mal in die Klasse und stellt sich vor: „Ich bin Marxist und Atheist, so wie ihr. Oder gibt es unter euch etwa noch einen, der nicht zu uns gehört?!" Die Klasse schweigt, die Köpfe geduckt. Unser Gewährsmann aber, schon damals ein guter Saxophonspieler, meldet sich: „Ich bin katholischer Christ." Das Schweigen wird tiefer; auch der neue Lehrer sagt nichts. Folgen hatte das Bekenntnis nicht; der Schüler hat keinerlei Benachteiligung zu spüren bekommen.

Ausblick

Dieses Buch gehört zu der bis in unsere Tage andauernden Nachgeschichte des aufgewühlten Jahrzehnts von 1939 bis 1949. Die Erinnerung an das, was damals durch Deutsche geschehen ist, läßt viele Menschen nicht los. Es sind nicht nur Historiker, die sich immer wieder neu damit auseinandersetzen.

Begonnen hat diese ‚zweite Geschichte' bereits 1945, als mit den Kampfbegriffen „Entnazifizierung" und „Antifaschismus" das üble Erbe des Nationalsozialismus weggeschafft werden sollte. Sie geht bis heute weiter, oft mit der Mahnung, daß jene Verbrechen nicht vergessen werden dürfen, damit sie sich nicht wiederholen. Gibt es Wiederholungen in der Geschichte? Im letzten Kapitel dieses Buches war zu berichten, daß unter ganz anderen Umständen, angestoßen von ganz anderen Zielvorstellungen, in der SBZ/DDR erschreckend ähnliches Unrecht verübt worden ist wie unter dem Nationalsozialismus. Böse Entwicklungen gewinnen schnell an Macht, wenn man nicht genau hinschaut, unter welchem Gewand sie auftreten. Es gilt, konkret und im Einzelnen zu vergleichen und abzuwägen, was hinzunehmen ist, was nicht.

Darum sollen am Ende dieses Buches keine griffigen Thesen stehen. Die vielschichtigen Überlieferungen, aus denen es schöpft, führen nicht zu glatten Schlußfolgerungen, sondern zu der bescheidenen und erschütternden Einsicht: So ist es gewesen; mit dieser Vergangenheit leben wir; wir müssen sie aushalten.

Aushalten - das heißt an die Menschen denken, die in das Unheil verstrickt waren, und an die vielen, die verführt worden sind. Es bedeutet Anteil nehmen an den Ungezählten, die bis heute nicht verwunden haben, was ihnen widerfahren ist, und trauern um die Opfer. Darum sind in diesem Buch viele Namen genannt; darum erzählt es, wie geschichtliche Umbrüche sich in Äußerungen, Schicksalen, Erfahrungen Einzelner spiegeln.

Drei Jahreszahlen – 1939, 1949, 1989 – erinnern an tiefgreifende Wendepunkte in der jüngeren deutschen Geschichte. 1939 hat Hitler den Krieg provoziert, den er zur Durchsetzung seiner bösartigen Ideologie benützte. Wie können Deutsche, die sich dazu bekennen, daß auch dies zu ihrer Geschichte gehört, Selbstachtung bewahren? In den beiden, 1949 gegründeten deutschen Staaten ist man mit dieser Frage je anders umgegangen. Im Osten meinte man, sich von der schlimmen Vergangenheit abschneiden zu können; Antifaschismus galt als Grundlage einer auf dem Fundament des Kommunismus neu zu errichtenden sozialistischen Gesellschaft. Im Westen kam es in der Studentenrevolte von 1968 zu heftigen Protesten gegen die Generation der Väter, die sich der Auseinandersetzung mit dem üblen Stück deutscher Geschichte, an der sie selber Anteil hatte, verweigert habe. Die aufsässige Jugend übersah, wie viele Prozesse bereits seit Kriegsende gegen führende Nationalsozialisten geführt worden waren; sie nahm nicht wahr, daß Dokumentensammlungen wie die von W. Hofer hohe Auflagen gefunden hatten. Taschenbücher dieser Art sind von denen, die das NS-Regime und den Krieg noch als Schüler erlebt hatten, gekauft und aufmerksam gelesen worden.

Seit der friedlichen Revolution von 1989 zeigt sich, wie sehr Deutschen, die in der untergegangenen DDR zuhause gewesen sind, daran liegt, mit Selbstachtung auf ihre ostdeutsche Geschichte zurückzuschauen. Wer sein Land als Heimat erfahren will, braucht mehr als die Verurteilung zurückliegender Sünden. Nicht umsonst streitet man über das Wesen der DDR. War denn alles schlecht?

Diese Frage haben Deutsche sich auch mit dem Blick auf das NS-Regime gestellt. Notfalls behalf man sich mit der dummen Antwort, Hitler seien die ersten Autobahnen zu verdanken. Wer die 1940er Jahre als einen Abschnitt der Geschichte von Kindheit und Jugend sichtet, findet in ganz unterschiedlichen Bereichen überzeugende Anhaltspunkte, daß es nicht nötig ist, nur beschämt und zerknirscht an diese Zeit zu denken.

Zuerst aber sei freimütig festgehalten, daß auch Kinder und Jugendliche zur Verlängerung des Krieges beigetragen haben, nicht wenige voller Begeisterung und Idealismus. Im Chaos der Bombenangriffe haben sie geholfen, Panik zu vermeiden; in der Endphase des Krieges haben sie gar mit Waffen gekämpft. Obwohl das Dritte Reich sein fluchwürdiges Ende auch dank ihrer Hilfe viel zu lange hat hinausschieben können, darf man sie nicht zu den Schuldigen zählen. Weit weniger als Erwachsene konnten Jugendliche wissen, zu welchen Verbrechen das Regime die Zeit nutzte, die sie ihm unter Einsatz ihres Lebens verschafften.

Unmündige Jugendliche mußten Soldaten werden. Viele von ihnen sind gefallen, andere wurden verwundet, gerieten in Kriegsgefangenschaft, wurden verschleppt und Zwangsarbeit unterworfen. Nicht wenige waren krank, als sie heimkamen. Junge Menschen, die mit körperlichen Schäden zurechtkommen mußten, sah man nach dem Krieg allerorten; seelische Verletzungen zeigten sich meist erst nach Jahrzehnten; oft sind sie zeitlebens verborgen geblieben. Es war nicht üblich, von solchen Erfahrungen groß daher zu reden. Das gilt auch für die nicht gezählten Mädchen, die in der Schlußphase des Krieges und der ersten Nachkriegszeit schlimmste Gewalt zu erleiden hatten.

Doch die Mehrzahl der Kinder und Jugendlichen hat das friedlose Jahrzehnt nicht nur überlebt, sondern erstaunlich gut überstanden. Sie zeichneten sich aus durch ein hohes Maß an Belastbarkeit und Selbständigkeit. Eingebunden in HJ, BDM, RAD und Kriegsdienste, hatten sich viele von ihnen früher als bis dahin üblich aus Bindungen an die Familie gelöst. Freiwillig oder gezwungen haben sie die Lasten von Erwachsenen geschultert. Kinder wußten, daß ihre Eltern ihnen keine großartigen Geschenke machen konnten; anders als heute erwarteten sie nicht, von ihnen mit Statussymbolen ausgestattet zu werden, mit denen sich angeben läßt. Solche Erfahrungen haben einen vielschichtigen Prozeß beschleunigt, der zur Einebnung sozialer Unterschiede führte. Ein arbeitsamer und tüchtiger Mittelstand prägte das wirtschaftliche und gesellschaftliche Leben in Deutschland, sobald die schlimmste Trümmerzeit überstanden war.

Vom Abbau jahrhundertealter Schranken hat die weibliche Jugend in besonderer Weise profitiert. Mädchen mußten während des Krieges Arbeiten übernehmen, die nach zeitgebundenen Vorstellungen Männern vorbehalten sein sollten; viele haben sich in Führungspositionen bewährt. Damit war ein wichtiger, weiterer Schritt auf dem lange vor 1933 eingeschlagenen Weg getan, der zur gesellschaftlichen Gleichstellung der Frau hinführte. Vorübergehend wurden Frauen seit Ende der 1940er Jahre aus Positionen, die sie mühsam gewonnen hatten, wieder verdrängt, damit bezahlte Arbeitsplätze für heimkehrende Kriegsgefangene frei würden. Doch die wachsende Zahl von Schülerinnen in Gymnasien und Studentinnen an Universitäten zeigt, daß sich die Entwicklung zur Emanzipation nicht rückgängig machen ließ.

Eine gewisse Nivellierung war auch in anderen Bereichen zu beobachten. Tradierte Vorstellungen von elterlicher Autorität waren brüchig geworden. Mehr und mehr waren Eltern bereit, Kinder und Jugendliche mitentscheiden zu lassen. Schüler wählten sich ihren Klassensprecher, Schuldirektoren beachteten Vorschläge der Schülermitverwaltung.

Eine selbstbewußte Generation wuchs heran, die dankbar dafür war, daß es seit 1947/48 spürbar und fast ständig aufwärts ging. Kinder kamen in den Genuß von Dingen, die sie jahrelang nur aus Träumen kannten: ein eigenes Bett, ein Riegel Schokolade, eine Urlaubsfahrt. Dank der wachsenden Wirtschaft waren Arbeitsplätze sicher. Abiturienten konnten seit Mitte der 1950er Jahren studieren, was und wo sie wollten. Vor allem: Es herrschte Frieden, Jahrzehnt um Jahrzehnt. Wann hatte es das in der deutschen, in der europäischen Geschichte gegeben? Der Friede war unsicher; doch zu keiner Zeit ist der ‚kalte' in einen ‚heißen' Krieg umgeschlagen.

Jugendliche der 1940er Jahre haben hart gearbeitet und gespart, und sie haben spürbare Teile dessen, was sie damit gewonnen hatten, an Notleidende weitergegeben. Aus eigener Erfahrung wußten sie, was es bedeutet, im Elend zu stecken und unter Folgen von Schuld oder Versagen der eigenen Führungsschicht zu leiden. Tätige Dankbarkeit kannten sie auch gegenüber ihren Eltern. Sie vergaßen nicht, daß diese, um ihre Kinder durchbringen zu können, einen erheblichen Teil ihrer Lebenskraft hatten einsetzen müssen.

Nach den Erfahrungen der Katastrophe und des mühsamen Wiederaufrappelns urteilten junge Menschen nüchtern, wenn nicht argwöhnisch über großartige Verheißungen. Sie hatten ein Gespür dafür, daß in scheinbar harmloser Umgebung Gefahren lauern können, und seien es ganz konkret Blindgänger in einem Trümmergrundstück. Solche Einstellungen sind wertvolle Stützen einer dem Frieden verpflichteten Gesellschaft. Die Heranwachsenden der 1940er Jahren haben zum Aufbau der Demokratie in Deutschland beigetragen. Mit 21 Jahren wahlberechtigt, haben sie in überwältigender Mehrheit demokratischen Parteien ihre Stimme gegeben und dadurch für stabile politische Verhältnisse in dem Teil Deutschlands gesorgt, in dem freie Wahlen möglich waren.

Diese Stabilität ist um so höher zu schätzen, als das Nachkriegsdeutschland schwere Hypotheken zu tragen hatte. Nicht die geringste war die Notwendigkeit, Flüchtlinge und Vertriebene aufzunehmen. Deren Kinder haben als erste Zugänge zu Einheimischen gefunden; leichter als ihre Eltern konnten sie sich fremden Bräuchen anpassen, eine andere Mundart verstehen und übernehmen. Zugleich aber haben sie in ihrer neuen Heimat Veränderungen bewirkt. Oft haben Flüchtlingskinder, die es aufs Land verschlagen hatte, als erste aus ihrem Dorf weiterführende Schulen in den Städten besucht. Auch durch ihre Berufswahl haben sie dazu beigetragen, Unterschiede zwischen Stadt und Land einzuebnen. Doch trotz der gewaltigen Durchmischung der Bevölkerung Deutschlands blieben regionale Eigenarten erhalten. Kinder und Kindeskinder der vertriebenen Pommern und Schlesier, der Deutschen aus dem Banat und aus Siebenbürgen sind nach Mundart und Verhaltensweisen seit langem von Ur-Badenern oder Ur-Westfalen nicht zu unterscheiden.

Zu den Entwicklungen, mit denen nicht zu rechnen war, gehört, daß Schülerinnen und Schüler Verbindungen zum östlichen Teil Restdeutschlands gepflegt haben. Kaum waren sie nicht mehr auf Schulspeisung angewiesen, haben sie mildtätige Organisationen unterstützt, die lebenswichtige Güter in die Sowjetische Besatzungszone bringen konnten. Mehr noch ist es Jugendlichen der Ostzone zu verdanken, daß Bindungen zwischen Ost und West wie ein kostbares Erbe von einer Generation an die folgende weitergegeben wurden. Den Zwängen der neuen Diktatur haben die meisten sich nur notgedrungen unterworfen. Wer die Freiheit höher einschätzte als Familie und sicheren Arbeitsplatz, floh in den Westen. Erwachsen geworden, haben Kinder und Jugendliche der 40er Jahre mit Reisen, Briefkontakten, Paketsendungen Wege durch den Eisernen Vorhang gefunden.

Kontakte in andere Länder zu knüpfen und zu pflegen, wurde für die westdeutsche Jugend bald fast selbstverständlich. Als Angehörige der Hitlerjugend hatten Heranwachsende voll Verachtung auf das nichtgermanische Ausland geschaut; unmittelbar nach dem Krieg haben sie farbige Soldaten aus den USA als kinderliebe, junge Männer kennengelernt. Vor allem wurde das Gefühl, daß die europäischen Völker zusammengehören, von neuem lebendig. Schon Erfahrungen aus dem Ersten Weltkrieg hatten das Verlangen geweckt, die Grenzen zu öffnen, die europäische Völker voneinander trennen. Auf Fahrten von HJ und BDM hatten Heranwachsende ihren Horizont erweitert, im Rahmen der Kinderlandverschickung hatten sie Gegenden Europas kennengelernt, die ihnen unbekannt gewesen waren. Kaum lebten sie erneut in leidlich normalen Verhältnissen, sind Jugendliche wieder auf Fahrt gegangen, bald auch ins Ausland. Zugute gekommen ist ihnen ein großer Vertrauensvorschuß, den ihnen sogar Amtsträger entgegen brachten. Deutsche Kinder konnten sich in einer irischen, schweizerischen, spanischen... Familie einige Monate lang satt essen. Die damit geschaffenen Bindungen wurden oft über mehrere Generationen aufrechterhalten. Sie gehörten zu dem Netz von Bekanntschaften und Freundschaften, die Europa zusammenwachsen ließen; durch Schüleraustausch und Städtepartnerschaften wurden weitere Fäden in dieses Netz geknüpft.

Sind die hier hervorgehobenen positiven Seiten der deutschen Nachkriegsjugend vielleicht überbetont? Es gab nach wie vor Egoismus, Dünkel und Haß gegen Fremde. Der Mangel an lebensnotwendigen Gütern und abenteuerliche Verlockungen des Schwarzhandels haben nicht wenige Jugendliche in die Kriminalität abgleiten lassen. Doch daß der Wiederaufstieg Deutschlands gelang, ist in erster Linie Menschen zu danken, die daran gewöhnt waren, Forderungen zunächst an sich selber und nicht an die Gesellschaft zu stellen, Menschen, die ihrer Freude darüber, daß es aufwärts ging, Ausdruck gaben in tätiger Zuwendung zu anderen, denen es schlechter ging.

Hinweise auf zwei segensreiche Entscheidungen, die aus der bewegenden Erinnerung an den grausamen Krieg und seine Folgen erwachsen sind und weltweite Bedeutung bekamen, sollen diesen Ausblick abschließen. Verantwortungsträger aus Staat und Gesellschaft haben das unermeßliche Leid, das zumal Kinder in dieser bösen Zeit erfahren haben, als Herausforderung verstanden, auf die in der Gemeinschaft der Völker Antwort zu finden sei. Am 11. Dezember 1946 wurde die UNICEF (United Nations International Children's Emergency Fund) gegründet, das Kinderhilfswerk der Vereinten Nationen. Dessen erste Aufgabe war es, Kindern im Nachkriegseuropa in ihren materiellen und sozialen Nöten beizustehen und seelische Verwüstungen zu lindern. Im Laufe der Jahrzehnte sind viele weitere Aufgaben dazugekommen, vor allem in den weniger entwickelten Ländern.

Ein Meilenstein in der Rechtsgeschichte ist die am 10. Dezember 1948 verkündete „Allgemeine Erklärung der Menschenrechte"[903]. Millionenfach war während des Zweiten Weltkrieges die Menschenwürde auch der Kinder mit Füßen getreten worden. Für die Generalversammlung der Vereinten Nationen war das ein Grund, in dieser Erklärung Achtung nicht zuletzt für die besonderen Rechte der Kinder einzufordern. „Alle Kinder, eheliche und außereheliche, genießen den gleichen sozialen Schutz" (Artikel 25,2). Der anschließende Artikel 26,1 lautet: „Jedermann hat das Recht auf Bildung. Der Unterricht muß zum mindesten in der Elementar- und Grundstufe unentgeltlich sein. Der Elementarunterricht ist obligatorisch".

Aus der Erschütterung über die unvorstellbar brutale, systematische Judenvernichtung erwuchs die „Konvention zur Verhütung und Bestrafung des Völkermordes", mit der die Generalversammlung einen Tag zuvor, am 9. Dezember 1948, die Staaten der Welt aufrief, „Gruppen" zu schützen, die sich durch nationale, rassische oder religiöse Eigenarten abheben. Wieder werden ausdrücklich auch die Kinder genannt. Geächtet wird „die gewaltsame Überführung von Kindern der Gruppe in eine andere Gruppe" (Artikel 2). Was das NS-Regime slawischen Kindern angetan hatte, ist, so erklären die Vereinten Nationen nachdrücklich und feierlich, Völkermord.

In den folgenden Jahrzehnten widmete man in den Staaten der Welt den Rechten der Kinder immer größere Aufmerksamkeit. Am 20. November 1989 verabschiedete die Generalversammlung der Vereinten Nationen das „Übereinkommen über die Rechte der Kinder", das in 44 Artikeln ausführt, welche Rechte Menschen, die jünger als 18 Jahre sind, nicht genommen werden dürfen. Genannt wird unter anderem das Recht auf den Namen, auf den Schutz der Gesundheit, auf Zugehörigkeit zur Familie, auf Ausbildung. Artikel 28,2 lautet: „Die Vertragsstaaten treffen alle geeigneten Maßnahmen, um sicherzustellen, daß die Disziplin in der Schule in einer Weise gewahrt wird, die der Menschenwürde des Kindes entspricht". Regierungen aus aller Welt haben sich diesem Übereinkommen angeschlossen. Keine andere Resolution der Vereinten Nationen hat so breite Zustimmung gefunden.

Zwar werden auch diese feierlich verkündeten Rechte nach wie vor verletzt. Doch Gedemütigte können sich auf sie berufen, und Geschundene dürfen hoffen.

Anmerkungen

1 Die Säuglingssterblichkeit sank von 1901 (Reichsgebiet) bis 1938 (Bundesgebiet) von 207 auf 60, bezogen auf 1.000 Lebendgeborene; nach: Bevölkerung gestern, S. 29.

2 Die deutsche Volksschule … KLUGER, 1940, S. 360-378; S. 360 f. zu Meldepflicht bei Krankheiten.

3 Rechenbuch ... IV, S. 46, Aufgabe 7.

4 DÖRR: Wer die Zeit, 3, S. 538. – Nach ABELSHAUSER: Wirtschaft in Westdeutschland, S. 133, durften ‚Normalverbraucher' 1944/45 immer noch mit etwa 2.000 Kalorien pro Tag rechnen.

5 Rechenbuch ... II, S. 15, Aufgabe 14. – Unten, zu „Weibchen", Rechenbuch ... IV, S. 33, Nr. 36-38.

6 HUBER: Erinnerungen, 2, S. 155.

7 Meyers Lexikon, 5 (1938) Sp. 1009-1013.

8 Heil Hitler, Herr Lehrer, S. 196.

9 Dies und das Folgende nach: Bayern im Bund, 1, S. 88 f.

10 Meyers Lexikon, 3 (1937) Sp. 879.

11 POSNER: Belastet, S. 68, 254 f. mit Abb. 25 und 26.

12 KJENDSLI, S. 49 Foto einer solchen Feier mit Hakenkreuzfahne, Weiheflamme, SS mit Stahlhelm. - LILIENTHAL, S. 100 f.

13 BUCH: Wir Kindersoldaten, S. 91 f.

14 Gebrannte Kinder, 2, S. 121.

15 Konrad KUNZE: dtv-Atlas Namenkunde. Vor- und Familiennamen im deutschen Sprachgebiet. 4. Aufl. München 2003, S. 52 f.

16 Sprachbuch, S. 3, Aufgabe 5.

17 Faksimile der Anzeige in: Kilian – Mönch aus Irland, aller Franken Patron 689-1989. Würzburg 1989, S. 346.

18 Kinderalltag, S. 30 f., Abb. 42 f.; das Folgende ebd., S. 115 und 117 mit Abb. 173 und 180.

19 Kinderalltag, S. 48; zum Folgenden, Melken, ebd. S. 51 und Abb. 68.

20 Zum Folgenden Kinderalltag, S. 48 f., 52 f., 111, 114, Abb. 61, 63, 70 f., 166, 171.

21 Das Thema der Ausbeutung von Heimkindern ist aktuell, aber unaufgearbeitet geblieben; allein in Niedersachsen sollen in der Nachkriegszeit etwa 50.000 Kinder betroffen gewesen sein; vgl. Prügel, Arbeit, Mißbrauch. Ein runder Tisch in Berlin zu mißhandelten Heimkindern, in: F.A.Z., 18. 2. 2009, Nr. 41, S. 7.

22 Kinderalltag, S. 60; ebd. Abb. 49, 56, 82 Junge mit Reifen und Schlagstock, Hund zieht Bollerwagen, Flitzebogen; Abb. 259 f.: Kinderkochherd und -dampfmaschine.

23 Gebrannte Kinder, 2, S. 321.

24 Jugendlexikon NS, S. 221. – Vgl. Rundfunk, in: Meyers Lexikon, 9 (1942) Sp. 681-687 mit Tafeln I-IV. Die S. 685 genannten Zahlen mögen geschönt sein, geben den Trend aber zuverlässig wider: 1923 etwa 500 Rundfunkteilnehmer, 1932 schon 4,2 Millionen, am 1. 2. 1941 15,1 Millionen. – Im Bereich der Reichspostdirektion Karlsruhe kamen Ende 1932 auf 1.000 Haushaltungen 187, Ende 1937 schon 442 Rundfunkteilnehmer; Statistisches Jahrbuch für das Land Baden 1938, S. 346.

25 Das Sütterlin-Alphabet in: Herders Neues Volkslexikon. 8. Auflage. Freiburg 1978, S. 967.

26 Deutsches Lesebuch ... 3. und 4. Schuljahr.

27 Sprachbuch, S. 15, Aufgabe 70.

28 HUBER: Erinnerungen, 2, S. 151. – Vgl. Gebrannte Kinder, 2, S. 156: Zwei Hiebe mit dem Rohrstock für zwei Fehler im Diktat.

29 Heil Hitler, Herr Lehrer, S. 177.

30 Sprachbuch, S. 12, Aufgabe 54; die im Folgenden wiedergegebenen Zitate S. 27, Aufgabe 65 bzw. S. 14, Aufgabe 65.

31 Vgl. BAER: Magermilchbande, und FÄHRMANN: So weit die Wolken, gut recherchierte Jugendbücher.

32 LEMKE MUNIZ DE FARIA, S. 13 und 27; sowie POMMERIN.

33 PFUNDTNER – NEUBERT, Deutsches Reichsrecht 1933-1945. Verfassungs- und Öffentliches Recht. München. Loseblattsammlung. Nr. 14, nach RGBl. 1933, I, S. 987.

34 Hitler: Mein Kampf, S. 272.

35 STOLZE: Innenansicht, S. 90.

36 DÖRR: Wer die Zeit, 1, S. 290, 341.

37 STERN: Uns wirft nichts mehr um, S. 45.

38 KLESSMANN: Staatsgründung, S. 311, Foto 9; das Folgende ebd., S. 314, Foto 14.

39 DÖRR: Wer die Zeit, 1, S. 270-296, hier S. 286.

40 Vgl. die Faksimilia in ELKIN: Das Jüdische Krankenhaus, S. 65 und 73.

41 PFEIL, Elisabeth: Der Flüchtling. Gestalt einer Zeitenwende. Hamburg 1948, S. 55.

42 SCHWARTZ: Ethnische „Säuberung“, S. 533-538.

43 RGBl. 1938, I, S. 437.

44 Meyers Lexikon, 1 (1936) Sp. 1287-1301. Veröffentlichung des Gesetzes in RGBl. 1933, I, S. 529 f.; vgl. Gesetze des NS-Staates, Nr. 61, S. 113-117.

45 Meyers Lexikon, 1 (1936) Sp. 745.

46 Meyers Lexikon, 9 (1942) Sp. 21-76, mit Tafeln I-VIII, hier S. 60.

47 STOLZE: Innenansicht, S. 60 f., 62 f.

48 Meyers Lexikon, 3 (1937) Sp. 441.

49 Gesetze des NS-Staates, Nr. 64, S. 120. – Zum Folgenden: Ehetauglichkeitszeugnis, ebd. Nr. 62, S. 117 f. Aufgrund des Gesetzes zur Verhütung erbkranken Nachwuchses wurden bis 1945 etwa 400.000 Menschen zwangssterilisiert; BREIDING, S. 226.

50 Nationalpolitische Übungsstoffe, S. 10 f., Nr. 23-29. Auf S. 22, Nr. 73 heißt es: „Einige Merkmale der jüdischen Rasse vererben sich überdeckend“; es folgen sechs Aufgaben. – Zu ‚Juden‘, ‚Halb-‘ sowie ‚Vierteljuden‘ vgl. Meyers Lexikon, 9 (1942) Sp. 62 f. - An Universitäten wurden eigens Vollversammlungen zum Thema „Erb- und Erscheinungsbild des Psychopathen“ und „Erbpflege im Dritten Reich“ einberufen. In Heft 29 und 30 der ‚Kriegsvorträge‘, Bonn 1941, sind diese Vorträge veröffentlicht.

51 ZÜRNDORFER, S. 39.

52 Meyers Lexikon, 4 (1938) Sp. 1056.

53 Anordnung des Reichsinnenministers, zitiert in: Gemeinschaftsfremde, S. 190.

54 Adelheid Gräfin zu Castell Rüdenhausen: Familienpolitik zwischen ‚Auslese‘ und ‚Ausmerze‘, in: Das Dritte Reich. Ein Lesebuch, S. 93-96. – DÖRR: Wer die Zeit, 3, S. 533. – Meyers Lexikon, 6 (1939) Sp. 1093, mit Abb.

55 Gemeinschaftsfremde, Nr. 131 (30. 6. 1942), S. 311. Streit um das Mutterkreuz: WEYRATHER, S. 119-130.

56 Kinderalltag, S. 85.

57 Weyrather, S. 172.

58 Jugendlexikon NS, S. 130. – Gertrud Scholtz-Klink (1902-1999; seit 1934 Reichsfrauenschaftsführerin) hatte als Ziel verkündet, „aus der guten Masse der deutschen Frauen dem Führer einen Apparat zu bilden, ein Instrument, das auf jeden Wink bereitsteht"; Klee: Personenlexikon, S. 557.

59 Weyrather, S. 198.

60 Meyers Lexikon, 6 (1939) Sp. 1085 f.

61 Änderungsgesetz zum Gesetz zur Verhütung erbkranken Nachwuchses vom 26. Juni 1935; Schmuhl, S. 163.

62 Dieselbe Doppelstrategie verfolgte das Regime, als es 1943 den § 218 StGB verschärfte, für Ostarbeiterinnen aber lockerte; s.u. S. 182.

63 Breiding, S. 274 f.

64 Buske: Fräulein Mutter, S. 173, 176.

65 Vgl. Heil Hitler, Herr Lehrer, S. 170, Abb.: Ein Plakat der Deutschen Reichsbahn: „Erst siegen – dann reisen!" Im Vordergrund Zivilisten mit Koffern und ein Soldat; über der einfahrenden Lok der Schriftzug: „Denke daran: Räder müssen rollen für den Sieg".

66 1942 lag die Zahl der Geburten nur wenig über der von 1933; Lilienthal, S. 228.

67 Jugendlexikon NS, S. 131.

68 Alltag in Ostpreußen ... Lageberichte, S. 214, zum 29. 6. 1942.

69 Dörr: Wer die Zeit, 1, S. 49. – Zum Folgenden, „kaum sieben Wochen", ebd. 2, S. 149.

70 Lilienthal, S. 43.

71 Faksimile in http://www.ns-archiv.de.

72 Zu Heß vgl. Lilienthal, S. 133, Anm. 7, zu Faulhaber ebd. S. 134, Anm. 9. – Das Statistische Jahrbuch des Deutschen Reiches enthält seit 1940 keine Angaben mehr zu unehelich geborenen Kindern; sollten Christen keinen Grund haben, das Regime der Schwächung christlicher Ehemoral zu bezichtigen?

73 Vgl. Lilienthal, S. 260: Karte zu den Heimen; S. 229: bis 30. 9. 1943 nach erhalten gebliebenen Akten 5.047 Geburten, geschätzte Gesamtzahl 8.000. - Das Jugendlexikon NS, S. 117 f., geht von etwa 11.000 Kindern aus, davon außerehelich vor 1940 etwa 80 %, nach 1940 etwa 50 %. Nach Lilienthal, S. 73, übernahm der Verein von November 1941 bis Mai 1942 nur bei knapp 20 % der unehelichen Kindern die Vormundschaft.

74 Dörr: Wer die Zeit, 2, S. 173 f.

75 Lilienthal, S. 43, 79 und 89.

76 Lilienthal, S. 103. – Im Folgenden, Aktenvernichtung, ebd., S. 153.

77 Kjendsli, S. 46 Faksimile des Rundbriefs vom Oktober 1939.

78 Olsen, S. 28. Zum Folgenden ebd. S. 56, 41 und 51, sowie Kjendsli, S. 51 Karte.

79 Olsen, S. 47. Nach Kjendsli, S. 39, waren in Norwegen 9.000 Kinder mit norwegischer Mutter und deutschem Vater registriert.

80 Kjendsli, S. 60. Das Schicksal dieses Kindes war der Anstoß zu ihrem Buch.

81 Johr: Die Ereignisse in Zahlen, in: BeFreier und Befreite, S. 46-73.

82 Der Lebensborn unterhielt in Belgien, Frankreich und Österreich je ein Entbindungsheim, sowie in Luxemburg und Österreich je ein Kinderheim; vgl. Lilienthal, S. 260-262, mit Karte.

83 Lilienthal, S. 35, Rede vor SS Gruppenführern am 8. 11. 1938.

84 NSV, in: Meyers Lexikon, 8 (1940), Sp. 155.

85 NSV, in: Handwörterbuch der Wohlfahrtspflege (1939), Sp. 766-778.

86 Weyrather, S. 104, zur Ablehnung eines Antrags, das Mutterkreuz zu verleihen.

87 Vorländer, Nr. 165.

88 Geheimanordnung vom 30. Juli 1941, in: Hammerschmidt, S. 428. Das Folgende ebd., S. 538.

89 Vorländer, S. 181: Das Winterhilfswerk war 1931, zur Zeit der großen Arbeitslosigkeit gegründet worden; Goebbels machte es zu einem Machtfaktor; bei Kriegsende besaß es 1,1 Milliarden RM in bar und 250 Millionen RM in Reichsschatzanweisungen.

90 Vorländer, Nr. 208.

91 Allein in Baden zählte dieses Werk 1935, im ersten Jahr nach der Gründung, 19 besoldete und 2.033 ehrenamtliche Mitarbeiter; 1937 (1. 1. – 30 9.) waren 297 besoldet, und 2.376 arbeiteten ehrenamtlich. Statistisches Jahrbuch ... Baden, S. 320.

92 Meyers Lexikon, 9 (1942), Sp. 924 f.

93 Buske: Fräulein Mutter, S. 166. – Im Folgenden, der Fall aus Brake, ebd. S. 168.

94 Breiding, S. 222 und 227.

95 Hansen: Wohlfahrtspolitik, S. 156. – Zum Folgenden Norbert Ohler: Die Gemeinden im 19. und 20. Jh. In: Teningen ... Ein Heimatbuch. Hrg. Peter Schmidt. Teningen 1990. S. 337-466, hier S. 418.

96 Erlaß des Reichsinnenministers vom 18. 8. 1939; Breiding: Die Braunen Schwestern, S. 292. – Vgl. Hebammen, in: Meyers Lexikon, 5 (1938) Sp. 962 f. zu Aus- und Fortbildung, Arbeitsauftrag usf.

97 Schmuhl, S. 183.

98 Waltraud Dumont du Voitel: Hebammen im Odenwald. In: Rituale der Geburt. Eine Kulturgeschichte. Hrg. Jürgen Schlumbohm. München 1998, S. 320 f.

99 Hansen: Wohlfahrtspolitik, S. 168: Ende 1943 arbeiteten in Krankenhäusern etwa 62.000 konfessionell gebundene sowie 46.000 NSV- und Rote-Kreuz-Schwestern.

100 Breiding, S. 225; S. 290-303 zur Beteiligung der NS-Schwestern an der ‚Euthanasie'.

101 Klemperer, Victor: LTI [Lingua Tertii Imperii, Sprache des Dritten Reiches]. Notizbuch eines Philologen. Leipzig 1975, S. 43.

102 Deutsches Lesebuch ... 3. und 4. Schuljahr, S. 270, unter ‚Feuersprüche'. – Gestickt auf den Wandbehang einer Staatslehrerinnenbildungsanstalt; Johansen: Betrogene Kinder, S. 201.

103 Meyers Lexikon, 2 (1937), Sp. 1288.

104 Akten deutscher Bischöfe ... 5, Nr. 647, Eintrag vom 15. 4. 1941.

105 Schreiben vom 17. 5. 1941, in: Vorländer, Nr. 272.

106 Akten deutscher Bischöfe ... 5, Nr. 655 und 678, S. 359 bzw. 491.

107 Insgesamt 30.899 mit etwa 1,5 Millionen Kindern; Benze: Erziehung (1943), S. 24. Vgl. Bookhagen, Rainer: Die evangelische Kinderpflege und die Innere Mission in der Zeit des Nationalsozialismus. Göttingen Band 1: 1933 bis 1937, Mobilmachung der Gemeinden. 1998, S. 20, Anm. 57, mit Literatur und Quellen.

108 Adelheid Gräfin zu Castell Rüdenhausen: «Nicht mitzuleiden, mitzukämpfen sind wir da!» Nationalsozialistische Volkswohlfahrt im Gau Westfalen-Nord, in: Die Reihen fast geschlossen, S. 223-243, hier S. 227.

109 Eder, Hätte die Kirche ..., S. 371.

110 Vorländer, S. 70. – Das Folgende, „kaum angenommen", Kinderalltag, S. 96.

111 Haarer, Johanna: Mutter, erzähl von Adolf Hitler! Ein Buch zum Vorlesen, Nacher-

zählen und Selbstlesen für kleinere und größere Kinder. 4. Aufl., 49.-78. Tsd. München 1941, S. 5.

112 Haarer, Johanna: Die deutsche Mutter und ihr erstes Kind. 500.-532. Tsd. München (u.a.) 1943, S. 262, 274.

113 Die deutsche Volksschule … Kluger, 1940, S. 104. – Zum Folgenden: „gleiche Schulbank", ebd., S. 81.

114 Stolze: Innenansicht, S. 19-21.

115 Heil Hitler, Herr Lehrer, S. 168.

116 Benze: Erziehung (1943), S. 14.

117 Schule, in: Meyers Lexikon, 9 (1942) Sp. 1267-1269, hier Sp. 1268. – Fotos in: Heil Hitler, Herr Lehrer, S. 69 Schule, S. 81 Deckblatt einer Fibel mit Grafik vom Fahnenappell.

118 Die deutsche Volksschule … Kluger, 1940, S. 146; S. 153 Erlaß vom 20. 1. 1934 zu Strafen.

119 Meyers Lexikon, 2 (1937) Sp. 1288.

120 Zürndorfer, S. 40.

121 Mann: Zehn Millionen Kinder, S. 49.

122 Rede vom 23. 4. 1923. In: Weltkriege und Revolutionen, Nr. 335 a, S. 296.

123 Die deutsche Volksschule … Kluger, 1940, S. 84. – Zum Folgenden: „Wehrhaftigkeit", ebd. S. 106; „Hausfrau und Mutter" ebd. S. 110; ‚Hauswirtschaft' ebd. S. 136-138, Erlasse zum ‚Hauswerk', meist aus der Zeit vor 1933, S. 314-318. Auf S. 373 wird kurz ein Lehrgang in Säuglingspflege gefordert. Zu den übrigen Fächern vgl. die ‚Richtlinien', ebd. S. 125-129.

124 Alltag unterm Hakenkreuz, 1, S. 89, nach: Berwersdorff/Sturhann: Rechenbuch für Knaben und Mädchen – Mittelschulen sowie Anstalten mit verwandten Zielen. Heft 4/5, 1935, S. 106 f., 111.

125 Die deutsche Volksschule … Kluger, 1940, S. 112.

126 Politische Erziehung, in: Meyers Lexikon, 8 (1940), Sp. 1295.

127 Meyers Lexikon, 9 (1942) Sp. 1272. – Nach Dörr: Wer die Zeit, 1, S. 338 belief sich das Schulgeld für die Oberschule auf 10 RM pro Monat; es gab auch Schuldgelderlaß.

128 Die deutsche Volksschule … Kluger, 1940, Sp. 92-97, Zitat S. 92.

129 Vgl. Von Stalingrad (Blessing), S. 31, zum Schulkampf der Jahre 1936–1938.

130 Koedukation, in: Meyers Lexikon, 6 (1939) Sp. 1258.

131 Schulwesen in Deutschland, in: Meyers Lexikon, 9 (1942) Sp. 1282-1284, hier Sp. 1282. – Die deutsche Volksschule … Kluger, 1940, S. 85. – Vereinzelt entstanden neue Schulformen; so wurde 1940 in Frankfurt/M. ein musisches Gymnasium gegründet; Benze: Erziehung, S. 57 f., mit Stundentafeln. - Nach Wikipedia gab es von 1941 bis 1945 ein Musisches Gymnasium auch in Leipzig, vor allem für Mitglieder des Thomanerchors. Musik war für die Schüler Hauptfach (wie auch in dem musischen Gymnasium in Frankfurt); jeder Schüler erlernte zwei Instrumente.

132 Handbuch der deutschen Bildungsgeschichte, V, S. 200 f. (B. Zymek). - Akten der deutschen Bischöfe ... 5, Nr. 546, 578, 667, 786 u. ö.

133 Alltag unterm Hakenkreuz, 3, S. 113.

134 Benze: Erziehung (1943), S. 12.

135 Meyers Lexikon, 6 (1939) Sp. 619.

136 Heil Hitler, Herr Lehrer, S. 168. – Bernd Zymek: Schule im Zweiten Weltkrieg, in: Das Dritte Reich. Ein Lesebuch, S. 237-241, hier S. 240.

137 Göppingen unterm Hakenkreuz, S. 191. Die Liste ist hier nach Aufsatzarten umgruppiert; die Zahlen 1 bis 7 verweisen auf Klassenstufen.

138 DÖRR: Wer die Zeit, 1, S. 287-289 Abdruck eines Aufsatzes zu diesem Thema.

139 HELLFELD/KLÖNNE, S. 226 f. - Unter ‚Bonzen' verstand man im allgemeinen Funktionäre der NSDAP und ihrer Gliederungen.

140 Abends ... Kinderbriefe, S. 49 und 51.

141 Aus einer Sammlung von Schülererinnerungen an Rudolf Giers, bis 1943 Lehrer an der Oberrealschule in Hamm (Westf.), S. 30.

142 DÖRR: Wer die Zeit, 2, S. 332.

143 BRUYN: Zwischenbilanz, S. 145.

144 FELLER, S. 47 zu den AHS. Vgl. MOSER: Reichenau, S. 7 Grafik zum Aufbau von AHS und Napola sowie zur Weiterbildung der Schulabgänger; ferner Jugendlexikon NS, S. 149 f.

145 Nach MOSER: Eliteerziehung, S. 429, waren bis 1941 aus dem Kampf gegen kirchliche und private Internate bereits 61 Deutsche Heimschulen hervorgegangen. – Vgl. POENSGEN, R.: Die Schule Schloß Salem im Dritten Reich, in: VjZG 44 (1996) S. 25-54.

146 SIEDLER, Wolf Jobst: Ein Leben wird besichtigt. In der Welt der Eltern. Berlin 2000, S. 170. Siedler war Schüler eines Landerziehungsheimes, der Hermann Lietz-Schule Spiekeroog.

147 Die deutsche Volksschule … KLUGER, 1940, S. 400.

148 MOSER: Reichenau, S. 17.

149 SCHOLTZ: NS-Ausleseschulen, S. 169.

150 Ausnahmen waren möglich; so sollten die AHS Söhne „alter Kämpfer" bevorzugen, d.h. der Männer, die schon vor der ‚Machtergreifung' 1933 der NSDAP oder einer ihrer Gliederungen angehört hatten; BENZE: Erziehung (1943), S. 62, 155. – Im Folgenden, zu den Prüfungen, FELLER, S. 95, 97; zur Napola Reichenau MOSER: Reichenau, S. 27.

151 SCHOLTZ, S. 199.

152 Hellmut KASAREK, in: Wir waren Hitlers Eliteschüler, S. 187. – Zum Folgenden BENZE: Erziehung (1943), S. 14. - Jugendlexikon NS, S. 71.

153 MOSER: Reichenau, S. 14, 91 ff. – MOSER: Eliteerziehung, S. 435. – SCHOLTZ: NS-Ausleseschulen, S. 407. - Napola-Lehrer fanden nach der Entnazifizierung in den westlichen Besatzungszonen oft wieder eine Anstellung im Schuldienst. Nicht wenige AHS-Lehrer mußten sich einen neuen Beruf suchen, da ihnen eine reguläre pädagogische Ausbildung fehlte.

154 Wir waren Hitlers Eliteschüler, S. 184.

155 Die deutsche Volksschule … KLUGER, 1940, S. 398 f.

156 BENZE: Erziehung (1943), S. 62.

157 FELLER, S. 103.

158 MOSER: Reichenau, S. 27.

159 SCHOLTZ, S. 341 f.

160 In Oberösterreich gab es eine Mädel-Napola für die Unter- und eine für die Oberstufe, in Türnitz bzw. Hubertendorf.

161 MOSER: Eliteerziehung, S. 426-435.

162 Meyers Lexikon, 5 (1938) Sp. 609.

163 Der Nationalsozialismus, Dokumente, Nr. 45, S. 87 f.

164 So A. Stohr, Bischof von Mainz, am 28. 7. 1941, in: Akten deutscher Bischöfe ... 5, Nr.

678, S. 488-491, hier S. 489. - Die Verkündung des HJ-Gesetzes sollte die Auflösung kirchlicher Jugendverbände besiegeln, die das Regime kurz nach dem mit dem Hl. Stuhl geschlossenen Konkordat (20. 7. 1933) ins Werk gesetzt hatte.

165 HELLFELD/KLÖNNE, S. 249 f.

166 In: Die deutsche Volksschule … KLUGER, 1940, S. 48-52. – HELLFELD/KLÖNNE, Nr. 53, S. 137-141. – Im Folgenden, zu den Strafen, vgl. HELLFELD/KLÖNNE, S. 252.

167 Vgl. WAGNER: Die NSDAP auf dem Dorf.

168 17. 6. 1943, Bayern in der NS-Zeit, 1, S. 579.

169 Nachweis nicht mehr auffindbar; wahrscheinlich in: Uns rufet die Stunde.

170 HELLFELD/KLÖNNE, S. 35.

171 JOHANSEN: Betrogene Kinder, S. 211. – Im Folgenden, die Zustimmung, Jugendlexikon NS, S. 91.

172 Heil Hitler, Herr Lehrer, S. 175. - Abb. von HJ- und BDM-Uniformen ebd., S. 78.

173 Rechenbuch ... IV, S. 64.

174 HUBER: Jugend, S. 69.

175 Kinderalltag, S. 107: 67 Väter kamen auf 50-100 RM, 136 auf 100-150 RM, 48 auf mehr als 200 RM; die übrigen wußten nicht, wieviel ihr Vater verdiente.

176 Gebrannte Kinder, 2, S. 137.

177 Abends ... Kinderbriefe, S. 67 f. – Foto in: Heil Hitler, Herr Lehrer, S. 153. – Anschauliche Schilderung in STOLZE: Innenansicht, S. 26-34. – Vgl. auch GÖHRI, S. 106.

178 Heil Hitler, Herr Lehrer, S. 175.

179 Vgl. DÖRR: Der Krieg, 1, S. 558 f., Anm. 37.

180 EDER: Hätte die Kirche, S. 372.

181 DÖRR: Der Krieg ..., 1, S. 537, Anm. 13.

182 Nach: Gebrannte Kinder, 2, S. 89. Ebd. das Zitat „eigenartig zumute".

183 HELLFELD/KLÖNNE, Nr. 46, S. 120 f.; nach: Lieder für die Landjugend, 1936, S. 21. - Ob man ursprünglich „gehört" gesungen hat oder, harmloser, „da hört uns Deutschland", kann hier offen bleiben.

184 Vgl. Handbuch der deutschen Bildungsgeschichte, V, S. 29 (H. EICHBERG).

185 BOBERACH: Jugend, S. 65.

186 BENZE: Erziehung (1943), S. 14. - Jugendlexikon NS, S. 71.

187 HELLFELD/KLÖNNE, S. 264. – Als Hoheitsträger bezeichnete man die Leiter auf den Ebenen der NSDAP, vom Block über Zelle, Ortsgruppe, Kreis, Gau bis zum Reich. Vgl. das Schaubild in Jugendlexikon NS, S. 136.

188 Baldur von Schirach, 1907-1974. Seit 1925 Mitglied der NSDAP, 1931 Jugendführer der NSDAP, 1933-1940 Reichsjugendführer, 1940-1945 Gauleiter und Reichsstatthalter in Wien, 1946 vom Internationalen Militärgerichtshof in Nürnberg zu 20 Jahren Haft verurteilt, bis 1966 inhaftiert.

189 In: Meyers Lexikon, 6 (1939) Sp. 613 f.; dort auch das folgende Zitat.

190 KRIECK: Nationalpolitische Erziehung, 1938, S. 113.

191 Abends ... Kinderbriefe, S. 24.

192 MANN: Zehn Millionen Kinder, S. 30 f.

193 Am 1. 9. 1939 zählte die HJ 8,7 Millionen Mädchen und Jungen; von denen waren 8,8 % als ‚Führer' tätig; das wären 765.600. In: Das Deutsche Reich und der Zweite Weltkrieg, 9/1, S. 103 Tab., S. 121.

194 STERN: Uns wirft, S. 32. – Im Folgenden zu Klaus Krüger, in: Gebrannte Kinder, 2, S. 140-143.

195 Ursprünglich ,kleiner Furz'. KLUGE: Etymologisches Wörterbuch der deutschen Sprache. 23. Aufl. Berlin, New York 1995, S. 632
196 Prüfungsaufgaben nach HUBER: Jugend, S. 95.
197 DÖRR: Wer die Zeit, 1, S. 275. – Zum Folgenden: Kinderkleidung, ebd. S. 235.
198 HELLFELD/KLÖNNE, Nr. 81, S. 205-211 Schulungsmaterial der HJ, 1941. – Jugendlexikon NS, S. 87 f.
199 Heil Hitler, Herr Lehrer, S. 210; ebd. S. 164, Foto von ,Angetreten'. – Zu Gepäck-, Leistungs-, Schweige- und anderen Märschen vgl. HELLFELD/KLÖNNE, Nr. 35, S. 99-101; MANN: Zehn Millionen Kinder, S. 143.
200 Alltag unterm Hakenkreuz, 1, S. 45 f.
201 DÖRR: Wer die Zeit, 3, S. 203. – Zum Geländesport vgl. Abends ... Kinderbriefe, S. 25
202 SCHMITZ-BERNING, S. 88.
203 DÖRR: Wer die Zeit, 3, S. 528, Anm. 80.
204 Meyers Lexikon, 6 (1939) Sp. 613.
205 HUBER: Jugend, S. 190-192. – Zum folgenden, Heimabend, ebd. Nr. 27: Foto einer BDM-Nähstube.
206 DÖRR: Wer die Zeit, 1, S. 328. – Das folgende Zitat aus Gebrannte Kinder, 2, S. 146.
207 Vgl. Die Mädel in der sozialen Arbeit, in: Meyers Lexikon, 6 (1939) Sp. 629-631. - DÖRR: Wer die Zeit, 1, S. 291 Programm für den BDM-Dienst.
208 Abends ... Kinderbriefe, S. 22. Die von Liese „Flüchtlinge" Genannten gehörten zu den Volksdeutschen, die das NS-Regime ,heim ins Reich' geholt hatte, s.u. S. 44.
209 Meyers Lexikon, 6 (1939) Sp. 613.
210 Alltag unterm Hakenkreuz, 3, S. 71. - Jugendlexikon NS, S. 80. – Heil Hitler, Herr Lehrer, S. 168. – DÖRR: Wer die Zeit, 3, S. 531 f.
211 Vgl. REICHEL: Der schöne Schein. Das Foto aus dem Jahr 1938 findet sich im Bildanhang (ohne Seiten- oder Abbildungszahl). - HUBER: Jugend, Foto Nr. 29.
212 Hitler: Mein Kampf, S. 457 f.
213 HUBER: Jugend, S. 111. – Zum Folgenden, „wichtigste Erziehungsform", S. 181 f., zu „Tagesdienst" S. 107, Besonderheiten S. 107-110.
214 HELLFELD/KLÖNNE, Nr. 45, S. 115-120 Anweisungen zum Lagerschulungsplan, vom 8. 7. 1937.
215 HUBER: Jugend, S. 184 f.; ebd. das folgende Zitat.
216 HELLFELD, KLÖNNE, Nr. 50, S. 128.
217 MANN: Zehn Millionen, S. 193.
218 Meyers Lexikon, 6 (1939) Sp. 619. – Vgl. HELLFELD/KLÖNNE, S. 92.
219 Die deutsche Volksschule ... KLUGER, 1940, S. 47. „Die HJ ist ... deutsch" auch in: Meyers Lexikon, 6 (1939) Sp. 619. – Zum Verlangen in der Nachkriegszeit, soziale Schranken zu überwinden, vgl. Von Stalingrad, S. XXXIV.
220 Meyers Lexikon, 6 (1939) Sp. 623-635.
221 Die Hitlerjugend und ihr Selbstverständnis, S. 115-145, 191-226.
222 Das junge Deutschland 1943, Heft 1/2, nach: Die Hitlerjugend und ihr Selbstverständnis, Anhang S. 1 und 3 sowie S. 17.
223 Von Stalingrad, (HOLTMANN), S. 201.
224 HELLFELD/KLÖNNE, S. 32-60, 92-141. – Heil Hitler, Herr Lehrer, S. 168.
225 Die Hitlerjugend und ihr Selbstverständnis, S. 57.
226 Nach einer Informationsbroschüre für Eltern, veröffentlicht in http://www.johannisberg-web.de/johannisberg/johannisberg_landjahr.htm. Zur Geschichte des Landjah-

res vgl. Edith NIEHUIS: Das Landjahr. Eine Jugenderziehungseinrichtung in der Zeit des Nationalsozialismus. Nörten-Hardenberg 1984, S. 39-65 zur Auseinandersetzung der Landerzieher mit der HJ.

227 PATEL, S. 117: 1939 verfügte der RAD über 559 Millionen, 1944 noch über 456 Millionen RM Haushaltsmittel.

228 § 1 des oben genannten Gesetzes. In: HAFENEGER, Benno: „Alle Arbeit für Deutschland". Arbeit, Jugendarbeit und Erziehung in der Weimarer Republik, unter dem Nationalsozialismus und in der Nachkriegszeit. Köln 1988. Nr. VIII, S. 245.

229 300.000 bzw. 25.000; Jugendlexikon NS, S. 158 f. - Vgl. Frauenarbeitsdienst, in: Meyers Lexikon, 4 (1938) Sp. 618 f. – BENZE: Erziehung (1943), S. 69-72.

230 WATZKE-OTTE, S. 105.

231 PATEL, S. 230. – Weitere Aussagen zum RAD ebd. S. 216 („vom Ich zum Wir"), S. 219 f. Lagerplan, S. 215 Zitat Hierl.

232 Brief vom 5. 5. 1943 an ihre Familie, in: Unsere verlorenen Jahre, S. 23 und S. 27; zum Folgenden: unten „unsäglich schmutzig", ebd. S. 19.

233 PATEL, S. 263.

234 WATZKE-OTTE, S. 331.

235 WATZKE-OTTE, S. 21, Resumée der in den 1980er Jahren geführten Interviews; ebd. S. 131 Zitat „ich war neugierig"; S. 136 Zitat „Du als Offizier".

236 „Das Gesicht des Arbeitsdienstes für die weibliche Jugend" ist eine ohne Impressum und ohne Datum herausgegebene Zeitschrift. Zwei Hefte sind im Besitz der Autoren, in einem davon S. 8 dieser Artikel.

237 PATEL, S. 353.

238 Jugendlexikon NS, S. 185 f.

239 Abends ... Kinderbriefe, S. 23; die folgenden Zitate aus Lieses Briefen S. 24, S. 18, Rosemarie: S. 49 f. - Zur Propaganda im Radio: REICHEL: Der schöne Schein, S. 169-171.

240 Liese, 14 Jahre alt, am 13. 9. 1939, in: Abends ... Kinderbriefe, S. 22.

241 STERN: Uns wirft nichts mehr um, S. 34.

242 BUCH: Wir Kindersoldaten, S. 97.

243 Brief vom 3. 6. 1940, in: Abends ... Kinderbriefe, S. 56.

244 Abends ... Kinderbriefe, S. 241 f., 17. bzw. 25. 11. 1943.

245 Abends ... Kinderbriefe, S. 86. - Vgl. ECHTERKAMP: Propaganda als Waffe, S. 17-22.

246 Abends ... Kinderbriefe, S. 154 (Trudel, * 1931). – Vgl. SCHMITZ-BERNING, S. 623 f. zu ‚V 1', S. 627 f. zu ‚Vergeltung'.

247 Hans, * 1935, 19. 11. 1944, in: Abends ... Kinderbriefe, S. 159. – „Letzte V 2" Als Feuer vom Himmel fiel, S. 60.

248 6. 4. 1943, in: Abends ... Kinderbriefe, S. 189.

249 Abends ... Kinderbriefe, S. 264: 30 Milliarden. – DÖRR: Wer die Zeit, 2, S. 175: 40 Milliarden.

250 Abends ... Kinderbriefe, S. 247.

251 Rosemarie, * 1927, am 2. bzw. 24. 6. 1940; in: Abends ... Kinderbriefe, S. 55, 58.

252 Abb. eines solchen Briefumschlags auf dem Bucheinband von DÖRR: Wer die Zeit, 2; vgl. ebd. S. 150.

253 Gebrannte Kinder, 2, S. 247. – Vgl. DÖRR: Der Krieg, 2, S. 113-116.

254 Vor fünfzig Jahren, S. 67 Foto: Schlange vor einer Wasserpumpe, inmitten von Ruinen. – Vgl. DÖRR: Wer die Zeit, 2, S. 285.

255 Abends ... Kinderbriefe, S. 160.

[256] Vgl. Humanität und Diplomatie, S. 206 zu Köln, 21. 7. 1943.
[257] Abends ... Kinderbriefe, 17. 10. 1939, S. 97.
[258] Alltag in Ostpreußen ... Lageberichte, S. 121, 259, 270, 304.
[259] DÖRR: Der Krieg, 1, S. 48, Brief vom 4. 2. 1941.
[260] HUBER: Erinnerungen, 1, S. 21, und Erinnerungen 2, S. 50.
[261] Fotos in: Heil Hitler, Herr Lehrer, S. 190 f. – Vgl. BENZE: Erziehung (1943), S. 99 f.
[262] Trudel, * 1931, 27. 2. 1944, in: Abends ... Kinderbriefe, S. 150. – Vgl. DÖRR: Der Krieg, 1, S. 47-61. - Flak ist die Abkürzung von Flugabwehrkanone.
[263] Gebrannte Kinder, 2, S. 25.
[264] BOOG: Die strategische Bomberoffensive, S. 780. Die mit Aluminium beschichteten Papierstreifen sollten größere Feindverbände vortäuschen und Jäger umsonst starten lassen.
[265] HUBER, Erinnerungen, 1, S. 27.
[266] Abends ... Kinderbriefe, S. 21; Brief vom 13. 9. 1939.
[267] Vgl. Erhard SCHÜTZ, Thomas WEGMANN: Tonfilm und Fernsehen bis 1945. In: Handbuch der deutschen Bildungsgeschichte, V, S. 402 f. Kinder- und Jugendfilm.
[268] In: Abends ... Kinderbriefe, S. 56.
[269] BLITZMÄDEL, S. 79.
[270] W. Churchill, Premierminister von Großbritannien, 1940-1945; F. D. Roosevelt, Präsident der USA, 1933-1945; Stalin, Diktator der UdSSR seit den 1920er Jahren, † 1953; Tito, Anführer von Guerillatruppen auf dem Balkan seit 1941, † 1980.
[271] Wilfried BREYVOGEL, Thomas LOHMANN: Schulalltag im Nationalsozialismus, in: Die Reihen fast geschlossen, S. 199-221, hier S. 200.
[272] Akten deutscher Bischöfe ... 5, Nr. 614, 26. 11. 1940, S. 266 ff.
[273] Abends ... Kinderbriefe, S. 105 f.
[274] Heil Hitler, Herr Lehrer, S. 196.
[275] 11. 3. 1944, in: Abends ... Kinderbriefe, S. 215.
[276] Vor fünfzig Jahren, S. 32.
[277] In: Abends ... Kinderbriefe, S. 155.
[278] HUBER: Erinnerungen, 2, S. 32.
[279] Heil Hitler, Herr Lehrer, S. 192-201.
[280] Den Autoren dieses Buches liegt ein solches Zeugnis vor.
[281] BUCH: Wir Kindersoldaten, S. 148 Faks. – Vgl. Handbuch der deutschen Bildungsgeschichte, V, S. 201 (B. ZYMEK).
[282] Abends ... Kinderbriefe, S. 106, 108.
[283] Alltag unterm Hakenkreuz, 1, S. 90 f., nach BERWERSDORFF/STURHANN: Rechenbuch für Knaben und Mädchen – Mittelschulen sowie Anstalten mit verwandten Zielen. Heft 4/5, S. 106 f., 111.
[284] Als Feuer vom Himmel fiel, S. 29, 36. – UEBERSCHÄR: Freiburg, S. 99-119, 194-203. – Der Luftkrieg über Deutschland, S. 18.
[285] BOOG: Die strategische Bomberoffensive, S. 778. – Die folgende Aussage ebd., S. 786.
[286] Die Äußerung, die unter dem Eindruck des Beschusses durch ‚V 1' und ‚V 2' erfolgte, findet sich in einer Denkschrift vom 6. 7. 1944, zitiert in: Als Feuer vom Himmel fiel, S. 27. – Vgl. BÖLSCHE: Eine Frage der Mode, S. 132. – W. Churchill, 1940/41 als Premierminister der Hauptgegner Hitlers, wurde 1955 in Aachen mit dem Karlspreis geehrt.
[287] Als Feuer vom Himmel fiel, S. 29.

288 Als Feuer vom Himmel fiel, S. 70-73. – Der Luftkrieg über Deutschland, S. 19, 189.

289 Berlin 29 Angriffe, Braunschweig 21, Ludwigshafen und Mannheim 19, je 18 auf Kiel, Köln, Frankfurt/M., je 16 auf Hamburg und Münster. Bezogen auf die Bausubstanz machten die Zerstörungen in Heidelberg und Konstanz 0-1 % aus, in Duisburg, Friedrichshafen und Groß-Berlin um die 50 %, in Freiburg und Dresden etwa 66 %, in Köln, Emden und Mainz etwa 75 %, in Düren fast 100 %; nach KLESSMANN: Staatsgründung, S. 45 bzw. Nr. 8, S. 354.

290 Der Luftkrieg über Deutschland, S. 39, 42.

291 Es ist der 572. Eintrag seit dem 1. 1. 1945. Der letzte auf den Angriff vom 19. 4. bezogene Eintrag hat die Nummer 736. In dieser Reihe sind 22 Kinder bis zu 12 Jahren genannt; sieben davon sind an ‚normalen' Krankheiten verstorben.

292 Das Deutsche Reich und der Zweite Weltkrieg, 9/1, S. 67.

293 ZIMMERMANN: Die deutsche militärische Kriegführung, S. 277-489; S. 292 zum *Moral Bombing*. – Zu dessen Rechtfertigung durch Harris vgl. BOOG: Die strategische Bomberoffensive, S. 796 f.

294 Im Spanischen Bürgerkrieg griff die deutsche Luftwaffe am 26. 4. 1937 die Stadt Guernica an; etwa 200 (?) Zivilisten starben. Das NS-Regime beschuldigte „die Bolschewisten" der Untat und fand bei vielen Deutschen Glauben. Es betrachtete den Angriff als eine Übung für den längst geplanten Krieg und als Mahnung, rechtzeitig für vorbeugenden Luftschutz zu sorgen. Acht Tage nach dem Angriff auf Guernica, am 4. Mai 1937, veröffentlichte Hermann Göring, Reichsminister für Luftfahrt, die „Erste Durchführungsverordnung zum Reichsluftschutzgesetz" vom 26. 6. 1935.

295 In München wurde das Verdunkelungsgebot nach 2.177 Nächten am 12. 5. 1945 aufgehoben; nach: 1945 – Ein Jahr, S. 239. – Erspart blieb die Verdunkelung der Stadt Konstanz (Bodensee).

296 Abends ... Kinderbriefe, S. 212. – Vgl. DÖRR: Der Krieg, 1, S. 36 f.

297 Ein ‚Bunkerknacker' – in der Endphase des Krieges wohl in erster Linie gegen U-Boot-Bunker eingesetzt – hat in Hamburg in die zwei Meter (!) dicke Betonwand eines Hochbunkers ein 1,8 x 2,5 Meter großes Loch gerissen; Abb. in Jörg FRIEDRICH: Brandstätten. Der Anblick des Bombenkriegs. Berlin 2003, S. 93.

298 Gertraud L., * 1928, in DÖRR: Wer die Zeit, 3, S. 253.

299 WERNER: Unschuldige Zeugen, S. 39.

300 Lehrer und Schule unterm Hakenkreuz. Dokumente des Widerstands von 1930 bis 1945. Hrg. Hermann SCHNORBACH. Königstein/Ts. 1983, S. 179.

301 DÖRR: Der Krieg, 1, S. 119, Tagebuch Maria B., * 1925.

302 HILSCHER: „Wir haben ja nichts mehr", S. 194.

303 DÖRR: Der Krieg, 1, S. 170.

304 Bernhard ADLER: Vor 60 Jahren. Jugendliche decken das Münsterdach. In: Münsterblatt 11 (2004) S. 33-36.

305 Zum Gesamtgeschehen vgl. BLANK: Kriegsalltag.

306 DÖRR: Der Krieg, 1, S. 152.

307 HUBER: Erinnerungen, 1, S. 81.

308 DÖRR: Der Krieg, 1, S. 110.

309 UEBERSCHÄR: Freiburg, S. 440.

310 Vgl. Dörr: Der Krieg, 1, S. 543, Anm. 23: Beim Großangriff auf Hamburg im Juli 1943 habe kein Kind „geschrieen".

311 29. 4. 1944, in: Abends ... Kinderbriefe, S. 200.

[312] DÖRR: Wer die Zeit, 2, S. 148-151; S. 150: Mit Arbeits-, Wehr- und Kriegsdienst sowie Gefangenschaft „war mein Mann 13 Jahre von mir weg, ohne Berufssoldat zu sein!"

[313] DÖRR: Der Krieg, 1, S. 105 zu Heidenheim. – BLANK: Kriegsalltag, S. 413 zu Münster.

[314] DÖRR: Wer die Zeit, 2, S. 269.

[315] DÖRR: Der Krieg, 1, S. 132.

[316] Abends ... Kinderbriefe, S. 205. - Vgl. DÖRR: Wer die Zeit, 1, S. 95: 14. 10. 44 „Wir sind ein gehetztes Volk geworden, manchen Tag 5 bis 6 Mal Alarm"; ebd. 2, S. 248, 254 f.

[317] Anna FREUD: Kriegskinder. Berichte aus den Kriegskinderheimen „Hampstead Nurseries" 1941 und 1942. Frankfurt/M 1987, S. 29. – Zusammen mit ihrem Vater, dem berühmten Psychoanalytiker, war A. Freud 1938 aus Wien nach London emigriert. Sie hat grundlegende Arbeiten zur Kinderanalyse verfaßt.

[318] DÖRR: Wer die Zeit, 2, S. 251. – Unten, Hebamme mit Stahlhelm, ebd. S. 256.

[319] Vgl. Tobias SCHNEIDER: Bestseller im Dritten Reich. Ermittlung und Analyse der meistverkauften Romane in Deutschland 1933-1944. In: VjZG 52 (2004) S. 77-97. Die auf S. 80-86 gebrachte Tabelle enthält auch viele von Jugendlichen gern gelesene Titel. K. A. Schenzinger belegt die Plätze 1 und 29 (Anilin bzw. Der Hitlerjunge Quex), T. Gulbranssen die Plätze 5 und 6 (Und ewig singen die Wälder bzw. Das Erbe von Björndal), H. Spoerl die Plätze 7 und 19 (Die Feuerzangenbowle bzw. Der Maulkorb). Es folgen I. Seidel: Das Wunschkind (Nr. 16), F. Dahm: Ein Kampf um Rom (Nr. 20), M. Mitchell: Vom Winde verweht (Nr. 35), Karl May: Der Schatz im Silbersee (Nr. 38).

[320] STÜRZBECHER: Hundert Jahre Berliner Krippenverein, S. 44.

[321] UEBERSCHÄR: Freiburg, S. 88-91.

[322] DÖRR: Der Krieg, 1, S. 126: Maria, * 1932, Köln 14. 10. 1944. – Zu Schüler Karl Heinz, ebd., 1, S. 167.

[323] Mainz und Dresden nach HILSCHER: „Wir haben ja nichts mehr", S. 193. – Freiburg nach UEBERSCHÄR: Freiburg, S. 283, Foto dazu S. 285; S. 284 Faks. Karteikarten für unbekannt geborgene Leichen. – Das Ende des Schreckens, gegenüber von S. 81 Foto: Tote in Dresden und brennender Scheiterhaufen mit Leichen.

[324] BOOG: Die strategische Bomberoffensive, S. 794. – Nach dem Angriff war man von bis zu 300.000 Opfern ausgegangen, ein Hinweis auf die Schwierigkeit solcher Schätzungen.

[325] Matthias GRETSCHEL: Als Dresden im Feuersturm versank. Hamburg 2004, S. 150 f. mit 40 faks. Anzeigen.

[326] Als Feuer vom Himmel fiel, S. 77 f.; S. 80: In Hamburg könnten die Bomben seinerzeit etwa 35.000 bis 40.000 Tote gefordert haben.

[327] Vgl. Arena der Leidenschaften, S. 62 f., 414 f. - Die Rede in: Der Nationalsozialismus. Dokumente, Nr. 146, S. 250-252.

[328] In gewaltigen Lettern las man über alle vier Spalten hinweg: „Für die Rettung Deutschlands/und der Zivilisation"; darunter, über drei Spalten: „Dr. Goebbels' Alarmruf:/Nur der stärkste Einsatz, der totalste Krieg/kann und wird die Gefahr bannen./Eine Kundgebung des fanatischen Willens". Daneben in der vierten Spalte der Leitartikel: „Das Volk steht auf". So in: Deutsche Allgemeine Zeitung, Berliner Ausgabe, 19. 2. 1943.

[329] HELLFELD/KLÖNNE, Nr. 62, S. 164-169, hier S. 168.

[330] Undatiert, März 1943, faks. in: WENTRUP.

[331] Gebrannte Kinder, 1, S. 52 f.

[332] RECKER: Wohnen, S. 415. – HEIBEL: Vom Hungertuch, S. 89.

333 Wentrup.

334 Dörr: Der Krieg, 1, S. 128.

335 Heil Hitler, Herr Lehrer, S. 179.

336 Abends ... Kinderbriefe, S. 181, 5. 9. 1943.

337 Baumert: Jugend, S. 40, 113 f.

338 Abends ... Kinderbriefe, S. 181, 5. 9. 43; S. 185, 174. – Im Folgenden, „gekracht" und „Eier", ebd. S. 100, 103. – „getutet" u. a. nach Wentrup.

339 In: Abends ... Kinderbriefe, S. 171.

340 Dörr: Wer die Zeit, 1, S. 273, 25. 4. 1943. – Ebd., S. 276, dieselbe in einem Brief an ihre Eltern, 15. 8. 1943: „Mein Leben heißt Kampf. ... nicht der Kampf eines Christen gegen die Sünde. Es war der Kampf eines Idealisten um das Ideale. Viel habe ich erlebt in meinen 15 Jahren."

341 Steinberg: Bevölkerungsentwicklung, S. 59.

342 Vom Reichsinnenminister am 19. April 1943 verordnet; Klee: Im Luftschutzkeller, S. 121.

343 Klee: Im Luftschutzkeller, S. 45-47.

344 Dörr: Wer die Zeit, 1, S. 85. – Im Folgenden, Bombenweiber, Klee: Im Luftschutzkeller, S. 75.

345 Vgl. Broszat: Nationalsozialistische Polenpolitik, S. 84 ff., 191 u. ö. – Schmitz-Berning, S. 219. - Mit Kriegsausbruch war die nahe der Grenze zu Frankreich lebende Bevölkerung ins Landesinnere transportiert worden; damals hatte das Regime von „Freimachung" geredet. Da es im Westen ruhig blieb, waren bis zur Jahreswende 1939/1940 die meisten wieder in ihre Häuser zurückgekehrt. Handbuch der baden-württembergischen Geschichte, 4, S. 183, 185.

346 Das Deutsche Reich und der Zweite Weltkrieg, 9/1, S. 159: Vom 19. 4. 1944 bis 11. 1. 1945 insgesamt 8.944.976 durch die NSV evakuiert. – Steinberg: Bevölkerungsentwicklung, S. 97: 5,647 Millionen Evakuierte, mit den „heimatnah" Untergebrachten sicher mehr.

347 Alltag in Ostpreußen ... Lageberichte, Nr. 44, S. 262.

348 Gebrannte Kinder, 2, S. 144; ebd. S. 145-148 das Stadtkind, das die ‚Ziege' zum Bock zum Decken führen soll.

349 Dörr: Wer die Zeit, 2, S. 330.

350 Ueberschär: Freiburg, S. 342, 425.

351 Humanität und Diplomatie, S. 49 f.

352 Klee: Im Luftschutzkeller, S. 56. – Im Folgenden, Rückgang, Kock: Der Führer sorgt, S. 139, Figur.

353 Kock: Der Führer sorgt, S. 142; S. 134-143 zur Schätzung der Gesamtzahl.

354 Abends ... Kinderbriefe, S. 169. – Im Folgenden, resolute Mütter, Stegelmann: Ein Riesenspaß, S. 217 f. – Heil Hitler, Herr Lehrer, S. 182.

355 Kock: Der Führer sorgt, S. 187.

356 Insgesamt wurden fast 2 Millionen Sechs- bis Vierzehnjährige in Sicherheit gebracht; nach: Das Deutsche Reich und der Zweite Weltkrieg, 9/1, S. 155. – Vgl. Dörr: Wer die Zeit, 3, S. 536. - Dörr: Der Krieg, 1, S. 190-242. – Recker: Wohnen, S. 417-420.

357 Dabel: KLV, S. 84.

358 Brief vom 22. 9. 1944; weiter unten zum selben Einsatz bei der Kartoffelernte eine Postkarte vom 27. 9. 1944; in: Kinderlandverschickung in Krefeld, S. 77 f. und 79. Um die Zahl der Anmerkungen zu begrenzen, werden nur wenige Aussagen einzeln nach-

gewiesen, zumal in dem gehaltvollen Beitrag von Ernst SCHRAETZ (* 1931): Die KLV-Lager Unsleben und Lebenhan in Mainfranken von 1943 bis 1945, ebd. S. 9-116.

359 Frauen im Nationalsozialismus, S. 86.

360 ‚Das junge Deutschland', Jahrgang 1943, S. 103.

361 Instruktive Fotos in: Heil Hitler, Herr Lehrer, S. 203 f.

362 BRUYN: Zwischenbilanz, S. 111.

363 DABEL: KLV, S. 309. (Dabel war Mitarbeiter bei der Reichsdienststelle für die KLV.)– Unten, „regelrecht verprügelt", ebd. S. 187.

364 Gebrannte Kinder, 2, S. 148, 155.

365 DÖRR: Der Krieg, 1, S. 218 f.

366 Kinderlandverschickung in Krefeld, S. 21, 86, 91.

367 DABEL: KLV, S. 247-251 Beispiele, auch zu unten, „Lichtblick".

368 Kinderlandverschickung in Krefeld, S. 90, Brief vom 21. 11. 1944; ähnlich S. 25 und 36. Ebd., S. 94 Faks. des Zeugnisses.

369 HELLFELD/KLÖNNE, Nr. 89, S. 228 f. – STEGELMANN: Riesenspaß, S. 216.

370 DÖRR: Wer die Zeit, 2, S. 328.

371 DABEL: KLV, S. 557, 255.

372 Heil Hitler, Herr Lehrer, S. 206 Tab.; aus manchen Klassen kam kein Kind zur KLV. – Das Folgende, Warnungen und Plakate, ebd. S. 208 bzw. 202.

373 Kinderlandverschickung in Krefeld, S. 57 f.; die folgenden Zitate S. 61, 83, 90, 104, 106, 174.

374 DÖRR: Der Krieg, 1, S. 229.

375 KRAUSE: Flucht, S. 64-66.

376 Gebrannte Kinder, 2, S. 152.

377 Wolfgang Paul, in: 1945 – Ein Jahr, S. 65; vgl. BAER: Magermilchbande.

378 Vgl. DÖRR: Der Krieg, 1, S. 239.

379 DÖRR: Wer die Zeit, 1, S. 281; 2, S. 348.

380 Nach Angaben in: WENTRUP.

381 BUCH: Wir Kindersoldaten, S. 175. – Im Folgenden, Edith, in: Abends ... Kinderbriefe, S. 195.

382 DÖRR: Wer die Zeit, 2, S. 326. Die Erzählerin wußte nicht mehr, ob sie die Reise im Frühjahr oder im Herbst unternommen hatte. – Das Folgende, Hannover, nach DÖRR: Der Krieg, 1, S. 125.

383 BUCH: Wir Kindersoldaten, S. 155.

384 DÖRR: Der Krieg, 1, S. 235-237.

385 Norbert OHLER: Deutschland und die deutsche Frage in der „Revue des deux Mondes" 1905-1940. Ein Beitrag zur Erhellung des französischen Deutschlandbildes (Studienreihe Humanitas). Frankfurt/M. 1973, S. 234.

386 BUCH: Wir Kindersoldaten, S. 116.

387 BLITZMÄDEL, S. 23. – Zu unten, „Swing", ebd. S. 26 f. – Zu Swing auch HELLFELD/KLÖNNE, Nr. 108, S. 273 f.

388 Uns rufet die Stunde, S. 21. – Vgl. STOLZE: Innenansicht, S. 121.

389 HELLFELD/KLÖNNE, Nr. 111, S. 276-278, S. 278 Faks. der Bekanntmachung.

390 Vgl. dazu Jörg WOLFF: Jugendliche vor Gericht im Dritten Reich. S. 34-45: Der frühreife, gewalttätige Volksschädling.

391 Vgl. Repression und Selbstbehauptung. Die Zeugen Jehovas unter der NS- und der SED-Diktatur. Hrg. Gerhard BESIER und Clemens VOLLNHALS. Berlin 2003.

392 Das Gewissen steht auf, S. 12. - 1933 lebten in Deutschland etwa 25.000 Zeugen Jehovas, von denen mehr als 4.000 in KZ kamen; unter diesen waren mehr als 1.700 Todesopfer zu beklagen; die meisten wurden wegen Kriegsdienstverweigerung hingerichtet; nach: Repression und Selbstbehauptung, S. 2. Ebd. S. 5: In der SBZ/DDR ging die Verfolgung weiter. Die Bibelforscher bildeten die größte in sich geschlossene Opfergruppe des SED-Staates; von etwa 23.000 Mitgliedern wurden 6.000 verhaftet. Mindestens 310 waren Verfolgte des NS-Regimes *und* der SED-Diktatur.

393 Ritter: Goerdeler, S. 99.

394 Uns rufet die Stunde, S. 88. – Zum Folgenden, „Bauernstunde", ebd. S. 85.

395 Dörr: Der Krieg, 1, S. 98. Nach Dörr: Wer die Zeit, 3, S. 314, ist kein Fall berichtet, daß Töchter ihre Eltern verraten hätten.

396 Hellfeld/Klönne, Nr. 132, S. 319-323.

397 Abends ... Kinderbriefe, S. 88, Brief vom 12. 6. 1944.

398 Uns rufet die Stunde, S. 25 f.

399 Bericht vom 9. 4. 1943. In: Bayern in der NS-Zeit, 1, S. 576. - Ähnliche Klagen sind aus vielen Orten überliefert, unter anderem in: Alltag in Ostpreußen ... Lageberichte, 29. 5. 1943, S. 251: „Bei konfessionellen Veranstaltungen steigt der Besuch erheblich an".

400 17. 6. 1943, Bayern in der NS-Zeit, 1, S. 579.

401 Uns rufet die Stunde, S. 85.

402 So die deutsche Wochenzeitung ‚Das Reich' am 2. 6. 1940; nach: Schmitz-Berning, S. 607.

403 Abends ... Kinderbriefe, S. 231, 239.

404 Abends ... Kinderbriefe, S. 67-91.

405 Abends ... Kinderbriefe, S. 104-127.

406 In: Vor fünfzig Jahren, S. 39.

407 F.A.Z. vom 15. 11. 2004, S. 36.

408 Posner: Belastet, S. 221 ff. Vielleicht war über das Schicksal der Kinder noch nicht entschieden. Vgl. die Anordnung Keitels (Chef des OKW) vom 5. 2. 1945, in: Das Ende des Schreckens, S. 46 f.

409 Ritter: Goerdeler, S. 463.

410 Schoppmann: Im Untergrund, S. 194 ff.

411 Arno Lustiger: Retter, die keiner mehr kennt. Der Tag des Holocaust-Gedenkens gilt auch der deutschen Hilfe für Juden, in: F.A.Z., 28. 1. 2004, Nr. 23, S. 42 (Auszug aus einer Rede vor dem Landtag des Saarlandes in Erinnerung an die Befreiung des Konzentrationslagers Auschwitz).

412 Ulrich Herbert: „Ausländer-Einsatz" in der deutschen Kriegswirtschaft, 1939-1945, in: Deutsche im Ausland, S. 354. – Wieder in: Das Dritte Reich. Ein Lesebuch, S. 241-247, hier S. 242. Nach Herbert in: Europa und der Reichseinsatz, S. 7: Im Herbst 1944 gab es 7.906.760 ausländische Arbeitskräfte aus 26 Ländern in Deutschland. Über die ganze Kriegszeit gerechnet waren es an die 9,5 Millionen Kriegsgefangene und Zivilarbeiter. Im September 1944 machten die Zwangsarbeiter in deutschen Betrieben 33% der Arbeitskräfte aus, in manchen Betrieben bis zu 80 %.

413 Dokumentation des NS-Strafrechts, S. 104 bzw. 110.

414 Abends ... Kinderbriefe, S. 157.

415 Gebrannte Kinder, 2, S. 84. – Vgl. Dörr: Der Krieg, 2, S. 327-343.

416 Niemandsland, S. 74.

417 Benz: Der Krieg gegen die Sowjetunion, S. 43 f.

[418] Stern: Uns wirft nichts mehr um, S. 40.
[419] Dokumentation des NS-Strafrechts, S. 353.
[420] Hellfeld/Klönne, Nr. 120-122, S. 299-306. – Unten, „zwangsweise zurückgeholt", ebd. S. 199.
[421] Aus dem Kreisschulungsamt Eichstätt, 15. 3. 1944, in: Meldungen aus dem Reich, S. 585 f.
[422] Jugendlexikon NS, S. 52.– Bönisch/Habbe: „Witze über den Führer", S. 186-188.
[423] Humanität und Diplomatie, S. 190. – Hellfeld/Klönne, S. 61-91, 268-295. – Reulecke: Jugendleben, S. 99-107. – Heil Hitler, Herr Lehrer, S. 209-221.
[424] Humanität und Diplomatie, S. 190 zum 21. 1. 1943; S. 209 zum 21. 10. 1943; S. 216 zum 24. 2. 1944.
[425] Schmitt: Widerstand, S. 181. – Im Folgenden die Zahlen nach Hellfeld/Klönne, S. 296-342.
[426] Dudek, S. 325. Erlaß vom 25. 10. 1944, „Streng vertraulich".
[427] Hellfeld/Klönne, Nr. 110, S. 275 f.
[428] Jugendlexikon NS, S. 52. – Hellfeld/Klönne, S. 272.
[429] Huber: Jugend, S. 264-277.
[430] Die beiden Erlasse in: Gemeinschaftsfremde, Nr. 50, S. 94-98, und Nr. 92, S. 220.
[431] Hellfeld/Klönne, S. 311; nach: Kölner Zeitung vom 6. 11. 1940.
[432] Hammerschmidt, S. 541.
[433] Neugebauer, S. 14, Fallbeispiel Eugen L.
[434] Nienhaus: Hitlers willige Komplizinnen, S. 85.
[435] Neugebauer. S. 15 f., auch zu Erwin R., unten.
[436] Begriffe aus einem von 14 Entwürfen zu einem ‚Gesetz über die Behandlung Gemeinschaftsfremder'; in: Gemeinschaftsfremde, Nr. 149. Das Gesetz kam wegen Differenzen zwischen Justiz und Polizei nicht zustande, nicht etwa wegen begrifflicher Unschärfen.
[437] Das Folgende nach: Gemeinschaftsfremde, vor allem Nr. 127, S. 303-306, sowie Nr. 148, S. 352-359, Berichte vom 16. 4. 1942 bzw. 31. 7. 1943 über Besichtigungen des Lagers. – Unten, „Zutodeprügeln" und „Strafstehen", Nr. 148, S. 352 f. bzw. S. 355 f., „Negerbastarde" in Nr. 127, S. 304.
[438] Käthe Anders: Nie gelebt. In: Mädchenkonzentrationslager Uckermark, S. 110-120; S. 117 „auf den Bock geschnallt".
[439] In einem Bericht vom 16. 4. 1942 wird bedauert, daß die Lagerinsassen nicht differenziert werden. Ein Inspektionsbericht vom 31. 7. 1943 kennt schon die Aufteilung in Blöcke; Guse/Kohrs, S. 238. – Zu den Blöcken vgl. Mädchenkonzentrationslager Uckermark, S. 26, sowie, zu den Blöcken bei den Jungen, Gemeinschaftsfremde, S. 304 und 354.
[440] Himmler am 25. April 1944 in einem umfassenden Erlaß zu Jugendschutzlagern; Gemeinschaftsfremde, Nr. 154, S. 374. Das folgende Zitat (Thierack) ebd., S. 312.
[441] Jean Jacques Rousseau: Emile. Übersetzung Ludwig Schmidt. 11. Aufl. Paderborn 1993, S. 28.
[442] Reichszeitung der deutschen Erzieher, Nr. 8, 1934; nach: Heil Hitler, Herr Lehrer, S. 138.
[443] §§ 6 und 7. In: Die deutsche Volksschule … Kluger, 1940, S. 18.
[444] Herrmann Althaus, 12. 6. 1941, nach Vorländer: NSV, S. 142, Anm. 9.
[445] RGBl. 1933, I, S. 1529-1531.

446 Blasius: Psychiatrischer Alltag, S. 371. Andere Schätzungen sind höher. So wurden im Sommer 1937 allein nach Gutachten von Wissenschaftlern des Kaiser-Wilhelm Instituts 385 Kinder sterilisiert, nach Buske: Fräulein Mutter, S. 189.

447 „Wieviel Ehestandsdarlehen zu je 1.000 RM könnten – unter Verzicht auf spätere Rückzahlung – von diesem Geld jährlich ausgegeben werden?" Alltag unterm Hakenkreuz, 1, S. 89, nach: Mathematik im Dienste der nationalpolitischen Erziehung, 1935, Aufgabe 97.

448 Link: Eugenische Zwangssterilisationen, S. 511.

449 Erbpflege, in: Meyers Lexikon, 3 (1937) Sp. 948-952, hier Sp. 951. – Vgl. Schmuhl: Rassenhygiene, S. 129, zu Sterilisationsgesetzen in amerikanischen Bundesstaaten, im Schweizer Kanton Waadt, in Dänemark. Zu Carrel, dem französischen Nobelpreisträger, vgl. Ellger-Rüttgardt: Außerhalb der Norm, S. 97 f. Carrels Buch erschien 1935.

450 Betroffene konnten sich kaum einen Überblick über ihnen verbliebene Rechte verschaffen; bis Kriegsbeginn war das Gesetz zweimal geändert und um sieben Verordnungen ergänzt worden; vgl. Link: Eugenische Zwangssterilisationen, S. 497-501.

451 Faks. (Briefkopf: Hoheitsadler mit Hakenkreuz, darunter: Adolf Hitler) in: Aktion T4, S. 14.

452 Vgl. den Artikel „Euthanasie. Sterbehilfe, Gnadentod, Erleichterung des Sterbens. Rechtlich", in: Meyers Lexikon, 3 (1937) Sp. 1177: „Die Sterbehilfe fällt strafrechtlich unter den Begriff der Tötung (bei Tötung auf Verlangen: Gefängnisstrafe nicht unter 3 Jahren); nur dann liegt keine Tötung vor, wenn der Arzt es unterläßt, ein bereits erlöschendes qualvolles Leben künstlich zu verlängern." Auf diesem Standpunkt stehe auch das kommende deutsche Strafrecht; es wende sich gegen das Bestreben, die Sterbehilfe für straffrei zu erklären. – ‚Gnadentod', ebd. 5 (1938) S. 48, verweist auf ‚Euthanasie'.

453 Jugendlexikon NS, S. 64. – Aly: »Aktion T4«, S. 11.

454 Schmuhl: Rassenhygiene, S. 353.

455 Der Legende nach hat Veronika dem kreuztragenden Christus ein Schweißtuch gereicht. - Klee: ‚Euthanasie', S. 235 f. - Zu weiteren Protesten, bereits seit dem Frühsommer 1940, vgl. Höllen: Episkopat und »T4«, S. 85.

456 Klee: ‚Euthanasie', S. 308; S. 247 und 326 zu ähnlichen Nachrichten aus Neuendettelsau (Bayern) und Bethel.

457 Klee: Euthanasie, S. 266, nach Gerichtsakten aus der Nachkriegszeit.

458 Aktion T4, S. 28, Zahlenangaben zu den in den sechs Anstalten Ermordeten. Vgl. Aly: »Aktion T4«, S. 17 eine Karte zur Lage der Orte.

459 Klee: Von der „T4" zur Judenvernichtung, S. 147-152.

460 Klee: ‚Euthanasie', S. 325; Klee zitiert mehrere Berichte dieser Art.

461 Schreiben vom 13. 8. 1941; Akten Deutscher Bischöfe ... 5, Nr. 691, S. 526 f. - Auch in: Weltkriege und Revolutionen, Nr. 627, S. 512 f. - Vgl. Dörr: Der Krieg, 2, S. 346: Die Großmutter drohte einem etwa 11jährigen Jungen: „Wenn du nicht gut tust, dann tut man dich nach Grafeneck."

462 Vgl. Dokumente des Verbrechens, 2, Nr. 101, 103, 109.

463 Schmuhl: Rassenhygiene, S. 350.

464 In: Akten Deutscher Bischöfe ... 5, Nr. 682, S. 497-505, hier S. 501.

465 Ritter: Goerdeler, S. 123. – Der Domprobst Lichtenberg wurde nach seinem Protestbrief an den Reichsärzteführer am 23. 10. 1941 verhaftet; er starb im November 1943

auf dem Transport ins KZ Dachau; SCHMUHL: Rassenhygiene, S. 349.

466 ROTH: »Ich klage an«, S. 113 das Faksimile des Schreibens. - Rüdin hatte in den 1920er Jahren die Zwangssterilisation als eine für die Menschheit „humane Tat" gepriesen.

467 In: Aktion T4, S. 117-119 die Predigt, hier S. 117.

468 Gebrannte Kinder, 2, S. 38, Faksimile auf der hinteren Umschlagseite. Die tägliche Kosten sind hier mit 8 RM angegeben! – Vgl. HUBER: Jugend, S. 87: „Der Bau einer Irrenanstalt erforderte 6 Millionen Reichsmark. Wie viele Siedlungshäuser zu je 1.500 RM hätte man dafür bauen können?" Eine weitere suggestive Gegenüberstellung ebd., S. 135: „In Deutschland gibt es rund 340.000 erbkranke und erbsieche Menschen, die auf Kosten der Allgemeinheit gepäppelt werden. Zu dieser Zahl kommen noch 750.000 krankhaft Veranlagte. Während der gesunde Arbeiter für sein Leben täglich etwa 2,50 Reichsmark zur Verfügung hat, muß der Staat für einen Geisteskranken täglich 4,50 Reichsmark aufbringen."

469 BLASIUS: Psychiatrischer Alltag, S. 372, Abb. 30.

470 Aktion T4, S. 151.

471 Vgl. KLEE: ‚Euthanasie', S. 340 f.

472 SCHMUHL: Rassenhygiene, S. 186 f. - Aktion T4, S. 173.

473 KLEE: ‚Euthanasie', S. 447. Niedernhart hatte bis 1941 als Zwischenstation für Kranke auf dem Weg zur Mordanstalt Hartheim gedient; nach 1942 wurde in Niedernhart auch gemordet.

474 KLEE: ‚Euthanasie', S. 394. – Im Folgenden, zu Ernst, ebd. S. 386 f.

475 ALY: Die „Aktion Brandt", S. 176.

476 SCHMUHL: Rassenhygiene, S. 279.

477 „Reichsausschußkinder". Eine Dokumentation, mit Fotos, Faks. u. a. Dokumenten, in: Aktion T4, S. 121-135. – Vgl. Götz ALY: Forschen an Opfern. Das Kaiser-Wilhelm-Institut für Hirnforschung und die „T4", ebd. S. 153-160.

478 AHL, Hauptamt, Faszikel 1179: Aus dem Bericht zum vierzigjährigen Jubiläum von Vorwerk, 1946. Am 1. 1. 1944 beherbergte das Heim 311 Zöglinge, am 1. 1. 1945 noch 294.

479 KLEE: Euthanasie, S. 448. Vgl. Das Töten ging weiter, F.A.Z., 22. 9. 2003, über eine Ausstellung in Österreich.

480 Die folgenden Aussagen nach Ernst Klee: Wer Täter ehrt, mordet ihre Opfer noch einmal (TAZ = Tageszeitung, Hamburg, 7. 8. 1999). Zwei von vielen Beispielen, eins aus Mittel-, eins aus Westdeutschland: In der Anstalt Teuplitz (Brandenburg) lebten am 28. 4. 1945, am Tag der Befreiung, 600 Bewohner; Ende Oktober waren es noch 54 Patienten. 1946/47 starben in Düsseldorf-Grafenberg 55 % der Patienten, 1948/49 immer noch 30 %. – Vgl. ferner Heinz FAULSTICH: Hungersterben in der Psychiatrie 1914-1949. Freiburg 1998 (von den Autoren nicht eingesehen).

481 Der Nationalsozialismus. Dokumente 1933-1945, Nr. 155, S. 277.

482 ZÜRNDORFER, S. 42 f.

483 Die Reihen fast geschlossen, S. 385, Abb. 31. Ein Erwachsener, den Heurechen über der Schulter, und fünf Kinder schauen sich die Tafel an. Die Aufschrift mißbraucht perfide ein biblisches Wort; vgl. Joh 8, 44.

484 Vgl. HECHT, Ingeborg: Als unsichtbare Mauern wuchsen. Eine deutsche Familie unter den Nürnberger Rassengesetzen. Hamburg 1984; München (dtv, 10699) 1987.

485 DWORK: Kinder, S. 34.

486 Gesetze des NS-Staates, S. 119-130 antijüdische Gesetze und Verordnungen, unter an-

derem zu den zusätzlichen Vornamen (17. 8. 1938) sowie zum ‚J' in Reisepässen (vom 5. 10. 1938; einer Anregung des Schweizer Botschafters in Berlin folgend).

487 Ein Erlebnisbericht in: DWORK, S. 35.

488 Heil Hitler, Herr Lehrer, S. 136.

489 Meyers Lexikon, 9 (1942) Sp. 1282. – Im Folgenden, zu ‚Halbjuden', Jugendlexikon NS, S. 86.

490 WERNER: Unschuldige Zeugen, S. 60 (vom 2. 12. 1938 bis zum 1. 9. 1939).

491 ZÜRNDORFER, S. 144. Die Autorin kam zuerst bei Verwandten unter; wegen der Luftangriffe wurde sie später aus London evakuiert.

492 MITTAG: „Das Ende sind wir", S. 59.

493 Polizeiverordnungen vom 1. und 19. 9. 1941; die vom 1. 9. 1941 hatte Kinder noch nicht eingeschlossen; BUSCHMANN, II, Nr. 46, S. 170 f.

494 Heil Hitler, Herr Lehrer, S. 184.

495 HELLFELD/KLÖNNE, S. 172, 175.

496 ALY: Im Tunnel, S. 79 – Marions Name, Geburts- und Todestag stehen im Gedenkbuch für die aus Berlin nach Auschwitz deportierten Juden. Aly hat ihn ausgewählt und mit detektivischem Spürsinn konkrete Erinnerungen an sie zusammengetragen.

497 CHAGOLL: Im Namen Hitlers, S. 134.

498 ALY: Im Tunnel, S. 69

499 Chronik von Goch, erarbeitet von der Archivarin Ruth Warrener, Stadtarchiv Goch; am 2. 6. 2005 im Internet veröffentlicht.

500 ELKIN: Das Jüdische Krankenhaus, S. 60-69.

501 Vgl. Elisabeth Hoffmann [Tochter von Cordelia Edvardson]: „Mutter und Tochter in finsteren Zeiten", S. 91. - Cordelia EDVARDSON: Gebranntes Kind sucht das Feuer. S. 70 f.

502 Humanität und Diplomatie, S. 183.

503 Martin DOERRY: „Mein verwundetes Herz". Das Leben der Lilli Jahn, 1900-1944. Stuttgart, München 2002.

504 DISTEL: Kinder in Konzentrationslagern, S. 119 f.

505 BONDY: Frauen in Theresienstadt, S. 117-141. – Vgl. SENDAK, Maurice/KUSHNER, Tony: Brundibar. Nach der Oper von Hans Krása und Adolf Hoffmeister. Hildesheim 2004.

506 DISTEL: Kinder in Konzentrationslagern, S. 118; S. 122 zu Theresienstadt.

507 Hermann LANGBEIN: Menschen in Auschwitz. Wien 1972, S. 281-283.

508 BONDY: Frauen in Theresienstadt, S. 138. Ruth Bondy, geb. 1923 in Prag, hat Theresienstadt und Auschwitz überlebt; in Auschwitz betreute sie im Kinderblock in Birkenau eine Gruppe von Fünf- und Sechsjährigen.

509 Augenzeugenbericht [Kurt Gersteins] zu den Massenvergasungen. Hrg. Hans ROTHFELS. In VjZG, 1 (1953) S. 177-194. S. 190: „Mütter mit Kindern an der Brust, kleine, nackte Kinder ... sie zögern, aber sie treten in die Todeskammern, von den anderen hinter ihnen vorgetrieben oder von den Lederpeitschen der SS getrieben." (Gerstein hatte zum Widerstand gehört. Da er für die Nachwelt die Verbrechen aus der Nähe wollte beschreiben können, hatte er sich zur SS gemeldet. Als Kriegsgefangener hat er Selbstmord begangen.)

510 KL Auschwitz, S. 98 f.

511 CHAGOLL: Im Namen Hitlers, S. 136.

512 CHAGOLL: Im Namen Hitlers, S. 54.

[513] Studt: Dritte Reich in Daten, S. 187.

[514] Weltkriege und Revolutionen, Nr. 619, S. 507. – Schwarze: Kinder, S. 12. – Der Nationalsozialismus. Dokumente, Nr. 62, S. 113.

[515] Lilienthal, S. 208-225. – Hrabar/Tokarz/Wilczur, S. 181-244, mit Dokumenten.

[516] Lilienthal, S. 231-248 Kinderschicksale, S. 237 Janek und Zyta.

[517] Broszat: Nationalsozialistische Polenpolitik, S. 99, 167 u.ö.

[518] Dokumente zur deutschen Geschichte 1942-1945, Nr. 59, S. 90 f. Von den 7,7 Millionen ausländischen Zivilarbeitern kamen gut 63 % aus dem Osten, 3,1 Millionen aus der Sowjetunion, 1,7 Millionen aus Polen. - Lexikon der Deutschen Geschichte. Ereignisse, Institutionen, Personen im geteilten Deutschland. Von 1945 bis 1990. Hrg. Michael Behnen. Stuttgart 2002, S. 687.

[519] Schwarze: Kinder, S. 154, 127. Aus Unterlagen des Lagers Künsebeck (Westf.) geht hervor, daß von den Kindern, die dort zwischen August 1944 und Kriegsende gestorben sind, zwanzig in den Jahren 1931 bis 1940 in der Sowjetunion zur Welt gekommen waren; Schwarze: Kinder, S. 128, Tabelle. – Vgl. S. 251f. zum glücklichen Ausgang der Geschichte der Emmy W.

[520] Nach der Ergänzung des Gesetzes am 18. 3. 1943 sollte eine Frau für Abtreibung mindestens mit Gefängnis, wenn nicht mit Zuchthaus bestraft werden; die Todesstrafe sollte jeden treffen, der auf diese Weise „fortgesetzt die Lebenskraft des deutschen Volkes beeinträchtigt“. In: Buschmann, II, Nr. 184, S. 761.

[521] Schreiben vom 14. 9. 1943: „Behandlung schwangerer ausländischer Arbeiterinnen und der im Reich von ausländischen Arbeiterinnen geborenen Kinder“. Faks. in Schwarze: Kinder, S. 296-299.

[522] Frankenberger: Wir waren wie Vieh, S. 47.

[523] Vgl. Schwarze: Kinder, S. 158–188.

[524] Frankenberger: Wir waren wie Vieh, S. 192 f. Als Todesursache wurde stereotyp „Lungenentzündung in Verbindung mit Herz-Kreislauf-Schwäche“ genannt.

[525] Link: Eugenische Zwangssterilisationen, S. 451; Erlaß vom 27. 6. 1943, vgl. Dokumente des Verbrechens, 1, S. 232.

[526] Zu den Todesursachen von Kindern der Ostarbeiterinnen im Lager Künsebeck (Westf.) vgl. Schwarze: Kinder, S. 128, ferner ebd., S. 220-247. Andernorts sind bei einem Kind wohl auch zwei oder drei Todesursachen genannt.

[527] Hellfeld/Klönne, Nr. 84, S. 216 f. – Unten, „abzuhärten“, ebd. Nr. 91, S. 231.

[528] Jugendlexikon NS, S 232.

[529] Schörken: Luftwaffenhelfer, S. 153 f.

[530] Dahlkamp: Armee von der Schulbank, S. 167

[531] Vgl. Tewes: Jugend im Krieg, zum Rhein-Ruhr-Gebiet, sowie Banny: Dröhnender Himmel, zu Österreich.

[532] Dahlkamp: Armee von der Schulbank, S. 168.

[533] Horst Schmidt, * 1929; in: Dörr: Der Krieg, 1, S. 262 f.

[534] Koch: Geschichte der Hitlerjugend, S. 536.

[535] Heil Hitler, Herr Lehrer, S. 220 f., mit Einzelheiten.

[536] Hellfeld/Klönne, S. 245.

[537] Patel: Soldaten der Arbeit, S. 375 f.

[538] Jugendlexikon NS, S. 232.

[539] Nach Dörr: Der Krieg, 1, S. 267.

540 DÖRR: Der Krieg, 1, S. 257
541 HELLFELD/KLÖNNE, S. 241.
542 BOYENS: Kirchen, S. 97-99.
543 UEBERSCHÄR: Die letzten Aufgebote, S. 110. – Vgl. BUCH: Wir Kindersoldaten, mit grundsätzlichen Erwägungen zu Kindersoldaten, besonders S. 168 ff.
544 DÖRR: Wer die Zeit, 3, S. 537.
545 WATZKE-OTTE, S. 232, 118, Anm. 130. – Jugendlexikon NS, S. 108 f.
546 Das Deutsche Reich und der Zweite Weltkrieg, 9/1, S. 41 f. – WATZKE-OTTE, S. 120. – SCHWARZE: Kinder, S. 41.
547 BLITZMÄDEL S. 92. – Als Feuer vom Himmel fiel, S. 204.
548 Das Deutsche Reich und der Zweite Weltkrieg, 9/1, S. 41 f. – BANNY: Dröhnender Himmel, S. 195-202.
549 BLITZMÄDEL, S. 236-244.
550 RGBl, I, 1944, S. 161 f.
551 Handbuch der deutschen Bildungsgeschichte, V, S. 201 (B. ZYMEK).
552 Handbuch der baden-württembergischen Geschichte, 4, S. 189.
553 BANNY, S. 196.
554 Christa MEVES: Flakwaffenhelferin. In: Frauen im Wehrdienst, S. 25. – Unten, „marsch, marsch", ebd., S. 28 f.
555 Verfaßt am 25. 9.; vgl. UEBERSCHÄR: Die letzten Aufgebote, S 104.
556 BUSCHMANN, II, Nr. 79, S. 294 f. – Der Nationalsozialismus. Dokumente, Nr. 147, S. 252 f.
557 Heil Hitler, Herr Lehrer, S. 230.
558 Vor fünfzig Jahren, S. 19. – Im Folgenden, zu Fotos, vgl. Vor fünfzig Jahren, S. 62, 70 f., 153 f. – Das Ende des Schreckens, S. 62, 92 f., 135 f., 140 f., 153 f. – Handbuch der baden-württembergischen Geschichte, 4, S. 224. – Heil Hitler, Herr Lehrer, S. 230, 234. – HUBER: Jugend, Fotos Nr. 20, 55-58. – GÖHRI, S. 209.
559 HELLFELD/KLÖNNE, Nr. 96, S. 240 f.
560 Der deutsche Südwesten zur Stunde Null, S. 90.
561 Abends ... Kinderbriefe, S. 101.
562 Zum Ausbau des Westwalls wurde Mitte September 1944 in Baden die männliche und die weibliche Bevölkerung vom vollendeten 14. bis zum 65. bzw. vom 16. bis zum 50. Lebensjahr gezwungen; Der deutsche Südwesten zur Stunde Null, S. 77, Erlaß vom 14. 9. 1944.
563 DÖRR: Der Krieg, 1, S. 246. - SCHWARZE: Kinder, S. 192.
564 STOLZE: Innenansicht, S. 24.
565 Dokumente des Verbrechens, 1, Nr. 94, S. 259.
566 THORWALD: Es begann, S. 259 f.
567 Zitiert in Elisabeth GÖSSMANN: Geburtsfehler: weiblich. Lebenserinnerungen einer katholischen Theologin. München 2003, S. 157. – G. I. Government Issue, wörtlich: Regierungslieferung, volkstümliche Bezeichnung des amerikanischen Soldaten.
568 DÖRR: Der Krieg, 1, S. 268.
569 Das Dritte Reich. Ein Lesebuch, S. 253-256.
570 BLITZMÄDEL, S. 40.
571 DÖRR: Der Krieg, 1, S. 275. – Unten, „Ihr dummen Buben", ebd. 1, S. 261.
572 SCHÖRKEN, S. 89, 93.
573 Andreas KUNZ, in: Das Deutsche Reich und der Zweite Weltkrieg, 10/2, S. 13.

574 Hellfeld/Klönne, Nr. 99, S. 245-248.
575 Das Ende des Schreckens, S. 79; nach Völkischer Beobachter, 28. 3. 1945.
576 Ueberschär: Die letzten Aufgebote, S. 111-113.
577 Trees/Whiting: Unternehmen Karneval, S. 67, 176, 295-307.
578 Vgl. Latotzky: Kindheit hinter Stacheldraht, S. 20 f., 62, 76, 92. – s. S. 279f.
579 Huber: Erinnerungen, 2, S. 58, 97.
580 Klüger: Weiter leben, S. 191.
581 Vgl. Stolze: Innenansicht, S. 153. – Gebrannte Kinder, 2, S. 123. – Dörr: Wer die Zeit, 2, S. 247-302.
582 Dörr: Der Krieg, 1, S. 156 ff.
583 Ingeborg B., * 1935; in Dörr: Der Krieg, 1, S. 159.
584 So Boog: Die strategische Bomberoffensive, S. 796; ebd. nach S. 848 eine Karte zu Gebieten, die von Jabos terrorisiert worden sind.
585 Ueberschär, in: Müller/Ueberschär, S. 41.
586 Der Nationalsozialismus. Dokumente, Nr. 150 b, S. 259 f.
587 Sterbeziffern und Einzelheiten zur Ernährungslage in der Stadt bringt ein Bericht des Deutschen Caritas-Verbandes vom 25. 5. 1946; in: Der deutsche Südwesten zur Stunde Null, S. 164 f.
588 Stolze: Innenansicht, S. 131, 115, 121.
589 Vgl. Dörr: Wer die Zeit, 1, S. 160; 2, S. 376-384.
590 Demokratischer Neubeginn. Göppingen, S. 12: Faks. – Im Folgenden, Räumungsbefehl, in: Das Ende des Schreckens, S. 78 f.
591 Das Ende des Schreckens, S. 156.
592 Die Niederlage 1945. Aus dem Kriegstagebuch, S. 393.
593 Der Text der Kapitulationsurkunde in: Das Ende des Schreckens, S. 199 f.
594 Dörr: Wer die Zeit, 2, S. 581, Anm. 22.
595 Dörr: Der Krieg, 1, S. 276 f.
596 NiemandsLand, S. 31. – Stolze: Innenansicht, S. 156.
597 Dörr: Der Krieg, 1, S. 289.
598 Stolze: Innenansicht, S. 155. – Göhri, S. 268 Faks. eines Plakats vom 27. 4. 1945.
599 Deutschland 1945. Alltag, S. 64. - Das Ende des Schreckens, S. 90; ebd. S. 88 f. Rationen der 74. Zuteilungsperiode, nach Tageszeitungen vom 28. 3. 1945, unter anderem für Kinder bis zu 6 Jahren für vier Wochen 1.000 g Brot, 100 g Fleisch, 125 g Fett.
600 Humanität und Diplomatie, S. 243. Voll Mitgefühl hebt von Weiss hervor das „Aufatmen von den ungeheuren, für einen Aussenstehenden unvorstellbaren Leiden durch die Fliegerangriffe und vom Druck der Geheimen Staatspolizei".
601 Stolze: Innenansicht, S. 157. – Dörr: Wer die Zeit, 2, S. 286.
602 Dörr: Der Krieg, 1, S. 308-318.
603 Göhri, S. 267, zu Herbolzheim (Baden), 20. 4. 1945. – Demokratischer Neubeginn Göppingen, S. 32. – Huber: Erinnerungen, 2, S. 92, 94.
604 Gebrannte Kinder, 2, S. 131.
605 Der deutsche Südwesten zur Stunde Null, S. 94.
606 Dörr: Wer die Zeit, 2, S. 448-489. – Fenske: Reiner Tisch, S. 252-254. – Schwendemann: Kriegsende. – Thorwald: Es begann, S. 33, 64, 68, 79, 81 u. ö.
607 Thorwald: Es begann, S. 208. – Vgl. F.A.Z., 7. 12. 2005, Leserbrief von Fritjof Berg, Kiel: Die Ostdeutschen werden „nie vergessen und immer dankbar für die Treue und Tapferkeit bleiben, mit der ungezählte französische ‚Kriegsgefangene' oder ‚Zivilar-

beiter', die doch längst so etwas wie ,Treuhänder' auf ihren Bauernhöfen geworden waren, ,ihre' Familien auf den Flüchtlingstrecks beschützt und sicher in den Westen geleitet haben – eine in Frankreich bis dato völlig unbekannte Tatsache."

608 NiemandsLand, S. 63.

609 Dörr: Wer die Zeit, 3, S. 265.

610 Krause: Flucht, S. 170.

611 Gerhard Zierk, * 1934, in: Gebrannte Kinder, 2, S. 81 f.

612 Thorwald: Es begann, S. 82-85.

613 Die Tragödie Schlesiens, S. 22 f. – Dörr: Wer die Zeit, 2, S. 581 Anm. 17. - Dörr: Der Krieg, 1, S. 357-359. - Das Ende des Schreckens, S. 31.

614 Schwendemann: Kriegsende, S. 98.

615 Die Tragödie Schlesiens, S. 23-28. – Thorwald: Es begann, S. 103. – Thorwald: Das Ende, S. 221. – Richard Lakowski: Der Zusammenbruch der deutschen Verteidigung zwischen Ostsee und Karpaten. In: Das Deutsche Reich und der Zweite Weltkrieg, 10/1, S. 491-679, hier S. 580-583.

616 Die Vertreibung der deutschen Bevölkerung, 1, Nr. 4, S. 8. – Fenske, S. 250. – Kossert: Ostpreußen, S. 318. Eine Kommission ausländischer Ärzte war zu dem Ergebnis gekommen, Mädchen von 8-12 Jahren, Frauen und sogar eine alte blinde Frau von 84 Jahren seien vergewaltigt worden.

617 Schwendemann: Kriegsende, S. 93.

618 Vgl. Dörr: Der Krieg, 1, S. 332.

619 Gebrannte Kinder, 2, S. 306. – Unten, ins Wasser gehen, ebd. S. 251 f.

620 Faks. und Transkription in: „Wir wollten endlich leben", S. 22 f.. – Vgl. Eschenburg: Jahre der Besatzung, S. 62 Foto.

621 Dörr: Wer die Zeit, 1, S. 313. – Im Folgenden, Haarschleifen, in: Vor fünfzig Jahren, S. 37.

622 Vgl. Die Vertreibung der deutschen Bevölkerung, 1, Nr. 40, S. 170-174.

623 NiemandsLand, S. 31 f.

624 Norbert Wein, in: Gebrannte Kinder, 2, S. 207. – Vgl. Dörr: Wer die Zeit, 2, S. 450-488, mit nahegehenden Einzelheiten.

625 Martin: Zum Tag, S. 87. – Schwendemann: Kriegsende, S. 98 f. - Dörr: Der Krieg, 1, S. 371-376. – Eine weit geringere Zahl, auf eine Person genau, nennt Müller, in: Das Deutsche Reich und der Zweite Weltkrieg, S. 702: 1.335.605 Gerettete.

626 Vgl. Die Vertreibung der deutschen Bevölkerung, 1, Nr. 32, S. 147-151, hier S. 149.

627 Die Vertreibung der deutschen Bevölkerung, 1, S. 71.

628 Schwartz: Ethnische „Säuberung", S. 591: Die Versenkung der ,Wilhelm Gustloff' am 30. 1. 1945 mit 9.000 Toten gilt als größte Katastrophe der Schiffahrtsgeschichte. - Rahn: Die deutsche Seekriegführung, S. 268 f., S. 157 Karte: Ostsee, mit Versenkungsdaten und -orten. – Dörr: Wer die Zeit, 2, S. 582, Anm. 25. – Dörr: Der Krieg, 1, S. 555, Anm. 29. – Die Vertreibung der deutschen Bevölkerung, 1, S. 71, Anm. 1. – Das Ende des Schreckens, S. 86 f. – Kossert: Ostpreußen, S. 323.

629 Gebrannte Kinder, 2, S. 192 f. – Zu „in Scherben fällt" vgl. oben S. 82.

630 Thomas Speckmann: Höllenfahrt mit Porzellanfracht. Wie ein junger U-Boot-Kommandant im März 1945 fünfzig Zivilisten aus der Danziger Bucht rettete, in: F.A.Z. 24. 12. 2003. – Die Enkelin des U-Boot-Kommandanten Heibges, Charlotte Segebarth, Bischöfl. Mädchengymnasium Marienschule Münster, hatte den Bericht über die Fahrt beim Geschichtswettbewerb des Bundespräsidenten zum Thema ,Weggehen

– Ankommen' im Jahr 2003 eingereicht und den 5. Platz belegt. Mit Erinnerungsstükken und Dokumenten von U 999 befindet sich ihr Bericht im ,Haus der Geschichte', Bonn.

631 Die Vertreibung der deutschen Bevölkerung, 1, Nr. 33, S. 151-153, hier S. 153; die „Tochter und der andere Enkel sind ertrunken", mit etwa 850 weiteren Personen.

632 Zu Massakern an deutschen Frauen und Kindern, nach Schilderungen von Rotarmisten, vgl. ZEIDLER: Die Rote Armee auf deutschem Boden, S. 709 f.

633 Eine Sammelbezeichnung für Soldaten aus Nord- und Westafrika; vgl. Südbaden unter Hakenkreuz und Trikolore, S. 253 ff. u.ö.

634 DÖRR: Wer die Zeit, 2, S. 467. - KOWALCZUK/WOLLE, S. 35, nach Helke Sander.

635 Abb. in: KOWALCZUK/WOLLE, S. 234. – Vgl. THORWALD: Es begann, S. 54 f.

636 Barbara Treniew, * 1939, in: Gebrannte Kinder, 2, S. 253. – DÖRR: Wer die Zeit, 2, S. 423.

637 Es liegen zahlreiche Berichte von Opfern und Zeugen vor, wissenschaftliche Arbeiten zur geschätzten Zahl der Opfer, Erwägungen zu den Motiven der Täter und deren Anstifter; darauf muß hier nicht eingegangen werden. - Vgl. BeFreier und Befreite. – Die Vertreibung der deutschen Bevölkerung, 1. – KOWALCZUK/WOLLE. – ZEIDLER: Kriegsende im Osten. – NEUTATZ: Die >ruhmreiche Rote Armee<. – DÖRR: Der Krieg, 1, S. 323-340. – BÖHME: Gesucht wird, S. 72 f.

638 Friedemann Kressin, * 1934, in: Gebrannte Kinder, 2, S. 286. – DÖRR: Wer die Zeit, 2, S. 422.

639 Ruth Andreas-Friedrich, Journalistin, Tagebucheintrag vom 6. 5. 1945; nach NIEHUSS: Familie, S. 124.

640 Ein Erlaß des Reichsministers des Inneren vom 14. 3. 1945 über die ,Unterbrechung von Schwangerschaften, die auf eine Vergewaltigung von Frauen durch Angehörige der Sowjetarmee zurückzuführen sind', lockerte § 218 StGB nun auch für Deutsche; DÖRR: Wer die Zeit, 2, S. 425.

641 POUTRUS: Von den Massenvergewaltigungen, S. 172. – Vgl. Geschichte der Sozialpolitik in Deutschland seit 1945, 2/2, Nr. 47, S. 122 f.

642 Lieselotte S., * 1921; nach DÖRR: Wer die Zeit, 1, S. 202-222, hier S. 221.

643 Stefan KARNER: Deutsche als Zwangsarbeiter, in: F.A.Z. 4. 12. 2003, Nr. 282, S. 8. Vgl. Leserbrief von Arno Thiele, Tyrlaching, ebd., 5. 9. 2002: Als 15jähriger zur Zwangsarbeit nach Rußland verschleppt. - THORWALD: Es begann, S. 89, 266. - DÖRR: Wer die Zeit, 2, S. 584, Anm. 28; vgl. ebd., S. 516-520. – DÖRR: Der Krieg, 1, S. 467-478.

644 Brigitte Meyer-Rudat, in: Gebrannte Kinder, 2, S. 177. – Im Folgenden, Helga Naujoks, * 1932, ebd. S. 302-304. – Waltraud W. in DÖRR: Der Krieg, 1, S. 472-477, Zitat S. 475.

645 Dies und das Folgende nach FENSKE: Reiner Tisch, S. 243-247. – STROBEL: Die polnische „Preußenkrankheit", S. 25 f. - Dörr: Der Krieg, 1, S. 394-490.

646 Die Tragödie Schlesiens, S. 161, ähnlich S. 213. – Zum Folgenden FENSKE: Reiner Tisch, S. 256. - Geschichte der Sozialpolitik, 2/2, Nr. 32, S. 98 f. Das Alliierte Sekretariat beim Kontrollrat. Überführung der deutschen Bevölkerung aus Österreich, der Tschechoslowakei, Ungarn und Polen in die vier Besatzungszonen Deutschlands, Berlin, 17. 11. 1945, mit Zahlenangaben. Vorgesehen war eine gestaffelte Vertreibung von Dezember 1945 bis Juli 1947.

647 Weltkriege und Revolutionen, Nr. 664 c, S. 582; ebd. Nr. 664 a, S. 577, Memoiren Trumans. – Vgl. BENZ: Flucht, S. 49. - MORSEY, Bundesrepublik, S. 3.

648 Einzelheiten zu Deutschen unter jugoslawischer, polnischer, sowjetischer, tschechischer Herrschaft (Lager, Zwangsarbeiter, Zahl der Todesopfer), in: Dörr: Der Krieg, 1, S. 588, Anm. 28. – Böhme: Gesucht wird, S. 264.

649 Fenske: Reiner Tisch, S. 262 f., auch zum Folgenden.

650 Aus dem Bericht Nr. 19, in: Die Tragödie Schlesiens. S. 114 f.

651 Dies und das Folgende nach: Die Tragödie Schlesiens, S. 242, 203, 143 („plötzlich und unerwartet"), 145 („Fläschchen"), 114 („Windeln"), 116 („tiefstes Schweigen"), 207 („freiwillig").

652 Dies und das Folgende nach: Gröger, S. 88, 94 („angeschwärzt"), 89 („automatische Aussiedlung"). – Zum heute polnischen Teil Ostpreußens vgl. Kossert: Ostpreußen, S. 352-362, mit wenig bekannten Einzelheiten.

653 Gröger: Impressionen, S. 67 mit Abb. 18 und 19.

654 Fenske: Reiner Tisch, S. 263: Dekret vom 2. 3. 1945, als Gesetz erneuert am 6. 5. 1945. - Vgl. Theisen: Vertreibung, S. 26. – Viele Kulturgüter sind verschollen, weil Personen, die um ein Versteck wußten, auf der Flucht umgekommen oder während der Vertreibung umgebracht worden sind.

655 Bei dem als ‚regulär' ausgegebenen ‚Abschub' aus der Tschechoslowakei (seit Januar 1946) kamen 30 Personen in einen Waggon; bei 40 Waggons umfaßte ein Transport 1.200 Personen; Pustejovsky: Vertreibung und Vertriebene, S. 280 f.

656 Fenske: Reiner Tisch, S. 260.

657 Theisen: Vertreibung, S. 27. – Schwartz: Ethnische „Säuberung", S. 624 f.

658 Nach F.A.Z., 5. 4. 2004, S. 5; vgl. Fenske: Reiner Tisch, S. 263, Anm. 139.

659 Gebrannte Kinder, 2, S. 237.

660 Fenske: Reiner Tisch, S. 261-263, auch zu Aussig und Brünn sowie zu den ‚Benes-Dekreten'. – Vgl. Dörr: Der Krieg, 1, S. 478-490, 559 mit Anm. 43; ebd., 2, S. 7-58 zu den Leiden von Donauschwaben und Rußlanddeutschen. - Schwartz: Ethnische „Säuberung", S. 649 Karte zu Ost- und Südosteuropa, „Kontinent der Vertreibungen (Umsiedlungen in Mittel- und Osteuropa 1944 bis 1952)", auch unter den ost- und südosteuropäischen Staaten. – Pustejovsky: Vertreibung, S. 280 zur bürokratischen Abwicklung des ‚Abschubs'.

661 Dr. Alfred Todtwalusch, Marburg; Leserbrief in: F.A.Z., 13. 12. 2003, Nr. 290, S. 8. – Vgl. Dörr: Der Krieg, 1, S. 283.

662 Im Anschluß an Kossert: Ostpreussen, S. 332-337. Kossert stützt sich hier auf Ruth Kibelka: Wolfskinder. Grenzgänger an der Memel. Berlin 1996, S. 214-215. – Eberhard F. und Monika L. nach Böhme: Gesucht wird, S. 63 f., 67.

663 Theisen: Vertreibung, S. 20.

664 Aus den Besatzungszonen der Amerikaner und Briten war eine weitere für Frankreich herausgeschnitten worden.

665 Zahlen nach: Statistisches Handbuch von Deutschland, S. 8.

666 So nach Berichten aus dem AHL, Hauptamt 93. In Lübeck stauten sich die Flüchtlingsströme; nach Südbaden waren infolge der französischen Besatzungspolitik bis 1949 kaum Flüchtlinge gekommen. Eine Umfrage aus dem Jahr 1951 bezeugt jedoch, wie finster auch hier die Stimmung war. Für 70 % der Befragten waren nicht die Kriegsjahre, sondern die Jahre 1945 bis 1948 „Deutschlands dunkelste Zeit"; Bosch: Neubeginn, S. 7.

667 Dörr: Wer die Zeit, 1, S. 285.

668 Holtmann, in: Von Stalingrad, S. 209, mit Einzelheiten.

[669] Bögeholz, S. 82.
[670] Potsdam, S. 353 f. Auf mehr als ein „Protocol of Proceedings“ hatten sie sich nicht einigen können.
[671] So etwa Bischof Meiser und Kardinal Faulhaber mit Schreiben vom 20. 7. 1945 an die Amerikanische Militärregierung; in: Entnazifizierung ... Vollnhals, Nr. 20, S. 131-134, hier S. 133. – Vgl. Boyens: Kirche, S. 46-50.
[672] Benz: Deutsche Geschichte seit 1945, S. 11 f.
[673] Zitiert nach Hellfeld/Klönne: Die betrogene Generation, S. 343.
[674] Magareta M., * 1919, machte sich 1990 in einem Rückblick auf ihr Leben das Bekenntnis von Schirachs zueigen: „Ich habe nur eine einzige Schuld auf mich geladen, die Schuld des blinden Gehorsams.“ In Dörr: Wer die Zeit, 1, S. 329.
[675] Posner: Belastet, S. 149 ff.
[676] Haunfelder: Kinderzüge, S. 59.
[677] Einzelheiten, auch zum Folgenden, in: Entnazifizierung ... Vollnhals, S. 237-259 (mit Dokumenten und Tabellen). – Klessmann: Staatsgründung, S. 87-91. - Von Stalingrad, S. XXXVI sowie S. 70 f. (Blessing). Die bayrischen Bischöfe traten in einem Hirtenbrief für die Internierten ein: „Sofern ihnen nichts anderes als ihre politische Haltung zum Vorwurf gemacht werden kann, jedoch keine verbrecherische Tat, ... daß ihnen wieder die Freiheit geschenkt werde ... [da] ihre Familien brotlos sind.“ Der NSDAP hatten etwa 8 Millionen Deutsche angehört, zusätzlich etwa 4 Millionen in verschiedenen Gliederungen. Bei der Entnazifizierung entfielen in der amerikanischen Zone auf Gruppe I (Hauptschuldige) 1.654 Personen, auf II (Belastete) 22.122, auf III (Minderbelastete) 106.422, auf IV (Mitläufer) 485.057, auf V (Entlastete) 18.454 Personen.
[678] Meyer, in: Von Stalingrad, S. 694, nach der Tageszeitung ‚Die Welt‘ vom 20. 7. 1948.
[679] Vgl. Schörken, Niederlage, S. 54: ein wesentliches Merkmal der Jugendmentalität jener Zeit.
[680] The Observer, 21. 10. 1945, zitiert nach Max Pribilla: Deutsche Schicksalsfragen. Rückblick und Ausblick. Frankfurt 1950, S. 237.
[681] Zitiert von Michael Sontheimer: „Sind wir Bestien?“ in: Als Feuer vom Himmel fiel, S. 122-128, hier S. 125.
[682] NiemandsLand, S. 34. Das folgende Zitat ebd. S. 72.
[683] Bögeholz, S. 34, 41.
[684] Martin: Zum Tag, S. 73. – Hrabar/Tokarz/Wilczur, S. 7 f.: 1939-1945 sind über 6 Millionen polnische Bürger umgekommen, davon 2,2 Millionen Kinder und Jugendliche. - Zu Verlusten der UdSSR vgl. Neutatz, S. 116 f.
[685] Humanität und Diplomatie, S. 289 und S. 290.
[686] Zitiert nach Morsey: Bundesrepublik, S. 11.
[687] Böhme: Gesucht wird, S. 68. – Unten, „kleinen Moses“, ebd. S. 104.
[688] Befehl Nr. 21 der Stadtkommandantur, in: 1945 – ein Jahr, S. 25.
[689] Geissler, S. 179. – Geschichte der Sozialpolitik in Deutschland seit 1945, 2/2, Nr. 183, S. 412: Hans-Walter Blank, Mitglied der KPD und des Landtags von Nordrhein-Westfalen, am 28. 11. 1947. – Vgl. Ebd. Nr. 187, S. 421 f.: Das Bayerische Landesjugendamt zu streunenden, verwahrlosten Jugendlichen, 31. 12. 1947.
[690] Zu einem 13jährigen Jungen vgl. Dörr: Wer die Zeit, 2, S. 330. - Zum Bericht eines Soldaten vgl. oben S. 145.
[691] Kinderlandverschickung in Krefeld, S. 109.

[692] Eine von vielen Erinnerungen an jene Zeit, die den Autoren dieses Buches freundlicherweise überlassen wurden. Georg G. hatte sich als Fachkraft für Landwirtschaft ausgegeben; die Briten meinten, in ihrer Zone auf solche Männer nicht verzichten zu können.

[693] Dies und das Folgende nach Böhme, S. 38-47, 59.

[694] Der deutsche Südwesten zur Stunde Null, S. 170.

[695] Dies und das Folgende nach Böhme, S. 71 und 100, sowie Krause, S. 199.

[696] Böhme, S. 74; S. 291: Bis 1965 hat der Suchdienst 126.504 Schicksale von Kindern geklärt; weitere 87.935 wurden geklärt durch Initiative der Suchenden unter Mithilfe der Suchdienste; noch ungeklärt waren 8.480. Zur Bilanz aus dem Jahr 1985 vgl. Dörr: Wer die Zeit, 2, S. 557 Anm. 40.
Der Suchdienst des Deutschen Roten Kreuzes – längst Glied des ‚International Tracing Service' (ITS) – hilft auch Kindern und Enkeln deutscher Besatzungssoldaten, die wissen möchten, wer ihr Vater bzw. Großvater war/ist; allein in Frankreich leben 85.000 bis 100.000 solcher Kinder, in den Niederlanden 50.000, in Belgien 40.000, in Norwegen 10.000; Schätzungen zu den von deutschen Soldaten in Ost- und Südosteuropa gezeugten Kindern gibt es wohl nicht. Nach Dörr: Der Krieg, 2, S. 482, Anm. 49.

[697] Methoden und Erfahrungen des Suchdienstes sind weiterhin gefragt, in jüngerer Zeit etwa nach den Kriegen im ehemaligen Jugoslawien (erste Hälfte der 1990er Jahre) und nach dem Tsunami-Unglück in Südostasien (Dezember 2004); nach F.A.Z., 18. 5. 2005.

[698] Bader: Soziologie, S. 53, Anm. 3, und S. 55, nennt aus gerichtlichen Fahndungs- und Suchakten zwölf Fälle von Kindesentführung und elf von Kindesaussetzung.

[699] Nach dem Vorabdruck in der F.A.Z., September 2004.

[700] Vgl. Baumert: Jugend, S. 174 ff.: Einstellungen zur Mutter eines unehelichen Kindes, um 1950, in Darmstadt, Stadt und Hinterland: Sie ist mit Nachsicht zu behandeln: Stadt 35 %, Hinterland 31 % der Befragten; man soll keinen Anstoß nehmen: Stadt 46 %, Hinterland 42 %; unentschieden Stadt 16 %, Hinterland 22 %. - Den Autoren lag noch nicht vor Gudrun Pausewang: Ein wunderbarer Vater. Düsseldorf 2009.

[701] Der Luftkrieg über Deutschland, S. 273.

[702] S.o. S. 137. Zur vordringlichsten Sorge Ausgebombter, möglichst bald wieder im vertrauten Wohnbezirk unterzukommen, vgl. Baumert/Hünniger: Deutsche Familien, S. 94.

[703] Ruhl: Frauen, S. 13 f.

[704] Die DPs gehörten rund 20 Nationalitäten mit über 35 verschiedenen Sprachen an; zahlreich waren unter ihnen Angehörige der Völker Jugoslawiens und der UdSSR, Balten und Polen, Tschechen und Ungarn. Insgesamt suchten seit Ende des Krieges etwa 11 Millionen DPs nach einer Zukunft; davon lebten etwa 5 Millionen in den drei westlichen Besatzungszonen Deutschlands; Kaelble: Sozialgeschichte Europas, S. 241-243. Viele sind später ausgewandert, vor allem in englischsprachige Länder. – Klessmann, Staatsgründung, S. 39 ff.

[705] AHL, Hauptamt 1937, Schreiben vom 25. 10. 1945 als Antwort auf die Forderung vom 3. Oktober: 510 Mäntel, 255 Jacken, 217 Pullover, 255 kurze Hosen, 255 Kleider, 425 Unterjacken, 595 Hosen, 1487 Strümpfe/Socken, 212 Blusen, 212 Röcke, 212 Hemden.

[706] Kontrollratsbefehl Nr. 3 vom 17. 1. 1946. Vgl. Klessmann: Staatsgründung, S. 51. -

Schubert, S. 113. - Geschichte der Sozialpolitik in Deutschland seit 1945, 2/2, Nr. 49, S. 124-126, hier S. 124.

707 Die Demontagen wirkten sich zunächst höchst nachteilig aus. In den Westzonen wurde die ursprüngliche Liste jedoch mehrfach zusammengestrichen, und es dürften etwa so viele Anlagen demontiert worden sein, wie 1939-1944 hinzugekommen waren. – Zu den weit stärkeren Schäden in der SBZ vgl. Klessmann: Staatsgründung, S. 105-107.

708 Dörr: Wer die Zeit, 3, S. 482 Anm. 12 sowie S. 543 zu ‚Trümmerfrauen'.

709 Im Juni 1946 erlaubte der Kontrollrat den deutschen Behörden für den Fall, daß sie nicht genügend männliche Kräfte fänden, auch Mütter mit dieser Arbeit zu beauftragen; Niehuss: Familie, S. 77. – Vgl. Dörr: Wer die Zeit, 3, S. 482 Anm. 12, sowie S. 543.

710 Recker: Wohnen, S. 420-423, mit Einzelheiten. - Gebrannte Kinder, 2, S. 180.

711 Nach Klessmann: Staatsgründung, S. 52, war 1950 im Bundesgebiet noch mehr als jede 10. Haushaltung in einem Behelfsheim, einsturzgefährdeten Gebäude, Lager, Heim usf. untergebracht.

712 Baumert: Familien, S. 101; das Folgende ebendort S. 208. – Das Beispiel der fünfköpfigen Familie: Unsere verlorenen Jahre, S. 159. – Die Umfrage aus Bremen: Niehuss: Familie, S. 57

713 Zahlreiche Berichte gehen auf diesen Mißstand ein; vgl. Heibel: Vom Hungertuch S. 99-196. – Vom Trümmerkind, S. 14, 83. – Humanität und Diplomatie, S. 19, 93.

714 Klessmann: Staatsgründung, Nr. 30/2, S. 380 f. vergleichende Preisliste.

715 Unsere verlorenen Jahre, S. 205. Kurz vor Erscheinen dieses Berichtes hatte der Kontrollrat am 13. 9. 1946 verfügt, die Löhne von Frauen und Jugendlichen seien zu erhöhen; Von Stalingrad, (Fichtner) S. 526. – In Darmstadt haben noch 1950 30 % der Berufsschüler im 3. Jahr (17-18 Jahre alt) ihren ganzen Verdienst zuhause abgegeben, 35 % gaben die Hälfte und mehr ab; Baumert: Familien, S. 70.

716 Nach F.A.Z., 24. 4. 2003.

717 Humanität und Diplomatie. – Vgl. Ruhl: Frauen, S. 19 (In Düsseldorf versäumten nach einer Meldung des Gesundheitsamtes Ende 1946 aus diesem Grund 10 % der Schüler den Unterricht). – Ferner Wollasch: Auslandshilfe, Nr. 54, S. 153-156, Schreiben des Freiburger Oberbürgermeisters vom 5. 2. 1947 an die Caritas zur „Notlage der Stadt Freiburg“: 34 % der Volksschüler haben Schuhe aus Leder (unter anderem aus Spenden); 16 % brauchbare Schuhe mit Holzsohlen; 11 % Schuhe aus Ersatzstoffen; 9 % Sandalen; 30 % unbrauchbare Schuhe. Schulversäumnisse im Januar 1947 mangels Schuhwerk: 12 %. - Vgl. auch Vom Trümmerkind, S. 16, zu Bremen.

718 Unsere verlorenen Jahre, S. 173.

719 AHL, Hauptamt 93: Schreiben vom 21. 12. 1945.

720 Zuckmayer: Deutschlandbericht, 19. Folge, nach dem Vorabdruck in der F.A.Z., September 2004.

721 Haunfelder: Kinderzüge, S. 94 Faks.

722 Im Mai 1945 waren in der Britischen Zone von 13.000 km Eisenbahnen 1.000 km befahrbar; Rolf-Dieter Müller: Der Zusammenbruch des Wirtschaftslebens und die Anfänge des Wiederaufbaus, in: Das Deutsche Reich und der Zweite Weltkrieg, 10/2, S. 55-198, dort S. 165.

723 Dörr: Wer die Zeit, 2, S. 62.

724 Schubert: Frauenarbeit, Nr. 83, S. 183, aus einem Bericht an den Sozialminister des Landes Nordrhein-Westfalen.

725 AHL, Hauptamt 93: Amt für Kriegsschädenverwaltung an den Oberbürgermeister, 21. 12. 1945.

726 In Lübeck mußten die Kriegsschäden- sowie die Sozialverwaltung sich mehrfach mit „Notabortgruben" befassen, in die Töpfe und Eimer „vorschriftsmäßig entleert" werden sollten. AHL, Hauptamt 1354, 93, 1177 (Schreiben vom 18. 2. 1947, 26. 2. 1947 und öfter).

727 AHL, Hauptamt 1180: Im Winter 1945/46 konnten sich täglich etwa 56.000 Personen jeweils zwei Stunden in geheizten Räumen aufwärmen (pro Raum etwa 82 Personen!).

728 Demokratischer Neubeginn Göppingen, S. 185 Faks., 27. 10. 1945. – Aus demselben Grund konnte die lebenswichtige Schulspeisung in Lübeck nicht, wie vorgesehen, am 25. Februar 1947 anlaufen, AHL, Hauptamt 1177, Sozialverwaltung, 26. 2. 1947.

729 Von Stalingrad, (Vollnhals) S. 156. – Drei Wochen später wurde der Kardinal wegen dieser Äußerung von den Engländern vorgeladen.

730 Unter Schwarzhändlern gab es ehemalige Soldaten, von denen es mancher schließlich lieber mit dem „Wehrbeitrag auf dem schwarzen Markt" versuchte; Von Stalingrad, (Meyer) S. 695 mit Anm. 29.

731 Heibel: Vom Hungertuch, S. 135.

732 Humanität und Diplomatie, S. 275, 277 und 284, Berichte vom 16. und 27. 11. 1946 sowie vom 17. 5. 1947. - Vgl. Eschenburg, S. 63, sowie Schwarze: Kinder, S. 213.

733 Wollasch: Auslandshilfe, Nr. 12, S. 78 f.

734 Neue Zeitung vom 4. 4. 1948; nach Zeitenwende, S. 11.

735 Wollasch: Auslandshilfe, Nr. 30, S. 108. – Vgl. Alltagsnot und politischer Wiederaufbau, S. 24: Figur zu den in Freiburg ausgegeben Kalorien für die Jahre 1945-1948: Tiefpunkte waren erreicht in den Monaten Juli-September 1945 und im April 1946; im Juni und Juli 1947 standen ‚Normalverbrauchern' 832 bzw. 828 Kalorien zur Verfügung.

736 Nach Klessmann: Staatsgründung, S. 47 f., wurden Mitte 1946 in der amerikanischen Zone 1.330 Kalorien ausgegeben, in der sowjetischen 1.083, in der britischen 1.050, und etwa 900 in der französischen Zone. – Vgl. Abelshauser: Wirtschaft in Westdeutschland, S. 137, Tab. 35, zu den monatlichen Nahrungsmitteleinfuhren in das britisch-amerikanische Besatzungsgebiet 1947-1948.

737 Gebrannte Kinder, 2, S. 261.

738 Demokratischer Neubeginn Göppingen, S. 89, 188. – Leicht abweichende Zahlen in Dörr: Wer die Zeit, 1, S. 113: 1 Pfund etwa 1.300 Stück; aus 120 Pfund etwa 12 l Öl, wovon die Hälfte abzugeben war.

739 Demokratischer Neubeginn Göppingen, S. 288 Faks. eines Firmenplakats.

740 Bosch: Neubeginn, S. 101 Stimmungsbericht August 1946 aus Dettighofen (Landkreis Waldshut), vom Bürgermeister unterschrieben.

741 Trümmerleben, S. 105 (zur Stadtratsitzung vom 6. 12. 1945 in München). – AHL, Hauptamt 1234 (zur Großküche) sowie 187.

742 Klessmann: Staatsgründung, S. 53.

743 Humanität und Diplomatie, S. 287.

744 Der deutsche Südwesten zur Stunde Null, S. 165.

745 Klessmann: Staatsgründung, Nr. 30, S. 380 f., Tabelle mit Schwarzmarktpreisen.

746 Süddeutsche Zeitung vom 6. 5. 1947, S. 3, nach: Trümmerleben, S. 123.
747 NiemandsLand, S. 75.
748 HEIBEL: Vom Hungertuch, S. 167-169.
749 Ausschuß für den Staatshaushalt, Schutz der Jugend vor sittenloser Beeinflussung, in: Geschichte der Sozialpolitik in Deutschland seit 1945, 2/2, Nr. 199, S. 449.
750 AHL, Hauptamt 1354 sowie 93.
751 HAUNFELDER: Kinderzüge, S. 54 u. ö.
752 WOLLASCH: Auslandshilfe, Nr. 30, S. 106-110, sowie Nr. 72, S. 192.
753 Bayern im Bund, 1, S. 219 (Ulrike LINDNER). – Zur Britischen und Amerikanischen Zone vgl. KLESSMANN: Staatsgründung, S. 51.
754 In Lübeck fehlten nach einem Bericht der Gesundheitsverwaltung vom 8. 10. 1945 insbesondere Atropin (für die Augenheilkunde), Digitalis, Lebertran, Nährzucker (für Säuglingsnahrung), Strophantin, Sulfonamide, Vigantol, Vitamin C; zusätzlich fehlte es an Reinigungsgerät auch in Kliniken, und die Müllabfuhr war behindert; AHL, Hauptamt 93. – Mit natürlichen Heilmitteln war Typhus und anderen ansteckenden Krankheiten nicht beizukommen. Antibiotika wurden in Europa in größeren Mengen erstmals in England im Juni 1944 eingesetzt, in Deutschland seit 1947; nach Stefan WINKLE: Geißeln der Menschheit. Kulturgeschichte der Seuchen. 3. Aufl. Düsseldorf 2005, S 341 und 605.
755 Prof. Dr. Hansen, Direktor der Städt. Krankenanstalten Lübeck, 5. 12. 1947, an die Gesundheitsverwaltung der Stadt; AHL, Hauptamt 1185. – In Düsseldorfer Krankenhäusern bekamen Patienten nur alle 14 Tage ein frisches Handtuch; auf 5 Personen gab es pro Monat 1 Rolle Toilettenpapier; RUHL: Frauen, S. 22.
756 Amerikaner mehr, Franzosen und Russen weniger; ESCHENBURG: Jahre der Besatzung, S. 269.
757 AHL, Hauptamt 95: Gesundheitsverwaltung, Monatsbericht 13. 8. 1948: Schutzimpfungen gegen Typhoid und Diphtherie-Scharlach und Gelbsucht.
758 WOLLASCH: Auslandshilfe, S. 26 sowie Nr. 59, S. 171. – AHL, Hauptamt 1185, ‚Fürsorgestelle für werdende Mütter' am 22. November 1947 an den Stadtmedizinalrat Dr. G.: Jüngst. – Unsere verlorenen Jahre, S. 169 Bericht der Familienfürsorge Dortmund vom 6. Juni 1947.
759 Für 1938 nach: Bevölkerung gestern, S. 15 und 21. - Für 1946-1950 nach: STEINBERG: Bevölkerungsentwicklung, S. 318, Tab. 24 a.
760 Bayern im Bund, 1 (LINDNER), S. 210-212.
761 RUHL: Frauen, S. 19, zum Jahr 1946. – DÖRR: Wer die Zeit, 2, S. 69 (Neugeborene wiederholt erfroren); ebd. 1, S. 50. – In Lübeck konnten seit dem 15. 12. 1945 die Krankenhäuser der Stadt mangels Kohlen nicht mehr beheizt werden; infolgedessen stieg die Säuglingssterblichkeit an; AHL, Hauptamt 93, Schreiben vom 20. 12. 1945.
762 BOSCH, S. 115.
763 Bericht der Familienfürsorge Dortmund vom 6. 6. 1947, in: Unsere verlorenen Jahre, S. 166.
764 Bayern im Bund, 1 (LINDNER), S. 212.
765 Humanität und Diplomatie, S. 31.
766 BeFreier und Befreite, S. 60: In Westdeutschland sind bis 1950 insgesamt 11,926 Millionen Flüchtlinge und Vertriebene eingetroffen, darunter 3,38 Millionen Kinder, entsprechend 28,34 %.

767 Drei Millionen Evakuierte aus der Zeit des Luftkrieges waren noch nicht in ihre zerstörten Städte zurückgekehrt; dazu kamen zehn Millionen Flüchtlinge und Vertriebene, und in den Westzonen eine weitere Million von Ausgewiesenen und Flüchtlingen aus der Sowjetzone; außerdem lebten in Deutschland noch 1,13 Millionen heimatlose Ausländer.

768 Zahlen für das Jahr 1947 nach KLESSMANN: Staatsgründung, Nr. 10 und 11, S. 355 f. - Eine Angabe veranschaulicht den Strom der Menschen in den Westen: Das Statistische Amt der Stadt Lübeck meldet, 1947 habe sich die Zahl der von der Stadt zu betreuenden Flüchtlinge von 88.815 auf 94.292 erhöht. Die zusätzlichen 6.114 Personen seien „vor allem aus Ostgebieten und SBZ" gekommen; AHL, Hauptamt 1329; Bescheid vom 14. 2. 1948.

769 Diese letzte Zahl vom Oktober 1946 nach: Demokratischer Neubeginn Göppingen, S. 221. - Nach FENSKE, S. 272, waren am 1. 1. 1949 in Schleswig-Holstein 35,4 % der Einwohner Flüchtlinge und Vertriebene, aber nur 2,4 % der Einwohner von Rheinland-Pfalz.

770 Eingesehen am 28. 10. 2004. – Im Jahr 1945 stieg die Zahl der in Pirna verzeichneten Sterbefälle Monat um Monat an: Januar 95, Februar 178, März 219, April 246, Mai 271, Juni 181, Juli 224, August 265, September 275, Oktober 201, November 342, Dezember 146. Für den Monat Mai – Ende der Kampfhandlungen, Besetzung der Stadt durch die Rote Armee – wurden folgende Sterbealter festgehalten: Unter 1 Jahr alt 22; 1-5 Jahre alt 8; 5-10 Jahre alt 7; 10-15 Jahre alt 8; 15-20 Jahre alt 10; mehr als 20 Jahre alt 216. In diesem Monat wurden 39 Selbstmorde verzeichnet sowie eine „angelandete tote Person". Das sei betont, weil THORWALD: Das Ende, S. 270, über Scheußlichkeiten berichtet, die – hätte man sie in Pirna erlebt – in den Sterbebüchern der Stadt einen Niederschlag gefunden haben müßten.

771 Viele DPs wollten um keinen Preis in ihre von den Sowjets beherrschte Heimat zurück; nicht wenige wurden zwangsweise dahin geschafft. Zu den DPs vgl. Anm. 705.

772 Emmy hat, als Amy George, ihre Erinnerungen auf Englisch veröffentlicht, deutsch unter dem Titel „Kein Abschied ist für immer", Holzgerlingen 1998. Die Aussagen nach: Demokratischer Neubeginn Göppingen, S. 266-275. - Unten, „Dankeschön", ebd. S. 270.

773 Demokratischer Neubeginn Göppingen, S. 247.

774 Geschichte der Sozialpolitik in Deutschland, 2/2, Nr. 110, S. 242-247, das Zitat S. 244.

775 Abkommen über die Aussiedlung der deutschen Bevölkerung aus Polen, Berlin, 14. 2. 1946; in: Geschichte der Sozialpolitik in Deutschland, 2/2, Nr. 55, S. 134-136, Zitat auf S. 135. – Seinerzeit wußte man noch nicht, daß zu den Schäden, die DDT im Organismus anrichtet, die lange nachwirkende Vergiftung der Muttermilch gehört.

776 Demokratischer Neubeginn Göppingen, S. 232.

777 SCHIER: Aufnahme und Eingliederung, S. 298 f.

778 AHL, Hauptamt 1177, 1355 und 93.

779 BAUER: Flüchtlinge und Flüchtlingspolitik, S. 186; der vollständige (?) Bericht in KLESSMANN: Staatsgründung, Nr. 101, S. 492 f.

780 LINDNER, in: Bayern im Bund, 1, S. 211-223, mit Einzelheiten zur unterschiedlichen Säuglingssterblichkeit in der eher armen Oberpfalz und in dem wohlhabendem Unterfranken.

781 HEIBEL: Vom Hungertuch, S. 121 zu Frankfurt. – DÖRR: Wer die Zeit, 3, S. 480, Anm. 13 zu Bayern.

782 Demokratischer Neubeginn Göppingen, S. 186.
783 AHL, Hauptamt 1338. – Ebd. 1179 Bericht vom 10. Juni 1947 über ein Jugendlager und eine Gemeinschaftswerkstätte. – Ebd. 1344 zur Sorge für junge Menschen.
784 Dörr: Der Krieg, 1, S. 427.
785 Wollasch: Auslandshilfe, S. 37. Zur „Dänenspeisung", s. S. 268.
786 Fenske, S. 286. – Von Stalingrad, (Willenbacher) S. 616. – Dörr: Der Krieg, 1, S. 510 f., S. 532: Bis zu 30 Umzüge. – Dörr: Wer die Zeit, 3, S. 60.
787 Demokratischer Neubeginn Göppingen, S. 178.
788 Dörr: Der Krieg, 1, S. 499.
789 Zuckmayer: Deutschlandbericht, 19. Folge, hier nach dem Vorabdruck, in: F.A.Z., 9. 9. 2004.
790 Plakat aus dem Haus der Geschichte in Bonn. Zu Feindseligkeiten gegen einquartierte Flüchtlinge vgl. auch Klessmann: Staatsgründung, S. 358; Benz: Flucht, S. 57 f.
791 Sitzung vom 13. 5. 1948; nach: Trümmerleben, S. 103. – In Bayern lag der Anteil von Flüchtlingen und Vertriebenen um so höher, je kleiner die Gemeinde war. In Orten mit mehr als 100.000 Einwohnern zählte man 5,7 % Flüchtlinge, in solchen mit weniger als 4.000 Einwohnern dagegen 23,9 %; Bauer: Flüchtlinge und Flüchtlingspolitik, S. 28.
792 Joachim O., * 1941, in: Dörr: Der Krieg, 1, S. 503, 509.
793 AHL, Hauptamt 1326.
794 Christoph Hein: Landnahme. Frankfurt/M. 2004, S. 291.
795 Flüchtlingsland Schleswig-Holstein, S. 64 und 70 f. – Im Folgenden, zu Jülich, Wollasch: Auslandshilfe, Nr. 159, S. 313.
796 Vgl. Klessmann: Staatsgründung, S. 42 sowie Nr. 9-12, S. 355-358.
797 Bauer: Flüchtlinge und Flüchtlingspolitik, S. 257.
798 Besondere Bedeutung kommt dem Soforthilfegesetz (1949) und dem Lastenausgleichsgesetz (1952) zu. Auf Einzelheiten kann hier nicht eingegangen werden.
799 Nach einer Mitteilung des Deutschen Städtetages vom 10. 11. 1952; AHL, Hauptamt 1217. Der Aufruf des Bundespräsidenten zur Dankspende in Norbert Ohler: Hilfen in großer Not, F.A.Z., 27. 6. 2006.
800 Klessmann: Staatsgründung, S. 52: Im Herbst 1950, zu Beginn des „sozialen Wohnungsbaus", fehlten in der Bundesrepublik (ohne West-Berlin) noch 4.720.000 Wohnungen; die Arbeitslosigkeit hatte 1950 einen Höhepunkt erreicht; Von Stalingrad, (Willenbacher) S. 610.
801 Die Initiative zum ERP – European Recovery Program – hatte Außenminister George C. Marshall ergriffen; im April 1948 hat der amerikanische Kongreß den Plan gebilligt. Bis 1952 gingen Kredite im Werte von 13,75 Milliarden Dollar nach Europa, 1,4 Milliarden davon an die Bundesrepublik.
802 Den Bericht aus dem Bistumsarchiv Görlitz hat Winfried Töpler veröffentlicht in: Vertriebene finden Heimat, S. 394-399.
803 Von Stalingrad, (Blessing) S. 90, 115.
804 Wollasch: Auslandshilfe, Nr. 72, S. 193, nach einem Bericht des Caritasverbandes Karlsruhe vom August 1947.
805 Geschichte der Sozialpolitik in Deutschland, 2/2, Nr. 15, S. 67 f.
806 Demokratischer Neubeginn Göppingen, S. 307 f., 312.
807 1945 – Ein Jahr, S. 188; ebd. S. 239 f.: In München wurden am 14. 2. 45 die letzten Schulen geschlossen, am 17. 9. 1945 nahmen die dortigen Volksschulen den Unterricht wieder auf.

[808] AHL, Hauptamt 969 sowie 93 („wieder freigemacht", März 1946).
[809] In: Wie wir das alles geschafft haben, S. 125.
[810] Vgl. Demokratischer Neubeginn Göppingen (S. 288 Angaben auf Entschuldigungszetteln), sowie DÖRR: Der Krieg, 2 (S. 98 faksimilierte Entschuldigungen).
[811] AHL, Hauptamt 952.
[812] Demokratischer Neubeginn Göppingen, S. 96. – DÖRR: Wer die Zeit, 2, S. 404.
[813] In Hessen und in Teilen des späteren Bundeslandes Baden-Württemberg; KLESSMANN: Staatsgründung, S. 92-99 ‚Reeducation' und Bildungspolitik, hier S. 92. – Handbuch der baden-württembergischen Geschichte, 4, S. 425, 469. – In Mittelfranken waren es 60%; ERKER, in: Von Stalingrad, S. 421.
[814] Jugendlexikon NS, S. 134. – DÖRR: Wer die Zeit, 3, S. 539: Nichtanerkennung als Hochschulzugang, wenn der Vermerk nach dem 1. 1. 1943 ausgestellt war. - Im Elsaß, 1940-1944 annektiert, erlaubte der ‚Reifevermerk' den Zugang zur Universität; freundliche Auskunft von Prof. Francis Rapp, Straßburg.
[815] BUCH: Wir Kindersoldaten, S. 171 f. – Im Folgenden, „Amputierter", SCHÖRKEN, Niederlage, S. 115-119.
[816] HAUNFELDER: Kinderzüge, S. 65.
[817] WERNER: Unschuldige Zeugen, S. 231.
[818] SCHÖRKEN, Niederlage, S. 117 f. – Im Folgenden, „politisch gesäubert", Meyers Lexikon, 9 (1942) Sp. 1271.
[819] Heil Hitler, Herr Lehrer, S. 289.
[820] Richtlinien für den Unterricht auf grund einer Besprechung mit Vertretern der amerikanischen Besatzungsmacht in Göppingen am 7. 8. 1945; in: Demokratischer Neubeginn Göppingen, S. 282.
[821] Nach einer Reihenuntersuchung waren im Sommer 1946 in Bremen 20 % der Schulkinder in ‚gutem Ernährungszustand', 60 % ‚allenfalls befriedigend', 20 % ‚nicht genügend'; Vom Trümmerkind, 10. - In Freiburg wurden 1947 von 2.000 Schulanfängern wegen zwei bis drei Kilogramm Untergewicht 300 zurückgestellt; das wären 15 %, WOLLASCH: Auslandshilfe, Nr. 54, S. 154. - „Nur 7 % aller Schulkinder sind in einem guten Ernährungszustand", heißt es Ende 1947 in einem Bericht des Schweizer Hilfswerks aus Köln; Humanität und Diplomatie, S. 20.
[822] August 1946; Demokratischer Neubeginn Göppingen, S. 207.
[823] Humanität und Diplomatie, S. 36 ff. – WOLLASCH: Auslandshilfe, Nr. 67, S. 182 f. – Nach einem Bericht der Caritas vom 28. 5. 1946 hatten Kinder nach Aufhören der Speisung innerhalb von drei Wochen das gewonnene Gewicht bereits wieder verloren. Der deutsche Südwesten zur Stunde Null, S. 164 f.
[824] Anfangs erhielten die Kinder überflüssig gewordene Feldrationen der amerikanischen Armee, zu jeder gehörte ein Schokoladenriegel. Bis März 1947 wurden 2,8 Millionen solcher Päckchen verteilt; nach WEYERER: Liebesgaben. – Vgl. KLESSMANN: Staatsgründung, S. 365 f. - Zur Hooverspeiung aus der Zeit vor der Währungsreform vgl. Demokratischer Neubeginn Göppingen (S. 203-205, S. 205 Faks., für März 1948) sowie HEIBEL: Vom Hungertuch (S. 163, Tab. 25, zum 2.-28. 2. 1948).
[825] Verliehen wurde der Preis dem American Friends Service Committee sowie dem britischen Friends Service Council; vgl. ESCHENBURG, S. 387.
[826] AHL, Hauptamt 1177, Fürsorgemaßnahmen: Sozialverwaltung, 29. 4. 1947 Kinderspeisung der Mennoniten zeitweilig für 4.180 Kinder.
[827] Schlußsatz von Jutta Richter, in: Gebrannte Kinder, 2, S. 206.

[828] Die Schweiz und Deutschland 1945-1961, S. 216.

[829] Barth, Karl: Eine Schweizer Stimme, 1938-1945. Zollikon, Zürich 1945, S. 321. Unten ebd. S. 350-356.

[830] Die Schweiz und Deutschland 1945-1961, S. 217.

[831] Gerd Tellenbach: Aus erinnerter Zeitgeschichte. Freiburg/Br. 1981, S. 118.

[832] Wollasch: Auslandshilfe, Nr. 28, S. 102. – Unten, zu Brasilien und Irland, ebd. Nr. 58, S. 168 bzw. S. 38 f. und Nr. 81, S. 210-212. Ebd. der Präsident des Deutschen Caritasverbandes an Erzbischof Gröber: „Diese neue Gabe eines Volkes, das in seiner Mehrheit durchaus nicht in glänzenden Verhältnissen lebt, wird vielen Notleidenden über die Schwere des gegenwärtigen Winters hinweghelfen".

[833] Humanität und Diplomatie, S. 14. - Wollasch: Auslandshilfe, S. 29, nennt an zweiter Stelle den Vatikanstaat.

[834] Humanität und Diplomatie, S. 17.

[835] Humanität und Diplomatie, S. 71.

[836] Humanität und Diplomatie, S. 37.

[837] Wollasch: Auslandshilfe, Nr. 180, S. 341-349.

[838] Vgl. Klessmann: Staatsgründung, Nr. 19, S. 365 f.: Gesamtwert des CARE-Programms für die Bundesrepublik Deutschland mehr als 346 Millionen DM. – Zu den Gründungsmitgliedern von CARE vgl. Wollasch: Auslandshilfe, Nr. 150, S. 295.

[839] Wollasch: Auslandshilfe, Nr. 156, S. 305-307.

[840] Wollasch: Auslandshilfe, Nr. 106, S. 245, vom 4. 5. 1948.

[841] Humanität und Diplomatie, S. 88-90. Mit verständlichem Stolz wird im Schlußbericht vom Juni 1949 vermerkt, in 3 ½ Jahren sei insgesamt 40.000 Kindern und Erwachsenen geholfen worden. „Jeder 13. Kölner wurde in irgendeiner Form in unseren Wirkungsbereich einbezogen".

[842] Humanität und Diplomatie, S. 79-82; ebd. S. 65 Foto: Betreuerin mit Kindern, es gibt gerade etwas zu trinken.

[843] Humanität und Diplomatie, S. 42, 88 f.: Aus 6.500 m Stoff wurden an 6 Nähmaschinen an die 2.000 Wäschestücke hergestellt; 600 kg Wolle wurde zu Kinderkleidung weiterverarbeitet; 8.000 Windeln wurden gesäumt, 2.000 Waschlappen zusammen mit je einem Stück Seife, Zahnbürste und Zahnpasta ausgegeben.

[844] Wollasch: Auslandshilfe, Nr. 59, S. 171: Schweizer Spende, Aktionsbericht vom April 1947.

[845] Humanität und Diplomatie, S. 75.

[846] Vgl. Wollasch: Auslandshilfe, Nr. 157, S. 307: Nach einem Bericht vom Mai 1950 hatten in drei Jahren 1.500 Kinder aus Deutschland in portugiesischen Familien liebevolle Aufnahme gefunden. Einzelheiten zu Einladungen aus Dänemark, Irland, Schweiz, Spanien und anderen Ländern sind über das Register zu Wollasch: Auslandshilfe zu finden.

[847] Die Schweiz und Deutschland 1945-1961, S. 218: Für deutsche Städte und Grenzlandhilfen stellte die „Schweizer Spende" etwa 35 Millionen Franken zur Verfügung. Dazu kam die Aufnahme von etwa 26.000 deutschen Kindern zu jeweils dreimonatigen Aufenthalten in Familien. Insgesamt dürfte die Schweiz zugunsten Deutscher mindestens 75 Millionen Franken aufgebracht haben. - Wollasch: Auslandshilfe, Nr. 183, S. 359: Die sechs größten Schweizer Hilfswerke brachten von 1945-1954 (seit 1950 als Flüchtlingshilfe) 140 Millionen Schweizer Franken auf; 51.000 Kinder reisten zur Erholung in die Schweiz.

848 HAUNFELDER: Kinderzüge, S. 49, 63, 54, 68, 162, 180, 138 f., 149.

849 Mancher kam nicht damit zurecht, daß sein Vater, anders als der Pflegevater in der Schweiz, im Krieg auf Menschen geschossen hatte; s.o. S. 227.

850 DÖRR: Wer die Zeit, 1, S. 62.

851 Geschichte der Sozialpolitik in Deutschland, 2/2, S. 490-493. – Das Folgende vor allem nach WOLLASCH: Auslandshilfe, Nr. 50: In der SBZ wurde im Oktober 1946 mit der Speisung von 45.000 Kindern zwischen 3 und 14 Jahren begonnen; vgl. Nr. 59 u. a.

852 WOLLASCH: Auslandshilfe, Nr. 72.

853 Humanität und Diplomatie, S. 72.

854 Von Stalingrad, (BLESSING) S. 90. – Vgl. Demokratischer Neubeginn Göppingen, S. 237.

855 Humanität und Diplomatie, S. 69.

856 WOLLASCH: Auslandshilfe, Nr. 21, S. 90; Schreiben vom 19. 3. 1946.

857 Der Aufruf faks. in OHLER: Hilfen, wie Anm. 799.

858 WEBER: Jugendpolitik, S. 24.

859 Geschichte der Sozialpolitik, 2/2, Nr. 72, S. 160-163: In Mecklenburg waren 33 % der Ankömmlinge Kinder bis zu 14 Jahren, in Sachsen 37,5 % (S. 161). Der offizielle Bericht der Deutschen Verwaltung für Arbeit und Sozialfürsorge spricht gemäß der vorgeschriebenen Sprachregelung von „Umsiedlern", die „aus dem Osten und Südosten eingewandert" seien und betont, daß „der Ausgewiesene sowohl mittellos als mit kranken Familienangehörigen belastet" sei.

860 Am 31. 3. 1949 gab es in den fünf Ländern der SBZ 4.442.318 registrierte Vertriebene, 25 % der Bevölkerung, der höchste Anteil in Mecklenburg mit 46,5 %, der geringste in Sachsen mit 17,1 %; nach: FENSKE, S. 269.

861 TÖPLER, S. 552; Bericht vom 31. 1. 1947.

862 1947 hatte die Caritas in Cottbus sich um 175 „allein reisende" Kinder zu kümmern; 1948 trafen vier Züge mit insgesamt 2.473 Kindern ein; TÖPLER, S. 588 und 605.

863 GEISSLER: Geschichte, S. 178.

864 Zur Diskriminierung der Vertriebenen im Westen Deutschlands, s.o. S. 257f. Vgl. FENSKE, S. 267-272. – Christoph Hein hat seinem 2004 veröffentlichten Roman über den von einer Familie von Vertriebenen hartnäckig gegen alle Feindseligkeiten durchgesetzten Aufbau einer neuen Existenz in der DDR den bezeichnenden Titel „Landnahme" gegeben; darin die Szene, in der ein Schuljunge dem Lehrer schließlich entgegenhält: „Aber geboren bin ich in Breslau". – GEISSLER: Geschichte, S. 177: In der SBZ lebten 1948 17,8 Millionen Einwohner, davon 27 % (4,8 Millionen) Kinder im Alter unter 14 Jahren, darunter 1,3 Millionen Kinder von Flüchtlingen und ‚Ausgesiedelten'.

865 BRUYN: Zwischenbilanz, S. 373; im Folgenden, das Zitat, S. 303.

866 SED-Staat, S. 10: In einer Denkschrift vom Juli 1990 bestätigte das sowjetische Innenministerium die Existenz von zehn, seit 1948 ‚nur' noch drei „Speziallagern", in denen „bis 1950 122.671 Deutsche einsaßen", von diesen seien 12.889 im Lager gestorben, 13.000 wurden „in die UdSSR gebracht", 14.000 wurden 1950 dem Ministerium des Inneren der DDR übergeben. – Nach MORSEY: Bundesrepublik, S. 15, sind allein in Buchenwald und Sachsenhausen rund 70.000 Regimegegner umgekommen.

867 An der Nahtstelle, S. 44; S. 38 f. das Schreiben an die SMAD vom 15. 1. 1947 bzw. an Marshall Sokolowski. In einer Predigt zum Fest Allerseelen 1941 hat Preysing die Euthanasie verurteilt, s.o. S. 171.

868 Tischner, S. 460.
869 Agde: Die Greußener Jungs.
870 Latotzky, S. 39 der Bericht der Oberin des Leipziger Krankenhauses; S. 99-101 der Bericht von Frau Christa-Maria X. – Zu den bei Auflösung der Lager noch lebenden Häftlingen: Anfang 1950 wurden insgesamt 15.038 Lagerinsassen entlassen, 3.432 an Gerichte der DDR, 10.513 zur weiteren Verbüßung der bereits verhängten Strafe an Gefängnisse der DDR überwiesen; nach Agde. Greußen, S. 262
871 Veröffentlicht als „Befehl" in der Täglichen Rundschau", dem Presseorgan der SMAD; vgl. Mählert: FDJ, S. 17.
872 Geschichte der Sozialpolitik, 2/2, Nr. 57, S. 139.
873 Mählert: FDJ, S. 39-45.
874 Tischner, S. 331.
875 Petzold: FDJ und Junge Gemeinde, S. 127.
876 Mählert: FDJ, S. 63: 492.000 Mitglieder im Dezember 1947, im Juli 1948 nur mehr 425.628.
877 Geschichte der Sozialpolitik, 2/2, Nr. 259, S. 583 f.
878 Reformpädagogen verstanden sich als ‚Helfer', die Kindern beistehen, damit diese sich selbst erziehen.
879 Ansorg: Kinder im Klassenkampf, S. 48. – Unten, Selbstanklage, ebd. S. 15.
880 Ansorg, Kinder im Klassenkampf, S. 54. Im Folgenden, Pionierleiter, ebd. S. 58.
881 Petzold: FDJ und Junge Gemeinde, S. 346. – Hohlfeld: Neulehrer, S. 265: Im Sommer 1949 gehörten 30 % der Schüler zur FDJ, 70 % der Schüler in Grundschulen waren Junge Pioniere.
882 So die von Ansorg, S. 55, weitergegebene Deutung. - Vgl. Dörr: Der Krieg, 2, S. 158-205, S. 159 Foto einer Jungen Pionierin beim Gruß.
883 Obligatorisch wurde der Wehrkundeunterricht 1978 eingeführt; DDR-Geschichte in Dokumenten, S. 377.
884 Ansorg: Kinder im Klassenkampf, S. 117.
885 DDR-Geschichte in Dokumenten, Nr. G 7, S. 185 f.
886 Geissler: Geschichte, S. 321: Bei der ersten zentralen Lenkung der Aufnahme in die Oberschule 1950 wurden 60 % Arbeiter- und Bauernkinder aufgenommen, bis hin zu einem Notendurchschnitt von 3,2; abgelehnt wurden dagegen Kinder aus der technischen Intelligenz und aus bürgerlichem Elternhaus, auch wenn sie einen Notendurchschnitt von 1,8 vorweisen konnten.
887 Geissler: Geschichte, S. 312.
888 SPD und KPD forderten gemeinsam „bei voller Anerkennung der Glaubens- und Gewissensfreiheit die klare Trennung von Kirche und Schule". Aufruf der beiden Parteien vom 18. 10. 1945, in: Klessmann: Staatsgründung, Nr. 38, S. 391.
889 Tischner, S. 279.
890 Ansorg: Kinder im Klassenkampf, S. 49.
891 Ansorg: Kinder im Klassenkampf, S. 61: 1949 waren an den Grundschulen 50% Lehrer in der SED, an Oberschulen 25,5 %, insgesamt 47,6 % der 65.207 Lehrer. - 1949 gehörten 69,3 % der Neulehrer der SED an; Handbuch der deutschen Bildungsgeschichte, VI/2, S. 13 (Baske: Die Entnazifizierung [in SBZ/DDR]). – Weitere in der Literatur genannte Zahlen: Tischner, S. 281 f.: Von etwa 39.000 Lehrern, die es am Kriegsende auf dem Gebiet der SBZ gab, waren 28.000 in der NSDAP gewesen. – Geissler: Geschichte, S. 107: Im Januar 1947 waren 22.566 Lehrer, die Mitglieder der

NSDAP gewesen waren, entlassen, und noch 5.613 im Dienst. – Ebd., S. 124: Am 1. 4. 1949 zählte man in der SBZ 64.415 Lehrer, davon 45.244 Neulehrer. - HOHLFELD, S. 263: Bis 1966 war jeder zweite der Neulehrer wieder ausgeschieden.

892 Aus der Resolution des SED-Parteivorstandes vom 24. 8. 1949 und dem entsprechenden Beschluß auf dem Pädagogischen Kongreß vom 25. 8. 1949; vgl. dazu GEISSLER: Geschichte, S. 248, und HOFFMANN: Sozialistischer Kindergarten, S. 139. – Das folgende Zitat aus den „Richtlinien für die deutsche demokratische Schule"; vgl. dazu KLESSMANN: Staatsgründung, Nr. 121, S. 525-527, hier S. 527.

893 ANSORG: Kinder im Klassenkampf, S. 64.

894 GEISSLER: Geschichte, S. 314 ff.

895 PETZOLD: FDJ und Junge Gemeinde, S. 134-137. Den ersten Fall hat Petzold selber miterlebt.

896 TISCHNER, S. 347 mit Anm. 545, auch zum Folgenden.

897 WOLLASCH: Auslandshilfe, Nr. 144, S. 285.

898 TISCHNER, S. 415, Tabellen zum 23. März 1950.

899 NIEHUSS: Familie, S. 81.

900 HOFFMANN: Sozialistischer Kindergarten, S. 143-149; dort S. 145 Die Kindergärtnerin, 1950, S. 14.

901 SCHWARZE: Kinder, S. 214, nennt Zahlen für die Britische Zone: Bis Anfang 1948 hatte das Land vier Millionen Flüchtlinge und Vertriebene aufgenommen, 530.241 davon stammten aus der Ostzone.

902 HOFFMANN, Junge Zuwanderer, S. 218. – Im Folgenden, zu Poggenhagen, ebd. S. 242.

903 Das Folgende nach: Menschenrechte. Dokumente, S. 42-44, 156-178.

Abkürzungen

I, II, III	usf. Januar, Februar, März (in der Zeittafel)
AHL	Archiv der Hansestadt Lübeck
AHS	Adolf-Hitler-Schule
Aufl.	Auflage
Bd.	Band (auch in Halbbd. u.ä.)
BDM	Bund Deutscher Mädel (in der HJ)
Bearb.	Bearbeiter, bearbeitet von
CARE	Cooperative for American Remittances to Europe, Zusammenschluß für amerikanische Sendungen nach Europa
DDR	Deutsche Demokratische Republik
DP	Displaced Person, entwurzelte Person
Einl.	Einleitung
ERP	European Recovery Program
Faks.	Faksimile, faksimiliert
FDJ	Freie Deutsche Jugend
HJ	Hitlerjugend
Hrg.	Herausgeber, herausgegeben von
KLV	Kinderlandverschickung
KPD	Kommunistische Partei Deutschlands
KZ	Konzentrationslager
Napola	Nationalpolitische Erziehungsanstalt
ND	Nach-, Neudruck
NS	Nationalsozialismus, nationalsozialistisch
NSDAP	Nationalsozialistische Deutsche Arbeiterpartei
NSKK	Nationalsozialistisches Kraftfahrer-Korps
NSV	Nationalsozialistische Volkswohlfahrt
RAD	Reichsarbeitsdienst
RGBl	Reichsgesetzblatt
RM	Reichsmark
SA	Sturmabteilung (der NSDAP)
SBZ	Sowjetische Besatzungszone, Ostzone
SD	Sicherheitsdienst (Abteilung der SS)
SED	Sozialistische Einheitspartei Deutschlands
SMAD	Sowjetische Militäradministration in Deutschland
SPD	Sozialdemokratische Partei Deutschlands
SS	Schutzstaffel (der NSDAP)
StGB	Strafgesetzbuch
T4	Tiergartenstr. 4 – Tarnname für das ‚Euthanasie'-Programm
Tb.	Taschenbuch

Tsd.	Tausend
UdSSR	Union der Sozialistischen Sowjetrepubliken
UNRRA	United Nations Relief and Rehabilitation Administration, Nothilfe- und Wiederaufbauverwaltung der Vereinten Nationen
US	United States (of America)
V 1, V 2	Vergeltungswaffe 1 bzw. 2
Veröff.	Veröffentlichung(en), veröffentlicht von
VjZG	Vierteljahrshefte für Zeitgeschichte

Literatur und Quellen

1945 – Ein Jahr in Dichtung und Bericht. Hrg. Hans RAUSCHNING (Fischer Tb., 663). Frankfurt/M. 1965.

ABELSHAUSER, Werner: Wirtschaft in Westdeutschland 1945-1948. Rekonstruktion und Wachstumsbedingungen in der amerikanischen und britischen Zone (Schriftenreihe der VjZG, 30). Stuttgart 1975.

Abends, wenn wir essen, fehlt uns immer einer. Kinder schreiben an ihre Väter 1939-1945. Hrg. Herta LANGE, Benedikt BURKARD. Reinbek 2000. (Nachweise: Abends ... Kinderbriefe).

AGDE, Günter: Die Greußener Jungs. Hitlers Werwölfe, Stalins Geheimpolizisten und ein Prozeß in Thüringen. Eine Dokumentation [1945 bis 1951]. Berlin 1995.

Akten deutscher Bischöfe über die Lage der Kirche 1933-1945. Mainz.
  Bd. 5: 1940-1942. Bearb. Ludwig VOLK (= Veröff. der Kommission für Zeitgeschichte, A, 34). 1983.
  Bd. 6: 1943-1945. Bearb. Ludwig VOLK (= Veröff. der Kommission für Zeitgeschichte, A, 38). 1985.

Aktion T4 1939-1945. Die ‚Euthanasie'-Zentrale in der Tiergartenstraße 4. Hrg. Götz ALY. 2. Aufl. Berlin 1989.

Alltag in Ostpreußen 1940–1945. Die geheimen Lageberichte der Königsberger Justiz 1940-1945. Hrg. und bearb. Christian TILITZKI. Leer 1991.

Alltag unterm Hakenkreuz. Bd. 1-3. Hamburg.
  Bd. 1. FOCKE, Harald / REIMER, Uwe: Wie die Nazis das Leben der Deutschen veränderten. Ein aufklärendes Lesebuch. 1979.
  Bd. 2. FOCKE, Harald / REIMER, Uwe: Alltag der Entrechteten. Wie die Nazis mit ihren Gegnern umgingen. 1980.
  Bd. 3. STROCKA, Monika / FOCKE, Harald: Alltag der Gleichgeschalteten. Wie die Nazis Kirche, Kultur, Justiz und Presse braun färbten. 1985.

Alltagsnot und politischer Wiederaufbau. Zur Geschichte Freiburgs und Südbadens in den ersten Jahren nach dem 2. Weltkrieg. Hrg. Arbeitskreis Regionalgeschichte Freiburg (Stadt und Geschichte ..., 9). Freiburg 1986.

Als Feuer vom Himmel fiel. Der Bombenkrieg in Deutschland. Hrg. Stephan BURGDORFF. München 2003.

ALY, Götz: Die „Aktion Brandt" – Bombenkrieg, Bettenbedarf und „Euthanasie". In: Aktion T4, S. 168-178.

ALY, Götz: Im Tunnel. Das kurze Leben der Marion Samuel 1931-1943. Frankfurt 2004.

An der Nahtstelle der Systeme. Dokumente und Texte aus dem Bistum Berlin 1945-1990. Hrg. Gerhard LANGE, Ursula PRUSS. 1. Halbbd. 1945-1961. Leipzig 1996.

ANSORG, Leonore: Kinder im Klassenkampf. Die Geschichte der Pionierorganisation. Von 1948 bis Ende der fünfziger Jahre (Zeithistorische Studien, 8). Berlin 1997.
Arena der Leidenschaften. Der Berliner Sportpalast und seine Veranstaltungen 1910-1973. Hrg. Alfons ARENHÖVEL. Berlin 1990.
Augenzeugenbericht [Kurt Gersteins] zu den Massenvergasungen. Hrg. Hans ROTHFELS. In VjZG, 1 (1953) S. 177-194.
BADER, Karl Siegfried: Soziologie der deutschen Nachkriegskriminalität. Tübingen 1949.
BAER, Frank: Die Magermilchbande. Roman (Fischer Tb., 5167). Frankfurt/M., 1981.
BANNY, Leopold: Dröhnender Himmel, brennendes Land. Der Einsatz der Luftwaffenhelfer in Österreich 1943-1945. Wien 1988.
BAUER, Franz J.: Flüchtlinge und Flüchtlingspolitik in Bayern 1945-1950 (Forschungen und Quellen zur Zeitgeschichte, 3). Stuttgart 1982.
BAUMERT, Gerhard: Jugend der Nachkriegszeit. Lebensverhältnisse und Reaktionsweisen. Darmstadt 1952.
BAUMERT, Gerhard / HÜNNIGER, Edith: Deutsche Familien nach dem Kriege. Darmstadt 1954.
Bayern im Bund. Bd. 1: Die Erschließung des Landes 1949 bis 1973. Hrg. Thomas SCHLEMMER. München 2001. Darin u.a.: Ulrike LINDNER: Gesundheitspolitik und medizinische Versorgung 1945 bis 1972. S. 205-272. (Nachweise: Bayern im Bund 1 LINDNER). Christiane KULLER, Familie und Familienpolitik in Bayern 1945 bis 1974. Bayern im Bund 1, S. 269–346 (Nachweise: Bayern im Bund 1, KULLER)
Bayern in der NS-Zeit. Hrg. Martin BROSZAT (u.a.). Bd. 1-6. München 1977-1983.
BeFreier und Befreite. Krieg, Vergewaltigung, Kinder. Hrsg. Helke SANDER, Barbara JOHR (Fischer-Tb., 16305). Frankfurt/M. 2005.
BENZ, Wolfgang: Der Krieg gegen die Sowjetunion im Bewußtsein der Deutschen. In: Ders.: Feindbild und Vorurteil, S. 20-47.
BENZ, Wolfgang: Flucht und Vertreibung. Zur politischen Instrumentalisierung von Feindbildern. In: Ders.: Feindbild und Vorurteil, S. 48-63.
BENZE, Rudolf: Erziehung im Großdeutschen Reich. Eine Überschau über Ziele, Wege, Einrichtungen. 1939, 3. erw. Aufl. Frankfurt/M. 1943. – Benze war Ministerialrat und SS-Sturmbannführer.
Bevölkerung gestern, heute und morgen. Hrg. Statistisches Bundesamt. Mainz, Stuttgart 1985.
BLANK, Ralf: Kriegsalltag und Luftkrieg an der „Heimatfront". In: Das Deutsche Reich und der Zweite Weltkrieg, 9/1, S. 357-461.
BLASIUS, Dirk: Psychiatrischer Alltag im Nationalsozialismus, in: Die Reihen fast geschlossen, S. 367-380.
„Blitzmädel", „Heldenmutter", „Kriegerwitwe". Frauenleben im Zweiten Weltkrieg. Hrg. Gerda SZEPANSKY. Frankfurt/M. 1998

BOBERACH, Heinz: Jugend unter Hitler. Fotografierte Zeitgeschichte. Düsseldorf 1982.
BÖGEHOLZ, Hartwig: Die Deutschen nach dem Krieg. Eine Chronik. Befreit, geteilt, vereint. Deutschland 1945 bis 1995. Reinbek bei Hamburg 1995.
BÖHME, Kurt W.: Gesucht wird ... Die dramatische Geschichte des Suchdienstes. München 1965.
BÖLSCHE, Jochen: Eine Frage der Mode. Wie Churchill den Einsatz von B- und C-Waffen gegen Deutschland vorbereiten ließ. In: Als Feuer vom Himmel fiel, S. 132-135.
BONDY, Ruth: Frauen in Theresienstadt und im Familienlager Auschwitz-Birkenau. In: Frauen im Holocaust, S. 117-141.
BÖNISCH, Georg / HABBE, Christian: „Witze über den Führer". In: Als Feuer vom Himmel fiel, S. 179-188.
BOOG, Horst: Die strategische Bomberoffensive der Alliierten gegen Deutschland und die Reichsluftverteidigung in der Schlußphase des Krieges. In: Das Deutsche Reich und der Zweite Weltkrieg, 10/1, S. 777-884.
BOSCH, Manfred: Der Neubeginn. Aus deutscher Nachkriegszeit. Südbaden 1945-1950. Konstanz, 1988.
BOYENS, Armin: Kirchen in der Nachkriegszeit. Vier zeitgeschichtliche Beiträge (Arbeiten zur kirchlichen Zeitgeschichte, B, 8). Göttingen 1979.
BREIDING, Birgit: Die Braunen Schwestern. Ideologie, Struktur, Funktion einer nationalsozialistischen Elite (Beiträge zur Wirtschafts- und Sozialgeschichte, 85). Stuttgart 1998.
BROSZAT, Martin: Nationalsozialistische Polenpolitik 1939-1945 (Fischer Tb., 692). Frankfurt/M. 1965.
BRUYN, Günter de: Zwischenbilanz. Eine Jugend in Berlin. Frankfurt/M. 1992, 9. Aufl. (Fischer Tb., 11967) 2002.
BUCH, Wolfgang von: Wir Kindersoldaten. Berlin 1998.
BUSCHMANN, Arno: Nationalsozialistische Weltanschauung und Gesetzgebung 1933-1945. Bd. II: Dokumentation einer Entwicklung. Wien, New York 2000.
BUSKE, Sybille: Fräulein Mutter und ihr Bastard. Eine Geschichte der Unehelichkeit in Deutschland 1900-1970. Göttingen 2004.
CHAGOLL, Lydia: Im Namen Hitlers. Kinder hinter Stacheldraht. Frankfurt/M. 1979.
DABEL, Gerhard: KLV. Die erweiterte Kinder-Land-Verschickung. KLV-Lager 1940-1945. Dokumentation (...). Freiburg 1981. – Dabel war Mitarbeiter bei der Reichsdienststelle für die KLV.
DAHLKAMP, Jürgen: Armee von der Schulbank. In: Als Feuer vom Himmel fiel, S. 166-169.
DDR-Geschichte in Dokumenten. Beschlüsse, Berichte, interne Materialien und Alltagszeugnisse. Hrg. Matthias JUDT (Schriftenreihe der Bundeszentrale für politische Bildung, 350). Bonn 1998.
Demokratischer Neubeginn. Göppingen in den Jahren 1945 bis 1955. Begleit-

buch zur Ausstellung 1999. Hrg. Jürgen HELMBRECHT, Karl-Heinz RUESS (Veröff. des Stadtarchivs Göppingen, 39). Göppingen 1999

Das Deutsche Reich und der Zweite Weltkrieg. Hrg. Militärgeschichtliches Forschungsamt. München.
Bd. 9, Teil 1: Die deutsche Kriegsgesellschaft. Politisierung, Vernichtung, Überleben. Hrg. Jörg ECHTERNKAMP. 2004.
Bd. 10. Der Zusammenbruch des Deutschen Reiches 1945. Hrg. Rolf Dieter MÜLLER. 2008. 1. Halbbd.: Die militärische Niederwerfung der Wehrmacht. – 2. Halbband: Die Folgen des Zweiten Weltkrieges.

Der deutsche Südwesten zur Stunde Null. Zusammenbruch und Neuanfang im Jahr 1945 in Dokumenten und Bildern. Ausstellung des Badischen Generallandesarchivs ... 1975. Bearb. Hansmartin SCHWARZMAIER, Hrg. Generallandesarchiv Karlsruhe in Verbindung mit der Arbeitsgemeinschaft für geschichtliche Landeskunde am Oberrhein. Karlsruhe 1975.

Die deutsche Volksschule im Großdeutschen Reich. Handbuch der Gesetze, Verordnungen und Richtlinien für Erziehung und Unterricht in Volksschulen nebst den einschlägigen Bestimmungen über Hitler-Jugend und Nationalpolitische Erziehungsanstalten. (Hrg.) Alfons KLUGER. Breslau 1940. – ND unter dem Titel ‚Die Volksschule im NS-Staat', mit einer Einleitung hrg. von Hans Jürgen APEL. Köln, Weimar, Wien 2000. (Nachweise unter: Die deutsche Volksschule … KLUGER, 1940).

Deutsches Lesebuch für Volksschulen. 3. und 4. Schuljahr. 2. Auflage. Dortmund 1938.

DISTEL, Barbara: Kinder in Konzentrationslagern. In: Sozialisation und Traumatisierung: Kinder in der Zeit des Nationalsozialismus. Hrg. Ute und Wolfgang BENZ. Frankfurt/M. 1992, S. 117-127.

Dokumentation des NS-Strafrechts. Hrg. Heribert OSTENDORF. Baden-Baden 2000.

Dokumente des Verbrechens. Aus Akten des Dritten Reiches, 1933–1945. Hrg. Helma KADEN. Bd. 1-3. Berlin 1993.

Dokumente zur deutschen Geschichte 1942-1945. Hrg. Wolfgang RUGE und Wolfgang SCHUMANN. Berlin (Ost), Lizenzausgabe Frankfurt/M. 1977.

DÖRR, Margarete: »Der Krieg hat uns geprägt«. Wie Kinder den Zweiten Weltkrieg erlebten. Bd. 1 und 2. Frankfurt/M. (u.a.) 2007.

DÖRR, Margarete: »Wer die Zeit nicht miterlebt hat ...«. Frauenerfahrungen im Zweiten Weltkrieg und in den Jahren danach. Bd. 1: Lebensgeschichten; Bd. 2: Kriegsalltag; Bd. 3: Das Verhältnis zum Nationalsozialismus und zum Krieg. Frankfurt/M., New York 1998.

Das Dritte Reich. Ein Lesebuch zur deutschen Geschichte 1933-1945. Hrg. Christoph STUDT (Beck'sche Reihe, 1089). München 1995.

„Du bist nichts, Dein Volk ist alles". Forschungen zum Verhältnis von Pädagogik und Nationalsozialismus. Hrg. Christa BERG (u.a.). Weinheim 1991.

DUDEK, Peter: Geschichte der Jugend. In: Handbuch Kindheits- und Jugendforschung, S. 333-349.

DWORK, Debórah: Kinder mit dem gelben Stern. Europa 1933-1945. Übersetzung aus dem Englischen. München 1994.

EDER, Manfred: Hätte die Kirche nach dem „Endsieg" eine Zukunft gehabt? Pläne und Visionen zur Religion im „Tausendjährigen Reich". In: Streitfall Galen, S. 357-384.

EDVARDSON, Cordelia: Gebranntes Kind sucht das Feuer. Aus dem Schwedischen von Anna-Liese Kornitzky. 3. Aufl. München 1986.

ELKIN, Rivka: Das Jüdische Krankenhaus in Berlin zwischen 1938 und 1945 (Reihe deutsche Vergangenheit. Stätten der Geschichte Berlins, 77). Berlin 1993.

ELLGER-RÜTTGARDT, Sieglind: Außerhalb der Norm. Behinderte Menschen in Deutschland und Frankreich während des Faschismus. Eine vergleichend-historische Studie. In: „Du bist nichts, Dein Volk ist alles", S. 88-104.

Das Ende des Schreckens. Dokumente des Untergangs Januar bis Mai 1945. Hrg. Erich KUBY. München (1955).

Entnazifizierung. Politische Säuberung und Rehabilitierung in den vier Besatzungszonen 1945-1949. Hrg. Clemens VOLLNHALS in Zusammenarbeit mit Thomas SCHLEMMER (dtv, 2962). München 1991 (Nachweise: Entnazifizierung ... VOLLNHALS).

ESCHENBURG, Theodor: Jahre der Besatzung 1945–1949. Mit einem einleitenden Essay von Eberhard JÄCKEL (Geschichte der Bundesrepublik Deutschland, 1). Stuttgart 1983.

FÄHRMANN, Willi: So weit die Wolken ziehen. Roman. Würzburg 2008.

FELLER, Barbara / FELLER, Wolfgang: Die Adolf-Hitler-Schulen. Pädagogische Provinz versus ideologische Zuchtanstalt. Weinheim, München 2001.

FENSKE, Hans: „Reiner Tisch wird gemacht werden". Die Vertreibung der Deutschen aus dem Osten. Vorgeschichte, Verlauf, Integration in Nachkriegsdeutschland. In: Historische Mitteilungen der Ranke-Gesellschaft, 17 (2004) S. 228-288.

Flüchtlingsland Schleswig-Holstein. Erlebnisberichte vom Neuanfang. Hrg. Willy DIERCKS. Heide (1997).

FRANKENBERGER, Tamara: Wir waren wie Vieh. Lebensgeschichtliche Erinnerungen ehemaliger sowjetischer Zwangsarbeiterinnen. Münster 1997.

Frauen im Nationalsozialismus. Dokumente und Zeugnisse. Hrg. Ute BENZ. München 1993.

Frauen im Wehrdienst. Erinnerungen von Ingeborg HECHT, Ruth HENRY, Christa MEVES; aktueller Diskussionsbeitrag von Cordula KOEPCKE. Freiburg 1982.

FREUD, Anna: Kriegskinder. Berichte aus den Kriegskinderheimen „Hampstead Nurseries" 1941 und 1942. Frankfurt/M. 1987. In: Sozialisation und Traumatisierung: Kinder in der Zeit des Nationalsozialismus. Hrg. Ute und Wolfgang BENZ. Frankfurt/M. 1992. S. 58-69.

Die Freie Deutsche Jugend. Beiträge zur Geschichte einer Massenorganisation. Hrsg. Institut für zeitgeschichtliche Jugendforschung, Bearb. Helga GOT-

SCHLICH. Bd. 1:„Links und links und Schritt gehalten". Berlin 1994.
FRIEDRICH, Jörg: Brandstätten. Der Anblick des Bombenkriegs. Berlin 2003.
Gebrannte Kinder. Hrg. Jürgen KLEINDIENST. Berlin. Erster Teil. 61 Geschichten und Berichte von Zeitzeugen (Zeitgut, 1). 3., unveränderte Aufl. 1998. Zweiter Teil. Kindheit in Deutschland 1939-49. 36 Geschichten und Berichte von Zeitzeugen (Zeitgut, 7). 1999.
GEISSLER, Gert: Geschichte des Schulwesens in der Sowjetischen Besatzungszone und in der Deutschen Demokratischen Republik 1945 bis 1962. Frankfurt/M. (u.a.) 2000.
„Gemeinschaftsfremde". Quellen zur Verfolgung von „Asozialen" 1933-1945. Bearb. Wolfgang AYASS (Materialien aus dem Bundesarchiv, 5). Koblenz 1998.
Geschichte der Sozialpolitik in Deutschland seit 1945. In. 1945–1949. Die Zeit der Besatzungszonen. Sozialpolitik zwischen Kriegsende und der Gründung zweier deutscher Staaten. Dokumente. Hrg. Bundesministerium für Arbeit und Sozialordnung. Bd. 2/2. Bearb. Udo WENGST. Baden-Baden 2001.
Gesetze des NS-Staates. Dokumente eines Unrechtssystems. Hrg. Ingo von MÜNCH, Zusammenstellung Uwe BRODERSEN (UTB, 1790). 3. Aufl. Paderborn (u.a.) 1994.
Das Gewissen steht auf. Lebensbilder aus dem deutschen Widerstand 1933–1945. Neu hrg. Karl Dietrich BRACHER. Mainz 1984.
GÖHRI, Josef F.: Breisgauer Kriegstagebuch 1939-1946. Horb am N., 1984.
Göppingen unterm Hakenkreuz. Begleitbuch zur Ausstellung 1994. Projektleitung Karl-Heinz RUESS (Veröff. des Stadtarchivs Göppingen, 32). 2. Aufl. Göppingen 1998.
GRÖGER, Josef: Impressionen über das Ende einer deutschen Stadt [Cosel/Oberschlesien]. Eine soziologische Studie. Druck und Herstellung: Görlitz-St. Annaberg O/S 2003.
GUSE, Martin / KOHRS, Andreas: Zur Entpädagogisierung der Jugendfürsorge in den Jahren 1922 bis 1945. In: Soziale Arbeit und Faschismus. Hrg. Hans-Uwe OTTO und Heinz SÜNKER. Frankfurt/M. 1989, S. 228-249.
HAMMERSCHMIDT, Peter: Die Wohlfahrtsverbände im NS-Staat. Die NSV und die konfessionellen Verbände Caritas und Innere Mission im Gefüge der Wohlfahrtspflege des Nationalsozialismus. Opladen 1999.
Handbuch der baden-württembergischen Geschichte. Vierter Band. Die Länder seit 1918. ... Hrg. Hansmartin Schwarzmaier (u.a.) ... Stuttgart 2003.
Handbuch der deutschen Bildungsgeschichte. Hrg. Notker HAMMERSTEIN und Ulrich HERRMANN. Bd. I-VI. München.
Bd. V: 1918-1945. Die Weimarer Republik und die nationalsozialistische Diktatur. Hrg. Dieter LANGEWIESCHE und Heinz Elmar TENORTH. 1989. Bd. VI: 1945 bis zur Gegenwart. Teilbände 1 (Bundesrepublik Deutschland) und 2 (DDR und neue Bundesländer. Hrsg. Christoph FÜHR und Carl-Ludwig FURCK). 1998.
Handwörterbuch der Wohlfahrtspflege. Hrg. Hermann ALTHAUS und Werner

Betcke. 3., völlig neubearb. Aufl. Berlin 1937-1939.
Hansen, Eckhard: Wohlfahrtspolitik im NS-Staat. Motivationen, Konflikte und Machtstrukturen im „Sozialismus der Tat" des Dritten Reiches (Beiträge zur Sozialpolitik-Forschung, 6). Augsburg 1991.
Haunfelder, Bernd: Kinderzüge in die Schweiz. Die Deutschlandhilfe des Schweizerischen Roten Kreuzes 1946-1956. Münster 2007.
Heibel, Jutta: Vom Hungertuch zum Wohlstandsspeck. Die Ernährungslage in Frankfurt am Main 1939-1955. Frankfurt/M. 2002.
Heil Hitler, Herr Lehrer. Volksschule 1933-1945. Das Beispiel Berlin. Hrg. Arbeitsgruppe Paedagogisches Museum. Erarbeitet von Norbert Franck (Redaktion) und Gesine Asmus (Bildredaktion). Reinbek 1983.
Hellfeld, Matthias von / Klönne Arno: Die betrogene Generation. Jugend in Deutschland unter dem Faschismus. Quellen und Dokumente. 1985, 2. Aufl. Köln 1987.
Herbert, Ulrich: Fremdarbeiter. Politik und Praxis des „Ausländer-Einsatzes" in der Kriegswirtschaft des Dritten Reiches. Neuaufl. Bonn 1999.
Herbert, Ulrich: Geschichte der Ausländerpolitik in Deutschland. Saisonarbeiter, Zwangsarbeiter, Gastarbeiter, Flüchtlinge. München 2001.
Hilscher, Almut: „Wir haben ja nichts mehr", in: Als Feuer vom Himmel fiel, S. 189-195.
Hitler, Adolf: Mein Kampf. 851.-855. Auflage. München 1943.
Die Hitlerjugend und ihr Selbstverständnis im Spiegel ihrer Aufgabengebiete. Hrg. Jutta Rüdiger. Lindhorst 1983.
Hofer ... Dokumente, s. Der Nationalsozialismus.
Hoffmann, Elisabeth: Mutter und Tochter in finsteren Zeiten. In: „Für ein Kind war das anders". Traumatische Erfahrungen jüdischer Kinder und Jugendlicher im nationalsozialistischen Deutschland. Hrg. Barbara Bauer. Berlin 1999, S. 85-95.
Hoffmann, Frank: Junge Zuwanderer in Westdeutschland. Struktur, Aufnahme und Integration junger Flüchtlinge aus der SBZ und der DDR in Westdeutschland (1945-1961). Frankfurt/M. 1999.
Hoffmann, Hilmar: Sozialdemokratische und kommunistische Kindergartenpolitik und -pädagogik in Deutschland Eine historische Untersuchung zur Theorie und Realpolitik der KPD, SED und SPD im Bereich institutionalisierter Früherziehung. Bochum 1994.
Hohlfeld, Brigitte: Die Neulehrer in der SBZ/DDR 1945-1953. In: Bildungsgeschichte einer Diktatur. Bildung und Erziehung in SBZ und DDR im historisch-gesellschaftlichen Kontext. Hrg. Sonja Häder, Heinz-Elmar Tenorth u.a. Weinheim 1997, S. 257-274.
Höllen, Martin: Episkopat und »T4«, in: Aktion T4, S. 84-91.
Hrabar, Roman / Tokarz, Zofia / Wilczur, Jacek E.: Kinder im Krieg, Krieg gegen Kinder. Die Geschichte der polnischen Kinder 1939-1945. Reinbek bei Hamburg 1981.
Huber, Hans Frieder: Erinnerungen an eine Freiburger Kindheit im Kriege.

Die erste Zeit. Freiburg 1984. – Kindheitserinnerungen. Kriegsende und die Zeit danach in Freiburg. Die zweite Zeit. Freiburg 1986. (Nachweise unter: HUBER: Erinnerungen, 1 bzw. 2).
HUBER, Karl-Heinz: Jugend unterm Hakenkreuz. Frankfurt/M. 1982.
Humanität und Diplomatie. Die Schweiz in Köln 1940-1949. Hrg. Markus SCHMITZ, Bernd HAUNFELDER. Münster 2001.
JOHANSEN, Erna M.: Betrogene Kinder. Eine Sozialgeschichte der Kindheit. Frankfurt/M. 1978.
Jugendlexikon Nationalsozialismus. Begriffe aus der Zeit der Gewaltherrschaft 1933-1945. Bearb. Hilde KAMMER, Elisabet BARTSCH, Manon EPPENSTEIN-BAUKHAGE (rororo, 6288). Reinbek 1982. (Nachweise unter: Jugendlexikon NS.)
KAELBLE, Hartmut: Sozialgeschichte Europas 1945 bis zur Gegenwart (Schriftenreihe, 618). Bonn 2007.
Kinderalltag in Stadt und Land, 1800-1945. Bilder und Berichte aus dem Archiv für Westfälische Volkskunde. Hrg. Christiane CANTAUW-GROSCHEK und Ulrich TENSCHERT. Rheda-Wiedenbrück 1992.
Kinderlandverschickung in Krefeld 1943-1945, am Beispiel der KLV-Lager Unsleben, Lebenhan und Bettenburg in Mainfranken. Hrg. KAB St. Cyriakus Krefeld-Hüls e. V., Ernst SCHRAETZ, Werner STENMANS. Krefeld 2003.
KJENDSLI, Veslemøy: Kinder der Schande. Berlin 1988.
KL Auschwitz in den Augen der SS. Höss, Broad, Kremer. Schriftleitung Jadwiga BEZWINSKA. Verlag des Staatlichen Auschwitz-Museums 1973.
KLEE, Ernst: ‚Euthanasie' im NS-Staat. Die ‚Vernichtung lebensunwerten Lebens'. 2. Aufl. Frankfurt 1989.
KLEE, Ernst: Das Personenlexikon zum Dritten Reich. Wer war was vor und nach 1945. Frankfurt/M. 2003.
KLEE, Ernst: Von der „T4" zur Judenvernichtung. Die „Aktion Reinhard" in den Vernichtungslagern Belzec, Sobibor und Treblinka. In: Aktion T4, S. 147-152.
KLEE, Katja: Im „Luftschutzkeller des Reiches". Evakuierte in Bayern 1939-1953. Politik, soziale Lage, Erfahrungen. München 1999.
KLESSMANN, Christoph: Die doppelte Staatsgründung. Deutsche Geschichte 1945-1955. Göttingen 5. Aufl. 1991.
KLÜGER, Ruth: Weiter leben. Eine Jugend. Dokumente dazu von Sascha FEUCHERT. Stuttgart 2004.
KOCH, Hannsjoachim W.: Geschichte der Hitlerjugend. Ihre Ursprünge und ihre Entwicklung 1922–1945. Percha am Starnberger See 1975.
KOCK, Gerhard: „Der Führer sorgt für unsere Kinder...". Die Kinderlandverschickung im Zweiten Weltkrieg. Paderborn (u.a.) 1997.
KOSSERT, Andreas: Ostpreußen. Geschichte und Mythos. München 2005.
KOWALCZUK, Ilko-Sascha / WOLLE, Stefan: Roter Stern über Deutschland. Sowjetische Truppen in der DDR. Berlin 2001.
KRAUSE, Michael: Flucht vor dem Bombenkrieg. „Umquartierungen" im Zwei-

ten Weltkrieg und die Wiedereingliederung der Evakuierten in Deutschland 1943-1963. Düsseldorf 1997.
KRIECK, Ernst: Nationalpolitische Erziehung. 22. Aufl. Leipzig 1938.
LATOTZKY, Alexander: Kindheit hinter Stacheldraht. Mütter mit Kindern in sowjetischen Speziallagern und DDR-Haft. Leipzig 2001.
LEMKE MUNIZ DE FARIA, Yara-Colette: Zwischen Fürsorge und Ausgrenzung. Afrodeutsche „Besatzungskinder" im Nachkriegsdeutschland. Berlin 2002.
Lexikon der deutschen Geschichte. Ereignisse, Institutionen, Personen. Stuttgart. Bd. 1: Von den Anfängen bis zur Kapitulation 1945. Hrg. Gerhard TADDEY. 3., überarb. Aufl. 1998.
Bd. 2: Von 1945 bis 1990. Hrg. Michael BEHNEN. 2002.
LILIENTHAL, Georg: Der „Lebensborn e. V.". Ein Instrument nationalsozialistischer Rassenpolitik. Frankfurt/M. 1993.
LINK, Gunther: Eugenische Zwangssterilisationen und Schwangerschaftsabbrüche im Nationalsozialismus. Dargestellt am Beispiel der Universitätsfrauenklinik Freiburg. Frankfurt/M. (u.a.) 1999.
Der Luftkrieg über Deutschland, 1939-1945. Nach den „Dokumenten deutscher Kriegsschäden". Hrg. Bundesminister für Vertriebene, Flüchtlinge und Kriegsgeschädigte. Zusammenstellung und Einl. Erhard KLÖSS (dtv, 160). München 1963.
Das Mädchenkonzentrationslager Uckermark. Beiträge zur Geschichte und Gegenwart. Hrg. Katja LIMBÄCHER. Münster 2000.
MÄHLERT, Ulrich: Die Freie Deutsche Jugend 1945-1949. Von den ‚Antifaschistischen Jugendausschüssen' zur SED-Massenorganisation. Die Erfassung der Jugend in der Sowjetischen Besatzungszone (Sammlung Schöningh zur Geschichte und Gegenwart). Paderborn 1995. (Nachweise Mählert: FDJ).
MANN, Erika: Zehn Millionen Kinder. Die Erziehung der Jugend im Dritten Reich. Hrsg. Irmela VON DER LÜHE. Reinbek 1997.
MARTIN, Bernd: Zum Tag der Kapitulation. Persönliche Erinnerungen an das Kriegsende in historischen Reflexionen. In: Der Zweite Weltkrieg und seine Folgen, S. 73-90.
Meldungen aus dem Reich. Auswahl aus den geheimen Lageberichten des Sicherheitsdienstes der SS 1939-1944. Hrg. Heinz BOBERACH. München 1968.
Menschenrechte. Dokumente und Deklarationen. Hrg. Bundeszentrale für politische Bildung. Redaktion und Konzeption: Ludwig WATZAL. 2., aktualisierte und erw. Aufl. Bonn 1995.
Meyers Lexikon. 8. Aufl. Leipzig. Erschienen Bd. 1, 1936, bis Bd. 9, 1942, sowie Atlasbd. (Nachweise mit Bd., Erscheinungsjahr, Spalte.)
MITTAG, Gabriele: „Das Ende sind wir." Leben und Tod in Gurs, der „Vorhölle" von Auschwitz. In: Frauen im Holocaust. Hrg. Barbara DISTEL. Gerlingen 2001, S. 49-69.
MORSEY, Rudolf: Die Bundesrepublik Deutschland (Oldenbourg Grundriß der Geschichte, 19). 4. Aufl. München 2000.

MOSER, Arnulf: Die Napola Reichenau. Von der Heil- und Pflegeanstalt zur nationalsozialistischen Eliteerziehung (1941-1945). Konstanz 1997.
MOSER, Arnulf: Eliteerziehung und Volkstumspolitik – Die Illenau bei Achern im Zweiten Weltkrieg. In: Zeitschrift für die Geschichte des Oberrheins 149 (2001) S. 423-436.
MÜLLER, Rolf-Dieter: Das Deutsche Reich und das Jahr 1945. Eine Bilanz. In: Das Deutsche Reich und der Zweite Weltkrieg, 10/2, S. 699-732.
MÜLLER, Rolf-Dieter: Der Zusammenbruch des Wirtschaftslebens und die Anfänge des Wiederaufbaus. In: Das Deutsche Reich und der Zweite Weltkrieg, 10/2, S. 55-198.
MÜLLER, Rolf-Dieter / UEBERSCHÄR, Gerd R: Deutschland am Abgrund. Zusammenbruch und Untergang des Dritten Reiches (Wegweiser zu Zeitfragen, 5). Konstanz 1986.
Nationalpolitische Übungsstoffe für den Mathematischen Unterricht, Heft 3: Oberstufe (Ehlermanns Mathematisches Unterrichtswerk). 2. Aufl. Dresden 1937.
Der Nationalsozialismus. Dokumente 1933-1945. Hrg. Walther HOFER (Fischer Tb., 172). Frankfurt/M. 1959 (1. Aufl. August 1957; bis Dezember 1957 100.000 verkauft).
NEUGEBAUER, Manuela: Der Weg in das Jugendschutzlager Moringen. Eine entwicklungspolitische Analyse nationalsozialistischer Jugendpolitik. Mönchengladbach, Godesberg 1997.
NEUTATZ, Dietmar: Die ‚ruhmreiche Rote Armee'. Hypotheken des Sieges im besetzten Deutschland und in der Sowjetunion. In: Der Zweite Weltkrieg und seine Folgen, S. 113-135.
Die Niederlage 1945. Aus dem Kriegstagebuch des Oberkommandos der Wehrmacht. Hrg. Percy Ernst SCHRAMM (dtv, 80/81). München 1962.
NIEHUSS, Merith: Familie, Frau und Gesellschaft. Studien zur Strukturgeschichte der Familie in Westdeutschland 1945-1960 (Schriftenreihe der Historischen Kommission bei der Bayerischen Akademie der Wissenschaften, 65). Göttingen 2001.
Niemandsland. Kindheitserinnerungen an die Jahre 1945-1949. Hrg. Heinrich BÖLL. 2. Aufl. München (dtv, 10787) 1988.
NIENHAUS, Ursula: Hitlers willige Komplizinnen – weibliche Polizei im Nationalsozialismus (1937-1945). In: Das Mädchenkonzentrationslager Uckermark, S. 76-94.
OLSEN, Kåre: Vater: Deutscher. Das Schicksal der norwegischen Lebensbornkinder und ihrer Mütter von 1940 bis heute. Aus dem Norwegischen von Ebba D. Drolshagen. Frankfurt/M. (u.a.) 2002.
PATEL, Kiran Klaus: „Soldaten der Arbeit". Arbeitsdienste in Deutschland und den USA 1933–1945. Göttingen 2003.
PETZOLD, Joachim: Zum Verhältnis zwischen FDJ und Junger Gemeinde bis 1953. In: Die Freie Deutsche Jugend. Beiträge, S. 127-140.
POSNER, Gerald L.: Belastet. Meine Eltern im Dritten Reich. Gespräche mit den

Kindern von Tätern. Deutsch von Manfred Schmitz. Berlin 1994.
Potsdam 1945. Quellen zur Konferenz der „Grossen Drei“. Hrg. Ernst DEUERLEIN. München 1963.
POUTRUS, Kirsten: Von den Massenvergewaltigungen zum Mutterschutzgesetz. Abtreibungspolitik und Abtreibungspraxis in Ostdeutschland, 1945-1950. In: Die Grenzen der Diktatur. Staat und Gesellschaft in der DDR. Hrg. Richard BESSEL, Ralph JESSEN. Göttingen 1996, S. 170-198.
PUSTEJOVSKY, Otfried: Vertreibung und Vertriebene in tschechischen Archiven. In: Vertriebene finden Heimat in der Kirche, S. 273-288.
RAHN, Werner: Die deutsche Seekriegführung 1943-1945. In: Das Deutsche Reich und der Zweite Weltkrieg, 10/1, S. 3-273.
Rechenbuch für Volksschulen. Gaue Westfalen-Nord und –Süd. Bearb. E. GIESLER und W. HAHNEFELD. Genehmigt durch Erlaß des Herrn Reichsministers für Wissenschaft, Erziehung und Volksbildung. Ausgabe A und B, Heft II – Zweites Schuljahr. Leipzig, Dortmund o. J. (1941?). Ausgabe A Heft IV – Viertes Schuljahr. Bielefeld und Leipzig o. J. (1941?).
RECKER, Marie-Luise: Wohnen und Bombardierung im Zweiten Weltkrieg, in: Wohnen im Wandel. Beiträge zur Geschichte des Alltags in der bürgerlichen Gesellschaft. Hrg. Lutz NIETHAMMER. Wuppertal 1979, S. 408-428.
REICHEL, Peter: Der schöne Schein des Dritten Reiches. Faszination und Gewalt des Faschismus. München (u.a.) 1991.
Die Reihen fast geschlossen. Beiträge zur Geschichte des Alltags unterm Nationalsozialismus. Hrg. Detlev J. K. PEUKERT. Wuppertal 1981.
REULECKE, Jürgen: Jugendleben, Jugendverbände und jugendliche Subkulturen. In: Handbuch der deutschen Bildungsgeschichte, V, S. 99-107.
RITTER, Gerhard: Carl Goerdeler und die deutsche Widerstandsbewegung. Stuttgart 1954, ND München (dtv, 216/217/218) 1964.
ROTH, Karl Heinz: »Ich klage an«. Aus der Entstehungsgeschichte eines Propaganda-Films. In: Aktion T4, S. 93-116.
RUHL, Klaus Jörg: Frauen in der Nachkriegszeit, 1945-1963. München 1988.
SCHIER, Siegfried: Die Aufnahme und Eingliederung von Flüchtlingen und Vertriebenen in der Hansestadt Lübeck. Eine sozialgeschichtliche Untersuchung für die Zeit nach dem Zweiten Weltkrieg bis zum Ende der 50er Jahre (Veröff. zur Geschichte der Hansestadt Lübeck, B 7). Lübeck 1982.
SCHMITT, Bruno: Der Widerstand Jugendlicher im Nationalsozialismus. Hamburg 1999.
SCHMITZ-BERNING, Cornelia: Vokabular des Nationalsozialismus. 2. durchgesehene und überarb. Aufl. Berlin (u.a.) 2007.
SCHMUHL, Hans-Walter: Rassenhygiene, Nationalsozialismus, Euthanasie. Von der Verhütung zur Vernichtung „lebensunwerten Lebens“, 1890-1945. 2. Aufl. Göttingen 1992.
SCHOLTZ, Harald: NS-Ausleseschulen. Internatsschulen als Herrschaftsmittel des Führerstaates. Göttingen 1973.
SCHOPPMAN, Claudia: Im Untergrund. Jüdische Frauen in Deutschland 1941-

45. In: Frauen im Holocaust. Hrg. Barbara DISTEL. Gerlingen 2001, S. 189-217.
SCHÖRKEN, Rolf: Die Niederlage als Generationserfahrung. Jugendliche nach dem Zusammenbruch der NS-Herrschaft (Materialien zur Historischen Jugendforschung). Weinheim und München 2004.
SCHÖRKEN, Rolf: Luftwaffenhelfer und Drittes Reich. Die Entstehung eines politischen Bewußtseins. Stuttgart 1984.
SCHUBERT, Doris: Frauenarbeit 1945-1949. Quellen und Materialien. Hrg. Annette KUHN (Frauen in der deutschen Nachkriegszeit, 1; = Geschichtsdidaktik: Studien, Materialien, 21). Düsseldorf 1984.
SCHWARTZ, Michael: Ethnische „Säuberung" als Kriegsfolge: Ursachen und Verlauf der Vertreibung der deutschen Zivilbevölkerung aus Ostdeutschland und Osteuropa 1941-1950. In: Das Deutsche Reich und der Zweite Weltkrieg, 10/2, S. 509-656.
SCHWARZE, Gisela: Kinder, die nicht zählten. Ostarbeiterinnen und ihre Kinder im Zweiten Weltkrieg. Essen 1997.
Die Schweiz und Deutschland 1945-1961. Hrg. Antoine FLEURY (Schriftenreihe der VjZG, Sondernummer). München 2003.
SCHWENDEMANN, Heinrich: Das Kriegsende in Ostpreußen und in Südbaden im Vergleich. In: Der Zweite Weltkrieg und seine Folgen, S. 91-111.
Der SED-Staat. Neues über eine vergangene Diktatur. Hrg. Jürgen WEBER. München 1994.
Sprachbuch für Westfalen und Lippe. Arbeitsbuch zur Sprachpflege und Rechtschreibung auf heimatkundlicher Grundlage. Bearb. W. SAHRHAGE und D. VOIGT. Ausgabe C, 1. Heft, 2. Schuljahr. 4. Aufl. Bielefeld, Leipzig 1942, 32 S.
Statistisches Handbuch von Deutschland 1928-1944. Hrsg. Länderrat des Amerikanischen Besatzungsgebiets. München 1949.
Statistisches Jahrbuch für das Land Baden. Hrg. Badisches Statistisches Landesamt. 44. Jahrgang 1938. Karlsruhe 1938.
STEGELMANN, Katharina: Ein Riesenspaß, ein Alptraum, in: Als Feuer vom Himmel fiel, S. 215-219.
STEINBERG, Heinz Günter: Die Bevölkerungsentwicklung in Deutschland im Zweiten Weltkrieg. Bonn 1991.
STERN, Carola [Pseudonym für Erika ASSMUS, 1925-2006]: Uns wirft nichts mehr um. Eine Lebensreise. Aufgezeichnet von Thomas Schadt. Reinbek bei Hamburg 2004.
STOLZE, Stephan: Innenansicht. Eine bürgerliche Kindheit 1938-1945 (Suhrkamp Tb., 721). Frankfurt/M. 1981.
Streitfall Galen. Clemens August Graf von Galen und der Nationalsozialismus. Studien und Dokumente. Hrg. Joachim KUROPKA. 2. Aufl. Münster 2007.
STROBEL, Georg W.: Die polnische „Preußenkrankheit" und ihre politische Instrumentalisierung. In: Aus Politik und Zeitgeschichte. Beilage zur Wochenzeitung Das Parlament, B 53/97, 26. 12. 1997, S. 21-33.
STUDT, Christoph: Das Dritte Reich in Daten. München 2002.

Stürzbecher, Manfred: 100 Jahre Berliner Krippenverein. Aus der Geschichte des Kinderschutzes in Berlin. Hrg. Berliner Krippenverein. Berlin 1977.
Südbaden unter Hakenkreuz und Trikolore. Zeitzeugen berichten über das Kriegsende und die französische Besetzung 1945. Hrg. Bernd Serger, Karin-Anne Böttcher, Gerd R. Ueberschär. Freiburg (u.a.) 2006.
Tewes, Ludger: Jugend im Krieg. Von Luftwaffenhelfern und Soldaten 1939–1945. Essen 1989.
Theisen, Alfred: Die Vertreibung der Deutschen. Ein unbewältigtes Kapitel europäischer Zeitgeschichte. In: Aus Politik und Zeitgeschichte. Beilage zur Wochenzeitung Das Parlament. B7-8/95 10. 2. 1995, S. 20-33.
Thorwald, Jürgen: Das Ende an der Elbe. 1950. 5. Aufl. Stuttgart 1953.
Thorwald, Jürgen: Es begann an der Weichsel. 6. Aufl. Stuttgart 1953.
Tischner, Wolfgang. Katholische Kirche in der SBZ/DDR 1945–1951: Die Formierung einer Subgesellschaft im entstehenden sozialistischen Staat. Paderborn (u.a.) 2001.
Töpler, Wilfried: Der zehntausendfüßige Menschenwurm. Die Bewältigung der Kriegsfolgen und des schlesischen Flüchtlingsproblems im Gebiet des heutigen Bistums Görlitz. Texte aus dem Bistumsarchiv Görlitz. In: Vertriebene finden Heimat, S. 291–636.
Die Tragödie Schlesiens 1945/46. Hrg. Johannes Kaps (dtv, 62). München 1962.
Trees, Wolfgang / Whiting, Charles: Unternehmen Karneval. Der Werwolf-Mord an Aachens Oberbürgermeister Oppenhoff. Aachen 1982.
Trümmerleben. Texte, Dokumente, Bilder aus den Münchner Nachkriegsjahren. Hrg. Marita Kraus, Friedrich Prinz. München 1985.
Ueberschär, Gerd R.: Freiburg im Luftkrieg 1939-1945. Mit einer Photodokumentation zur Zerstörung der Altstadt am 27. November 1944 von Hans Schadek. Freiburg, Würzburg 1990.
Ueberschär, Gerd R: Die letzten Aufgebote für den „Volkskrieg“. In: Müller / Ueberschär: Deutschland am Abgrund, S. 103-116.
Ueberschär, Gerd R.: Der totale Bombenkrieg bis zum Kriegsende. In: Müller / Ueberschär: Deutschland am Abgrund. S. 41-52.
Uns rufet die Stunde. Unterfrankens Katholiken im Widerstand. Hrg. Hans Kufner. Würzburg 2005.
Unsere verlorenen Jahre. Frauenalltag in Kriegs- und Nachkriegszeit 1939-1949 in Berichten, Dokumenten und Bildern. Hrg. Klaus-Jörg Ruhl. Darmstadt, Neuwied 1985.
Die Vertreibung der deutschen Bevölkerung aus den Gebieten östlich der Oder-Neiße. Hrg. Theodor Schieder. ... Bd. 1, 1954. ND (dtv, in acht Bd.) München 2004.
Vertriebene finden Heimat in der Kirche. Integrationsprozesse im geteilten Deutschland nach 1945. Hrg Rainer Bendel (Forschungen und Quellen zur Kirchen- und Kulturgeschichte Ostdeutschlands, 38). Köln (u.a.) 2008. Darin: Dokumentation von Winfried Töpler aus dem Görlitzer Bistumsarchiv.

Vom Trümmerkind zum Teenager. Kindheit und Jugend in der Nachkriegszeit. Hrg. Doris FOITZIK in Zusammenarbeit mit ... Bremen 1992.

Von Stalingrad zur Währungsreform. Zur Sozialgeschichte des Umbruchs in Deutschland. Hrg. Martin BROSZAT, Klaus-Dietmar HENKE, Hans WOLLER (Quellen und Darstellungen zur Zeitgeschichte, 26). München 1990. (Nachweise: Von Stalingrad, mit dem Namen des jeweiligen Autors).

Vor fünfzig Jahren. Ein Tagebuch. Red. Eckhard FUHR. Beilage zur F.A.Z. vom 8. (?) Mai 1995. 98 S.

VORLÄNDER, Herwart: Die NSV. Darstellung und Dokumentation einer nationalsozialistischen Organisation (Schriften des Bundesarchivs, 35). Boppard/Rh. 1988.

WAGNER, Caroline: Die NSDAP auf dem Dorf. Eine Sozialgeschichte der NS-Machtergreifung in Lippe (Veröff. der Historischen Kommission für Westfalen, XXII A). Münster 1998.

WATZKE-OTTE, Susanne: „Ich war ein einsatzbereites Glied in der Gemeinschaft ...". Vorgehensweise und Wirkungsmechanismen nationalsozialistischer Erziehung am Beispiel des weiblichen Arbeitsdienstes. Frankfurt/M. (u.a.) 1999.

WEBER, Hermann: Die Jugendpolitik der SED 1945 bis 1989. Forschungsfragen, Quellenlage und wissenschaftliche Erwartungen. In: Die Freie Deutsche Jugend. Beiträge.

Weltkriege und Revolutionen 1914-1945. Bearb. Günter SCHÖNBRUNN (Geschichte in Quellen, V). München 1961.

WENTRUP. - Hanns und Ilse [Wentrup]. Briefe zwischen Januar 1943 und November 1944. Transkribiert und vervielfältigt von Gisela WENTRUP-BEHRINGER, 2002. – Unpaginiert; Faks. und Fotos.

WERNER, Emmy E.: Unschuldige Zeugen. Der Zweite Weltkrieg in den Augen von Kindern. Aus dem Engl. von Susanne GOGA-KLINKENBERG. Hamburg, Wien 2001.

WEYERER, Godehard: Liebesgaben aus Übersee. Die CARE-Pakete. In: Die USA und Deutschland im Zeitalter des Kalten Krieges, 1945-1990. Ein Handbuch. Hrg. Detlef JUNKER. Bd. 1: 1945-1968. Stuttgart, München 2001, S. 795 ff.

WEYRATHER, Irmgard: „Ich bin noch aus dem vorigen Jahrhundert". Frauenleben zwischen Kaiserreich und Wirtschaftswunder. Frankfurt/M. 1985.

Wie wir das alles geschafft haben. Alleinstehende Frauen berichten über ihr Leben nach 1945. (Bearb.) Sibylle MEYER, Eva SCHULZE. Hrsg. Senator für Gesundheit, Soziales und Familie in Berlin. 2. Aufl. München 1985.

Wir waren Hitlers Eliteschüler. Ehemalige Zöglinge der NS-Ausleseschulen brechen ihr Schweigen. Hrg. Johannes LEEB. Hamburg 1998.

„Wir wollten endlich leben". Göppinger Frauenalltag nach '45. Texte zur Ausstellung ... (Bearb.) Claudia LIEBENAU-MEYER, Christel EISELE, Gabriele WERNER. Göppingen 1995.

WOLFF, Jörg: Jugendliche vor Gericht im Dritten Reich. Nationalsozialistische

Jugendstrafrechtspolitik und Justizalltag. München 1992.
WOLLASCH, Hans Josef: Humanitäre Auslandshilfe für Deutschland nach dem Zweiten Weltkrieg. Darstellung und Dokumentation kirchlicher und nichtkirchlicher Hilfen. Freiburg 1976.
ZEIDLER, Manfred: Die Rote Armee auf deutschem Boden. In: Das Deutsche Reich und der Zweite Weltkrieg, 10/1, S. 681-775.
ZEIDLER, Manfred: Kriegsende im Osten. Die Rote Armee und die Besetzung Deutschlands östlich von Oder und Neiße, 1944/45. Im Auftrag der Kulturstiftung der Deutschen Vertriebenen, Bonn. München 1996.
Zeitenwende. Umbruch und Aufbruch in Deutschland nach dem Zweiten Weltkrieg. Hrg.: Niedersächsische Landeszentrale für Politische Bildung, Hannover, Manfred OVERESCH. Hannover 1986.
ZIMMERMANN, John: Die deutsche militärische Kriegführung im Westen 1944/45. In: Das Deutsche Reich und der Zweite Weltkrieg, 10/1, S. 277-489.
ZUCKMAYER, Carl: Deutschlandbericht für das Kriegsministerium der Vereinigten Staaten von Amerika. Göttingen 2004. (Nachweise nach dem Vorabdruck in der F.A.Z., seit 19. 9. 2004).
ZÜRNDORFER, Hannele: Verlorene Welt. Jüdische Kindheit im Dritten Reich. Hrg. Rolf SCHÖRKEN. Pfaffenweiler 1988.
Der Zweite Weltkrieg und seine Folgen. Ereignisse – Auswirkungen – Reflexionen. Hrg. Bernd MARTIN (Rombach Wissenschaften. Reihe Historiae, 19). Freiburg/Br. 2006.

Zeittafel

1926	*Gründung der HJ auf dem 2. Reichsparteitag der NSDAP in Weimar.*
1930	*Gründung des BDM.*
1931	*Einführung eines freiwilligen Arbeitsdienstes.*
1933 I 30	*Hitler zum Reichskanzler ernannt.*
1933 V	*Bücherverbrennung in vielen deutschen Städten.*
1933 V	*Gründung der NSV.*
1933 VI	*Gewährung von Ehestandsdarlehen.*
1934 I 1	*Das Gesetz zur Verhütung erbkranken Nachwuchses tritt in Kraft.*
1934 V	*Gründung der ‚NS-Schwesternschaft' als Organisation der NSDAP.*
1934 V	*Gründung des Hilfswerkes ‚Mutter und Kind', Einrichtung der NSV.*
1934 V	*Errichtung des Reichsministeriums für Wissenschaft, Erziehung und Volksbildung.*
1935 III	*Wiedereinführung der allgemeinen Wehrpflicht, für ein Jahr.*
1935 VI	*Sechsmonatiger Arbeitsdienst für alle 18-25jährigen verpflichtend.*
1935 VI	*Reichsluftschutzgesetz.*
1935 IX	*Gesetz zum Schutze des deutschen Blutes und der deutschen Ehre.*
1935 IX	*Verordnung über die Gewährung einmaliger Kinderbeihilfen.*
1935 X	*Gesetz zum Schutze der Erbgesundheit des deutschen Volkes (Ehegesundheitsgesetz).*
1935 XII	*Gründung des ‚Lebensborn e. V.'.*
1936 III	*Remilitarisierung des Rheinlandes.*
1936 III	*Verordnung über Gewährung laufender Kinderbeihilfen.*
1936 VIII	*Die allgemeine Wehrpflicht auf 2 Jahre verlängert.*
1936 XII	*Die HJ durch Gesetz zur obligatorischen Staatsjugend gemacht.*
1936 XII	*Die Höhere Schulzeit per Erlaß auf 8 Jahre verkürzt.*
1937 III	*Erlaß zu „deutschen Vornamen" für die „Kinder deutscher Volksgenossen".*
1937 III	*Vereinheitlichung des höheren Schulwesens auf wenige Typen.*
1938 I	*Gründung des ‚BDM-Werk Glaube und Schönheit'.*

1938 II	*Einführung des ‚Pflichtjahrs' in der Land- oder Hauswirtschaft.*
1938 III	*Annexion Österreichs (‚heim ins Reich').*
1938 VII	*Allgemeine Schulpflicht vom vollendeten 6. bis zum 18. Lebensjahr.*
1938 IX	*Abtretung des ‚Sudetenlandes' an das Deutsche Reich.*
1938 XI	*Reichsweite Pogrome gegen die Juden. Verbot für jüdische Kinder, ‚deutsche Schulen' zu besuchen.*
1938 XII	*Stiftung des ‚Ehrenkreuzes der Deutschen Mutter'.*
1939 I	*Das Jugendschutzgesetz tritt in Kraft.*
1939 III	*Bildung des ‚Reichsprotektorats Böhmen und Mähren'.*
1939 VIII 23	*Hitler-Stalin-Pakt.*
1939 VIII 27	*Einführung der Bezugscheinpflicht für Lebensmittel.*
1939 IX 1	*Der deutsche Überfall auf Polen löst den 2. Weltkrieg aus. – Hitler erlaubt, unheilbar Kranken den „Gnadentod" zu gewähren.*
1939 X	*Verordnung zum „Schutz gegen jugendliche Schwerverbrecher".*
1939 X	*Himmler befürwortet die außereheliche Zeugung von Kindern.*
1939 X	*Befehl Hitlers zur Vernichtung ‚lebensunwerten Lebens'.*
1939 XI	*Einführung der Reichskleiderkarte.*
1939 XII	*Beginn der Kinder-„Euthanasie".*
1940 IV/V	*Überfall der Wehrmacht auf neutrale Staaten: Dänemark und Norwegen, Belgien, Luxemburg und die Niederlande.*
1940 VI 22	*Deutsch-französischer Waffenstillstand.*
1940 VIII 13	*Beginn der deutschen Luftoffensive gegen England.*
1940 IX 26	*Bombenangriff auf Berlin.*
1940 IX 28	*Anordnung Hitlers über die „erweiterte Kinderlandverschickung".*
1940 X	*„Dienststrafordnung" der HJ, verschärfte Disziplinarordnung.*
1941 IV	*Verfügung zur Aufhebung der konfessionellen Kindergärten.*
1941 VI 22	*Deutscher Überfall auf die Sowjetunion.*
1941 VIII 3	*Der Bischof von Münster prangert die Tötung Behinderter an als Mord.*
1941 VIII 29	*Uraufführung des Films ‚Ich klage an'.*
1941 IX 1	*Einführung des Judensterns.*
1941 IX 3	*Beginn der Vergasung von Juden im KZ Auschwitz, bis I 1945.*
1941 X 23	*Polizeiverordnung: Juden dürfen nicht mehr auswandern.*

1941 XII 11	*Kriegserklärung Deutschlands und Italiens an die USA.*
1941 XII 17	*Gründung der Schweizerischen Kinderhilfe.*
1942 I 20	*‚Wannsee-Konferenz' in Berlin zur Ausrottung der Juden.*
1942 II 14	*Beschluß des britischen Kabinetts, im Reich systematisch Flächenziele zu bombardieren.*
1942 V 30/31	*Erster ‚1000-Bomber-Angriff' auf eine deutsche Großstadt, Köln.*
1942 VI	*Attentat auf den stellvertretenden Reichsprotektor Heydrich. Als Repressalie: Zerstörung der Dörfer Lidice und Lesáky; Erschießung der dortigen männlichen Bevölkerung, soweit sie 14 Jahre und älter war.*
1942 VI	*Schließung jüdischer Schulen im Deutschen Reich.*
1942 IX	*Verordnung, daß Familien von ‚Halbjuden' keinerlei Kinderbeihilfe mehr erhalten.*
1943 I 31 bis II 2	*Kapitulation der 6. Armee in Stalingrad.*
1943 II	*Erste Einberufungen von Jungen als Luftwaffenhelfer.*
1943 II 18	*Rede Goebbels' im Berliner Sportpalast: „Wollt ihr den totalen Krieg?"*
1943 III	*Einführung von Sonderbezugsscheinen für Fliegergeschädigte.*
1943 VII/VIII	*Operation „Gomorrha" gegen Hamburg: Mehr als 41.000 Tote, über 900.000 Ausgebombte.*
1943 VIII	*Verordnung: Jungen können auch im Alter von weniger als 18 Jahren zum Kriegsdienst eingezogen werden.*
1944 VI 6	*„Invasion": Landung der Alliierten in der Normandie.*
1944 VI 10	*Massaker der SS an Frauen und Kindern in Oradour-sur-Glane.*
1944 VI 12 bis 1945	*Beschuß von London u. a. Zielen mit V 1 und V 2.*
1944 VI 22	*Beginn der sowjetischen Sommeroffensive.*
1944 VII	*Höhepunkt der deutschen Rüstungsproduktion.*
1944 VII	*Gauleiter Koch verbietet unter Androhung der Todesstrafe, Pläne für die Evakuierung der deutschen Bevölkerung aus Ostpreußen auszuarbeiten.*
1944 VII 20	*Attentat auf Hitler.*
1944 VII 30	*Beginn der alliierten Offensive in Frankreich.*
1944 VIII 1	*Einführung der Sippenhaft.*
1944 IX 5	*Gauleiter Wagner verkündet das „allgemeine Volksaufgebot am Oberrhein".*
1944 IX 25	*Erlaß Hitlers zur Bildung des ‚Deutschen Volkssturms'.*
1944 X 16	*Sowjetischer Einbruch in Ostpreußen.*
1944 X 21	*Aachen als erste deutsche Stadt von US-Truppen eingenommen.*

1944 X/XII	*Gründung der ‚Schweizerspende für die Kriegsgeschädigten'.*
1944 IX	*Verordnung zur Bildung eines Wehrmachthelferinnenkorps.*
1944 XII 16-24	*‚Ardennenoffensive', letzte deutsche Offensive an der Westfront.*
1945 I 12-15	*Beginn der sowjetischen Winteroffensive an der Weichsel.*
1945 I 19	*Sowjetische Truppen nehmen Tilsit ein, die erste größere deutsche Stadt.*
1945 I bis III	*Äußerst strenger Winter. I bis V Ungeordnete Massenflucht von etwa 7 Millionen Frauen, Kindern und Alten aus Ostdeutschland.*
1945 I 20/21	*Ausweisung von etwa 500.000 Frauen und Kindern aus Breslau.*
1945 I 26	*Sowjetische Truppen schneiden Ostpreußen von den anderen Teilen des Reiches ab.*
1945 I 27	*Sowjetische Verbände befreien die Überlebenden des KZ Auschwitz.*
1945 I bis V	*Evakuierung von etwa 2 Millionen Menschen aus Ostpreußen über die See.*
1945 I 26	*Verbot Hitlers, „Evakuierungen in großem Stil" durchzuführen.*
1945 I 30	*Die ‚Wilhelm Gustloff' von einem sowjetischem U-Boot versenkt.*
1945 I 31	*Sowjetische Verbände erreichen bei Küstrin die Oder.*
1945 II 3-11	*Konferenz von Jalta: Polen soll nach Westen verschoben werden.*
1945 II	*Aufruf an Frauen, sich zum Volkssturm zu melden.*
1945 II 13/14	*Terrorangriffe auf Dresden.*
1945 II 15	*Beginn der Belagerung Breslaus durch die Rote Armee.*
1945 II 26	*Himmler befiehlt die Errichtung von „Sonderstandgerichten zur Bekämpfung von Auflösungserscheinungen".*
1945 III 5	*Der Jahrgang 1929 wird einberufen.*
1945 III 7	*US-Truppen überqueren bei Remagen den Rhein.*
1945 III 15	*Befehl Speers, die Reichsbahn dürfe Flüchtlingstransporte erst nach „voller Erfüllung" des Wehrmachtsbedarfs durchführen.*
1945 III 19	*‚Nerobefehl' Hitlers zur Zerstörung von Fabriken, Verkehrs- und Versorgungsanlagen im Reichsgebiet vor dem Rückzug der deutschen Truppen.*
1945 III 27	*Letzte deutsche V 2 abgeschossen.*
1945 IV 2	*Aufruf zum ‚Werwolf', zur Sabotage hinter den feindlichen Linien.*
1945 IV 6-9	*Eroberung Königsbergs durch die Rote Armee.*

1945 IV 16	*Beginn der sowjetischen Großoffensive gegen Berlin.*
1945 IV 20	*US-Truppen nehmen Nürnberg ein. - Hitlers 56. Geburtstag.*
1945 IV 25	*Die Rote Armee hat Berlin eingeschlossen. – Sowjetische und US-Truppen treffen bei Torgau an der Elbe aufeinander. – Beginn der Konferenz in San Francisco, die zur Gründung der UNO führt.*
1945 IV 30	*Hitler begeht Selbstmord. – Die ‚Gruppe Ulbricht' von Moskau nach Berlin eingeflogen.*
1945 V 2	*Kapitulation Berlins.*
1945 V 5	*Tschechischer Aufstand gegen die Deutschen in Prag.*
1945 V 8	23.01 Uhr mitteleuropäischer Zeit *Die bedingungslose Kapitulation der Wehrmacht tritt in Kraft.*
1945	seit Frühjahr *Die Sowjetunion deportiert Hunderttausende Ostdeutscher.*
1945 seit V	*Tschechen und Slowaken vertreiben die Deutschen aus der wiederbegründeten Tschechoslowakei.*
1945 V 29	*In Kaufbeuren wird – im Zuge der Aktion T4 – noch ein Kind getötet.*
1945 VI 5	*Die Oberkommandierenden der vier Mächte (Frankreich, Großbritannien, Sowjetunion, USA) übernehmen die oberste Regierungsgewalt in Deutschland und errichten den Alliierten Kontrollrat; Bildung von vier Besatzungszonen; Sonderstatus für Groß-Berlin.*
1945 seit VI	*Polen vertreiben die Deutschen aus den Gebieten östlich von Oder und Neiße.*
1945 VI 26	*Unterzeichnung der ‚Charta der Vereinten Nationen' und des ‚Statuts des Internationalen Gerichtshofes' in San Francisco.*
1945 VII 1-4	*Amerikanische und britische Truppen räumen von ihnen besetzte Teile von Mitteldeutschland sowie der Tschechoslowakei. Einmarsch sowjetischer Verbände in die geräumten Gebiete. Amerikanische, britische und französische Truppen rücken in Berlin ein.*
1945 VII 17 bis VIII 2	*Potsdamer Konferenz: Großbritannien, die Sowjetunion und die USA verständigen sich unter anderem darauf, die Gebiete östlich von Oder und Neiße sowjetischer bzw. polnischer Verwaltung zu unterstellen, sowie die deutsche Bevölkerung aus Polen, der Tschechoslowakei, Jugoslawien und Ungarn ‚auszusiedeln'.*
1945 VII 26	*Unterzeichnung der Charta der UNO in San Francisco durch Politiker aus 50 Staaten.*
1945 VIII 6 und 9	*Abwurf je einer Atombombe auf Hiroshima und Nagasaki.*

1945 VIII 15	*Kapitulation Japans; Ende des Zweiten Weltkrieges im Fernen Osten.*
1945 IX	*Beginn von Demontagen in den Westzonen.*
1945 Herbst	*Wiederaufnahme eines regelmäßigen Schulunterrichts in allen Besatzungszonen.*
1945 X 18	*Beginn des Prozesses vor dem Internationalen Militärgerichtshof gegen 24 deutsche Hauptkriegsverbrecher.*
1946 II 28	*Kürzung der Lebensmittelrationen für Normalverbraucher in der britischen Besatzungszone auf täglich 1.014 Kalorien.*
1946 III	*Gründung der FDJ: Einzige in der SBZ zugelassene Jugendorganisation.*
1946 IV 21/22	*In der SBZ Zwangszusammenschluß von SPD und KPD zur SED.*
1946 V 8	*Generalamnestie in der Tschechoslowakei für alle Vertreibungsverbrechen.*
1946 VI 30	*Einführung eines Interzonenpasses.*
1946 IX 1	*In der SBZ tritt das Gesetz zur ‚Demokratisierung' der Schule in Kraft.*
1946 IX 6	*Rede von US-Außenminister James Byrnes in Stuttgart. Wende in der amerikanischen Deutschlandpolitik.*
1946 IX 30 bis X 1	*Verkündigung der Urteile im Nürnberger Hauptkriegsverbrecherprozeß: 12 Todesurteile, 7 Haftstrafen, 3 Freisprüche.*
1946 X 29	*Erste Volkszählung nach dem Krieg in den vier Besatzungszonen Deutschlands; 9,7 Millionen Vertriebene.*
1946 XII 22	*Eingliederung des Saargebietes in das französische Wirtschaftsgebiet; Zollgrenze zwischen dem Saargebiet und der französischen Besatzungszone.*
1946/47	*Ungewöhnlich langer und strenger Winter; Tiefsttemperaturen im II 1947.*
1947 I 1	*Vereinigung der amerikanischen und der britischen Besatzungszone zum ‚Vereinigten Wirtschaftsgebiet' (Bizone).*
1947 III 26	*Hoover (ehemaliger Präsident der USA) tritt nach einer Reise durch Deutschland für eine Neuorientierung der Deutschlandpolitik ein.*
1947 VI 5	*US-Außenminister Marshall schlägt den Zusammenschluß der Völker Europas zu einem gegenseitigen wirtschaftlichen Hilfs- und Wiederaufbauprogramm vor.*
1947	*Sommer ungewöhnlich heiß und trocken; eine Mißernte ist die Folge.*
1947 IX	*Die drei westlichen Besatzungszonen Deutschlands werden in das amerikanische Hilfsprogramm (‚Marshall-Plan') einbezogen.*

1948 I/II	*Streiks wegen schlechter Ernährungslage.*
1948 IV 1 bis 1949 V 12	*Blockade Berlins durch die Sowjetunion.*
1948 VI 20 (Sonntag) und 21	*Währungsreform: Die Deutsche Mark ersetzt die Reichsmark.*
1948 VI 23	*Währungsreform in der SBZ.*
1948 VI	*Aufhebung der Preisbindung und der Bewirtschaftung eines großen Teils der Waren.*
1948 VII	*Die Schweizer Europahilfe nimmt ihre Tätigkeit im Ausland auf.*
1948 IX 1	*Konstituierung des Parlamentarischen Rates in Bonn. – Einschränkung der Demontagen in den Westzonen.*
1948 XII 13	*Gründung der Kinderorganisation ‚Junge Pioniere' in Ost-Berlin.*
1949 IV 4	*Gründung der Nordatlantischen Verteidigungsgemeinschaft (NATO).*
1949 IV 8	*Abkommen der Westmächte zur Fusion der drei Westzonen.*
1949 V 8	*Der Parlamentarische Rat nimmt das Grundgesetz an.*
1949 V 23	*Das Grundgesetz tritt in Kraft.*
1949 VIII 8	*Das Soforthilfegesetz zur Minderung dringender Notstände tritt in Kraft.*
1949 IX 7	*Der 1. Deutsche Bundestag tritt zusammen.*
1949 X 7	*Gründung der DDR.*
1949 X 31	*Die Bundesrepublik wird Mitglied der Marshall-Plan-Organisation (OEEC, Organization for European Economic Cooperation).*
1950 I	*Die letzten Deutschen verlassen Nord-Ostpreußen.*
1950 V 1	*In der Bundesrepublik entfallen die letzten Lebensmittelrationierungen.*
1950 VI 15	*In der Bundesrepublik gilt volle Freizügigkeit.*
1950 VIII 5	*Verkündigung der Charta der Heimatvertriebenen in Stuttgart. „Wir haben unsere Heimat verloren".*
1951 I	*Ende der Demontagen in den Westzonen.*
1951 XI 27	*Aufruf von Bundespräsident Heuss zur Dankesspende des deutschen Volkes.*
1952 IX 1	*Das Gesetz über den Lastenausgleich tritt in Kraft.*
1953 V 19	*Das Gesetz über die Angelegenheiten der Vertriebenen und der Flüchtlinge tritt in Kraft.*

Register